Sommaire

*Avec ce guide voici les cartes **Michelin** qu'il vous faut :*

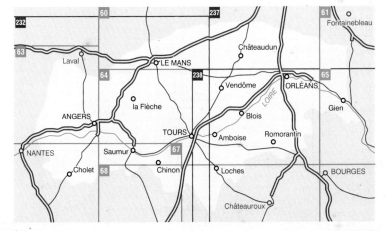

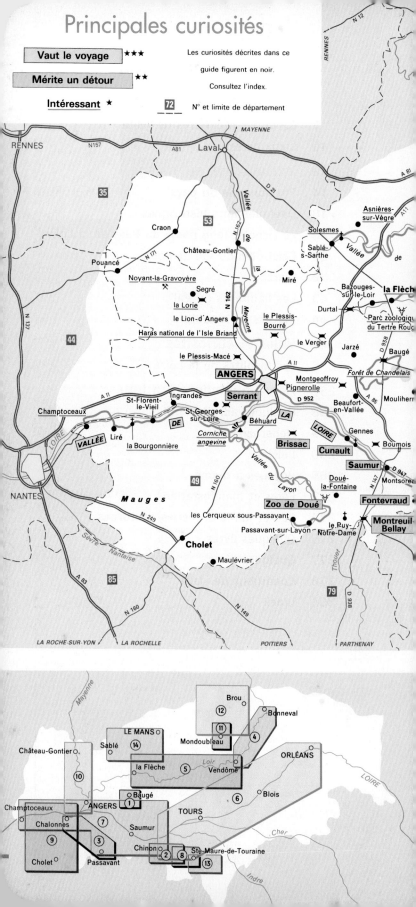

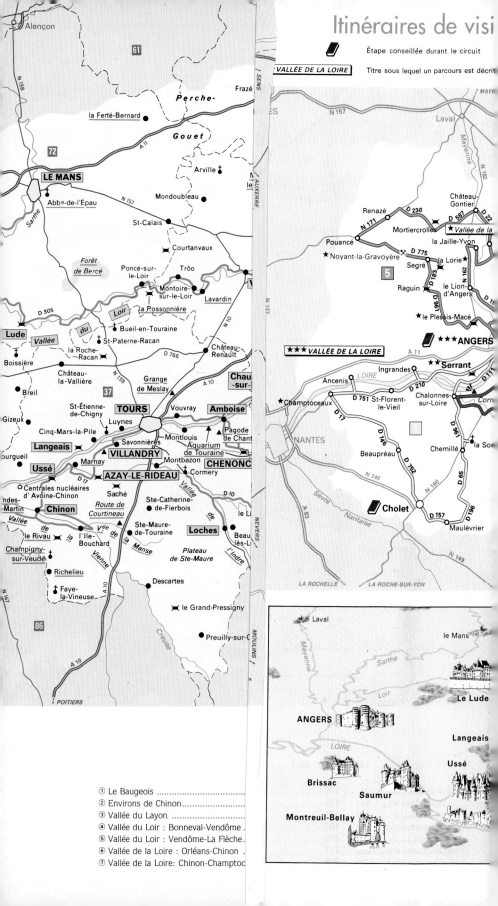

Itinéraires de visi

Étape conseillée durant le circuit

VALLÉE DE LA LOIRE — Titre sous lequel un parcours est décrit

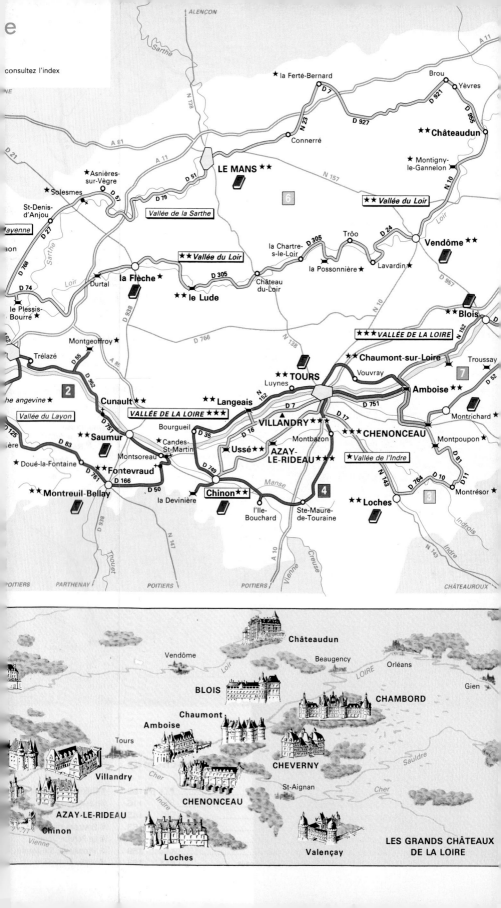

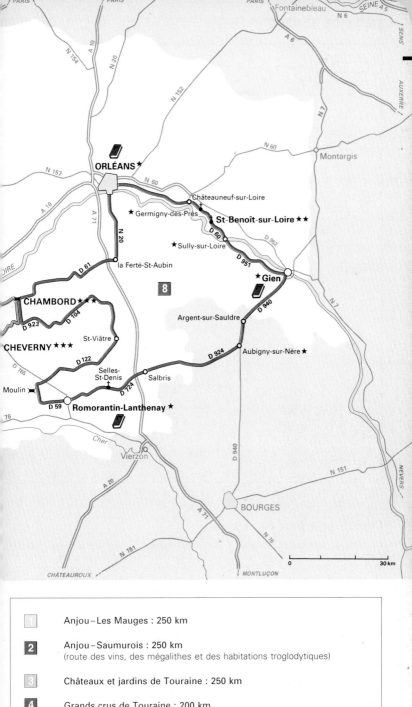

1	Anjou–Les Mauges : 250 km
2	Anjou–Saumurois : 250 km (route des vins, des mégalithes et des habitations troglodytiques)
3	Châteaux et jardins de Touraine : 250 km
4	Grands crus de Touraine : 200 km
5	Le pays de l'ardoise, Haut-Anjou Segréen-Vallée de la Mayenne : 200 km (en complétant ce circuit par la visite du musée de l'Ardoise à Trélazé, près d'Angers)
6	Vallée de la Sarthe et du Loir : 400 km
7	Les grands châteaux au départ de Blois : 150 km
8	Sologne, Vallée de la Loire : 350 km

LIEUX DE SÉJOUR

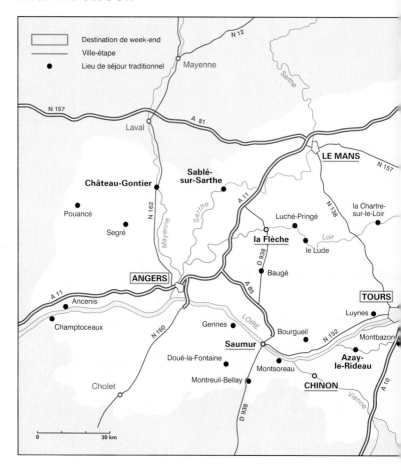

Destination de week-end
Ville-étape
Lieu de séjour traditionnel

Choisir son lieu de séjour

La carte *ci-dessus* fait apparaître des «**villes-étapes**», centres urbains de quelque importance qu'il faut visiter et qui offrent de bonnes possibilités d'hébergement. Angers, Le Mans, Tours, Orléans constituent chacune, par leur rayonnement, leurs richesses en monuments et musées, ou l'importance des manifestations qui s'y déroulent, une «**destination de week-end**». Pour ces localités il existe, outre les hôtels et terrains de camping proposés dans les publications Michelin, diverses formules d'hébergement (meublés, gîtes ruraux, chambres et tables d'hôtes, etc.) ; les offices de tourisme et syndicats d'initiative en communiquent la liste.

Pour l'hébergement

Le **guide Rouge Michelin France** des hôtels et restaurants et le **guide Camping Caravaning France.** Chaque année, ils présentent un choix d'hôtels, de restaurants, de terrains, établi après visites et enquêtes sur place. Hôtels et terrains de camping sont classés suivant la nature et le confort de leurs aménagements. Ceux d'entre eux qui sortent de l'ordinaire par l'agrément de leur situation et de leur cadre, par leur tranquillité, leur accueil sont mis en évidence.
Dans le guide Rouge Michelin France, vous trouverez également l'adresse et le numéro de téléphone du bureau de tourisme ou syndicat d'initiative.

Pour le site, les sports et les distractions

Les **cartes Michelin** au 1/200 000 (séries 51 à 90 et 230 à 246, assemblage p. 3). Un simple coup d'œil permet d'apprécier le site de la localité.
Elles donnent, outre les caractéristiques des routes, les emplacements des plages, des baignades en rivière ou en étang, des piscines, des golfs, des hippodromes, des terrains de vol à voile, des aérodromes, des moulins – nombreux en Anjou –, le tracé des routes forestières, celui des sentiers de Grande Randonnée, etc.

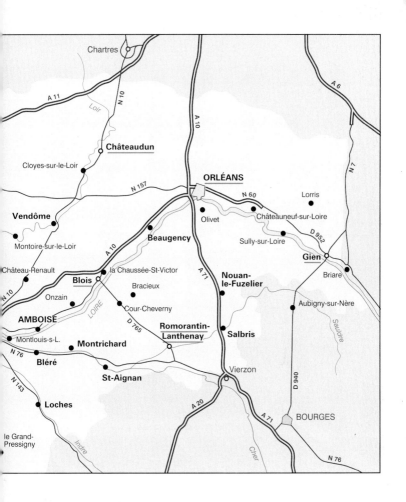

Le long du coteau courbe et des nobles vallées
Les châteaux sont semés comme des reposoirs.
Et dans la majesté des matins et des soirs
La Loire et ses vassaux s'en vont par ces allées.

Cent vingt châteaux lui font une suite courtoise,
Plus nombreux, plus nerveux, plus fins que des palais.
Ils ont nom Valencay, Saint-Aignan et Langeais,
Chenonceau et Chambord, Azay, le Lude, Amboise.

Et moi j'en connais dans les châteaux de Loire
Qui s'élève plus haut que le château de Blois,
Plus haut que la terrasse où les derniers Valois
Regardaient le soleil se coucher dans sa gloire.

La moulure est plus fine et l'arceau plus léger.
La dentelle de pierre est plus dure et plus grave.
La décence et l'honneur et la mort qui s'y grave
Ont inscrit leur histoire au cœur de ce verger...

Charles Péguy
Châteaux de Loire *(Librairie Gallimard)*

Introduction
au voyage

Physionomie du pays

FORMATION DU SOL

Encastrés entre le Morvan, le Massif armoricain, le Massif central, chaînes anciennes constituées de roches dures, les pays de la Loire font partie du Bassin parisien.

A l'époque secondaire, la mer ayant envahi la région y déposa d'abord la craie tendre dite turonienne (**tuffeau**) qu'on retrouve au flanc des coteaux du Loir, de la Loire, du Cher, de l'Indre et de la Vienne ; puis le calcaire des « **gâtines** », semées de plaques de sable et d'argile portant des landes et des forêts ; la mer s'étant retirée, de grands lacs d'eau douce accumulèrent alors d'autres couches calcaires dont la surface s'est parfois décomposée en formant du limon : ce sont les **champagnes**, ou « champeignes ». Durant l'ère tertiaire, le contrecoup du plissement alpin ayant surélevé le Massif central, les fleuves en descendant étalèrent des nappes argilo-sableuses qui donnèrent naissance à la Sologne et à la forêt d'Orléans. Plus tard, un affaissement de la partie Ouest du pays amena jusque vers Blois, Thouars, Preuilly-sur-Claise, la fameuse **mer des Faluns** dont témoignent les « falunières », vastes grèves riches en coquillages marins, localisées surtout en lisière du plateau de Ste-Maure et des collines bordant la Loire au Nord. Attirés par la mer, les cours d'eau qui se dirigeaient vers le Nord convergèrent vers l'Ouest, ce qui explique le coude que fait la Loire à Orléans. Puis la mer évacua définitivement la région, laissant un relief en creux dont les vallées constituent l'élément primordial. Les alluvions du fleuve et de ses affluents formèrent alors les « **varennes** », terres légères, formées d'un sable gras d'une grande fertilité.

L'existence de ces terrasses calcaires, qui très tôt ont servi d'abri, et de ces terres naturellement fertiles explique une occupation humaine ancienne – les vestiges abondent de la préhistoire au Moyen Âge en passant par la période gallo-romaine. Les types de paysages sont directement en rapport avec ce substrat : habitations troglodytiques dans les parois calcaires, culture de la vigne sur les coteaux, des céréales sur les plateaux limoneux, des légumes sur les varennes, alors que les zones marécageuses de la Sologne ont longtemps été inutilisées parce que malsaines et peu propices au développement d'une activité.

LES PAYSAGES

Ces paysages chantés par du Bellay, Balzac, Alain-Fournier ou Genevoix ont gardé leurs caractères propres, modifiés cependant par l'urbanisation de l'après-guerre.

Le jardin de la France – De quelque côté que vous l'abordiez, de la Beauce immensément plate et monotone, du Berry rustique et sévère, de la Gâtine mancelle aux verts bocages, vous serez accueilli par la vigne, les maisons blanches, les fleurs. Cette région symbolise pour beaucoup d'étrangers la douceur de vivre, la grâce paisible, la modération. Cependant, il ne faut pas croire que le « jardin de la France » constitue tout entier un Éden couvert de fleurs et de fruits. Michelet l'a défini comme une « robe de bure frangée d'or », voulant dire par là que les vallées, « franges d'or » par leur exceptionnelle richesse, enserrent des plateaux d'une sévérité à peine tempérée par quelques belles futaies. Parcourons les pays de la Loire, des collines du Pays Fort à l'Est jusqu'aux bocages du Maine et de l'Anjou à l'Ouest.

Berry septentrional – Il forme la transition entre le Massif central et les Pays de Loire : le **Pays Fort** incline vers la Sologne ses terres d'argiles à silex ; son bocage à l'atmosphère mélancolique inspira Alain-Fournier. Au-delà de la vallée du Cher se déroulent jusqu'à l'Indre les immenses étendues calcaires, mais limoneuses, de la **Champeigne**, trouée d'excavations appelées « mardelles ».

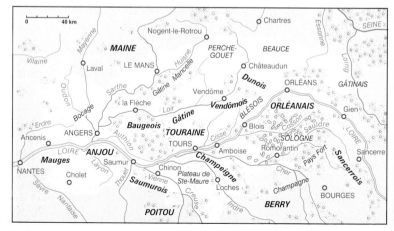

Paysage de Touraine

Orléanais et Blésois – En aval de Gien, le Val s'élargit, les collines s'abaissent : nous sommes aux portes de l'Orléanais qui englobe la Beauce, le Dunois et le Vendômois, la Sologne et le Blésois. Le **Val**, plutôt dévolu aux prés dans la région de St-Benoît, est ensuite réservé à l'horticulture, aux pépinières et aux roseraies sur des alluvions nommées «layes». Les installations de serres souvent chauffées se sont multipliées. Quelques sols bien exposés portent des vergers et des vignobles.

D'Orléans à Chaumont, la Loire mord, au Nord, dans le calcaire de Beauce puis dans la craie à silex et le tuffeau, tandis qu'elle lèche au Sud les sables qu'elle a elle-même apportés, domaine de l'asperge et des primeurs mais aussi des halliers profonds où chassèrent nos rois. A partir de Blois apparaissent les grands châteaux...

Sans arbres mais couverte d'une mince couche de limon fertile (1 à 2 m), la **Beauce**, grenier à blé, se prolonge entre la Loire et la riante vallée du Loir par la Petite Beauce, où le limon tend à disparaître ou à faire place à l'argile en forêt de Marchenoir. En **Sologne** et en **forêt d'Orléans** alternent les bois, les étangs et quelques maigres cultures.

Touraine – L'opulence heureuse du **Val** enchante le voyageur déjà séduit par la douceur d'une atmosphère lumineuse ; la Loire qui coule lentement, entre les bancs de sable doré, a creusé son lit dans la craie tendre du tuffeau. Dans les bras parallèles, que le grand fleuve a abandonnés, coulent ses affluents, scindés en biefs nommés «boires» : le Cher, l'Indre, la Vienne et la Cisse.

D'Amboise à Tours, la craie à silex des coteaux porte les fameux cépages qu'illustrent les noms de Vouvray et de Montlouis. Dans le tuffeau blanc ont été aménagées des maisons de **troglodytes**, habitants des grottes. De la Loire à la Vienne s'étend le bon pays de **Véron** où, entre champs et jardins, jaillissent les gerbes de peupliers.

Entre le Loir et la Loire, la **Gâtine** tourangelle, jadis couverte par une grande forêt, a été mise en culture, mais brandes et bois survivent par vastes lambeaux : forêts de Chandelais, de Bercé. Dans la **Champeigne** tourangelle, aux champs parsemés de noyers, règnent les forêts de Brouard, de Loches et la Gâtine de Montrésor.

Anjou – Si l'Anjou, comme la Touraine, n'a guère d'unité physique, la douceur ange-vine que vanta du Bellay n'a rien d'un mythe.

Sur la rive droite de la Loire s'étend la fertile **varenne de Bourgueil** où foisonnent les pri-meurs, cultivées au milieu de vignes célèbres. Celles-ci s'étendent au pied de collines sablonneuses que couvrent des bois de pins. Entre la rivière d'Authion bordée de saules et la Loire alternent de verts pâturages et de riches champs de légumes, de fleurs ou d'arbres fruitiers. En aval d'Angers se cultive la vigne (coulée de Serrant).

L'aimable **Saumurois**, qui s'étend au Sud de la Loire, de Fontevraud et Montsoreau jusqu'à Doué-la-Fontaine et à la vallée du Layon, montre trois visages : bois, plaine, coteau, ce dernier, couvert de vignes, produisant d'excellents vins dont un vin blanc auquel Saumur a attaché son nom.

Vers le Nord, ce sont les sables du **Baugeois**, région de bois de chênes, de pins ou de châtaigniers, et de guérets au charme intime et familier.

A la hauteur d'Angers commencent les terrains de l'Anjou noir, où dominent les schistes contrastant avec les calcaires de l'Anjou blanc. Le paysage devient verdoyant, c'est l'empire du bocage. Le bocage Segréen et **les Mauges** sont coupés de haies et sillonnés de chemins creux conduisant à de petites fermes basses, cachées dans la verdure. Autour d'Angers la floriculture est omniprésente.

15

Maine – Seule la partie méridionale du Maine est comprise dans ce guide.
Les vallées de la Mayenne et de l'Oudon arrosent le **Bas-Maine**, ou Maine noir, pays de
grès, de granits, de schistes, de verts bocages, qui fait partie, géographiquement, du
Massif armoricain. Le **Haut-Maine**, constitué par les bassins de la Sarthe et de l'Huisne,
est appelé Maine blanc en raison de son sol calcaire.

ACTIVITÉ ÉCONOMIQUE

Productions d'autrefois – Le safran du Gâtinais, l'anis, la coriandre et la réglisse de
Bourgueil, la rouge garance ont disparu, comme les mûriers et les vers à soie introduits
en Touraine par Louis XI ; les chènevières de Bréhémont, en aval de Tours, de Béhuard,
au-delà d'Angers, ont également cessé leurs activités, et les cordiers avec elles.
Les forges se sont tues et l'on n'exploite plus la houille du bassin du Layon.
Les chantiers navals et les fabriques de toile à voile, en chanvre, d'Angers et d'Ancenis,
ont disparu en même temps que la marine de Loire.
Enfin, si l'ardoise de Trélazé est toujours en exploitation, par contre ne l'est plus la
belle pierre de Bourré ou de Pontlevoy, ce tuffeau qui donnait aux maisons tou-
rangelles leur éclatante blancheur. Seules les carrières de Saint-Cyr-en-Bourg et de
Louerre qui alimentent les chantiers de restauration continuent d'être exploitées.
Des musées témoignent maintenant du rôle de ces anciennes activités.

L'agriculture

Les dispositions naturelles du terroir ligérien, les qualités agronomiques d'un sol
alluvionnaire et un climat tempéré font du Val de Loire la terre d'élection de l'arbori-
culture et du maraîchage. Les fruits et légumes occupent actuellement une place
appréciable dans l'économie des régions Centre et Pays de Loire. Ils représentent
environ 20 % de la valeur des productions végétales. Des cultures dont la tradition
se perpétue gardent leur importance, ainsi certains fruits introduits à la Renaissance
sont un héritage précieux.

Des fruits délicieux – Les pommes constituent avec les poires et plus récemment le
cassis l'essentiel des fruits récoltés. Mûris sans effort, ils ont une saveur incomparable.
La plupart de ces dons du ciel ont leurs lettres de noblesse. Si les prunes Reine-Claude
doivent leur nom à Claude de France, épouse de François Ier, les poires « Bons-chré-
tiens » sont nées d'un pied que **saint François de Paule** planta au verger du roi Louis XI au
Plessis-lès-Tours ; « Elles donnent une idée de la bonté des fruits du paradis », affirme
en 1477 le Florentin Francesco Florio. De Touraine, cette variété fut introduite en Anjou par **Jean Bourré**, secrétaire des Finances de Louis XI. Particulièrement savoureuses,
ces poires ont des rivales appartenant aux espèces dites « de Monsieur », William (cette
dernière étant surtout une spécialité de l'Anjou), Passe-Crassane. Le verger de poiriers
se caractérise par une prédominance des variétés d'automne : Conférence, Doyenné
du Comice et Beurré Hardy.
« Messieurs les melons » sont introduits dans le Val par le jardinier napolitain
de Charles VIII. « En nosdits jardins sont poupons, concombres, citerolles, gougourdes,
sucrins, melons, réfors », déclare en 1541 Thibaud Lepleignay, tandis que Ronsard
célèbre « l'artichaut et la salade, l'asperge et la pastenade, et les pépons (melons) tourangeaux » de St-Cosme. Noyers et châ-
taigniers se trouvent sur les plateaux :
les uns fournissent une huile parfumée
et un bois apprécié, les autres ces « mar-
rons » qu'on « grâle » (grille) à la veillée.
A côté des variétés traditionnelles,
comme la Reinette du Mans, se sont développées des variétés plus productives
comme la Golden, la Granny ou encore
Idared, Melrose et Jonagold.

Des légumes variés – En légumes,
toutes les espèces sont cultivées. On
rencontre deux grandes zones de production : la vallée Angers-Saumur et
l'Orléanais. Les cultures sous serres-
verre ou sous abris plastiques fournissent les tomates, les concombres et
laitues, particulièrement en Orléanais.
Les cultures de plein champ sont nombreuses. Mûres 15 jours avant la région
parisienne, elles sont expédiées en
grande quantité vers les halles de
Rungis : asperges de Vineuil et de
Contres, pommes de terre de Saumur,
haricots verts de Touraine, oignons et
échalotes d'Anjou et du Loiret, artichauts d'Angers.

Enfin, il convient de signaler que plus de 60 % de la production française de champignons de Paris provient du Val de Loire. Cultivé tout d'abord dans les caves de Paris sous Napoléon Ier, d'où l'origine de son nom, le champignon s'est fortement développé dans les carrières de tuffeau, près de Montrichard, Montoire, Montsoreau, Tours et surtout Saumur.

Fleurs et pépinières – Les serres où sont cultivés hortensias, géraniums, chrysanthèmes et les roseraies d'Orléans-la-Source, d'Olivet et de Doué-la-Fontaine sont célèbres. En Blésois, vers Soings, sont sélectionnés des tulipes, glaïeuls et lys.

Les pépinières se multiplient sur les alluvions de la Loire. Sur les terres légères du Véron, de Bourgueil et des environs d'Angers se pratique la culture des porte-graines, pour les artichauts, les oignons et les aulx. Dans la région de Chemillé, les plantes médicinales qui s'étaient développées dans la région au moment de la crise du phylloxéra connaissent un regain d'intérêt.

L'élevage

Bovins, ovins, porcins – Les bovins laitiers sont généralement élevés au pré, n'étant mis en stabulation que l'hiver où ils s'alimentent de foin et de maïs-ensilage ; dans les élevages destinés à la viande des bocages du Maine, de l'Anjou et de la Touraine, les bêtes vivent sur les herbages la plus grande partie de l'année. Ils appartiennent, pour le lait, aux races prim'holstein, pie noire ou normande ; pour la production de viande, aux races normande, maine-anjou et surtout charolaise. La production laitière tend à se concentrer dans les secteurs du Maine et de l'Anjou, dans l'Ouest de la Sarthe, la Mayenne et les Mauges.

L'aire du **mouton** couvre les plateaux calcaires du Haut-Maine, où l'on trouve notamment le bleu du Maine à tête bleu-noir et les rouges de l'Ouest.

Le **porc** se rencontre partout, mais spécialement en Touraine, Maine et Anjou : les rillettes et rillons de Vouvray et de Tours, du Mans et d'Angers en témoignent, avec dans le département de la Sarthe un label rouge de porcs fermiers.

L'élevage de la **chèvre** connaît un certain essor, corrélé à une production fromagère fort renommée et de plus en plus demandée, avec les Appellations d'Origine Contrôlée (AOC) « Sainte-Maure » toute récente, et « Selles-sur-Cher ».

Dans l'Ouest, les marchés aux bestiaux constituent un spectacle haut en couleur : Château-Gontier pour les veaux, Chemillé et Cholet pour les bêtes à cornes.

L'aviculture – La production avicole, fortement implantée dans les Pays de Loire, se développe considérablement ; son évolution est liée à l'industrie agro-alimentaire et aux coopératives. Cette production comporte deux caractéristiques principales : un haut niveau de qualité, grâce à la présence de nombreux labels, dont les plus renommés concernent les volailles fermières de **Loué** élevées en liberté ; une grande diversité : poulets, dindes, canards, pintades, mais aussi oies, chapons, poulardes, cailles, pigeons, et l'ensemble des espèces de gibier à plumes.

La race chevaline – De nombreux haras continuent l'élevage de chevaux de sang, de course et de trait (le percheron demeure une race encore importante dans tout le secteur du Maine et se développe grâce à l'attelage) ; l'École Nationale d'Équitation de St-Hilaire-St-Florent, près de Saumur, et son Cadre Noir perpétuent les grandes traditions équestres, tandis que mainte petite ville possède son champ de courses et que des établissements hippiques contribuent à développer le goût de l'équitation.

L'industrie et les services

Dans toutes les grandes villes du Val de Loire, on assiste à un accroissement de l'industrie, notamment en ce qui concerne les industries non polluantes (haute technologie, recherche, électronique, pharmacie, cosmétiques, industries de la mode...), ainsi qu'un développement très important des industries de transformation des produits agricoles et laitiers. Ces industries agro-alimentaires sont aujourd'hui florissantes : rillettes à Connerré, viandes à Sablé, conditionnement de steaks hachés à la SOCOPA de Cherré, conserveries de champignons à Saumur, conserveries de légumes dans l'Orléanais. Mis à part Châteaudun, Pithiviers et Vendôme, les principaux centres industriels se trouvent le long de la Loire : Gien, Sully, St-Denis-de-l'Hôtel, Orléans, Beaugency, Meung-sur-Loire, Mer, Blois, Amboise, Tours et Angers. Cette industrialisation récente ne s'est donc pas limitée aux grandes villes et a permis de dynamiser des zones rurales, dont le Choletais en est un bon exemple. La Manufacture Française des Pneumatiques **Michelin** est présente à Orléans, Tours et Cholet.

Enfin, des centrales nucléaires de production d'électricité ont été mises en service à Avoine-Chinon, Belleville-sur-Loire, Dampierre-en-Burly et St-Laurent-des-Eaux.

Les assurances, principalement au Mans, la tenue de congrès dont Tours et Orléans se sont fait une spécialité, la décentralisation d'organismes financiers, de services de santé et de grandes écoles, les grandes richesses touristiques sont des facteurs d'attraction pour les investisseurs.

Le patrimoine culturel, les forêts, le tourisme fluvial et ses 570 km de voies d'eau navigables pour la plaisance, la multiplication des parcs de loisirs sont autant de pôles d'intérêts et d'activités.

Quelques faits historiques

(En italique : quelques jalons chronologiques)

Époque gallo-romaine et haut Moyen Âge

52 av. J.-C.	*Révolte des Carnutes. César soumet la Gaule.*
1er-4e s.	*Occupation romaine de la Gaule.*
313	*Constantin accorde la liberté de culte aux chrétiens (Édit de Milan).*
372	Saint Martin, évêque de Tours. Il meurt à Candes en 397.
573-594	Épiscopat de Grégoire de Tours, auteur de l'*Histoire des Francs.*
7e s.	Fondation de l'abbaye de Fleury qui prendra le nom de St-Benoît.
fin du 8e s.	Théodulfe, évêque d'Orléans.
768-814	*Charlemagne.*
840-877	*Charles le Chauve.*
9e s.	Invasions normandes à Angers, St-Benoît, Tours.

Les Capétiens (987-1328)

987-1040	Foulques Nerra, comte d'Anjou.
996-1031	*Robert le Pieux.*
1010	Fondation de l'abbaye de Solesmes.
1101	Fondation de Fontevraud.
1104	Premier concile de Beaugency.
1152	Deuxième concile de Beaugency.
1180-1223	*Philippe Auguste.*
1189	Mort d'Henri II Plantagenêt, à Chinon. *Lutte entre Capétiens et Plantagenêts.*
1199	Mort de Richard Cœur de Lion.
1202	Jean sans Terre perd l'Anjou *(Chinon).*
1226-1270	*Saint Louis.*
1285-1314	*Philippe IV le Bel.*
1307	Arrestation et détention des Templiers *(voir à Arville).*

Les Valois (1328-1589)

1337-1453	*Guerre de Cent Ans.*
1380-1422	*Charles VI.*
1392	Le roi devient fou *(Le Mans).*
1409	Naissance à Angers du roi René.
1422-1461	*Charles VII.*
1427	Le roi s'installe à Chinon avec sa cour.
1429	L'épopée de Jeanne d'Arc *(Chinon, Orléans).*
1461-1483	*Louis XI.*
1476	*Lutte contre les grands féodaux.*
	Mariage du futur Louis XII et de Jeanne de France, à Montrichard.
1483	Mort de Louis XI, au château de Plessis-lès-Tours.
1483-1498	*Charles VIII.*
1491	Mariage de Charles VIII et d'Anne de Bretagne, à Langeais.
1494-1559	*Guerres d'Italie.*
1496	Début de l'influence italienne sur l'art français *(Amboise).*
1498	Charles VIII meurt à Amboise.
1498-1515	*Louis XII.*
1498	Le roi divorce pour épouser Anne de Bretagne.
1515-1547	*François Ier.*
1519	Renaissance française. Début de la construction de Chambord.
	Mort de Léonard de Vinci, au Clos-Lucé *(Amboise).*
1539	*Lutte contre Charles Quint.* Il est reçu à Amboise et à Chambord.
1547-1559	*Henri II.*
1559-1560	*François II.*
1560	Conjuration d'Amboise. Mort du roi, à Orléans.
1560-1574	*Charles IX.*
1562-1598	*Guerres de Religion.*
1562	Pillage de St-Benoît par les protestants. Lutte entre catholiques et protestants aux Ponts-de-Cé, à Beaugency.
1572	*La Saint-Barthélemy.*
1574-1589	*Henri III.*
1576	*Formation de la Sainte Ligue, fondée par les Guises contre les protestants.* Réunion des états généraux à Blois.
1588	Assassinat du duc Henri de Guise et de son frère le cardinal, à Blois.

Les Bourbons (1589-1792)

1589-1610	*Henri IV.*
1589	Prise de Vendôme par Henri IV.
1598	Mariage de César de Vendôme à Angers.
	Édit de Nantes.
1600	Mariage d'Henri IV et de Marie de Médicis.
1602	Achat de Sully par Maximilien de Béthune.
1610-1643	*Louis XIII.*
1619	Marie de Médicis s'évade de Blois.
1620	Début de la construction du collège de La Flèche.
1626	Gaston d'Orléans reçoit le comté de Blois.
1643-1715	*Louis XIV.*
1648-1653	*La Fronde, guerre civile dirigée contre Mazarin.*
1651	Anne d'Autriche, Mazarin et le jeune Louis XIV se réfugient à Gien.
1669	Première de *Monsieur de Pourceaugnac*, à Chambord.
1685	*Louis XIV signe à Fontainebleau la révocation de l'édit de Nantes.*
1715-1774	*Louis XV.*
1756	Création à Tours de l'École royale de Chirurgie.

Révolution et premier Empire (1789-1815)

1789	*Prise de la Bastille.*
1792	*Proclamation de la République.*
1793	*Exécution de Louis XVI.* Guerres de Vendée.
	Combats entre républicains, «les bleus» et royalistes, «les blancs» (Cholet, les Mauges).
1803	Talleyrand acquiert Valençay.
1804-1815	*Empire.*
1808	Internement de Ferdinand VII, roi d'Espagne, à Valençay.

Monarchie constitutionnelle et IIe République (1815-1852)

1814-1824	*Louis XVIII.*
1824-1830	*Charles X.*
1830-1848	*Louis-Philippe.*
1832	Début de la navigation à vapeur sur la Loire.
1832-1848	*Conquête de l'Algérie.*
1848	Internement d'Abd el-Kader à Amboise.
1848-1852	*IIe République. Louis Napoléon Bonaparte prince-président.*

Second Empire (1852-1870)

1852-1870	*Napoléon III.*
1870-1871	*Guerre franco-allemande.*
1870	*Proclamation de la IIIe République, le 4 septembre, à Paris.*
	Frédéric-Charles de Prusse à Azay-le-Rideau. Défense de Châteaudun.
1871	Bataille de Loigny.

IIIe République (1870-1940) et époque contemporaine

1873	A. Bollée achève, au Mans, sa première voiture, «l'Obéissante».
1914-1918	*Première Guerre mondiale.*
1919	*Traité de Versailles.*
1923	Première course des «24 heures du Mans».
1936	Louis Renault installe sa première usine décentralisée au Sud du Mans.
1939-1945	*Seconde Guerre mondiale.*
1940	Défense de Saumur. Entrevue de Montoire.
1945	*Capitulation de Reims.*
1946	*IVe République.*
1952	Premier spectacle «son et lumière», à Chambord.
1958	*Ve République.*
1963	Mise en service de la première centrale nucléaire française à Avoine près de Chinon.
1972	Création des régions Centre et Pays de la Loire.
1989	Mise en service du TGV Atlantique.
1993	Inauguration du Centre international de Congrès Vinci à Tours.
1996	Voyage du souverain pontife Jean-Paul II à Tours.

La Boutique Michelin, 32 avenue de l'Opéra, 75 002 Paris (métro Opéra),
☎ 01 42 68 05 20.
Une découverte du monde Michelin.

Le riche et long passé du Pays de la Loire

Antiquité et haut Moyen Âge

Pendant l'âge du fer, un peuple prospère et puissant, les **Cénomans**, occupe une vaste région allant de la Bretagne à la Beauce et de la Normandie à l'Aquitaine. Il oppose une longue résistance aux envahisseurs barbares puis romains. Dès le début de la conquête de la Gaule, les réactions sont vives et, en 52 av. J.-C., les **Carnutes**, installés entre Chartres et Orléans, donnent, à l'instigation des druides, le signal de la révolte contre César. Une féroce répression s'abat sur eux en retour.

Sous Auguste, la pacification s'impose et une ère durable de prospérité s'ouvre. Les villes déjà existantes, comme Angers, Le Mans, Tours et Orléans, s'urbanisent selon le modèle romain avec forum, théâtre, thermes et bâtiments publics. De nombreuses exploitations agricoles *(villae)*, des sanctuaires ruraux s'agrandissent ou apparaissent, en même temps que les débouchés commerciaux s'accroissent. L'apogée est atteint au 2e s., tandis que la fin du siècle suivant s'avère pleine d'instabilité et de périls qui obligent les villes à s'entourer de remparts. Parallèlement, le christianisme s'implante avec saint Gatien, premier évêque de Tours, et triomphe à la fin du 4e s. avec **saint Martin** dont le tombeau deviendra plus tard un lieu de pèlerinage de première importance (on fête le grand saint le 11 novembre).

Au 5e s., le Pays de la Loire est submergé par les vagues successives d'invasions ; en 451, l'évêque saint Aignan parvient à retenir les Huns devant Orléans. Wisigoths et Francs se disputent ensuite le pays jusqu'à la victoire définitive de Clovis en 507. Les incessantes querelles de ses successeurs dominent l'histoire de la région aux 6e et 7e s., alors que s'affirme le rayonnement de l'abbaye St-Martin de Tours. En 732, Charles Martel empêche les Sarrasins, venus d'Espagne, de franchir la Loire. L'ordre carolingien, illustré par la présence d'**Alcuin** et de **Théodulfe** à Tours et à Orléans, ne dure pas. Dès le milieu du 9e s., les Normands remontent le

Alcuin et Raban Maur (Bibl. Nat., Vienne)

fleuve et commettent des ravages sur leur passage, particulièrement dans les monastères (St-Benoît, St-Martin). **Robert le Fort**, comte de Blois et de Tours, les défait mais ils ne cessent leurs déprédations qu'en 911. Cette période voit s'affirmer la puissance de la dynastie robertienne au détriment des derniers Carolingiens. Une organisation sociale nouvelle émerge : la féodalité.

Le temps des principautés

Si l'Orléanais relève constamment du domaine capétien ainsi que sa capitale, une des résidences préférées du souverain, Touraine, Blésois, Anjou, Maine constituent autant de principautés autonomes et rivales. C'est le temps des barons puissants.

Les comtes de Blois ont de redoutables ennemis, dont **Foulques Nerra** est le plus fameux représentant. Foulques, tacticien de premier ordre, encercle peu à peu le comte de Blois, Eudes II, et lui ravit une partie de ses domaines. Geoffroy Martel, son fils, ne lui cède en rien : établi à Vendôme, il enlève à la maison de Blois tout le comté de Tours. Au 12e s., le comté de Blois dépend de la Champagne, alors au faîte de la puissance.

A la même époque, la dynastie des comtes d'Anjou atteint son apogée avec les Plantagenêts. En 1154, l'un d'eux devient roi d'Angleterre, sous le nom d'Henri II. Ils règnent du Nord de l'Angleterre aux Pyrénées et constituent une puissance formidable face à l'humble autorité des Capétiens qui, cependant, n'hésitent pas à lutter contre leurs redoutables voisins en profitant habilement des querelles qui les divisent et en faisant valoir leurs droits de suzerains.

Lorsqu'il accède au trône, et selon la volonté de son père Louis VIII, Saint Louis laisse le Maine et l'Anjou en apanage à son frère Charles d'Anjou. Ce prince et ses successeurs délaissent leurs provinces pour tenter, à partir de la Provence, de constituer un empire angevin vers Naples, la Sicile, et l'Orient. Cependant, l'âme populaire a gardé le souvenir du dernier des ducs d'Anjou, le bon **roi René**.

Le berceau de la féodalité

La féodalité correspond à un type de société qui s'épanouit pleinement aux 11e et 12e s. dans les pays d'entre Loire et Seine, centre de la monarchie capétienne.
La féodalité repose sur les notions de fief et de seigneurie. Le **fief** est un *beneficium* (bénéfice, bienfait), le plus souvent un territoire, accordé par un seigneur à un homme, généralement un chevalier, qui devient son vassal. Au cours du 12e s., les services sont peu à peu précisés et définis, comme la limitation du nombre de jours annuels des obligations d'«ost», de «chevauchée» et de garde. Les fiefs deviennent héréditaires. Pour pallier les inconvénients des vassalités multiples, l'hommage lige est introduit.
Les grands vassaux possèdent un droit d'appel auprès du roi en cas de litige grave avec leur suzerain ; c'est ainsi que Jean sans Terre se fait dépouiller de ses fiefs français par Philippe Auguste au début du 13e s.
La **seigneurie** foncière concerne tous les habitants d'un territoire ; elle dérive de la *villa* carolingienne par son mode d'exploitation et se divise en deux parties : la réserve, directement exploitée par le seigneur, et les tenures, louées à des paysans moyennant le paiement de redevances. La seigneurie banale provient de l'exercice du droit de ban (commandement), privilège royal tombé entre les mains des seigneurs possédant un château. Ce pouvoir leur permet d'imposer aux habitants de la seigneurie des obligations militaires, des servitudes variées (corvées, charrois, etc.) et des taxes.

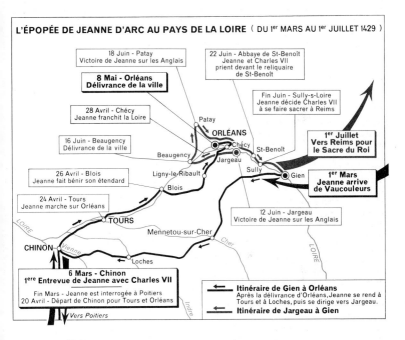

L'ÉPOPÉE DE JEANNE D'ARC AU PAYS DE LA LOIRE (DU 1er MARS AU 1er JUILLET 1429)

18 Juin - Patay
Victoire de Jeanne sur les Anglais

22 Juin - Abbaye de St-Benoît
Jeanne et Charles VII
prient devant le reliquaire
de St-Benoît

**8 Mai - Orléans
Délivrance de la ville**

Fin Juin - Sully-s-Loire
Jeanne décide Charles VII
à se faire sacrer à Reims

28 Avril - Chécy
Jeanne franchit la Loire

16 Juin - Beaugency
Délivrance de la ville

**1er Juillet
Vers Reims pour
le Sacre du Roi**

26 Avril - Blois
Jeanne fait bénir son étendard

**1er Mars
Jeanne arrive
de Vaucouleurs**

24 Avril - Tours
Jeanne marche sur Orléans

12 Juin - Jargeau
Victoire de Jeanne sur les Anglais

**6 Mars - Chinon
1ère Entrevue de Jeanne avec Charles VII**
Fin Mars - Jeanne est interrogée à Poitiers
20 Avril - Départ de Chinon pour Tours et Orléans

Patay — ORLÉANS — Chécy — St-Benoît — Beaugency — Jargeau — Sully — Gien — Ligny-le-Ribault — Blois — TOURS — Mennetou-sur-Cher — Cher — CHINON — Vienne — Loches — LOIRE — Indre — Vers Poitiers

← **Itinéraire de Gien à Orléans**
Après la délivrance d'Orléans, Jeanne se rend à Tours et à Loches, puis se dirige vers Jargeau.
← **Itinéraire de Jargeau à Gien**

Jeanne d'Arc

La guerre de Cent Ans ramène les Anglais ; maîtres de la moitié du pays, ils assiègent Orléans ; si la ville succombe, tout le royaume risque de tomber entre leurs mains.
Jeanne d'Arc apparaît ; elle proclame son dessein de «bouter l'Anglais hors de France» : le sentiment national s'éveille. La bergère de Domrémy persuade Charles VII de lui donner un commandement. Avec une petite armée, elle entre dans Orléans assiégée, prend d'assaut les bastilles anglaises, délivre la ville.
L'ennemi pourchassé est battu ; malgré la trahison de Compiègne (23 mai 1430) et le bûcher de Rouen (30 mai 1431), sa défaite est désormais assurée.

Le 16e s. : munificence royale et tumulte religieux

Le 16e s. s'ouvre par un feu d'artifice. Les Pays de la Loire vivent un moment intense de leur histoire tant la Renaissance s'y manifeste sous toutes ses formes.

La Renaissance – L'université d'Orléans, depuis longtemps réputée, attire nombre d'**humanistes** : Nicolas Béraud, Étienne Dolet, Pierre de l'Estoille, Anne du Bourg... La vie de l'esprit s'accompagne d'un formidable essor de l'imprimerie – la première imprimerie ligérienne s'établit à Angers en 1477 – qui favorise la diffusion de la culture. Au milieu du siècle, la **Pléiade** naît dans ce Val de Loire idyllique.
En choisissant la Touraine pour lieu de résidence favori, les rois contribuent au renouveau artistique de la région. **Charles VIII, Louis XII** et **François Ier** sont les promoteurs de la grande Renaissance française et transforment le Val de Loire en un immense chantier où s'épanouit l'esthétique nouvelle : à Amboise, à Blois et à Chambord.

De grands seigneurs, des financiers les imitent et construisent eux aussi de ravissantes demeures (Azay-le-Rideau, Chenonceau), tandis que les villes s'embellissent de gracieux hôtels particuliers.

La Renaissance symbolise un esprit nouveau qui redéfinit la place de l'homme dans le monde en modifiant radicalement la vision que l'on en avait jusque-là ; d'où ce goût pour l'harmonie et ce culte du beau recherchés dans tous les domaines.

Tumulte religieux – Si elle suscite l'effervescence intellectuelle, la Renaissance engendre aussi un besoin de renouveau moral et religieux. Le catholicisme, malgré quelques efforts ponctuels (au Mans par exemple), ne parvient pas à répondre à cette aspiration. Les idées de **Luther** et de **Calvin** (qui séjourne à Orléans entre 1528 et 1533) rencontrent naturellement un succès dans les milieux cultivés. A partir de 1540, l'Église riposte en organisant la répression : des réformés montent

François Ier en 1525 par Jean Clouet

tent au bûcher dans plusieurs villes, mais le mouvement réformateur s'amplifie. En 1560, la **conjuration d'Amboise**, qui échoue piteusement, est noyée dans le sang. Catherine de Médicis essaye de promouvoir une politique de conciliation en accordant des édits de tolérance mais, en avril 1562, les huguenots se soulèvent et occupent les villes où ils commettent maintes déprédations.

Les catholiques, avec Montpensier et Guise, reprennent cependant la situation en main et exercent une vengeance impitoyable, à Angers notamment. Une paix relative s'instaure de 1563 à 1567. A partir de 1568, armées protestantes, conduites par Condé et Coligny, et armées catholiques sèment périodiquement la terreur. A Orléans, la **Saint-Barthélemy** fait près d'un millier de victimes. Les Églises réformées se trouvent considérablement affaiblies durant le dernier quart de siècle et la lutte d'**Henri III** contre la Ligue passe bientôt au premier plan. En 1576, François d'Alençon, frère du roi et chef de la Ligue, reçoit la Touraine, l'Anjou et le Berry en signe d'apaisement. Mais les Guises se montrent acharnés et conspirent contre le roi qui ne voit pas d'autre solution que de les faire assassiner à Blois, en décembre 1588. La population se divise entre royaux et ligueurs, puissants dans la région. Replié à Tours, Henri III s'allie à Henri de Navarre et marche sur Paris quand il est à son tour assassiné (2 août 1589). Henri IV mit près de dix ans à pacifier la région. La brillante époque du Val de Loire, qui fut le théâtre des dernières heures des Valois, s'achevait dans la tragédie.

17e et 18e s. : le retour au calme

Les Pays de la Loire cessent d'être au centre de l'agitation politique et religieuse. Sous Louis XIV, la centralisation monarchique étouffe toute velléité d'autonomie : les deux généralités d'Orléans et de Tours sont administrées par des intendants énergiques tandis que les villes perdent le droit de se gouverner elles-mêmes.

Sur le plan religieux, l'Église catholique se redresse : couvents et séminaires se multiplient, les anciennes abbayes se réforment progressivement et la lutte contre la sorcellerie va de pair avec le relèvement du niveau intellectuel du clergé. Le protestantisme survit difficilement, hormis à Saumur, grâce à l'Académie, et reçoit un coup fatal lors de la **révocation de l'édit de Nantes**, en 1685.

Une économie naissante – Les activités humaines bénéficient de la stabilité générale. L'agriculture se développe lentement : les céréales de la Beauce, les matières premières textiles (laine, lin, chanvre), les cultures maraîchères et fruitières, les vins du Val de Loire constituent autant de richesses, alors que l'élevage reste défaillant. L'artisanat rural tient une place croissante, en liaison avec les manufactures urbaines : toile de chanvre autour de Cholet, étamine autour du Mans, drap en Touraine et en Anjou, bonnets dans l'Orléanais, soieries à Tours.

Au cours du 18e s., excepté les toiles de Laval et de Cholet, l'industrie textile entre en décadence. Orléans se spécialise dans le raffinage du sucre, exporté ensuite dans tout le royaume. Contrôlée par la «communauté des marchans», la Loire draine un important trafic, facilité par l'ouverture de canaux (jonction Loire-Seine par le canal de Briare, canal d'Orléans à Montargis, construits au 17e s.) : vins d'Anjou et de Touraine, laines du Berry, fers du Massif central, charbons du Forez, blés de Beauce, étoffes tourangelles, cargaisons des pays exotiques, etc. A la veille de la Révolution, ces activités faiblissent mais la région compte environ deux millions d'habitants et de vraies villes : Orléans (40 000 h.), Angers (30 000 h.), Tours (20 000 h.) et Le Mans (17 000 h.).

La Révolution

Alors que la Touraine et l'Orléanais acceptent la Révolution, le Maine et l'Anjou la rejettent.

Un conflit social – Un conflit social oppose à l'origine la bourgeoisie des villes et les tisserands des bourgades à la masse paysanne. Les citadins, gagnés aux idées nouvelles, s'enthousiasment pour le nouvel ordre politique, tandis que les paysans vont de déception en déception. En 1791-1792, le nouveau régime fiscal ne soulage en rien les campagnes ; de plus, la vente des biens nationaux profite essentiellement à la bourgeoisie. Les gardes nationaux (les bleus) viennent des villes pour imposer les décisions révolutionnaires, au besoin par la force. Le décret de levée en masse, en mars 1793, est reçu comme une provocation dans les campagnes, qui se soulèvent d'un bloc.

La guerre de Vendée – Les **armées «vendéennes»**, fidèles à la foi et au roi, remportent pendant quatre mois d'importants succès en s'emparant de Cholet, de Saumur puis d'Angers en juin. La Convention riposte en envoyant plusieurs corps d'armée. Les blancs sont défaits à Cholet le 17 octobre par les généraux Kléber et Marceau ; la déroute commence. Les fuyards sont massacrés et les débris de la «grande armée catholique et royale» sont exterminés dans les marais de Savenay. En représailles la Convention charge, en fin janvier 1794, le général Turreau de «nettoyer» le pays. *Voir encadré sur les guerres de Vendée dans le chapitre des Mauges.*

La chouannerie – Elle succède à la guerre organisée : une guérilla sporadique s'installe. Jean **Cottereau** dit Jean Chouan en est la principale figure. Les bocages résistent inlassablement. Après Thermidor, un lent effort de pacification se dessine, sous l'autorité du général **Hoche.** Charette et Stofflet, qui continuent la lutte, finissent par être arrêtés et fusillés en février et mars 1796. L'insurrection vendéenne s'achève sous le Consulat. La guerre avait laissé beaucoup de ruines et de redoutables rancœurs qui se révéleront plus tard dans les attitudes politiques très tranchées des habitants du Maine et de l'Anjou.

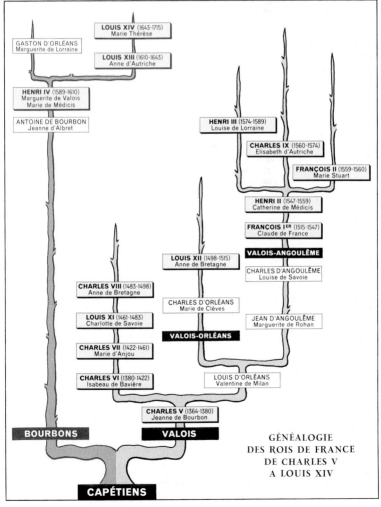

GÉNÉALOGIE
DES ROIS DE FRANCE
DE CHARLES V
A LOUIS XIV

D'une guerre à l'autre

Octobre 1870-janvier 1871 – Après la chute de l'Empire, la France se ressaisit sous l'impulsion de Gambetta. Les Bavarois, vainqueurs à Artenay, se sont déjà emparés d'Orléans (11 octobre) et ont esquissé par la Beauce leur jonction avec l'armée prussienne de Versailles. Châteaudun leur a résisté héroïquement les 18 et 19 octobre. Une armée de la Loire s'organise sous le commandement du général **d'Aurelle de Paladines**; deux corps, les 15e et 16e (Chanzy), formés au camp de Salbris, filent de Blois sur Orléans. Le choc a lieu à Marchenoir puis à Coulmiers, le 9 novembre : les Français remportent la victoire et obligent le général Von der Thann à évacuer Orléans. Pendant ce temps, les 18e et 20e corps tentent de contrer le duc de Mecklembourg en marche sur Le Mans et Tours mais sont battus, le 28 novembre, par le prince Frédéric-Charles, accouru de Metz, à Beaune-la-Rolande. Le 2 décembre, les 16e et 17e corps sont défaits à leur tour à Patay et à **Loigny**, où s'illustrent les zouaves du lieutenant-colonel de Charette, petit-neveu du célèbre Vendéen. Coupée en deux, la première armée de la Loire a vécu. Orléans doit être abandonnée une nouvelle fois tandis que le gouvernement se replie à Bordeaux (8 décembre).
Une deuxième armée de la Loire se constitue, commandée par le général **Chanzy**; elle résiste à tous les assauts ennemis puis se retranche sur le Loir. La bataille décisive s'engage du 10 au 12 janvier sur le plateau d'Auvours, à l'Est du Mans. Là, Chanzy doit battre en retraite en direction de Laval ; Tours est occupée et le prince Frédéric-Charles réside au château d'Azay-le-Rideau. L'armistice intervient le 28 janvier 1871.

1917-1918 – Le quartier général américain était établi à Tours tandis que les premiers «Sammies», débarqués de St-Nazaire, cantonnaient le long de la Loire.

1940-1944 – Le **10 juin 1940**, le gouvernement s'installe à Tours ; le château de Cangé, au Sud-Est de la ville, devient résidence provisoire du président de la République. Le 13, le Conseil suprême franco-britannique se réunit à Tours ; le Conseil des ministres décide, à Cangé, de transférer le gouvernement à Bordeaux. Au cours de cette semaine tragique, les ponts sur la Loire sont mitraillés et bombardés ; des flots de réfugiés inondent les routes. Les villes subissent de graves dommages. 2 000 cadets de l'École de Cavalerie de Saumur accomplissent de leur côté un véritable exploit en réussissant à contenir l'avance allemande, du 18 au 20 juin, sur un front de 25 km.
Le 24 octobre 1940, à **Montoire**, le maréchal Pétain rencontre Hitler et cède à ses exigences : la collaboration est née. La Gestapo d'Angers fait régner la terreur sur la région. La Résistance s'active à partir de 1941 ; les réseaux de renseignement et de sabotage, les maquis, les passeurs (la ligne de démarcation longeait le Cher et passait entre Tours et Loches) entravent l'action de l'occupant qui riposte par la torture, les déportations et les exécutions sommaires. En août et septembre 1944, l'armée américaine et les forces de la Résistance se rendent maîtresses du terrain au prix de lourds dégâts.

NAISSANCE ET ÉVOLUTION DES CHÂTEAUX

Défense contre l'envahisseur pendant le haut Moyen Âge, centre du pouvoir seigneurial à l'apogée de la féodalité, le château de la vallée de la Loire se mue, lors de la Renaissance, en une demeure de plaisance. La présence des rois, de Charles VII à Henri III, fait de la Touraine la terre de prédilection des palais.

Les premiers châteaux (5e-10e s.) – À l'époque mérovingienne existent des forteresses rurales, qui résultent souvent de la mise en défense d'anciennes *villae* gallo-romaines, ou de la réoccupation de sites de hauteur (Loches, Chinon). Généralement d'une superficie étendue, leurs fonctions sont multiples : résidences de hauts personnages, lieux de culte, ateliers monétaires, centres agricoles et places de refuge pour les populations. Sous les Carolingiens, ce type de forteresses subsiste mais l'insécurité croissante, à partir de la seconde moitié du 9e s., entraîne une vague de fortification pour tenter de répondre à la menace normande.
Ces châteaux primitifs, élevés hâtivement, s'appuient sur des levées de terre couronnées de palissades de bois ; parfois ils sont munis d'une tour servant de mirador, dressée en leur centre. Ils n'utilisent guère la maçonnerie. Jusque-là monopole royal, le château au 10e s. est de l'initiative privée des seigneurs ; les petites forteresses appelées «tours» se multiplient, le donjon est né.

Le château à motte (11e s.) – La motte est une éminence de terre rapportée, sur laquelle repose une tour de bois quadrangulaire, le **donjon**. Une enceinte extérieure, faite de palissades de bois surmontant une levée de terre avec fossé, protège une basse-cour suffisamment vaste pour accueillir les paysans des alentours. Le donjon peut être soit un ultime réduit défensif, soit un ouvrage avancé placé au point faible de l'enceinte ; certains ensembles possèdent même plusieurs mottes.

Le château maçonné (12e-13e s.) – Dès le 11e s., quelques châteaux utilisent des défenses en maçonnerie. Le donjon reste le point fort ; il se présente comme une construction massive de plan quadrangulaire. Les donjons de Loches, de Langeais, de Montbazon, de Chinon (Coudray), de Beaugency sont de remarquables spécimens du 11e s. Le donjon du 12e s. domine une basse-cour protégée par une enceinte extérieure en pierre, la **chemise**, progressivement flanquée de tours et de tourelles.

Chaque château enferme dans son enceinte des appartements privés, une salle d'apparat, une ou plusieurs chapelles, des logements pour la garnison, les clercs et le personnel, des bâtiments annexes (granges, écuries, caves, cuisines, etc.).

La tendance est au regroupement des bâtiments à l'intérieur d'une enceinte rétrécie. Le donjon comprend un cellier au rez-de-chaussée, une grande salle au premier étage, des logements aux étages supérieurs.

Au 13e s., sous l'influence des croisades et du perfectionnement des techniques d'attaque, d'importantes innovations apparaissent. Le château, qui est désormais pensé par un architecte, se rétrécit encore et multiplie les organes défensifs en s'efforçant de supprimer les angles morts. L'enceinte se hérisse de tours nombreuses et volumineuses et le donjon est étroitement incorporé à l'ensemble. Donjons et tours adoptent un plan circulaire, la base des murs s'élargit, la profondeur et la largeur des fossés augmentent considérablement. Souvent un rempart extérieur peu élevé vient doubler le rempart principal dont il est séparé par des lices (terre-pleins). Les dispositifs de tir s'améliorent : archères de type nouveau (à étrier, à croix pattée), mâchicoulis en pierre, plates-formes, bretèches, etc.

Dans le même temps se fait jour un souci de confort intérieur : les pièces habitables se parent de tentures et de tapisseries, de meubles (coffres, lits) et sont plus agréables à vivre que par le passé.

Le château de la fin du Moyen Âge

Les châteaux des 14e et 15e s. mettent l'accent sur les aménagements de confort et la décoration. Les corps de logis habités s'agrandissent, de larges fenêtres les éclairent et des pièces nouvelles (chambre d'apparat, garde-robe, cabinet de toilette) apparaissent ; le décor est de plus en plus raffiné.

Sur le plan militaire, il n'y a pas de révolution mais des améliorations de détail. Le donjon s'engage dans la masse des bâtiments et il est surmonté d'une guette ; parfois il disparaît, l'ensemble se réduisant alors à un grand corps de logis rectangulaire, défendu par de grosses tours d'angle. L'entrée, ouverte entre deux tours semi-circulaires, est protégée par un ouvrage avancé (barbacane, tours percées d'une porte) ou par un châtelet autonome. Les courtines se haussent désormais jusqu'à la hauteur des tours, que couronne un double étage de créneaux. Au 15e s., un toit pointu, en poivrière, coiffe le dernier étage.

Les autres types de fortifications

Les églises et les monastères, lieux d'asile et cibles de guerre, n'ont pas échappé au mouvement général de fortification, surtout pendant la guerre de Cent Ans. Les villes, certains villages prennent aussi en main leur défense en entourant les quartiers habités de remparts. Le pouvoir royal intervient et, en 1398, 1399 et 1401, des lettres et ordonnances de Charles VI enjoignent aux possesseurs de forteresses et aux bourgeois de mettre les fortifications en état de défense. Parsemant les campagnes à partir de la fin du 13e s., les maisons fortes construites par de petits seigneurs n'ont aucun rôle militaire mais, par leurs attributs, sont assimilées à de petits châteaux.

Le château Renaissance

Au 16e s., les préoccupations de bien-être et de goût esthétique font disparaître l'aspect militaire : fossés, donjons, tourelles ne sont conservés qu'à des fins décoratives comme à Chambord, Azay-le-Rideau et Chenonceau. Le toit très aigu couvre des combles spacieux, éclairés par des lucarnes monumentales. Les fenêtres sont très larges. L'escalier à rampes droites, voûté en caissons et axé au centre de la façade, se substitue à la tourelle contenant l'escalier à vis.

Dans la vaste cour d'honneur, une galerie – nouveauté venue d'Italie à la fin du 15e s. – apporte une touche d'élégance.

Descendu de la colline, le château se pose au milieu de la vallée, au bord d'une rivière qui forme « miroir d'eau ». Il se veut harmonieux et ouvert sur la nature, une nature remodelée, transfigurée en œuvre d'art par l'homme : les jardins, véritables écrins, deviennent un élément fondamental.

Seule construction traditionnelle, la chapelle continue à utiliser la voûte d'ogives et le décor flamboyant.

Aux 17e et 18e s. triomphe le classicisme, caractérisé par un rigoureux équilibre des formes. Le château est une maison de plaisance qui s'enchâsse dans un très beau jardin (Cheverny, Ménars).

Cheverny – La salle d'armes

LA GUERRE DE SIÈGE AU MOYEN ÂGE

L'investissement – Le premier soin de l'assiégeant est d'investir la place. Les fortifications qu'il élève (fossés, palissades, tours, forts ou bastides) sont dirigées à la fois contre une sortie éventuelle des assiégés et contre l'attaque d'une armée de secours. Dans les sièges importants, c'est une véritable ville fortifiée qui entoure la place à conquérir. Pour faire brèche, l'assiégeant utilise la mine, des machines de jet et le bélier. Il dispose pour cela de troupes spécialisées dans les opérations de siège.

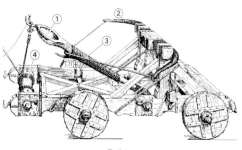

La galerie souterraine – Quand la nature du sol le permet, les assiégeants creusent des galeries sous les remparts. Ils étayent la cavité avec des rondins et, quand ils se retirent, mettent le feu ; la muraille s'effondre.

Les assiégés répliquent en creusant une contremine permettant d'atteindre la galerie adverse ; on se bat alors dans les boyaux. Lorsqu'il n'est plus possible de colmater les brèches, on se replie dans le donjon.

Baliste
Le projectile placé en ① est lancée par la détente du ressort ② lorsqu'on libère le levier ③ tendu au moyen du treuil ④

Les machines de jet – Elles utilisent un ressort ou un contrepoids pour lancer les projectiles. Les plus courants de ces engins sont la **baliste**, l'arbalète à tour, le trébuchet, la pierrière et le mangonneau. Les gros **mangonneaux** montés sur place lancent à 200 m, sous une trajectoire plus ou moins tendue, des pierres de plus de 100 kg. Ces blocs brisent les merlons, ébranlent les murailles, agrandissent les brèches faites par le bélier. On lance aussi de la mitraille de cailloux, des flèches incendiaires (le feu grégeois), des fagots enflammés et même des charognes pour répandre des épidémies. L'arbalète projette des traits de 5 m de longueur, qui peuvent faucher des files entières de soldats.

La tour roulante – C'est l'engin d'attaque le plus perfectionné. Construite en bois – le Moyen Âge a de merveilleux charpentiers –, recouverte de peaux de bœuf, haute de 50 m, elle abrite des centaines d'hommes.
Pour l'amener à pied d'œuvre, il faut combler le fossé en partie, construire un chemin de roulement en bois. L'énorme construction, placée sur rouleaux, est déplacée par palans.

Le bélier – L'action du bélier vient compléter celle des machines de jet. Dans les forts appareils, il faut une centaine d'hommes pour imprimer le mouvement de va-et-vient à la poutre. Mais pour enfoncer les portes, il y en a de plus petits, manœuvrés par une dizaine de vigoureux gaillards. Les chocs du gros engin

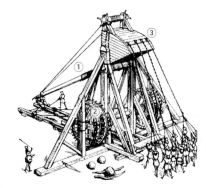

Mangonneau
Le levier ① est ramené au sol au moyen du treuil ②. Quand on le libère, il se redresse violemment sous l'action du contrepoids ③ et des hommes qui le tirent. La fronde qu'il porte à son extrémité se développe et lance le projectile qu'elle contient.

sont terribles : pour s'en préserver, les défenseurs s'efforcent d'interposer des ballots de laine. Pour détruire la machine, que surmonte un fort bouclier de bois protégé contre l'incendie par des peaux de bœuf, ils la criblent de pierres et de fagots en feu.

L'assaut – Par les ponts-levis des tours roulantes qu'on abaisse sur les remparts, les soldats se ruent sur les courtines. On dresse des échelles. Des hommes agiles, appelés échelleurs, lancent sur la muraille des crochets fixés au bout de cordes et se hissent à la force du poignet. Les assiégés font pleuvoir les flèches et les projectiles, s'acharnent à renverser les échelles, à couper les cordes. Avec de la poix bouillante ou de la chaux vive, ils cherchent à brûler les assaillants.
Si l'assaillant pénètre dans la place, il doit encore réduire, par étages successifs, les ouvrages autonomes (donjon, portes, grosses tours). Des escaliers étroits et tortueux, des fausses portes, des souricières, des chicanes, des meurtrières et des mâchicoulis intérieurs permettent aux défenseurs résolus une longue résistance.

L'ère du canon – La bombarde se perfectionne. Vers le milieu du 15e s., l'artillerie royale, sous l'impulsion des frères Bureau, devient la première du monde. Aucune forteresse ne lui résiste. En un an, Charles VII reprend aux Anglais soixante places dont ils n'avaient pu s'emparer qu'après des sièges de plusieurs mois. La technique de siège se modifie et s'adapte. Des camps fortifiés, reliés entre eux par des tranchées, bouclent la place à investir. Il faut ensuite «asseoir» l'artillerie, protéger les servants (talus ou palissades). La cadence de tir n'est pas très élevée et la précision est encore imparfaite. Les assiégés ripostent eux aussi avec l'artillerie et s'efforcent, à la faveur d'une sortie, d'enclouer les pièces ennemies. L'architecture militaire subit une complète transformation : les tours deviennent des bastions bas et très épais, les courtines s'abaissent et s'élargissent jusqu'à 12 m d'épaisseur.

LA VIE DANS LES CHÂTEAUX FORTS

Une pièce à tout faire – Dans les châteaux forts du 10e et du 11e s., les conditions de vie sont rudes. Toute la famille séjourne, prend ses repas et couche dans la même salle au premier étage du donjon. Le mobilier est réduit, la vaisselle rudimentaire.

Les heures longues – Les châtelains vivent repliés sur eux-mêmes, dans un climat d'insécurité. Quand le seigneur chasse, guerroie contre ses voisins, ou accueille avec joie la grande aventure de la croisade, la châtelaine assure la gestion du domaine.

LA VIE DANS LES PALAIS

La grande salle – A partir du 13e s., l'habitation seigneuriale s'améliore. Les croisés ont eu, en Orient, la révélation du confort ; ils en rapportent le goût. La vie publique et la vie privée se déroulent désormais dans des pièces séparées. Dans la grande salle, la plus belle du château, le seigneur donne ses audiences, rend la justice. Fêtes et banquets s'y déploient.

Les fenêtres, garnies de vitraux et de volets, ont remplacé les meurtrières. Les murs sont décorés de peintures ou de tapisseries, le carrelage est recouvert de nattes de jonc, de tapis sur lesquels on s'assoit ou l'on s'étend ; des fleurs, de la verdure jonchent le sol et, en été, garnissent les cheminées.

La chambre – La grande salle communique avec la chambre, centre de la vie privée. Sauf dans les ménages royaux ou princiers, les couples couchent dans la même chambre. Là sont reçus les familiers. L'ameublement s'est enrichi : lit surmonté de dais et entouré de rideaux somptueux, miroirs de Venise, tapisseries, tentures de prix, des bancs à dossier, une chaire, un prie-Dieu, des escabeaux et des coussins, un dressoir, une table, des coffres, une armoire. Pour distraire la châtelaine, une volière, souvent un perroquet.

Les dames tendent leur chambre en noir pendant les quinze jours de grand deuil et restent au lit, volets clos. Pour les naissances, les contrevents sont fermés, mais la pièce est illuminée de flambeaux,

Troubadours – Psautier de Peterborough (1390)

fleurie et décorée des objets les plus précieux qu'on place sur un dressoir. Il existe, près de la chambre, un cabinet de travail qui sert pour les petites audiences, une salle du Conseil, un oratoire ou une chapelle. Les gardes se tiennent dans une salle spéciale. Dans les grandes demeures existe une chambre d'apparat où l'on expose les vêtements de cérémonie. Le prince, après une première toilette dans la chambre ordinaire en compagnie de familiers, prend place sur le lit de réception et finit de s'habiller devant une autre assistance. De là sortiront les «levers» de Louis XIV.

La cuisine – Les repas sont raffinés, mais pantagruéliques. Dans l'intimité, ils sont pris dans la chambre, sinon dans la grande salle. Avant et après le repas, on apporte le bassin et les aiguières pour le lave-mains aromatisé, car les doigts remplacent souvent la fourchette.
La vaisselle est d'argent. Les festins se déroulent autour d'une immense table occupée d'un seul côté pour laisser le milieu de la salle libre, car ils sont entrecoupés de nombreux divertissements : jongleurs, acrobates, musiciens, etc.

Les soins corporels et l'hygiène – Près de la chambre ou isolée dans un pavillon, on trouve l'étuve. Jusqu'au 14e s., le goût de l'eau a été vif en France. Dans le peuple, on va couramment aux étuves publiques une fois par semaine ; dans les hautes classes, le bain est souvent quotidien. L'étuve comprend une sorte de piscine qu'on remplit d'eau tiède et une salle pour le bain de vapeur et le massage. Un barbier ou une chambrière donnent les soins épilatoires qui sont de règle à l'époque. Sans étuve, on se baigne dans le cuvier fait de bois, de bronze ou d'argent. On soupe souvent dans la «baignerie» en compagnie. Hommes et femmes se mêlent sans qu'on y voie une atteinte à la moralité. Ces habitudes de propreté disparaissent de la Renaissance jusqu'à la Révolution. Les prédicateurs tonnent contre les étuves communes, selon eux transformées en lieux de débauche. Au 13e s., il y avait à Paris 26 étuves publiques; sous Louis XIV, il n'en restait plus que 2. Par ailleurs, les châteaux du Moyen Âge étaient pourvus de commodités.

Distractions – La vie de château a toujours eu beaucoup d'heures creuses. Il faut varier les distractions. En chambre, on joue aux échecs, aux jonchets, aux dés, aux dames et, dès le 14e s., aux cartes. Dehors, on joue à la paume, aux boules, au ballon; on lutte, on tire à l'arc. La chasse (à courre ou au faucon) reste le sport seigneurial avec les tournois et les joutes. Des nains distraient les enfants et les femmes; à la cour, le «fou» brocarde en toute licence jusqu'au souverain. Les fêtes sont fréquentes. Les représentations des Mystères, durant parfois 25 jours consécutifs, recueillent un grand succès.

LA COUR DANS LE VAL DE LOIRE

Cour bourgeoise – Les séjours réguliers dans le Val commencent avec Charles VII pour se terminer avec le dernier des Valois, Henri III. Charles VII séjourne fréquemment à Chinon et à Loches. Le passage de Jeanne d'Arc, en 1429, a rendu à jamais célèbre le palais de Chinon.

Louis XI fuit la pompe. Il a installé sa femme, Charlotte de Savoie, à Amboise, mais y vient rarement. Il préfère son manoir de Plessis-lès-Tours où il vit dans la crainte d'un attentat. Ses uniques passions, selon Commines, sont la chasse et les chiens. La cour de la reine comprend quinze dames d'honneur, douze chambrières, cent officiers chargés de divers emplois : sellier, libraire, médecin, chapelain, musiciens, officiers de bouche, ainsi que de nombreux valets et domestiques. La sérieuse Charlotte compte dans sa «librairie» plus de 100 volumes, chiffre important pour le temps. Ce sont des ouvrages de piété, de morale, d'histoire, de botanique, de science ménagère. Quelques livres légers, dont les *Contes* de Boccace, tranchent sur cette gravité.

J. Benazet / PIX

Le porc-épic (Louis XII)
Cominus et eminus *(De près et de loin)*

En somme, le train royal, à côté de celui de Charles le Téméraire, a une allure plus bourgeoise que princière.

Cour luxueuse – À la fin du 15e s., Charles VIII fait des achats considérables pour meubler convenablement Amboise. C'est par centaines que l'on compte alors les tapis persans, les «tapis velus» de Turquie, les tapis de Syrie, par dizaines les lits, les coffres, les tables en chêne, les dressoirs. Les pièces et parfois les cours (lors des grands événements) du château sont décorées de somptueuses tapisseries de Flandres ou de Paris. L'argenterie est aussi fournie que délicate, les œuvres d'art, en grand nombre, proviennent pour la plupart d'Italie. L'armurerie (dont on conserve un inventaire de 1499) contient, outre une collection d'armures, des armes prestigieuses ayant appartenu à Clovis, Dagobert, Saint Louis, Philippe le Bel, Du Guesclin ou Louis XI.

Cour galante – Louis XII est le roi bourgeois de Blois; avec François Ier, la cour devient une école d'élégance, de culture et de goût.
Le roi-chevalier aime les savants, les poètes, les artistes. Des femmes qui, jusque-là cantonnées dans le service de la reine, soumises à une discipline de pensionnat, jouaient à la cour un rôle effacé, il fait les reines d'une société nouvelle. Il exige d'elles une élégance sans défaut, leur offre des toilettes qui mettent leur beauté en valeur : c'est par 200 000 livres à la fois qu'il achète des étoffes et des fanfreluches.

J. Benazet / PIX

La salamandre (François Ier)
Nutrisco et extinguo
(Je m'en nourris et je les éteins)

En revanche, le roi veille à ce qu'on fasse preuve de toute courtoisie et respect à leur égard. Un gentilhomme s'étant permis quelques propos hardis à leur sujet n'échappa que par la fuite au dernier châtiment, tant «fut grande la colère du roi, faisant jurement et disant tout haut que qui toucheroit à l'honneur de ces dames, il seroit pendu». Un code de courtoisie se met en place et la cour donne l'exemple des bonnes manières.

Les fêtes que François donne à Amboise, où s'est passée son enfance et où il vivra les premières années de son règne, sont d'un éclat sans précédent. Noces, baptêmes, victoires, visites princières sont célébrés somptueusement. Parfois ces réjouissances ont lieu dans la campagne, comme cette reconstitution d'une opération de siège pour laquelle une ville provisoire est élevée, défendue par le duc d'Alençon, attaquée et prise par le roi. Pour mieux donner l'illusion d'un combat réel, les bombardes lancent de gros ballons. La chasse reste à l'honneur ; l'équipage de vénerie occupe 125 personnes et coûte 18 000 livres par an, celui de fauconnerie 50 personnes et 36 000 livres par an.

Les derniers Valois – Sous Henri II et ses fils, Blois continue d'être le siège habituel de la cour lorsqu'elle n'est pas au Louvre. C'est Henri III qui établit le premier code d'étiquette et introduit le titre «Sa Majesté», emprunté aux empereurs romains. La reine mère et la reine ont une centaine de dames d'honneur. Catherine de Médicis a aussi son fameux **« escadron volant »**, composé de jolies filles coquettes, qui la sert dans ses intrigues. La suite du roi comprend 200 gentilshommes, plus d'un millier d'archers et de suisses. Une multitude de serviteurs s'affairent dans le château. Les princes de sang, les grands seigneurs ont aussi leur «maison». Depuis François Ier, environ 15 000 personnes gravitent ainsi autour du roi ; quand la cour se déplace, il lui faut 12 000 chevaux. Rappelons qu'au milieu du 16e s., seules 25 villes dépassent 10 000 habitants, c'est dire l'importance de la caravane royale !

REINES ET GRANDES DAMES

Souveraines ou favorites, leur rôle politique devient primordial, tandis que le faste tapageur dont elles s'entourent contribue au rayonnement artistique du royaume.

Agnès Sorel fait l'ornement de la cour de Charles VII à Chinon et à Loches. Elle entoure le roi de bons conseils et lui remet à l'esprit les problèmes du pays après la guerre de Cent Ans, tandis que la reine Marie d'Anjou se morfond dans son château.

Louise de Savoie, mère de François Ier, fait preuve d'une grande dévotion envers saint François de Paule. Seulement, cette piété, mêlée des superstitions de son astrologue et sorcier Cornelius Agrippa, dissimule mal une ambition insatiable. Elle ne vit que pour l'élévation de son fils au trône de France et déjoue les plans d'**Anne de Bretagne** en lui faisant épouser Claude, fille de Louis XII.

La vie amoureuse de François Ier compte nombre d'héroïnes : Françoise de Châteaubriant, et la **duchesse d'Étampes**, qui règne sur la cour jusqu'à la mort du roi.

Diane de Poitiers, la célèbre favorite d'Henri II, est une femme rude. Jusqu'à son extrême vieillesse, elle garde une vigueur de corps et d'esprit qui émerveille ses contemporains. Prenant elle-même des décisions d'État, elle négocie avec les protestants, trafique des captifs espagnols, distribue magistratures et dignités, et, à la grande humiliation

J. Benazet / PIX

L'Hermine (Anne de Bretagne)
Potius mori quam foedari
(Plutôt mourir que trahir).

de la reine, se charge de l'éducation des enfants royaux. Sa personnalité est telle qu'il n'est guère d'artistes de ce temps qui ne nous en aient laissé un portrait.

L'«étrange» beauté de **Marie Stuart**, épouse infortunée du petit roi François II, mort à 17 ans après quelques mois de règne, jette un vif mais bref éclat sur la cour du milieu du 16e s. Elle fut célébrée par un dessin de Clouet et les vers de Ronsard.

Brune, noiraude, tout autre est la princesse **Marguerite de Valois**, la célèbre «reine Margot», sœur de François II, de Charles IX – dont le nom est associé à celui de Marie Touchet – et d'Henri III. Ses yeux hardis, sa vitalité, ses escapades amoureuses causeront de continuels soucis à sa mère Catherine de Médicis. Son mariage avec le futur roi Henri IV ne l'assagit guère et sera d'ailleurs annulé.

Catherine de Médicis domine cette période. Mariée au dauphin Henri en 1533, elle figure à la cour pendant 55 ans, sous 5 rois. Éclipsée un temps par Diane de Poitiers, elle prend sa revanche à la mort d'Henri II, en lui arrachant Chenonceau. Régente à l'avènement de Charles IX, qui succède à l'éphémère François II, elle s'efforce de maintenir l'autorité de la monarchie dans la difficile contexte des guerres de Religion, louvoyant habilement entre les Guises et les Bourbons, et usant de diplomatie, de manœuvres matrimoniales et d'intrigues familiales. Sous Henri III, son influence recule progressivement devant celle des «mignons».

Célébrités du Val de Loire

LITTÉRATURE

La langue française, toute de mesure et de clarté, a conquis ses lettres de noblesse dans le Val de Loire, dont les paysages harmonieux ont séduit tant d'écrivains.

Le Moyen Âge – A la suite de saint Martin, Tours est dès le 6e s. un grand centre intellectuel : l'évêque **Grégoire de Tours** devient le premier historien des Gaules avec son *Historia Francorum*, Charlemagne y fait fonder par **Alcuin** une célèbre école de calligraphie, tandis que les poèmes latins de **Baudri de Bourgueil** annoncent au 11e s. l'art courtois. Mais Orléans marque, au début du 13e s., le triomphe de la langue vulgaire et du lyrisme grâce au *Roman de la Rose*. Œuvre didactique de deux auteurs successifs – le précieux **Guillaume de Lorris**, auteur des 4 000 premiers vers, et le réaliste **Jean de Meung** –, ce poème de 22 000 vers sera abondamment traduit et exercera une immense influence en Europe.
Charles d'Orléans (1394-1465) découvre ses dons poétiques dans les prisons d'Angleterre. Mécène, auteur de pièces courtes et gracieuses, «Le temps a laissé son manteau de vent, de froidure et de pluie... », il organise dans sa cour de Blois des joutes poétiques. En 1457, **Villon** y sera vainqueur grâce à sa ballade «Je meurs de soif auprès de la fontaine ». Jeu de princes, la poésie devient aristocratique, en Anjou, avec le bon roi René. A Angers même, le médecin érudit **Jean Michel** fait jouer son monumental *Mystère de la Passion*, dont les 65 000 vers représentent quatre jours de spectacle.

Renaissance et humanisme – Tandis que la guerre de Cent Ans amène la monarchie à quitter Paris pour la Touraine, l'université d'Orléans fondée en 1305, celle d'Angers en 1364 jouissent très tôt d'une vaste audience et deviennent ainsi de hauts lieux de l'humanisme européen. Les érudits **Érasme** et **Guillaume Budé**, l'helléniste souabe **Melchior Wolmar**, les réformateurs **Calvin** et **Théodore de Bèze** y enseignent ou y étudient ; l'Orléanais **Étienne Dolet** prêche ses doctrines athées pour lesquelles il se fera pendre et brûler à Paris.
François Rabelais (1494-1553), né près de Chinon, étudiant à Angers, bénédictin érudit, médecin réputé, expose, à travers les aventures de Gargantua et de Pantagruel *(voir à Chinon)*, ses idées pédagogiques, religieuses et philosophiques. Très attaché à son pays natal, il en fait le théâtre de la guerre picrocholine.

La Pléiade – Pour cultiver et développer leur langue maternelle à partir de l'imitation d'Horace et des Anciens, sept poètes fondent en Val de Loire une école qui va dominer tout le 16e s. poétique. Si le chef incontesté en est le Vendômois **Ronsard**, sacré prince des Poètes, c'est l'Angevin **Joachim du Bellay** qui rédige en 1549 le manifeste de leur groupe, *Défense et illustration de la langue française*. Avec le Fléchois **Baïf**, Dorat, Jodelle, Marot et Pontus de Tyard, tous deux poètes de la cour, ils célèbrent la nature et les dames, le pays natal et la «douceur angevine ».

Classicisme et siècle des Lumières – Le **marquis de Racan** versifie au bord du Loir ; l'Académie protestante de Saumur appuie les premiers travaux de **René Descartes**. Au siècle suivant, un Tourangeau, **Néricault-Destouches**, succède à Molière dans le genre de la comédie de caractère ; Voltaire séjourne à Sully ; Rousseau et sa compagne, Thérèse Levasseur, vivent à Chenonceau ; Beaumarchais se fixe à Vouvray et fréquente le duc-ministre Choiseul, en exil à Chanteloup.

Romantisme – Le pamphlétaire **Paul-Louis Courier** et le chansonnier **Béranger**, tous deux sceptiques et spirituels, exercent sous la Restauration une action politique d'inspiration libérale. **Alfred de Vigny** (1797-1863) – fils ingrat de Loches, soldat et poète – trace, dans son roman historique *Cinq-Mars*, le tableau d'une Touraine idyllique. Mais la grande gloire tourangelle du 19e s. reste **Honoré de Balzac** (1799-1850). Né à Tours, élevé à Vendôme, il aime de tout son cœur ce Val dont il fait le cadre de quelques titres de sa vaste fresque romanesque *La Comédie humaine*.

Les contemporains – Poète de l'action et de la prière, l'Orléanais **Charles Péguy** célèbre sa concitoyenne Jeanne d'Arc et sa chère Beauce, où le romancier **Marcel Proust** part aussi *A la recherche du temps perdu*. A l'abbaye de St-Benoît-sur-Loire, le poète **Max Jacob** travaille et médite de longues années.

J. Benazet/PIX

Balzac – (Musée des Beaux-Arts, Tours)

La Sologne est inséparable d'un jeune romancier, **Alain-Fournier**, immortalisé par *Le Grand Meaulnes* : c'est l'adolescent parti en quête de l'enfance, du bonheur impossible, à travers les brumes irréelles des marais solognots. Le personnage du braconnier Raboliot évoque avec pittoresque le pays natal de son créateur, l'académicien **Maurice Genevoix**.

La Touraine, qui a vu naître l'humoriste **Georges Courteline** (1858-1929), abrita aussi la retraite de plusieurs prosateurs de renommée internationale : Maeterlinck, prix Nobel 1911, au Coudray-Montpensier *(p. 116)*, Anatole France, prix Nobel 1921, à la Béchellerie, Bergson, prix Nobel 1927, à la Gaudinière. **René Benjamin** (1885-1948) résida en Touraine où il écrivit *La Prodigieuse Vie de Balzac*, et des romans sur la vie tourangelle.

Angers est la patrie de l'académicien catholique **René Bazin** (1853-1932), attaché aux vertus traditionnelles et à la terre ancestrale, et de son petit-neveu **Hervé Bazin** (1911-1996), dont la violente attaque contre la bourgeoisie est directement inspirée par sa ville natale.

BEAUX-ARTS

Clément Janequin (1480-1565), maître de la musique religieuse et profane, angevin d'adoption, fut longtemps directeur de la psallette à la cathédrale d'Angers. Quant au dessin, il est représenté par le Flamand **Jean Clouet**, attaché à Louis XII et à François Ier, et par son fils **François Clouet**, né à Tours.

Au 19e s., le graveur-sculpteur **David d'Angers** (1788-1856) accède à la célébrité pour ses centaines de médaillons qui nous ont conservé les profils des célébrités de son temps.

Peintres

Jean Fouquet (vers 1420-1480). Portraitiste et miniaturiste né à Tours ; ses fonds de paysages lumineux évoquent le Val de Loire.

Le Maître de Moulins (fin 15e). La pureté de son trait et son charme sont caractéristiques de l'école française. Identifié à Jean Perréal (vers 1455-1530).

Jean Bourdichon (vers 1457-1521). Miniaturiste d'Anne de Bretagne, à l'art facile et séduisant.

Léonard de Vinci (1452-1519). Séjourne dans le Val de Loire à partir de 1516, appelé par François Ier. Il meurt à Amboise.

François Clouet (1520-1572). Portraitiste né à Tours. Peintre des Valois. Fait preuve de finesse et de pénétration.

Jean Mosnier (1600-1656). Décorateur et auteur de compositions religieuses. A beaucoup travaillé dans le Blésois, principalement à Cheverny et à Beauregard.

Sculpteurs

Michel Colombe (vers 1430-1514?). Dirigeant un important atelier à Tours, il allie les traditions gothiques et les nouveautés italiennes.

Fra Giocondo (vers 1433-1515). Célèbre moine véronais, humaniste et ingénieur, installé à Amboise en 1499.

Guido Mazzoni (vers 1450-1518). Nommé « il Paganino », cet Italien, très réaliste, est spécialiste de la terre cuite.

Dominique de Cortone (1470-1549). Architecte italien, dit le Boccador (Bouche d'Or), en France depuis 1495.

Les Juste (16e s.). Famille florentine issue d'Antoine Juste (1479-1519), naturalisée en 1513 et fixée à Tours en 1515.

Girolamo Della Robbia (1488-1566). Florentin, il gagne la région d'Orléans en 1518 et y moule de fins médaillons en terre cuite.

Michel Bourdin (1585-1645). Orléanais dont le style est réaliste.

SCIENCES

En 1756 est créée, à Tours, l'École royale de Chirurgie, devenue aujourd'hui Faculté de Médecine et de Pharmacie. C'est aussi dans cette ville qu'enseigne **Bretonneau** (1778-1862), spécialiste de la lutte contre les maladies infectieuses ; ses élèves **Trousseau** et **Velpeau** poursuivent brillamment ses travaux et ses recherches.

Physicien et inventeur, **Denis Papin** (1647-1714) est né près de Blois. Plus heureux dans ses travaux, le physicien **Charles** (1746-1823), né à Beaugency, collabore avec les frères Montgolfier et réalise en 1783, à Paris, la première ascension d'un aérostat à hydrogène. **Robert-Houdin** (1805-1871), né et mort à Blois, fut simultanément horloger, manipulateur et inventeur.

Pour préparer son voyage ou pour se rappeler les bons moments passés dans les pays de Loire, la cassette Vidéo Découvertes Michelin Châteaux de la Loire est le complément images idéal du guide Vert.

L'art

ÉLÉMENTS D'ARCHITECTURE

Architecture religieuse

LE MANS – Plan de la cathédrale St-Julien (12ᵉ au 15ᵉ s.)

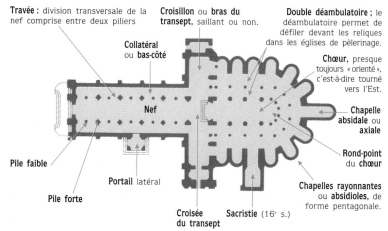

Travée : division transversale de la nef comprise entre deux piliers

Croisillon ou **bras du transept,** saillant ou non.

Double déambulatoire ; le déambulatoire permet de défiler devant les reliques dans les églises de pèlerinage.

Collatéral ou **bas-côté**

Chœur, presque toujours « orienté », c'est-à-dire tourné vers l'Est.

Nef

Chapelle absidale ou **axiale**

Pile faible

Rond-point du **chœur**

Portail latéral

Chapelles rayonnantes ou **absidioles,** de forme pentagonale.

Pile forte

Croisée du transept

Sacristie (16ᵉ s.)

ST–AIGNAN – Coupe longitudinale de la Collégiale (11ᵉ-12ᵉ s.), transept et chœur

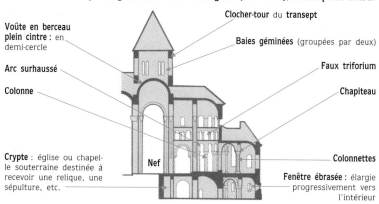

Voûte en berceau plein cintre : en demi-cercle

Clocher-tour du transept

Baies géminées (groupées par deux)

Arc surhaussé

Faux triforium

Colonne

Chapiteau

Crypte : église ou chapelle souterraine destinée à recevoir une relique, une sépulture, etc.

Nef

Colonnettes

Fenêtre ébrasée : élargie progressivement vers l'intérieur

ANGERS – Voûtes de l'église St-Serge (début du 13ᵉ s.)

Ce type de voûte de forme bombée, dite domicale, a reçu le nom de **voûte angevine** ou **Plantagenêt**. À la fin du 12ᵉ s., les voûtes angevines s'allègent ; les nervures plus nombreuses et plus gracieuses retombent sur de sveltes colonnes rondes. Au début du 13ᵉ s. s'élèvent des vaisseaux dont les hautes voûtes à liernes s'ornent d'élégantes sculptures.

Voûtain ou **quartier,** en brique.

Clé de voûte

Nervure

Lierne : nervure auxiliaire d'une voûte d'ogives

Chapiteau

Voûte sur croisée d'ogives

R. Corbel

Fût ou **colonne**

ST-BENOÎT-SUR-LOIRE – Basilique Ste-Marie (11e-12e s.)

Église romane. Plan à double transept, rare en France ; le petit transept, ou faux transept, se déploie de part et d'autre du chœur.

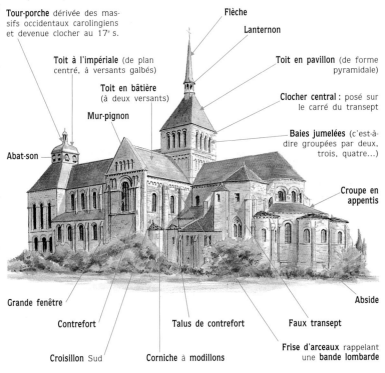

Tour-porche dérivée des massifs occidentaux carolingiens et devenue clocher au 17e s.

Flèche

Lanternon

Toit à l'impériale (de plan centré, à versants galbés)

Toit en pavillon (de forme pyramidale)

Toit en bâtière (à deux versants)

Clocher central : posé sur le carré du transept

Mur-pignon

Baies jumelées (c'est-à-dire groupées par deux, trois, quatre...)

Abat-son

Croupe en appentis

Grande fenêtre

Abside

Contrefort

Talus de contrefort

Faux transept

Croisillon Sud

Corniche à modillons

Frise d'arceaux rappelant une **bande lombarde**

LE MANS – Chevet de la cathédrale St-Julien (13e s.)

Chevet : extrémité extérieure du chœur d'une église. Pour désigner l'extrémité intérieure, on emploie le terme d'**abside**.

Galerie de circulation

Arc-boutant

Remplage : réseau léger de pierre découpée garnissant des fenêtres en leur partie supérieure

Pinacle équilibrant la culée

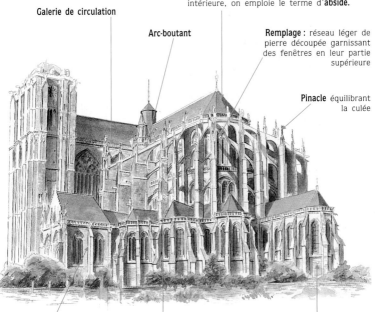

Contrefort : renfort extérieur d'un mur, faisant saillie et engagé dans la maçonnerie.

Culée : massif de maçonnerie qui contient la poussée des arches

Chapelle absidale ou **axiale.** Dans les églises non dédiées à la Vierge, cette chapelle, dans l'axe du monument, lui est souvent consacrée.

R. Corbel

33

TOURS – Façade de la cathédrale St-Gatien (13ᵉ au 16ᵉ s.)

Romane à la base de ses tours, gothique flamboyant pour sa façade, Renaissance au sommet des clochers couronnés de **coupoles** à **lanternon**, la cathédrale St-Gatien est un bel exemple d'alliance de styles réussie.

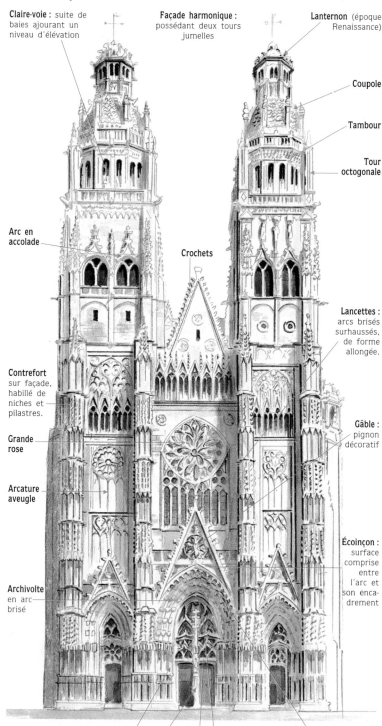

Claire-voie : suite de baies ajourant un niveau d'élévation

Façade harmonique : possédant deux tours jumelles

Lanternon (époque Renaissance)

Coupole

Tambour

Tour octogonale

Arc en accolade

Crochets

Lancettes : arcs brisés surhaussés, de forme allongée.

Contrefort sur façade, habillé de niches et pilastres.

Gâble : pignon décoratif

Grande rose

Arcature aveugle

Écoinçon : surface comprise entre l'arc et son encadrement

Archivolte en arc brisé

Piédroits ou jambages : montants verticaux sur lesquels retombent les voussures

Tympan ajouré

Voussures : arcs concentriques couvrant l'embrasure d'une baie ; l'ensemble des voussures constitue l'**archivolte**.

Trumeau : généralement une statue y est adossée.

Portail

R. Corbel

34

LORRIS – Buffet d'orgues de l'église (15ᵉ s.)

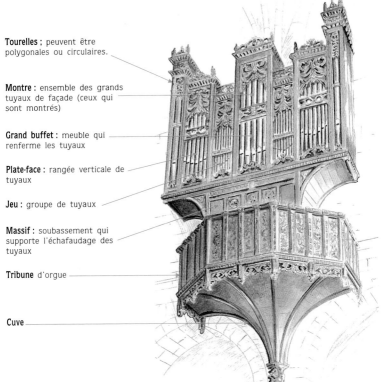

Tourelles : peuvent être polygonales ou circulaires.

Montre : ensemble des grands tuyaux de façade (ceux qui sont montrés)

Grand buffet : meuble qui renferme les tuyaux

Plate-face : rangée verticale de tuyaux

Jeu : groupe de tuyaux

Massif : soubassement qui supporte l'échafaudage des tuyaux

Tribune d'orgue

Cuve

ANGERS – Chaire à prêcher de la cathédrale St-Maurice (19ᵉ s.)

Cette œuvre (1855) de l'abbé René Choyer est un pastiche de l'art gothique du 13ᵉ s. ; l'ensemble de la chaire résume toute la connaissance de l'architecture et de la sculpture médiévales.

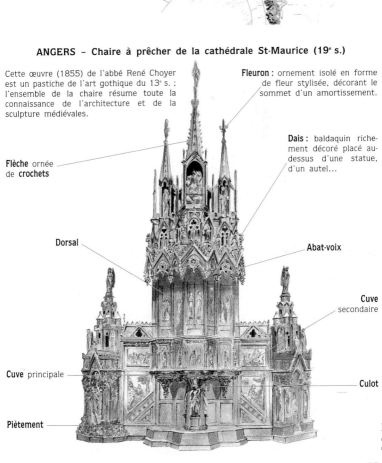

Fleuron : ornement isolé en forme de fleur stylisée, décorant le sommet d'un amortissement.

Dais : baldaquin richement décoré placé au-dessus d'une statue, d'un autel...

Flèche ornée de **crochets**

Dorsal

Abat-voix

Cuve secondaire

Cuve principale

Culot

Piètement

R. Corbel

35

Architecture militaire

LOCHES – Porte des Cordeliers (11ᵉ et 13ᵉ s.)

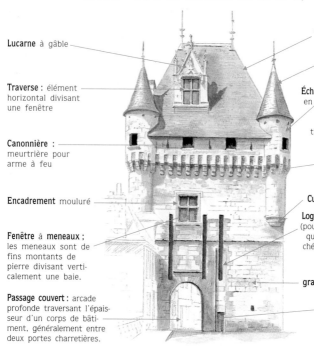

Lucarne à gâble

Traverse : élément horizontal divisant une fenêtre

Canonnière : meurtrière pour arme à feu

Encadrement mouluré

Fenêtre à meneaux ; les meneaux sont de fins montants de pierre divisant verticalement une baie.

Passage couvert : arcade profonde traversant l'épaisseur d'un corps de bâtiment, généralement entre deux portes charretières.

Toit à **croupes** (à quatre versants)

Toit en **poivrière** (conique)

Échauguette : ouvrage en surplomb contenant une petite pièce, qui sert théoriquement au guet.

Mâchicoulis : créneaux en encorbellement

Cul-de-lampe mouluré

Logement des flèches (poutres de bois auxquelles étaient attachées les chaînes du pont-levis)

Construction en **grand appareil** plein à **joints vifs**

Guichet : porte piétonne, facile à défendre en cas d'attaque.

Architecture civile

BLOIS – Château, escalier François-1ᵉʳ (16ᵉ s.)

L'escalier à vis monte dans une cage octogonale à demi engagée dans la façade ; il s'ouvre en une série de balcons formant loges sur la cour d'honneur. L'entourage du roi assistait d'ici à toutes sortes de spectacles : arrivée de personnages importants, joutes sportives, scènes de chasse ou revues militaires.

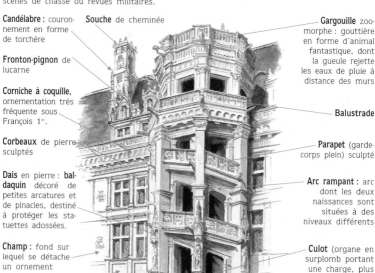

Candélabre : couronnement en forme de torchère

Fronton-pignon de lucarne

Corniche à coquille, ornementation très fréquente sous François 1ᵉʳ.

Corbeaux de pierre sculptés

Dais en pierre : **baldaquin** décoré de petites arcatures et de pinacles, destiné à protéger les statuettes adossées.

Champ : fond sur lequel se détache un ornement

Repos : surface laissée lisse

Médaillon : portrait ou sujet sculpté, inscrit dans un cercle.

Souche de cheminée

Gargouille zoomorphe : gouttière en forme d'animal fantastique, dont la gueule rejette les eaux de pluie à distance des murs

Balustrade

Parapet (garde-corps plein) sculpté

Arc rampant : arc dont les deux naissances sont situées à des niveaux différents

Culot (organe en surplomb portant une charge, plus petit que le cul-de-lampe) sculpté

Salamandre couronnée : élément décoratif, symbole de François 1ᵉʳ, sculpté en **bas-relief** (en faible saillie).

R. Corbel

36

SERRANT – Château (16ᵉ-17ᵉ s.)

Schiste brun, tuffeau blanc et ardoise donnent beaucoup de personnalité à cette somptueuse demeure où s'allient avec bonheur les styles Renaissance et classique.

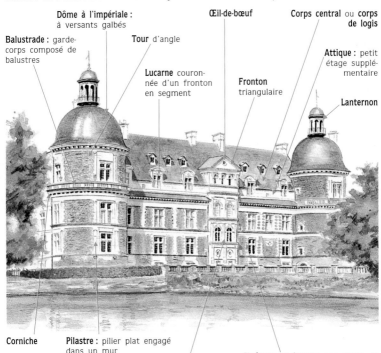

Dôme à l'impériale : à versants galbés

Balustrade : garde-corps composé de balustres

Tour d'angle

Lucarne couronnée d'un fronton en segment

Œil-de-bœuf

Fronton triangulaire

Corps central ou **corps de logis**

Attique : petit étage supplémentaire

Lanternon

Corniche

Pilastre : pilier plat engagé dans un mur

Avant-corps : partie d'un bâtiment faisant saillie sur toute la hauteur et sur l'alignement de la façade, toit y compris.

Chaînage en harpe : une pierre de taille sur deux est posée en retrait vers l'intérieur pour une meilleure cohésion de l'ensemble.

VILLANDRY – Architecture des jardins d'Amour (style Renaissance)

Les quatre jardins d'Amour sont formés de massifs de haut buis, soulignés d'ifs taillés et plantés de fleurs. Chaque carré de buis présente des dessins symboliques. L'amour tragique : lames de glaives, poignards ; l'amour adultère : cornes, éventails et billets doux, etc.

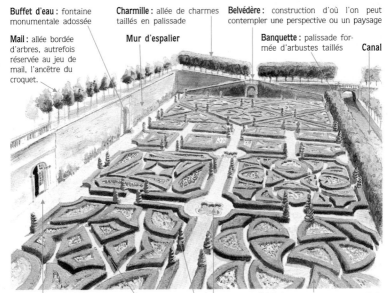

Buffet d'eau : fontaine monumentale adossée

Mail : allée bordée d'arbres, autrefois réservée au jeu de mail, l'ancêtre du croquet.

Charmille : allée de charmes taillés en palissade

Mur d'espalier

Belvédère : construction d'où l'on peut contempler une perspective ou un paysage

Banquette : palissade formée d'arbustes taillés

Canal

Allée recouverte de **mignonnette** (sable de la Loire)

Carré de buis

Bassin

Broderie : haie basse en buis (forme basique de l'art topiaire)

Topiaire : arbuste isolé taillé. L'art topiaire consiste en la taille de végétaux (arbres et arbustes) pouvant aller jusqu'à la création de véritables sculptures aux formes figuratives ou géométriques.

R. Corbel

37

ARCHITECTURE CIVILE

Époque gothique

Au 14e s., en dehors des châteaux bâtis pour les ducs d'Anjou (Saumur), des manoirs et hôtels furent édifiés pour des bourgeois enrichis dans le négoce.

Le 15e s. a vu se multiplier, bâtis dans ce style gothique fleuri qui témoigne de la vitalité de l'architecture médiévale, les châteaux en brique à parements de pierre blanche, comme celui du Moulin à Lassay, les manoirs (dont le Clos-Lucé, à Amboise, est un plaisant exemple), les hôtels urbains à tourelle d'escalier en saillie et hautes lucarnes, et les maisons en brique à pans de bois.

Les plus beaux ensembles de maisons de l'époque gothique se trouvent au Mans, à Chinon et à Tours.

Les jardins – Aux jardins monastiques, comme ceux des abbayes de Bourgueil, Marmoutier, Cormery, qui comprenaient un verger, un potager avec vivier, un jardin de «simples» (plantes médicinales), succédèrent durant le 15e s. «les carreaux» fleuris que firent établir le roi René dans ses manoirs d'Anjou et Louis XI au Plessis-lès-Tours. Des berceaux de feuillage, des fontaines à l'intersection des allées dispensaient une douce fraîcheur au promeneur que distrayaient des animaux élevés en liberté ou gardés dans des ménageries et des volières.

Époque Renaissance

Avant les guerres d'Italie, des artistes italiens avaient été appelés à la cour d'Anjou et à la cour de France : le roi René et Louis XI avaient employé surtout des sculpteurs et médailleurs tels Francesco Laurana, Niccolo Spinelli et Jean Candida. La Renaissance n'a donc pas surgi d'un coup de baguette magique à la suite des expéditions d'Italie.

Cependant, l'arrivée d'artistes amenés de Naples par Charles VIII, fin 1495, apporta un sang nouveau à l'art local. A Amboise, à Chaumont, ou même à Chenonceau, Azay ou Chambord, les châteaux conservent leur aspect de forteresse mais les mâchicoulis jouent désormais un rôle décoratif. Dans les façades décorées de médaillons, les baies encadrées de pilastres s'ouvrent largement, les toits aigus s'ornent de cheminées sculptées et de hautes lucarnes. L'apport italien apparaît surtout dans l'ornementation, en faible relief.

A Chambord et au Lude, le décor s'épure sous l'impulsion des maîtres locaux, tels que Pierre Trinqueau.

Ornementation Renaissance.

Azay-le-Rideau.
Frise du grand escalier du château.

① Coquille – ② Vase
③ Rinceaux – ④ Dragon
⑤ Enfant nu – ⑥ Amour
⑦ Corne d'abondance
⑧ Satyre.

Le style italien se manifeste à la façade extérieure François-Ier du château de Blois, où le Boccador a utilisé la «travée rythmique» dont Bramante fut l'inventeur : façade composée de baies, de pilastres et de niches alternés. Plus tard apparaissent, comme à l'hôtel de ville de Beaugency, les arcs en plein cintre, les ordres superposés, puis les dômes et les pavillons qui marquent la naissance de l'architecture classique.

Les artistes italiens créent de nouveaux modèles d'escaliers, à vis superposées à Chambord, à volées droites et plafonds à caissons à Chenonceau, Azay-le-Rideau, Poncé.

La Renaissance est prodigue également en hôtels de ville : Orléans, Beaugency, Loches, et en demeures privées : hôtel Toutin à Orléans, hôtel Gouin à Tours, hôtel Pincé à Angers.

Les jardins – Charles VIII, enthousiasmé par les jardins napolitains, fait venir de son royaume de Sicile pour «édifier et faire ouvrages à son devis et plaisir à la mode dytallie» un jardinier, dom **Pacello de Mercogliano.** Ce religieux napolitain aménage les jardins d'Amboise et de Blois ; Louis XII lui donne le potager royal du Château-Gaillard à Amboise.

Pacello généralise l'emploi des parterres décorés de broderies et bordés d'ifs, des fontaines à vasques sculptées. Les jardins de Chenonceau et ceux de Villandry donnent une bonne idée de ce style.

L'extraordinaire jardin potager de Villandry, tracé au goût de la Renaissance en potager décoratif, n'en garde pas moins certaines traditions médiévales et monacales ; notamment les rosiers qui, plantés de façon symétrique, symbolisent les moines bêchant chacun leur carré de légumes.

Époque classique (17e-18e s.)

Après le départ de la cour pour l'Ile-de-France, l'architecture du Val de Loire entra en décadence. De beaux édifices continuèrent à s'élever, mais les artistes venaient de Paris. Au 17e s., plus sévère, l'ordre pompeux du Roi-Soleil a détrôné la fantaisie gracieuse de la Renaissance et le pittoresque féodal. La mode va aux frontons, aux dômes *(Cheverny)* et aux ordres de l'art grec, comme à l'aile Gaston-d'Orléans du château de Blois. Les tours sont remplacées par des pavillons enfermant de vastes salles dont les cheminées monumentales sont ornées de cariatides, et que couvrent des plafonds peints à poutres apparentes ; les pavillons se terminent par de hauts toits « à la française ».

Des châteaux se construisent encore : Ménars, Montgeoffroy ; mais le 18e s. fait surtout œuvre d'urbanisme. De grands ensembles se créent à Orléans, Tours, Saumur où de longues perspectives sont tracées dans l'axe des magnifiques ponts à tabliers horizontaux.

ARCHITECTURE RELIGIEUSE

Art roman (11e-12e s.)

Orléanais – L'église de Germigny-des-Prés, d'époque carolingienne, et la basilique bénédictine de St-Benoît sont remarquables. De beaux sanctuaires jalonnent la vallée du Cher : ceux de St-Aignan et de Selles.

Touraine – L'architecture est teintée d'influences poitevines : absides à contreforts-colonnes, coupoles au transept, portails sans tympan.
Les clochers présentent une silhouette originale : carrés ou octogonaux, ils sont prolongés par des flèches dont la base est cantonnée de clochetons.

Anjou – Les édifices angevins se groupent dans la région de Baugé et de Saumur. L'église de Cunault révèle une ascendance poitevine par sa nef en berceau brisé contre-butée de hauts collatéraux à voûtes d'arêtes. L'abbatiale de Fontevraud a été influencée par l'école d'Aquitaine avec sa nef unique, typique, couverte de coupoles.

Du roman au gothique

Le **style Plantagenêt**, dit aussi **angevin**, tient son nom d'Henri Plantagenêt. Style de transition, il atteint son apogée au début du 13e s., et s'éteint avant la fin du siècle.

La voûte angevine (ou Plantagenêt) – Alors que dans les voûtes gothiques normales toutes les clefs sont situées sensiblement à la même hauteur, dans l'architecture Plantagenêt, la voûte est bombée, la clef d'ogive dominant d'environ 3 m les clefs des formerets et des doubleaux : la meilleure illustration en est la cathédrale St-Maurice d'Angers. A la fin du 12e s., les voûtes angevines s'allègent ; les nervures plus nombreuses et plus gracieuses retombent sur de sveltes colonnes rondes. Au début du 13e s. s'élèvent des vaisseaux dont les hautes voûtes à liernes s'ornent d'élégantes sculptures.
Du val de Loire, le style Plantagenêt s'est répandu en Vendée, Poitou, Saintonge et dans les pays de Garonne. A la fin du 13e s., avec Charles d'Anjou, il s'est même introduit dans le sud de l'Italie.

Art gothique (12e-15e s.)

La voûte sur croisée d'ogives et l'emploi de l'arc brisé sont les caractéristiques de l'art gothique.
Le triforium qui, à l'origine, était aveugle sera percé de baies pour finalement disparaître au profit de fenêtres hautes. Les colonnes, d'abord cylindriques et coiffées de chapiteaux recevant la retombée des voûtes, sont par la suite cantonnées de colonnes engagées. Finalement, les piliers sans chapiteau ne sont plus que le prolongement des arcs les pénétrant directement.
C'est le cas du **style flamboyant** dont les arcs purement décoratifs, dits liernes et tiercerons, s'ajoutent aux croisées d'ogives.
L'architecture flamboyante (15e s.) se trouve aux façades de la Trinité de Vendôme et de St-Gatien de Tours, à N.-D. de Cléry et à la Ste-Chapelle de Châteaudun.

Milieu du 12e s.
Cathédrale St-Maurice à Angers.

Voûtes angevines
Fin du 12e s.

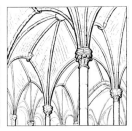

Début du 13e s.
Chœur de St-Serge à Angers.

Styles Renaissance et classique (16e-17e-18e s.)

Les **églises Renaissance** présentent une ornementation d'inspiration italienne : arc en anse de panier ou en plein cintre, nombreuses niches abritant des statues. L'église de Montrésor, les chapelles d'Ussé, de Champigny-sur-Veude et de la Bourgonnière sont particulièrement intéressantes.

L'architecture religieuse classique (17e-18e s.) s'efforce à la majesté : superposition des ordres grecs, portes surmontées d'un fronton, dômes et encadrement à voûtes. A Saumur, N.-D.-des-Ardilliers a une vaste coupole ; à Blois, St-Vincent est dominée par un fronton à volutes.

LE VITRAIL

Le **vitrail** est un assemblage de panneaux de verre colorés sertis de plomb, fixés à une armature de fer. Les vitraux occupant de grandes baies sont souvent appelés **verrières**. Le verre est coloré dans la masse, quand la pâte est en fusion, au moyen d'oxydes métalliques. Il est découpé suivant un modèle, au fer chaud puis, à partir du 14e s., au diamant. L'artiste précise les détails au pinceau avec une peinture bistre (grisaille) qu'il peut gratter à la pointe. Les nuances varient à l'infini, suivant le degré de cuisson au four.

Les premiers vitraux dateraient du 10e s. mais ont disparu.

12e-13e s. – Des sujets naïfs disposés dans des médaillons superposés sont teintés de coloris francs à dominantes bleue et rouge. Les verres épais sont sertis dans des plombs robustes égalisés au rabot.

Vitrail du 13e s. (détail)
(Angers – cathédrale)

Les cisterciens utilisent des vitres incolores d'un vert pâle nacré, avec parfois un décor végétal sur fond quadrillé donnant une apparence de gris, d'où le nom de **grisailles** que portent ces vitraux.

14e-15e s. – Les maîtres verriers découvrent le jaune d'argent ; les tonalités s'éclaircissent, les plombs étirés mécaniquement s'affinent, les verres sont minces, les baies s'agrandissent. Des personnages sont surmontés de dais gothiques.

16e s. – Les vitraux deviennent des tableaux transparents aux teintes délicates, cernées de larges rubans de plomb, reproduisant des peintures de la Renaissance, avec un souci du détail et de la perspective. On en trouve à Champigny-sur-Veude, Montrésor et Sully-sur-Loire.

17e-18e-19e s. – Les émaux vitrifiés remplacent souvent le verre, les plombs disparaissent au profit de la peinture sur verre. Dans la cathédrale d'Orléans, on peut voir de grandes verrières à losanges blancs et bandes jaunes, du 17e s., et des vitraux du 19e s., consacrés à Jeanne d'Arc.

20e s. – Un regain d'intérêt se manifeste pour le vitrail lors de la réfection des verrières anciennes ou de leur remplacement. Figuratifs ou abstraits, des panneaux aux nuances multiples sortent des ateliers des peintres verriers : M. Ingrand, A. Manessier, J. Le Moal, M. Rollo.

PEINTURE MURALE ET FRESQUE

Au Moyen Âge, l'intérieur des églises était revêtu de peintures, motifs décoratifs ou scènes édifiantes.

C'est ainsi que se développa, le long de la Loire et de ses affluents, une école de décoration murale, cousine de celle du Poitou, qui a laissé des témoignages bien conservés grâce à la clémence du climat.

Les peintures des Pays de la Loire se distinguent par leurs tons mats et légers se détachant sur des fonds clairs : le style est plus vivant et moins raide qu'en Bourgogne ou dans le Massif central, la composition plus sobre que dans le Poitou. Deux techniques sont employées : la **fresque** (de l'italien *fresco* : frais) où les couleurs à l'eau sont posées directement sur un enduit encore frais, ce qui interdit les retouches, et la **peinture murale**, moins durable, où des couleurs à la colle sont appliquées sur un enduit sec.

Époque romane – D'origine byzantine, l'art de la fresque fut adopté par les béné-dictins du Mont-Cassin qui en transmirent les éléments à leurs frères de Cluny. Ceux-ci, chargés d'organiser le trafic des pèlerins sur les routes de St-Jacques, diffusèrent la nouvelle forme de décoration dans leurs abbayes et prieurés, d'où elle gagna toute la contrée.

La technique – La fresque est en faveur ; mais la barbe et les yeux sont ajoutés sur l'enduit sec, ce qui explique leur habituelle disparition. Dessinées à l'ocre rouge, les figures sont relevées de touches de noir, de vert et de ce bleu céleste caractéristique de la région.

Les sujets – Souvent inspirés de miniatures, les sujets sont destinés à instruire le peuple des vérités de la religion ; ils doivent aussi lui inspirer la crainte du péché et de l'Enfer. Au cul-de-four, siège, majestueux et sévère, un Christ en Majesté ; le revers de la façade porte fréquemment un Jugement dernier. Sur les murs sont retracées des scènes du Nouveau Testament ; sur les piliers figurent des Apôtres et des saints. Le Combat des Vertus et des Vices, les Travaux des mois sont aussi évoqués. Les chapiteaux historiés, sont délicatement sculptés et représentent feuilles d'acanthes et animaux fantastiques.

Les ensembles les plus intéressants – De belles fresques jalonnent la vallée du Loir, à Areines, Souday, St-Jacques-des-Guérets, Lavardin et surtout dans la chapelle St-Gilles à Montoire. La vallée du Cher conserve un ensemble marquant à St-Aignan. Dans la vallée de la Vienne, la crypte de l'église de Tavant recèle encore des œuvres très vivantes, d'une haute qualité. En Anjou, un nommé Foulques semble avoir dirigé l'orne-mentation du cloître St-Aubin d'Angers, dans l'actuelle préfecture ; son style réaliste, d'un dessin un peu dur, paraît d'origine poitevine.

Plus caractéristiques du Val de Loire sont, dans le Baugeois, *la Vierge* et *le Christ en Majesté* de Pontigné.

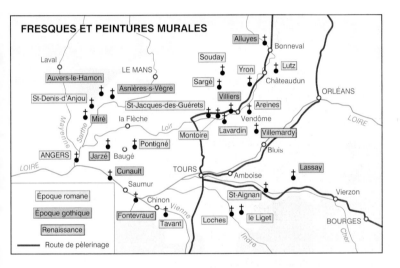

Époque gothique – Il faut attendre le 15e s. et la fin de la guerre de Cent Ans pour retrouver des compositions intéressantes dont le goût persistera jusqu'au milieu du 16e s. Il s'agit plutôt de peintures murales que de fresques, et de nouveaux sujets s'ajoutent aux scènes traditionnelles : un gigantesque Saint Christophe appa-raît à l'entrée des églises ; *le Dict des Trois Morts et des Trois Vifs,* où trois fiers chasseurs rencontrent trois squelettes, illustre la vanité et la brièveté de l'existence humaine.

Les ensembles les plus intéressants – Dans la vallée du Loir, on rencontre ces peintures à Alluyes, à Lassay et à Villiers. Deux ensembles, d'une iconographie curieuse, s'offrent à l'admiration dans les églises voisines d'Asnières-sur-Vègre et d'Auvers-le-Hamon.

Renaissance – Au 16e s., les peintures deviennent plus rares sur les murs des églises. Deux exemples pourtant subsistent de cette époque : la *Mise au Tombeau* de l'église de Jarzé et les peintures de la salle capitulaire de l'abbaye de Fontevraud.

LE GEMMAIL

Le **gemmail** est un assemblage de particules de verre coloré, en relief, éclairé de l'inté-rieur par une source lumineuse artificielle. Le peintre **Jean Crotti** (1878-1958) est l'inventeur de ce procédé artistique *(voir le musée du Gemmail à Tours)*, les Malherbe-Navarre, décorateur et physicien, en sont les techniciens : ils ont découvert un liant rendant les gemmaux inaltérables.

TAPISSERIES DES ATELIERS DE LA LOIRE

Destinées à isoler et à compartimenter de vastes salles, les tapisseries flottantes, déjà connues au 8e s., se multiplient au 14e s.
Le travail s'effectue d'après une esquisse (carton), avec des fils de laine, mêlés parfois de soie, d'or ou d'argent, sur une «chaîne» tendue verticalement (haute lice) ou horizontalement (basse lice).

Les tapisseries religieuses – Elles deviennent, par leur valeur, pur investissement ou cadeau diplomatique ; elles quittent les résidences pour orner les églises ou pavoiser les rues. La plus fameuse est celle de *l'Apocalypse (voir à Angers),* tissée au 14e s.

Les mille-fleurs – Traditionnellement attribuées aux ateliers de la Loire, vers 1500, ces tapisseries profanes retracent des scènes de la vie seigneuriale ou champêtre sur fond vert, bleu ou rose, semé de fleurettes, de plantes variées et de petits animaux. Il s'en trouve de fort belles à Saumur, Langeais et Angers.

De la Renaissance au 20e s. – Le carton est une peinture qu'il faut copier. Les couleurs se multiplient, le tissage s'affine, de larges bordures servent de cadre.
Au cours du 18e s., la tapisserie devient portrait. Un rénovateur, **Jean Lurçat** *(voir à Angers)*, préconise les colorants naturels. Les contemporains recherchent des procédés de tissage nouveaux pour des tapisseries en relief ou à «trois dimensions».

Musée Lurçat, Angers./© A.D.A.B.P. 1987

L'homme en gloire dans la paix (détail)
« Le Chant du Monde » – Jean Lurçat, 1958
(Angers – Musée Jean-Lurçat)

Les habitants du Val

Voici une légende qui court en Touraine et qui, dit-on, peint à merveille le caractère des gens de Loire. D'Auxerre à Tours sont ramenées les reliques vénérées du grand saint Martin : sur le chemin de la procession se pressent malades, éclopés, dont les maux disparaissent au passage des reliques. Deux pauvres paralytiques, vivant de charité, apprennent soudain la terrible nouvelle ; terrible en effet, car la guérison pour eux est la ruine. Aussi, pour échapper au miracle menaçant, les voici qui fuient clopin-clopant de tous leurs pauvres membres. Hélas, pas assez vite, car la procession les rattrape et les voilà guéris... Adieu béquilles, adieu profits ! Pour vivre, il faudra peiner. Mais à quoi bon gémir ? Pourquoi maintenant ne pas profiter de cette guérison ? Et ils s'en vont les rives de la Loire, glorifiant le Seigneur et son apôtre avec tant d'ardeur qu'ils réussissent à fonder une riche chapelle et un village : le bourg actuel de la Chapelle-sur-Loire, près de Langeais.

Écoutons les enfants du pays. Alfred de Vigny écrit :

« Les bons Tourangeaux sont simples comme leur vie, doux comme l'air qu'ils respirent, forts comme le sol puissant qu'ils fertilisent. On ne voit, sur leurs traits bruns, ni la froide immobilité du Nord, ni la vivacité du Midi ; leur visage a, comme leur caractère, quelque chose de la candeur du vrai peuple de Saint Louis. »

Le pays du « beau parler » – La vieille France, on la retrouve au Pays de la Loire, dans les anciennes locutions dont notre langue s'est formée et nourrie. C'est là, dit-on, que le français est le mieux parlé. Peut-être... Mais ne croyez pas n'entendre dans ce pays que des expressions académiques : écoutez ce vigneron qui, de son champ, interpelle son voisin : « Avec ces *vents d'gallarne* (vents d'Ouest), ça vous *emberdouille* (brouille) les saisons. L'raisin est *cor* (encore) tout *ch'tif* (chétif). Ben qu'on soit porté su'la goule, faudra s'faire pas vrai une raison. Y en aura pas *de rabattées* (plein le bât) et ce s'ra d'la piquette ». Et quelle malice dans le doux parler de Touraine, avec peut-être plus de piquant du côté d'Orléans. Mais partout la méchanceté est exclue et, avec de bonnes lampées du vin de la Loire, l'humeur devient bientôt gaillarde et cordiale. On « corde vite », à condition de n'être pas fier.

QUELQUES TERMES RÉGIONAUX

Beuvron : rivière à castor (bièvre : castor, en vieux français).

Boires : nappes d'eau alimentées par des infiltrations de la Loire.

Caquetoire : galerie devant le porche.

Chabichou : fromage de chèvre.

Coudray : coudrier.

Foulon : argile utilisée pour le dégraissage des peaux ; ouvrier qui travaille cette terre.

Gâtine : pays d'argile à silex.

Layon : petit sentier utilisé par les chasseurs.

Mardelles : excavations.

Mouilles : fosses allongées du lit de la Loire.

Varennes : bancs de sable.

MAISONS PAYSANNES

Maisons de plateaux et de bocages – En **Beauce**, les cultivateurs occupent de grandes exploitations à cour fermée, auxquelles on accède par un imposant portail. Les maisons des bourgs sont enduites de crépi et couvertes de tuiles plates.
Dans le **Dunois** et le **Vendômois** apparaît l'appareil en damier de pierre et silex alternés. Les logis bas de la **Sologne** s'allongent sous des toits de tuiles plates ou de chaume ; les plus anciens sont à torchis et pans de bois, les plus récents en brique.
Sur les plateaux entre Cher, Indre et Vienne, la demeure paysanne s'entoure fréquemment de bosquets de noyers ou de châtaigniers ; la tuile plate domine en campagne, l'ardoise en ville ; la maison de maître se reconnaît à son toit à quatre pans. Aux confins de la Sologne et du Val, on fit parfois bâtir en brique rouge à parements de tuffeau blanc. En **Anjou** se distinguent les constructions en calcaire de l'Anjou blanc, à l'Est, et celles de schiste dans l'Anjou noir des pays de bocages : Mauges, Craonnais, Ségréen. Mais l'ensemble de la province, sauf dans les Mauges, se pare de fine ardoise bleutée. Les maisons du **Maine** sont bâties en calcaire dans le Maine blanc (Sarthe), en granit ou en schiste dans le Maine noir (vallée de la Mayenne).

Maisons des vallées – Dans le Val de Loire, la « maison de vigneron », munie d'un four à pain sur un des côtés, desservie par un escalier extérieur sous lequel se trouve l'entrée de la cave, groupe sous un même toit la salle commune, un hangar et une écurie.
Caractéristiques des vallées sont enfin les **habitations troglodytiques** taillées dans le tuffeau calcaire et dont les cheminées sortent à la surface du plateau. A l'abri des vents, elles sont fraîches l'été et tempérées en hiver.

Plaisirs de la table

SEIGNEUR VIN ET DIVES BOUTEILLES

La découverte à Cheille, près d'Azay-le-Rideau, des restes d'un vieux pressoir en pierre témoigne de la culture de la vigne en Val de Loire dès l'époque romaine, vers le 2e s. Au 4e s., le grand saint Martin aurait fait planter les premières vignes sur les côtes de Vouvray. Depuis... Ce n'est qu'une longue histoire d'amour entre le vignoble et le Val de Loire.

Cépages et crus – L'Anjou, la Touraine et l'Orléanais ont accueilli au cours des siècles des plants de vigne de différentes régions naturelles, ce qui explique la grande variété des cépages.

Le cépage blanc le plus fameux, celui des côtes de Vouvray, vin à saveur de raisin mûr, tantôt sec, tantôt moelleux, et de Montlouis, toujours fruité avec délicatesse ainsi que le Touraine-Amboise, est le **pineau**.

Le cépage rouge le plus renommé est le « breton », cabernet franc d'origine bordelaise, qui donne les vins tourangeaux de Bourgueil, fins et légers, et de Chinon, plus parfumés ; le Chinon pressé donne un rosé sec ayant du charme et de la noblesse. Parmi les vins d'Anjou, le Rouge de Cabernet et le Saumur-Champigny ont une belle robe rubis et un goût léger de framboise. Le Cabernet de Saumur, rosé sec, ne manque pas d'élégance et de friand. La côte loudunaise aux cépages bretons est connue pour son vin rouge.

A la lisière du pays des châteaux de la Loire, les vins de Sancerre sont issus, eux, du Sauvignon, dont le goût de « pierre à fusil » est réputé.

Les vins plus ordinaires sont les « gris meuniers » de l'Orléanais et le « gascon », clairets et peu chargés en alcool.

Les coteaux du Loir offrent un blanc sec, et un rouge à saveur âcre dont le vieillissement s'impose. En Sologne, le cru Romorantin est léger et agréable. Les coteaux de la Loire produisent, quant à eux, 15 % de la récolte totale du Muscadet. Moins connu que le Gros Plant du Pays Nantais *(voir guide Vert Michelin Poitou Vendée Charentes)* parce que produit en plus petite quantité, le Coteau d'Ancenis-Gamay a pour cépage le Gamay bourguignon. Ce vin léger, sec et fruité, qui s'associe volontiers aux charcuteries, est récolté sur un site d'environ 350 ha répartis autour d'Ancenis.

C'est dans la cave que l'on connaît le mieux le vrai caractère du pays : cette cave, parfois une ancienne carrière, s'ouvre dans la craie blanche du coteau, à hauteur de la route. Elle est donc d'un accès facile, ce qui permet au vigneron d'y pénétrer même en voiture. Elle allonge ses galeries sur plusieurs centaines de mètres. Certaines s'élargissent et les « salles » servent aux réunions et aux festins des sociétés locales : compagnie de pompiers, orphéons et fanfares, toutes sociétés de lurons, amis des franches lippées. Voir en fin de volume « Visites et promenades dans le monde vinicole ».

Dans le temple de Bacchus – Voici l'invité devant les pièces de la dernière récolte, bien gerbées sur leurs chantiers : c'est le vin ordinaire qui, le fausset débouché, coule dans la tasse d'argent. On admire le rubis à la lumière du jour puis le vigneron remplit les verres. Ils n'ont pas de pied, ce qui évite la tentation de les poser avant qu'ils soient vides. *Nunc est bibendum.*

Le vin ne s'avale pas d'un trait comme une bolée de cidre ; on le hume, puis on décoche un coup d'œil de connaisseur à son vis-à-vis et l'on déguste à petites gorgées. Arrivé au fond, point de discours ou de superlatif pour exprimer son jugement : un simple claquement de la langue. Alors, les yeux brillants, le vigneron lancera : «Pas vrai, ça se laisse boire…» De la grande poche de son tablier gris, il sortira une énorme clef : une serrure grince, le caveau s'ouvre, sanctuaire des dives bouteilles et du «bouché». Les têtes rouges, jaunes, bleues, blanches dépassent des cases creusées tout autour, dans le rocher : Sancerre séveux, Vouvray dont la devise est «Je resjois les cuers» (Je réjouis les cœurs), Montlouis capiteux, Chinon à l'arrière-goût de violette, ce vin breton «qui point ne croît en Bretagne, mais en bon pays Véron»; Bourgueil au parfum de framboise ou de fraise des bois et leurs frères d'Anjou, Saumur pétillant, fringant et spirituel, Saumur blanc, sec et guilleret, vins de la coulée de Serrant et du Layon. Enfin, tout à part, se trouvent les grandes années *(se reporter à la liste donnée par le guide Rouge Michelin France de l'année)*, gloires de la Loire, orgueil du vigneron, ces nectars dont on flaire le bouchon, qu'on mire, qu'on fait doucement valser, qu'on hume et que l'on savoure enfin avec recueillement.

SPÉCIALITÉS RÉGIONALES

Pays du bien-manger, du boire-joyeux et des digestions calmes, le Val de Loire dispense à ses visiteurs une cuisine franche et saine, fidèle au vieil adage : «A bon plat, courte sauce.»
Voici, avec l'indication des vins de Loire qui les accompagneront le mieux, quelques spécialités que le touriste, au gré de ses étapes, pourra avoir la joie de déguster.

Rillons de Touraine – Morceaux de poitrine de porc, cuits durant des heures et conservés dans leur cuisson. Vin de Vouvray.

Beurre blanc – Le beurre blanc est la spécialité des «Mères», de Montsoreau à Nantes. Il s'agit d'une émulsion de beurre fondu à feu très doux, d'échalotes hachées menu, d'un filet de vinaigre (ou de vin blanc). Cette crème onctueuse est à servir en saucière tiède. Vin de Saumur ou Montlouis.

Matelote d'anguilles – Anguilles tronçonnées, cuites dans une sauce au vin rouge de Chinon, avec champignons et petits oignons. En Anjou, on ajoute parfois des pruneaux. Vin Rosé d'Anjou.

Fricassée de poulet – Volaille découpée en morceaux que l'on sert avec une sauce faite de vin blanc et de crème, de petits oignons et de champignons. Vin de Bourgueil, de Chinon ou Saumur-Champigny.

Tarte des demoiselles Tatin – D'origine solognote. Tarte aux pommes caramélisées, cuite à l'envers. Vin de Saumur, Coteaux du Layon ou Montlouis.

Cotignac – Gelée de pommes et coings, généralement vendue dans des boîtes faites avec des copeaux de bois.

Crêpes angevines – Parfumées au Cointreau, garnies de marmelade de pommes-reinettes du Mans, roulées, dressées sur plat beurré. Servies chaudes après un léger passage au four.

Petite friture de Loire

J.D. Sudres/DIAF

Château de Chambord

Villes
et Curiosités

AMBOISE★★

10982 habitants (les Ambaciens)
Carte Michelin n° 64 pli 16 ou 238 pli 14 – Schéma p. 158

Pittoresque ville massée sur la rive gauche de la Loire, dominée par son château, Amboise offre, depuis le pont ou la rive droite du fleuve, une jolie vue d'ensemble.

★★ LE CHÂTEAU

Spectacle son et lumière – *Voir le chapitre des Renseignements pratiques en fin de volume.*

Bâti sur un éperon rocheux qui domine la ville, le château dont nous voyons les restes a succédé à de nombreuses fortifications édifiées dès l'époque gallo-romaine. Très tôt, un pont est jeté sur le fleuve, ce qui assure à la ville d'amples profits tirés du trafic des marchandises et renforce la position stratégique de la forteresse *(1)*.

Pendant une partie du 11e s., il y a deux forteresses sur le promontoire et une dans la ville, toutes trois en luttes continuelles. Les comtes d'Amboise prennent le dessus et le domaine reste dans cette famille jusqu'à sa confiscation par Charles VII. Le 15e s. est le siècle d'or d'Amboise, que les rois ne cessent d'agrandir et d'embellir : Louis XI, puis Charles VIII, né à Amboise même. L'extrême fin du siècle marque le début de l'influence italienne en France. Celle-ci est cependant peu sensible à Amboise, la construction du château étant déjà trop avancée.

Les fastes de Charles VIII – Charles VIII, qui a passé son enfance dans le vieux château, songe, dès 1489, à le rénover et à l'agrandir pour en faire une résidence à la mesure de son goût du faste. En 1492, le chantier s'ouvre et, en cinq années, deux corps de bâtiments viennent prolonger les constructions anciennes. Des centaines d'ouvriers travaillent d'arrache-pied, au besoin à la chandelle, pour répondre au désir du souverain, pressé de s'installer dans sa nouvelle résidence. Entre-temps, le roi a découvert l'Italie. Ébloui par le luxe du mode de vie et le raffinement artistique qu'il y découvre, il rapporte à Amboise un butin considérable : mobilier, œuvres d'art, étoffes, etc. Il ramène de plus à son service toute une équipe d'érudits, d'architectes, de sculpteurs, d'ornemanistes, de jardiniers, de tailleurs d'habits... jusqu'à un éleveur de poulets, inventeur de la couveuse artificielle.

Charles VIII a été émerveillé par les jardins italiens : « Il semble, écrit-il, qu'il ne manque qu'Adam et Ève pour en faire un paradis terrestre. » Dès son retour, le roi fait tracer par le jardinier Pacello, sur la terrasse d'Amboise, un jardin d'ornement. Parmi les architectes se trouvent Fra Giocondo et le Boccador qui a collaboré à Blois et à Chambord et commencé l'Hôtel de Ville de Paris.

La date de 1496 marque le début de l'influence italienne sur l'art français. Peu sensible sur Amboise, commencé depuis 4 ans, elle s'accentuera sous Louis XII et triomphera sous François Ier.

Sa fin tragique – Le 7 avril 1498, dans l'après-midi, Charles VIII vient chercher la reine pour lui montrer une partie de paume dans le fossé du château. Ils doivent passer par une galerie dont la porte, très basse, s'ouvre dans l'enceinte. Charles VIII, bien que de petite taille, la heurte du front. Le choc n'a pas d'effet immédiat et le roi assiste à la partie tout en devisant. Tout à coup, il tombe à la renverse et perd connaissance. On le couche sur une paillasse dans un lieu malodorant et l'affolement est tel qu'il y reste jusqu'à ce que, vers 11 heures du soir, il ait rendu le dernier soupir.

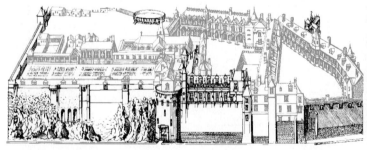

Le château d'Amboise au 16e s.
Il ne subsiste aujourd'hui que les constructions dessinées en noir

---

(1) Au Moyen Âge, il n'y avait que sept ponts entre Gien et Angers. Les déplacements de troupes étant alors très lents, la possession ou la perte d'un pont avait une grande influence sur les opérations. Par ailleurs, les localités têtes de pont tiraient d'amples profits du transit des marchandises.

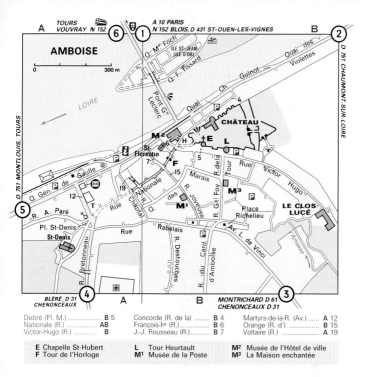

Le tourbillon des fêtes sous François Ier – François d'Angoulême, futur François Ier, n'a que 7 ans quand, avec sa mère Louise de Savoie et sa sœur Marguerite, qui sera la célèbre et lettrée Marguerite de Navarre, il s'installe à Amboise, résidence que lui affecte Louis XII, à proximité de sa demeure de Blois.

Le jeune François, héritier présomptif du trône, reçoit ici une éducation intellectuelle, sportive et militaire très complète. Il y habite encore pendant les trois premières années de son règne. Amboise brille alors de son plus vif éclat. Des fêtes somptueuses se succèdent à l'occasion des fiançailles du futur roi, de son départ pour l'Italie, de la naissance du dauphin, etc. Bals, tournois, mascarades, combats de bêtes sauvages donnent lieu à d'interminables journées de réjouissances où la cour fait assaut de luxe et de plaisirs. Les distractions des jeunes gens de bonne naissance sont facilitées par la présence à demeure d'une escouade de «filles de joie», entretenues aux frais du roi lui-même.

François Ier et sa mère terminent l'aile du château commencée par Louis XII; de 1517 à 1520, 230 000 livres sont dépensés à cet effet. Passionné par les arts, le roi fait venir le grand Léonard de Vinci et l'installe au Clos-Lucé. Après 1519, il délaisse Amboise où, désormais, il ne fait plus que de courtes villégiatures, par exemple lors de son retour de captivité d'Italie en 1526.

Le 18 octobre 1534, Amboise est le théâtre de l'affaire des Placards : un violent pamphlet réformé contre «les horribles grands et insupportables abus de la messe papale» est placardé à la porte de la chambre royale. François Ier s'en indigne et décide de prendre des mesures de répression : la querelle religieuse s'envenime.

C'est encore à Amboise qu'il reçoit en grande pompe, le 8 décembre 1539, son vieil adversaire Charles Quint.

A la fin de sa vie, sa préférence va à Chambord et à Fontainebleau.

La conjuration d'Amboise (1560) – Elle jette sur le château un reflet sanglant. Dans les années troublées qui précèdent les guerres de Religion, un gentilhomme protestant, **La Renaudie**, a réuni en Bretagne des réformés qui doivent se rendre à Blois par petits groupes. Ils demanderont au jeune roi François II la liberté de pratiquer leur culte et sans doute aussi tenteront-ils de mettre la main sur les Guises, adversaires acharnés des huguenots.

Mais le complot est éventé. La cour quitte Blois qui n'est pas défendable et se réfugie à Amboise où le roi signe un édit de pacification afin de calmer les esprits. Cependant, les conjurés persistent. Le 17 mars, ils sont arrêtés et tués à mesure qu'ils arrivent. La Renaudie périt. La répression est inexorable : certains conjurés sont pendus au grand balcon du château, aux créneaux, ou jetés à la Loire dans des sacs, les gentilshommes décapités et écartelés. En 1563, une paix suivie d'un édit de tolérance, signés à Amboise, mirent fin à la première guerre de Religion ; le pays y gagna quatre ans de répit.

Le démantèlement – Passé en même temps que Blois aux mains de Gaston d'Orléans, frère de Louis XIII et grand conspirateur *(voir à Blois)*, le château, au cours d'une de ses nombreuses rébellions, est pris par les troupes royales et les fortifications extérieures sont rasées en 1631. Revenu à la couronne il sert de prison d'État : Louis XIV y envoie le surintendant Fouquet puis Lauzun, le bourreau des cœurs. Plus tard, Napoléon l'accorde à Roger Ducos, ancien membre du Directoire. Faute de subsides pour l'entretien, celui-ci fait abattre une grande partie du château. Aujourd'hui, le château appartient à la Fondation St-Louis, créée par le comte de Paris pour sauvegarder le patrimoine historique français.

Visite ⊘ *3/4 h*

Terrasse – Après avoir franchi la porte du château, la longue rampe d'accès débouche sur une vaste terrasse qui domine le fleuve. De ce belvédère on découvre, surtout le matin, une très belle **vue**★★ sur la Loire paresseuse, sa vallée verdoyante et les toits pointus de la ville, d'où émergent, non loin des murs, la tour de l'horloge (beffroi du 15e s.) et plus loin vers l'Ouest la silhouette massive de l'église St-Denis au clocher trapu ; vers le Sud-Est on aperçoit le Clos-Lucé.

Au temps de Charles VIII cette terrasse était une cour, bordée de bâtiments sur toutes ses faces, où se déroulaient les fêtes. Des centaines de tapisseries ornaient alors les murailles, tandis qu'un voile couleur d'azur, où étaient représentés le soleil, la lune et les planètes, protégeait des intempéries.

Chapelle St-Hubert (B E) – Bâtie en porte-à-faux sur la muraille, elle est le seul vestige des bâtiments qui jadis longeaient tout le rempart. C'est un véritable bijou du gothique flamboyant, œuvre de sculpteurs flamands attirés à la cour par Louis XI et employés ensuite par Charles VIII avant son engouement pour l'art des Italiens. Construite en 1491, elle servait d'oratoire à la reine Anne de Bretagne. Dans le transept se trouve la tombe où sont ensevelis les restes présumés de Léonard de Vinci, mort à Amboise. A l'extérieur, les vantaux go-

Chapelle St-Hubert

M. Desjardins/TOP

thiques de la porte et le linteau finement sculpté sont admirables. Dans la partie droite du linteau figure la légende de **saint Hubert** : grand chasseur, Hubert avait poursuivi tout le jour un cerf qui toujours lui échappait ; soudain la bête lui apparaît, une croix lumineuse entre les bois ; Hubert se prosterne et entend la voix du Christ lui ordonner de se consacrer à la prière et à l'évangélisation. A gauche est représenté **saint Christophe**, géant qui à dos d'homme faisait traverser un fleuve aux voyageurs ; un jour qu'il passait un enfant, le géant manqua d'être emporté par le courant, écrasé sous le fardeau d'un poids inattendu ; arrivé sur la berge, l'enfant lui révéla qu'il venait de passer le Christ, porteur du monde : le géant, converti, prit le nom de Christophe, c'est-à-dire «qui porte le Christ».

Logis royal – C'est la seule partie du château qui ait échappé aux démolitions ordonnées entre 1806 et 1810. L'aile gothique, fut construite par Charles VIII (1483-1498) comme la tour des Minimes qui s'y adosse, tandis que l'aile Renaissance en équerre, due à Louis XII, fut surélevée par François Ier.

La visite commence par l'étage bas de l'aile gothique où les gardes effectuaient leur ronde. Dans la **salle des gardes nobles**, récemment ouverte à la visite, une seule colonne porte toutes les sections de voûtes : **le palmier gothique**.

Un escalier à vis donne accès à la salle des **tambourineurs** (du nom des musiciens accompagnant le roi dans ses déplacements) où Charles VIII vivait en «petit comité», c'est-à-dire qu'il ne se montrait pas en public. Cette pièce est meublée (chaire du cardinal Georges d'Amboise) et tendue d'une belle tapisserie de Bruxelles (16ᵉ s.) l'*hommage à Alexandre le Grand.* Dans le prolongement se trouve la **salle du Conseil** (appelée aussi salle des États) élevée sur deux vaisseaux de voûtes de pierre reposant sur une file de colonnes au centre de la pièce. Toute la salle est ornée des symboles du royaume de France et du duché de Bretagne, la fleur de lys et la queue d'hermine ; c'est ici que le roi présidait aux États qui décidaient de la politique du royaume.

La visite se poursuit dans la deuxième aile érigée au début du 16ᵉ s. et meublée dans le goût de la première Renaissance française : buffet de l'échanson, meuble gothique reconnaissable par l'ornement en pli de serviette, tables à rallonges et coffres en noyer, sculptés. Dans la chambre Henri II, le décor en trompe-l'œil apparaît sur les meubles et les tapisseries.

A l'étage supérieur, les trois salons en enfilade, appartement aménagé pour Louis-Philippe, présentent une collection de meubles ainsi que des portraits de la famille d'Orléans : piano à queue (1842), fauteuils estampillés Jacob et tableaux de l'atelier du maître allemand Winterhalter.

Tour des Minimes (ou des Cavaliers) – Contiguë au logis du roi, cette grosse tour ronde est célèbre pour sa large rampe que peuvent gravir les cavaliers, assurant aux approvisionnements du château un accès aisé aux communs situés dans les jardins. La rampe s'enroule autour d'un noyau central vide qui apporte à la fois aération et éclairage. Du sommet (40 m au-dessus du fleuve), large **vue★★** sur la vallée de la Loire, sur l'aile gothique et, vers la gauche, sur le «balcon des conjurés».

Jardins – D'agréables jardins, réaménagés au siècle dernier par Louis-Philippe, ont remplacé à l'intérieur de l'enceinte les bâtiments disparus. Un parc anglais occupe le plus grand espace tandis qu'un parterre de tilleuls remplace le jardin italien de la Renaissance dessiné au 16ᵉ s. Remarquer le buste de Léonard de Vinci, dressé à l'emplacement de la collégiale où fut enterré, primitivement, le grand homme.

Tour Heurtault (**B L**) – Comportant une montée en spirale, comme dans la tour des Minimes, dont elle forme le pendant sur la muraille Sud, elle est voûtée d'ogives qui reposent sur des culs-de-lampe sculptés intéressants à détailler. Elle donne accès directement à la ville d'Amboise.

★LE CLOS-LUCÉ (B) ☉ *visite : 1 h*

Manoir de brique rose souligné de pierre de tuffeau, le Clos-Lucé fut acquis en 1490 par Charles VIII. Il abrita ensuite François Iᵉʳ, sa sœur Marguerite de Navarre, et leur mère la régente, Louise de Savoie. En 1516, François Iᵉʳ invite à Amboise **Léonard de Vinci** et l'installe au Clos-Lucé où le grand artiste et savant organise les fêtes de la cour. Il y demeure jusqu'à sa mort, le 2 mai 1519, à l'âge de 67 ans. De la galerie en bois dans la cour, dernier vestige d'une construction médiévale, on découvre la façade du manoir. A l'étage se trouve la chambre, restaurée et meublée, où mourut le maître, ainsi que le cabinet de travail où il aurait tracé les plans d'un palais pour Louise de Savoie à **Romorantin** et étudié un projet d'assèchement de la Sologne.

Au rez-de-chaussée, on visite l'oratoire construit par Charles VIII pour son épouse, la reine Anne de Bretagne, les salons aux lambris du 18ᵉ s., où probablement Léonard avait ses ateliers, la pièce de réception, meublée dans le style Renaissance, et la cuisine à la monumentale cheminée.

Le sous-sol est consacré aux **«fabuleuses machines»** de Léonard de Vinci, ensemble de quelque 40 maquettes réalisées par la société IBM d'après les plans imaginés par le génie fertile de cet homme aux talents multiples, qui fut à la fois peintre, sculpteur, musicien, poète, architecte, ingénieur, savant et dont «le regard avait quatre siècles d'avance».

Remarquer l'entrée du souterrain secret qu'aurait emprunté le souverain pour rendre visite à l'artiste.

Des jardins Renaissance, qui couvrent la terrasse, on aperçoit le château. En complément de la visite, un film vidéo permanent retrace la vie de Léonard de Vinci, évoquant ses recherches sur le corps humain, la nature... montrant également l'humaniste qui n'exclut pas la réflexion spirituelle de ses travaux scientifiques.

La visite peut se prolonger par une flânerie dans le parc jusqu'à la rivière.

Autoportrait de Léonard de Vinci

AUTRES CURIOSITÉS

Musée de la Poste (B M¹) ⊙ – Aménagé dans l'hôtel Joyeuse, logis du début du 16e s., il rassemble une documentation intéressante sur cet outil capital de la communication. Au rez-de-chaussée, maquettes de diligences, uniformes de postillons où se distinguent les fameuses « bottes de sept lieues », **plaques** et documents divers évoquent l'acheminement du courrier, alors uniquement officiel, au temps de la « poste aux chevaux » et des relais créés par Louis XI. Le « Guide classique du voyageur en France et en Belgique » (début du 18e s.), indiquant l'adresse des auberges, les distances approximatives, renseignant sur la géographie des régions traversées, les villes et leurs monuments, rappelle que le livre de poste est l'ancêtre des actuels guides touristiques.

Les étages supérieurs retracent l'histoire de la « poste aux lettres », système de distribution devenu accessible à tout un chacun, des postes aérienne et maritime. Les fameuses Boules de Moulins témoignent des relations postales entre province et capitale pendant le siège de Paris en 1870-71. On peut admirer, dans une vitrine de la salle des équipages, les célèbres pistolets du duel au cours duquel le poète russe Pouchkine trouva la mort, en 1837.

Une salle du 2e étage est consacrée aux postes de T.S.F., en hommage aux établissements Gody, plus anciens fabricants français et inventeurs du poste à lampes en 1919. Installée à Amboise de 1912 à 1955, cette « véritable ruche radioélectrique » agrémentait sa publicité de références au patrimoine historique et architectural du Val de Loire (« Demeure de Rois, Postes de choix », etc.).

Musée de l'Hôtel de ville (B M²) ⊙ – *Entrée par la rue François-Ier.*
Installé dans l'ancien hôtel de ville construit au début du 16e s. pour Pierre Morin, trésorier du roi de France, il retrace l'histoire d'Amboise : signatures royales, Vierge sculptée du 14e s., tapisseries d'Aubusson, portraits du duc de Choiseul et 6 rares gouaches du 18e s. représentant le château de Chanteloup, au temps de sa splendeur.

Tour de l'Horloge (B F) – Également appelée beffroi d'Amboise, cette tour récemment restaurée fut élevée au 15e s. aux frais des habitants sur une ancienne porte dite de l'Amasse. Elle est traversée par une rue piétonne très animée.
A proximité, sur les anciens remparts de la ville, s'élève l'**église Saint-Florentin** (B), construite sur l'ordre de Louis XI.

Église St-Denis (A) – En majeure partie du 12e s., elle offre un aspect trapu. Intérieurement, elle vaut surtout par ses voûtes angevines et par les chapiteaux romans de sa nef. Remarquer, dans le bas-côté droit, une Mise au tombeau du 16 e s., le gisant de la « Femme noyée » et un intéressant tableau du 17e s., *Charles VIII accueillant à Amboise saint François de Paule.*

La Maison enchantée (B M³) ⊙ – La magie de ce lieu tient en priorité au joyeux et savant désordre, évocateur du monde de l'enfance, dans lequel sont exposés mannequins de grande taille, marionnettes, poupées et automates, mis en scène avec humour (le cabinet du dentiste et sa salle d'attente, le « saloon »), sensibilité (« sur le banc », le grenier aux jouets) et délicatesse (le défilé de mode, le « bal des animaux »).

Mini-Châteaux ⊙ – *Accès au sud, par la route de Chenonceaux (D 81).* Dans un parc de 2 ha, une soixantaine de maquettes au 1/25, représentant grands châteaux ou petits manoirs de la vallée de la Loire, s'inscrivent dans un environnement à leur taille (bonsaïs, TGV et bateaux miniature…). La nuit, grâce à l'emploi de la fibre optique, le spectacle des monuments miniatures illuminés est féerique.

Le fou de l'âne ⊙ – *Accès au sud, par la route de Chenonceaux (D 81).* Une soixantaine d'ânes sont présentés dans une reconstitution de leur région d'origine. Outre le baudet du Poitou et le grand noir du Berry, on pourra rencontrer aussi bien le Pyrénéen que le Corse, le Catalan que l'Égyptien ou que la pie d'Irlande. Documents, matériels, selles et harnais complètent la visite.

ENVIRONS

Lussault-sur-Loire – *8 km à l'Ouest par la D 751, à la sortie du village, prendre la D 283 et suivre le fléchage.* Consacré uniquement aux poissons d'eau douce européens, l'**Aquarium de Touraine ★** ⊙ a la particularité de présenter les 70 espèces de ses collections dans des bassins à ciel ouvert. L'avantage de cette technique nouvelle est de laisser vivre les poissons au rythme des saisons de la même façon qu'ils le feraient dans leur milieu naturel. Le visiteur reste pour sa part toujours à l'abri. Chacun des 38 aquariums présente un milieu donné : ici c'est la reconstitution d'un torrent de montagne et les habitants sont des salmonidés (truites arc-en-ciel ou Fario, ombres…) ; là ce sont ruisseaux et rivières du cours supérieur de la Loire présentant les vairons, épinoches, épinochettes, goujons et autres loches ; plus loin ce sont les étangs où évoluent brochets, carpes, brèmes, gardons, tanches et perches… Il y a aussi, dans une reconstitution d'un quai de la Loire, des sandres et des carassins. Le plus spectaculaire est l'aquarium no 20, un bassin de 400 000 l, où nagent sereinement les acipenser baeri et transmontanus, c'est-à-dire… les esturgeons.

ANGERS★★★

Agglomération 206 276 habitants (les Angevins)
Cartes Michelin nos 63 pli 20 et 64 pli 11 ou 232 pli 31 – Schémas p. 162 et 180
Plan d'agglomération dans le guide Rouge Michelin France

L'ancienne capitale de l'Anjou s'étend sur les deux rives de la Maine, rivière longue de 10 km, formée par la réunion de la Mayenne et de la Sarthe, à 8 km de son confluent avec la Loire. Cité jeune et universitaire (25 000 étudiants), à la qualité de vie légendaire, Angers est l'une des villes les plus fleuries de France (42 m² d'espaces verts par habitant). Son remarquable patrimoine bâti conjugue, au fil des siècles, la blancheur du tuffeau et le noir de l'ardoise.

Le commerce est fort actif, alimenté par les vins d'Anjou, les liqueurs (Cointreau), les primeurs, les fruits, les graines et les fleurs, les plantes médicinales et tous produits de pépinières (centre horticole de très grande renommée, à la pointe de la recherche scientifique). L'industrie de haute technologie y est florissante (électronique, accessoires automobiles).

Riche de la *Tenture de l'Apocalypse*, de sa réplique moderne le *Chant du Monde*, de son musée **Jean Lurçat et de la Tapisserie contemporaine**, Angers est devenue l'une des capitales mondiales de la Tapisserie.

Le **festival d'Anjou**, qui se déroule dans tout le Maine-et-Loire *(voir en fin de volume le chapitre : Fêtes, Spectacles et Manifestations)*, attire en juillet, par la qualité de ses représentations, un public important de connaisseurs fidèles. Le programme de spectacles et d'activités culturelles *« Angers l'été »* ponctue la saison estivale.

UN PEU D'HISTOIRE

Au 1er s. avant J.-C., Angers fut le centre d'une peuplade de pêcheurs et de chasseurs, dont le chef, Dumnac, prenant le maquis, ne s'inclina jamais devant les Romains qui conquirent la cité.

Des Romains aux Normands – Capitale de la tribu des Andes, Angers-Juliomagus atteint son apogée au 2e s. ; sa superficie couvre 80 ha. Malheureusement, peu de traces archéologiques ont subsisté de ce brillant passé. Obligée de se replier sur un coteau dominant la Maine, dans un périmètre restreint (9 ha), la cité entre en décadence sous le Bas Empire : sous l'effet conjugué de la menace germanique et de l'appauvrissement général, elle se dépeuple. De son côté, le christianisme ne cesse de progresser et Angers abrite même un concile en 453. L'évêque Thalaise apparaît alors comme une des grandes figures de l'épiscopat de l'époque, lettré, protecteur et défenseur de sa cité.

L'essor religieux d'Angers n'est pas affecté par les sanglantes querelles de succession des souverains mérovingiens : aux 6e et 7e s. s'installent les abbayes de St-Aubin et de St-Serge, à l'origine de faubourgs nouveaux. Sous les Carolingiens, la ville connaît un renouveau, vite compromis cependant par l'instabilité due aux révoltes des grands et aux incursions normandes. En décembre 854, les Vikings pillent Angers et se retirent. Ils reviennent en 872 et gardent la ville plus d'un an. Charles le Chauve, aidé par le duc de Bretagne, les assiège et parvient à les déloger : selon un récit plus ou moins légendaire, il aurait fait détourner les eaux de la Maine, ce qui paniqua les navigateurs vikings et précipita leur fuite.

La première Maison d'Anjou (10e-13e s.) – Avec les comtes Foulques, Angers vécut une période particulièrement brillante.

Les fondateurs – La décadence du pouvoir royal facilita, dès la fin du 9e s., l'émergence de principautés territoriales indépendantes. La première dynastie angevine apparaît ainsi en 898 avec Foulques le Roux, vicomte puis comte d'Angers, titre qu'il transmet à ses descendants.

Foulques II le Bon agrandit l'héritage en direction du Maine sans se soucier de l'existence du roi de France, le pâle Louis IV d'Outre-Mer, qu'il méprise publiquement. Geoffroi Ier Grisegonelle obtient quant à lui l'hommage du comte de Nantes. Les Angevins pratiquent en outre un subtil jeu de bascule entre Robertiens (ancêtres des Capétiens), bien implantés dans la région, et Carolingiens de plus en plus affaiblis.

Foulques Nerra et ses successeurs – Aux 11e et 12e s., la dynastie angevine est au faîte de sa puissance grâce à une remarquable habileté politique, dépourvue de scrupules et servie par un exceptionnel dynamisme guerrier, doublée d'un sens aigu des alliances matrimoniales. Foulques III Nerra (987-1040) fut le plus redoutable de cette lignée de puissants féodaux. Turbulent, féroce, il ne cesse de guerroyer pour agrandir son domaine : tour à tour, il obtient la Saintonge en fief du duc d'Aquitaine, annexe les Mauges, pousse jusqu'à Blois et Châteaudun, s'empare de Langeais, de Tours (dont il sera chassé par Robert le Pieux), intervient en Vendômois, prend Saumur, etc. Ambitieux, cruel, violent jusqu'au crime, rapace et cupide, Foulques Nerra (le Noir, car il avait le teint très brun) est le type même du grand féodal de l'an mille. Il a parfois des retours soudains d'humilité chrétienne et des crises de repentir ; il comble alors de largesses les églises et les abbayes, ou prend le bâton de pèlerin et part pour Jérusalem. Il est aussi un grand bâtisseur de châteaux, points d'ancrage de ses conquêtes, et d'édifices religieux nombreux.

Son fils Geoffroi II (1040-1060) poursuit l'œuvre paternelle en s'assurant du Maine et de la Touraine. Mort sans enfants, ses deux neveux se partagent la succession. Ils ne tardent pas à s'affronter ; **Foulques IV le Réchin** (le Chagrin) finit par l'emporter sur Geoffroi III, au prix du recul des possessions angevines : perte de la Saintonge, du Maine, du Gâtinais et son indolence l'empêche de reconquérir le terrain perdu. En 1092, le roi Philippe Ier séduit sa seconde femme, la jeune et ravissante Bertrade de Monfort, l'enlève et l'épouse. Ce scandale a pour sanction l'excommunication majeure prononcée contre le roi. Geoffroi IV Martel, tué en 1106, et surtout **Foulques V le Jeune** (1109-1131) redressent la situation. Foulques V use au mieux de la stratégie des alliances matrimoniales en tirant le meilleur parti de la rivalité franco-anglaise. Lui-même récupère, par son mariage en 1109, le Maine. Il marie plus tard ses deux filles au gré de ses relations avec les rois de France et d'Angleterre. Mais sa plus belle réussite, en 1128, est sans conteste le mariage de son fils Geoffroi avec Mathilde d'Angleterre, fille et héritière du roi Henri Ier et veuve de l'empereur allemand Henri V. Ultime consécration personnelle : devenu veuf, il épouse en 1129 l'héritière du royaume de Jérusalem, Mélisende, fille de Baudouin II. Il fonde là-bas une nouvelle dynastie angevine et, fin diplomate, consolide la position des États francs.

Geoffroi V (1131-1151), dit Plantagenêt parce qu'il ornait sa coiffure d'une branche de genêt, gouverne d'une main de fer le «Grand Anjou» (Anjou, Touraine, Maine) et tente de faire valoir les droits de sa femme sur l'Angleterre (dont le roi est, depuis 1135, Étienne de Blois) et la Normandie qu'il annexe en 1144. Il meurt en 1151.

Plantagenêts et Capétiens – Fils de Geoffroi *(voir Le Mans)* et de Mathilde, **Henri Plantagenêt** épouse en 1152 Aliénor d'Aquitaine, récemment divorcée de Louis VII. A ses domaines, qui comprennent l'Anjou, le Maine, la Touraine, la Normandie, il ajoute ainsi le Poitou, le Périgord, le Limousin, l'Angoumois, la Saintonge, la Gascogne, la suzeraineté sur l'Auvergne et le comté de Toulouse. En 1153, il contraint Étienne de Blois à le reconnaître comme héritier et lui succède l'année suivante sur le trône d'Angleterre. Sa puissance dépasse désormais celle du Capétien. Henri II réside le plus souvent en France, notamment à Angers. «Homme au poil roussâtre, de stature moyenne, il a une face léonine, carrée, des yeux à fleur de tête, naïfs et doux lorsqu'il est de bonne humeur, et qui jettent des éclairs lorsqu'il est irrité. Du matin au soir, sans arrêt, il s'occupe des affaires du royaume. Sauf quand il monte à cheval ou prend ses repas, il ne s'assoit jamais. Quand il n'a pas en main un arc ou une épée, il est au Conseil ou en train de lire. Nul n'est plus ingénieux ni plus éloquent, et, quand il peut se libérer de ses soucis, il aime à discuter avec les lettrés» (M. Pacaut).

Un demi-siècle de lutte allait s'ouvrir entre Plantagenêts et Capétiens. Ces derniers eurent finalement l'avantage car, tout en s'appuyant sur les subtilités du droit féodal, ils bénéficièrent des tendances particularistes des provinces amalgamées dans l'empire anglo-angevin et des graves dissensions familiales qui déchiraient les Plantagenêts. Philippe Auguste leur porta un rude coup en confisquant les fiefs de Jean sans Terre. Ainsi, Anjou et Touraine furent enlevés au souverain anglais en 1205 ; mais l'Angleterre et la France s'y disputèrent la suprématie jusqu'à la fin de la guerre de Cent Ans.

Les 2e et 3e Maisons d'Anjou (13e-15e s.) – Pendant la régence de Blanche de Castille, la révolte des barons entraîne à nouveau la perte de l'Anjou, qu'Henri III reçoit en hommage de Pierre de Dreux. En 1231, profitant d'une trêve, Blanche et son fils Louis entreprennent la construction de l'impressionnante forteresse d'Angers.

L'Anjou revient dans la mouvance capétienne et, en 1246, Saint Louis le donne, avec le Maine, en apanage à son jeune frère Charles. En 1258, le traité de Paris en confirme la possession au roi de France. En 1360, l'Anjou est élevé au titre de duché par Jean le Bon en faveur de son fils Louis. Du 13e au 15e s., des princes capétiens directs, puis Valois, gouvernèrent donc l'Anjou. Aux deux extrémités de cette lignée se détachent les figures hautes en couleur de Charles Ier et du roi René.

Charles d'Anjou – Ce curieux personnage, confit en dévotion mais d'une folle ambition, appelé par le pape, conquiert la Sicile et le royaume de Naples, établit son influence sur le reste de la péninsule. Il rêve d'y ajouter la Terre Sainte, l'Égypte et Constantinople. Les Vêpres siciliennes le rappellent rudement à la réalité : le lundi de Pâques 1282, les Siciliens se révoltent et massacrent 6 000 Français dont la moitié d'Angevins.

Le bon roi René – Le dernier des ducs est le bon roi René – roi titulaire de Sicile. Il sait le latin, le grec, l'italien, l'hébreu, le catalan, joue et compose de la musique, peint, fait des vers, connaît les mathématiques, la géologie, la jurisprudence ; c'est un des esprits les plus complets de son temps. Simple et familier, il aime à causer avec ses sujets, remet en honneur les jeux de l'ancienne chevalerie, organise des fêtes populaires. Amateur de jardins fleuris, il introduit l'œillet et la rose de Provins, à la senteur exquise. A 12 ans, il a épousé Isabelle de Lorraine et lui reste tendrement attaché pendant les trente-trois ans que dure leur union. Après la mort d'Isabelle, à 47 ans, il épouse Jeanne de Laval qui en a 21. Ce second mariage, qui semble défier le sort, est aussi heureux que le premier. Vers la fin de sa vie, René voit avec philosophie Louis XI mettre la main sur l'Anjou. Comme il est aussi comte de Provence, il délaisse Angers qu'il a embellie pour Aix où il terminera ses jours à 72 ans (1480).

Sous les ducs, une université florissante a été créée à Angers : 4 000 à 5 000 étudiants, appartenant à dix nations, y mettent une joyeuse animation.

De Henri IV à nos jours – Les guerres de Religion prirent une tournure âpre à Angers où existait une forte Église calviniste ; le 14 octobre 1560, la Journée des Mouchoirs fit de nombreuses victimes. Les affrontements redoublèrent par la suite et, en 1572, la ville connut sa St-Barthélemy.

C'est au château d'Angers qu'Henri IV met fin, en 1598, aux troubles de la Ligue en promettant son fils **César** à Françoise de Lorraine, fille du duc de Mercœur, dernier espoir des ligueurs. Le contrat de mariage est signé le 5 avril : les époux ont 3 et 6 ans. Huit jours après, l'édit de Nantes entre en vigueur : les protestants obtiennent la liberté de culte. En 1652, Angers, tenue par les Frondeurs, doit capituler devant Mazarin ; en 1657, elle perd le droit d'élire ses échevins. Après son arrestation à Nantes, le surintendant **Fouquet**, gardé par d'Artagnan, séjourne trois semaines au château, dans l'appartement du gouverneur. A cette époque, la ville compte environ 25 000 habitants, elle est peu industrialisée. Dès le début de la Révolution de 1789, Angers se prononce avec enthousiasme pour les réformes.

La cathédrale, mise à sac, est transformée en temple de la Raison. En 1793, la défection de la municipalité girondine permet aux Vendéens de s'emparer de la ville entre le 20 juin et le 4 juillet. Les Républicains ne tardent pas à la reprendre et la Terreur fait de nombreuses victimes.

Entrée en somnolence au début du 19e s., Angers se réveille lors de l'arrivée du chemin de fer de Paris à Nantes : en 1849, Louis-Napoléon inaugure la gare. Le développement moderne commence ; après une pause pendant la première moitié du 20e s., il n'a cessé de prendre de l'ampleur ces dernières décennies.

★★★ LE CHÂTEAU ⊘ (AZ) *visite : 2 h*

Englobant l'ancien fief des Plantagenêts, la forteresse construite par Saint Louis de 1228 à 1238 est un très beau spécimen d'architecture féodale, en schiste sombre rayé de lits de pierre blanche. Les anciens fossés sont plantés de beaux jardins. Ses 17 tours rondes, qui se développent sur plus d'un kilomètre, ont de 40 à 50 m de hauteur. Elles étaient autrefois plus hautes de un ou deux étages et coiffées de toits en poivrière. L'amputation se fit sous Henri III pendant les guerres de Religion. Le roi avait donné l'ordre de démolir la forteresse, mais le gouverneur Donadieu de Puycharic se contenta de découronner toutes les tours qui furent aménagées en terrasse ; la mort du roi survint – qui sauva l'essentiel de l'édifice. De la plus haute tour, la **tour du Moulin**, à l'angle Nord, on découvre d'intéressantes **vues★** sur la ville, les tours de la cathédrale et St-Aubin, les rives de la Maine et les jardins aménagés au pied du château, et sur l'intérieur du château, l'enfilade des tours de la muraille, le dessin soigné des jardins ponctués d'arceaux de buis sculpté, la chapelle et le Logis royal, demeure des ducs d'Anjou au 15e s.

Le Château

3Bis / MICHELIN

Poursuivre le **tour des remparts** du côté Est : un charmant jardin médiéval se pare de lavandes, marguerites et roses trémières, près d'une vigne comme aimait à en planter le roi René.

★★★ **Tenture de l'Apocalypse** – Abritée dans un bâtiment spécialement conçu, cette pièce particulièrement célèbre (1) est la plus ancienne et la plus considérable qui nous soit parvenue. Elle fut commandée au marchand lissier Nicolas Bataille pour le duc Louis Ier d'Anjou, et vraisemblablement exécutée à Paris dans l'atelier de Robert Poinçon entre 1373 et 1383, sur des cartons de Hennequin de Bruges, d'après les enluminures d'un manuscrit du roi Charles V. Utilisée au mariage de Louis II d'Anjou avec Yolande d'Aragon à Arles en 1400, puis lors de fêtes religieuses jusqu'à la fin du 18e s. après que le roi René en fit don à la cathédrale d'Angers, elle fut jetée au rebut. Le chanoine Joubert la fit restaurer de 1843 à 1870.

Longue à l'origine de 133 m et haute de 6 m, elle était composée de 6 pièces de dimensions égales, comprenant chacune un grand personnage assis sous un dais, le regard tourné vers deux rangées de 7 tableaux dont le fond, alternativement rouge et bleu, forme un damier. Deux longues bordures représentent le Ciel, peuplé d'anges musiciens, et la Terre, jonchée de fleurs (disparue dans la première partie). Les 76 tableaux qui nous sont parvenus forment un ensemble superbe ; le texte biblique correspondant à chaque scène est disposé face aux tentures, accompagné d'une reproduction du revers de la tapisserie.

On ne peut rester insensible à l'ampleur de l'œuvre, à la rigoureuse ordonnance de sa composition, en même temps qu'à sa haute valeur décorative et à la pureté de son dessin. L'Apocalypse est, dans la Bible, la révélation divine du passage à un monde nouveau figuré par la Jérusalem céleste. La tenture interprète au plus près le texte de saint Jean qui forme le dernier livre du Nouveau Testament ; pour ranimer l'espérance des chrétiens ébranlés par la violence des persécutions, l'auteur leur présente sous forme de visions prophétiques la victoire du Christ et, après les épreuves, le triomphe de son Église.

Tenture de la Passion –
Ange porteur de l'aiguière de Pilate

Chapelle et Logis royal – Ces bâtiments du 15e s. se dressent à l'intérieur de l'enceinte. Dans la chapelle, vaste et claire, admirer les vantaux gothiques finement sculptés de la porte, la petite chapelle ducale dotée d'une cheminée, et, à une clef de voûte, une représentation de la croix d'Anjou (voir p. 60). Par l'escalier contigu, œuvre du roi René, on accède à l'étage du logis.

★★ **Tenture de la Passion et Tapisseries mille-fleurs** – Le Logis royal abrite une très belle collection de tapisseries des 15e et 16e s. : les 4 pièces de la **Tenture de la Passion** (fin 15e s.), d'une admirable richesse de coloris, et plusieurs tapisseries du style mille-fleurs parmi lesquelles la tenture des **Anges porteurs des instruments de la Passion**, originale par son sujet religieux, l'admirable **Dame à l'orgue** (16e s.) et **Penthésilée**, fragment d'une tenture représentant les neuf « preuses ».

★ **LA VIEILLE VILLE** *visite : une demi-journée*

Partir de l'entrée du château et s'engager dans la petite rue St-Aignan.

Hôtel du Croissant (AY B) – Cet hôtel du 15e s., à fenêtres à meneaux et arcs en accolade, abritait le greffier de l'ordre du Croissant, ordre de chevalerie militaire et religieux fondé par le roi René. Sur le blason de la façade figurent les armes de saint Maurice, le patron de l'ordre, légionnaire chrétien du 4e s., mis à mort parce qu'il refusait de tuer ses coreligionnaires. En face, pittoresques maisons à pans de bois.

Continuer jusqu'à la montée St-Maurice, longue volée d'escaliers qui mène au parvis de la cathédrale (belle vue sur l'édifice).

---

(1) Pour plus de détails, lire : Tenture de l'Apocalypse d'Angers, l'envers et l'endroit (Nantes, A.D.I.G.).

★★ **Cathédrale St-Maurice** (**BY**) ⊘ – C'est un bel édifice des 12e et 13e s. A gauche de la façade, calvaire dû à David d'Angers.

Façade – Elle est surmontée de trois tours, celle du milieu ajoutée au 16e s. Au rez-de-chaussée s'ouvre un intéressant **portail** : mutilé par les protestants et par les révolutionnaires, il a subi aussi les atteintes des chanoines qui, au 18e s., supprimèrent le trumeau et le linteau pour faciliter le passage des processions ; remarquer les belles statues des ébrasements ; le tympan comporte un Christ en majesté entouré des symboles des quatre Évangélistes : admirer la finesse de ces sculptures et la grâce des plissés. Au troisième étage, huit niches abritent un Saint Maurice et ses compagnons, personnages barbus en costumes militaires du 16e s.

Intérieur – Le vaisseau unique est couvert d'une des premières voûtes gothiques nées en Anjou au milieu du 12e s. D'un type particulier, la clef des ogives est située à plus de 3 m au-dessus des clefs des formerets et des doubleaux, alors que dans les autres voûtes gothiques toutes ces clefs sont sensiblement à la même hauteur. Cette forme bombée a reçu le nom de voûte « angevine » *(p. 36).* Les voûtes de St-Maurice couvrent la plus large nef qui ait été élevée à l'époque : 16,38 m, alors que la largeur normale est de 9 à 12 m ; les chapiteaux de la nef et les consoles qui portent la galerie à rampe de fer forgé sont remarquablement sculptés. Cette galerie prend appui sur les arcs de décharge élevés à chaque travée.

Le transept est couvert de voûtes angevines d'une époque plus avancée que celles de la nef. Les nervures en sont plus nombreuses, plus légères et plus gracieuses. L'évolution de cette forme originale d'architecture se poursuivra dans ce sens.

Le chœur, achevé à la fin du 12e s., présente la même voûte angevine que le transept. Il est éclairé de vitraux du 13e s., aux belles tonalités bleues et rouges.

Un mobilier majestueux garnit l'église : grandes orgues (**A**) du 18e s. soutenues par des atlantes, chaire monumentale (**B**) du 19e s., maître-autel (**C**) surmonté de colonnes de marbre et d'un baldaquin de bois doré (18e s.), stalles sculptées du 18e s. (**D**), devant lesquelles est placée une statue de sainte Cécile en marbre, par David d'Angers (**E**). Les murs sont ornés de tapisseries, pour la plupart d'Aubusson. Les **vitraux**★★ de St-Maurice permettent de suivre l'évolution de l'art des maîtres verriers du 12e s. à nos jours.

CATHÉDRALE ST-MAURICE

Observer les vitraux avec des jumelles, à l'aide des commentaires détaillés disposés dans l'édifice.

1 - Vitrail de sainte Catherine d'Alexandrie (12e s.).
2 - Vitrail de la Dormition et de l'Assomption de la Vierge (12e s.).
3 - Vitrail du martyre de saint Vincent d'Espagne (12e s.).
4 - Vitraux des roses du transept (15e s.) : à gauche le Christ présentant ses plaies ; à droite le Christ dans sa gloire.
5 - Vitraux du croisillon gauche (15e s.) : saint Remi et sainte Madeleine.
6 - Vitraux du chœur (13e s.) ; de gauche à droite, vies de saint Pierre et de saint Éloi, saint Christophe (16e s.), saint Laurent, arbre de Jessé, saint Julien, vie du Christ, et vies des saints Maurille, Martin, Thomas de Cantorbéry et Jean-Baptiste.

Les vitraux modernes de la chapelle N.-D.-de-Pitié et de la nef, à droite, témoignent des efforts accomplis de nos jours pour rénover l'art du vitrail, en déclin depuis le 16e s.

En longeant l'évêché, gagner la rue de l'Oisellerie.

Aux numéros 5 et 7, deux jolies maisons à colombage datent du 16e s.

Prendre la première rue à droite.

★ **Maison d'Adam** (**BYZ D**) – Pittoresque maison du 16e s. à pans de bois, aux poteaux ornés de nombreux personnages sculptés. La maison devrait son nom au pommier qui semble soutenir la tourelle d'angle et était encadré, jusqu'à la Révolution, des deux statues d'Adam et d'Ève. Il se trouve qu'au 18e s. cette maison fut habitée par un juge du nom de Michel Adam.

Poursuivre par la rue Toussaint.

Au no 37 (**BZ L**), le portail classique de l'ancienne abbaye Toussaint s'ouvre sur une élégante courette flanquée, à droite, d'une tourelle sur trompe.

ANGERS

B	Hôtel du Croissant
D	Maison d'Adam
E	Galerie David d'Angers
L	Portail de l'ancienne abbaye Toussaint
M³	Centre Régional d'Art Textile
P	Anciens bâtiments conventuels (Préfecture)

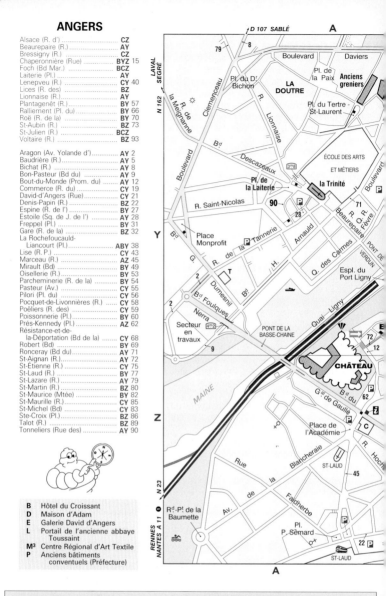

Angers pratique

S'informer – Les quotidiens régionaux : *Le Courrier de l'Ouest, Ouest-France, La Nouvelle République du Centre-Ouest.* Un petit ouvrage, « *Angers : simplifiez-vous la ville* », distribué par l'Office de tourisme, donne réponse à la plupart des questions que vous vous posez !

Faire une promenade – Trois circuits pédestres fléchés, jalonnés de « lutrins » descritifs permettent trois thèmes de visite : la cité et ses abords, les façades et jardins, la Doutre. A l'Office de tourisme, un document d'accompagnement de ces circuits est disponible.

Se déplacer en petit train touristique – Au départ de l'Office de tourisme, en face du château, plusieurs circuits sont proposés, pouvant même combiner une promenade avec la visite d'un musée ou une croisière en bateau sur la Maine.

Se régaler de spécialités – Les Quernons d'ardoise (chocolat et nougatine, teinté en bleu ardoise), le Cointreau et bien entendu tous les vins d'Anjou !

Se distraire – Auditorium du Centre des Congrès ☏ 02 41 93 40 40 - Nouveau théâtre d'Angers ☏ 02 41 87 80 80 - Théâtre musical d'Angers ☏ 02 41 60 40 40 - Théâtre Chanzy ☏ 02 41 24 16 30.

Retenir des dates – **Janvier** : Festival de cinéma européen 1er plans. **Février** : Salon des vins de Loire. **Juillet** : Festival d'Anjou. **Août/septembre** : Heures musicales du Haut Anjou. **Novembre** : Festival international du Scoop et du Journalisme.

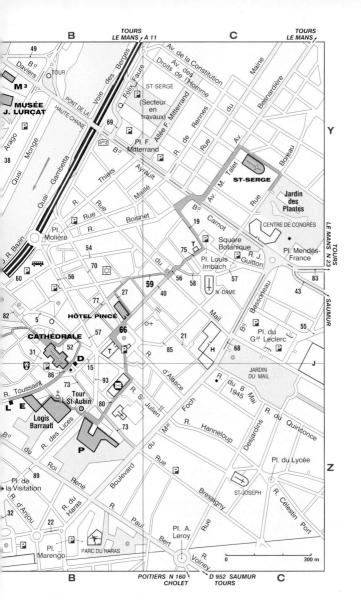

★ **Galerie David d'Angers** (**BZ E**) ⏱ – *33 bis, rue Toussaint.*

L'ancienne église abbatiale Toussaint (13e s.), dont les voûtes Plantagenêt effondrées en 1815 ont été remplacées par une vaste verrière à armature métallique, a été aménagée pour abriter la quasi-totalité des œuvres d'atelier que le sculpteur David d'Angers (1788-1856) donna de son vivant à sa ville natale. Heureuse inspiration qui donna naissance à un espace dont la luminosité varie avec le ciel.

La collection, remarquablement présentée, permet d'admirer des statues monumentales (le Roi René, Gutenberg, Larrey, Jean Bart dont le bronze s'élève à Dunkerque), des monuments funéraires (comme celui du général Bonchamps dont le tombeau est érigé dans l'église de **St-Florent-le-Vieil** : la *Clémence de Bonchamps*), un ensemble de bustes de personnages célèbres (Chateaubriand, Victor Hugo, Balzac), et des médaillons en bronze aux effigies des contemporains de l'artiste. Dans le chœur au chevet plat percé d'une rosace sont exposés des esquisses en terre cuite, des dessins et des carnets du sculpteur, ainsi que la gracieuse *Jeune Grecque* du tombeau de Markos Botzaris. On remarquera aussi, dans un renfoncement vitré, le *Jeune Berger* qui s'intègre parfaitement dans la verdure du jardin de la très moderne bibliothèque municipale. En sortant du musée, à gauche, on peut voir le cloître du 18e s. dont les deux galeries ont été restaurées.

Gagner le logis Barrault en contournant l'église Toussaint par le chevet.

Logis Barrault (musée des Beaux-Arts) (**BZ**) ⏱ – Cette belle demeure de la fin du 15e s. fut construite par Olivier Barrault, secrétaire du roi, trésorier des États de Bretagne, et maire d'Angers. Au 17e s. elle fut occupée par le séminaire, qui compta **Talleyrand** *(voir à Valençay)* parmi ses élèves.

Au 1er étage sont présentées les collections du musée archéologique évoquant l'histoire de l'Anjou, du 12e au 14e s. (émaux, bois sculptés, statuaire...). On remarquera une croix-reliquaire du 12e s., un masque de gisant du 13e s. et la **Vierge du Tremblay** en terre cuite du 16e s. Dans un cabinet des «arts précieux» sont exposés de remarquables ivoires et émaux peints.

Le 2e étage est consacré à la peinture : beaux primitifs dont un triptyque de J. Bellegambe ; de l'atelier de François Clouet, deux excellents petits portraits de Charles IX adolescent et de Catherine de Médicis ; peintures du 17e s. (Philippe de Champaigne, Pierre Mignard) et surtout de l'école française du 18e s. (Chardin, Watteau, Fragonard, Boucher, Lancret, Greuze), accompagnées de sculptures de J.-B. Lemoyne, Houdon, Falconet ; du 19e s., esquisses de David, Géricault, Delacroix ; d'Ingres, un curieux petit tableau, *Paolo et Francesca*, dans le style troubadour ; paysages de Corot et de Jongkind, œuvres des peintres angevins Lenepveu et Bodinier, ainsi que d'un pastelliste local, Alexis Axilette, né à Durtal (une petite salle lui est consacrée).

Tour St-Aubin (**BZ**) – Beffroi (12e s.) de l'ancienne abbaye St-Aubin, riche abbaye bénédictine fondée au 6e s. et où fut inhumé saint Aubin, évêque d'Angers (538-550).

★**Anciens bâtiments conventuels** (**BZ P**) ⊘ – Les bâtiments de l'ancienne abbaye St-Aubin, reconstruits en grande partie aux 17e et 18e s., sont actuellement occupés par l'Hôtel du Département et la préfecture. A gauche de la cour et visible au travers de baies vitrées a été mise au jour une **galerie romane**★★ de cloître aux sculptures d'une finesse remarquable.

La porte aux voussures sculptées était l'entrée de la salle capitulaire, dont les arcatures voisines permettaient aux frères qui n'avaient pas «voix au chapitre» d'assister aux débats depuis la galerie ; décorant la baie géminée à droite de la porte trône la Vierge en majesté, encensée par deux anges, tandis que sur l'archivolte s'affairent une multitude d'anges ; au-dessous est peint l'épisode des Rois mages : à gauche Hérode envoie ses soldats massacrer les enfants innocents, tandis qu'à droite l'étoile guide les Mages. La dernière arcature à droite porte la scène la mieux conservée de l'ensemble : au centre se prépare le combat inégal de David armé de sa fronde contre le géant Goliath en cotte de mailles ; à droite David vainqueur tranche la tête du vaincu, et à gauche il présente son trophée au roi Saül.

Par la rue St Martin, rejoindre la place du Ralliement.

Place du Ralliement (**BY 66**) – Centre de la ville, animée et bordée de commerces, elle s'orne de la façade monumentale du théâtre, garnie de colonnes et de statues.

S'engager rue Lenepveu, puis prendre la première à gauche, rue de l'Espine.

★**Hôtel Pincé** (**BY**) ⊘ – Gracieux hôtel Renaissance élevé pour un maire d'Angers et légué à la ville en 1861, il abrite le **musée Turpin-de-Crissé**, constitué à l'origine par la belle collection de ce peintre (1772-1859) natif d'Angers, qui fut chambellan de l'impératrice Joséphine et membre de l'Institut. Il présente des vases grecs et étrusques au rez-de-chaussée, une collection égyptienne au 1er étage. Mais il faut voir surtout, au 2e étage, la très belle collection de céramiques, masques et estampes japonaises, legs du comte de St-Genys, neveu de Turpin de Crissé, ainsi que la collection chinoise (céramiques, bronzes, tissus).

Quartier St-Laud – La petite rue St-Laud (**BY 77**) est l'axe d'un agréable quartier piéton et commerçant où l'on découvre quelques façades anciennes : au no 21 rue St-Laud (15e s.), ou au no 9 rue des Poëliers (16e s.) (**CY 58**).

Pour rejoindre l'église St-Serge, après avoir emprunté la rue St-Étienne et la rue du Commerce, traverser le boulevard Carnot.

★**Église St-Serge** (**CY**) – C'était, jusqu'en 1802, l'église de l'abbaye bénédictine du même nom, fondée au 7e s.

Le **chœur**★★, du 13e s., remarquablement large, élégant et lumineux, est un parfait exemple du style angevin à son apogée, dont les 13 voûtes à liernes et tiercerons retombent en faisceaux de nervures sur de fines colonnes. Il contraste avec la nef (15e s.), que ses piliers massifs semblent faire plus étroite. De gracieux vitraux (15e s.) au fond en grisaille garnissent ses fenêtres hautes ; ils représentent les Prophètes, au côté Nord, et les Apôtres, au côté Sud. Sur le mur du fond du chœur se trouve le sacrarium – armoire à reliques – de style flamboyant. Sous la tribune d'orgue, une peinture murale (de la fin 15e s., recouverte de peinture blanche au 18e s.) représentant saint Christophe a été dégagée en 1991.

Jardin des Plantes (**CY**) – Situé sur l'arrière du Centre des Congrès et face aux anciens bâtiments conventuels (18e s.) de l'abbatiale Saint-Serge, ce jardin paysager est garni de beaux arbres aux essences rares (notamment l'arbre «aux pochettes», le Davidia) et s'agrémente d'un bassin dans la partie basse. Une volière présente une collection de perroquets bruyants. La petite église romane Saint-Samson, remaniée aux 16e et 17e s., était l'église paroissiale du bourg de Saint-Serge.

SUR LA RIVE DROITE DE LA MAINE *visite : 1 h*

★★ **Musée Jean-Lurçat et de la Tapisserie contemporaine** (**ABY**) ⊘ – Le musée est installé dans l'**ancien hôpital St-Jean ★** ; fondé en 1174 par Étienne de Marçay, sénéchal d'Henri II Plantagenêt, l'hôpital fonctionna jusqu'en 1854.

La vaste salle des Malades, remarquable par ses voûtes angevines reposant sur de fines colonnes, conserve, à droite de l'entrée, l'**ancienne pharmacie ★** de l'hôpital (17e s.) avec ses boiseries garnies de pots et chevrettes en faïence. Dans la niche centrale, un somptueux vase à thériaque en étain, de 1720.

Tout autour est accrochée la série de tapisseries de Lurçat intitulée le **Chant du Monde ★★**. Jean Lurçat (1892-1966), rénovateur de l'art de la tapisserie, avait découvert avec admiration, en 1938, la tenture de l'Apocalypse et en avait été profondément marqué : « un des plus hauts chefs-d'œuvre de l'art occidental » déclarait-il ; 19 ans plus tard, il entreprit son chef-d'œuvre exposé ici. Ces dix compositions symboliques, qui s'étendent sur 80 m de longueur, sont l'aboutissement des recherches entreprises par l'artiste lui-même : conception monumentale, absence quasi totale de perspective, travail à gros points, réduction du nombre des teintes. L'ensemble, illustrant les joies et les angoisses de l'homme face à l'univers, constitue un étonnant enchevêtrement de formes, de rythmes et de couleurs.

Par la porte du mur Ouest, on accède au cloître roman qui s'ouvre sur un jardinet et abrite de nombreux fragments lapidaires. La chapelle attenante, voûtée à l'angevine, renferme un maître-autel et une tribune baroques. Plus à l'Ouest, les **anciens greniers** sont ornés de baies géminées.

Le bâtiment annexe abrite la donation Simone Lurçat rassemblant des peintures, des céramiques et d'autres tapisseries de son époux.

Une salle est réservée aux tapisseries de la donation Thomas Gleb. Le rez-de-chaussée est affecté aux expositions temporaires.

A proximité, 3, bd Daviers, le **Centre régional d'Art textile** (**BY M³**) ⊘, qui regroupe une vingtaine de liciers-créateurs répartis en ateliers, propose des visites commentées et des stages d'initiation à l'art de la tapisserie. Les liciers du C.R.A.T. créent en vue de leur vente ou de leur location des œuvres qui participent à des expositions de dimension nationale ou internationale.

★ **La Doutre** (**AY**) – Ce quartier «d'outre»-Maine conserve de vieilles maisons à pans de bois mises en valeur, sur la jolie place de la Laiterie (**AY**), dans la rue Beaurepaire qui relie cette place au pont (en particulier, au no 67, l'ancienne demeure datant de 1582 de l'apothicaire Simon Poisson, ornée de statues), et le long de la rue des Tonneliers (**AY 90**).

L'**église de la Trinité** (**AY**) est un édifice du 12e s. au clocher du 16e s.

ENVIRONS

Distillerie Cointreau ⊘ – *Par la route du Mans, Nord-Est du plan, puis par le boulevard de la Romanerie, à droite.*

Fondée en 1849 par les frères Cointreau, inventeurs de la liqueur cristalline à la saveur d'orange symbolisée par le fameux Pierrot, cette entreprise angevine, située dans la zone industrielle de **St-Barthélemy-d'Anjou**, propose aux amateurs la visite de ses installations.

Le visiteur, d'abord introduit dans le musée, où sont rassemblés des objets publicitaires et des produits de contrefaçon, est invité à suivre un montage audiovisuel *(12 mn)* avant de découvrir la salle des alambics et les aires de conditionnement. Le groupe assure annuellement une production diversifiée d'environ 28 000 000 de litres et en exporte les trois quarts.

★ **Château de Pignerolle** ⊘ – *8 km à l'Est d'Angers par la D 61, à la sortie de St-Barthélemy-d'Anjou.*

Dans un grand parc public de plus de 70 ha, ce château, réplique du Petit Trianon de Versailles, fut construit au 18e s. par l'architecte angevin Bardoul de la Bigottière, pour Marcel Avril, écuyer du roi et directeur de l'Académie d'Équitation d'Angers. Durant la Seconde Guerre mondiale, il a successivement abrité le gouvernement polonais en exil, le quartier général de l'amiral Doenitz qui en avait fait son centre de communication radio avec les sous-marins et, après la Libération, des unités américaines sous les ordres du général Patton.

Il abrite aujourd'hui le **musée européen de la Communication ★★**. La riche collection d'appareils scientifiques qui y est présentée, de façon didactique et vivante, retrace la passionnante histoire des communications, les grandes étapes qui l'ont jalonnée et les différents moyens ou modes d'expression utilisés : «du tam-tam au satellite». Au rez-de-chaussée, dédié à Léonard de Vinci, est évoquée l'origine de la communication avec le langage, l'écriture, la mesure du temps, la musique, l'invention de l'imprimerie qui a permis pour la première fois des échanges culturels dans le monde, l'histoire de l'électricité, la télégraphie avec son impact sociologique et culturel. Une sculpture moderne composée de plusieurs éléments figurant la locomotion rappelle cette autre composante de la communication.

Le premier étage présente une grande rétrospective de la TSF à la radio qui a rendu possible la communication instantanée (une salle entière est consacrée à l'évolution des postes de radio de 1898 à 1960) et à la télévision (reconstitution d'un studio des années 1950). Au second étage, consacré aux imaginaires, reconstitutions du salon du *Nautilus* d'après Jules Verne et de l'arrivée d'Armstrong sur la lune. Le futur imaginé est représenté par un couple de Vénusiens.

Le parc, agréablement dessiné et fort bien entretenu, mérite que le visiteur s'y attarde un peu.

Musée européen de la Communication Angers

Musée européen de la Communication – Récepteur radio sur avion (1918)

St-Sylvain d'Anjou – *8 km au Nord-Est d'Angers, par la route du Mans.*

Une coopération étroite entre archéologues et Compagnons charpentiers du Devoir a abouti à la reconstitution précise d'un **château à motte** ⊘ et de sa basse-cour tels qu'ils existaient au début de la féodalité.

C'est à la fin du 10e s. et au cours des 11e s. et 12e s. qu'apparurent ces édifices défensifs, en bois, construits sur des tertres élevés de main d'homme. Le seigneur, sa famille, le chapelain et quelques gardes habitaient la tour. Dans les maisons de la basse-cour (délimitée par un fossé et par une levée de terre surmontée d'une palissade) vivaient le reste de la garnison, les artisans, les valets ; étables, écuries, granges, fours et parfois un oratoire étaient les autres bâtiments de la basse-cour.

Les Ponts-de-Cé – *7 km au Sud du plan, N 160.*

Les Ponts-de-Cé forment une agglomération de 3 km de longueur, dont la rue principale traverse le canal de l'Authion et les bras de la Loire sur quatre ponts.

L'histoire des Ponts-de-Cé comporte bien des pages sanglantes. Sous Charles IX, un corps de troupes, commandé par Strozzi, veut passer de Vendée en Anjou. Embarrassé par les ribaudes qui accompagnent les soldats, le rude capitaine les fait jeter à la Loire, au nombre de 800. En 1562, les huguenots s'emparent du château mais ils en sont chassés, et ceux qui n'ont pas péri au cours du combat sont précipités dans le fleuve. En 1793, de nombreux Vendéens sont fusillés dans l'île qui entoure le château. Au bord de la route se dressent les restes du château, ancienne forteresse du 15e s. couronnée de mâchicoulis.

De style gothique, ravagée par un incendie en 1973, l'**église St-Aubin** vient d'être restaurée. Elle conserve des éléments de mobilier intéressants : retables, statues, notamment un Christ aux liens.

Trélazé – *7 km à l'Est d'Angers, par la route de Saumur.*

Trélazé est connue pour ses ardoises, dont l'exploitation remonte au 12e s. Au temps de la navigation sur la Loire, c'était par bateaux qu'elles remontaient le fleuve pour aller couvrir de leur chape bleutée tous les châteaux, manoirs ou modestes logis qui bordent le fleuve.

Près d'une ancienne carrière à ciel ouvert, sur un site de 3 ha, le **musée de l'Ardoise** ⊘ présente des éléments de géologie, les anciennes techniques d'extraction de l'ardoise, la vie des ardoisiers, enfin les plus récents procédés d'exploitation. Une démonstration de fente à l'ancienne est assurée par d'anciens « perreyeux ».

Pour organiser vous-mêmes vos itinéraires, consultez tout d'abord les cartes au début de ce guide ;
elles indiquent les parcours décrits, les régions touristiques, les principales villes et curiosités.
Reportez-vous ensuite aux descriptions, dans la partie «Villes et curiosités».
Au départ des principaux centres, des buts de promenades sont proposés.
En outre, les cartes Michelin nos 232, 237, 238 signalent les routes pittoresques, les sites et les monuments intéressants,
les points de vue, les rivières, les forêts...

AREINES

555 habitants
Carte Michelin n° 64 pli 6 ou 238 pli 2 (3 km à l'Est de Vendôme)
Schéma p. 153

Village de la plaine du Loir, Areines était un bourg important à l'époque romaine.

Église ⊘ – Élevée au 12e s. Sa sobre façade s'orne d'une Vierge du 14e s. Elle renferme un ensemble de **fresques** intéressantes par la grâce du dessin comme par la fraîcheur des tonalités.

Au cul-de-four de l'abside, un majestueux Christ est entouré des symboles évangéliques : remarquer le lion de saint Marc très stylisé à la manière byzantine ; au-dessous, les Apôtres portent des auréoles de ce bleu céleste, typique de l'art du Val de Loire (p. 39) ; dans la baie centrale, saints guerriers, nimbés.

A la voûte du chœur, l'Agneau est adoré par les anges ; sur les côtés, Annonciation et Visitation d'un style élégant, Nativité, assez effacée. Les fresques des parois du chœur paraissent moins anciennes. Mariage de la Vierge, à droite.

ARGENT-SUR-SAULDRE

2 525 habitants
Carte Michelin n° 65 Nord du pli 11 ou 238 Nord-Ouest du pli 19

Cité solognote située sur la route Jacques-Cœur, Argent-sur-Sauldre possède de nombreuses activités : imprimerie, ateliers de confection, poterie, briqueterie.

Château – Construit en bordure de la Sauldre au 13e s. par les premiers seigneurs de Sully, remanié au 15e s. puis au 18e s., il accueille deux musées.

Musée des Métiers et Traditions de France ⊘ – Il évoque l'art de vivre depuis le 18e s. dans les milieux ruraux. Outils, ateliers reconstitués (sabotier, dinandier, tonnelier), objets usuels illustrent le travail de la terre, les activités artisanales et la vie domestique propres aux différentes provinces françaises. L'aspect récréatif n'est pas oublié avec le rappel de certaines coutumes festives liées aux saisons. Remarquer un fauteuil berrichon de «j'teux d'sorts» de la fin du 19e s. ainsi qu'un compas ouvragé présentant, en position fermée, les séries du jeu de cartes. Le musée abrite également une importante collection de faïences de Gien de la fin du 19e s.

Église St-André – Autrefois chapelle du château, elle est précédée par un puissant clocher-porche (16e s.), coiffé d'une flèche refaite au 17e s. L'édifice est dédié à saint André, représenté crucifié à la clef de voûte du chœur. La chapelle des fonts baptismaux abrite une étonnante représentation de la Trinité, du 16e s.

ENVIRONS

★ **De l'étang du Puits à Cerdon** – *16 km au Nord-Ouest. Franchir la Sauldre et prendre à gauche la D 176.*

★ **Étang du Puits** – Ample et lumineux, l'étang du Puits s'étend sur 175 ha au cœur de bois de chênes ou de pins ; on en découvre une bonne vue de la route suivant la digue qui le ferme. Aménagé pour les régates, il dispose aussi d'installations balnéaires classiques : plages, pédalos, barques, jeux d'enfants. Enfin il est prodigue de carpes, brèmes et brochets dont certains atteignent le poids respectable de 15 livres. L'étang servait de réservoir au canal de la Sauldre, qui se jette dans le Beuvron.

Faire le tour de l'étang par la D 765, puis gagner Cerdon.

Cerdon – Village solognot soigné et calme. Dans l'église (15e s.), remarquer les tableaux et les bons vitraux modernes du chœur.

★ **Blancafort** – *8 km au Sud-Est par la D 8. Voir à ce nom.*

ARVILLE

122 habitants
Carte Michelin n° 60 Sud-Ouest du pli 16 ou 237 pli 37 – Schéma p. 182

En venant du Gault-Perche par la D 921, on voit apparaître la commanderie créée par les Templiers auxquels succédèrent les chevaliers de St-Jean-de-Jérusalem. Construite en roussard, elle forme un tableau harmonieux, dans un site très calme.

La commanderie ⊘ – La chapelle, du 12e s., est précédée par un clocher-pignon relié à une tour en silex faisant partie des murailles. La porte d'entrée (fin 15e s.) de cette enceinte comporte deux tourelles en brique à curieux toits de lattes de châtaignier en forme d'éteignoir.

Les Templiers

Cet ordre militaire et religieux fut fondé en 1119 au Temple de Jérusalem. Ses membres, vêtus d'un manteau blanc à croix rouge, étaient chargés d'assurer la sécurité des routes et la protection des pèlerins. A cet effet, ils édifièrent, sur les principaux itinéraires, des commanderies qui, fortifiées, leur servirent de banques au 13e s. : ceux qui partaient pour la croisade ou en pèlerinage laissaient une somme d'argent dans une maison du Temple et, en échange de leur reçu, touchaient l'équivalent à leur arrivée en Terre Sainte. Amenés à prêter des fonds aux papes, aux rois et aux princes, ils acquirent une richesse et une influence considérables. Au début du 14e s., l'ordre des Templiers compte 15 000 chevaliers et 9 000 commanderies. Il a sa juridiction particulière, ne paie pas d'impôts et relève de la seule autorité du pape. Cette richesse et cette indépendance, en lui créant de nombreux ennemis, causeront sa perte. En 1307, Philippe le Bel obtient du pape que les Templiers soient traduits devant des tribunaux spéciaux ; il fait arrêter, le même jour dans toute la France, tous les membres de l'ordre. Le grand maître Jacques de Molay et 140 dignitaires sont emprisonnés dans le château de Chinon. L'année suivante, ils sont transférés à Paris. A la suite d'un procès où ils sont accusés d'avoir renié le Christ en crachant sur la Croix dans les cérémonies d'initiation, 54 d'entre eux, y compris Jacques de Molay, sont brûlés vifs. La sentence était rude, mais l'ordre avait parfois dégénéré.

La commanderie d'Arville.

ASNIÈRES-SUR-VÈGRE★

338 habitants (les Asniérois)
Carte Michelin n° 64 Nord-Ouest du pli 2 ou 232 Nord-Est du pli 20

Asnières est joliment nichée dans la verdoyante vallée de la Vègre. En venant de Poillé par la D 190, on jouit d'une agréable perspective sur ses vieilles maisons aux hautes toitures, son église et sa demeure dite la «Cour d'Asnières».

Pont – Ouvrage médiéval, en dos d'âne. **Vue★** charmante sur la rivière, sur le vieux moulin dont les installations sont intactes dans leur cadre de beaux arbres, et sur un élégant manoir à lucarnes et tourelle sur la rive droite.
Près du moulin, le château du Moulin Vieux date des 17e et 18e s.

Église ⊙ – A l'intérieur, on découvre des **peintures murales★** gothiques, du 13e s. dans la nef, du 15e s. dans le chœur. La plus célèbre se trouve au revers du pignon Ouest : elle figure l'Enfer. A gauche, le Christ s'apprêtant à délivrer les âmes enfermées dans les Limbes attaque à la lance le Cerbère à trois têtes ; au centre, la gueule du Léviathan engloutit des damnés ; enfin, un chaudron, où des démons à tête de chien brassent des réprouvés parmi lesquels on reconnaît à son béguin la châtelaine et à sa mitre l'évêque ! Le cycle du Nouveau Testament est évoqué sur les parois de la nef et du chœur. Sur le mur gauche de la nef, trois scènes représentent l'Adoration des Mages, la Présentation au Temple et une Fuite en Égypte (les soldats d'Hérode, à la poursuite de la Sainte Famille, demandent à un paysan s'il a vu les fugitifs ; celui-ci répond malicieusement qu'ils sont passés au temps des semailles ; or les blés, qui ont poussé miraculeusement, sont hauts, protégeant Jésus et ses parents). Dans le chœur, on reconnaît un Baptême du Christ, une Flagellation, une Crucifixion.

Cour d'Asnières – Situé non loin de l'église au Sud, c'est un grand bâtiment gothique, allongé, aux jolies fenêtres géminées. Là, les chanoines du Mans, seigneurs d'Asnières, exerçaient leurs droits seigneuriaux, d'où ce nom de «Cour».

Château de Verdelles – *2,5 km par la D 190 vers Poillé.*
Ce château de la fin du 15e s., situé en contrebas de la route, n'a subi aucun remaniement depuis sa construction par Colas Le Clerc, seigneur de Juigné.
Faisant transition entre le château féodal et la demeure de plaisance, il comporte un corps de logis, à fenêtres moulurées, qu'enserrent quatre curieuses tours, très rapprochées les unes des autres. On remarque une jolie tourelle suspendue, décorée de fines arcatures gothiques.

AUBIGNY-SUR-NÈRE★

5 803 habitants (les Albiniens)
Carte Michelin n° 65 pli 11 ou 238 plis 18, 19

Aubigny, étape de la route Jacques-Cœur située aux confins de la Sologne et du Berry, est une petite ville pittoresque et animée au riche passé, traversée par la Nère au cours en partie souterrain. Ses foires, ses fabriques de moteurs électriques, de mécanique de précision, son parc des Sports témoignent de son activité.

La cité des Stuarts – En 1423, Charles VII donne Aubigny à un Écossais, Jean Stuart, son allié contre les Anglais, auquel succèdent Beraud Stuart, qui réconcilia Louis XI avec son cousin, le futur Louis XII, et Robert Stuart, maréchal d'Aubigny, qui guerroya en Italie sous François Ier. Venus d'Écosse, des gentilshommes et des artisans font souche. Ils installent verreries et tissages, utilisant la laine blanche de Sologne : jusqu'au 19e s., la draperie est une source d'activité telle que la ville sera surnommée Aubigny-les-Cardeux ; la rue des Foulons rappelle que ces artisans apprêtaient le drap en le foulant dans les eaux de la Nère.

CURIOSITÉS

★**Maisons anciennes** – Nombre de maisons à pans de bois du début du 16e s. ont subsisté. Elles furent bâties avec les chênes de la forêt d'Ivoy, donnés par Robert Stuart. On en verra quelques-unes le long de la rue du Prieuré, prolongée par la rue des Dames, artères pittoresques et commerçantes qui alignent leurs enseignes de l'hôtel de ville à l'église, rue du Charbon et place Adrien-Arnoux. Remarquer, au n° 10 de la rue du Pont-aux-Foulons, la seule maison du 15e s. qui ait survécu à l'incendie de 1512, puis, dans la rue du Bourg-Coutant, la **maison du Bailli**★ aux poteaux sculptés, et presque en face la maison St-Jean, enfin, à l'angle de la rue du Bourg-Coutant et de la rue de l'Église, la jolie **maison François Ier**.

Église St-Martin ⊘ – De style gothique, elle traduit les influences d'Ile-de-France arrivées en Berry. A l'entrée du chœur, on remarque deux statues polychromes du 17e s., une charmante Vierge à l'Enfant et un dramatique Christ aux outrages ; au chœur, vitrail du 16e s. contant la vie de saint Martin. Dans la 3e chapelle à droite, belle Pietà en bois du 17e s.

Ancien château des Stuarts ⊘ – Entrepris au 16e s. par Robert Stuart et remanié par Louise de Kéroualle, duchesse de Portsmouth, il abrite aujourd'hui l'hôtel de ville. Le châtelet d'entrée est encadré de gracieuses échauguettes de brique, et la clef de voûte est timbrée du blason des Stuarts. Passer le portail pour voir la cour intérieure, charmante par son irrégularité, avec ses fenêtres à meneaux et ses tourelles d'escalier rondes ou polygonales.
A l'intérieur, un musée évoque le souvenir de **Marguerite Audoux**, écrivain régional (1863-1937), qui relate dans son ouvrage *Marie-Claire* son enfance de bergère.

Remparts – De la vieille enceinte élevée à l'origine sous Philippe Auguste, il reste le tracé des rues qui délimitent le centre ville, et deux tours rondes près du mail.

AZAY-LE-RIDEAU

3 053 habitants
Carte Michelin n° 64 pli 14 ou 232 pli 35 – Schéma p. 158

Azay, situé au point où la route de Tours à Chinon franchit l'Indre, a été fortifié de bonne heure. Le village tient son nom d'un de ses seigneurs, Ridel ou Rideau d'Azay, armé chevalier par Philippe Auguste, et bâtisseur d'un château puissant.

L'incident le plus tragique de son histoire est le massacre de 1418. Charles VII, alors dauphin, de passage à Azay, est insulté par la garnison bourguignonne qui occupe le château. La répression est immédiate : la place, enlevée, est brûlée, le capitaine et ses 350 soldats exécutés. Jusqu'au 18e s., le village s'appellera Azay-le-Brûlé.

AZAY-LE-RIDEAU

*Les villes, sites et curiosités décrits dans ce guide sont indiqués en **caractères noirs** sur les schémas.*

Le Château

★★★ LE CHÂTEAU

Spectacle son et lumière – *Voir le chapitre des Renseignements pratiques en fin de volume.*

La création d'un financier (16ᵉ s.) – Relevé de ses ruines, Azay devient la possession du grand financier **Gilles Berthelot**. De 1518 à 1527, celui-ci fait élever le ravissant édifice actuel. C'est sa femme, **Philippa Lesbahy**, qui dirige les travaux comme, à Chenonceau, Catherine Briçonnet. Mais, sous la monarchie, la fortune tourne vite pour les financiers. Le richissime **Semblançay** vient de terminer sa brillante carrière au gibet de Montfaucon. Berthelot voit approcher le lacet fatal, prend peur, s'enfuit et mourra en exil. François Iᵉʳ confisque Azay et le donne à l'un de ses compagnons d'armes des campagnes d'Italie, **Antoine Raffin**, puis de nombreux propriétaires se succèdent. Au 19ᵉ s., l'un d'eux fait reconstruire la grosse tour Nord et ajouter une tourelle d'angle à l'Est.

En 1870, le prince Frédéric-Charles de Prusse y loge. Un jour, le lustre tombe sur la table où il festoie. Le prince croit à un attentat et Azay échappe de justesse à une nouvelle destruction. En 1905, l'État a acheté le château 200 000 francs.

Visite ⊘ *3/4 h*

Dans son joli paysage d'eau et de verdure, le château d'Azay est une des réussites de la Renaissance. Son cadre a moins d'ampleur que celui de Chenonceau avec lequel il a un air de famille, mais ses lignes, ses dimensions y sont si parfaitement adaptées qu'il s'en dégage une inoubliable impression d'harmonie et d'élégance.

Encore gothique par sa silhouette, Azay est déjà moderne par son charme et la belle organisation de ses façades.

L'appareil de défense féodal n'est là que pour témoigner du haut rang de son propriétaire. Les lourdes tours sont devenues d'inoffensives tourelles aux contours gracieux. Le chemin de ronde sert à des effets de lucarnes, les mâchicoulis sont prétexte à ornements et les fossés deviennent de simples miroirs d'eau.

Construit en partie sur l'Indre, le château se compose d'un grand corps de logis et d'une aile en équerre. Il a subi l'influence des constructions que François Ier venait de faire élever à Blois : mêmes pilastres superposés séparant les travées, même entablement à double corps de moulures séparant les étages. Mais, ici, la symétrie est respectée dans toute l'ordonnance du bâtiment.

La partie la plus remarquable du logis est l'**escalier** d'honneur avec, sur la cour, ses trois étages de baies jumelées formant loggias et son fronton richement ouvragé. A Blois, l'escalier est encore à vis et en saillie sur la façade ; à Azay il est devenu intérieur et à rampes droites. Les miroirs d'eau ajoutent à la douce mélancolie du lieu et inspireront bien des photographes, de même que l'enfilade des maisons et jardinets le long de l'Indre.

L'intérieur est richement meublé et décoré, certaines pièces se signalant par leur caractère d'exception : chaire à dais en chêne de la fin du 15e s., remarquable lit brodé de la fin du 17e s., crédences, cabinets, etc.

Un magnifique ensemble de **tapisseries**★ des 16e et 17e s. orne les murs : verdures d'Anvers et Tournai, compositions tissées à Audenarde (scènes de l'Ancien Testament) ou Bruxelles (suite de l'*Histoire de Psyché*), tenture de *Renaud et Armide* exécutée dans les ateliers du faubourg St-Marcel à Paris d'après des cartons de Simon Vouet.

AUTRE CURIOSITÉ

Église St-Symphorien – Cette curieuse église du 11e s., agrandie au siècle suivant puis au 16e s., présente, sur la partie droite de sa **façade**★ à pignons, des éléments de l'édifice primitif des 5e et 6e s. ; sur la gauche, une baie flamboyante, restaurée, au-dessus d'un porche en anse de panier, date également du 16e s.

ENVIRONS

★**Marnay : musée Maurice-Dufresne** ⊘ – *6 km à l'Ouest d'Azay-le-Rideau par la D 57 puis la D 120.*

Installé dans un ancien moulin papetier, ce musée prioritairement voué à la locomotion expose en fait, sur plus de 7 000 m², toutes sortes d'engins. Patiemment réunis pendant une trentaine d'années, restaurés dans leurs rutilantes couleurs d'origine, présentés par des panneaux explicatifs qui mentionnent le lieu et les conditions de leur découverte, ils invitent à une promenade dans la galaxie de l'insolite : véhicules militaires américains, allemands ou français des deux guerres transformés en machines agricoles, roulottes foraines du début du siècle, première machine de mise en pression de la bière utilisée en France, monoplan Blériot frère jumeau de celui qui traversa la Manche en juillet 1909... A chaque détour s'offre l'occasion de revivre l'Histoire : avec l'arroseuse-balayeuse « présidentielle » Laffly dévolue au nettoyage des chaussées lors des voyages présidentiels, avec ce petit tracteur Bauche retrouvé dans un grenier entièrement démonté afin d'échapper à la réquisition, avec l'extracteur-enfouisseur de mines Hanomag qui contribua à dresser le « Mur de l'Atlantique », ou encore l'un des quelque cent Fordson débarqués le 6 juin 1944 à Arromanches.

Musée Dufresne : arroseuse-balayeuse Laffly (France 1911)

Musée Maurice-Dufresne. Azay-le-Rideau

La grande roue à aubes et la turbine du moulin, qui datent de 1876-77, prouvent en étant actionnées devant les visiteurs leur parfait état de marche.

VALLÉE DE L'INDRE : D'AZAY À PONT-DE-RUAN

Circuit de 26 km à l'Est, environ : 2 h.

Quitter Azay au Sud par le pont sur l'Indre, d'où l'on a une jolie vue sur le château, aperçu à travers les arbres du parc.

Prendre aussitôt la D 17, puis à droite la D 57.

Villaines-les-Rochers – Le travail de l'osier tient traditionnellement une grande place dans les activités de ce village. Déjà au 19e s., Balzac, du château voisin de Saché, écrivait : « Nous étions allés à Villaines, où se fabriquent les paniers du pays, nous en commander de fort jolis. »

L'osier noir, l'osier jaune et la «gravange» verte sont coupés en hiver, bottelés et plongés dans l'eau des «rutouères» d'où ils sont retirés en mai, puis décortiqués et façonnés. Autrefois cet artisanat se transmettait de père en fils et se pratiquait à domicile dans des ateliers troglodytiques. La **Société coopérative agricole de vannerie** ⊙ de Villaines, fondée en 1849 par le curé du village, compte environ 80 familles de vanniers; elle a créé des ateliers qui accueillent des jeunes; elle assure une formation professionnelle sur place. On peut visiter et acheter les travaux des artisans.

Rejoindre la D 17 par la D 217 qui longe la Villaine.

Saché – *Voir à ce nom.*

Pont-de-Ruan – A la traversée de l'Indre, deux moulins posés sur des îles couronnées de bouquets d'arbres composent un joli tableau. Ce site fait l'objet d'une large description dans *Le Lys dans la vallée* de Balzac.

Regagner Azay par la D 84.

BAUGÉ

3748 habitants
Carte Michelin nº 64 plis 2, 12 ou 232 pli 21

Marché agricole, Baugé, paisible petite ville aux nobles demeures, est la capitale du Baugeois, lumineux pays de brandes, de forêts et de vastes clairières. En contournant la ville à l'Ouest par la rue Foulques-Nerra, on l'aperçoit, contenue par les restes de ses murailles.

Sous le signe de la Croix d'Anjou – Fondée vers l'an mille par Foulques Nerra, Baugé fut au 15e s. une des résidences préférées de **Yolande d'Aragon**, reine de Sicile, et de son fils, le roi René. Yolande, fidèle soutien de Charles VII et de Jeanne d'Arc, détourne les Anglais de l'Anjou par la bataille du Vieil-Baugé (1421) où s'illustra sire Guérin de Fontaines, à la tête des Angevins et des mercenaires écossais. René peint, versifie et chasse le sanglier «baugé» dans les forêts voisines; il fait aussi ses dévotions à la relique de la Vraie Croix honorée à l'abbaye de la Boissière.
Après la mainmise de Louis XI sur l'Anjou, Baugé s'appauvrit: le dicton «Je vous baille ma rente de Baugé» signifie: «Je ne peux rien vous donner.»

CURIOSITÉS

Château (**Z**) ⊙ – Cette demeure du 15e s. abrite le Syndicat d'initiative et un **musée** (collections d'armes, de faïences et de monnaies anciennes). Le roi René dirigea lui-même, en 1455, la construction de ses tourelles, des lucarnes à gâbles, de l'oratoire (aile droite) et de l'amusante échauguette de la façade postérieure où les maçons se sont représentés. Une élégante porte en accolade donne accès à l'**escalier à vis** se déroulant jusqu'à une magnifique voûte en palmier, ornée de blasons Anjou-Sicile et d'emblèmes, anges, taus (**T**), symboles de la Croix du Christ, étoiles qui, dans l'Apocalypse, désignent les bienheureux en éternité.

Chapelle des Filles-du-Cœur-de-Marie (**Z B**) ⊙ – Cette chapelle, élément d'un hospice du 18e s., abrite une précieuse relique.

★★**Croix d'Anjou** – Cette croix à double traverse – la traverse supérieure figurant l'écriteau – ou «croix de Jérusalem» était vénérée comme un morceau de la Vraie Croix par les ducs d'Anjou et en particulier par le roi René. L'insigne devint «croix de Lorraine» à la fin du 15e s. après la bataille de Nancy, remportée par René II duc de Lorraine, descendant des ducs d'Anjou, sur Charles le Téméraire, les troupes de Lorraine ayant adopté le symbole sacré comme marque de reconnaissance pendant le combat. Taillée dans le bois de la Vraie Croix, rapportée de Terre Sainte par un croisé en 1241, cette merveille d'orfèvrerie, enrichie de pierres précieuses et de perles fines, fut exécutée à la fin du 14e s. pour Louis Ier duc d'Anjou par l'orfèvre parisien de son frère, le roi Charles V. Caractéristique inhabituelle, elle porte un Christ sur chaque face *(voir aussi La Boissière).*

Hôpital public (**Y**) – Fondé en 1643, il était autrefois tenu par les Hospitalières de St-Joseph.
La **pharmacie ★** ⊙ a conservé son parquet en marqueterie et ses boiseries. On y voit des boîtes à herbes médicinales dont les tons sont assortis au plafond, des vases en verre et en étain, et surtout des faïences (16e-17e s.) de Lyon et de Narbonne à décor italien ou hispano-mauresque. Il est recommandé de visiter aux heures claires de la journée, car, par souci de conservation, il n'y a pas d'électricité. Dans la chapelle, au-dessus de l'autel, le grand retable à tabernacle de bois doré date du 17e s.

Hôtels (**Z**) – De hauts portails jalonnent les rues tranquilles du vieux Baugé: rues de l'Église, de la Girouardière et surtout place de la Croix-Orée.

Église St-Laurent (**Z**) ⊙ – Fin 16e s.- début 17e s. Les orgues, inaugurées en 1644, ont été restaurées en 1975.

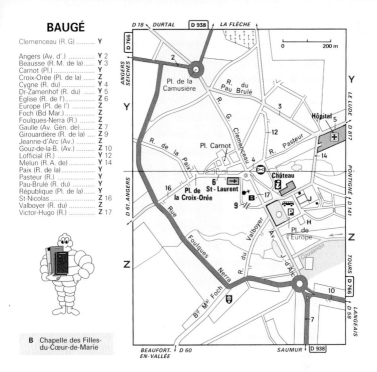

BAUGÉ

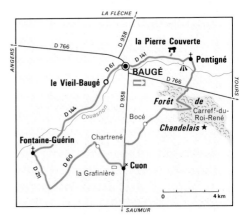

B Chapelle des Filles-
du-Cœur-de-Marie

LE BAUGEOIS *Circuit de 38 km – environ 1 h*

Quitter Baugé vers l'Est par la D 141 qui suit la vallée du Couasnon.

Dolmen de la Pierre Couverte – *Laisser la voiture sur le bas-côté de la route à 3,5 km de Baugé.* Quelques marches sur la gauche mènent au dolmen, isolé dans une clairière.
Reprendre la voiture et gagner Pontigné par la D 141 qui offre de jolies vues à droite sur le Couasnon et le massif forestier de Chandelais.

Pontigné – Dédiée à saint Denis dont l'effigie se voit au-dessus du portail roman, l'**église** ⊙ est surmontée d'un clocher en hélice. La nef porte de larges voûtes Plantagenêt ; au transept, remarquer les chapiteaux romans, à feuilles d'eau et têtes de monstres ; la charmante abside centrale est soutenue par un réseau complexe de boudins rayonnants. Dans les absidioles, de belles **peintures murales** ★ aux frais coloris (13e-14e s.) montrent le Christ en majesté et la Résurrection de Lazare d'un côté, la Vierge en majesté entourée de l'Annonciation, la Nativité et l'Adoration des bergers de l'autre.

Prendre la route derrière l'église, puis à droite vers la D 766.

Belle vue sur la vallée plantée de vergers.

Sur la D 766, prendre à gauche puis tout de suite à droite vers Bocé.

★**Forêt de Chandelais** – Cette forêt domaniale de 800 ha présente une futaie régulière – mélange de chêne rouvre et de hêtre – renouvelée tous les 210 ans.

Suivre une allée forestière jusqu'au rond-point central où l'on prend à droite vers Bocé.

Cuon – L'église présente un curieux clocher conique à imbrications. Derrière l'église, charmant manoir du 15e s. En face de l'église, une ancienne auberge porte encore gravée l'enseigne « Au Soleil d'Or. On y loge à pied et à cheval ».

Prendre la direction de Chartrené.

On longe les frondaisons du parc du château de la Grafinière.

Peu après Chartrené, prendre à gauche la D 60. A 4,5 km suivre à droite la D 211 qui, à travers des bois et des landes, atteint Fontaine-Guérin.

Fontaine-Guérin – L'**église** romane au clocher massif, couronné d'une flèche d'ardoises hélicoïdale, comporte une voûte de 126 panneaux peints, des 15e et 16e s. d'inspiration profane. Un plan d'eau aménagé pour la baignade et la planche à voile est accessible par la D 211 en direction de St-Georges-du-Bois. Une «Fête des Battages» avec défilé folklorique est organisée chaque second dimanche d'août.

Remontant l'agreste vallon du Couasnon, la D 144, en direction du Vieil-Baugé, passe en vue des vestiges du château de La Tour du Pin.

Le Vieil-Baugé – Ce vieux village couronne une colline au-dessus de la vallée du Couasnon. L'**église St-Symphorien**, au fin clocher vrillé dont l'inclinaison est due au travail du bois, comporte une nef en partie du 11e s. et un admirable **chœur**★ du 13e s. à voûtes angevines. D'époque Renaissance, la façade et le croisillon Sud sont dus à l'architecte angevin Jean de Lespine.

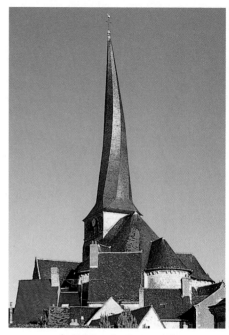

Le Vieil-Baugé – Clocher vrillé

BAZOUGES-SUR-LE-LOIR

1 088 habitants
Carte Michelin no 64 pli 2 ou 232 pli 21

Du pont, une charmante **vue**★ se découvre sur la rivière et ses lavoirs, le château et son moulin, l'église et sa tour isolée sur la place, les jardins montant vers les toits de Bazouges.

Château ⊙ – Dans un joli site, au bord du Loir, le château de Bazouges, qu'accompagne son moulin seigneurial, a été édifié aux 15e et 16e s. par la famille de Champagne dont l'un des membres, Baudoin, fut chambellan de Louis XII et de François Ier.
Deux grosses tours, à mâchicoulis et toits en poivrière, encadrent l'entrée. L'une d'elles abrite la chapelle, du 15e s., à l'élégante voûte angevine, dans laquelle on voit des statues anciennes de sainte Barbe et de saint Jean. On visite aussi la salle des Gardes, à l'imposante cheminée de pierre, les salons du 18e s. et le parc à la française, entouré d'eau et ennobli de cyprès et d'ifs.

Église – Du 12e s. Une solide tour surmonte la croisée du transept. La voûte de la nef, en bardeaux de chêne, est peinte de 24 personnes (12 apôtres et 12 anges) que séparent des arbres portant chacun un verset du Credo (début 16e s.).

*Les **guides Verts Michelin***

Paysages
Monuments
Routes touristiques, Itinéraires de visite
Géographie
Histoire, Art
Lieux de séjour
Plans de villes et de monuments
Renseignements pratiques
Une collection de guides régionaux sur la France.

BEAUFORT-EN-VALLÉE

5 364 habitants
Carte Michelin n° 64 pli 12 ou 232 plis 32, 33 – Schéma p. 163

Beaufort, situé au milieu des riches plaines du Val d'Anjou, possédait aux 18e-19e s. une des plus importantes manufactures de toile à voile de France. La localité est dominée par les ruines de son **château**, construit au 14e s. par Guillaume Roger, comte de Beaufort et père du pape Grégoire XI. L'une des tours fut refaite au 15e s. par le roi René. Du sommet de la butte portant les ruines, on jouit d'une **vue** étendue sur la campagne environnante.

Église – Reconstruite au 19e s., elle possède un beau clocher bâti par Jean de Lespine et achevé en 1542, sur le croisillon du 15e s. A l'intérieur, remarquer un autel en bois sculpté (1617), une Adoration des bergers du 17e s. et, sous le grand vitrail du transept, en marbre, l'ancien maître-autel.

ENVIRONS

Blou – *16 km par la N 147 vers Longué et la D 206.*
L'**église** ⊙ romane, épaulée de lourds contreforts, possède au transept Nord des fragments du 11e s. appareillés en losange. Le clocher carré, du 13e s., est encastré sur la croisée du transept.

Le nouveau Répertoire des communes Michelin :

40 000 localités avec leur repérage sur les cartes détaillées
et régionales au 1/200 000,
et le chiffre de population.

BEAUGENCY★

6 917 habitants. (les Balgentiens)
Carte Michelin n° 64 pli 8 ou 238 pli 4 – Schéma p. 159

Beaugency est une évocation du Moyen Âge. Il faut aborder la ville par la rive gauche de la Loire, en franchissant son **pont** séculaire (**jolie vue**) aux arches multiples. Les parties les plus anciennes de celui-ci remontent au 14e s., mais un pont existait bien auparavant, puisqu'on y exigeait déjà un péage au 12e s.

Les deux conciles de Beaugency (12e s.) – Tous deux eurent à trancher les problèmes conjugaux des rois Philippe Ier et Louis VII.
Reçu à Tours par **Foulques le Réchin**, Philippe séduisit la comtesse Bertrade et répudia la reine Berthe peu après. Invoquant un vague prétexte de consanguinité, le roi pensait obtenir facilement l'annulation de son mariage. Mais le pape Urbain II répondit à la négative et, devant l'obstination du monarque, l'excommunia. Lorsque la première croisade partit (1099), Philippe Ier ne put, de ce fait, y participer. Finalement, en 1104, le concile de Beaugency leva l'excommunication et, quatre ans plus tard, le roi mourut l'âme en paix. Il fut inhumé à St-Benoît-sur-Loire selon ses volontés.
Bien plus important fut le concile de 1152 qui annula le mariage de Louis VII avec **Aliénor d'Aquitaine**. Fille et héritière du duc d'Aquitaine, la belle et séduisante Aliénor avait épousé Louis en 1137. Pendant dix ans, le ménage royal vécut en parfaite harmonie, Aliénor exerçant une grande influence sur son époux. En 1147, tous deux partirent à la croisade, mais, une fois sur place, en Palestine, leurs rapports se détériorèrent. Très jaloux, Louis supportait mal l'attitude sans doute amoureuse d'Aliénor envers Raymond de Poitiers. Ils se disputèrent et revinrent séparément en France. La rupture devint inévitable et, le 20 mars 1152, le concile de Beaugency l'officialisa en dénouant les liens unissant Louis et Aliénor pour cause de parenté prohibée : tous deux descendaient en effet de Robert le Pieux...
Aliénor ne manqua pas de prétendants ; elle se remaria presque aussitôt avec **Henri Plantagenêt**, futur roi d'Angleterre, et lui apporta en dot tout le Sud-Ouest de la France. Cet événement, un des plus importants du Moyen Âge, était lourd de conséquences : il contenait en germe plusieurs siècles de rivalités franco-anglaises.

Une ville disputée – Beaugency commandait le seul pont qui, jusqu'aux temps modernes, traversait la Loire entre Blois et Orléans. Aussi la ville a-t-elle subi bien des assauts. Pendant la guerre de Cent Ans, elle tomba quatre fois aux mains des Anglais. En 1429, elle fut délivrée par Jeanne d'Arc. La place entra ensuite dans le tourbillon des guerres de Religion. Ligueurs et protestants en devinrent maîtres tour à tour. Lors de l'incendie de 1567, allumé par les huguenots, l'abbaye, les voûtes de Notre-Dame et le toit du donjon s'effondrèrent. Pendant la guerre de 1870-1871, de terribles combats se déroulèrent non loin de la ville, tenue par le général Chanzy.

CURIOSITÉS

★ **Église Notre-Dame** – Cette ancienne abbatiale romane a été restaurée. Dans le chœur, une série d'arcades géminées s'intercale entre fenêtres et grandes arcades ; des grosses colonnes rondes de la nef, couronnées de massifs chapiteaux sculptés, se dégagent toute la force et la sérénité de l'art roman le plus pur, malgré les fausses voûtes qui couvrent la nef, reconstruites en bois après l'incendie de 1567.

A côté de l'église subsistent les bâtiments (18e s.) de l'ancienne abbaye Notre-Dame. Au bas de la petite rue de l'Abbaye, la **tour du Diable** faisait partie des fortifications défendant la tête du pont ; au Moyen Âge, la Loire en baignait le pied.

La **place Dunois**, devant l'église et le donjon, forme avec la **place St-Firmin** un ensemble pittoresque, éclairé le soir par de vieilles lanternes.

★ **Donjon** – Beau spécimen de l'art militaire du 11e s. A cette époque, les donjons sont rectangulaires et soutenus par des contreforts. Ils deviennent ensuite circulaires. L'intérieur, qui comptait 5 étages, est ruiné.

Château Dunois – Dans l'ancienne forteresse médiévale, Dunois *(voir à Châteaudun)*, seigneur de Beaugency, se fit aménager cette résidence typique du 15e s. avec ses fenêtres à meneaux, sa tourelle d'escalier et sa cour bordée d'arcades.

★ **Musée régional de l'Orléanais** ⊘ – Dans les salles du château est exposé un bel ensemble de costumes, coiffes, gilets et meubles de l'Orléanais. Arts et traditions, activités artisanales sont évoqués ainsi que des souvenirs de célébrités de la région : le physicien **Charles** (1746-1823), Eugène Sue (1804-1857), J. Lemaître (1853-1914), le poète Gaston Couté (1880-1911). L'accès aux combles permet d'admirer la charpente du 15e s.

Tour St-Firmin – Reste d'une église du 15e s. détruite pendant la Révolution. Une rue passait sous la tour. Aux heures de l'angélus (8 h-12 h et 19 h) le carillon sonne la vieille complainte des bords de Loire, d'abord raillerie anglaise contre **Charles VII**, puis chanson populaire :

> *... que reste-t-il*
> *A ce dauphin si gentil,*
> *De son royaume ?*
> *Orléans, Beaugency,*
> *Notre-Dame de Cléry,*
> *Vendôme, Vendôme...*

Maison des Templiers (**F**) – Intéressantes baies romanes.

Hôtel de ville (**H**) ⊘ – Admirer sa gracieuse façade Renaissance sur la place de la Poste. Dans la grande salle du 1er étage, huit belles **tentures** ★ brodées au point passé empiétant sont d'une finesse incomparable. Quatre d'entre elles, représentant les quatre continents alors reconnus, datent du 17e s. ; les autres (cueillette du gui et sacrifices païens) sont du 18e s. Elles appartenaient à l'avant-dernier abbé

Beaugency – Détail de la façade de l'hôtel de ville

BEAUGENCY

F   Maison
    des Templiers
H   Hôtel de ville

de Notre-Dame, né d'une famille d'armateurs nantais enrichie dans le commerce de la canne à sucre avec les Antilles ; remontant la Loire, la canne à sucre était ensuite traitée dans la région de Beaugency et d'Orléans.

Tour de l'Horloge – Ancienne tour du Change, porte de la ville au 12e s.

Petit mail – Planté de grands arbres, il domine la Loire. Belle vue sur la vallée.

Porte Tavers – Reste de l'enceinte.

BEAULIEU-LÈS-LOCHES

1 864 habitants (les Bellilociens)
Carte Michelin n° 68 pli 6 ou 238 pli 14

Cet ancien village contient les ruines d'une célèbre abbaye, fondée en 1004 par Foulques Nerra qui s'y fit enterrer.

Église abbatiale ⊙ – Elle est dominée par un majestueux clocher roman de plan carré que termine une flèche octogonale. Les croisillons du transept datent aussi de l'époque romane, tandis que la nef et le chœur ont été reconstruits au 15e s., après leur destruction par les Anglais en 1412 ; derrière le chœur apparaissent quelques vestiges de l'abside romane primitive. Remarquer aussi la Pietà du 15e s., les statues de terre cuite du 18e s. dans le chœur et, dans la sacristie, les portraits et le bas-relief de la Cène, du 17e s.
À droite de l'église, sur la place aménagée à l'emplacement du cloître, l'ancien logis abbatial est muni d'une curieuse chaire extérieure, dite de Montpellier.

Ancienne église St-Laurent – Trois belles nefs à voûtes bombées angevines et un beau clocher roman ont résisté au temps.

BEAUNE-LA-ROLANDE

1 877 habitants
Carte Michelin n° 61 pli 11 ou 237 pli 42

Beaune-la-Rolande, en Gâtinais, tient son nom de la rivière qui l'arrose. C'est un marché agricole où la betterave et les céréales ont remplacé le safran et la vigne.

Église – 15e-16e s. On apprécie l'élégance du côté Nord de l'édifice, ensemble Renaissance avec ses pilastres à médaillons, ses niches, ses portails à frontons ornés de bustes. On y remarque, à gauche, la porte de l'ancien cimetière dont le bandeau nous avertit : «Mourir convient, c'est chose sûre, nul ne revient de pourriture.» Le vaisseau aux bas-côtés presque aussi larges et hauts que la nef rappelle les «églises-halles» de la fin du gothique germanique, correspondant au gothique flamboyant. Au bas de la nef latérale gauche, un tableau de Frédéric Bazille, tombé en 1870 à la bataille de Beaune-la-Rolande, représente le mariage mystique de sainte Catherine. Dans la dernière chapelle latérale à gauche, on découvre un autel en bois doré du 17e s., enrichi de panneaux sculptés ; dans la même chapelle, statue de saint Vincent de Paul antérieure aux représentations stéréotypées du 19e s.

Château de BEAUREGARD★

Carte Michelin n° 64 Nord du pli 17 ou 238 pli 15

Entouré d'un vaste parc aux allées rectilignes, le château a gardé son aspect Renaissance malgré les agrandissements du 17e s. et la surélévation des toitures au 20e s.

VISITE ⏲ *3/4 h*

★★**Galerie des Illustres** – Elle surmonte les arcades du rez-de-chaussée. Décorée pour Paul Ardier, châtelain de Beauregard au début du 17e s. et trésorier de l'Épargne sous Louis XIII, cette longue salle a conservé son carrelage de vieux Delft représentant toute une armée en marche, cavalerie, artillerie, infanterie, mousquetaires… ; les boiseries des murs et le plafond ont gardé les peintures de Pierre Mosnier.

Galerie des Illustres

Le grand intérêt de cette salle réside dans une collection de plus de 300 portraits historiques. Ordonnée en travées consacrées chacune à un règne – on y trouve la succession complète des rois, du premier Valois, Philippe VI, jusqu'à Louis XIII –, elle rassemble, autour du portrait du roi, ceux de la reine, des principales figures de la cour et des grands personnages étrangers contemporains. Ainsi trouve-t-on, aux côtés de Louis XII, Isabelle de Castille, sa fille Jeanne la Folle, et Amerigo Vespucci, le navigateur florentin à qui l'Amérique doit son nom. En outre figurent les dates du règne et la devise de chaque roi.

★**Cabinet des Grelots** – Œuvre de Scibec de Carpi, qui travailla à Fontainebleau et à Anet, cette charmante petite salle fut aménagée vers le milieu du 16e s. pour Jean du Thiers, secrétaire d'État d'Henri II, alors seigneur de Beauregard. Son blason, d'azur à trois grelots d'or, orne le plafond à caissons, tandis que les grelots se répètent en motif décoratif sur les boiseries de chêne qui couvrent les murs, cachant les placards où reposent les archives du château.

On visite également la vaste cuisine du 16e s. à deux cheminées.

BÉHUARD★

94 habitants
Carte Michelin n° 63 pli 20 ou 232 pli 31 – Schéma p. 140

L'île de Béhuard s'est constituée autour d'un rocher où s'accroche sa petite église.
A l'époque païenne existait ici un sanctuaire dédié à une déesse marine, qui fit place au 5e s. à un petit oratoire ; on y priait pour les mariniers «au péril de la Loire». Au 15e s., Louis XI, sauvé d'un naufrage par l'intercession de la Vierge, fit élever l'église actuelle qui devint un but de pèlerinage populaire à la Vierge, protectrice des voyageurs car elle-même connut les risques qu'ils encoururent lors de la Fuite en Égypte. Le vieux **village**★, aux maisons des 15e et 16e s., compose un cadre pittoresque.

Église Notre-Dame – En face du magasin de souvenirs, qui occupe l'ancien **logis du roi** (15e s.) bâti, selon la tradition, pour les visites de Louis XI, un petit escalier donne accès à l'église.
La nef principale est en partie formée par le rocher ; au mur du chœur sont suspendues des chaînes, offertes en ex-voto par un galérien, revenu des prisons barbaresques ; les miséricordes des stalles (16e s.) sont malicieusement historiées. Dans une niche du chœur se trouve la statue de N.-D.-de-Béhuard. Dans la nef latérale, remarquer le vitrail (fin 15e s.) où figure la Crucifixion, avec Louis XI à gauche en donateur, et, derrière la porte d'entrée, le vieux tronc moyenâgeux.

Promenade – Le joli cadre du sanctuaire mérite que l'on s'attarde ; le long du calvaire, un court chemin mène vers la Loire et sa large plage de sable.

BELLEGARDE

1 442 habitants
Carte Michelin n° 61 pli 11 ou 237 pli 42

Au milieu des champs de blé, des roseraies, des jardins maraîchers, Bellegarde groupe ses maisons crépies autour d'une vaste place.

La ville s'appelait Choisy-aux-Loges lorsqu'en 1645 elle fut achetée par le duc de Bellegarde, qui lui donna son nom. En 1692, elle passa à Louis-Antoine de Pardaillan, **duc d'Antin.**

Courtisan et mécène – Fils légitime de Mme de Montespan et surintendant des Bâtiments du roi, d'Antin fut un courtisan modèle. « Il se distingua, écrit Voltaire, par un art singulier, non pas de dire des choses flatteuses, mais d'en faire. » Louis XIV, de passage au château de Petit-Bourg, près de Paris, critiqua un rideau de marronniers qui, beaux au jardin, masquaient la vue de la chambre royale. D'Antin fit abattre les arbres pendant la nuit et disparaître toute trace de ce travail ; si bien qu'à son réveil le monarque étonné trouva la vue dégagée.

Protecteur des artistes, il amassa des œuvres d'art. A Bellegarde, où sa mère fit de fréquents séjours, il édifia, de 1717 à 1727, une série de bâtiments en brique.

CURIOSITÉS

★**Château** – Il forme un ensemble original et pittoresque, autour de l'ancien donjon carré et cantonné d'échauguettes, bâti au 14e s. par Nicolas Braque, grand argentier de Charles V, et qui se dresse seul sur sa plate-forme entourée de douves.

Encadrant la cour d'honneur du château, les **pavillons** en brique soulignée de pierre, construits par d'Antin, étaient destinés aux officiers du château et aux invités du duc. On trouve, de gauche à droite, le pavillon de la Surintendance, couronné d'un clocheton, la tour Capitaine, grosse tour ronde en brique, le pavillon des Cuisines, le pavillon de la Salamandre, occupé par l'**hôtel de ville** ⊙, qui renferme un salon aux belles boiseries Régence et, de l'autre côté des grilles, le pavillon d'Antin avec toits à la Mansart. Autour des douves est aménagé un agréable **jardin public** planté de rosiers.

Longeant la roseraie, une petite route conduit aux écuries ducales *(propriété privée)* dont le fronton est décoré de trois têtes de chevaux sculptées par Coysevox.

Église – Cet édifice roman est précédé d'une façade remarquable par son équilibre et son décor. Le portail central présente une ornementation intéressante : les colonnes des piédroits, torsadées ou annelées, supportent des chapiteaux à décoration de végétaux et d'animaux fantastiques. La nef contient une collection de **tableaux** du 17e s. Sur le mur droit, on remarque un excellent *Saint Sébastien* du Bolonais Annibal Carrache et *Saint Jean-Baptiste* sous les traits de Louis XIV enfant, par Mignard, et, dans la chapelle de droite, une *Descente de croix* de Lebrun (Louise de La Vallière aurait servi de modèle à deux personnages féminins de ces toiles).

ENVIRONS

Boiscommun – *7,5 km au Nord-Ouest, par la D 44.*
Deux tours subsistent des remparts de Boiscommun, dont quelques restes sont visibles de la promenade circulaire remplaçant les fossés.

Dans l'**église**, on distingue les diverses périodes de construction lorsque change le décor des chapiteaux ou le dessin des fenêtres hautes et des baies du triforium. Au fond du bas-côté droit, au-dessus de la porte de la sacristie, Vierge à l'Enfant, vitrail de la fin du 12e s. En sortant, remarquer la tribune ornée de 8 grandes figures peintes (16e s.), en costumes de l'époque ; une inscription permet d'identifier Roland.

Forêt de BERCÉ ★

Carte Michelin n° 64 pli 4 ou 232 plis 22, 23

La forêt de Bercé, vestige de l'immense forêt du Mans, qui s'étendait jadis entre la Sarthe et le Loir, est un très beau massif de 5 391 ha. Ses frondaisons couvrent un plateau coupé de vallons où sourdent des fontaines.

C'est une admirable futaie de chênes rouvres, dépassant parfois 45 m de hauteur totale et 35 m sous branches, alternant avec des hêtres élancés et des châtaigniers. Il arrive d'y apercevoir quelques cervidés. Rattachée à la Couronne au 16e s., la forêt de Bercé est traitée rationnellement pour la production de chênes de qualité. Ceux-ci, abattus entre 200 et 240 ans d'âge, fournissent un bois jaune clair, au grain fin, apprécié dans l'ébénisterie (en placages) et exporté dans toute l'Europe. Sur les sols pauvres, à l'Ouest de la forêt, prédomine le pin (maritime, sylvestre ou laricio).

Forêt de BERCÉ

PROMENADE ⊙ *3/4 h – 16 km de St-Hubert à la futaie des Clos.*

En forêt, les arbres prêts à être abattus sont marqués au corps, les « arbres réservés » (chênes ou hêtres) étant numérotés.

Fontaine de la Coudre – Au creux d'un vallon perdu dans la futaie des Forges, la fontaine de la Coudre, source du Dinan, coule lentement sous de hauts chênes. Un petit sentier pédagogique explique aux enfants les rôles de la forêt.

★ **Sources de l'Hermitière** – Un vallon profond recèle leurs eaux pures au milieu de chênes et de hêtres dont les fûts, très droits, jaillissent à grande hauteur.

★ **Futaie des Clos** – C'était la plus belle de la forêt. Deux violentes tempêtes, en 1967, ont ouvert des brèches importantes dans ses frondaisons. Malgré la décrépitude des vieux chênes géants (300 à 340 ans), quelques-uns demeurent splendides.

Laisser la voiture au parc de stationnement établi sous la ramure.

Un chemin conduit au chêne Boppe, ou plutôt à sa souche, que protège un petit toit à pans, car le véritable patriarche a été foudroyé en 1934 (circonférence à 1,3 m du sol : 4,77 m) ; il avait 262 ans, et portait le nom d'un directeur de l'École des Eaux et Forêts de Nancy. Non loin de là, le chêne Roulleau de la Roussière (estimé à plus de 350 ans) est resté droit et vigoureux ; sa hauteur atteint 43 m.

BLANCAFORT★

991 habitants
Carte Michelin n° 65 Nord du pli 11 ou 238 pli 19

Pittoresque village dont le clocher-porche de l'église présente une forme originale.

★ **Château** ⊙ – Le château de brique rose, à la façade unie et quelque peu austère, date du 15e s. La cour d'honneur, flanquée de deux pavillons, fut ajoutée au 17e s. On visite en particulier la bibliothèque, aux boiseries Régence, et la salle à manger, tendue de cuir des Flandres, repoussé, peint et doré, et garnie de beaux étains. On terminera par une promenade dans l'agréable parc : parterre à volutes à la française devant la façade, et sentier en sous-bois longeant la rivière.

ENVIRONS

Par la D 8 en direction de Concressault ; suivre le fléchage.

Musée de la Sorcellerie ⊙ – Il est installé dans une grange du 19e s. au Nord du Berry, terre de prédilection de la sorcellerie. Une vingtaine de scènes (certaines animées à l'aide de vidéo et d'effets spéciaux) et de nombreux panneaux explicatifs présentent cet univers mystérieux né de l'imaginaire de l'homme : Merlin, le petit peuple des lutins, les dragons ou les procès de l'Inquisition. Au premier étage, dans un décor solognot, sont évoquées les histoires de sorcellerie telles qu'elles se racontaient, le soir, à la veillée avec leurs « meneus de loups » et leurs « birettes » (étranges formes blanches sans tête ni mains, typiques du Berry).

BLOIS★★

Agglomération 65 132 habitants (les Blaisois ou Blésois)
Carte Michelin n° 64 pli 7 ou 238 pli 3 – Schéma p. 159

Ville charnière entre la Beauce au Nord de la Loire et la Sologne au Sud, Blois est le centre commercial d'une région agricole produisant principalement du blé (en Beauce) et, dans la vallée, vin, fraises, oignons à fleurs et légumes. Au premier rang de ceux-ci, il faut citer l'asperge, dont la culture a pris naissance à Vineuil et à St-Claude, près de Blois ; elle s'est répandue vers Contres, au Sud, et en Sologne où le sol est léger. Bâtie sur la rive droite de la Loire, à l'assaut du coteau qui domine le fleuve, Blois est une ville au relief tourmenté qui a gardé du Moyen Âge nombre de ruelles escarpées et tortueuses, reliées çà et là par des volées d'escaliers. De l'étagement des toits naît l'harmonie tricolore si caractéristique de Blois : façades blanches, toits d'ardoise bleue et cheminées de brique rouge.

Lorsqu'au printemps de 1825, Victor Hugo arriva à Blois, il ressentit une émotion singulière à la vue de ce foisonnement de constructions multicolores : « Je vis mille fenêtres à la fois, un entassement irrégulier et confus de maisons, de clochers, un château et (...) une rangée de façades aiguës à pignons de pierre au bord de l'eau, toute une vieille ville en amphithéâtre capricieusement répandue sur les saillies d'un plan incliné (...) » *Cette émotion, le visiteur contemporain la ressent de la même façon 172 ans plus tard !*

UN PEU D'HISTOIRE

Des comtes de Blois aux ducs d'Orléans – Les comtes de Blois furent au Moyen Âge de puissants féodaux à la tête d'un ensemble double comprenant d'une part la région de Blois et de Chartres, et d'autre part la Champagne. Malgré les assauts répétés de leurs voisins et rivaux, les comtes d'Anjou, et en particulier le redoutable **Foulques Nerra**, qui rognèrent une partie de leur domaine blésois, ils fondèrent une puissante dynastie.

Un comte de Blois épousa la fille de Guillaume le Conquérant, et leur fils, Étienne, devint roi d'Angleterre en 1135. A cette époque, la Maison de Blois atteint son apogée avec Thibaud IV. A la mort de ce dernier, en 1152, elle se met à privilégier la Champagne et délaisse quelque peu les Pays de Loire et l'Angleterre où les Plantagenêts la supplantent en 1154. En 1234, Saint Louis achète les droits du comte de Champagne sur le comté de Blois. En 1392, des comtes, Guy de Châtillon, le vend au duc Louis d'Orléans, frère de Charles VI. Désormais, la cour d'Orléans se tient à Blois. Quinze ans plus tard, Louis d'Orléans est assassiné à Paris sur ordre du duc de Bourgogne, Jean sans Peur. Valentine Visconti, sa veuve, se retire à Blois et grave sur les murs la devise désenchantée : « Rien ne m'est plus, plus ne m'est rien » et meurt, inconsolée, l'année suivante.

Un grand seigneur poète : Charles d'Orléans (15e s.) – L'aîné des fils de Louis d'Orléans, Charles, a hérité du château et y passe une partie de sa jeunesse. A 15 ans, il épouse la fille de Charles VI et la perd en couches. A 20 ans, il est remarié. Parti combattre les Anglais, il est blessé et fait prisonnier à la bataille d'Azincourt. Emmené en Angleterre, sa veine poétique lui permettra de résister à 25 ans de captivité. Revenu en France en 1440 et veuf de nouveau, il épouse à 50 ans Marie de Clèves qui en a 14. Blois est sa résidence préférée. Il abat une partie de la vieille forteresse et construit un édifice plus habitable. Charles s'entoure d'une petite cour d'artistes et de poètes comme François Villon. Lui-même compose d'admirables rondeaux :

> Le temps a laissé son manteau
> De vent, de froidure et de pluie
> Et s'est vêtu de broderie
> De soleil luisant clair et beau.

Une grande joie lui advient sur ses vieux jours : à 71 ans, il a enfin un fils ; c'est le futur Louis XII. Il meurt à Amboise en 1465.

L'âge d'or de la Renaissance – Né à Blois en 1462, **Louis XII** succède à Charles VIII en 1498. Blois devient résidence royale au détriment d'Amboise. Le roi et sa femme, **Anne de Bretagne**, se plaisent au château et font procéder à d'importants aménagements : la construction d'une aile et l'établissement de vastes jardins en terrasses, dessinés par le jardinier italien d'Amboise. Ces jardins se situaient à l'emplacement de la place Victor-Hugo et en direction du quartier de la gare.

La reine Anne possède une suite impressionnante (dames d'honneur, pages, écuyers, gardes, etc.) et s'entoure d'un faste pesant. Elle s'éteint le 9 janvier 1514 ; le roi se remarie aussitôt avec une princesse anglaise âgée de 16 ans, mais il meurt le 1er janvier 1515 à Paris sans avoir d'héritier mâle. Il avait fait rédiger à Blois les *Coutumes de France*. **François Ier** s'installe à son tour à Blois, qui partage sa faveur avec Amboise. Avec l'architecte Jacques Sourdeau, il fait reconstruire l'aile qui porte son nom, la plus belle partie de l'édifice. Sa femme, **Claude de France**, est la fille du défunt roi. Élevée à Blois, elle reste attachée à cette demeure où, en 1524, la maladie l'emporte, à peine âgée de 25 ans, après avoir donné au roi sept enfants en huit ans. François Ier, guerroyant en Italie, ne put ordonner ses obsèques qu'en novembre 1526. Du reste, il délaissa Blois après cette date.

L'assassinat du duc de Guise (1588) – C'est sous **Henri III** que l'intérêt historique est à son point culminant. Les états généraux se tiennent deux fois à Blois. En 1576, on y réclame la suppression de la religion protestante. En 1588, **Henri de Guise**, lieutenant général du royaume, chef de la Ligue, tout-puissant à Paris, appuyé par le roi d'Espagne, oblige Henri III à convoquer une deuxième fois les états généraux. 500 députés y prennent part, presque tous acquis à Guise qui compte obtenir d'eux la déchéance du roi ou du moins sa totale soumission. Celui-ci ne voit plus que l'assassinat pour se débarrasser de son rival. Le meurtre a lieu dans le château même, au deuxième étage *(voir p. 79)*. Le monarque ragaillardi peut s'exclamer : « Maintenant, je suis roi ! » Huit mois après, Henri III tombe sous le poignard de Jacques Clément.

Un conspirateur : Gaston d'Orléans (17e s.) – En 1617, **Marie de Médicis** est reléguée à Blois par son fils, Louis XIII. Une petite cour en exil s'installe au château ; **Richelieu**, confident de la reine mère, en est la principale figure, mais le futur cardinal intrigue et préfère fuir à Luçon en guettant le moment propice à ses ambitions.

Le 22 février 1619, « la Médicis » s'évade ; en dépit de son embonpoint, elle serait descendue de nuit dans le fossé, par une échelle de corde. Après cette prouesse, la mère et le fils se réconcilient... sur l'entremise de Richelieu !

En 1626, Louis XIII, pour éloigner son frère **Gaston d'Orléans**, en lutte contre le tout-puissant cardinal, lui donne le comté de Blois, les duchés d'Orléans et de Chartres. Le remuant duc ne tarde pas à s'ennuyer en ces lieux et se met de nouveau à conspirer. Mais son inconstance l'empêche d'aller jusqu'au bout de ses projets : un jour il veut tuer Richelieu, le lendemain il se réconcilie avec lui... Il connaît l'exil, revient en France, complote, puis repart, etc. Réconcilié avec le roi en 1634, il peut enfin se consacrer à sa résidence de Blois, pour laquelle il a des projets grandioses.

Il fait appel à Mansart et lui commande le plan d'un très vaste édifice qui ferait table rase de l'ancien. De 1635 à 1638, un nouveau corps de logis s'élève, mais, faute de subsides, les travaux doivent s'arrêter. Depuis la naissance du dauphin Louis, Richelieu n'a plus à ménager Monsieur. Le conspirateur reprend alors du service ; il trempe, en 1642, dans le complot du duc de Bouillon et de Cinq-Mars. Il échappe à la condamnation mais est déchu de ses droits au trône. De 1650 à 1653, il prend une part active à la Fronde contre Mazarin. Définitivement exilé sur ses terres, à la suite de ce nouvel échec, il s'assagit enfin. Il habite l'aile François Ier, embellit les jardins et fait une fin édifiante, en 1660, au milieu de sa cour.

Spectacle son et lumière. – *Voir le chapitre des Renseignements pratiques en fin de volume.*

★★★ LE CHÂTEAU ⊙ *visite : 2 h*

Place du Château – Cette vaste esplanade occupe l'ancienne « basse cour » du château. Légèrement en contrebas, des jardins en terrasse offrent une large **vue** sur les toits derrière lesquels on aperçoit le pont et la Loire, et, au pied du mur de soutènement, la place Louis-XII ; sur la droite pointent les flèches de l'église St-Nicolas, et à l'extrême gauche se détache la cathédrale avec sa tour Renaissance.

La **façade** du château sur la place présente deux parties principales : à droite le pignon pointu de la salle des États généraux (**1**), vestige de l'ancien château féodal (13e s.), et pour le reste le joli bâtiment (**5**), construit en brique et pierre par Louis XII.

Dans cette dernière construction, les ouvertures sont toujours réparties avec l'aimable fantaisie du Moyen Âge.

Au premier étage, deux fenêtres sont à balcon. Celle de gauche desservait la chambre de Louis XII. Son ministre, le cardinal d'Amboise, habitait un hôtel contigu, détruit en juin 1940 et médiocrement reconstruit. Quand le roi et le cardinal prenaient le frais à leur balcon, ils échangeaient des propos familiers. Le grand portail flamboyant est surmonté d'une niche contenant la statue équestre de Louis XII (copie exécutée en 1857 par Seurre). Les fenêtres ont des culs-de-lampe sculptés avec beaucoup de verve. La grivoiserie naturelle du temps s'étale parfois en toute simplicité (1re et 4e fenêtre à gauche du portail).

La cour intérieure – La traverser pour atteindre la charmante terrasse (belle **vue** sur l'église St-Nicolas et la Loire) sur laquelle s'élève la **tour du Foix** (**2**) qui faisait partie de l'enceinte féodale. Revenir dans la cour entourée des constructions successives qui constituent le château.

Chapelle St-Calais – De la chapelle de St-Calais (**4**), chapelle privée du roi reconstruite par Louis XII à l'emplacement d'une plus ancienne, il ne subsiste que le chœur gothique, Mansart ayant détruit la nef quand il éleva l'aile Gaston-d'Orléans. Les vitraux modernes de Max Ingrand relatent la vie de saint Calais.

Galerie Charles-d'Orléans (**3**) – Cette galerie daterait de l'époque Louis XII, d'après des recherches récentes. Jusqu'au 19e s., elle était deux fois plus longue qu'actuellement et rejoignait les bâtiments du fond de la cour. La galerie est portée par des arcades en anse de panier très surbaissées.

Époque féodale
① Salle des États-généraux (13e s.)
② Tour du Foix (13e s.)
Époque de transition gothique - Renaissance
③ Galerie Charles-d'Orléans (Fin 15e s. - début 16e s.)
④ Chapelle St-Calais (1498-1508)
⑤ Aile Louis-XII (1498-1501)
Époque Renaissance
⑥ Aile François-Ier; Façade des Loges (1515-1524)
Époque classique
⑦ Aile Gaston-d'Orléans (1635-1637)

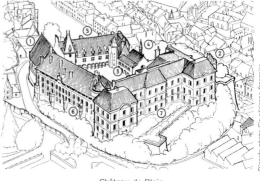

Château de Blois

D'après photo Cie aérienne française

Aile Louis-XII (**5**) — Elle comporte une galerie qui dessert les différentes salles du logis. C'est un nouveau progrès dans le confort, car jusqu'alors, dans les châteaux, les pièces se commandaient l'une l'autre. A chaque extrémité, un escalier à vis, logé dans une tour, permet d'accéder à l'étage. Le décor est riche. Des panneaux d'arabesques, à la mode italienne, apparaissent sur les piliers.

Aile François-Ier (**6**) — Le bâtiment s'étend entre l'aile Gaston-d'Orléans (17e s.) et la salle des États généraux (13e s.) (**1**). Quatorze ans seulement se sont écoulés entre la fin de l'aile Louis-XII et le commencement de l'aile François-Ier, mais l'étape franchie est importante : c'est le triomphe de la mode italienne dans la décoration. Cependant, dans l'ordonnance, persiste la fantaisie française. Les fenêtres répondent à la disposition intérieure des pièces, sans souci de symétrie, tantôt serrées, tantôt écartées ; leurs croisées sont tantôt doubles, tantôt simples ; les

Château de Blois – Escalier François Ier

pilastres tantôt flanquent les fenêtres, tantôt occupent le milieu d'une travée. Un magnifique **escalier** a été ajouté à la façade. Mansart ayant démoli une partie de l'aile pour loger le bâtiment de Gaston d'Orléans, cet escalier n'est plus au centre de la façade. Il monte dans une cage octogonale à demi engagée dans la façade. Ce chef-d'œuvre d'architecture et sculpture a été conçu pour des réceptions à grand spectacle. La cage est évidée entre les contreforts et forme une série de balcons d'où la cour assistait à l'arrivée des grands personnages.

Aile Gaston-d'Orléans (**7**) — L'œuvre, de style classique, réalisée de 1635 à 1638 par François Mansart, contraste avec le reste de l'édifice. Pour la juger équitablement, il faut la voir de l'extérieur et imaginer dans son ensemble l'édifice projeté. A l'intérieur, la coupole couronnant l'escalier d'honneur apparaît à travers une galerie en encorbellement, ce qui accentue l'effet d'élévation. Elle présente, sauf dans les parties basses, un décor sculpté de trophées d'armes, de guirlandes et de mascarons.

Les appartements de l'aile François-Ier — On monte au premier étage par l'escalier François-Ier. Dans différentes pièces on verra de splendides cheminées, des tapisseries, bustes et portraits, quelques meubles. La décoration a été entièrement refaite par Duban au 19e s. Sous les rois, la fumée qui se dégageait des cheminées, des chandelles et des torches servant à l'éclairage noircissait vite tout le décor.

Premier étage — La pièce la plus intéressante est le cabinet de Catherine de Médicis. Il a gardé ses 237 panneaux de bois sculpté qui dissimulent des armoires secrètes : à poisons selon Alexandre Dumas, en fait plutôt pour abriter des bijoux, des papiers d'État ou simplement par goût des placards muraux fréquents dans les cabinets italiens. On les manœuvre en pressant du pied une pédale, cachée dans la plinthe.

Deuxième étage — Depuis l'**assassinat du duc de Guise**, les pièces ont été modifiées, le cabinet du roi a été absorbé par l'aile Gaston-d'Orléans. Il est donc assez difficile de suivre, sur place, les péripéties du meurtre. Le plan ci-dessous montre l'étage tel qu'il existait à l'époque. Le récit qui suit est emprunté aux contemporains. Nous sommes le 23 décembre 1588 vers 8 h du matin. Parmi les 45 gentilshommes sans fortune qui sont les hommes de main d'Henri III, 20 ont été choisis pour abattre le duc ; 8 d'entre eux, armés de poignards qu'ils dissimulent sous leurs manteaux, se tiennent dans la chambre du roi. Assis sur des coffres, ils semblent deviser paisiblement. Les 12 autres, armés d'épées, sont dans le cabinet vieux.

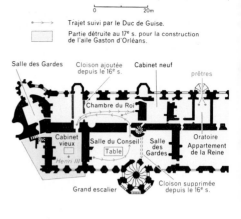

CHÂTEAU DE BLOIS : LE 2ᵉ ÉTAGE EN 1588

→ Trajet suivi par le Duc de Guise.

Partie détruite au 17ᵉ s. pour la construction de l'aile Gaston d'Orléans.

Deux prêtres sont dans l'oratoire du cabinet neuf : le roi les fait prier pour la réussite de l'entreprise. Guise se trouve dans la salle du Conseil en compagnie de quelques hauts personnages. Levé à 6 h après avoir passé presque toute la nuit chez une dame de « l'**escadron volant** », le duc a froid et faim. Il s'est d'abord chauffé auprès de la cheminée et a grignoté quelques prunes de Brignoles qui garnissent son drageoir. Puis le Conseil a commencé. Le secrétaire d'Henri III prévient alors Guise que le roi le mande dans le cabinet vieux. Pour gagner ce cabinet, il faut traverser la chambre du roi car deux jours plus tôt la porte par laquelle il communiquait avec la salle du Conseil a été murée. Le duc y pénètre et les spadassins le saluent. Il se dirige vers la gauche. Un couloir précède le cabinet. Guise ouvre la porte et aperçoit, au fond du boyau, les gens qui l'attendent, l'épée à la main. Il veut reculer, mais les 8 hommes de la chambre lui coupent la retraite. Ils se jettent sur leur victime, la saisissent aux bras et aux jambes, roulent son manteau autour de son épée.

Le duc, dont la force est prodigieuse, renverse 4 des assassins, blesse un cinquième avec son drageoir. Il entraîne la meute jusqu'au bout de la chambre et, criblé de blessures, revient tomber près du lit du roi en disant : « Miserere mei Deus. » Henri III, écartant la tenture derrière laquelle il s'était dissimulé, s'avance vers son rival. Il l'aurait souffleté en s'écriant : « Mon Dieu ! qu'il est grand ! il paraît encore plus grand mort que vivant. » En fouillant le cadavre, on découvre une lettre contenant cette phrase : « Pour entretenir la guerre civile en France, il faut 700 000 livres tous les mois. »

Le roi descend ensuite chez sa mère, Catherine de Médicis, et lui dit joyeusement : « Je n'ai plus de compagnon, le roi de Paris est mort. — Dieu veuille, réplique Catherine, que vous ne soyez pas devenu le roi de rien du tout » ; selon une autre version, elle resta muette. La conscience en paix, Henri va entendre une messe d'action de grâces dans la chapelle St-Calais. Le lendemain, le cardinal de Lorraine, frère du duc, enfermé aussitôt après le meurtre dans un cachot, est assassiné à son tour. Son corps va rejoindre celui de Guise dans une salle du château dont la localisation reste incertaine. Ils sont ensuite brûlés et leurs cendres jetées à la Loire. La reine mère ne survécut pas longtemps au drame, elle mourut une douzaine de jours plus tard.

Redescendre au 1ᵉʳ étage par le grand escalier et retraverser la salle des Gardes.

Salle des États généraux (1) – C'est la partie la plus ancienne (13ᵉ s.) du château : la salle seigneuriale de l'ancien château des comtes de Blois. Là se tinrent les états généraux de 1576 et 1588. Au centre, une rangée de colonnes supporte les deux voûtes en berceau juxtaposées.

Sortir dans la cour du château.

Musée archéologique ⊘ – *Au rez-de-chaussée de l'aile François-Iᵉʳ, à droite du grand escalier.*

Dans les anciens communs est installé un musée archéologique rassemblant les produits des fouilles préhistoriques du Loir-et-Cher. Cinq salles présentent, par ordre chronologique, des objets du paléolithique à l'époque mérovingienne (outils de pierre, poteries, verreries, armes, sarcophages...).

Salle Robert-Houdin – Elle est consacrée à cet illustre prestidigitateur blésois (1805-1871), tout à la fois horloger, savant, écrivain et... précurseur en matière de Sons et Lumières. Il fut notamment l'inventeur des pendules et horloges électriques, dont l'*Horloge-mère* (1850), exposée avec la *Pendule mystérieuse* (1839), très belle pièce au triple mystère des aiguilles animées au travers d'un cadran et d'une colonne de verre (une pendule de ce type est visible au château de Cheverny). A gauche de l'escalier François-Iᵉʳ, **montage audio-visuel** sur le château.

★ **Musée des Beaux-Arts** ⊘ – *1ᵉʳ étage de l'aile Louis-XII.*

Récemment restauré, ce musée est surtout intéressant pour ses portraits et ses peintures des 16ᵉ et 17ᵉ s.

La **salle des portraits** contient des tableaux provenant du château de Saint-Germain Beaupré (Creuse) et du château de Beauregard *(voir à ce nom)*. Dans la salle des 17ᵉ et 18ᵉ s. est exposée une exceptionnelle série de cinquante **médaillons** en terre cuite de Jean-Baptiste Nini. La salle des Guise regroupe plusieurs œuvres traitant des événements de 1588 dont *La rencontre du duc de Guise et d'Henri III* par Pierre-Charles Comte. Enfin la salle de ferronnerie et de serrurerie rassemble la collection Frank dont l'une des pièces maîtresses est la remarquable garniture de cheminée destinée au comte de Chambord, œuvre d'un serrurier blésois : Louis Delcros.

Façade des Loges et façade Gaston-d'Orléans – La restauration des loges, côté ville, est prévue courant 1997 dans leur polychromie telles que l'architecte Duban les avait restituées au milieu du 19e s. On pourra les détailler et les admirer au début de la promenade dans le vieux Blois, décrite ci-dessous.

★ LE VIEUX BLOIS *visite : 2 h*

Pavillon Anne de Bretagne (Z) ⊘ – Ce gracieux petit édifice de pierre et de brique abrite l'Office de tourisme. Remarquer les cordelières qui en soulignent les angles, et la balustrade de pierre sculptée à jour où apparaissent les initiales de Louis XII et d'Anne de Bretagne son épouse. A l'origine, le pavillon se trouvait au milieu des jardins du château (l'avenue Jean-Laigret fut percée par la suite), et les époux royaux allaient souvent faire des neuvaines dans son petit oratoire, pour obtenir un dauphin.
Sur la droite, le long de l'avenue Jean-Laigret, le pavillon est prolongé par une longue aile construite à pans de bois, également sous Louis XII, et qui servit plus tard d'**orangerie**.
Longer la place Victor-Hugo, bordée au Nord par la façade de l'**église St-Vincent** (Z) (17e s.), de style jésuite, et au Sud par la belle **façade des Loges** du château.

Jardin du Roi – Ce petit jardin en terrasse, dominant la place Victor-Hugo, est tout ce qu'il reste des vastes jardins du château. Près de la balustrade, très bonne **vue★**, à gauche sur le pavillon Anne de Bretagne coiffé de son haut toit d'ardoises, construit dans ces jardins comme l'orangerie voisine, sur l'église St-Vincent et la place Victor-Hugo ; à l'arrière-plan se détachent la silhouette de la tour Beauvoir, et à sa droite le clocher de la cathédrale ; à droite s'allonge la façade des Loges, ou façade de l'aile François-Ier du château, à laquelle est plaqué le retour de l'aile Gaston-d'Orléans.

Façade des Loges – La partie intérieure de la première construction de François Ier s'adossait au mur de l'enceinte féodale et n'offrait aucune vue sur le dehors. Le roi en souffrait et décida de plaquer contre le rempart, et à l'intérieur, un second bâtiment abondamment percé d'ouvertures. Comme à cet endroit on domine à pic le ravin, il fallut soutenir le bâtiment par un soubassement de maçonnerie. Les deux étages de loges et la galerie supérieure de cette façade la font très différente des autres parties de l'édifice. Elle rappelle certains palais italiens. Mais ici encore, la dissymétrie des fenêtres, des échauguettes, des balcons, des pilastres, du soubassement est bien française. Une belle ligne de gargouilles court au-dessus du dernier étage des loges.
De retour sur la place des Lices, on embrasse d'un coup d'œil la majestueuse **façade Gaston-d'Orléans** qui domine les fossés, et dont l'ordonnance classique n'a plus à souffrir de la comparaison avec les façades Renaissance.

★ **Église St-Nicolas** (Z) – Bel édifice des 12e et 13e s., d'une grande homogénéité, elle appartenait à l'ancienne abbaye bénédictine St-Laumer dont les sobres bâtiments conventuels, de style classique, s'étendent jusqu'à la Loire.
Remarquer le plan bénédictin de l'église (vaste chœur entouré d'un déambulatoire et de chapelles rayonnantes) et les beaux chapiteaux historiés dans le chœur. A gauche de celui-ci, curieux retable d'autel de Sainte Marie l'Égyptienne du 15e s.

Couvent des Jacobins (Z) – *Rue Anne-de-Bretagne.*
Dès les 15e et 16e s., il abrite le **musée d'Art religieux** ⊘ au 1er étage, ainsi que le **muséum d'Histoire naturelle** ⊘ rassemblant sous la charpente en forme de carène renversée, au 2e étage, des animaux naturalisés représentant la faune régionale.
Du bord de la Loire, on a une jolie vue sur le pont J.-Gabriel.

Fontaine Louis-XII (Z N) – De style gothique flamboyant, elle est la copie du monument érigé par le roi Louis XII ; l'original, très mutilé, est conservé au château.

Hôtel de la Chancellerie (Z K) – Cet hôtel de la fin du 16e s. est l'un des plus vastes de Blois. Derrière la porte cochère (17e s.), remarquer au fond de la cour le superbe escalier à rampe droite.

Hôtel d'Alluye (YZ E) – *Au 8, rue St-Honoré.*
Bel édifice particulier, construit en 1508 pour **Florimond Robertet**, successivement trésorier de Charles VIII, Louis XII et François Ier. En accompagnant Charles VIII dans l'expédition de Naples, le financier avait pris goût à l'art italien. Derrière la façade de l'hôtel aux délicates sculptures gothico-Renaissance s'ouvre une vaste **cour** ⊘ avec **galeries★** à l'italienne purement Renaissance. L'hôtel abrite le siège social des sociétés du groupe « Mutuelle Générale d'Assurances », fondé en 1820.

BLOIS

E	Hôtel d'Alluye
H	Hôtel de ville
K	Hôtel de la Chancellerie
N	Fontaine Louis-XII
Q	Maison Denis-Papin
V	Maison des Acrobates

Tour Beauvoir (**Y**) – Ancien donjon carré (12e s.) d'un fief à l'origine distinct de celui du château, la tour fut plus tard englobée dans les défenses de la ville.
De vieilles façades à colombage s'alignent rue Beauvoir (nos 3, 15 et 21), entourant une maison de pierre du 15e s. (no 19).

Escaliers Denis-Papin (**Y** 45) – Ils ouvrent une longue perspective vers le Sud. Dominant la perspective se dresse la statue de **Denis Papin**, reconnu père de la machine à vapeur. Né à Chitenay (12 km au Sud de Blois) en 1647, il est chassé par la révocation de l'édit de Nantes et publie en Angleterre son mémoire sur «la manière d'amollir les os et de faire cuire la viande en peu de temps et à peu de frais»; son «digester», que nous appelons la marmite de Papin, est donc l'ancêtre de nos modernes «Cocottes-Minute». En Allemagne, auprès du Landgrave de Hesse, Papin découvre «la nouvelle manière de lever l'eau par la force du feu»; il effectue à Kassel, en 1706, des essais publics démontrant la force motrice de la vapeur d'eau. Après la mort de son protecteur, il tombe dans la misère et meurt en 1714.

Maison des Acrobates (**Y** **V**) – Au no 3, place St-Louis.
Maison typique du Moyen Âge, avec sa façade à colombage, ses deux étages en encorbellement et ses poteaux sculptés d'acrobates, jongleurs, etc.

Cathédrale St-Louis (**Y**) – Reconstruite au 16e s. et flanquée d'une haute tour Renaissance à lanternon, la cathédrale fut presque entièrement détruite en 1678 par un ouragan; l'intervention de Colbert, dont la femme était blésoise, permit sa reconstruction rapide, dans le style gothique. On voit encore dans la nef, au-dessus des grandes arcades, les pierres saillantes destinées à être sculptées comme dans les travées du chœur. L'étage inférieur du clocher (12e s.) est un vestige de la première collégiale St-Solenne; celui-ci, évêque de Chartres au 5e s., assista saint Remi au baptême de Clovis, dont il fut catéchiste. La **crypte St-Solenne** ⊘ (accès à droite du chœur) du 10e s., agrandie au 11e s. devant l'affluence des pèlerins, était à son époque l'une des plus vastes et contenait le tombeau de saint Comblée.

Hôtel de ville (Y H) et jardins de l'évêché – *Accès par la grille à gauche de la cathédrale.*

Situé derrière la cathédrale, l'hôtel de ville occupe l'ancien évêché, construit au début du 18e s. par Jacques-Jules Gabriel, père de l'architecte de la place de la Concorde à Paris.

Au-delà, vers l'Est, les jardins de l'évêché forment une terrasse dominant la Loire, et offrent une belle **vue★** (se placer près de la statue de Jeanne d'Arc) sur le fleuve, ses coteaux boisés et les toits de la ville : on reconnaît au Sud le clocheton de l'église St-Saturnin, et à droite, sur la rive Nord, les flèches pures de l'église St-Nicolas. Belle vue également sur le chevet de la cathédrale.

Maison Denis-Papin (Y Q) – Encore appelée hôtel de Villebresme, cette maison gothique, tout en haut de la rue Pierre-de-Blois, enjambe la rue d'une passerelle à pans de bois.

Tout en bas de la rue Pierre-de-Blois se détache sur la gauche une jolie porte Renaissance portant l'inscription latine : « Usu vetera nova », qui peut se traduire par « à l'usage, le neuf devient vieux » ou au contraire « le vieux redevient neuf ».

Rue du Puits-Châtel (Y 52) – De nombreuses cours intérieures méritent que le promeneur glisse un regard par le portail entrebâillé : au n⁰ 3, l'escalier extérieur est garni d'un balcon à colombage (16e s.) ; au n⁰ 5, la tourelle d'escalier est en pierre, et des galeries voûtées aux balcons sculptés desservent les étages (début 16e s.) ; à côté, au n⁰ 7, l'hôtel Sardini présente une cour à arcades Renaissance et, au-dessus de la porte de la tourelle d'escalier, le porc-épic de Louis XII.

AUTRES CURIOSITÉS

Haras National ⊘ – *Sortie Est, 62, avenue du Maréchal Maunoury.*

Ce haras, aménagé dans l'ancien couvent des Carmélites en 1810, héberge une trentaine d'étalons de sang, notamment des Selle Français, et une vingtaine d'étalons de trait dont une majorité de Percherons. De mars à juillet, ces étalons sont répartis dans les onze stations de monte du Cher, de l'Eure-et-Loir, Indre, Indre-et-Loire, Loir-et-Cher et Loiret. La visite des bâtiments (belle architecture 19e s.) est l'occasion de rencontrer des techniciens et des agents nationaux.

Cloître St-Saturnin ⊘ – *Accès signalé sur le quai Villebois-Mareuil.*

Ancien cimetière à galeries couvertes en charpente, élevé sous François Ier, il abrite un dépôt lapidaire (fragments de sculptures provenant de maisons détruites en 1940).

Basilique N.-D.-de-la-Trinité – *Au Nord-Est du plan par la rue du Prêche.*

Cet édifice, réalisé par l'architecte P. Rouvière de 1937 à 1949, abrite de beaux vitraux et un chemin de croix coffré dans le ciment par Lambert-Rucki. Le campanile, haut de 60 m, offre une vue étendue sur la région (240 marches). Son carillon, composé de 48 cloches dont la plus grosse pèse 5 300 kg, est l'un des meilleurs d'Europe.

ENVIRONS

Orchaise – *9 km à l'Ouest par la D 766.* L'**église**, restaurée, possède un clocher roman ; à l'intérieur, fresque de Denys de Solère. Le **jardin botanique du prieuré** ⊘ rassemble sur 3 ha une riche collection de rhododendrons, d'azalées, de camélias et de pivoines, ainsi que de nombreux végétaux à feuillage persistant.

Maves ⊘ – *19 km au Nord.* Moulin à vent du 15e s., de type pivot *(voir p. 267).*

La BOISSIÈRE

Carte Michelin n⁰ 64 Sud du pli 3 ou 232 pli 22

A la Boissière est attaché le souvenir d'une précieuse relique : la **croix d'Anjou** *(voir à Baugé)* ; rapportée d'Orient au 13e s. par un croisé, elle fut cédée aux cisterciens de la Boissière qui construisirent une chapelle pour l'abriter. Conservée au château d'Angers pendant la guerre de Cent Ans, elle revint à la Boissière vers 1456 et y resta jusqu'en 1790, date à laquelle elle fut transportée à Baugé.

Abbaye de la Boissière ⊘ – Ses bâtiments ont été transformés en château, au 18e s. L'église abbatiale du 12e s. est réduite au chœur qui renferme des gisants gothiques et un retable.

Chapelle de la Vraie-Croix – Cette chapelle du 13e s., restaurée, située sur le chemin de Dénezé, présente trois travées de voûtes bombées à l'angevine.

BONNEVAL

4 420 habitants
Carte Michelin n⁰ 60 pli 17 ou 237 pli 38 – Schéma p. 153

Bonneval s'est créée au Moyen Âge autour de l'abbaye St-Florentin, monastère bénédictin fondé au 9e s. C'est aujourd'hui une charmante petite ville de la rive gauche du
Loir, entourée de murailles et de fossés encore en eau.

Ancienne abbaye – Occupés par un centre hospitalier, les bâtiments abbatiaux présentent d'intéressants vestiges, en particulier la belle **porte fortifiée★** dont le portail
en tiers-point, du 13e s., fut intégré dans le logis abbatial. Celui-ci, élevé par René
d'Illiers, évêque de Chartres à la fin du 15e s., est une jolie construction à damiers,
flanquée de deux tours à mâchicoulis et surmontée de lucarnes à gâble et pinacles.
Devant l'abbaye s'étend la **Grève**, vaste place ombragée et promenade bordant l'eau
du fossé de la ville. Un peu à l'Ouest, à l'entrée de la rue des Fossés-St-Jacques,
jolie vue sur les fossés où se mirent des restes de tours et la flèche de l'église.

Église Notre-Dame – L'édifice, du début du 13e s., est construit dans le pur style
du gothique chartrain. Belle rosace au-dessus de son chevet plat, élégant triforium
courant autour de la nef, boiseries derrière les fonts baptismaux et Christ du 17e s.
Du pont voisin, rue de la Résistance, vues pittoresques sur les fossés bordés de
lavoirs et de restes des tours d'enceinte.

Porte St-Roch et tour du Roi – La rue St-Roch, où quelques arcades en tiers-
point signalent encore de vieilles maisons, franchit l'enceinte à la porte St-Roch,
flanquée de deux tours rondes. A côté se dresse la tour du Roi, ancien donjon
percé de meurtrières et coiffé d'un toit en poivrière. Cette partie de l'enceinte fut
créée au 15e s., ainsi que les fossés du Mail, pour couper en deux la ville fortifiée
que la longueur de ses murailles rendait trop difficile à défendre.

Porte Boisville et pont du Moulin – Un peu à l'Ouest de la ville, entre la voie
ferrée et la déviation, la porte Boisville (13e s.) est le seul vestige de la première
enceinte de la ville, réduite au 15e s. à des dimensions plus restreintes.

ENVIRONS

Alluyes – *7 km au Nord-Ouest.*
Jadis l'une des cinq baronnies du Perche-Gouet, Alluyes appartint, à la fin du 15e s.,
à **Florimond Robertet** *(voir à Blois).* De l'ancien **château** subsiste la grosse tour ronde
du vieux donjon et une porte fortifiée donnant sur les douves.
Sur la rive gauche de la rivière, l'**église**, des 15e et 16e s., présente sur le flanc Sud,
disposition fréquente dans la région, une succession de pignons pointus correspondant à chaque travée de la nef latérale. Sur le mur gauche de la nef, deux
peintures murales gothiques évoquent *Saint Christophe* et le *Dict des trois morts
et des trois vifs (voir p. 40).* La Vierge ouvrante (16e s.), à gauche dans la nef,
porte en son sein une figuration de la Trinité et à sa base les armes de Florimond
Robertet.

Château de BOUMOIS★

Carte Michelin n⁰ 64 pli 12 ou 232 pli 33 (7 km au Nord-Ouest de Saumur)

Caché dans les arbres, le **château** ☉, du début du 16e s., dissimule, sous un appareil féodal extérieur, un délicat logis flamboyant et Renaissance.
Le chemin d'accès conduit à l'entrée principale, près de laquelle s'élève, à
gauche, un pigeonnier ou « fuie » du
17e s., qui a conservé son échelle
tournante et ses 1 800 « boulins »
ou cases à pigeons. Une enceinte
fortifiée, jadis renforcée de douves,
protège la cour seigneuriale où l'on
pénètre en franchissant un portail
monumental.
Flanqué sur la façade extérieure
de deux grosses tours à mâchicoulis, le logis seigneurial, construit
à la fin du 15e s., est desservi sur
la cour intérieure par une tourelle
d'escalier dont la porte est ornée
de motifs Renaissance très soignés
et conserve encore son extraordinaire serrure de fer forgé
d'origine.
On parcourt, au 1er étage, la
grande salle d'armes et d'armures
abritant des pièces des 15e et

Le Château

84

16e s. de provenance européenne mais surtout germanique, la salle à voûte de bois au 2e étage, le chemin de ronde, la chambre meublée d'un lit vosgien du 16e s.

Dans la grande salle, remarquer une effigie en marbre de Marguerite de Valois ainsi qu'un portrait en pied d'Elisabeth Ire d'Angleterre et un paravent de Coromandel (Inde), daté de 1663.

La jolie chapelle flamboyante abrite une *Vierge à l'Enfant* de Salviati et un groupe sculpté de la *Sainte Famille* du 15e s., d'origine bourguignonne.

C'est à Boumois que naquit, en 1760, **Aristide Dupetit-Thouars**, mort à la bataille d'Aboukir, en 1798, sur le banc de quart de son bateau, le *Tonnant*, sans avoir consenti à amener son pavillon.

Chapelle de la BOURGONNIÈRE★

Carte Michelin no 63 pli 18 ou 232 plis 29, 30 (9 km au Sud-Est d'Ancenis)
Schéma p. 162

Au sud de la D 751, entre le Marillais et Bouzillé, s'ouvre le discret portail de la Bourgonnière.

★Chapelle St-Sauveur ⊙ – Tours, tourelles, contreforts renforcent la chapelle, ornée de coquilles, d'initiales LC, et de taus (T), emblèmes des Antonins, ordre hospitalier protégé par Charles du Plessis et Louise de Montfaucon, qui firent bâtir le sanctuaire de 1508 à 1523; les Antonins soignaient le mal des Ardents, fièvre violente, dite aussi «feu de saint Antoine», contre laquelle on invoquait ce saint. Le ravissant portail est surmonté de son linteau aux délicates sculptures de rinceaux et cornes d'abondance. Des taus s'inscrivent sur les vantaux de bois.

La nef supporte de belles voûtes en étoile, très ornementées de blasons et de clefs pendantes. A droite, un rare banc seigneurial orné de grotesques à l'italienne (16e s.) garnit l'oratoire seigneurial. Au centre, le retable du maître-autel est surmonté d'une remarquable statue de la Vierge, attribuée à Michel Colombe, entre saint Sébastien et saint Antoine ermite. Le **retable★** de gauche, couvert de rinceaux et d'angelots, est dû, comme celui du maître-autel, à un artiste italien. On y remarque un admirable Christ en majesté, adossé à une Croix, couronné, et vêtu d'une longue tunique, se détachant sur un fond peint où figurent les Anges portant les instruments de la Passion, Charlemagne et Saint Louis, patrons des donateurs.

BOURGUEIL

4001 habitants
Carte Michelin no 64 pli 13 ou 232 pli 34 – Schéma p. 163

Bourgueil, bien situé dans une fertile varenne aux coteaux couverts de vignobles, fait encore partie de la vallée d'Anjou. Ronsard y séjourna souvent et y connut Marie, qu'il chanta dans les *Amours*. De nos jours, Bourgueil associe son nom à de généreux vins rouges produits par le «breton», cépage particulier à la région et fort ancien : Rabelais le cite dans ses œuvres.

Comédien doué d'un immense talent et enfant du pays, **Jean Carmet** (1921-1994) était l'un de ses plus ardents «supporters».

Église – Remarquer le large chœur gothique aux fenêtres en lancettes, formé de trois nefs d'égale hauteur, couvertes de voûtes angevines très bombées *(p. 39)*. Son ampleur contraste avec la simplicité de la nef romane.

Halles – En face de l'église, remarquer au dos de l'ancienne mairie les belles halles aux arcades de pierre.

Abbaye ⊙ – *A la sortie Est de la ville, sur la route de Restigné.*
Abbaye de bénédictins fondée à la fin du 10e s., elle fut jadis l'une des plus riches d'Anjou. Son vignoble s'étendait sur tout le coteau et sa forêt jusqu'à la Loire. Aux 13e et 14e s., elle fut fortifiée et ceinte de douves. De cette époque subsiste l'élégant bâtiment des **celliers** et des **grands greniers**, au pignon flanqué de deux tourelles coiffées d'une flèche de pierre octogonale, qui se dresse au bord de la route; les celliers en occupaient le rez-de-chaussée; au-dessus s'entassaient les réserves de grains de l'abbaye. La visite donne accès au bâtiment construit en 1730 : salle à manger ornée de lambris du 18e s., monumental escalier à rampe de fer forgé, vaste salle voûtée du réfectoire. Au 1er étage, les cellules des moines, transformées en musée, font découvrir costumes, coiffes et outils du début du siècle.

Musée Van Oeveren ⊙ – Un petit musée de l'escrime, du duel et de l'arme blanche est installé dans le château des Sablons (19e s.).
Belle salle d'armes où le maître des lieux donne ses leçons d'escrime.

Moulin bleu ⊘ – *A 2 km au Nord, sur le coteau.*
Ce moulin cavier *(voir la page sur les moulins dans le chapitre des Renseignements pratiques)*, du type de celui de la Herpinière à Turquant, est constitué d'une huche-rolle juchée sur un cône de pierre de taille reposant lui-même sur un soubassement voûté. Le tanin obtenu par le broyage de l'écorce de châtaignier alimentait les tanneries de Bourgueil.
De la terrasse, très beau **point de vue** sur la vallée de la Loire et, au premier plan, sur le vignoble de Bourgueil.

Cave touristique de la Dive Bouteille ⊘ – Fraîche (12°) et creusée dans le roc, cette cave abrite une collection de pressoirs anciens, dont un du 16e s., et une bonne documentation photographique sur la situation du vignoble. Dégustation.

ENVIRONS

Restigné – *5 km à l'Est.* L'**église** de ce village vigneron à l'écart de la route est intéressante par sa façade à appareil losangé, son portail Sud dont le linteau sculpté montre des bêtes fantastiques et Daniel dans la fosse aux lions. A l'intérieur, le chœur gothique angevin, à chevet plat, analogue à celui de Bourgueil, présente de hautes voûtes à clefs sculptées. La nef du 11e s. est voûtée en bois (charpente de la fin du 15e s. à poutres décorées de gueules de monstres).

Les Réaux – *4 km au Sud.* Construit à la fin du 15e s., ce charmant **château** ⊘ appartint au 17e s. à Tallemant des Réaux, l'auteur des *Historiettes*, chronique de la société française au début du 17e s. Entouré de douves, il a pour principal ornement son pavillon d'entrée flanqué de deux tours à mâchicoulis, où le souci décoratif l'emporte, comme en témoignent l'appareil à damiers de brique et de pierre et de gracieux ornements sculptés : lucarnes à coquilles, salamandre au-dessus de la porte d'entrée, soldats-girouettes, etc.

Chouzé-sur-Loire – *7 km au Sud.* Sur la levée de la Loire, ce joli village était jadis un port actif : de vastes quais déserts où rouillent quelques anneaux d'amarrage, de même qu'un petit **musée des Mariniers** ⊘, en rappellent le souvenir.
Dans la rue de l'Église, charmant **manoir** du 15e s. où mourut, le 1er septembre 1464, Marie d'Harcourt, épouse de Dunois, le célèbre Bâtard d'Orléans *(p. 95)*.

Varennes – *15 km au Sud-Ouest.* De l'ancien quai sur les bords de Loire, très joli **point de vue** sur le château de Montsoreau *(voir à ce nom)*. Le chemin de halage peut aussi être l'occasion d'une jolie promenade à pied.

Brain-sur-Allonnes – *10 km à l'Ouest.* Des fouilles entreprises sous une maison du 14e s. ont permis d'exhumer le **site médiéval de la Cave Peinte** ⊘. De très beaux carreaux de faïence vernissée sont visibles dans le **musée** ⊘ attenant.

BRIARE

6 070 habitants
Cartes Michelin n° 65 Sud du pli 2 ou 238 pli 8

Au débouché de la liaison Seine-Loire, dans ce pays où l'eau est si intimement liée à la terre, cette charmante ville dotée d'un port de plaisance bien équipé propose de nombreuses activités.
«Cités des perles», Briare fut célèbre et prospère au début du siècle par sa manufacture de boutons de porcelaine, de perles, de jais et surtout de mosaïques de revêtement de sol en céramique dites «émaux de Briare» *(voir le musée)*.

Canal de Briare – Entrepris en 1604 sur l'initiative de Sully par la Compagnie des seigneurs du canal de Loyre en Seine, il ne fut terminé qu'en1642. C'est le premier canal de jonction construit en Europe : long de 57 km, il unit le canal latéral à la Loire au canal du Loing. Le bief de partage des eaux séparant les bassins de la Loire et de la Seine s'étend entre Ouzouer-sur-Trézée et Rogny-les-Septs-Écluses *(voir guide Vert Michelin Bourgogne-Morvan)*.

CURIOSITÉS

★★ **Pont-Canal** – Entrepris en 1890 et inauguré en 1896, cet ouvrage d'art permet au canal latéral à la Loire de franchir le fleuve pour s'unir au canal de Briare. La gouttière métallique contenant le canal est formée de plaques assemblées par des millions de rivets. Longue de 662 m, large de 11m (avec les chemins de halage), elle repose sur 15 piles en maçonnerie réalisées par la Société Eiffel. Le tirant d'eau est de 2,20 m. Des escaliers permettent de descendre au niveau de la Loire et d'admirer la magnifique architecture métallique du pont.

Musée de la Mosaïque et des Émaux ⊘ – Dans l'enceinte de la manufacture encore en activité, ce musée retrace la vertigineuse carrière de **Jean-Félix Bapterosses**, père de la première machine à fabriquer des boutons de façon «industrielle», ayant devancé l'Angleterre dont l'outillage ne pouvait frapper qu'un seul bouton à la fois. Une formidable variété de ces boutons est présentée au musée. Savant mécanicien et technologue averti, Bapterosses invente de nouveaux procédés et se lance dans la fabrication des perles dont on peut voir aussi de nombreux modèles réalisés tant pour l'Europe que pour l'Afrique et l'Asie. En 1882 sort de la manufacture la mosaïque appelée plus communément «émaux»; pour la décoration artistique de ceux-ci, il est fait appel à l'un des précurseurs de l'Art Nouveau : Eugène Grasset dont on peut apprécier le talent sur les pièces exposées au musée. Il est intéressant de compléter la visite de ce musée par celle de l'église dont le sol est décoré de ces mosaïques simulant la Loire.

BREIL

303 habitants
Carte Michelin nº 64 pli 13 ou 232 pli 34 (6 km au Sud-Est de Noyant)

Dans les bois du Baugeois, Breil constitue un agréable but de promenade.

Église – Romane à l'extérieur par son abside circulaire et sa nef que surmonte un haut clocher à flèche de pierre, de jolies voûtes Plantagenêt *(voir p. 36)* couvrent son chœur.

Château de Lathan ⊘ – Il fait face à l'église. Son beau parc du 17e s. est en cours de restauration. On admirera les charmilles, puis un long tapis vert orné d'ifs taillés, précédant une double rangée de tilleuls.
Le grand canal, parallèle, forme une remarquable perspective, se terminant par un élégant pavillon du 18e s.

Château de BRISSAC★★

Carte Michelin nº 64 pli 11 ou 232 pli 32 – Schéma p. 163

Dans un beau parc où s'élèvent de magnifiques **cèdres ★**, ce château surprend par son élévation et par l'enchevêtrement de deux constructions destinées non à voisiner, mais à se succéder.
La façade principale est encadrée de deux tours rondes à toit conique, cerclées de mâchicoulis gracieusement sculptés, vestiges du château médiéval élevé vers 1455 par Pierre de Brézé, qui fut ministre de Charles VII puis de Louis XI. Racheté en 1502 par René de Cossé, le château de Brissac, demeuré dans la même famille depuis, fut fort

Château de Brissac

endommagé par les guerres de Religion. Le petit-fils de René, **Charles de Cossé**, comte de Brissac, est, à la fin du 16e s., l'un des chefs de la Ligue, parti catholique soutenant les Guises ; il est gouverneur de Paris lorsqu'en 1594 il remet les clefs à Henri IV qui, converti au catholicisme, se présente devant la ville ; le roi reconnaissant lui octroie le titre de duc. Le nouveau duc fait alors reconstruire sa demeure sur des plans de **Jacques Corbineau**, architecte de la citadelle de Port-Louis à Lorient ; sa mort (1621) interrompt les travaux, laissant l'édifice dans l'état où il se présente aujourd'hui.

VISITE ⊘ 1 h

Le **château** présente une façade principale, bloquée entre les deux tours médiévales et inachevée ; elle comporte une aile gauche et un pavillon central, au motif triomphal abondamment orné de pilastres à bossage et de niches abritant des statues. A droite, la tour gothique ne céda jamais la place à l'aile droite attendue.

Les **plafonds** à la française, souvent rehaussés de sculptures, ont gardé leurs peintures du 17e s. ; aux murs pendent de superbes **tapisseries**, et de beaux meubles garnissent les salles. Remarquer, dans la salle à manger, le grand tableau représentant l'ancien château parisien de Bercy et son parc, dans le grand salon, le beau mobilier du 18e s., les lustres en cristal de Venise ainsi qu'un pastel de Mme Vigée-Lebrun figurant le 8e duc de Brissac.

Par l'escalier Louis XIII, on gagne, au 1er étage, la salle des Gardes aux dimensions imposantes, la chambre où Louis XIII et sa mère, Marie de Médicis, se réconcilièrent provisoirement après le combat des Ponts-de-Cé (1620), la chambre des Chasses aux murs tendus de magnifiques tapisseries des Flandres (16e s.), provenant des collections du roi Louis-Philippe. Par la galerie des tableaux, où l'on note un portrait de la célèbre veuve Clicquot en compagnie d'Anne de Mortemart, sa petite-fille, on accède à la chapelle qui abrite un émouvant bas-relief en marbre de David d'Angers ainsi que des stalles très ouvragées, de style Renaissance italienne. Au 2e étage, on visite le ravissant théâtre, restauré, que la vicomtesse de Trédern, qui possédait une voix sûre de soprano, fit construire en 1883 à la manière des théâtres du 17e s.

La visite prend fin dans le cellier.

Au Nord de Brissac, sur la route d'Angers, s'élève un beau moulin à vent du type moulin cavier.

ENVIRONS

Centre piscicole de Brissac ⊘ – *Par la D 748, au Sud de Brissac-Quincé, suivre le fléchage en place.* Ce centre, agréablement situé au bord de l'étang de **Montayer**, permet la découverte de la rivière et des actions menées par les pêcheurs pour la préserver. Outre les poissons du bassin de la Loire, on peut observer l'élevage des brochets, de l'écloserie au bassin de grossissement, et prendre ainsi conscience des difficultés de reproduction en milieu naturel. Un parcours botanique présente la végétation caractéristique des berges et des zones humides.

BROU

3 803 habitants (les Broutains)
Carte Michelin nº 60 pli 16 ou 237 plis 37, 38

Baronnie du Perche-Gouet, bien que d'aspect beauceron, Brou, marché d'œufs et de volailles, s'ordonne autour de sa place des Halles. Les vieilles rues de la Bouverie, des Changes, du Dauphin... ont conservé leur nom.

Place des Halles – A l'angle de la rue de la Tête-Noire, une maison ancienne, bâtie en encorbellement, date du début du 16e s. ; ses colombages de bois portent des motifs sculptés. Près de la place, rue des Changes, autre maison du 16e s., à façade courbe : le poteau cornier décoré d'un Saint Jacques et d'un pèlerin rappelle la position de Brou sur le chemin de Chartres à St-Jacques-de-Compostelle.

ENVIRONS

Yèvres – *1,5 km à l'est.* L'**église** date en majeure partie des 15e et 16e s. L'élégant portail Renaissance de la façade est encadré de pilastres sculptés (instruments de la Passion) et surmonté d'un double fronton. L'intérieur a conservé de remarquables boiseries★ classiques : la chaire, ornée des effigies des Vertus, le retable du maître-autel, les autels latéraux, un aigle-lutrin. La chapelle des fonts baptismaux est close par une superbe porte à panneaux sculptés évoquant le martyre de sainte Barbe et le baptême du Christ. Elle possède un beau plafond en bois sculpté, et les armoires contenant les Saintes Huiles ont été préservées. Derrière le banc d'œuvre, un chasublier renferme une collection d'ornements des 18e et 19e s. La sacristie possède des boiseries Louis XIII et des collections de vases sacrés des 18e et 19e s.

Frazé – *Voir à ce nom.*

Circuit du Perche-Gouet – *Voir à ce nom.*

BUEIL-EN-TOURAINE

341 habitants
Carte Michelin n° 64 pli 4 ou 232 pli 23

Dominant la vallée du Long, ce bourg est le berceau des Bueil, qui donnèrent à la France un amiral, deux maréchaux et le poète Honorat de Bueil, marquis de Racan *(voir château de la Roche-Racan)*. Sur la colline se dessine un édifice constitué par la juxtaposition de l'église St-Pierre-aux-Liens (à gauche) et de la collégiale St-Michel.

Église St-Pierre-aux-Liens — Elle est appuyée sur une grosse tour carrée inachevée ; un escalier conduit au portail. Un remarquable **baptistère** de style Renaissance attire l'attention ; dans les panneaux, statuettes du Christ et des Apôtres. A l'extrémité de la nef, restes de fresques des débuts du 16e s. et statues anciennes. Une porte donne accès à la collégiale.

Collégiale Sts-Innocents-St-Michel — Les Bueil la firent construire pour abriter leur tombeau. Dans des enfeus sont déposés les gisants des seigneurs et dames de Bueil parmi lesquels on remarque, à droite, la première épouse de Jean V de Bueil, coiffée d'un hennin et vêtue d'un surcot armorié.

CANDES-ST-MARTIN★

244 habitants
Carte Michelin n° 64 Sud-Ouest du pli 13 ou 232 pli 33 – Schéma p. 163

Au confluent de la Loire et de la Vienne, le village de Candes possède une église, élevée à l'endroit où mourut saint Martin en 397 *(voir à Tours)*.

★ **Église** – L'édifice a été construit aux 12e et 13e s. et muni de défenses au 15e s. La façade sur la route est remarquable par son mélange d'architecture militaire et de riche décoration. La voûte du porche est soutenue par un pilier central sur lequel les nervures retombent en gerbe. Le portail est encadré de sculptures très abîmées. A l'intérieur, la nef est contre-butée par deux collatéraux de même élévation. Les voûtes angevines *(voir p. 39)* reposent sur des piles élancées ; l'ensemble, très lumineux, donne une impression de grande légèreté. La nef est désaxée par rapport au chœur, d'origine antérieure.

En sortant de l'église, jeter un coup d'œil à la façade Ouest, également fortifiée.

Par le petit chemin qui se détache à droite de l'église, on peut atteindre *(1/4 h à pied AR)* le sommet du coteau d'où l'on jouit d'un beau **point de vue** sur le confluent.

On peut prolonger la visite par une promenade en prenant la rue St-Martin en contrebas de l'église, puis la rue du Bas. Une plaque donnant les distances des différents ports de la Loire rappelle l'activité de la batellerie d'autrefois.

Vous avez apprécié votre séjour dans la région.
Retrouvez le charme de celle-ci, son atmosphère, ses couleurs,
en feuilletant l'album **"France"**,
ouvrage abondamment illustré, édité par les **Services de Tourisme Michelin**.

Château de CHAMBORD★★★

Carte Michelin nᵒ 64 Sud des plis 7 et 8 ou 238 pli 3 – Schéma p. 159

Chambord est le plus vaste des châteaux de la Loire. Dans l'ordre du gigantesque, il annonce Versailles. Son apparition subite au bord d'une allée, la vision de sa masse blanche qui s'élargit et se précise peu à peu produisent une impression profonde, encore plus saisissante au coucher du soleil. Il faut y ajouter la belle unité de construction de l'édifice, la riche décoration qu'il doit à la Renaissance alors à son apogée, et enfin ces deux merveilles : le grand escalier et la terrasse.

UN PEU D'HISTOIRE

Une création grandiose de François Iᵉʳ – Les comtes de Blois avaient élevé un petit château en ce coin perdu de la giboyeuse forêt de Boulogne, à quatre lieues de leur capitale. Le jeune François Iᵉʳ aimait venir y chasser et, dès 1518, ordonna de raser ce bâtiment ancien pour le remplacer par un édifice somptueux.

Plusieurs projets voient le jour et sans doute Léonard de Vinci, hôte du roi au Clos-Lucé, en esquisse-t-il un tandis que le Boccador en exécute la maquette. En 1519, le surintendant François de Pontbriant, qui avait œuvré à Loches et à Amboise, prend la direction du chantier. Au fur et à mesure du développement de celui-ci, les plans originels sont modifiés et des sommes considérables sont englouties. Le roi ne lésine pas. Même quand le trésor est à sec, que l'argent manque pour payer à l'Espagne la rançon de ses deux fils, quand il en est réduit à piller les trésors des églises ou à fondre l'argenterie de ses sujets, les travaux continuent. Ils ne subissent qu'une interruption, en 1524-1525, lors de la captivité du roi après Pavie. En 1527, François Iᵉʳ, dans son ardeur, veut même faire dériver la Loire pour l'amener au pied du château, mais devant l'énormité de la tâche, on détournera simplement le Cosson.

En 1537, le gros œuvre est terminé – tours et pavillons du donjon, terrasses – ; plus de 1 800 ouvriers y ont été employés sous la direction des maîtres maçons Sourdeau et Trinqueau. Reste à réaliser les aménagements intérieurs. En 1538, le roi commande un logis relié au donjon par un bâtiment de deux étages, et, sur le flanc Ouest, une seconde aile, symétrique du logis. L'ensemble mesure 117 m sur 156 m. En 1545, le logis royal est achevé, mais François Iᵉʳ, qui logeait jusque-là dans la tour Nord-Est, ne peut guère en profiter car il meurt deux ans plus tard.

Château de Chambord

90

Henri II poursuit l'œuvre de son père par la construction de l'aile Ouest et de la tour de la chapelle, alors qu'on termine le mur d'enceinte. A sa mort, en 1559, le château reste inachevé.

Merveille de la Renaissance, fruit d'une «véritable mathématisation de l'architecture» (Jean Jacquart), le château compte 440 pièces, 365 cheminées, 13 escaliers principaux et 70 secondaires.

Séjours royaux – Dès 1539, le roi, qui se plaisait à dire «allons chez moi», peut y recevoir Charles Quint. Un essaim de jeunes femmes, costumées en divinités grecques, va au-devant de l'empereur et sème des fleurs sous ses pas. Le visiteur, charmé par cet accueil puis émerveillé par l'édifice, dit à son hôte : «Chambord est un abrégé de l'industrie humaine.» Henri II continue la construction. C'est en 1552, à Chambord, qu'est conclu avec trois princes germaniques le traité qui apporte à la couronne les trois évêchés : Metz, Toul et Verdun, officialisé en 1648 par le traité de Westphalie. François II et Charles IX viennent souvent chasser dans la forêt. Henri III et Henri IV ne se montrent guère à Chambord, mais Louis XIII renoue la chaîne.

Chasses royales – Le parc du château était un merveilleux territoire de chasse. Chambord possédait 300 faucons. Les meutes royales, très nombreuses, étaient l'objet de soins constants. Entraînés depuis l'enfance, les rois sont des chasseurs passionnés. Louis XII franchit à cheval des fossés de 5 m. Malgré sa faible complexion, Charles IX court 10 heures de suite, crève 5 chevaux, souffle du cor au point de rendre le sang. C'est lui qui réussit cette prouesse : forcer un cerf sans user de chiens.

La Grande Mademoiselle (17e s.) – Chambord fait partie du comté de Blois que Louis XIII accorde à son frère, Gaston d'Orléans *(voir à Blois)*. On peut être conspirateur-né et bon père : la fille de Gaston, la «Grande Mademoiselle», raconte son jeu favori, faire monter et descendre par son père l'un des degrés à claire-voie, tandis qu'elle suit l'autre sans jamais le rencontrer.

Plus tard, c'est à Chambord qu'elle déclare sa flamme à Lauzun : elle le conduit près d'une glace, la ternit de son souffle et trace du doigt sur la buée le nom de l'irrésistible séducteur.

Louis XIV et Molière – Sous Louis XIV, Chambord revient à la Couronne. Le roi y fait neuf séjours entre 1660 et 1685, et ordonne d'importantes restaurations. Molière crée *Monsieur de Pourceaugnac*, écrit au château même en quelques jours. A la première,

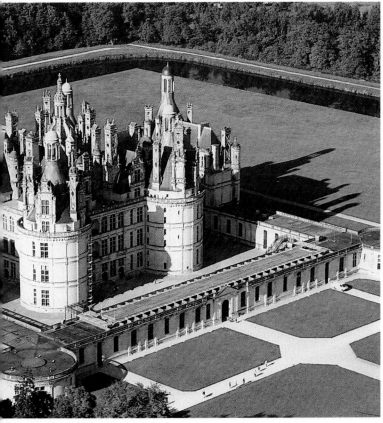

3Bis / MICHELIN

le roi ne se déride pas. Lulli, l'auteur de la musique, qui tient un rôle d'apothicaire, a une inspiration : il saute à pieds joints de la scène sur le clavecin d'accompagnement et passe au travers. Le roi éclate de rire : la pièce est sauvée.

Plus tard, *Le Bourgeois gentilhomme* fait passer Molière par de nouvelles transes. A la première, le roi reste de glace. Les courtisans, étrillés dans la pièce, préparent déjà leurs sarcasmes. Mais, après la seconde représentation, Louis XIV félicite l'auteur et la cour change ses pointes en compliments.

Le maréchal de Saxe (18e s.) – Louis XV met le château à la disposition de son beau-père Stanislas Leszczynski, roi détrôné de Pologne. Puis il en fait don au maréchal de Saxe avec 40 000 livres de revenus, en récompense de sa victoire à Fontenoy. Rencontre fortuite ou malice de gendre ? Maurice de Saxe est le fils naturel d'Auguste de Pologne, le rival heureux de Stanislas, celui qui l'a chassé du trône.

Fastueux, orgueilleux, violent, le maréchal de Saxe anime le château d'une vie trépidante. Pour satisfaire son goût des armes, il loge deux régiments de cavalerie composés de Tartares, de Valaques et de Martiniquais. Dans le parc, cette troupe étrange monte de vifs chevaux d'Ukraine dressés à accourir quand la trompette sonne. Le maréchal fait régner une discipline de fer : à la moindre incartade, il pend les coupables aux branches d'un vieil orme.

Par terreur, plutôt que par élan, Maurice de Saxe a obtenu les faveurs d'une célèbre actrice, la Favart, et l'oblige à rester à Chambord. A son usage, il a remonté la scène où joua Molière. Favart tient le triple rôle de directeur, d'auteur et de mari complaisant.

Le maréchal meurt à 54 ans, les uns disent tué en duel par le prince de Conti vengeant son honneur marital ; d'autres accusent un rhume négligé. Glorieux jusque dans la mort, Maurice de Saxe a voulu que, pendant seize jours, les 6 canons qu'il a placés dans la cour d'honneur tirent tous les quarts d'heure en signe de deuil.

De la Révolution à la Restauration – Après la mort du maréchal, le château non entretenu se délabre petit à petit. La Révolution détruit ce qui reste du mobilier. En 1809, Napoléon fait de Chambord un majorat en faveur de son fidèle Berthier, prince de Wagram. Berthier se contente de vendre le bois et laisse le domaine à l'abandon. Après sa mort, la princesse est autorisée à le mettre en vente. Il est acheté par souscription publique, en 1821, pour le duc de Bordeaux, fils posthume du duc de Berry qui vient d'être assassiné, et héritier de la couronne. **Paul-Louis Courier** écrit un pamphlet si vigoureux contre la souscription qu'il est condamné à deux mois de prison. Poussé par la passion politique, Courier va jusqu'à demander la démolition de Chambord.

L'affaire du drapeau blanc (1871-1873) – Henri, comte de Chambord, prétendant légitimiste au trône de France depuis la chute de Charles X en 1830, est bien près de parvenir à ses fins en 1871. Cette année-là en effet, les Français ont élu, dans le désarroi de la guerre, une assemblée monarchiste favorable à une nouvelle restauration. Cependant, les monarchistes sont divisés en deux branches : la branche légitimiste, attachée à la vieille tradition monarchique, et la branche orléaniste, plus moderne et respectueuse des principes de 1789. Toutes deux tombent enfin d'accord sur le nom du prétendant : ce sera **Henri V**, le dernier des Bourbons. Il s'installe à Chambord où, le 5 juillet 1871, il proclame ses convictions dans un manifeste qui se termine par ces mots : « Henri V ne peut abandonner le drapeau blanc de Henri IV. » L'effet de cette déclaration est désastreux dans l'opinion : les royalistes perdent les élections partielles. Le comte de Chambord se drape dans sa dignité et ne veut rien savoir. Il repart en Autriche et s'obstine pendant deux ans, faisant échouer, en octobre 1873, une ultime tentative de compromis : un drapeau tricolore semé de fleurs de lys. L'Assemblée nationale se résigne et vote la loi du septennat. La République s'installe, Henri V ne régnera pas. Il s'éteint en 1883. Le château, qui avait été le témoin des dernières heures du royalisme, échoit à son neveu, le duc de Parme. En 1932, l'État le rachète aux héritiers, moyennant 11 millions de francs.

VISITE ⏱ *1 h 1/2*

L'entrée des visiteurs a lieu par la Porte Royale. Il est conseillé de se munir du dépliant (distribué à l'accueil) portant le plan détaillé du château.

Le plan de Chambord est d'inspiration féodale : un **donjon** central à quatre tours, qui constitue à lui seul un véritable château, et une enceinte ; au cours de la construction sont ajoutées deux ailes : l'une abrite l'appartement royal, l'autre la chapelle.

Mais la construction Renaissance n'évoque plus aucun souvenir guerrier : c'est une royale demeure de plaisance, dont la façade Nord-Ouest, particulièrement imposante, doit à l'Italie l'agrément de ses sculptures et de ses larges ouvertures.

Chambord est l'œuvre personnelle de François Ier. Si le nom de l'architecte ne nous est pas connu avec certitude, l'idée architecturale semble née dans l'esprit de Léonard de Vinci. Le vieil artiste, installé depuis peu à la cour de France, meurt au printemps 1519, au moment où débutent les travaux.

C'est Henri II qui éleva le second étage de la chapelle et Louis XIV qui en acheva la construction.

Cour d'honneur – Elle permet une vue sur le donjon, relié aux tours d'angles par des galeries à deux étages soutenues par des arcades. Une galerie a été plaquée sur la façade lorsque, à la fin du règne de François Iᵉʳ, furent ajoutés les escaliers extérieurs situés dans les angles des cours.

Escalier à double révolution – Le célèbre escalier occupe le centre de la croix, formée par quatre grandes « salles » de gardes. Ses deux vis montent l'une sur l'autre jusqu'aux terrasses ; le noyau central, ajouré, permet de s'apercevoir d'une hélice à l'autre.

Appartements – Les salles au rez-de-chaussée et au 1ᵉʳ étage rappellent le souvenir des personnages venus à Chambord.

Au **rez-de-chaussée**, la salle des Soleils, ainsi nommée pour ses volets décorés de soleils rayonnants, est ornée de tableaux, dont la *Reconnaissance du duc d'Anjou comme roi d'Espagne* par Gérard, et d'une tapisserie de Bruxelles : la *Vocation d'Abraham*. Dans la salle des Chasses du roi François Iᵉʳ est exposée une suite de tapisseries (fin 16ᵉ s.), d'après les cartons de Laurent Guyot.

Au **1ᵉʳ étage**, François Iᵉʳ fit aménager ses appartements dans la tour Nord de l'enceinte, symétriquement à la chapelle prévue dans la tour Ouest. Dans sa chambre, tenture et lit de velours brodé d'or (Italie, 16ᵉ s.) ; ce serait sur un de ces vitraux que le roi grava les mots : « Souvent femme varie, bien fol est qui s'y fie. » Le Cabinet de François Iᵉʳ est couvert d'une voûte en plein cintre ornée de caissons où alternent l'initiale du roi et la salamandre, son emblème ; il a servi d'oratoire à la reine Catherine Opalinska, épouse de Stanislas Leszczynski. La chambre de la reine, dans la tour François Iᵉʳ, à l'angle du donjon, est ornée de tapisseries de la Manufacture de Paris, l'*Histoire de Constantin*, d'après des cartons de Rubens.

Les appartements du roi lui font suite, décorés de tapisseries et de portraits historiques ; ils furent aménagés par Louis XIV au centre de la façade du donjon. La chambre royale, ou de parade, habitée successivement par Louis XIV, Stanislas Leszczynski et le maréchal de Saxe, a conservé les boiseries Régence installées en 1748 pour ce dernier ; la pièce voisine, dans l'axe du château, offre une vue remarquable sur le parc. Dans la salle des gardes du roi, remarquer un monumental poêle de faïence, souvenir de Maurice de Saxe. Dans l'appartement du dauphin, à l'angle Est du château, sont rassemblés des souvenirs du comte de Chambord : des tableaux, le lit d'apparat offert par ses fidèles, deux statues d'enfants, Henri IV et le duc de Bordeaux, le premier et dernier comte de Chambord, et aussi le petit parc d'artillerie offert au jeune prince ; les pièces-jouets envoient des balles qui peuvent percer une muraille. On peut lire le fameux manifeste, daté du 5 juillet 1871.

Le **2ᵉ étage** est surtout consacré à la chasse : armes, trophées, collections appartenant à la maison de la Chasse et de la Nature. Parmi les tapisseries, remarquer l'*Histoire de Méléagre* sur des cartons de Lebrun (salle F. Sommer) et l'*Histoire de Diane* sur des cartons de Toussaint Dubreuil (salle de Diane).

Terrasse – *Illustration p. 46 et 47.* Directement inspirée par des châteaux comme ceux de Méhun-sur-Yèvre ou de Saumur, elle offre un spectacle unique : lanternes, cheminées, escaliers et lucarnes s'entremêlent, tous fouillés par le ciseau du sculpteur. Sous les rois, la cour y passait le plus clair de son temps. De là, elle suivait le départ et l'arrivée des chasses, les revues et exercices militaires, les tournois, les fêtes. Les mille coins et recoins de la terrasse favorisaient les confidences, l'intrigue et les galants apartés, qui tenaient une grande place dans la vie de cette brillante société. Dans un des pavillons de la terrasse, une **exposition** photographique et des maquettes permettent au visiteur de mieux appréhender l'histoire du château.

A noter un élément de décoration curieux : des ardoises découpées en losanges, cercles ou carrés, forment le long des cheminées une sorte de mosaïque rappelant les placages de marbres italiens. Au-dessus de la terrasse, l'escalier continue en une seule hélice. Elle tourne dans une magnifique lanterne de 32 m.

Le parc – Aujourd'hui Parc national cynégétique, réserve de chasse depuis 1948, il est immense : 5 500 ha. Le plus long mur de France (32 km), en fait le tour. Il est percé de six portes correspondant à six allées. Les promeneurs ne sont admis que dans un secteur de la partie Ouest, couvrant environ 620 ha. A l'intention du public désireux d'observer les hardes de cerfs ou les bandes de sangliers venant « au gagnage » chercher leur nourriture (après le lever et avant le coucher du soleil), quatre aires de vision ont été édifiées. Dans les ruines des écuries du maréchal de Saxe, **spectacle d'art équestre** ⊙. Des promenades en attelage sont possibles ⊙.

Château de CHAMEROLLES★

Cartes Michelin n° 60 pli 20 ou 237 pli 41

Aux marches du Gâtinais et de la Beauce, à l'orée de la forêt d'Orléans, le **château** ⊙ de Chamerolles, récemment restauré, a retrouvé toute sa magnificence de la Renaissance. C'est au 15e s. que s'installa ici la famille Dulac dont Lancelot Ier (prénommé ainsi en hommage au héros du roman des chevaliers de la Table ronde), qui fit construire le château actuel. Familier des rois Louis XII et François Ier, Lancelot conçut une forteresse encore médiévale offrant peu d'ouvertures sur l'extérieur, mais élégante et confortable à l'intérieur. Par son alliance avec Louise de Coligny, la famille Dulac contracta un engagement inconditionnel aux côtés des protestants. De cette époque (1585) date la transformation de la **chapelle** en temple protestant. Après avoir appartenu aux familles de la Carre, Lambert, Jessé-Curely, le château fut légué par ses derniers héritiers à la ville de Paris, qui, elle-même, en 1987, en fit don au département du Loiret.

★ **La Promenade des parfums** – Le nouveau domaine de Chamerolles est placé sous le signe des odeurs et du parfum : l'aile Sud abrite une promenade chronologique au pays des senteurs ; ainsi le visiteur remonte-t-il le temps, pièce par pièce, à travers une suite d'appartements mettant en scène objets, meubles ou documents liés aux parfums, du 16e s. à nos jours. L'orgue à parfum et la collection de flacons prestigieux (créations de Daum, Lalique, Baccarat pour des parfumeurs tels que Guerlain, Lancôme, Roger et Gallet, Chanel, etc.) terminent la visite du château.

Un ponceau enjambant les douves permet de continuer ce circuit aromatique par le **jardin** ★ composé de six parterres, minutieusement reconstitués tels qu'ils devaient être à la Renaissance. Chaque élément correspond en tout point à la définition du jardin traditionnel de cette époque : à la fois d'apparat, d'utilité et d'agrément ; ainsi retrouve-t-on un « *préau* » (pré-haut), véritable petit salon d'extérieur où l'on devisait sur des banquettes de gazon, un « *parterre de broderie* » aux motifs de buis, un « *parterre de plantes rares* » présentant de nombreuses plantes aromatiques indispensables à l'élaboration des parfums, un « *labyrinthe* », deux « *potagers* » plantés exclusivement de légumes, de condiments, d'aromates et d'arbres fruitiers connus aux 16e et 17e s. Au-delà du miroir – ainsi nomme-t-on la pièce d'eau – une promenade dans le parc conduit au kiosque, d'où la vue sur le château est superbe.

CHAMPIGNY-SUR-VEUDE★

859 habitants (les Campinois)
Carte Michelin n° 67 pli 10 ou 232 Sud du pli 34 (6 km au Nord de Richelieu)

Dans la vallée de la Veude, Champigny conserve plusieurs maisons du 16e s. (rue des Cloîtres et route d'Assay) ; mais son intérêt majeur est la chapelle du château, aux admirables vitraux Renaissance.

★ **Sainte-Chapelle** ⊙ – Cette chapelle, remarquable exemple de l'art Renaissance à son apogée, faisait partie d'un château, bâti de 1508 à 1543 par Louis de Bourbon et son fils Louis II, puis démoli, sur ordre de Richelieu, jaloux d'une magnificence qui portait ombrage à celle du château de Richelieu. Aussi ne reste-t-il que des communs dont l'ampleur et l'élégance donnent cependant une idée de la grandeur du château disparu.

La Sainte-Chapelle, ainsi appelée parce qu'elle abritait une parcelle de la Vraie Croix, échappa à la destruction grâce à l'intervention du pape Urbain VIII.

Louis Ier de Bourbon, qui avait accompagné Charles VIII à Naples, voulut pour sa chapelle un style de transition gothique-Renaissance. Le péristyle, plus tardif, a un caractère italien prononcé ; son décor sculpté, d'une grande finesse, est à base d'emblèmes de Louis II de Bourbon, tels que L couronnés, ailes (L), lances, bourdons de pèlerins, fleurs et fruits. Le porche est couvert d'une voûte à caissons.

Une belle porte en bois du 16e s., dont les panneaux sculptés figurent les Vertus cardinales, donne accès à la nef, voûtée d'ogives à liernes et tiercerons et où l'on remarque, au centre, le priant d'Henri de Bourbon, dernier duc de Montpensier, du début 17e s., œuvre de Simon Guillain.

★★ **Vitraux** – Joyaux de la chapelle, ils garnissent les onze fenêtres. Ils furent posés au milieu du 16e s. et forment un remarquable ensemble de verrières Renaissance.

Les sujets représentent, en bas, 34 portraits des Bourbon-Montpensier depuis Saint Louis ; au-dessus, les épisodes principaux de la vie de Saint Louis ; en haut, des scènes de la Passion ; le vitrail central du chevet montre une émouvante Crucifixion. On admirera le chatoiement des couleurs et surtout des bleus prune, à reflets mordorés, incomparables.

Pagode de CHANTELOUP★

Carte Michelin nº 64 pli 16 ou 238 pli 14 (3 km au Sud d'Amboise) – Schéma p. 158

A l'orée de la forêt d'Amboise, la **pagode de Chanteloup** ⊙ est tout ce qui reste du splendide château élevé par le duc de **Choiseul**, ministre de Louis XV, à l'imitation de Versailles. Tombés dans l'aban-don, les bâtiments furent détruits en 1823 par des marchands de biens. Lorsque, à l'instigation de Mme du Barry, Choiseul fut exilé dans ses terres, il fit de Chanteloup un véri-table centre intellectuel et artistique. En reconnaissance de la fidélité de ses amis et pour la perpétuer, il ordonna à l'architecte Le Camus de construire la pagode (1775-1778). Ce curieux édifice surprend sur les bords de la Loire mais il révèle à quel point le 18e s. était friand de « chinoiseries ».

Le **cadre**★ de la pagode évoque la somptuosité de la résidence d'exil de Choiseul, dont le plan d'ensemble est exposé à l'intérieur du bâtiment. Le large bassin en éventail qui l'enserre, et le tracé des anciennes allées du parc, encore bien visible des balcons de la pagode, en facili-tent l'évocation. La pagode, haute de 44 m, compte sept étages en retrait les uns sur les autres. Du sommet (149 marches), on jouit d'un beau **panorama** sur la vallée de la Loire jusqu'à Tours et sur la forêt d'Amboise.

3Bis/MICHELIN

La pagode de Chanteloup

CHÂTEAUDUN★★

14 511 habitants (les Dunois)
Carte Michelin nº 60 pli 17 ou 237 pli 38 – Schéma p. 153

Sur un promontoire entaillé de vallons étroits, nommés «cavées», Châteaudun et son château dominent la vallée du Loir au point de contact de la Beauce et du Perche.

Foires et marchés – Aux 18e-19e s., les gens de Châteaudun commerçaient active-ment. Leurs voisins beaucerons venaient en ville vendre leurs récoltes sur échantillons puis les livraient aux marchands de grains qui les revendaient aux meuniers, éleveurs et maquignons.

Le jeudi, sur la place principale, les transactions donnaient lieu à des scènes pitto-resques. Au milieu des blouses bleues, des bonnets tuyautés, des carrioles et des chiens de bergers, passaient les portefaix, parés de la plaque, insigne d'une fonction qu'ils achetaient à prix d'or. Négociants et fermiers banquetaient au «Bon Laboureur», 61, rue Gambetta, où Zola vint les observer lorsqu'il écrivit son roman *La Terre*, tout en mâchant le fromage beauceron, «à la cendre», rituellement accompagné d'une chopine.

Des huileries broyaient l'œillette de Beauce. La laine des moutons beaucerons ali-mentait une industrie textile qu'évoquent les rues des Filoirs et des Fouleries.

UN PEU D'HISTOIRE

Châteaudun appartient aux comtes de Blois à partir du 10e s., quand Thibault le Tricheur s'en saisit. En 1392, le dernier comte de Blois vendit à Louis d'Orléans, frère de Charles VI, les comtés de Blois et de Dunois ; par succession, Châteaudun échut au poète Charles d'Orléans qui l'offrit à son demi-frère Jean, Bâtard d'Orléans, dont sont issus les Orléans-Longueville, possesseurs de Châteaudun jusqu'à la fin du 17e s.

La naissance de l'alexandrin – A Châteaudun naquit au 12e s. le poète **Lambert Le Court** ; il fut l'un des auteurs du *Roman d'Alexandre*, poème héroïque de 22 000 vers de 12 pieds inspiré de la légende d'Alexandre le Grand, fort appréciée au Moyen Âge. Les vers de 12 pieds reçurent par la suite le qualificatif d'alexandrins.

Dunois, Bâtard d'Orléans (1402-1468) – Le beau Dunois, fidèle compagnon de Jeanne d'Arc, était le fils naturel de Louis Ier d'Orléans et de Mariette d'Enghien. Élevé par **Valentine Visconti**, femme légitime de Louis d'Orléans, qui l'aimait autant que ses propres enfants, Dunois, dès l'âge de 15 ans, combattait les Anglais et cela durant des décennies. En 1429, il anime la défense d'Orléans et délivre Montargis. Il participe à tous les actes de la grande épopée de Jeanne d'Arc : Jargeau, Beaugency, Reims, Paris... Comblé d'honneurs à la fin de sa vie, il fonde la Ste-Chapelle et se retire en 1457 à Châteaudun où il reçoit le poète François Villon.

Dunois repose dans l'église N.-D.-de-Cléry *(voir à Cléry-St-André)*. Lettré et cultivé, il était, dit le chroniqueur Jean Cartier, « un des plus beaux parleurs qui fust de la langue de France ».

Un financier – Le dunois **Dodun**, parti de rien, devint contrôleur des Finances sous la Régence. Rigaud fit son portrait en 1724 ; Bullet lui construisit en 1727 un magnifique hôtel rue de Richelieu, à Paris ; le château et le marquisat d'Herbault devinrent sa propriété. A lui peuvent s'appliquer ces vers :

> *« Et l'on voit des commis,*
> *Mis*
> *Comme des princes,*
> *Qui jadis sont venus,*
> *Nus,*
> *De leurs provinces. »*

Mais Dodun racheta sa prospérité trop vite acquise par une grande générosité lorsque Châteaudun brûla en 1723. Son intervention au Conseil du Roi facilita la reconstruction de la cité, réalisée par Jules Hardouin, contrôleur des Bâtiments et neveu de Jules Hardouin-Mansart ; le plan géométrique d'une partie de la ville est dû à cet architecte.

Une défense héroïque – Le 18 octobre 1870, les Prussiens attaquèrent Châteaudun, avec 12 000 hommes et 24 canons. 300 gardes nationaux dunois et 600 francs-tireurs se retranchèrent derrière des barricades et résistèrent tout le jour, malgré un bombardement intense de midi à 18 h 30 ; mais, écrasés par le nombre, ils durent faire retraite. Les Allemands ayant mis le feu à la ville, 263 maisons brûlèrent. Châteaudun avait bien mérité de la patrie. Ayant reçu la Légion d'honneur, elle adopta la devise « Extincta revivisco » : Je renais de mes cendres.

★★ LE CHÂTEAU ⏱ *visite : 1 h*

Sur un promontoire plongeant à pic dans le Loir (de la rive droite de la rivière, à hauteur d'un ancien moulin, près du pont, la perspective est excellente), le « premier château de la Loire », pour qui vient de Paris, comporte des bâtiments datant du 12e au 16e s., restaurés avec beaucoup de soin et de goût, dont les salles ont été garnies de meubles et de riches tapisseries des 16e et 17e s.

Il apparaît, de l'extérieur, comme une rude forteresse ; de la cour intérieure, comme une luxueuse demeure seigneuriale.

Le donjon, haut de 31 m, sans la toiture, date du 12e s. ; c'est un des premiers donjons ronds, l'un des plus imposants et des mieux conservés.

On visite librement les **sous-sols** qui s'étendent sous l'aile de Dunois *(entrée au pied de l'escalier gothique)* : deux belles salles contiguës et voûtées en croisées d'ogives étaient les cuisines, pourvues chacune d'une double cheminée occupant toute la largeur de la pièce ; au Nord, de petites pièces, occupées par des gardes, desservaient des cachots exigus, parfois voûtés d'ogives.

Sainte-Chapelle – Élevée au 15e s. pour Dunois, c'est une construction gracieuse ; un clocher carré et deux oratoires flanquent la nef et le chœur qui se termine par une abside à trois pans. La chapelle haute, couverte d'un lambris en berceau brisé, était réservée aux serviteurs ; la chapelle basse est voûtée d'ogives.

Dans l'oratoire Sud, une peinture murale de la fin du 15e s., merveilleusement conservée, représente le Jugement dernier. Un ensemble de quinze charmantes **statues ★★** fournit un excellent exemple de la sculpture des ateliers de la Loire à la fin du 15e s. : douze d'entre elles, de grandeur nature, polychromes, ont été placées du temps de Dunois et figurent sainte Élisabeth, la délicieuse sainte Marie l'Égyptienne, vêtue de

CHÂTEAU
Rez-de-Chaussée

R. des Fouleries
Terrasse
AILE DE LONGUEVILLE
Terrasse
Escalier gothique
Escalier Renaissance
AILE DE DUNOIS
vers 1er étage
Cour d'honneur
Salle de Justice
Ste-Chapelle
DONJON
Pl. Jehan de Dunois
0   30 m

sa seule chevelure, sainte Radegonde et son sceptre, sainte Apolline et les tenailles qui lui arrachèrent les dents, sainte Barbe et sa tour, sainte Geneviève, sainte Catherine tenant la roue et l'épée de son martyre, une Madeleine, les deux saints Jean, le Baptiste et l'Évangéliste, patrons de Dunois, sainte Marthe et le dragon qu'elle foule aux pieds, enfin, une majestueuse Vierge à l'Enfant, patronne de Marie d'Harcourt, femme de Dunois. Trois statues, plus petites, de Dunois lui-même, de saint François et de sainte Agnès, ont été ajoutées par François d'Orléans-Longueville et Agnès de Savoie, fils et bru du Bâtard.

Aile de Dunois – Bâtie à partir de 1460, elle est fidèle à la tradition gothique, mais son aménagement dénote le besoin de confort qui a suivi les troubles de la guerre de Cent Ans. Les vastes salles de séjour sont couvertes de grosses solives apparentes et tendues de tapisseries, dont, au premier étage, une magnifique suite du 16e s. provenant des ateliers de Bruxelles et relatant la vie de Moïse. On visite la salle de Justice où siégeaient le seigneur et son tribunal ; elle fut revêtue au 17e s. de boiseries et peinte aux armes de Louis XIV à l'occasion d'un passage du Roi-Soleil à Châteaudun, avant de servir de tribunal révolutionnaire en 1793. Au dernier étage, un vertigineux chemin de ronde sur mâchicoulis communique avec des corps de garde.

Aile de Longueville – Parachevant l'œuvre de son père, François Ier de Longueville éleva en retour d'angle l'escalier gothique, dont les trois étages, ornés de décors flamboyants, s'ouvrent sur la cour d'honneur par une double baie formant loggia à l'italienne : habile transition entre l'escalier médiéval de l'aile Dunois, enfermé dans une tourelle saillante, et l'escalier Renaissance à l'extrémité Est du bâtiment.

François II de Longueville puis son frère le cardinal firent établir, entre 1511 et 1532, l'aile droite dite de Longueville, sur un soubassement datant du siècle précédent ; elle n'a pas été terminée. Au sommet des murs, une corniche à l'italienne soutient une balustrade flamboyante. L'escalier est abondamment décoré de motifs Renaissance s'inscrivant dans des encadrements gothiques. Les pièces du rez-de-chaussée, parmi lesquelles la galerie Renaissance, sont ornées de tapisseries de Paris et d'Amiens du 17e s. Dans la grande salle du 1er étage, coffres sculptés du 16e s. et, en vis-à-vis, deux monumentales cheminées des styles gothique et Renaissance.

CHÂTEAUDUN

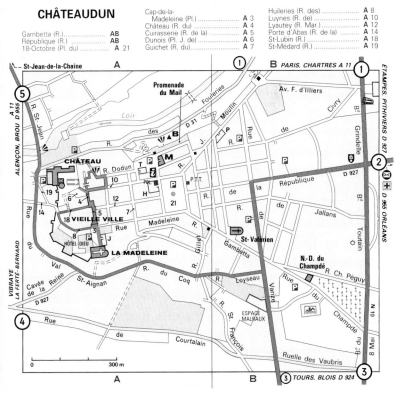

B Grottes du Foulon   **M** Musée des Beaux-Arts et d'Histoire naturelle

AUTRES CURIOSITÉS

★ **Vieille ville** (A) – *Suivre à pied l'itinéraire indiqué sur le plan ci-après.*
La rue du Château, bordée de maisons à encorbellement, aboutit à une charmante placette où l'on remarque deux maisons anciennes, l'une du 16e s. à pilastres, poutres et médaillons sculptés ; l'autre, très rénovée, est une maison d'angle, dotée de poutres cornières historiées (sainte Anne et la Vierge), assez détériorées.
La rue de la Cuirasserie, où l'on admire un bel hôtel à tourelle d'angle du 16e s., débouche sur la place Cap-de-la-Madeleine, nom d'une localité du Canada rappelant qu'au 17e s. un abbé de Châteaudun fut à l'origine de la fondation de cette ville au Québec ; à droite, l'Hôtel-Dieu, fondé en 1092, complètement remanié en 1762 ; à gauche, le palais de Justice occupe l'ancienne abbaye des Augustins, à l'architecture classique.
Adossée aux remparts, l'**église de la Madeleine**★ (A) ⊘ présente sur sa façade Nord une série de pignons pointus, disposition fréquente dans la région.
Admirer le superbe volume intérieur de l'église, construite au 12e s. sur un plan ambitieux : elle ne put être achevée, faute de fonds. Au flanc Sud, donnant sur le ravin, s'ouvre un portail roman aux voussures sculptées de figures humaines et d'animaux fantastiques.
Descendre la rue des Huileries jusqu'à la rue de la Porte-d'Abas où, à gauche, près des ruines d'une porte romaine, s'élève la loge aux Portiers, du 16e s., ornée d'une statue de la Vierge restaurée avec bonheur.
Revenir à la rue St-Lubin, pittoresque avec son caniveau central. De retour devant le château, passer sous le porche au début de la rue de Luynes, s'engager dans l'impasse du cloître St-Roch, puis prendre à droite l'étroite et sinueuse venelle des Ribaudes qui débouche sur une petite place au bord du plateau, d'où se dévoile une agréable **vue** sur le Loir et sa vallée. A droite sur la place, beau logis du 15e s. à porte flamboyante et fenêtres à meneaux.
Par la rue Dodun revenir vers le château.

Promenade du Mail (A) – Le long du promontoire qui domine la vallée, elle a été agrandie et remodelée en jardin public. La **vue**★ s'étend sur les deux bras du Loir, le faubourg St-Jean et les coteaux du Perche.

Musée des Beaux-Arts et d'Histoire naturelle (A M) ⊘ – Il mérite une visite pour sa remarquable **collection**★ d'espèces naturalisées d'oiseaux essentiellement exotiques, aux couleurs chatoyantes, mais aussi originaires d'Europe.
Au rez-de-chaussée, une salle consacrée à l'archéologie égyptienne abrite des objets funéraires provenant de tombes royales des deux premières dynasties (époque Thinite : 3100-2700 avant J.-C.), découvertes à Abydos par l'égyptologue Amelineau à la fin du 19e s. Dans la même salle des momies et des masques-plastrons sont également présentés. L'histoire et l'archéologie locales sont évoquées par des souvenirs de la guerre de 1870 et des objets issus de sites des environs de Châteaudun.
Au premier étage, une section d'art asiatique et océanien présente des porcelaines de la Compagnie des Indes léguées par le marquis de Tarragon au 19e s., ainsi que de nombreuses pièces de la collection Wahl-Offroy : armes du Moyen et de l'Extrême-Orient, bijoux chinois, statuaire bouddhique et miniatures islamiques.
Un intérieur beauceron, une série de paysages locaux du 19e s. ainsi qu'une «circoncision» (fragment de retables en bois polychrome réalisé au 16e s. par les ateliers d'Anvers) viennent compléter la variété des collections.

Église St-Valérien (B) ⊘ – L'édifice est dominé par un haut clocher carré avec flèche de pierre à crochets. Remarquer sur le flanc Sud le beau portail roman polylobé.

Chapelle N.-D.-du-Champdé (B) – De cette chapelle de cimetière, détruite à la fin du siècle dernier, subsiste la façade flamboyante, au décor finement ciselé ; une délicate balustrade, soutenue par des consoles sculptées, court à la base du pignon où se tient la Vierge, patronne de l'édifice.

Grottes du Foulon (A B) ⊘ – *35, rue des Fouleries.*
Bordant la rue comme les nombreuses autres caves, bien visibles, elles doivent leur nom à l'activité des fouleurs qui, autrefois, assuraient le traitement des peaux. Les grottes, creusées par le Loir dans du calcaire dit sénonien, formé à l'ère secondaire, offrent au regard leurs voûtes tapissées de concrétions de silex, parfois transformées en géodes de calcédoine ou de quartz sous l'effet de la cristallisation.

Église St-Jean-de-la-Chaîne – *Sortie ⑤ du plan.*
Sur la rive droite du Loir, dans le faubourg St-Jean, un portail à accolades (début 16e s.) donne accès à l'ancien cimetière où se dresse l'église St-Jean ⊘, construite principalement au 15e s., en conservant toutefois les absides des 11e et 12e s.
En revenant vers Châteaudun, belle vue sur la façade Nord du château qui présente l'aspect sévère d'une forteresse.

ENVIRONS

Lutz-en-Dunois – *7 km par ② du plan, route d'Orléans.*
Lutz possède une charmante **église** romane à clocher bas et toit en bâtière ; à l'intérieur, **peintures murales** du 13ᵉ s. aux tons d'ocre rouge et jaune : Apôtres et saints évêques au cul-de-four ; Entrée du Christ à Jérusalem, Mise au tombeau, Résurrection du Christ, Descente aux Limbes autour de la nef.

Abbaye du bois de Nottonville – *18 km par ② du plan, prendre la D 927 jusqu'à Varize, puis suivre le fléchage.*
Prieuré ⊘ des 11ᵉ s. et 15ᵉ s., dépendant des moines bénédictins de Marmoutier. Voir particulièrement la porte fortifiée, la grange à charpente carénée, le colombier...

L'estimation de temps indiquée pour un itinéraire de visite correspond au temps global nécessaire pour bien apprécier le paysage et effectuer les visites recommandées.

CHÂTEAU-GONTIER

11 085 habitants (les Castrogontériens)
Carte Michelin nᵒ 63 pli 10 ou 232 pli 19 – Schéma p. 180

Aux confins de la Bretagne et du Maine, Château-Gontier, vieille ville pittoresque et fleurie, est la capitale de la Mayenne. Elle fut fondée au 11ᵉ s. par le comte d'Anjou Foulques Nerra, qui, au sommet de l'éperon rocheux dominant la Mayenne, fit construire un château fort et en confia la garde à l'officier Gontier. Le domaine était propriété des bénédictins de St-Aubin d'Angers, qui, au 11ᵉ s., édifièrent à côté du château le prieuré St-Jean-Baptiste.
La cité souffrit de la guerre de Cent Ans (destruction du château en 1368) et fut un foyer de chouannerie pendant la Révolution. Rue Trouvée, dans le faubourg, naquit le chef royaliste **Pierre-Mathurin Mercier,** fils d'un aubergiste, qui fut le meilleur ami du Breton Cadoudal. Ils passèrent à Château-Gontier, en octobre 1793, avec l'armée vendéenne.
La ville se divise en deux quartiers : la haute ville, rive droite, composée de deux noyaux aux rues étroites et accidentées, que sépare un vallon emprunté par la Grande-Rue et le faubourg autour de l'hôpital St-Julien, rive gauche.
Dans cette ville de foires et de marchés, se tient, le jeudi, dans le parc St-Fiacre (**B**), le marché aux veaux et aux moutons, l'un des plus importants d'Europe. Les quais rappellent le rôle de port joué jadis par Château-Gontier, sur la Mayenne canalisée *(location de bateaux habitables ou promenades sur la Mayenne, voir le chapitre des Renseignements pratiques en fin de volume).*

LA HAUTE VILLE *visite : 1 h 1/2*

Jardin du Bout-du-Monde (**A**) – Aménagé dans les anciens jardins du prieuré, il constitue un agréable lieu de détente et offre des échappées sur la Mayenne et la rive gauche.

Église St-Jean-Baptiste (**A**) – Elle est construite en silex et roussard.
L'**intérieur ★** frappe par la force et la pureté du style roman. La nef éclairée par de lumineux vitraux modernes s'ouvre sur les bas-côtés par de grandes arcades reposant sur des piliers irrégulièrement espacés. Noter, à la croisée du transept, une curieuse coupole sur pendentifs à colonnettes. Les vestiges d'un décor à fresque des 13ᵉ et 14ᵉ s. subsistent dans la nef ; dans le transept, ils datent du 12ᵉ s. et représentent dans le bras gauche : la création des oiseaux, des animaux domestiques et d'Adam et Ève (dans la chapelle St-Benoît, on reconnaît les trois Rois mages) et dans le bras droit, l'Arche de Noé.
La belle crypte à trois nefs est couverte de voûtes d'arêtes.

Descendant vers la place St-Just, on jouit d'un coup d'œil sur la pittoresque montée du Vieux-Collège.

Point de vue – En contrebas de l'église St-Jean-Baptiste, des terrasses établies sur les anciens remparts et plantées de grands ormes offrent de jolies vues sur la rive opposée.

Poursuivant par la montée St-Just, on débouche dans la Grande-Rue.

A l'angle avec la rue de la Harelle, maison à pans de bois du 15ᵉ s. (**B L**) ; en face, l'ancien grenier à sel en tuffeau avec sa tourelle (16ᵉ s.).

Remontant la Grande-Rue, prendre à gauche la rue de Thionville, puis, à droite, la rue d'Enfer.

Cette rue pavée est bordée à gauche par le soubassement de l'ancienne église St-Jean-l'Évangéliste.

Alsace-Lorraine
(Q. et R. d')................ **B** 2
Bourg-Roussel (R.) .... **A** 5
Coubertin (Q. P. de) ...... **B** 7
Foch (Av. Mar.)............. **B** 9
Fouassier (R.) .... **A** 10

Français-Libres
(Pl. des).................. **A** 12
Gambetta (R.)............... **A** 14
Gaulle
(Quai Ch. de)............. **B** 15
Homo
(R. René).................. **A** 18
Joffre (Av. Mar.)........... **A** 20
Leclerc
(R. de la Division) .... **A** 22

Lemonnier (R. Gén.)........ **B** 24
Lierru (R. de) .... **B** 25
Olivet (R. d') .... **A** 29
Pasteur (Q.) .... **B** 31
Pilori (Pl. du) .... **A** 33
République (Pl.) .... **A** 36
St-Jean (Pl.) .... **A** 39
St-Just (Pl.).................. **B** 40
Thionville
(R. de) .... **B** 45

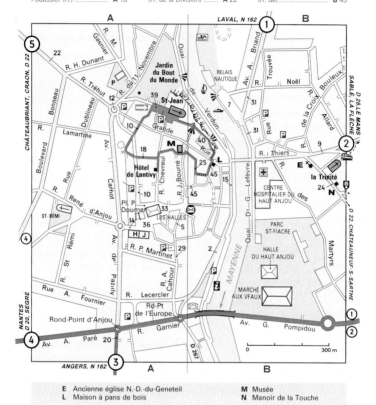

E Ancienne église N.-D.-du-Geneteil	**M** Musée
L Maison à pans de bois	**N** Manoir de la Touche

La rue de Lierru, à droite, mène à la rue Jean-Bourré, rappelant que le secrétaire de Louis XI *(voir à Plessis-Bourré)* était natif de Château-Gontier.

Musée (**A M**) ⊘ – Installé dans le bel hôtel Fouquet (17e s.), il rassemble, outre des antiquités gréco-romaines, quelques bonnes peintures et sculptures. Signalons une peinture inachevée de Le Brun : *Bataille de Constantin contre Maxence sur le pont Milvius*, des tableaux de l'école hollandaise du 17e s., une admirable **statue de sainte Marthe** en bois sculpté (école française du 15e s.) et une Vierge du 14e s. en marbre.
Les artistes locaux sont représentés par des eaux-fortes de Tancrède Abraham et des aquarelles de Louis Rénier (19e s.).

Remontant la rue du Musée (élégante tourelle à l'angle avec la rue Bruchemotte), *on débouche dans la rue Chevreul.*

Hôtel de Lantivy (**A**) – Au no 26. Intéressante façade du 16e s.

La rue René-Homo à gauche, puis, à droite, les rues Fouassier et de l'Allemandier ramènent sur la place St-Jean.

LE FAUBOURG *visite : 1/2 h*

Massé sur la rive gauche de la Mayenne, il offre, du quai Pierre-de-Coubertin (**B**), une bonne vue sur la haute ville.

Église de la Trinité (**B**) ⊘ – Ancienne chapelle des ursulines, elle a été construite au 17e s. par Pierre Corbineau et son fils Gilles, architectes lavallois. La façade à pilastres est ornée d'une statue de sainte Ursule. Remarquer à l'intérieur le monumental retable du 18e s. et la grille conventuelle.
A droite de l'église, l'élégant **manoir de la Touche** du 15e s. (**B N**).

Ancienne église N.-D.-du-Geneteil (**B E**) ⊘ – Ancienne chapelle du collège, cette construction romane en schiste a un aspect sévère. Elle abrite des expositions temporaires.

ENVIRONS

Château de la Maroutière ⊘ – *3 km par ③ du plan.*
Doté d'un des derniers champs de courses privés, ce petit château, construit au cours des 13e et 14e s., est situé dans un superbe parc.

Château de St-Ouen – *7 km par ④ du plan.*
Avant d'arriver à **Chemazé**, on aperçoit à droite cette demeure des 15e-16e s., à lucarnes à gâbles ciselés et dont la grosse tour d'escalier carrée porte un couronnement en diadème.

Refuge de l'Arche ⊘ – *Par ③ du plan ou la D267 au Sud de Château-Gontier.* Ni vraiment zoo, ni tout à fait hôpital vétérinaire, le refuge de l'Arche a pour vocation de recueillir, soigner et protéger les animaux malades, blessés ou abandonnés (excepté les chats et les chiens). Plus de sept cents pensionnaires sont hébergés, nourris et soignés principalement par des enfants. Lorsque les animaux sont guéris, et si leur état leur permet de survivre seuls dans la nature, ils sont relâchés dans leur environnement. Les spécimens exotiques restent au refuge. Un aquarium et un écomusée complètent la visite.

CHÂTEAU-LA-VALLIÈRE

1 482 habitants (les Castelvalériens)
Carte Michelin n⁰ 64 Nord-Ouest du pli 14 ou 232 pli 22

Au cœur d'une région de grands bois coupés d'étangs, Château-la-Vallière plaît aux touristes qui recherchent le calme. La duchesse de La Vallière et de Vaujours, **Louise de La Baume le Blanc** (1644-1710), passa son enfance au manoir de la Vallière, près de Reugny, au Nord-Est de Tours, dans la vallée de la Brenne. Elle fut baptisée en l'église St-Saturnin de Tours, le 7 août 1644.

Fille d'honneur de Madame Henriette d'Angleterre, duchesse d'Orléans, la douce et gracieuse jeune fille conquit à Fontainebleau, en 1662, le cœur du Roi-Soleil, qu'elle garda cinq ans avant que l'altière Montespan ne le lui ravisse. « Elle était aimable et sa beauté avait de grands agréments par l'éclat de la blancheur et de l'incarnat de son teint, par le bleu de ses yeux, qui avaient beaucoup de douceur, et par la beauté de ses cheveux argentés qui augmentait celle de son visage... Quoi qu'elle fût un peu boiteuse, elle marchait fort bien », écrivait à son sujet Mme de Motteville.

Réfugiée après sa disgrâce au Carmel de la rue St-Jacques, sœur Louise de la Miséricorde prit le voile noir des mains de la reine Marie-Thérèse et ce fut Bossuet qui l'exhorta. Trente-six ans durant, sa piété, sa modestie, son indulgence ne se démentirent point.

Étang du Val Joyeux – La Fare a formé une vaste nappe d'eau (plage, pratique de la voile), dans un joli site au pied de la colline boisée où se situe l'église.

Forêt de Château-la-Vallière – Autour de la localité, sauf au Nord, s'étendent de vastes bois de pins et de chênes, coupés de landes et couvrant près de 3 000 ha. Le massif est aménagé pour la chasse à courre.

Château de Vaujours – *3,5 km.* Les vestiges romantiques du château *(on ne visite pas)* apparaissent, précédés par un ouvrage fortifié, une barbacane. Belle enceinte jalonnée de tours rondes dont l'une, à mâchicoulis, subsiste presque entièrement. Dans la cour, vestiges de la chapelle et du logis seigneurial édifiés au 15e s. Louis XI séjourna ici à plusieurs reprises, chez sa sœur naturelle, Jeanne, fille de Charles VII et d'Agnès Sorel. **Louise de La Vallière** ne vint qu'une fois à Vaujours, en 1669.

CHÂTEAUNEUF-SUR-LOIRE

6 558 habitants (les Castelneuviens)
Carte Michelin n⁰ 64 pli 10 ou 237 pli 41 ou 238 pli 6

A l'emplacement de l'ancien château fort qui a donné son nom à la ville et où mourut Charles IV le Bel en 1328, Louis Phelypeaux de la Vrillière, secrétaire d'État de Louis XIV, fit élever un petit Versailles. Après la Révolution, le château fut vendu à un architecte orléanais qui en entreprit la démolition ; seuls subsistent la rotonde et la galerie (17e s.), les communs ainsi que les pavillons d'avant-cour, en partie occupés aujourd'hui par l'hôtel de ville.

Parc du château – Le parc est bordé de douves dont la section Ouest, en eaux, est franchie par une gracieuse passerelle de pierre. Planté d'essences exotiques et de **rhododendrons** géants, il s'offre dans toute sa splendeur au moment de la floraison, fin mai ou début juin.

Musée de la Marine de Loire ⊘ – Installé au rez-de-chaussée du château, il montre l'importance de la Loire au cours des siècles au travers de collections constituées essentiellement de dons de descendants de « voituriers par eau » :

Bateau de Loire – Faïence

mobilier, vêtements, bijoux, ancres, outils de charpente et surtout une très belle collection de faïences de Nevers. Les crues et les embâcles y sont également évoqués.

Un centre de documentation sur la navigation ligérienne propose de plus amples renseignements sur ce moyen de transport.

Église St-Martial – Construite dans le style gothique à la fin du 16e s., elle perdit sa nef dans l'incendie de 1940 : il n'en reste qu'une double arcade à travers laquelle apparaît la vieille halle St-Pierre. A l'intérieur se trouve le **mausolée★** de marbre de Louis Phelypeaux de la Vrillière, conseiller de Louis XIV, décédé en 1681 ; c'est un imposant monument baroque encadré de deux squelettes faisant office de cariatides, sculpté en Italie par un disciple du Bernin.

Halle St-Pierre – Ce pittoresque bâtiment aux colonnes de bois, voisin de l'église, est un ancien hangar à bateaux transformé en 1854 en marché aux grains.

LE CANAL D'ORLÉANS

Versant Loire – *Pour le versant Seine, voir p. 164.* Construit de 1677 à 1692, le canal d'Orléans relie la Loire au Loing en aval de Montargis. Après une intense activité de près de 250 ans (bois et charbon vers Paris) il est déclassé en 1954. Sa restauration est en cours ; la navigation de plaisance est possible de Fay-aux-Loges à Combreux. D'autres projets d'aménagements touristiques sont à l'étude.

Chécy – *15 km à l'Ouest par la N 460.*
Ce village trouve ses lointaines origines chez les Celtes de la tribu des Carnutes. L'église Saint-Pierre-Saint-Germain, dont le clocher-porche date du 12e s., accueillit Jeanne d'Arc à la veille du siège d'Orléans le 28 avril 1429. Derrière l'église un petit **musée** ⊘ de la tonnellerie et une fermette restaurée rappellent qu'autrefois les Caciens étaient surtout des vignerons.

Fay-aux-Loges – *9 km au Nord-Ouest par la D 11.*
Ce petit village au bord du canal d'Orléans possède une belle **église** trapue aux lignes pures (11e-13e s.) qui, bien que voûtée d'ogives, donne l'impression de puissance des églises romanes, qu'accentue l'usage de la pierre dure de Fay qui revêt jusqu'à la flèche pyramidale du clocher. Les vitraux modernes s'harmonisent à cette architecture dépouillée. Derrière l'église, le presbytère occupe une maison forte.

Combreux – *13 km au Nord-Est par la D 10 puis la D 9.*
Situé au bord du pittoresque canal d'Orléans, Combreux se signale, à sa sortie Nord sur la D 9, par son spectaculaire **château** de brique à chaînage de pierre (16e-17e s.), entouré de douves, situé juste au Nord du canal.

★ Étang de la Vallée – *2 km à l'Ouest.*
Étang-réservoir du canal d'Orléans, avec une presqu'île plantée de sapins, il se trouve, en lisière de la forêt d'Orléans, dans un site sauvage de bois profonds et de hautes herbes où poules d'eau et canards caquettent et cancanent.
Aménagé pour la pêche et le tourisme, cet étang est doté d'une baignade et sillonné, aux beaux jours, de dériveurs et de planches à voile.

CHÂTEAU-RENAULT

5787 habitants (les Castelrenaudins)
Carte Michelin n° 64 plis 5 et 6 ou 238 pli 1

Château-Renault, fondée en 1066 par Renault, fils de Geoffroi de Château-Gontier, a largement débordé par ses quartiers neufs le promontoire séparant la Brenne du Gault. La rue principale, décrivant une large courbe, descend au niveau des deux rivières. Des industries chimiques et électroniques ont remplacé celle, traditionnelle, du cuir.

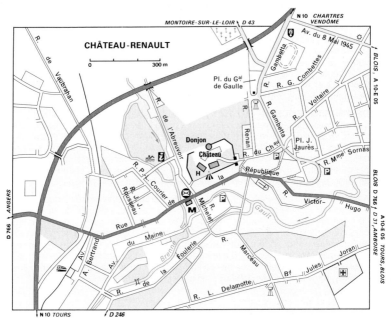

Musée du Cuir et de la Tannerie (**M**) ⊙ – Installé dans une ancienne tannerie, il présente les étapes du tannage (collection de machines de corroierie).

Château – Par une porte du 14e s., surmontée d'un hourd, on accède aux terrasses plantées de tilleuls, qui offrent une jolie **vue**★ sur la ville.
Le **donjon** du 12e s. est découronné ; l'ancien château, édifié au 17e s., est occupé par la mairie. Ses possesseurs furent les mêmes que ceux du château de Châteaudun ; puis deux grands marins l'illustrèrent : le marquis de Château-Renault, sous Louis XIV, et, sous Louis XVI, le comte d'Estaing, guillotiné en 1793.

ENVIRONS

St-Laurent-en-Gâtines – *11 km à l'Ouest.* Le curieux bâtiment massif et élevé, en brique et pierre, longtemps appelé **« la Grand'Maison »**, est l'ancien logis des abbés de Marmoutier, propriétaires du bourg. Construit au 15e s., il fut transformé en église au 19e s. : la tourelle d'escalier polygonale fut prolongée d'une flèche et, sur le côté, furent percées les deux grandes baies flamboyantes.

Pour choisir un lieu de séjour à votre convenance, consultez la carte des Lieux de séjour au début de ce guide.
Elle distingue :
  - les Destinations de week-end ;
  - les Villes-étapes ;
  - les Lieux de séjour traditionnels ;
  - les stations balnéaires, thermales ou de sports d'hiver.
Elle signale aussi, lorsque la région décrite s'y prête, les ports de plaisance, les centres de thalassothérapie, les bases de découverte de la montagne en été, etc.

Château de CHAUMONT-SUR-LOIRE★★

Carte Michelin nº 64 plis 16 et 17 ou 238 pli 14 – Schéma p. 159

Ancienne forteresse deux fois rasée, Chaumont fut réédifiée de 1445 à 1510 par Pierre d'Amboise, l'aîné de ses 17 enfants, Charles Iᵉʳ d'Amboise, et son petit-fils, Charles II. Ce dernier, grâce à son oncle, le cardinal Georges d'Amboise, en grande faveur auprès de Louis XII, fut grand maître de la Maison du roi, maréchal, amiral de France et lieutenant-général en Italie.

En 1560, Catherine de Médicis, veuve d'Henri II, n'acquiert le château que pour se venger, par un détour, de **Diane de Poitiers**, la favorite du défunt roi. La reine oblige sa rivale à lui céder sa résidence préférée, Chenonceau, en échange de Chaumont.

Le passage à Chaumont de **Catherine de Médicis**, l'existence d'une salle reliée au sommet d'une tour par un escalier, ont mis en branle les imaginations. On a fait de cette salle le cabinet de **Ruggieri**, l'astrologue de la reine, et, de la tour, l'observatoire d'où Catherine et son maître en cabale interrogeaient les astres. C'est à Chaumont que la reine aurait lu dans l'avenir le sombre destin qui attendait ses trois fils François II, Charles IX et Henri III et l'avènement des Bourbons avec Henri IV. Quant à Diane, elle ne séjourna jamais à Chaumont et termina ses jours dans son château d'Anet.

Des médaillons en série – Au 18ᵉ s., un des propriétaires, Jacques Le Ray, intendant des Invalides, loue, moyennant 1 200 livres par an, les services de **Nini**, célèbre artiste italien, graveur sur verre et céramiste. Nini installe un atelier dans les écuries et son four dans un ancien colombier ; grâce à un moule en creux, il reproduit à de nombreux exemplaires les médaillons de plus de cent personnages célèbres de l'époque, parmi lesquels Benjamin Franklin qui séjourna quelque temps au château. Le Ray tire un large profit de cette conception nouvelle et industrielle du portrait.

Au 19ᵉ s. – Exilée de Paris par Napoléon, **Mme de Staël** passe en 1810 quelque temps à Chaumont, invitée par le fils de Le Ray. Elle y travaille, entourée de sa « cour », où l'on compte Benjamin Constant et Mme Récamier. A ses hôtes qui lui vantent le paysage de la Loire, elle répond mélancoliquement : « Oui, ce spectacle est admirable, mais combien je lui préfère mon ruisseau de la rue du Bac. » En 1875, le château est racheté par **Mlle Say**, héritière d'une célèbre famille d'industriels, qui devient bientôt princesse de Broglie : alors commence à Chaumont une ère de faste et de luxe, animée de fêtes éblouissantes. En 1938, l'État racheta le château.

Chaumont-sur-Loire

VISITE *3/4 h*

Situé sur la rive gauche de la Loire et dominant la ville, le **château** a une situation qui rappelle celle d'Amboise. De sa terrasse, la **vue★** sur la vallée est admirable. Ses bâtiments, dont la rudesse féodale s'atténue au contact de la Renaissance, sont complétés par de luxueuses écuries.

Le parc ⊙ – La montée à pied, conduisant au château, prend une dizaine de minutes. Cette agréable promenade traverse le beau parc paysager dû au talent de Henri Duchêne. Les allées serpentent à travers les cèdres, séquoias et tilleuls.

Les bâtiments – La façade extérieure Ouest, la plus ancienne, a un sévère appareil militaire. La plupart des fenêtres qu'on peut y voir actuellement n'existaient pas à l'origine. Les deux autres façades, tout en gardant l'apparence féodale, ont subi l'influence de la Renaissance. Au niveau du rez-de-chaussée court une frise qui porte les C enlacés de Charles de Chaumont-Amboise ainsi que le rébus du château : une montagne qui brûle ou «chaud mont». Devant chaque mâchicoulis du châtelet et de l'aile Est est sculpté l'emblème de Diane de Poitiers : 2 D entrelacés ou bien le cor, l'arc et le carquois, attributs de Diane chasseresse. C'est Diane qui avait fait refaire cette partie du chemin de ronde.

Au-dessus de la porte d'entrée sont sculptées les armes de France avec les initiales de Louis XII et d'Anne de Bretagne, sur un champ de fleurs de lys et d'hermines, en hommage aux souverains régnants. Sur la tour gauche, le chapeau sculpté du cardinal d'Amboise rappelle que ce prélat, ami des arts, dirigea la reconstruction du château de la fin du 15e s. jusqu'en 1509 pour le compte de son neveu, Charles de Chaumont-Amboise, retenu en Italie par sa charge de gouverneur. Les armes de ce dernier figurent sur la tour droite du châtelet. Ces emblèmes sont abrités par des édicules où le gothique se mêle à la Renaissance italienne.

En entrant dans la cour, on ira d'abord à la terrasse. Elle a été établie au 18e s. sur l'emplacement de l'aile Nord, jetée bas par un châtelain amateur de vue. On y découvre un magnifique paysage de Loire.

Les appartements ⊘ – Ils comprennent entre autres la chambre des deux rivales : Catherine de Médicis et Diane de Poitiers, celle de Ruggieri, et la salle du Conseil pavée de majoliques, céramique espagnole du 17e s., achetée à Palerme par le prince de Broglie. Ils contiennent aussi de belles tapisseries des 16e s. et 17e s., quelques bons meubles, une collection de médaillons en terre cuite exécutés par Nini.

Les écuries ⊘ – *A 50 m du château.* Leurs dimensions et leur luxe donnent une idée de la place que tenait, dans les familles princières, la plus noble conquête de l'homme. Construites en 1877 par le prince de Broglie, éclairées à l'électricité dès 1906, elles comportent des stalles pour les chevaux et les poneys, des boxes pour les pur-sang, une cuisine, une remarquable sellerie, des remises à voitures hippomobiles et une deuxième cour, dite des invités, dans laquelle est installé un petit centre équestre. On verra dans un angle la curieuse tour à double toit, ancien four du céramiste Nini transformé en manège pour les enfants du château.

Des **promenades en voiture à cheval** ⊘ sont organisées par les écuries du domaine de Chaumont.

Conservatoire international des Parcs et Jardins et du Paysage ⊘ – Dans la ferme du château, un centre permanent d'information et de formation propose des ateliers thématiques permettant aux visiteurs d'acquérir des connaissances complémentaires en botanique et en jardinage. Une école de Paysage et des enseignements universitaires complètent ce dispositif original.

Un important **festival** international des jardins y a lieu chaque été ; un thème est imposé aux paysagistes qui doivent alors rivaliser d'imagination et d'innovation dans l'aménagement de la trentaine de parcelles de 250 m² chacune. Le but de ce festival est de faire découvrir au grand public des créations contemporaines, des tracés nouveaux de jardins et des associations végétales audacieuses.

Les guides Verts Michelin

Paysages
Monuments
Routes touristiques, Itinéraires de visite
Géographie
Histoire, Art
Lieux de séjour
Plans de villes et de monuments
Renseignements pratiques
Une collection de guides régionaux sur la France.

Château de CHENONCEAU★★★

Carte Michelin nº 64 pli 16 ou 238 pli 14 (7 km à l'Est de Bléré) – Schéma p. 158

Le merveilleux château de Chenonceau *(Chenonceaux, commune, comporte un x; le château n'en a pas)* enjambe le Cher dans un cadre naturel où se dosent harmonieusement les eaux, la verdure, les jardins et les frondaisons. Ses bâtiments ajoutent au pittoresque de leur situation *(voir illustration p. 12 et 13)* l'élégance de leur architecture et de leur décoration; ils abritent en outre un magnifique mobilier.

Vue de Chenonceau en 1850 *(Lithographie par Leroy)*

Le château des femmes – Le château a été construit de 1513 à 1521 par Thomas **Bohier**, receveur des Finances sous Charles VIII, Louis XII et François Ier. L'acquisition de Chenonceau par Bohier, ses fréquents changements de propriétaires sont un véritable roman à rebondissements. Les femmes – épouses légitimes, favorites, reines – en furent, pendant 400 ans, les héroïnes heureuses ou malheureuses.

Catherine Briçonnet, la bâtisseuse – La terre de Chenonceau appartenait primitivement aux seigneurs de Marques qui possédaient là un manoir et un moulin banal. Ruinés, ils le vendent à Bohier en 1499, mais une héritière exerçant son droit de retrait lignager la reprend. Le riche financier ne désarme pas et acquiert patiemment tous les fiefs et seigneuries des alentours, se livrant à un véritable encerclement. Finalement, en 1512, Chenonceau est saisi et mis en vente : Bohier l'enlève pour 12 400 livres. Il fait immédiatement raser les bâtiments anciens, sauf le donjon. Très absorbé par sa charge et souvent à la suite des armées dans le Milanais, il ne peut diriger les travaux de construction de sa nouvelle résidence. C'est donc sa femme, Catherine, une Tourangelle appartenant à une famille de grands financiers, qui les surveille et en devient l'âme. On sent d'ailleurs dans le site choisi pour l'édifice, dans son plan simple, une influence féminine et des préoccupations de maîtresse de maison. L'utile est joint à l'agréable : sur deux étages, quatre pièces réparties de chaque côté d'un vestibule central et, autre innovation, un escalier en rampe droite apportent une touche fonctionnelle.

Le château est achevé en 1521, mais Bohier et sa femme n'eurent guère le temps d'en profiter puisqu'ils décédèrent en 1524 et 1526. A la suite du procès de Semblançay, quelques années plus tard, la vérification des comptes de Bohier montre qu'il était redevable de fortes sommes au Trésor. Pour payer la dette de son père, Antoine Bohier cède, en 1535, le château à François Ier, qui l'utilise comme rendez-vous de chasse.

Diane de Poitiers, la toujours belle – En 1547, quand Henri II monte sur le trône, il offre Chenonceau à Diane de Poitiers. Elle a vingt ans de plus que lui, mais reste extrêmement séduisante. «Je l'ai vue, écrit un contemporain, en l'âge de 70 ans (en fait, elle mourut à 67 ans), aussi belle de face et aussi aimable comme en l'âge de 30 ans. Et surtout, elle avait une très grande blancheur et sans se farder aucunement.» Veuve de Louis de Brézé, pour lequel elle a fait élever un splendide tombeau dans la cathédrale de Rouen, elle porte toujours les couleurs de deuil : noir et blanc. Son emprise sur Henri II est telle qu'elle les lui fait adopter, sans compter toutes les faveurs dont elle bénéficie, au désespoir de la reine, reléguée et humiliée.

Habile gestionnaire, Diane entend rentabiliser son domaine foncier et sa châtellenie : elle s'intéresse aux travaux agricoles, à la vente du vin, aux revenus fiscaux et à tout ce qui peut rapporter quelque argent. Elle trouve d'abondantes ressources dans l'impôt de 20 livres par cloche, dont elle reçoit une bonne part, ce qui fait dire à Rabelais : « Le roi a pendu toutes les cloches du royaume au col de sa jument. » Femme de goût, elle commande un beau jardin et fait édifier un pont reliant le château à l'autre rive du Cher. Avec Henri II, elle passe ici des moments merveilleux.

Prévoyante, Diane a fait casser l'acte de 1535 par lequel Chenonceau intégrait le domaine royal, le restituant ainsi temporairement à Antoine Bohier. Débiteur de la couronne, celui-ci est automatiquement saisi et le château mis aux enchères : Diane n'a plus qu'à l'acheter officiellement et en devenir la propriétaire légitime.

Malgré ces précautions, la mort d'Henri II, tué en 1559 lors d'un tournoi, remet tout en cause et place la favorite en face de Catherine de Médicis régente. La reine, patiente et dissimulée, a accepté le partage, elle va savourer sa vengeance. Sachant Diane très attachée à Chenonceau, elle frappe au point sensible en l'obligeant à le lui céder en échange de Chaumont. Après un bref essai de résistance, l'ex-favorite se soumet, quitte les bords du Cher, et se retire au château d'Anet où elle meurt sept ans plus tard.

Catherine de Médicis, la fastueuse – Avec le goût des arts, Catherine de Médicis a le goût du faste et satisfait à Chenonceau l'un et l'autre. Elle fait tracer un parc, construire sur le pont une galerie à double étage, établir de vastes communs. De belles fêtes se succèdent, et les contemporains s'en émerveillent. Il y a celle de l'entrée de François II et de Marie Stuart, celle de Charles IX qui est encore plus brillante.

Dans les fossés qui bordent l'allée du château, des jeunes femmes costumées en sirènes accueillent les visiteurs. A leurs chants mélodieux répondent ceux des nymphes qui sortent des bosquets. Mais l'arrivée des satyres fait s'envoler la gracieuse troupe. Repas, danses, mascarades, feux d'artifice, combat naval sur le Cher, rien ne manque à ces réjouissances. En 1577, Henri III préside un festin champêtre qui coûte 100 000 livres et fait sensation. « Les plus belles et honestes dames de la cour étant moitié nues et ayant leurs cheveux épars comme épousées, furent employées à faire le service avec les filles de la reine. »

Louise de Lorraine, l'inconsolable (fin du 16e s.) – Catherine a légué Chenonceau à sa belle-fille Louise de Lorraine, femme d'Henri III. Après l'assassinat du roi par Jacques Clément, Louise se retire au château, prend le deuil en blanc selon l'étiquette royale et le garde jusqu'à la fin de sa vie, d'où le nom de « Reine ou de Dame Blanche » qui lui fut donné. Les meubles de sa chambre sont tendus de velours noir, les rideaux de damas noir ; les plafonds portent des couronnes d'épines et des cordelières peintes en blanc sur fond noir.

Pendant onze ans, Louise, fidèle au souvenir conjugal, partage son temps entre l'oraison, la broderie et la lecture.

Mme Dupin, l'amie des lettres (18e s.) – Après Louise de Lorraine, Chenonceau échoit à sa nièce Françoise de Lorraine, épouse de César de Vendôme, le fils d'Henri IV et de Gabrielle d'Estrées qui avaient eux-mêmes séjourné ici en 1598. En 1733, le fermier général Dupin en devient propriétaire. Mme Dupin y tient un salon où défilent toutes les célébrités de l'époque. **Jean-Jacques Rousseau** est le précepteur de son fils. A l'usage de ce dernier a été composé le traité d'éducation : *Émile*. Dans les *Confessions*, le philosophe parle avec chaleur de cet heureux temps : « On s'amusait beaucoup dans ce beau lieu, on y faisait très bonne chère, j'y devins gras comme un moine. »

Mme Dupin vieillit entourée de l'affection des villageois, grâce à quoi le château traverse la Révolution sans dommage. Selon son vœu, elle fut enterrée dans le parc.

Mme Pelouze, l'amateur d'ancien (19e s.) – En 1864, Mme Pelouze achète Chenonceau et fait de la restauration du château l'affaire de sa vie. Elle fait procéder à des restaurations hardies, dans le goût discutable du 19e s. Catherine de Médicis avait modifié la façade principale en doublant les fenêtres et en plaçant entre elles des cariatides. Les ouvertures supplémentaires sont bouchées et les cariatides transportées dans le parc. Un bâtiment ajouté entre la chapelle et la librairie est également supprimé.

Le château est actuellement la propriété de la famille Menier.

VISITE ⊙ *2 h*

Spectacle son et lumière – *Voir le chapitre des Renseignements pratiques en fin de volume.*

L'arrivée – On arrive au château par une magnifique allée de platanes. Le touriste peut imaginer l'entrée de Charles IX au milieu des sirènes, des nymphes et des satyres. On aperçoit, en retrait sur la gauche, au bout d'une allée, les anciennes cariatides de la façade. Après être passé entre deux sphinx, on voit, à droite, les communs élevés sur les plans de Philibert Delorme. Franchissant un pont-levis, on parvient à une terrasse entourée de fossés. A gauche s'étend le jardin de Diane de Poitiers ; à droite, celui de Catherine de Médicis, bordé par les grands arbres du parc. Sur la terrasse se dresse le donjon de l'ancien château de Marques, remanié par Bohier. On lit ici les initiales « TBK » (Thomas Bohier et Katherine), avec sa devise : « S'il vient à point, me souviendra. » Le sens de cette devise reste un peu mystérieux. On peut comprendre que si l'édifice est mené à bien, il gardera le souvenir de celui qui l'a bâti.

Le château – Le château est composé d'un corps de logis rectangulaire, avec des tourelles aux angles. Il est assis sur les deux piles de l'ancien moulin, qui reposent sur le lit du Cher. A gauche, en saillie, se trouvent la librairie et la chapelle. Sur le pont du Cher s'élève la galerie à deux étages de Catherine de Médicis. Cette construction de Philibert Delorme est d'une sobriété déjà classique qui contraste avec l'aspect riche et gai que donnent, à la partie plus ancienne, les sculptures des balustrades, du toit et des lucarnes.

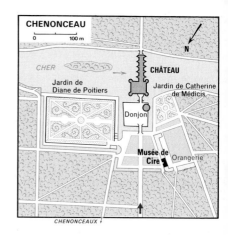

Rez-de-chaussée – Le vestibule est couvert d'une voûte d'ogives, dont les clefs sont disposées suivant une ligne axiale brisée. Il dessert les quatre principales salles du rez-de-chaussée. A gauche l'ancienne salle des Gardes, pavée de majoliques et ornée de tapisseries flamandes du 16ᵉ s. ; la chapelle attenante abrite un fin bas-relief en marbre représentant une Vierge à l'Enfant, du 16ᵉ s. ; la chambre de Diane de Poitiers conserve une cheminée due à Jean Goujon ; le cabinet Vert de Catherine de Médicis, une tapisserie d'Audenarde et divers tableaux. La grande galerie sur le Cher, longue de 60 m, au dallage noir et blanc, présente, encastré au milieu du plafond, l'ancien plafond de la chambre de Louise de Lorraine ; cette galerie fut transformée en infirmerie militaire pendant la Première Guerre mondiale et fut coupée par la ligne de démarcation entre 1940 et 1942. Dans la chambre de François Iᵉʳ sont exposées des peintures de Van Loo *(Les Trois Grâces)*, du Primatice *(Diane de Poitiers en chasseresse)* ; beau meuble italien du 15ᵉ s. à incrustations d'ivoire et de nacre. Le salon, à magnifique plafond à la française, possède des œuvres de Rubens *(Jésus et saint Jean)*, de Mignard, de Nattier *(Mme Dupin)*, et un portrait de *Louis XIV*, par Rigaud, dans un cadre somptueux.

1ᵉʳ étage – On y accède par l'escalier à rampe droite qui, en France, fut à l'époque une innovation. Du vestibule, où sont présentées des tapisseries d'Audenarde et des effigies d'empereurs romains en marbre de Carrare rapportées de Florence par Catherine de Médicis, on pénètre dans la chambre de Gabrielle d'Estrées, dans la chambre d'honneur (ou des cinq Reines), dans celle de Catherine de Médicis, puis dans la chambre de César de Vendôme, toutes meublées et ornées de tapisseries des Gobelins.

Sous les combles était installé le petit couvent des Capucines, avec son pont-levis qui se relevait le soir pour séparer les nonnes des hôtes du château.

Cuisines – On peut y voir, outre un beau vaisselier, une série de récipients en cuivre.

Musée de Cire ⊙ – Dans le bâtiment des Dômes, ainsi nommé en raison de la configuration de sa toiture, 15 scènes évoquent la vie du château et les personnalités qui l'ont fréquenté.

Le parc – Les bords du Cher ou les jardins offrent des vues très pittoresques sur le château.

MONTLOUIS-SUR-LOIRE PAR LA VALLÉE DU CHER

Circuit de 50 km – compter 1 h 3/4. Quitter Chenonceaux en direction de Montrichard, franchir le Cher puis prendre à droite la N 76 vers Tours.

Bléré – Lieu de séjour. A l'entrée de Bléré, place de la République, s'élève un élégant monument au décor sculpté à l'italienne avec un soin particulier : seul reste de l'ancien cimetière qui s'élevait jadis à cet endroit, c'est la **chapelle funéraire** de Guillaume de Saigne, trésorier de l'artillerie royale sous François Iᵉʳ, érigée en 1526.

Château de Leugny ⊙ – Dominant le Cher, cet élégant bâtiment a été construit par l'architecte Portier, élève de Gabriel, pour son usage personnel. A l'intérieur, mobilier d'époque Louis XVI.

Véretz – Coquet bourg serré entre le Cher et le coteau, Véretz offre, de la rive droite du Cher, un aimable tableau où les maisons et l'église sont prolongées sur la droite par des allées d'arbres et les terrasses du parc du château, où se promenèrent l'abbé de Rancé (1626-1700), futur réformateur de la Trappe, l'abbé d'Effiat et Mme de Sévigné, la princesse de Conti et le badin poète qu'était l'abbé de Grécourt ; le jeune Voltaire fit également un séjour au château de Véretz. Sur la place du village se dresse un monument à la mémoire de **Paul-Louis Courier**

(1772-1825) ; celui-ci passa sa jeunesse près de Luynes et servit comme officier sous l'Empire. En 1816 il acheta, sur le plateau de Véretz, le domaine de la Chavonnière, grande maison de vigneron où il s'installa avec sa jeune épouse. De sa retraite il se mit à harceler le gouvernement de pamphlets mordants et spirituels, parmi lesquels le fameux *Un tyranneau de village sous la Restauration*. Plein de talent mais détesté à cause de son tempérament querelleur et emporté, il fut assassiné, le 10 avril 1825, au cœur de la forêt de Larçay, dans des conditions restées mystérieuses.

Prendre la D 85 jusqu'à Montlouis.

Montlouis-sur-Loire – *Voir à ce nom.*

Quitter Montlouis vers Amboise, puis tourner à droite dans la D 40 vers St-Martin-le-Beau.

St-Martin-le-Beau – L'**église** présente un beau portail roman finement sculpté.

Revenir à Chenonceaux par la D 40.

Château de CHEVERNY★★★

Carte Michelin n° 64 pli 17 ou 238 pli 15 – Schéma p. 159

Cheverny dresse à l'orée de la Sologne sa façade classique de pierre blanche de Bourré *(à l'Est de Montrichard)*, couronnée de toits d'ardoise. Bâti d'un seul jet de 1604 à 1634, par le comte Hurault de Cheverny, le château présente une rare unité de style, tant dans son architecture que dans sa décoration.

L'ordonnance symétrique et l'harmonieuse majesté de la façade sont caractéristiques des époques Henri IV et Louis XIII : deux parties médianes flanquent l'étroit corps central et sont cantonnées de gros pavillons à dômes carrés surmontés de campaniles ajourés ; à l'étage, entre les fenêtres, des niches ovales abritent les bustes des empereurs romains ; au-dessus de la porte d'entrée, le blason des Hurault est entouré des colliers de l'ordre du St-Esprit et de St-Michel.

Quant à la visite intérieure, elle révèle un éblouissant décor, où rivalisent sculptures, dorures, marbres, lambris polychromes et riche mobilier.

Spectacle son et lumière – *Voir le chapitre des Renseignements pratiques en fin de volume.*

LES APPARTEMENTS ⊘ *visite : 3/4 h*

Salle à manger – A droite du vestibule, décoré d'une tapisserie des Flandres du 17ᵉ s., elle fut réaménagée au 19ᵉ s. lors de la construction du couloir et de la cheminée au buste d'Henri IV. Elle a conservé son plafond à la française décoré par le peintre blésois Jean Mosnier (1600-1656), également auteur des petits panneaux muraux contant l'histoire de Don Quichotte, et les murs tendus de cuir de Cordoue marqués aux armes des Hurault.

Château de Cheverny

Appartements privés de l'aile Ouest — On y accède par le grand escalier d'honneur, à rampe droite, à la riche décoration sculptée.

Les appartements comprennent une suite de huit chambres et salons magnifiquement meublés.

Salle d'armes — *Voir illustration p. 25.* C'est la plus vaste pièce du château : le plafond à la française, les lambris bas, les volets intérieurs sont peints par Mosnier, comme le tableau de la cheminée de bois doré, encadré par les statues de Mercure et de Vénus.

Aux murs, collection d'armes et d'armures des 15e et 16e s. et tapisserie des Gobelins de 1610, sur le thème de l'Enlèvement d'Hélène.

Chambre du roi — La plus éclatante du château, elle présente un plafond divisé en caissons à l'italienne, peint par Mosnier et rehaussé d'or, comme la riche cheminée Renaissance ornée d'atlantes, d'angelots et de motifs végétaux. Aux murs sont tendues des tapisseries des ateliers de Paris, de 1640, d'après Simon Vouet, sous lesquelles courent les lambris bas décorés de tableautins. Contre le mur, un somptueux lit à baldaquin est recouvert de soieries persanes brodées de fleurs, de 1550.

Grand salon — Au rez-de-chaussée, le grand salon possède un plafond entièrement revêtu, comme les lambris des murs, d'un décor peint rehaussé de dorures ; parmi les tableaux, remarquer de part et d'autre du miroir, le portrait de *Cosme de Médicis* par Titien, celui de *Jeanne d'Aragon* par l'atelier de Raphaël, et sur la cheminée celui de *Marie-Johanne de Saumery, comtesse de Cheverny,* par Mignard.

Galerie, petit salon, bibliothèque — La **galerie**, meublée de magnifiques fauteuils Régence, contient de nombreux tableaux, parmi lesquels une peinture de François Clouet représentant *Anne de Thou, comtesse de Cheverny,* un portrait de *Jeanne d'Albret* par Miguel Oñate et un portrait de *Rigaud* par lui-même. Des tableaux des 16e, 17e et 18e s. ornent également le **petit salon** ; on note, parmi le mobilier, une petite table dont le plateau en damier est incrusté des différents marbres de Carrare. La **bibliothèque** est remarquable pour ses boiseries et son très beau parquet ; elle renferme aussi de belles reliures.

Salon des tapisseries — Dans le petit salon pendent cinq tapisseries des Flandres du 17e s. d'après Téniers. Comme la précédente, cette pièce est meublée de fauteuils et commodes d'époque Louis XIV et Louis XV ; remarquer en particulier la commode Louis XIV en placage d'amarante et de bois de violette ornée de bronzes ciselés, et le « régulateur » Louis XV, grande horloge ornée de bronzes par Caffieri.

LES DÉPENDANCES

Les communs — A quelque distance du château, on ira voir le **chenil**, occupé par une meute de 70 chiens, issus du croisement du fox-hound anglais et du poitevin, la **salle des trophées** exposant 2 000 bois de cerfs.

Toujours habité par les descendants de la famille Hurault de Cheverny, le château a maintenu vivantes les traditions de vénerie, et chaque année de l'automne à Pâques des laisser-courre célèbres se déroulent dans les bois environnants.

L'orangerie — A 200 mètres, en sortant du château par le perron Nord, on aperçoit ce magnifique bâtiment du début du 18e s. (entièrement restauré). Il est réservé aux réceptions et l'été aux expositions.

Le ballon captif ⊘ — Solidement fixé au sol, cet énorme ballon (22 m de diamètre, 30 m de haut, 5 500 m³ de volume) permet à 30 personnes à la fois de découvrir Cheverny et ses environs à 150 m d'altitude. C'est en toute sécurité, en silence et... sans pollution que l'on pourra admirer le vaste panorama de la Sologne et du Val de Loire.

ENVIRONS

Château de Troussay ⊘ — *3,5 km à l'Ouest en longeant le parc de Cheverny jusqu'à la D 52 ; prendre sur la gauche, puis la 1re route à droite.*

Gentilhommière Renaissance, Troussay appartint au 19e s. à l'historien Louis de la Saussaye. Celui-ci la restaura en l'enrichissant d'éléments de décor anciens provenant d'intéressants monuments de la région en voie de disparition, en particulier sur la façade arrière la sculpture sur pierre d'un **porc-épic**, emblème de Louis XII, rapporté de l'ancien hôtel Hurault de Cheverny à Blois et, à l'intérieur, la belle **porte ★** de la chapelle sculptée de délicats rinceaux. Remarquer le carrelage Louis XII du rez-de-chaussée, les vitraux Renaissance provenant de l'hôtel de Guise de Blois et, au plafond du petit salon, les grisailles représentant des sarabandes d'amours, attribuées au peintre Jean Mosnier *(voir p. 31).* La demeure, habitée, est décorée de beaux meubles d'époque (16e, 17e et 18e s.).

Les anciennes dépendances, encadrant la cour d'honneur, abritent un petit **musée** évoquant la vie domestique et agricole de la Sologne d'antan.

CHINON★★

8 627 habitants

Carte Michelin n° 67 pli 9 ou 232 pli 34 – Schémas p. 116 et 158

Au centre d'une région vinicole réputée, Chinon est entourée du fertile **pays de Véron**, et de la belle **forêt de Chinon** ; pour le touriste, elle est restée une ville du Moyen Âge, dominée par les murs ruinés de son château, qui reprend vie chaque année lors du **marché médiéval** *(voir p. 273)*.

C'est en arrivant du Sud que s'offre la meilleure **vue**★★ du site original de la ville et de son château, perché sur le coteau du bord de Vienne.

Stationner quai Danton pour en apprécier les détails.

De là les différentes parties du château apparaissent nettement : à la pointe gauche, le fort du Coudray ; au centre, la masse du château du Milieu, jusqu'à l'étroite tour de l'Horloge qui a conservé sa toiture et ses mâchicoulis ; à sa droite, aujourd'hui démantelé, s'étendait le fort St-Georges. Parmi les agréments de Chinon figurent les promenades qui bordent la Vienne, en particulier le **jardin anglais** (**B**), dont les palmiers témoignent de la douceur du climat en Val de Loire.

Le père de Gargantua – Né près de Chinon à la Devinière *(p. 116)*, **François Rabelais** (1494-1553) passa son enfance à Chinon où ses parents possédaient une maison rue de la Lamproie. Il est l'auteur plein de verve des aventures de Pantagruel et de son père Gargantua, géants dont la truculence réjouit toujours ses lecteurs. Ainsi, à la naissance de Gargantua, le nouveau-né en guise de premier vagissement crie : « A boire, à boire ! », puis, nourri par le lait de 17 913 vaches, il grandit rapidement, « portait bonne trogne et avait presque dix-huit mentons ». Friands d'énormes ripailles et beuveries, les débonnaires géants sont volontiers invoqués dans les caves à l'heure de la dégustation des crus de Chinon.

UN PEU D'HISTOIRE

Castrum gallo-romain puis forteresse des comtes de Blois, Chinon passe au 11ᵉ s. aux mains de leurs ennemis, les comtes d'Anjou. L'un d'eux, **Henri II Plantagenêt,** qui construit l'essentiel du château actuel, devient en 1154 roi d'Angleterre, mais Chinon, au centre de ses possessions continentales, demeure l'une de ses résidences préférées ; il y meurt le 6 juillet 1189. De 1154 à 1204, la période angevine de Chinon fit sa fortune.

Jean sans Terre, vassal dépossédé – Fils d'Henri II, Jean hérite de l'empire Plantagenêt à la mort de son frère aîné Richard Cœur de Lion, tué à Châlus en 1199 *(voir le guide Vert Michelin Berry Limousin).* Son caractère fourbe, ses basses intrigues lui attirent de nombreuses inimitiés. Il se querelle tout d'abord avec son neveu Arthur de Bretagne, qui doit se réfugier à la cour de France. Ensuite, il enlève la fiancée du comte de la Marche, Isabelle d'Angoulême, et l'épouse à Chinon le 30 août 1200. Mécontents de l'attitude de leur suzerain, les barons du Poitou font appel contre lui auprès de la cour royale de Paris. Jean refuse de se rendre au procès : il est condamné à la confiscation de ses fiefs français.

Il n'est plus que le roi d'Angleterre, et Philippe Auguste reconquiert une à une toutes ses places fortes en France ; ainsi, en 1205, Chinon passe au domaine royal. Vainement, Jean essaye de lutter, mais il doit renoncer par la trêve du 26 octobre 1206. Il cherche néanmoins à se venger et participe, en 1213, à la coalition anglo-germanique contre Philippe Auguste. Il est vaincu l'année suivante par le futur Louis VIII à la bataille de la Roche-aux-Moines, près d'Angers. Le traité de Chinon du 18 septembre 1214 consacre la défaite anglaise. Jean sans Terre le bien nommé mourut deux ans plus tard, ayant réussi à mécontenter tous les barons de son royaume.

La cour du «roi de Bourges» (début du 15ᵉ s.) – Avec **Charles VII** s'ouvre, pour Chinon, une émouvante page d'histoire. La France est dans une situation très grave. Henri VI, roi d'Angleterre, est aussi «roi de Paris» ; Charles VII n'est que le «roi de Bourges» quand, en 1427, il installe sa petite cour à Chinon. L'année suivante, il y réunit les états généraux des provinces du Centre et du Sud, encore soumises à son autorité. Les états votent 400 000 livres pour organiser la défense d'Orléans, assiégée par les Anglais.

Jeanne d'Arc à Chinon (1429) – Jeanne, escortée de six hommes d'armes, a fait le voyage de Lorraine à Chinon, sans rencontrer une seule des bandes armées qui désolent le pays. Lorsqu'elle arrive, le 6 mars, le peuple y voit un signe manifeste de la protection divine. En attendant d'être reçue par le roi, Jeanne reste deux jours dans une hôtellerie de la ville basse, jeûnant et priant.

Quand la petite paysanne de 18 ans est introduite dans le palais, on essaye de lui faire perdre contenance. La grande salle est illuminée de 50 torches ; 300 gentilshommes en riches costumes sont réunis ; le roi se dissimule dans la cohue ; un courtisan a revêtu son habit. Jeanne avance timidement, distingue aussitôt le vrai Charles VII et va droit à lui. Bien qu'il prétende ne pas être le roi, elle lui embrasse les genoux : « Gentil Dauphin, lui dit-elle – Charles n'ayant pas été sacré, il n'est pour elle que le Dauphin –, j'ai nom Jehanne la Pucelle. Le Roi des Cieux vous mande par moi que vous serez sacré et couronné en la ville de Reims et vous serez lieutenant du

La Vienne à Chinon

Roi des Cieux qui est roi de France.» Charles est obsédé de doutes sur sa naissance, tant l'inconduite de sa mère, Isabeau de Bavière, a fait scandale. Quand la Pucelle lui déclare : «Je te dis, de la part de Messire le Christ, que tu es héritier de France et vrai fils de roi», il se sent tout rasséréné et bien près d'être convaincu de la mission de l'héroïne.

Son entourage lutte encore. On fait comparaître la jeune fille devant la cour de Poitiers. Un aréopage de docteurs et de matrones doit décider si elle est sorcière ou inspirée. Pendant trois semaines, on la questionne. Ses réponses naïves, ses vives reparties, sa piété, sa confiance dans l'assistance céleste triomphent des plus sceptiques. Elle est reconnue «envoyée de Dieu».

Revenue à Chinon, on l'équipe, on lui donne des hommes d'armes et elle part le 20 avril 1429 pour accomplir son miraculeux et tragique destin *(voir la carte de la p. 21).*

★★ LE VIEUX CHINON (A) *visite : 3/4 h*

Jadis entouré de murailles qui lui valaient le nom de Ville Fort, le vieux Chinon serre ses toits pointus et ses ruelles tortueuses entre les quais de la Vienne et l'escarpement du château. Le quartier a conservé de nombreuses maisons médiévales aux détails pittoresques, façades à pans de bois aux poutres sculptées, pignons de pierre flanqués de tourelles, fenêtres à meneaux, portes ciselées qui retiennent le regard.

Partir de la place du Général-de-Gaulle.

S'engager dans la **rue Voltaire**, anciennement nommée **rue Haute-St-Maurice**, qui est l'axe de la vieille ville.

Musée animé du Vin et de la Tonnellerie (A M¹) ⊙ – Aménagé dans des caves, il présente, à l'aide d'automates grandeur nature et d'un commentaire enregistré, les travaux de la vigne, de la vinification et de la fabrication des barriques.

L'impasse des Caves-Peintes ouvre une percée vers le coteau : au fond se trouvent les **Caves Painctes** où Rabelais raconte que Pantagruel but maint verre de vin frais ; leurs peintures ont disparu, mais ces anciennes carrières sont toujours depuis Rabelais temple de la Dive Bouteille, puisque s'y tiennent régulièrement les intronisations solennelles à la confrérie des «Bons Entonneurs rabelaisiens».

Remarquer au n° 19, rue Voltaire, une maison à pans de bois du 14ᵉ s. Plus loin s'amorce la rue Jeanne-d'Arc qui monte en pente raide jusqu'au château ; une plaque y désigne le **puits** où, selon la tradition, Jeanne d'Arc posa le pied en descendant de cheval à son arrivée à Chinon.

Hôtel Torterue de Langardière (18ᵉ s.) – *Rue Jeanne-d'Arc.*
Il élève sa façade classique aux beaux balcons de fer forgé.

★★ **Grand Carroi (A B)** – (carroi : carrefour). Ses dimensions paraissent bien étriquées pour mériter ce nom ; pourtant c'était au Moyen Âge le centre de la ville, au croisement de la rue Haute-St-Maurice, ancienne voie gauloise, et de la rue du Grand-Carroi qui descendait au pont sur la Vienne.

C'est dans ce cadre qu'a lieu chaque année la fête du «marché médiéval» *(voir le tableau des Principales manifestations, p. 273).*

3Bis/MICHELIN

Les pittoresques cours des maisons sont alors ouvertes au public. Les plus jolies maisons du quartier s'y côtoient : citons au n° 38 la **Maison Rouge** (14ᵉ s.), aux colombages garnis de brique et aux étages en encorbellement ; une autre maison à colombages au n° 45, demeure de la mère (intendante) des compagnons, ornée de statues-colonnes ; au n° 44 l'**hôtel des États généraux** (15ᵉ-16ᵉ s.), beau bâtiment de pierre qui abrite le musée du Vieux Chinon, au n° 48 l'**Hôtel du Gouvernement** (17ᵉ s.) dont le large portail de pierre ouvre sur une cour aux gracieuses arcades.

Musée du Vieux Chinon et de la Batellerie (A M²) ⊘ – Il occupe l'hôtel des États généraux, où Richard Cœur de Lion, blessé au siège de Châlus, serait venu expirer en 1199, et où se réunirent, en 1428, les états généraux convoqués par Charles VII pour lui donner les moyens de poursuivre la guerre contre les Anglais.

Le rez-de-chaussée réserve une grande place aux arts et traditions populaires et présente un abondant matériel archéologique. De magnifiques pièces, telle la salle d'honneur du 1ᵉʳ étage, qui contient un portrait en pied de Rabelais par Delacroix, et la salle du 2ᵉ étage, à la charpente en forme de carène, abritent les collections d'une société d'histoire locale ; outre des céramiques de diverses provenances, dont Langeais, on y remarque la chape de saint Mexme, rapportée de Terre sainte au temps des croisades, des coffres gothiques, de nombreuses statues de la Vierge en bois sculpté.

Des objets évoquant la navigation sur la Vienne et la Loire, ainsi que des maquettes de bateaux, toues, gabarres, sapines *(p. 156)* augmentent l'intérêt de la visite.

Palais du Bailliage – *Au n° 73, rue Haute-St-Maurice.* Occupé par l'hôtellerie Gargantua, il faut en voir surtout la façade Sud sur la rue Jacques-Cœur, sa jolie tourelle en encorbellement et le rampant du pignon bordé de choux frisés.

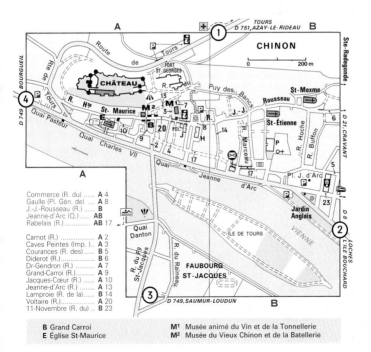

Commerce (R. du) ...... A 4
Gaulle (Pl. Gén. de) .... A 8
J.-J.-Rousseau (R.) ...... B
Jeanne-d'Arc (Q.) ...... AB
Rabelais (R.) .... AB 17

Carnot (R.) .... A 2
Caves Peintes (Imp.).. A 3
Courances (R. des).... B 5
Diderot (R.) .... B 6
Dr-Gendron (R.) .... A 7
Grand-Carroi (R.).... A 9
Jacques-Cœur (R.) .... A 10
Jeanne-d'Arc (R.) ..... A 13
Lamproie (R. de la)..... B 14
Voltaire (R.)................ A 20
11-Novembre (R. du) .. B 23

B Grand Carroi
E Église St-Maurice

M¹ Musée animé du Vin et de la Tonnellerie
M² Musée du Vieux Chinon et de la Batellerie

Église St-Maurice (12e-16e s.) (A E) – Elle comporte dans la nef et le chœur des voûtes d'ogives très bombées de pur style angevin.

Plus loin, dans la **rue Haute-St-Maurice,** on remarque au no 81 l'**hôtel Bodard de la Jacopière** (15e et 16e s.) où est exposée sur la façade une porte de la ville (15e s.) en bois clouté, puis au no 82 l'**hôtel des Eaux et Forêts** (16e s.), doté d'une curieuse tourelle d'angle et de gracieuses lucarnes.

> *Chinon, Chinon, Chinon,*
> *Petite ville, grand renom,*
> *Assise sur pierre ancienne,*
> *Au haut le bois, au pied la Vienne.*
> (Rabelais)

★★LE CHÂTEAU ⊘ visite : 1 h

Accéder au château par la route de Tours, qui passe au pied des puissantes murailles du flanc Nord. Au passage, remarquer les reconstitutions d'engins de siège : baliste (ou pierrière) et trébuchet, utilisés jusqu'au 14e s. Bâtie sur un éperon du plateau de Chinon qui avance vers la Vienne, cette vaste forteresse (400 m sur 70 m) date pour l'essentiel de l'époque d'Henri II Plantagenêt (12e s.). Abandonné par la cour après le 15e s., racheté au 17e s. par le cardinal de Richelieu, le château fut peu à peu démantelé, jusqu'à ce que Prosper Mérimée engage une action de sauvegarde. Ses ruines grandioses évoquent huit siècles d'histoire.

Il était formé de trois parties séparées par de profondes douves sèches.

Le fort St-Georges – A l'Est, aujourd'hui démantelé, il protégeait le côté vulnérable du château, accessible par le plateau.

Le château du Milieu – Franchissant un premier fossé, on pénètre dans le château du Milieu par la haute **tour de l'Horloge,** curieusement plate (5 m d'épaisseur seulement), du 14e s. Quatre salles, à l'intérieur, évoquent les grandes étapes de la vie de Jeanne d'Arc. Dans le lanternon du sommet, une cloche, la Marie Javelle, datée de 1399, sonne toujours les heures. On visite librement les jardins et les tours de l'enceinte, notamment la **tour des Chiens** qui vient d'être restaurée. Des courtines Sud, **vues★★** sur les toits d'ardoise du Vieux Chinon, la Vienne et sa vallée.

Le fort du Coudray – A l'Ouest des jardins, un second pont sur les douves mène au fort du Coudray qui occupe la pointe de l'éperon. A droite du pont, le donjon du Coudray fut élevé par Philippe Auguste au début du 13e s. ; en 1308, Philippe le Bel y fit enfermer des templiers *(voir Arville)* : on distingue encore, dans la salle du rez-de-chaussée, au mur Nord de l'entrée actuelle, les célèbres graffiti gravés dans la pierre par ces prisonniers. La salle de l'étage supérieur abrita Jeanne d'Arc en 1429.

Logis Royaux – Au premier étage se trouvait la grande salle où fut reçue Jeanne d'Arc ; il n'en reste plus que la cheminée. Au rez-de-chaussée, dans la salle des Gardes, est exposée une grande maquette du château reconstitué dans son état du 15e s. ; la salle est ornée d'une tapisserie des Flandres du 16e s., *Chasse à l'ours dans un parc.* Dans les cuisines, deux tapisseries des Flandres du 17e s., d'une même série, s'intitulent les *Noces de Thétis et Pelée* et le *Jugement de Pâris* ; elles sont encadrées de quatre bustes provenant de la collection des Antiques du cardinal de Richelieu. A noter également dans ces logis royaux une intéressante tapisserie d'Aubusson (17e s.) représentant la *Reconnaissance du Dauphin par Jeanne d'Arc* et un petit musée lapidaire ; la visite s'achève par la **tour de Boissy** (13e s.) où, dans une salle voûtée, jadis utilisée comme chapelle, la généalogie des Capétiens, Valois et Plantagenêts et une carte de la France vers 1420 donnent quelques éclairages sur la situation du Dauphin à l'arrivée de Jeanne d'Arc.

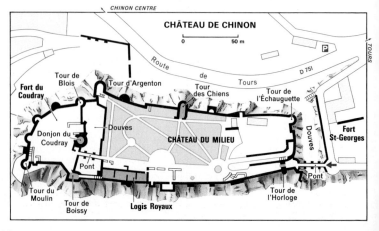

AUTRES CURIOSITÉS

Église St-Étienne (B) – Édifiée vers 1480 par Philippe de Commines, elle présente un beau portail gothique flamboyant, finement ciselé, portant les armes de son constructeur.

Rue Jean-Jacques-Rousseau (B) – Pittoresques façades médiévales, en particulier les nᵒˢ 71 et 73 au carrefour du Puy des Bancs.

Église St-Mexme (B) ⊘ – Cet édifice, dont il ne reste que la nef et le narthex, dresse encore sur la place St-Mexme deux tours imposantes. Il date des 10ᵉ et 11ᵉ s.

Chapelle Ste-Radegonde (B) ⊘ – *Accès à pied par le raidillon qui s'amorce au Nord-Est de l'église St-Mexme.*
Le coteau de Ste-Radegonde s'accroche à la falaise et porte des habitations troglodytiques. Un portail roman marque l'entrée de la chapelle. Au 6ᵉ s. vivait ici un pieux ermite qui avait fait sa cellule dans une grotte du coteau ; **Radegonde**, épouse du roi Clotaire Iᵉʳ, vint consulter l'ermite sur son intention de fonder le monastère Ste-Croix à Poitiers. Cette cellule fut, plus tard, agrandie en chapelle, et l'on y plaça le tombeau de l'ermite. Remarquer sur la droite une fresque romane du 13ᵉ s. représentant une chasse royale ; sur la rive droite, des peintures du 17ᵉ s. content la vie de sainte Radegonde. L'intérêt de la visite réside aussi dans la **cave demeurante**, communiquant avec la chapelle, et le **musée des Arts et Traditions populaires**.

EXCURSIONS

Promenades en train à vapeur ⊘ – Un authentique convoi des années 1920 relie Chinon à Richelieu via Ligré et Champigny-sur-Veude.

Centre nucléaire de production d'électricité de Chinon ⊘ – *12 km au Nord-Ouest par ④. Entrée près du pont de Port-Boulet.* Sur la commune d'Avoine, Électricité de France a mis en service en 1963 EDF 1, première centrale nucléaire française. Surnommée «la Boule», elle relevait d'une filière aujourd'hui abandonnée : Uranium naturel-Graphite-Gaz. Le relais de la production d'électricité est pris, sur le même site, par quatre unités de 900 MW chacune qui satisfont pour 40 % aux besoins des Pays de Loire, de la Bretagne et de la région Centre.
Désormais aménagée pour le public, «la Boule» se visite, ainsi que la salle des machines d'une unité en fonctionnement. Au sommet de la sphère, vue sur le site nucléaire par des hublots.

★① Vallée de la Vienne

Circuit de 60 km – environ 3 h – carte Michelin nᵒ 67 plis 9, 10, ou 232 plis 34, 35. Quitter Chinon à l'Est par la rue Diderot et la D 21.
La route longe le coteau calcaire à travers les vignobles réputés de Cravant-les-Coteaux.

Vieux Bourg de Cravant – *1 km au Nord de Cravant-les-Coteaux.*
L'intérêt de l'**église** ⊘ du vieux bourg réside en son grand âge : la nef, en effet, est un spécimen rare de l'art carolingien (début 10ᵉ s.), dont on remarque la construction en petit appareil, très caractéristique ; le portail Sud, ouvert au 11ᵉ s., est garni d'une belle torsade ; noter à l'intérieur, à l'entrée du chœur, deux piliers rectangulaires ornés d'entrelacs mérovingiens, qui jadis soutenaient l'auvent protégeant le portail Sud.
Dans la chapelle ajoutée au 15ᵉ s. du côté Sud, remarquer sur le mur Ouest les restes d'une fresque naïve représentant ses donateurs, qui seraient Georges de la Trémoille, ministre de Charles VII, Catherine de l'Ile-Bouchard, sa femme, et leurs enfants. L'intérieur de l'église abrite un musée lapidaire.
Suivre la D 21 jusqu'à Panzoult, puis la D 221 vers Crouzilles.

Crouzilles – Construite au 12ᵉ s., couverte au siècle suivant de voûtes angevines, l'**église** doit son originalité aux statues insérées dans la construction. Sur la façade occidentale, de part et d'autre du portail roman, deux larges contreforts creusés d'une niche abritent une statue ; dans l'abside centrale, à la retombée des nervures de la voûte, on reconnaît saint Pierre, saint Jean l'Évangéliste, saint Paul et, dans l'angle Sud-Est du croisillon droit, le «beau Dieu de Crouzilles».
Par la D 760 gagner l'Ile-Bouchard.

L'Ile-Bouchard – *Voir à ce nom.* La route passe devant l'église St-Gilles, puis traverse la Vienne pour gagner l'autre partie du bourg.
De l'Ile-Bouchard, sur la rive gauche, prendre la D 18 vers Parçay-sur-Vienne.

Parçay-sur-Vienne – L'**église** ⊘, du 12ᵉ s., présente un beau portail roman, encadré de deux arcatures aveugles, révélateur de la technique achevée des moines architectes de l'abbaye bénédictine de Marmoutier.

Ces voussures sont décorées de 33 têtes vénérables (les « Barbus de Parçay »), de rinceaux et de palmettes. L'ensemble est surmonté d'un appareil en écailles de poisson, très décoratif. A l'intérieur, les chapiteaux du chœur sont ornés des animaux fantastiques de l'Apocalypse de saint Jean de Patmos, à la laideur vociférante.

Revenir à l'Ile-Bouchard et poursuivre sur la rive gauche par la D 760.

Tavant – La coquette **église** ⊙ romane doit son intérêt particulier aux **fresques ★** du 12e s. qui en décorent la crypte, les voûtes et le cul-de-four de l'abside. Dans la crypte surtout, les personnages atteignent une puissance d'expression et un réalisme rares à l'époque romane. Remarquer les chapiteaux du chœur.
Plus loin, la D 760 longe le **château de Brétignolles**, de style Louis XII, dont on aperçoit les tourelles.

Tourner à gauche dans la D 749.

★ Château du Rivau – *Voir à ce nom.*
Revenir à Chinon par ③ du plan.

② Le Pays de Rabelais

25 km par la sortie ③ du plan. La route file sous une voûte d'énormes platanes jusqu'à St-Lazare où l'on prend à droite la D 751, ancienne chaussée romaine ; 3 km plus loin, tourner à gauche dans la D 759 ; prendre enfin à droite la D 24 que prolonge la D 117.

La Devinière ⊙ – Dans cette métairie naquit en 1494 **François Rabelais**, fils d'un avocat de Chinon. Après une jeunesse studieuse il devint moine, se passionna pour le grec, fréquenta les humanistes.
Puis il prit l'habit de prêtre séculier, étudia la médecine à Montpellier, devint un médecin réputé, protégé par des « grands » comme le cardinal Jean du Bellay et son frère, le gouverneur du Piémont ; c'est le cardinal qui, en 1551, procura à Rabelais la cure de Meudon et ses bénéfices.
Devenu écrivain avec la publication de *Pantagruel* en 1532, notre helléniste distingué se présente sous un aspect plus gaillard, choisissant la farce bouffonne et tous les registres du comique pour faire entendre sa philosophie.
On visite à la Devinière la chambre de Rabelais et un petit musée illustrant sa vie et son œuvre, avec une intéressante étude sur les origines de son héros Gargantua.
Rejoindre la D 117.

On voit en face, de l'autre côté de la vallée, le beau **château du Coudray-Montpensier** (15e s.) aux multiples toitures, avant de traverser **Seuilly-Coteaux**, long village-rue bordé d'habitations troglodytiques.
A Seuilly se trouvait l'abbaye où fut élevé le jeune Rabelais ; c'est là que dans le *Gargantua*, il situe le couvent de frère Jean des Entommeures, « bien fendu de gueule, bien avantagé en nez, beau dépêcheur d'heures, beau débrideur de messes, beau décrotteur de vigiles », qui, armé du bois de sa croix processionnelle, chassa les gens de Lerné qui avaient envahi le clos de l'abbaye.

Lerné – Pittoresque village de tuffeau blond.
Dans le livre de Rabelais, c'est de ce village que partirent les fouaciers allant vendre leurs fouaces (sorte de pain brioché) au marché de Chinon ; une altercation qu'ils eurent avec les bergers de Seuilly déclencha la burlesque guerre picrocholine entre Picrochole, roi de Lerné, agressif et batailleur, et Grandgousier, père de Gargantua, sage prince de Seuilly.
En revenant sur Chinon, la D 224 traverse Seuilly-Bourg, en bas du coteau ; on aperçoit bientôt le **château de la Roche-Clermault**, pris d'assaut par Picrochole et ses gens dans le livre de Rabelais.

CHOLET

Agglomération 55 132 habitants
Carte Michelin n° 67 plis 5 et 6 ou 232 pli 30

Ville aérée, à l'urbanisme moderne, Cholet est une cité dynamique et florissante, aux industries variées (textiles, chaussures, confection, plastiques, électronique, machines agricoles, auxquelles s'ajoute une usine de pneumatiques Michelin). Au centre des Mauges *(voir à ce nom)*, pays d'élevage, Cholet est aussi un important marché de bétail.

Vendéens contre Bleus – Des bâtiments élevés avant la Révolution, il ne reste presque rien à Cholet, tant la ville a souffert des guerres de Vendée *(p. 23)*. Dès le début de l'insurrection paysanne, elle est prise par les Blancs (15 mars 1793) qui s'y rassemblent avant de marcher victorieusement sur Saumur et Angers. Mais, le 17 octobre, l'armée de Kléber la reprend après un combat sanglant qui oppose 40 000 Vendéens à 25 000 Bleus : «Combat de tigres contre des lions», s'exclame le vainqueur ; 10 000 morts restèrent sur le terrain. Le 10 mars 1794, Stofflet s'en rend maître après un corps à corps avec les Bleus, mais quelques jours plus tard les «colonnes infernales» du général Turreau mettent Cholet à feu et à sang. Le 18 mars, Stofflet revient, bientôt chassé par le général Cordellier ; la ville en sort ruinée.

Les mouchoirs de Cholet

Le tissage est une vieille tradition de Cholet où, dès le 11e s., l'on cultivait et filait le chanvre et le lin. Au 16e s. le mouchoir, importé d'Italie, fait son apparition en France ; au 17e s., l'usage se répand de blanchir la toile, les fabricants parviennent à obtenir le fameux «blanc de Cholet» en exposant leurs toiles sur les prairies verdoyantes au sol argileux et bien humide ; au 18e s., les toiles de Cholet font partie des cargaisons de produits manufacturés que les armateurs de Nantes et de La Rochelle échangent sur les côtes d'Afrique contre des esclaves, eux-mêmes revendus aux Antilles contre le rhum rapporté en France : c'était le «commerce triangulaire». La ruine de la ville lors des guerres de Vendée n'abat pas Cholet qui reconstruit ses métiers et, avec ténacité, développe son industrie textile durant tout le 19e s. Aujourd'hui, le linge de maison (table, literie) de haut de gamme, en coton, lin ou métis (lin et coton), est très réputé ; quant au célèbre mouchoir rouge de Cholet, chanté par Théodore Botrel, il est toujours demandé malgré la concurrence féroce de l'importation et des mouchoirs jetables. A signaler que le «mois du blanc», opération promotionnelle de janvier, reprise par toutes les grandes surfaces de France, est une invention choletaise !

CURIOSITÉS

★ **Musée d'Art et d'Histoire** ⊘ – Installé dans un bâtiment en face de l'hôtel de ville, il présente deux galeries distinctes :

La Galerie d'Histoire – Elle évoque Cholet en 1793, puis les guerres de Vendée (1793/1796, 1815, 1832), et le déroulement chronologique des événements qui ravagèrent et endeuillèrent la ville et la région pendant la tourmente révolutionnaire (cartes, tableaux, armes, objets usuels...). L'attention se porte particulièrement sur *Les Massacres de Machecoul*, par François Flameng, *La Déroute de Cholet*, par Girardet, *Le Suicide du général Moulin*, par Benoît-Lévy, et surtout sur la rotonde où sont exposés les célèbres portraits en pied de quelques généraux vendéens, dont les fameux *Henri de La Rochejaquelein*, par Pierre Guérin, et *Cathelineau (illustration p. 177)*, tableaux commandés par le roi Louis XVIII pour la salle des Gardes du château de Saint-Cloud.

La Galerie d'Art – Le 18e s. est représenté par des œuvres du Choletais Pierre-Charles Trémolières (1703-1739), de Carle Van Loo, Hallé, Nattier, de Troy, Coypel, de Loutherbourg. Des sculptures d'Hippolyte Maindron, et des peintures de Troyon, Diaz de la Pena, Maufra illustrent le 19e s. Au 20e s., c'est l'«Abstraction géométrique» qui domine. Autour de Morellet, des œuvres de : Vasarely, Gorin, Nemours, Herbin, Claisse, Gleizes, Valmier, Honegger, Magnelli offrent «un vaste panorama d'un courant important dans la création contemporaine».

Musée du Textile ⊘ – C'est dans le cadre de l'ancienne blanchisserie de la rivière Sauvageau, remarquable élément du patrimoine industriel du 19e s., que vient d'être installé le musée du Textile. La visite commence par un étrange bâtiment moderne, inspiré du Cristal Palace de Londres. Cette salle de démonstration, qui présente des analogies avec les usines de tissage (luminosité, structure métallique), abrite quatre métiers à tisser en ordre de marche dont le plus ancien date de 1910. On pénètre ensuite dans la salle de la machine à vapeur où sont évoqués les fourneaux et l'énorme machinerie, aujourd'hui disparue, servant à fournir l'énergie nécessaire à toute l'usine. D'autres salles retracent l'histoire du textile. Pour faire découvrir aux visiteurs les plantes utiles à la fabrication et à la coloration des tissus, un «jardin textile» a été aménagé.

Maisons anciennes – Au cœur de la ville, la place Rougé, la rue du Devau et son prolongement, la rue du Commerce, piétonne, ont gardé quelques maisons aux beaux balcons de fer forgé, du 18e s. Au Sud de la rue, l'agréable **jardin du Mail** entoure le palais de justice.

ENVIRONS

Lac de Ribou – *3,5 km par la D 20 (route de Maulévrier) et la D 600 à droite.* Ce vaste plan d'eau artificiel entouré de collines offre la possibilité de pratiquer des sports nautiques variés (planche à voile, pêche, aviron, voile, etc.). Sur ses rives aux pentes douces et herbeuses, d'autres activités sportives et de loisirs sont proposées comme le tir à l'arc, le golf ou l'équitation et un camping y a été aménagé.

La ferme de la Goubaudière ⊘, représentative d'un intérieur paysan choletais de la fin du 19e s., est aménagée en musée de la Paysannerie. Meubles et objets quotidiens y sont exposés, ainsi qu'une collection d'objets et de machines agricoles de la période 1900-1950.

Lac du Verdon – *7 km au Sud-Est.* Situé juste en amont du lac de Ribou, ce plan d'eau de 280 ha, dont l'une des extrémités s'insère entre les collines, est un paradis pour des milliers d'oiseaux migrateurs qui y font étape, créant ainsi une importante réserve ornithologique.

Maulévrier – *13 km au Sud-Est (voir à ce nom).*

Château du Coudray-Montbault ⊘ – *25 km à l'Est par la N 160 et la D 960.* Sur les ruines du château du 13e s. furent édifiés le corps de bâtiment et les deux grosses tours rondes en pierre et brique losangée de vert, du 16e s., cernés de douves. Dans le parc, les vestiges de la chapelle abritent un gisant et une Mise au tombeau.

CINQ-MARS-LA-PILE

2 370 habitants (les Cinq-Marsiens)
Carte Michelin n° 64 pli 14 ou 232 pli 35 (5 km au Nord-Est de Langeais)

Le village tire son nom d'un curieux monument en forme de tour ou de **pile**, datant de l'époque gallo-romaine, qui domine le coteau un peu à l'Est de la localité. C'est une construction carrée de 5 m de côté et haute de 30 m, terminée par quatre petites pyramides. S'agit-il d'un monument funéraire ou bien d'un fanal pour la navigation ? Selon toute vraisemblance, il s'agit d'un mausolée du milieu du 2e s. après J.-C.

Château ⊘ – Deux tours rondes des 11e et 12e s. signalent sur le coteau les vestiges du château féodal où naquit Henri d'Effiat, marquis de Cinq-Mars. Convaincu d'avoir conspiré contre Richelieu, le célèbre favori de Louis XIII fut décapité à Lyon en 1642 à l'âge de 22 ans.
On visite les tours, contenant chacune trois salles superposées voûtées sur huit branches d'ogives ; du sommet, vue étendue sur la vallée de la Loire. Le plaisir de la visite tient surtout à la beauté du **parc★** environnant, ici jardin romantique, là forêt touffue, ailleurs labyrinthe rigoureux. Buis taillés, allées soigneusement tracées, il a juste ce qu'il faut de négligé pour faire naître le charme et laisser le dernier mot à la nature généreuse.

CLÉRY-ST-ANDRÉ★

2 506 habitants (les Cléricois)
Carte Michelin n° 64 pli 8 ou 238 pli 4 – Schéma p. 159

L'**église** actuelle a pour origine une humble chapelle où, en 1280, des laboureurs portèrent une statue de la Vierge trouvée dans un buisson. Le culte s'en étendit dans la région et la chapelle, trop petite pour contenir les pèlerins, fut transformée en église desservie par un collège de chanoines. Elle fut détruite en 1428 par le chef anglais Salisbury en marche vers Orléans. Un **pèlerinage**, toujours très suivi, a lieu le 8 septembre et le dimanche suivant.
Charles VII et Dunois fournirent les premiers fonds pour la reconstruction ; mais le grand bienfaiteur de Cléry est **Louis XI**. Encore dauphin, au siège de Dieppe, il a fait un vœu : s'il est victorieux, il offrira à N.-D. de Cléry son pesant d'argent. Ce vœu est exaucé et exécuté. Devenu roi, Louis XI se voue à la Vierge et son attachement à Cléry s'en trouve renforcé. Il s'y fera enterrer. L'édifice fut terminé par Charles VIII.
La maison qu'habitait Louis XI pendant ses séjours à Cléry se trouve au Sud de l'église, en face de l'entrée du transept. C'est maintenant une école.

★ LA BASILIQUE ⏱ *visite : 1/2 h*

N.-D. de Cléry est un édifice du 15e s., sauf la tour carrée (14e s.) accolée au flanc gauche de l'église qui a, seule, échappé à la destruction anglaise. *Entrer par le transept.*

L'intérieur est sobre et d'une élégance un peu froide ; aussi faut-il imaginer l'église sous la chaude lumière de ses anciens vitraux et parée de tapisseries.

Cénotaphe de Louis XI – Placé sur le côté gauche de la nef, il est orienté vers l'autel de la Vierge, ce qui lui donne une position oblique par rapport à l'axe de l'église.

La statue en marbre du roi est l'œuvre du sculpteur orléanais Bourdin (1622). Elle remplaça la statue primitive en bronze, fondue par les huguenots.

Caveau de Louis XI – Les ossements de Louis XI et ceux de sa femme, Charlotte de Savoie, sont encore dans le caveau qui s'ouvre dans la nef près du cénotaphe. Les deux crânes, sciés pour l'embaumement, sont placés dans une vitrine. Remarquer la litre qui fait le tour du caveau. A côté du caveau royal, sous une dalle, se trouve enterré Tanguy du Châtel, tué au cours d'un siège en préservant la vie de Louis XI. A droite de la nef, une autre dalle recouvre l'urne qui contient le cœur de Charles VIII. L'inscription portée sur cette urne est reproduite sur le pilier voisin.

★ **Chapelle St-Jacques** – *Bas-côté droit*. Elle fut élevée, pour leur servir de tombeau, par Gilles de Pontbriand, doyen de l'église, et son frère. La décoration gothique est très riche : voûte semée de cordelières, de bâ-

Saint Jacques

tons de pèlerins, de besaces – Cléry est en effet sur le chemin de St-Jacques-de-Compostelle ; sur les murs, semis de moucheture d'hermine et de ponts (armes parlantes des Pontbriand). Remarquer deux belles statues en bois : saint Jacques en costume de pèlerin (16e s.), saint Sébastien (17e s.) et une belle Vierge en pierre (16e s.). La grille de bois qui ferme la chapelle, en style breton, fut offerte par Louis XIII en 1622.

Chapelle de Dunois – *2e porte à gauche de la chapelle St-Jacques*.
Élevée en 1464 sur le flanc méridional de l'église, elle fut achevée en 1468. C'est là que reposent Dunois et sa famille. La présence d'un contrefort a compliqué l'établissement de la voûte, qui compte trois travées à droite et deux à gauche.

Stalles – Elles ont été offertes par Henri II. Sur les sièges sont sculptés des masques humains très variés et, faiblesse du temps, les initiales entrelacées du donateur et de sa belle amie, Diane de Poitiers (sur les jouées de la deuxième rangée des stalles de droite).

Chœur – Sur le maître-autel du 19e s., statue en bois de N.-D. de Cléry. A la fenêtre haute centrale, un beau vitrail, seul vestige du 16e s., représente Henri III instituant l'ordre du Saint-Esprit.

Sacristie et oratoire de Louis XI – Dans la 2e travée du déambulatoire, à droite, on verra la belle porte de la sacristie, de style gothique flamboyant. Au-dessus, une ouverture donne sur un oratoire d'où Louis XI suivait l'office, et où l'on accède par un escalier à vis depuis la sacristie.

CLOYES-SUR-LE-LOIR

2 593 habitants (les Cloysiens)
Carte Michelin n° 60 Sud-Ouest du pli 17 ou 237 pli 38 – Schéma p. 153

Baignée par le Loir, Cloyes, à la lisière de la Beauce, fut jadis fortifiée et constitue un gîte d'étape sur la route de St-Jacques-de-Compostelle. C'est une accueillante petite ville qui possède des maisons anciennes et une église surmontée par un clocher du 15e s.

En 1883, **Zola** s'installa à Cloyes pour étudier les mœurs beauceronnes avant d'écrire *La Terre* dont l'action se déroule à Cloyes et à Romilly-sur-Aigre *(voir ci-dessous)*.

La Croisade des enfants – En 1212, un petit berger de Cloyes, Estienne, entraîna à sa suite environ 20 000 enfants pour faire le pèlerinage de Terre sainte. Ni pères, ni mères, ni amis ne pouvaient les retenir. L'expédition ne pouvait que mal tourner : des enfants moururent sur les routes, d'autres périrent en mer et certains furent même vendus aux Sarrasins.

Chapelle d'Yron – *1 km par la N 10, vers Vendôme, et, à droite, prendre la D 81 ; entrer dans le jardin de l'hospice.*
La chapelle, d'époque romane, est ornée de **peintures murales** bien conservées, aux dominantes d'ocre jaune et rouge. Sur les murs de la nef, elles datent du 12e s., et représentent à gauche la Flagellation et l'Offrande des Mages, à droite le Baiser de Judas et un abbé (saint Bernard) et, dans l'abside, des apôtres. Au cul-de-four de l'abside trône un Christ en majesté du 14e s., aux traits délicats.

★ **Château de Montigny-le-Gannelon** – *2 km au Nord par la D 23. Voir à ce nom.*

VALLÉE DE L'AIGRE

Circuit de 20 km. Quitter Cloyes-sur-le-Loir à l'Est par la D 8. La route monte sur le plateau d'où s'offrent des perspectives, à droite, sur la vallée de l'Aigre.

Romilly-sur-Aigre – Ce calme village campagnard escalade la côte qui constitue la rive gauche de l'Aigre. En haut du village, sur le bord du plateau *(prendre en direction d'Ouzouer-le-Doyen)*, une curieuse église est précédée d'un logis fortifié. Romilly fut décrit par **Zola** sous le nom de Rognes dans *La Terre* ; la grande ferme beauceronne évoquée par l'écrivain serait celle de la Touche, qui se trouve à 500 m environ de l'église, à gauche en direction d'Ouzouer-le-Doyen.
Revenir sur la D 8 à l'entrée du village.

La Ferté-Villeneuil – Traverser le village pour descendre dans le bas du pays, tout au bord de l'Aigre, où dans un cadre charmant se dresse la puissante tour d'une église romane fortifiée.
Reprendre la route de Cloyes.

CORMERY

1 323 habitants
Carte Michelin n° 64 pli 15 ou 238 pli 13

Réputée pour ses macarons, Cormery est joliment située au bord de l'Indre aux rives pittoresques, jalonnées d'auberges. Près du pont subsiste un **ancien moulin** qui se cache sous de grands saules pleureurs, tandis qu'en aval la rivière baigne l'ancien lavoir.

Ancienne abbaye ⊘ – Fondée en 791, cette abbaye bénédictine fut supprimée mille ans plus tard, en 1791, et ses bâtiments, vendus comme biens nationaux, furent en grande partie détruits. Quelques restes permettent d'imaginer l'ampleur de l'édifice, ainsi qu'une maquette le représentant aux 14e et 15e s.
A côté de la mairie *(sur la N 143)* s'amorce la rue de l'Abbaye, qui passe sous une haute tour ruinée, la **tour St-Paul**, massif clocher-porche (11e s.) qui marquait l'entrée de l'église ; sous les baies supérieures, remarquer le curieux appareil en écailles et en losanges et les bas-reliefs romans. Au pied de la tour, le **logis du prieur** est desservi par une élégante tour d'escalier. Dans la petite rue à gauche on aperçoit les arcades de l'**ancien réfectoire** (13e s.). Passant sous la tour, on entrait jadis dans l'église dont il ne reste rien ; la rue occupe aujourd'hui l'axe de l'édifice. Sur la gauche, la gracieuse chapelle gothique de l'abbé en constitue le seul vestige ; elle était autrefois accolée à la chapelle absidiale de l'église et reliée au **logis abbatial** qui se voit toujours sur la place, avec son appentis en colombage et sa tourelle.

Église N.-D.-du-Fougeray – Dominant la vallée, c'est un édifice roman, à influences poitevines : majestueuse abside à trois absidioles épaulées par des contreforts-colonnes, modillons historiés et frise décorée, clocher de croisée reposant sur une coupole à pendentifs.
Dans le cimetière, en face de l'église, autel et lanterne des morts du 12e s.

Château de COURTANVAUX

Carte Michelin n° 64 pli 5 ou 238 pli 1 (2 km au Nord-Ouest de Bessé-sur-Braye)

Caché dans un vallon ombragé, ce **château** ⊘ d'architecture gothique fut le siège d'un marquisat illustré par les Louvois et les Montesquiou, en particulier par Michel Le Tellier, marquis de **Louvois**, le célèbre ministre de la Guerre de Louis XIV.

En 1815, le château de Courtanvaux reprit vie après un abandon de cent cinquante ans lorsque, à la chute de Napoléon, s'y retira la **comtesse de Montesquiou**, qui avait été gouvernante du roi de Rome et que le fils de l'Empereur appelait affectueusement sa « bonne Maman Quiou ».

Une allée bordée de platanes mène à la poterne, charmante construction Renaissance. Les bâtiments présentent les caractéristiques des 15e et 16e s. : toits élevés, fenêtres à meneaux, lucarnes à fronton aigu. La cour intérieure et les deux terrasses qui la dominent permettent d'apprécier le **site**. Le corps principal, dit « grand château », comprend, au 1er étage, une enfilade de quatre salles (47 m de longueur), dont la décoration fut refaite en 1882.

CRAON

4 767 habitants
Carte Michelin n° 63 pli 9 ou 232 pli 18

Calme ville angevine, au cœur du bocage et placée sur l'Oudon, Craon (prononcer Cran), se livre à la polyculture et à l'élevage. Ses courses hippiques (en août et en septembre) sont réputées.

La cité a vu naître le philosophe **Volney** qui jouit, en son temps (1757-1820), d'une éclatante renommée.

Château ⊘ – Construit vers 1770 en pierre blanche de la Loire, cet élégant château présente une belle façade au fronton curviligne et aux baies soulignées de guirlandes typiquement Louis XVI. La façade sur cour est de style néo-classique plus rigoureux. La visite montre plusieurs salons du 18e s. au mobilier Louis XVI et aux belles boiseries.

L'agréable **jardin** à la française qui entoure le château et le beau **parc** à l'anglaise (42 ha) où serpente l'Oudon, viennent d'être restaurés. Une signalétique permet d'identifier de nombreux arbres. On ira voir le jardin potager avec ses serres du 19e s., ainsi que les « fabriques » : le lavoir-buanderie où l'on pratiquait autrefois la « buée » (la grande lessive à la cendre de bois) et la glacière, construite au 19e s. C'est une pièce enterrée, où l'on faisait provision de glace et de neige tassée en hiver, pour servir de chambre froide en été.

ENVIRONS

Cossé-le-Vivien– *12 km au Nord-Est. A la sortie Sud-Est, prendre la D 126.*
En 1962, **Robert Tatin** (1902-1983), peintre et céramiste, élève, au lieu-dit « La Frénouse », un ensemble architectural insolite qui est devenu par la suite le **musée Robert-Tatin**★ ⊘. Empruntant une allée bordée d'étranges statues menant à la Porte des Géants et au Dragon à la gueule ouverte, on pénètre dans le module proprement dit. Trois monuments principaux en ciment armé polychrome *(Notre-Dame-Tout-Le-Monde, Porte de la Lune, Porte du Soleil)* s'ordonnent et se reflètent dans un bassin cruciforme, jalonné par les douze mois de l'année. L'architecture, la peinture et la céramique sont inspirées d'un parcours initiatique et symbolique. Ce musée, apparenté à l'« Art brut », traduit l'univers fantastique d'un autodidacte, qui, sous une forme naïve et visionnaire, a amalgamé des apports orientaux, précolombiens et même celtiques en leur conférant un caractère universel : « un Pont entre l'Orient et l'Occident ».

Renazé – *10 km au Sud-Ouest.*
Importante cité ardoisière notamment au début du 20e s., Renazé a produit jusqu'en 1975 une ardoise de qualité au grain très fin. D'anciens « perreyeurs » font revivre cette activité traditionnelle au **musée de l'Ardoise** ⊘ aménagé sur le site de Longchamp. Outillage léger et lourd, reconstitution de « tue-vents », démonstrations de « fente », diaporama *(1/4 h)* introduisent dans l'univers sombre de l'exploitation ardoisière en sous-sol qui, peu à peu, a remplacé l'extraction à ciel ouvert.

Château de Mortiercrolles ⊘ – *11 km au Sud-Est par la D 25 et un chemin à gauche.*
Ce beau château fut construit, à la fin du 15e s., par Pierre de Rohan, maréchal de Gié. De larges douves circonscrivent la longue enceinte à quatre tours d'angle, que commande un remarquable **châtelet**★ à chaînages de brique et de pierre, à beaux mâchicoulis en tuffeau mouluré. Dans la cour à droite, le logis seigneurial est orné de superbes lucarnes à gâbles. Au fond de cette même cour, l'élégante chapelle, en brique à chaînages de pierre, a retrouvé son toit en 1969 : remarquer la jolie porte latérale, de la Renaissance, et la piscine décorée de ravissantes coquilles.

Église de CUNAULT★★

Carte Michelin n° 64 pli 12 ou 232 pli 32 (12 km au Nord-Ouest de Saumur) – Schéma p. 163

L'abbaye de Cunault fut fondée en 847 par les moines de Noirmoutier, fuyant devant les Normands, et qui, dès 862, durent quitter Cunault pour se réfugier de plus en plus loin, jusqu'à Tournus en Bourgogne. Par la suite, Cunault devint un riche prieuré bénédictin dépendant de l'abbaye de Tournus. L'église monastique qui nous est parvenue est une belle construction romane (11e-13e s.).

La Vierge en majesté du tympan

Extérieurement, remarquer son clocher massif (11e s.) couronné d'une flèche de pierre (15e s.) et sa façade large et plate, seulement rythmée d'arcatures en bas et de trois baies en haut ; au tympan du portail, la Vierge en majesté, sculptée en haut-relief dans un style plein de rondeur, contraste avec la nudité de la façade.

Intérieur – A l'entrée c'est le saisissement, par l'ampleur et la hauteur des piliers : construite dans la lignée des grandes abbayes bénédictines, l'église de Cunault est faite pour les cérémonies liturgiques (sept par jour dans l'ordre de saint Benoît) et pour s'ouvrir aux foules qu'attirait, le 8 septembre, son pèlerinage à Notre-Dame ; autour du chœur le large déambulatoire et les chapelles rayonnantes se prêtaient aux processions, comme les larges bas-côtés qui encadrent la nef ; le chœur surélevé permettait aux nombreux fidèles de voir l'officiant.

L'édifice frappe à la fois par le dépouillement de ses lignes et par la richesse de ses 223 **chapiteaux** (11e-12e s.) finement ouvragés. Deux seulement, à l'entrée du chœur, sont à portée de regard sans jumelles, où l'on voit, à droite, neuf moines debout, et à gauche saint Philibert accueillant un pêcheur. Les autres, haut placés sous les voûtes, ne dévoilent pas à distance leur décor très fouillé.

Dans les chapelles du déambulatoire, remarquer *(en commençant par la gauche)* une Pietà du 16e s., un chapier en frêne du 16e s. (meuble de rangement pour les chapes rigides), et plus loin la **châsse de saint Maxenceul** qui avait évangélisé Cunault au 4e s. : c'est une rare châsse en bois peint et sculpté, du 13e s. Un beau Saint Christophe et quelques fragments subsistent des fresques (15e s.) qui autrefois décoraient l'église. Dans le clocher se trouvent quatre cloches provenant de la cathédrale de Constantine. En face de l'église, une jolie maison du 16e s. était la demeure du prieur.

Le jeu de boules de fort

Ce jeu de boules est typiquement angevin (avec quelques incursions en Indre-et-Loire, Loire-Atlantique, Mayenne et Sarthe). Autrefois, lorsque le vent était nul ou mauvais, aux arrêts le long des rives, les matelots jouaient dans leur barque avec des grosses boules lestées. En fait la boule telle qu'elle existe actuellement remonte au début du 19e s.

Cette boule, mi-plate, ferrée sur son diamètre et possédant un côté «faible» et un côté «fort» – d'où le nom du jeu –, est roulée et non point jetée ; à l'origine en bois, elle est à présent en matière synthétique, du 13e s. La partie se joue à deux contre deux ou trois contre trois ; comme dans tous les jeux de boules, il faut se placer le plus près possible du «maître» (la petite boule qui sert de but).

Autrefois les «challenges» se jouaient sur des pistes dont la terre provenait de la commune de Guédeniau (une argile savonneuse et douce qui avait la particularité d'absorber l'eau sans coller), de nos jours ces pistes, toujours incurvées sur les bords, sont réalisées en résines ou en «flint cot». Les terrains de jeu mesurent entre 21,50 m et 24 m de longueur et environ 6 m de largeur ; le poids de chaque boule se situe entre 1,200 kg et 1,500 kg.

DAMPIERRE-EN-BURLY

915 habitants
Carte Michelin n° 65 pli 1 ou 238 pli 7 (13 km au Nord-Ouest de Gien)

Village aux maisons coiffées de toits de tuiles plates, Dampierre offre à son flanc Ouest un beau coup d'œil à l'automobiliste venant d'Ouzouer-sur-Loire : en franchissant la levée entre deux étangs aux rives boisées, on aperçoit les murs du château, restes d'une enceinte jalonnée de tours, au-dessus desquels pointe le clocher de l'église.

Sur la place de l'église se dresse encore l'un des pavillons d'entrée du château, élégante construction du début du 17e s., en brique et pierre, ornée de pilastres à bossages et d'un toit en pyramide.

Centre nucléaire de production d'électricité (CNPE) ⊘ – 3 km au Sud, route signalée.
Ses quatre gigantesques tours de réfrigération (165 m de haut, 135 m de diamètre à la base) signalent de fort loin, dans cette plate vallée de Loire, ce centre qui, comme ceux de Chinon et de St-Laurent-des-Eaux, utilise l'eau du fleuve pour son circuit de refroidissement. Mis en service en 1980 et 1981, le centre nucléaire de production d'électricité de Dampierre compte 4 réacteurs à eau pressurisée d'une puissance de 900 MW chacun. Le principe de fonctionnement d'une tranche est présenté au **Centre d'information Henri-Becquerel (1852-1908)**, du nom du physicien dont la famille a résidé à Châtillon-Coligny, localité située à 30 km à l'Est du site.

DANGEAU

742 habitants (les Dangeolais)
Carte Michelin n° 60 pli 17 ou 237 pli 38 (9 km à l'Ouest de Bonneval)

Sur la place, anciennes maisons en brique et à pans de bois du 15e s.

Église St-Pierre – Vaste et de belle ordonnance, elle a été édifiée au début du 12e s. par les moines de Marmoutier, dans un style roman très pur. Les contreforts et les encadrements sont en pierre ferrugineuse, appelée «grison», ailleurs «roussard».
Sous un porche, le portail Sud présente des voussures décorées de rinceaux et de symboles étranges : le signe de la croix apparaît entre un soleil et une lune à faces humaines, l'avarice est représentée par un démon tenant une bourse, la luxure par une femme. La nef est couverte d'un berceau de bois ; ses grandes arcades reposent sur des piliers archaïques. Dans les collatéraux plusieurs statues, dont deux équestres, sont représentatives de l'art religieux populaire du 15e s. au 17e s. Dans la chapelle des fonts baptismaux, triptyque en marbre de la Passion et de la Résurrection, daté de 1536.

Les églises ne se visitent pas pendant les offices.

DESCARTES

4 120 habitants
Carte Michelin n° 68 pli 5 ou 232 pli 48

Dans cette ville, qui s'appelait alors la Haye, fut baptisé, en 1596, **René Descartes,** né d'une famille de riches bourgeois. Après des études chez les jésuites à la Flèche, il devient militaire, puis s'installe en Hollande pendant 20 ans (1629-1649) avant d'être appelé par la reine Christine de Suède à Stockholm, où il meurt en 1650. Esprit systématique et rigoureux, Descartes s'intéresse aux mathématiques, aux sciences physiques, à la logique, et met au point une méthode de raisonnement pour établir une vérité par l'évidence et la déduction, sans s'appuyer sur l'autorité des auteurs anciens.

La méthode cartésienne – Écrit en français pour être accessible à tous, au lieu du latin jusque-là employé pour tous les ouvrages philosophiques, le **Discours de la méthode** (1637), paru quatre ans après la condamnation des thèses de Galilée par le tribunal romain de l'Inquisition et destiné à confondre les sceptiques, connut un tout autre retentissement. Il marque l'avènement de la pensée moderne et du rationalisme scientifique. Rompant avec la scolastique, fondé sur une méthodologie exclusivement raisonnée, appuyé sur le doute systématique jusqu'à celui de sa propre existence qu'il démontre ainsi : je doute, donc je pense ; «je pense, donc je suis», cet ouvrage engendra une révolution intellectuelle dont la géométrie analytique fut l'un des premiers fruits.

Musée Descartes ⊘ – 29, rue Descartes.
La maison natale du philosophe présente sur la rue deux fenêtres gothiques en accolade. On peut y voir des documents sur sa vie et son œuvre.

ENVIRONS

Balesmes – *2 km au Nord-Ouest.*
Dans le village aux pittoresques maisons à toits de tuiles, l'église, précédée d'un large auvent, présente une belle perspective sur le chevet et sur le clocher.

Ferrière-Larçon – *16 km à l'Est.*

Château du Châtelier – Imposant bâtiment barrant la vallée du Brignon, le château a gardé de ses fortifications médiévales ses douves à pont-levis et, à l'Est de l'enceinte, un imposant donjon à bec ; reconstruit aux 15e et 17e s., il présente une austère construction percée de grandes fenêtres dont certaines à meneaux.

Ferrière-Larçon – Parmi les pittoresques maisons à toits de tuiles disséminées dans le vallon, l'**église** présente une architecture très intéressante, alliant une étroite nef romane (12e s.) à un large chœur gothique (13e s.), haut et lumineux. A la jonction des deux parties, remarquer le beau clocher roman coiffé d'une flèche de pierre octogonale aux arêtes moulurées d'un tore, flanquée de quatre clochetons d'angle.

DOUÉ-LA-FONTAINE★

7 260 habitants (les Douessins)
Carte Michelin n° 67 pli 8 ou 232 pli 32 – Schéma p. 145

Doué et ses alentours occupent un plateau crayeux creusé en multiples cavités pour en extraire la pierre, pour y loger (on les appelle alors **«caves demeurantes»**), soit encore à usage de resserre, de cave à vin, de hangar, d'étable, etc. Insoupçonnables de la rue, elles sont creusées non pas à flanc de coteau comme dans les vallées de la Loire ou de ses affluents, mais sous le sol même, autour d'une fosse formant cour intérieure. Si certaines sont encore utilisées, beaucoup sont abandonnées.
Doué a conservé un certain nombre de demeures anciennes à tourelles et escaliers extérieurs. Ses habitants sont experts en pépinières et en roseraies, comme en témoignent l'exposition florale réputée des **Journées de la Rose** qui se tient chaque année à la mi-juillet dans les arènes, ainsi que la présence d'un **Jardin des Roses**, grand parc s'étendant au bord de la route de Soulanger.

Musée des Commerces anciens ⊙ – Dans le cadre remarquable des écuries (seuls vestiges du château) du baron Foullon, deux rues reconstituées mettent en scène une vingtaine de commerces d'autrefois. Au hasard de la promenade c'est cent ans (1850-1950) d'histoire du négoce de détail que l'on retrouve ici. Au fil des boutiques reviennent l'apothicaire, le marchand de vêtements, le grainetier, le droguiste, le barbier-perruquier, l'épicier-mercier... Chaque échoppe est minutieusement reconstituée, équipée de tous les accessoires (présentoirs, comptoirs, caisses, devantures) qui permettaient de soumettre à la convoitise des clients les différents objets, fournitures ou denrées.
A la sortie de Doué, sur la route de Saumur, beau moulin à vent, survivant de ceux qui couvraient les coteaux de la région.

★★**Zoo de Doué** ⊙ – Situé à la sortie de Doué sur la route de Cholet, le zoo occupe un **site★** troglodytique remarquable. Les anciennes carrières de pierre coquillière, avec leurs grottes «en cathédrale» et leurs fours à chaux, offrent un cadre hors du commun à une collection de plus de 500 animaux vivant ici en semi-liberté. Les acacias et les bambous, les cascades et les aplombs rocheux fournissent de très belles mises en scène pour présenter avec naturel cette sélection d'espèces dont la reproduction en captivité s'impose. C'est en effet le seul moyen d'assurer la survie de ces animaux pour la plupart menacés à l'état sauvage.

Makis (lémuriens)

La «fosse aux charognards» invite les visiteurs les plus hardis à pénétrer dans l'immense volière où vivent en entière liberté une vingtaine de vautours. Le «canyon aux léopards», vaste carrière spécialement aménagée, permet l'observation de trois familles de félins tachetés : panthères des neiges, léopards de Perse et jaguars. La toute nouvelle «crique aux manchots» présente une colonie de 35 manchots.

De nombreux affûts-photos permettent d'observer en toute sécurité les animaux de très près.

Le «naturoscope» présente des expositions thématiques élaborées avec le WWF sur la protection de la faune et de l'environnement.

L'importance des sons dans la vie des animaux est expliquée dans l'immense «grotte aux sons» aménagée à cet effet.

La galerie des «faluns» montre enfin la faune telle qu'elle devait être il y a 10 millions d'années sur le site même du parc.

Arènes ⊘ – Situées dans le quartier de **Douces,** ce sont en réalité d'anciennes carrières à ciel ouvert, où des gradins furent aménagés au 15e s. ; des spectacles de théâtre et de musique, des expositions florales s'y déroulent. Au-dessous des gradins, de vastes souterrains furent longtemps habités : cuisines, salles communes. On y enferma des prisonniers vendéens.

Maison carolingienne – *A la lisière Sud de la ville, boulevard du Docteur-Lionet, près de la route d'Argenton-Château.* Cette résidence forte du 9e s., plus tard transformée en donjon, dresse encore ses murs imposants.

ENVIRONS

Village troglodytique de Louresse-Rochemenier ⊘ – *6 km au Nord par la D 69 et la D 177.* Le village souterrain de Rochemenier, creusé dans un dépôt de falun *(p. 14),* est un exemple de l'habitat troglodytique de plaine. Il s'étend largement, mais il est caché par de nouvelles maisons «aériennes» où vivent maintenant la plupart des habitants. On visite deux anciennes fermes troglodytiques (logis et dépendances), abandonnées depuis 1930 environ.

Hameau troglodytique de La Fosse ⊘ – *5,5 km au Nord par la D 214.* En 1979, des fouilles ont permis de réaménager ce hameau, bel exemple d'une architecture rurale méconnue, occupé autrefois par trois familles et abandonné comme la plupart en 1940. Au même titre que les bories de Provence, il démontre l'adaptation du paysan à la nature du sous-sol. L'habitat et ses dépendances, creusés sous le niveau du sol autour d'une cour intérieure, s'apparentent ainsi aux habitations troglodytiques du Sud tunisien ; seules les cheminées sortent de terre. Fours et conduits de cheminées sont creusés à même la terre réfractaire, de même que le silo à grains ou la cave à légumes.

Caverne sculptée ⊘ – *5,5 km au Nord par la D 69.* A **Denezé-sous-Doué,** cette cave aux parois sculptées de centaines de figurines insolites est tout à fait étrange. Après une étude des costumes, des instruments de musique et des attitudes, des archéologues ont pu la dater du 16e s. ; elle aurait abrité une communauté secrète de tailleurs de pierre, dont les sculptures représenteraient les rites initiatiques. Sur place les conservateurs expliquent volontiers aux visiteurs les scènes représentées.

Château du Coudray-Montbault – *24 km à l'Ouest par la D 960. Description page 118.*

DURTAL

3 195 habitants
Carte Michelin n° 64 pli 2 ou 232 pli 20

Au pied d'un château, Durtal mérite un arrêt pour la séduction de son site sur le Loir. La proximité de la **forêt de Chambiers,** au Sud, couvrant 1 300 ha, permet d'agréables promenades pédestres à travers chênes et pins ; de la «table au roy» rayonnent de larges allées. Le champ de courses attire les turfistes de la région.

Château ⊘ – Quelque peu défiguré à la Révolution, ce «fort chasteau sur le Loir et autant seigneurial que tout aultre en France» appartint à François de Scépeaux, maréchal de Vieilleville, qui y reçut Henri II, Charles IX, Catherine de Médicis.

Des 15e et 16e s. datent les tours rondes à mâchicoulis et toits en poivrière ainsi que le donjon à 6 étages ; de son chemin de ronde, vue sur la vallée du Loir et la forêt de Chambiers. Les autres bâtiments et le grand pavillon, dont les lignes sont soulignées par des pierres en bossages vermiculés, appartiennent au style Louis XIII. La cour du château est en partie couronnée de lucarnes très effilées encadrées de colonnettes torsadées. A l'intérieur, on peut visiter les cuisines, les cachots, la tour du 15e s. et la salle des fêtes ornée de fresques.

Porte Verron – Reste de l'ancienne enceinte du château, cette porte du 15e s. est flanquée de tourelles.

Vieux pont – Vue sur le Loir, ses moulins, les toits pointus de la ville, une tour d'enceinte, en amont.

FAYE-LA-VINEUSE

343 habitants
Carte Michelin n° 67 Sud du pli 10 ou 232 pli 46 – 7 km au Sud de Richelieu

Sur une butte, jadis plantée de vignes, dominant la vallée formée par un affluent de la Veude, Faye était au Moyen Âge une prospère cité de 11 000 h. comptant 5 paroisses et entourée de murailles. Les guerres de Religion ont ruiné la ville.

Église St-Georges – Cette église romane était jadis une collégiale entourée de cloîtres et de bâtiments conventuels. Trop restaurée, elle présente pourtant quelques caractéristiques intéressantes : sa haute croisée du transept à coupole sur pendentifs ; les deux passages latéraux qui font communiquer le transept avec la nef, comme dans les églises berrichonnes ; le chœur très élevé à déambulatoire : ses chapiteaux sculptés méritent d'être détaillés ; outre de nombreux feuillages et animaux fantastiques, on y reconnaît des scènes de bataille. La **crypte** ⊙, du 11e s., est inhabituelle par ses grandes dimensions et sa hauteur sous voûte. Remarquer deux chapiteaux sculptés montrant l'Adoration des Mages et un combat de cavaliers.

La FERTÉ-BERNARD★

9 355 habitants (les Fertois)
Carte Michelin n° 60 pli 15 ou 232 plis 11, 12 – Schéma, p. 200

Dans les gras pâturages de la vallée de l'Huisne apparaît La Ferté, dont les maisons anciennes entourent l'église N.-D.-des-Marais. L'Huisne et son affluent, la Même, s'y divisent en plusieurs bras. La Ferté-Bernard est un centre commercial animé au cœur d'une région agricole.

Ville forte, née auprès d'un château, ou «ferté», La Ferté fut bâtie en partie sur pilotis au milieu des marais. Elle adopta le nom du premier seigneur de l'endroit, Bernard, dont les descendants tinrent la seigneurie jusqu'au 14e s. Propriété des Guises par la volonté de Louis XI, elle connaît au 16e s. une période de prospérité économique qui suscite de remarquables constructions ; celles-ci font le charme de la ville. Après avoir pris le parti de la Ligue et capitulé devant les troupes d'Henri IV, La Ferté fut vendue en 1642 au cardinal de Richelieu ; ses héritiers la conservèrent jusqu'à la Révolution. A La Ferté-Bernard naquit le poète **R. Garnier** (1544-1590), auteur de sept tragédies dont la plus célèbre, *Les Juives*, annonce déjà Racine, avec certains accents cornéliens. Père de la tragi-comédie avec *Bradamante*, il s'apparente à Voltaire par son modernisme.

Les agnelles de La Ferté – «Il n'en faut que deux pour étrangler un loup», paraît-il : en 1590, les troupes de Henri IV, sous les ordres du prince de Conti, assiègent La Ferté, défendue par les Ligueurs, que commande un descendant des empereurs de Byzance, Dragues de Comnène.

Les vivres venant à manquer dans la place, Comnène décide de se débarrasser des bouches inutiles et lâche au-dehors nombre de femmes ; les assaillants s'en régalent... Ce que sachant, Comnène déguise 200 de ses ruffians en demoiselles et les fait sortir. Les assiégeants alléchés s'approchent, mais, lorsqu'ils sont à portée, les «agnelles», jetant cottes et cornettes aux orties, se muent en soudards agressifs et mettent en fuite les trop crédules prétendants.

CURIOSITÉS

★★**Église N.-D.-des-Marais** (B) – Ce magnifique édifice est un bel exemple de style flamboyant que commence à toucher le goût de la Renaissance. La nef, le transept, la tour carrée s'élevèrent de 1450 à 1500 ; entre 1535 et 1544, Mathurin Delaborde travailla à l'église et, de 1550 à 1590, les frères Viet dirigèrent la construction du chœur (achevé en 1596) très ample, à déambulatoire et chapelles rayonnantes, avec des galeries et arcs-boutants ajourés, et des contreforts surmontés de pinacles à crochets.

Extérieur – Le décor sculpté du chœur comporte des éléments Renaissance ; son collatéral Sud est orné de rinceaux et, dans les écoinçons, de bustes d'empereurs romains ; des niches sont pratiquées dans les contreforts. La galerie basse repose sur une corniche sculptée de coquilles et de bustes en relief qui apparaissent entre les modillons. Ses balustres portent de curieuses statuettes représentant le roi de France et ses douze pairs, etc. ; on lit dans les intervalles les mots «Regina Cœli»... La galerie haute dessine les lettres d'un «Ave Regina Cœlorum».
La hauteur du chœur par rapport à la tour d'origine qui cantonne le côté gauche révèle l'ambition des plans dessinés pour l'édifice à la fin du 16e s.
Entrée par le portail Sud, flamboyant.

Intérieur – Voir, au revers de la façade Ouest, d'originaux bénitiers Renaissance et, dans la nef, un buffet d'orgues que soutient un cul-de-lampe flamboyant.
D'une élégance recherchée, le chœur s'élève par des arcades élancées (au-dessus de chaque ogive : statuettes sous dais), un triforium Renaissance d'un dessin pur et léger, et des fenêtres hautes garnies de lumineuses verrières des 16e et 17e s.

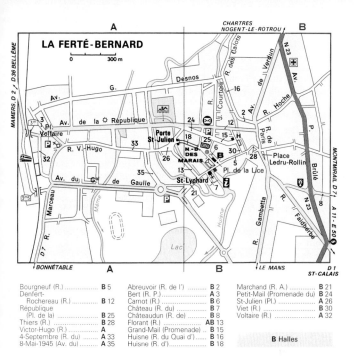

LA FERTÉ-BERNARD

Les trois **chapelles de l'abside** ★ sont particulièrement intéressantes. Celle de droite est couverte d'un étonnant plafond dont les ogives suspendues viennent se raccorder à la clef pendante taillée en couronne ; ses vitraux sont du 16e s., de même que ses délicats cartouches sculptés et sa piscine. A la chapelle axiale, les voûtes entre les ogives sont décorées de stalactites et de nids d'abeille ; à gauche, un vitrail Renaissance montre le repas de Béthanie avec la Madeleine aux pieds du Sauveur. A la chapelle de gauche, curieux plafond. Dans le collatéral à gauche du chœur, s'arrêter devant le retable où sont figurés les instruments de la Passion.

Porte St-Julien (**A**) – Construite au 15e s. sous Louis XI, elle est protégée par deux tours rondes et des mâchicoulis ; un fossé alimenté par l'Huisne la protège. Composée d'une porte charretière et d'une poterne, elle a gardé les rainures où se logeaient la herse et les câbles du pont-levis.

Maisons anciennes – Au-delà de la porte St-Julien, la rue de l'Huisne conserve quelques maisons Renaissance, notamment celle du no 15 (atlante).
La rue Carnot possède plusieurs demeures anciennes parmi lesquelles une auberge-halte (15e s.) sur la route de Compostelle, une maison (boucherie) décorée d'atlantes peints qui représentent, au rez-de-chaussée, un pèlerin que guettent un fou et un Maure grimaçant et, à l'étage, deux personnages lapidant saint Étienne. Le Syndicat d'initiative (cour du Sauvage) est installé dans l'ancien grenier à sel de la ville.

Halles (**B B**) – Donnant sur la place de la Lice et sur la rue Carnot, elles furent édifiées en 1535. Restaurées, elles présentent une belle façade sur la place, avec les lions des Guises à chaque pignon et un grand toit de tuiles percé de lucarnes et soutenu par une très belle charpente.

La fontaine – 15e-16e s. En granit, elle est alimentée par une source située dans le faubourg des Guillotières, à partir d'une canalisation qui passe sous l'Huisne.

Chapelle St-Lyphard (**B**) ⊘ – D'importants travaux de restauration ont permis de redécouvrir l'ancienne chapelle du château féodal construit au 11e s. entre deux bras de l'Huisne, en partie démoli sur ordre de Charles VI et dont subsistent également les communs (propriété privée). Adossée autrefois au corps principal du château et dotée d'un petit oratoire collatéral dans lequel on peut voir une Vierge en majesté, elle est décorée de vitraux modernes représentant Louis, duc d'Orléans, et son épouse **Valentine Visconti**, seigneurs de La Ferté-Bernard à qui le château fut attribué en 1392.

ENVIRONS

Ceton – 8 km au Nord-Est. L'**église St-Pierre**, récemment restaurée, tient son importance du prieuré de l'ordre de Cluny auquel elle appartint dès 1090. Le clocher roman précède un chœur et une nef gothique construits du 13e au 16e s. Chaque travée, au niveau des bas-côtés, est couverte d'une toiture indépendante perpendiculaire à la nef, à la manière percheronne. A l'intérieur, une **Mise au tombeau** (16e s.) d'une naïveté touchante se remarque parmi une belle statuaire.

Circuit du Perche-Gouet – Voir à ce nom. A partir de Ceton, rejoindre les Étilleux.

La FERTÉ-ST-AUBIN

6 414 habitants (les Fertésiens)
Carte Michelin n° 64 pli 9 ou 238 pli 5

Étirée le long de la N 20, La Ferté s'est développée entre la route et la voie ferrée. Seuls une scierie et un atelier de confection témoignent aujourd'hui de l'activité passée de la ville. Le vieux quartier, proche du château, garde quelques maisons solognotes, basses, en brique et à pans de bois, à larges toits couverts de tuiles plates.

Château ⊘ – Bâti sur les bords du Cosson en brique et chaînages de pierre, il offre un aspect majestueux bien que dissymétrique : à gauche, le « petit » château, qui n'a gardé du 16e s. que son appareillage de brique en losanges, à droite, le « grand » château, élevé au milieu du 17e s., avec sa façade classique surmontée de lucarnes sculptées. Un portail à fronton, encadré de pavillons à dômes, précède l'ensemble. A l'intérieur *(accès par le perron)*, la salle à manger et le grand salon ont conservé leurs meubles du 18e s. ainsi que quelques portraits, dont celui du *Marquis de la Carte*, attribué à Largillière, et celui de *Louis XV*, à l'âge de 54 ans. Dans la chambre des Maréchaux, évocation du **maréchal de La Ferté**, qui se distingua à Rocroi, et d'Ulrich de Lowendal, contemporain du maréchal de Saxe, son voisin de Chambord *(p. 79)*.

Dans la partie droite du corps de logis *(accès par le côté droit)*, on visite, au 1er étage, des chambres d'apparat (17e, 18e et 19e s.), la salle des Gardes couverte d'un beau plafond à la française, au 2e étage, des salles consacrées aux vieux métiers solognots.

Au sous-sol, dans les grandes cuisines (17e s.), une animation : « La leçon de cuisine à l'ancienne », permet d'initier les gourmets aux secrets des terrines, de la tarte tatin et d'autres mets solognots mijotés au feu de bois dans des casseroles de cuivre.

Deux bâtiments identiques (fin 17e s.) délimitent la cour d'honneur : celui de gauche abrite les **écuries** et la **sellerie**, celui de droite une orangerie.

La visite peut se poursuivre dans le **parc animalier** (petite ferme modèle) ou dans le parc à l'anglaise avec son entrelacs d'îles sur 30 ha et sa petite « maison enchantée » pour les enfants.

Église St-Aubin – 12e-16e s. Sa haute tour, formant porche, domine la vallée du Cosson.

ENVIRONS

Domaine du Ciran – Conservatoire de la faune sauvage de Sologne – *7 km à l'Est.* Forêt, taillis, prés, ruisseau, étang, le Ciran offre une longue promenade à travers des paysages solognots. Dans le château, ainsi que dans l'ancien cellier, un petit **musée** ⊘ est consacré à la Sologne et à ses habitants d'autrefois.

La FLÈCHE★

14 953 habitants
Carte Michelin n° 64 pli 2 ou 232 pli 21 – Schéma p. 154

Ville angevine, coquette et accueillante, La Flèche est renommée pour son Prytanée, collège militaire qui a formé des promotions d'officiers. La cité possède plusieurs usines importantes dont l'imprimerie du Livre de Poche. Elle est également un centre commercial des fruits du Maine. L'animation estudiantine se groupe autour de la fontaine Henri-IV, sur la place du même nom, tandis que les bords du Loir appellent à la flânerie le long de la Promenade Foch ainsi qu'au jardin des Carmes.

Le Vert-Galant – La Flèche fut apportée en dot par Françoise d'Alençon à Charles de Bourbon-Vendôme, grand-père d'Henri IV. S'il naquit à Pau, le Vert-Galant fut conçu à La Flèche, où il passa joyeusement sa jeunesse ; il y décida, en 1603, la fondation d'un collège dont il confia la direction aux jésuites.

Une pépinière d'officiers – Le collège des jésuites se développa rapidement. Dès 1625, l'établissement enseignait 1 500 élèves, et les bons pères, forts de leur succès, entamaient un conflit avec le gouverneur de la ville qui voulait les empêcher de pêcher dans leurs douves, conflit connu sous le nom de « guerre des grenouilles ». Devenu École militaire après l'expulsion des jésuites en 1762, puis Prytanée impérial militaire en 1808, le collège compta d'illustres noms parmi ses élèves *(voir p. 129)*.

Missionnaire au Canada – C'est un Fléchois, **Jérôme le Royer de La Dauversière**, qui est à l'origine de la fondation de Montréal. Ému du sort des Indiens canadiens ignorants de Dieu, il crée la « Société de Notre-Dame pour la conversion des Sauvages » qui en 1642 fonde la petite colonie devenue aujourd'hui la métropole québécoise. Dans le même temps, plusieurs pères jésuites de La Flèche, missionnaires en pays Huron, sont martyrisés par les Iroquois en 1646 : ce sont les pères Jogues, Lalemant et Brébeuf. Un autre religieux, **François de Montmorency-Laval**, après avoir été élève au collège de La Flèche, devint en 1674 le premier évêque de Nouvelle-France.

Pauvre exilé – Sous la monarchie, La Flèche était une ville quiète et on n'y dénombrait, paraît-il, qu'un coiffeur, deux billards et un café.

Le poète **Gresset** (1709-1777), dont la verve badine a conté les aventures du perroquet Ver-Vert *(voir le guide Vert Michelin Bourgogne)*, composa cette épopée héroï-comique à La Flèche, où il avait été expédié pour avoir eu la plume et la langue trop longues. Il décrit la cité en ces termes :

> *« Un climat assez agréable*
> *De petits bois assez mignons*
> *Un petit vin assez potable*
> *De petits concerts assez bons*
> *Un petit monde assez passable*
> *La Flèche pourrait être aimable*
> *S'il était de belles prisons. »*

CURIOSITÉS

★ **Prytanée national militaire** (Y) ⊙ – Située sur les lieux mêmes du prestigieux collège des jésuites fondé au 17e s., cette École militaire regroupe aujourd'hui environ 1 000 élèves répartis sur les deux quartiers Henri IV et Gallieni. C'est un établissement public d'enseignement général ouvert à tout jeune français, préparant aux concours d'entrée des Grandes Écoles Militaires. Seul le second cycle de l'enseignement secondaire est réservé à certaines catégories d'ayants droit, admis sur concours.

Créée pour «instruire la jeunesse aux bonnes lectures et la rendre amoureuse des sciences, de l'honneur et de la vertu pour être tant plus capable de servir au public», l'École, depuis près de quatre siècles, fidèle à l'esprit de son illustre fondateur Henri IV, a formé des générations d'élèves qui se sont distingués au service de la France : René Descartes, Charles Borda, les maréchaux Davout, Junot, Jourdan, Bertrand, Gallieni, de nos jours Jean-Claude Brialy (l'acteur), Patrick Baudry et Jean-François Clervoy (les spationautes)..., plus de 1 500 généraux et plusieurs ministres. Parmi les anciens élèves, 1 500 d'entre eux sont tombés au Champ d'honneur.

Sur la rue du collège, un monumental portail baroque, que surmonte un buste d'Henri IV, marque l'entrée de l'ancien collège jésuite. Il débouche sur la cour d'Honneur, appelée aussi cour d'Austerlitz, au fond de laquelle s'élève l'hôtel de

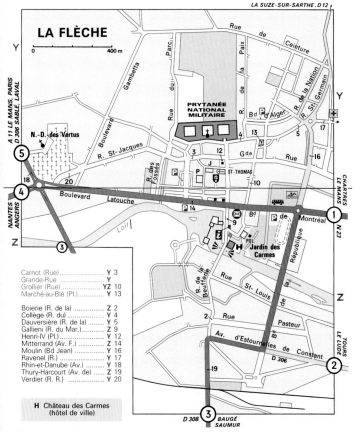

LA FLÈCHE

Carnot (Rue)	Y 3
Grande-Rue	Y
Grollier (Rue)	YZ 10
Marché-au-Blé (Pl.)	Y 13

Boierie (R. de la)	Z 2
Collège (R. du)	Y 4
Dauversière (R. de la)	Y 5
Gallieni (R. du Mar.)	Y 9
Henri-IV (Pl.)	Y 12
Mitterrand (Av. F.)	Z 14
Moulin (Bd Jean)	Y 16
Ravenel (R.)	Y 17
Rhin-et-Danube (Av.)	Y 18
Thury-Harcourt (Av. de)	Z 19
Verdier (R. R.)	Y 20

H Château des Carmes
(hôtel de ville)

style Louis XVI, bâti en 1784, affecté au commandement de l'école. L'établissement possède une bibliothèque riche d'environ 45 000 volumes, dont certains datent du 15e s.

★ **Église St-Louis (1607-1637)** — Elle se dresse dans la cour de Sébastopol, à l'architecture stricte. Caractéristique du style jésuite par sa disposition : nef unique bordée de larges chapelles, grandes tribunes, éclairage abondant, elle est remarquable par son décor baroque, depuis le grand retable du maître-autel jusqu'au magnifique **buffet d'orgues★** (1640) supporté par une gracieuse tribune. Remarquer dans le croisillon gauche, dans une niche de la partie supérieure, l'urne de plomb doré, en forme de cœur, où furent placées les cendres des cœurs d'Henri IV et de Marie de Médicis.

Chapelle N.-D.-des-Vertus (Y) — C'est un charmant édifice roman à portail en plein cintre et absidioles en cul-de-four.
La voûte de bois est entièrement revêtue de peintures (rinceaux et médaillons) du 17e s. Les **boiseries★** Renaissance, provenant de la chapelle du château du Verger (*voir à ce nom*), retiendront l'attention, surtout l'extraordinaire « guerrier musulman » sculpté au revers de la porte à vantaux Renaissance. Les boiseries de la nef comportent des médaillons et des attributs religieux.

Le guerrier musulman

Château des Carmes (Z H) — Occupé par l'hôtel de ville, il comporte des bâtiments du 17e s., accolés à un vestige de la forteresse du 15e s., présentant sur le Loir un pignon aigu flanqué de deux tourelles à mâchicoulis. Le **jardin des Carmes** est un agréable jardin public bordé par le Loir ; du pont, belle perspective sur les eaux calmes où se mirent le jardin et le château.

ENVIRONS

★ **Parc zoologique du Tertre Rouge** ⊙ — *5 km. Quitter La Flèche par ② du plan et prendre à droite la D 104. Continuer sur 1 km après le 3e passage à niveau.*
Situé dans la forêt (7 ha), le zoo renferme des mammifères (fauves, singes, cervidés, éléphants, etc.), de nombreux oiseaux ainsi que des reptiles hébergés dans deux vivariums (pythons, boas, crocodiles, tortues, etc.). Un bassin vitré permet d'observer des loutres à terre où sous l'eau.
A l'intérieur du parc, le **musée de Sciences naturelles** présente la faune régionale sur des dioramas. On peut admirer dans des attitudes vivantes, dans leur milieu naturel reconstitué, les 600 animaux de la collection du naturaliste Jacques Bouillault.

FONTEVRAUD-L'ABBAYE★★

1 850 habitants (les Fontevristes)
Carte Michelin nº 64 Sud-Ouest du pli 13 ou 232 pli 33 – Schéma p. 163

Élevée aux confins de l'Anjou, de la Touraine et du Poitou, l'abbaye de Fontevraud reste l'un des plus importants ensembles monastiques subsistant en France. Elle fait l'objet, actuellement, d'importants travaux de restauration (dont les jardins du Logis Bourbon). On en a une vue générale depuis la route de Loudun.

Fondation de l'abbaye (1101) — L'ordre fontevriste fut fondé par **Robert d'Arbrissel** (vers 1045-1117) qui, après avoir vécu en ermite dans une forêt de la Mayenne, reçut du pape Urbain II la mission de prêcher dans l'Ouest de la France. Bientôt entouré de nombreux disciples des deux sexes, il choisit ces lieux pour installer sa communauté double.
Dès l'origine, l'abbaye se distingue de tous les autres établissements religieux en accueillant, en cinq bâtiments distincts, des prêtres et frères lais (St-Jean-de-l'Habit), des religieuses contemplatives (Ste-Marie), des lépreux (St-Lazare), des malades (St-Benoît) et des sœurs laies (Ste-Marie-Madeleine).

Chacun de ces couvents mène une vie autonome et possède donc son église et son cloître, sa salle capitulaire, son réfectoire, son dortoir et ses fours. Robert d'Arbrissel avait prévu que cette organisation serait dirigée par une abbesse choisie parmi les veuves. Plus tard, elle fut qualifiée de «chef et générale de l'Ordre». Cette prééminence féministe a persisté jusqu'à la Révolution. En 1119, le pape Calixte II vint bénir le cimetière et consacrer l'église.

Un ordre aristocratique – Ce nouvel ordre connaît un rapide succès et prend très vite un caractère aristocratique; les abbesses, de haute lignée, procurent à Fontevraud des dons importants et de puissantes protections. Les Plantagenêts comblent l'abbaye de bienfaits et choisissent l'église abbatiale pour lieu de sépulture; une dizaine d'entre eux y furent inhumés. C'est le refuge des reines répudiées, des filles royales ou de grandes familles qui, de gré ou de force, se retirent du monde. Trente-six abbesses, la moitié de sang royal, dont cinq de la Maison de Bourbon, s'y succèdent de 1115 à 1789; à l'abbesse Gabrielle de Rochechouart de Mortemart (sœur de Mme Montespan), Louis XV confie l'éducation de ses quatre filles cadettes.

Il y a certes des périodes de relâchement; le recrutement des religieuses et l'insoumission des frères qui trouvent pénible d'obéir à une femme y prédisposent. Mais il se trouve toujours des abbesses énergiques pour redresser la situation : Marie de Bretagne est au 15e s. la première réformatrice. Renée et Louise de Bourbon au 16e s. et surtout, au 17e s., Jeanne-Baptiste de Bourbon, fille légitimée de Henri IV, ainsi que la sœur de Mme de Montespan, Gabrielle de **Rochechouart de Mortemart**, la «reine des abbesses», font de l'abbaye un centre spirituel et culturel de grande renommée.

Au 18e s., 75 prieurés et environ 100 domaines relevaient de Fontevraud, qui comptait alors encore une centaine de religieuses et 20 frères.

La profanation – Après les actes de vandalisme des huguenots en 1562, les révolutionnaires supprimèrent l'ordre en 1792 et détruisirent entièrement le prieuré des moines en 1792. En 1804, Napoléon transforma le monastère en prison centrale, qui ne fut désaffectée qu'en 1963.

Une vocation culturelle – L'abbaye a trouvé depuis 1975 une nouvelle destination culturelle en abritant le **Centre Culturel de l'Ouest** ⊙ qui a pour mission la gestion et l'animation du monument. Il y organise concerts, spectacles, expositions, conférences et séminaires. L'hôtellerie du Centre est l'ancien prieuré St-Lazare, construit un peu à l'écart des autres bâtiments claustraux, qui accueille individuels, groupes, séminaires...

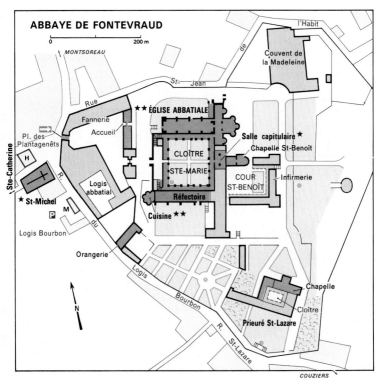

ABBAYE DE FONTEVRAUD

★★ L'ABBAYE ⊘ *visite : 2 h*

Parmi les bâtiments qui bordent la cour d'entrée, dont la plupart datent du 19ᵉ s., remarquer sur la gauche la «fannerie», vastes écuries du 18ᵉ s., et sur la droite le logis abbatial (17ᵉ et 18ᵉ s.) décoré de guirlandes et de bas-reliefs. L'entrée se situe dans l'ancienne caserne qui abritait au 19ᵉ s. les militaires chargés de garder la prison (au 1ᵉʳ étage, exposition permanente de l'histoire fontevriste).

★★ **Église abbatiale** – La vaste église du 12ᵉ s., divisée, au temps du pénitencier, en plusieurs étages de dortoirs, a retrouvé toute son ampleur et sa pureté. La large nef, aux chapiteaux délicatement sculptés, est coiffée d'une file de coupoles ; Fontevraud constitue l'exemple le plus septentrional de ce type d'églises, et démontre les liens qui unissaient les possessions aquitaines et angevines de l'Empire Plantagenêt. Le transept et le chœur, antérieurs à la nef de quelques décennies, suivent un modèle tout différent, celui des abbayes bénédictines avec déambulatoire et chapelles rayonnantes, où l'abondance de la lumière et la multiplication des lignes verticales, hautes colonnes, arcatures, piliers, symbolisent l'élan vers Dieu.
L'édifice conserve les **gisants polychromes des Plantagenêts ★**, représentant Henri II, comte d'Anjou et roi d'Angleterre, Aliénor d'Aquitaine son épouse, Richard Cœur de Lion leur fils, et leur bru Isabelle d'Angoulême, veuve de Jean sans Terre. Au 16ᵉ s., ces gisants furent réunis dans un monument funéraire, le «cimetière des rois», dont subsiste seule la base dans la nef, à gauche de l'entrée du chœur.

Cloître Ste-Marie – Le cloître du couvent des religieuses, ou Grand Cloître, est couvert de voûtes Renaissance, à l'exception de la galerie méridionale, encore gothique d'inspiration.
De la galerie orientale, on pénètre, par une porte richement sculptée, au seuil pavé d'armoiries gravées de la famille des Bourbons, dans la **salle capitulaire ★** décorée de peintures murales du 16ᵉ s. où sont représentées certaines abbesses de Fontevraud.

Cour St-Benoît – Dès les 17ᵉ et 18ᵉ s., elle desservait l'infirmerie de l'abbaye. L'aile Nord inclut la **chapelle St-Benoît**, du 12ᵉ s.

Les cuisines

Réfectoire – Belle salle, longue de 45 m, aux murs romans, couverte d'une voûte gothique qui a remplacé en 1515 un couvrement.

★★ **Cuisine** – Seule cuisine romane parvenue jusqu'à nous, mais d'un modèle fréquent à l'époque, celle de Fontevraud est célèbre pour sa toiture de pierre taillée en pointes de diamant, piquée de nombreuses cheminées aménagées en 1904 lors de sa reconstruction par l'architecte Magne. A l'origine, c'était un bâtiment isolé, de plan octogonal à la base et cantonné de huit absidioles (dont trois disparurent au 16e s. lors du rattachement au réfectoire), coiffé d'une hotte, octogonale également, de 27 m de hauteur. Son ampleur et le nombre de cheminées s'expliquent par l'importance de l'abbaye, et parce que la cuisine servait aussi de fumoir pour conserver viandes et poissons. Les contraintes techniques et pratiques qui s'imposèrent ici à l'architecte ne l'ont pas empêché de créer une pièce aussi admirable pour la pureté et l'harmonie de ses lignes que pour son caractère fonctionnel.

Prieuré Saint-Lazare – Cet ensemble abrite une hôtellerie ; il est possible, cependant, d'accéder à la chapelle et au bel **escalier** à vis du 18e s. Le cloître minuscule sert de restaurant d'été.

AUTRES CURIOSITÉS

★ **Église St-Michel** ⊘ – Aux murs extérieurs a été adossé, au 18e s., un préau trapu qui lui donne un cachet inattendu et sous lequel on trouve une belle porte du 12e s. avec ses pentures romanes. Agrandie et transformée aux 13e et 15e s., l'église garde de l'édifice primitif une très pure arcade intérieure à colonnettes et une voûte angevine. Elle abrite des souvenirs du monastère qui sont autant d'**œuvres d'art**★. Le maître-autel, de bois sculpté et doré, fut commandé par l'abbesse Louise de Bourbon Lavedan en 1621 pour l'église abbatiale. Dans une chapelle latérale, à gauche, se trouvent un crucifix de bois (15e s.) à la fois tourmenté et paisible, un expressif Couronnement d'épines (fin 16e s.). Dans une Crucifixion peinte sur bois dans un style archaïque, Étienne Dumonstier aurait figuré la pitoyable vanité des luttes entre catholiques et protestants en portraiturant les antagonistes au pied de la croix : on voit Michel de L'Hospital assassiné, Catherine de Médicis (Marie-Madeleine à genoux), Henri II (en cavalier romain transperçant le cœur du Christ) à la cour desquels Dumonstier était valet de chambre, et leurs trois fils François II, Charles IX, Henri III. En avant, une religieuse modeste représenterait l'abbesse Louise de Bourbon qui reçut en 1548 la visite de Marie Stuart, puis Charles IX en 1564, enfin Catherine de Médicis en 1567 ; une sainte femme couronnée figure Marie Stuart, tandis qu'Élisabeth d'Autriche prête ses traits à la Vierge.

Chapelle Ste-Catherine – Cette chapelle du 13e s. s'élevait jadis au milieu du cimetière ; une lanterne des morts la surmonte.

Château de FOUGÈRES-SUR-BIÈVRE★

Carte Michelin n° 64 pli 17 ou 238 pli 15 (8 km au Nord-Ouest de Contres)

Dans le bourg coquet de Fougères, entouré de pépinières et de champs d'asperges, se dresse, austère et noble sur sa façade Nord aux allures féodales, le **château** ⊘ de Pierre de Refuge, trésorier de Louis XI. L'imagination rétablit sans peine les fossés d'origine, le pont-levis, les archères, remplacés au 16e s. par des fenêtres, et les merlons du donjon, supprimés lors de l'établissement de la toiture.

L'édifice a été commencé en 1470. Tandis qu'à Blois, depuis 20 ans déjà, Charles d'Orléans a jeté bas l'ancien château fortifié et l'a remplacé par une demeure plus riante, à Fougères, le constructeur ne donne pas dans la mode nouvelle : il élève un véritable château fort, conservant le donjon carré du 11e s.
Son gendre, Jean de Villebresme, en achevant le château, s'attache au contraire à lui donner l'aspect aimable qu'il présente sur la cour d'honneur, bordée sur l'aile Est d'une galerie aux arcades surbaissées, surmontée de gracieuses lucarnes. Remarquer encore la jolie tourelle d'escalier de l'angle Nord-Ouest, aux fenêtres décorées de pilastres aux motifs Renaissance. Quant au bâtiment méridional, percé de grandes baies au 18e s., il fut occupé au 19e s. par une filature. La visite intérieure permet d'admirer les vastes proportions des pièces, la charpente en carène de bateau du logis seigneurial et celle, conique, des tours.

ENVIRONS

Le Château enchanté de Roujoux ⊘ – *5 km à l'Est par la D 7, vers Fresnes.* Les abords du château de Roujoux, reconstruit sous Louis XIII par René de Maillé, sont aménagés pour la détente (parc de 7 ha, pique-nique, jeux, mini-golf). A l'intérieur du château, un **musée** historique de marionnettes animées retrace la vie du château depuis l'arrivée des Vikings.

FRAZÉ

489 habitants
Carte Michelin n° 60 pli 16 ou 237 Nord du pli 37 (8 km au Nord-Ouest de Brou)

Frazé est un petit village d'origine gallo-romaine, jadis fortifié et entouré d'eau, au creux du vallon de la Foussarde. La place de la mairie, d'où le regard embrasse à la fois l'église et le château, ne manque pas de charme.

Enfin, Frazé est un point de départ pour une excursion dans la verdoyante région du Perche-Gouet (voir à ce nom).

Château ⊘ — Construit en 1493 sur un plan carré, il était protégé par des douves et un étang ; il fut complété aux 16e et 17e s. par des communs encadrant un porche d'entrée. Des bâtiments du château subsistent une tourelle de guetteur, deux tours dont l'une, à mâchicoulis, isolée, est ceinte d'une cordelière, et le châtelet flanqué de tours et orné de consoles sculptées, ainsi qu'une intéressante chapelle à culots historiés. Un puits ancien, des jardins, des canaux et des terrasses agrémentent la cour et le parc.

Église — Elle présente un joli portail Renaissance supporté par trois atlantes.

GENNES

1 867 habitants (les Gennois)
Carte Michelin n° 64 pli 12 ou 232 plis 32, 33 – Schéma p. 163

Gennes est agréablement située près de la Loire, dans un cadre de collines boisées dont les replis recèlent de nombreux mégalithes dont le **dolmen de la Madeleine** au Sud, sur la route de Doué. Par ailleurs, la découverte d'un nymphée, d'un aqueduc, de thermes et d'un amphithéâtre laisse supposer l'existence, à l'époque gallo-romaine, d'un sanctuaire réservé au culte des eaux. Un petit **musée archéologique** ⊘ donne des informations complémentaires sur ces vestiges du passé.

Amphithéâtre ⊘ — Découvert en 1837, ce présumé édifice de spectacle qui aurait servi entre le 1er et le 3e s. fait toujours l'objet de fouilles. Adossé à un coteau occupé par les gradins ou *cavea*, qu'un podium interrompt dans la zone Nord-Est, il comprend une arène elliptique dont le grand axe mesure 44 m. Un mur en grès ou tuffeau et brique, doublé d'un couloir dallé utilisé pour le drainage, est bien apparent dans le secteur Nord.

Église St-Eusèbe ⊘ — Se dressant sur la colline dominant la Loire, elle n'a conservé que son transept et sa tour du 12e s. De la plate-forme du clocher se découvre un vaste **panorama** sur Gennes et le Val de Loire, de la centrale nucléaire d'Avoine jusqu'à Longué et Beaufort. Dans l'enclos a été érigé un historial aux Cadets de Saumur, tombés lors de la défense de la Loire en juin 1940.

ENVIRONS

Le Prieuré — *6,5 km à l'Ouest par la D 751 et, au lieu-dit le Sale-Village, une route à gauche.* Ce hameau se groupe autour d'un charmant prieuré ; l'**église**, des 12e et 13e s., possède une ravissante tour romane carrée et, à l'intérieur, un bel autel du 17e s. en bois polychrome.

Les Rosiers — *1 km au Nord.* Reliée à Gennes par un pont suspendu, cette localité possède une **église** dont le clocher Renaissance est l'œuvre de l'architecte angevin Jean de l'Espine ; la tourelle d'escalier qui le flanque est percée de jolies fenêtres encadrées de pilastres. Sur la place de l'église, statue de Jeanne de Laval, seconde femme du roi **René** d'Anjou.

Église de GERMIGNY-DES-PRÉS★

Carte Michelin n° 64 pli 10 ou 238 pli 6 (4 km au Sud-Est de Châteauneuf-sur-Loire)

Rare et précieux témoin de l'art carolingien, la petite église de Germigny est l'une des plus vieilles de France, et peut être mise en relation avec la rotonde impériale d'Aix-la-Chapelle, également de plan centré.

Mosaïque de l'abside Est

VISITE ⏱ *1/2 h*

L'église primitive, dont le plan en croix grecque rappelle, entre autres, la cathédrale arménienne d'Etchmiadzine, comportait quatre absides semblables ; il faut l'imaginer tout ornée de mosaïques et de stuc, le sol pavé de marbre et de porphyre.

L'abside Est est la seule qui soit d'origine. Elle a conservé sur sa voûte une remarquable **mosaïque**★★ représentant l'arche d'alliance, surmontée de deux chérubins, encadrée de deux archanges ; au centre apparaît la main de Dieu. L'emploi de mosaïques d'or et d'argent dans le dessin des archanges rattache cette œuvre à l'art byzantin de Ravenne.

Cet ensemble remarquable fut découvert en 1840, lorsque des archéologues, voyant des enfants jouer avec de petits cubes de verre coloré trouvés dans l'église, mirent au jour le chef-d'œuvre jusque-là préservé par un épais badigeon.

D'autres éléments du programme iconographique, les arcatures de stuc, les chapiteaux dénotent les influences simultanées des arts ommeyade, mozarabe et lombard. Au centre, une tour-lanterne carrée aux vitraux d'albâtre translucide (la technique des vitraux de verre n'était pas encore répandue) éclaire l'autel. La nef actuelle, du 15e s., a fait disparaître la quatrième abside.

Un grand dignitaire de l'entourage de Charlemagne : Théodulfe

Théodulfe était un Goth, sans doute originaire d'Espagne ou de Septimanie (Gaule Narbonnaise). Théologien de grande valeur, brillant lettré, poète pétri de culture antique, il vint en Neustrie après 782 et fit partie du cercle érudit de Charlemagne. Après un long voyage dans le midi de la France en tant que *missus dominicus* de l'empereur, il obtint l'évêché d'Orléans, puis fut abbé de Micy et de St-Benoît-sur-Loire.

Il possédait, non loin de Fleury, une villa (domaine rural) dont il reste l'oratoire : l'église de Germigny. Cette résidence était somptueusement décorée : murs couverts de peintures représentant la Terre et le Monde, sols de marbre, oratoire paré de superbes mosaïques exécutées vers 806. A la mort de Charlemagne, Théodulfe tomba en disgrâce, compromis dans un complot contre Louis 1er le Pieux ; il fut banni et déposé en 818. Il mourut dans une prison à Angers trois ans plus tard.

La villa disparut au 9e s., incendiée par les Normands. Les restaurations sucessives du 19e s. ont détruit une grande partie du très riche décor d'origine de l'oratoire.

GIEN★

16 477 habitants
Carte Michelin n° 65 pli 2 ou 238 pli 7

Bâtie sur le coteau qui domine la rive Nord de la Loire au cours paisible, Gien est une petite ville agréablement fleurie, bien connue pour ses faïences. Le respect des lignes traditionnelles de l'architecture régionale et l'emploi judicieux des matériaux locaux ont donné aux quartiers reconstruits après la dernière guerre un aspect original et attrayant.

Du pont s'offre une belle **vue**★ sur le château, les maisons des quais et la Loire.

Gien est une ville très ancienne qui s'est développée autour d'un château construit, dit-on, par Charlemagne.

C'est là qu'en 1410 se constitua le parti des Armagnacs soutenant Charles d'Orléans contre les Bourguignons dans la guerre civile qui préluda au dernier épisode de la guerre de Cent Ans. Plus tard, **Anne de Beaujeu** (1460-1522), comtesse de Gien, fit reconstruire le château.

Fille aînée de Louis XI, âgée de 23 ans à la mort de son père, elle reçut la régence du royaume pendant la minorité de son frère Charles VIII (1483-1491), charge qu'elle exerça avec fermeté, révélant de véritables qualités d'homme d'État ; reconnaissant son autorité, ses contemporains l'avaient surnommée « Madame la Grande ».

En 1652, pendant la **Fronde**, la révolte armée contre le roi des grands princes (Condé, Beaufort et Mme **de Longueville**) oblige Anne d'Autriche, Mazarin et le jeune Louis XIV à fuir Paris ; ils se réfugient à Gien tandis que Turenne, à la tête des troupes royales, défait les frondeurs à Bléneau *(25 km à l'Est de Gien)*, ouvrant au roi le chemin de Paris.

CURIOSITÉS

★★ **Musée international de la Chasse** (**Z M**) ⊙ – Située en lisière de la forêt d'Orléans et de la giboyeuse Sologne, Gien est bien placée pour accueillir un tel musée, dans son **château**★ qui domine la ville.

Reconstruit en 1484, ce château de brique à toit d'ardoises est très sobrement décoré de quelques tourelles d'escalier et du jeu des briques bicolores contrastant avec les chaînages de pierre blanche.

On admirera les proportions des pièces du musée, ornées de belles cheminées et de plafonds à poutres.

Le musée, à la fois musée d'art par la beauté des œuvres au décor inspiré par la chasse (tapisseries, faïences, verres taillés, tableaux, etc.), et musée des armes et des techniques cynégétiques depuis la préhistoire, présente des poires à poudre, des assiettes et pichets de faïence, des pipes décorées, des couteaux de chasse, des gravures de mode, des plaques de cheminée, des arbalètes, arquebuses, pistolets et fusils ornés avec le plus grand soin.

On verra des scènes de chasse de la mythologie ou du christianisme : ainsi *Diane au bain surprise par le chasseur Actéon* qu'elle transforme en cerf et fait dévorer par ses propres chiens, et de nombreux exemples de la légende de saint Hubert.

Une vitrine expose la fabrication très sophistiquée d'un fusil Damas ; la salle de la fauconnerie dévoile le symbolisme des couleurs des chaperons de faucons ;

Chien de chasse – F. Desportes

la grande salle à la superbe charpente est consacrée à **François Desportes** (1661-1743) et **Jean-Baptiste Oudry** (1686-1755), grands peintres animaliers attachés au roi Louis XIV ; ailleurs, on admirera les œuvres aux lignes très pures de Florentin Brigaud (1886-1958), sculpteur et graveur animalier.

La visite se termine par la collection de boutons de vénerie (environ 4 000 pièces) de la salle Daguilhon-Pujol, une collection de trompes de chasse, et 500 trophées personnels d'un grand chasseur, Claude Hettier de Boislambert.

De la terrasse du château, **vue**★ étendue sur la Loire et sur les toits de tuiles plates de la ville, reconstruite avec ses pignons pointus et ses façades aux losanges de brique.

L'**église Ste-Jeanne-d'Arc** fut reconstruite en brique en 1954 contre le clocher du 15ᵉ s., seul vestige de la collégiale fondée par Anne de Beaujeu.

L'intérieur, aux piliers ronds et élancés, crée une atmosphère de recueillement comparable à celle des églises romanes.

GIEN

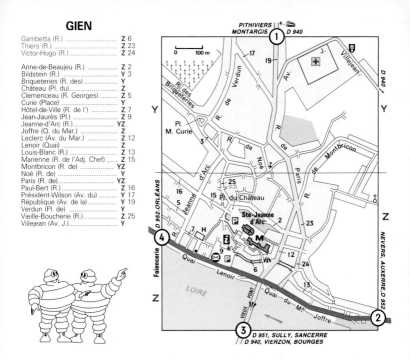

Faïencerie ⊙ – *A la sortie Ouest de la ville par* ④ *du plan. Accès par le quai ou la rue Paul-Bert.* A la fondation de la faïencerie, en 1821, le site de Gien fut choisi pour la proximité de gisements d'argile et de sable pour la terre, de bois pour chauffer les fours, et de la Loire pour le transport de ses produits. Connue surtout pour ses services de table et sa faïence d'art, la manufacture de Gien créa à la fin du 19e s. un décor original, le célèbre «bleu de Gien», d'un bleu profond rehaussé de dessins jaune d'or. Tout en continuant la production de motifs anciens coûteux car ils exigent un travail manuel important, la faïencerie propose également à ses clients des services modernes d'un prix plus accessible.

Un **musée** aménagé dans une ancienne cave à pâte (pour la faïence) rassemble 400 pièces, dont certaines, très grandes, ont été réalisées pour l'Exposition universelle de 1900. Salle d'exposition des modèles actuels.

ENVIRONS

St-Brisson-sur-Loire – *6 km au Sud-Est.* Assis sur un promontoire aux confins de l'Orléanais et du Berry, le **château** ⊙, édifié au 12e s., offre au regard les vestiges d'un ouvrage fortifié, autrefois défendu par un donjon et au Sud par une muraille crénelée. L'aile Est ainsi que la tour abritant l'escalier ont été remaniées au 19e s. On visite les caves situées sous l'emplacement de l'ancien château ainsi qu'à l'intérieur l'enfilade des pièces conservant les souvenirs des familles d'Estrades et Séguier. La bibliothèque garde une lettre de J.-J. Rousseau. Des copies de machines de guerre du Moyen Age (pierrière, mangonneau) sont installées dans les douves. Des démonstrations de tir ont lieu périodiquement en été.

En empruntant la D 940 au Nord-Est, puis la D 43, on parvient à **la Bussière** au château des Pêcheurs. Cette ancienne forteresse abrite une collection concernant la pêche en eau douce *(voir guide Vert Michelin Bourgogne Morvan).*

GIZEUX

510 habitants (les Gizellois)
Carte Michelin n° 64 centre du pli 13 ou 232 pli 34

Château ⊙ – A la sortie Est du village, une allée bordée d'arbres mène à cet important château de la Touraine angevine, fief des du Bellay, princes d'Yvetot, de 1330 environ à 1661, et habité par la même famille depuis 1786.

Le corps de logis principal, avec ses deux ailes en retour d'équerre, a remplacé vers 1560 la forteresse primitive, dont la tour à mâchicoulis située à l'avant de la cour d'honneur représente un vestige. La **salle François Ier** est décorée de peintures sur bois exécutées par des artistes italiens. La **«galerie des châteaux»**★ s'orne de fresques représentant des châteaux royaux (Chambord, Vincennes, Versailles...), réalisées au 17e s. Un bel ensemble mobilier Louis XV occupe les pièces d'habitation. D'intéressants communs, construits au milieu du 18e s. avec des combles à la Mansart, prolongent au Nord le château.

A peu de distance se trouve l'**église** qui renferme d'intéressants tombeaux du 17e s., de la famille du Bellay. A droite se trouvent les priants de marbre blanc de René du Bellay, mort en 1611, représenté en armure, et de son épouse Marie portant robe à col ouvert et bonnet dans le style de Catherine de Médicis, tandis qu'à gauche, représentés dans la même attitude, Martin du Bellay, fils des précédents, et son épouse portent un habit à fraise.

Vernantes – *12 km à l'Ouest.*

Vernoil – L'**église** a belle allure avec son clocher massif aux lignes pures. A sa droite, en pénétrant dans la cour du prieuré, on verra la solide tourelle octogonale et les fenêtres à meneaux de l'ancien logis du prieur.

Vernantes – Un beau clocher (12e s.) coiffé d'une flèche de pierre signale l'**église** dont il ne reste que le chœur. La nef, détruite par la foudre au 19e s., a été remplacée par un simple porche, et on préféra construire une église neuve de l'autre côté de la place.

Le GRAND-PRESSIGNY

1 120 habitants (les Pressignois)
Carte Michelin nº 68 pli 5 ou 232 pli 48

Face au confluent de la Claise et de l'Aigronne, dans un site pittoresque, Le Grand-Pressigny était protégé par son château qui couronne le coteau.
Le site du Grand-Pressigny est connu dans le domaine de la préhistoire pour ses nombreux ateliers de silex où l'on fabriquait en série, à la fin du néolithique, des lames qu'on exportait dans des régions très éloignées (on en a retrouvé en Suisse).

★ **Musée départemental de Préhistoire** ⊙ – Le **château** qui prête son cadre au musée présente encore les restes d'une forteresse médiévale de Guillaume de Pressigny : enceinte flanquée de tours, porte fortifiée, donjon et souterrain de la fin du 12e s. Au milieu des jardins soignés se dresse le logis seigneurial, du 16e s., dû aux travaux d'embellissement d'Honorat de Savoie ; le corps de galerie ouvre par un portique sur la cour d'honneur. Au sommet de la tour *Vironne* la coursière permet d'avoir une très jolie **vue** sur le village et la vallée de la Claise.
Le **musée**, créé en 1910, présente les grands traits de la préhistoire à travers les découvertes faites sur les grands sites de Touraine. Des dispositifs spéciaux sont prévus pour les non-voyants.
Dans l'espace 1 sont rappelées les grandes périodes de la préhistoire. L'espace 2 est consacré au paléolithique très ancien et au paléolithique ancien : on peut y examiner un film de sédiments prélevés dans une sablière d'Abilly. Espace 3 : deux sites tourangeaux, la Roche Cotard à Langeais et l'abri Reignoux à Abilly, évoquent le paléolithique moyen, de même qu'une maquette recréant la vie des chasseurs moustériens. Le paléolithique supérieur (espace 4) avec notamment la vie des chasseurs du solutréen, le néolithique et particulièrement le néolithique final avec les exportations de silex taillés (espace 5) sont ensuite développés.
Enfin la cachette de bronze d'Azay-le-Rideau, la présentation de sites de la vallée de la Creuse, etc., illustrent l'âge des métaux (espace 6).
La remise abrite la section de paléontologie : fossiles trouvés en Touraine et notamment dans les dépôts de la mer des Faluns, situés dans la région, au Nord et au Sud de la Loire.

ENVIRONS

La Celle-Guenand – *8,5 km au Nord-Est.* La Celle-Guenand possède une harmonieuse église dont la sobre façade romane comporte un portail central aux voussures finement sculptées de masques et de figures fantastiques. A la croisée du transept, couverte d'une coupole sur trompes, remarquer le décor d'entrelacs sculpté au tailloir des chapiteaux massifs et frustes. A droite de l'entrée, un énorme monolithe décoré de masques forme bénitier (12e s.).

Château du GUÉ-PÉAN

Carte Michelin nº 64 pli 17 ou 238 pli 15 (13 km à l'Est de Montrichard)

Retiré dans un tranquille vallon aux pentes boisées, le **château du Gué-Péan** ⊙ a ouvert son cadre champêtre au pique-nique. Demeure de plaisance bâtie aux 16e et 17e s., le château a cependant gardé le plan des châteaux féodaux, ses trois corps de bâtiment, cantonnés de quatre grosses tours rondes, encadrant une cour fermée ; les douves sèches entourent l'ensemble, franchies par un pont de pierre. Les détails sont plus gracieux, et d'abord ceux de la plus haute tour (les trois autres sont inachevées), coiffée d'une cloche d'ardoises, aux mâchicoulis délicatement sculptés. Rythmés d'arcades et d'élégantes baies encadrées de pilastres, les ailes et les pavillons sont couronnés de toits à la française.

Intérieur – On visite une suite de salons garnis de mobilier Louis XV et Louis XVI, et ornés de tapisseries et de tableaux de maîtres ; la monumentale cheminée Renaissance du grand salon est due à Germain Pilon. La bibliothèque renferme de nombreux autographes et souvenirs historiques. Accès au chemin de ronde.

L'ÎLE-BOUCHARD

1 800 habitants (les Bouchardais)
Carte Michelin n° 68 Nord du pli 4 ou 232 plis 34, 35 – Schémas p. 116 et 176

Autrefois port sur la Vienne, l'Île-Bouchard est une localité ancienne dont le nom vient de l'île étirée dans le cours de la Vienne, où le premier seigneur connu, Bouchard Ier, édifia au 9e s. une forteresse détruite au 17e s. La baronnie achetée par le cardinal de Richelieu appartint jusqu'en 1789 à ses descendants.

Prieuré-St-Léonard ⊙ – *A la lisière Sud de la ville, signalé.*
De l'église prieurale qui se dressait sur les premières pentes du coteau, seul est encore debout un superbe rond-point roman (11e s.) en tuffeau, à déambulatoire et chapelles rayonnantes. Les arcades ont été renforcées par des arcatures au siècle suivant.

Église St-Maurice – Détail de la cathèdre

M. Guillaud/SCOPE

De remarquables **chapiteaux★** historiés représentent de gauche à droite :
1er pilier, Annonciation et Visitation, Nativité, Adoration des Bergers, Adoration des Mages ;
2e pilier, Circoncision, Massacre des Innocents, Fuite en Égypte, Jésus au milieu des Docteurs ;
3e pilier, Baiser de Judas, Crucifixion, Cène ;
4e pilier, Entrée de Jésus à Jérusalem, Descente aux limbes, Décollation de saint Jean-Baptiste.

Église St-Maurice ⊙ – Terminé par une belle flèche de pierre ornée de sculptures ajourées, le haut clocher octogonal date de 1480. Les nefs, de style transition flamboyant-Renaissance, reposent sur des piliers ornés de médaillons Renaissance. Dans le chœur, une fort belle réplique d'une **cathèdre★** (siège à haut dossier) du début du 16e s., est ornée de sculptures Renaissance d'une grâce remarquable, évoquant l'Annonciation, la Nativité, la Fuite en Égypte ; les auteurs se sont représentés sur les jouées.
A côté de l'église, manoir du début du 17e s. avec lucarne à fronton.

Église St-Gilles – Sur la rive droite de la Vienne, le long de la D 760, cette église du 11e s. (nef) a été agrandie au 12e s. et remaniée au 15e s. (chœur). Deux jolis portails romans, sans tympan, présentent un décor géométrique et végétal remarquable. La tour romane, à la croisée du transept, est supportée par une coupole sur trompes.

Pour trouver la description d'une ville ou d'une curiosité isolée, consultez l'index.

ILLIERS-COMBRAY

3 329 habitants (les Islériens)
Carte Michelin n° 60 pli 17 ou 237 Sud du pli 26

Dans la vallée naissante du Loir, Illiers joue un rôle de ville-marché entre la Beauce et le Perche.
Illiers, «vue de loin, ce n'est qu'une église, résumant la ville, la représentant, parlant d'elle et pour elle aux lointains, et, quand on approche, tenant serrés autour de sa haute mante sombre, comme une pastoure ses brebis, les dos laineux et gris des maisons rassemblées... ».

«Combray» – Sous ce nom, **Marcel Proust** (1871-1922) fit revivre Illiers, poétisée et sublimée dans le roman *A la recherche du temps perdu*, où il analyse ses sentiments et ceux des personnes qu'il a fréquentées.
Illiers était en effet la ville natale du docteur Proust, père de l'écrivain, et l'enfant y passait ses vacances ; les impressions vécues par le jeune Marcel à Illiers, retrouvées en des sensations comme celles de la madeleine trempée dans le thé, vont faire naître «l'édifice immense du souvenir».
On retrouve, en ville, le «côté de chez Swann», bourgeois, tourné vers la Beauce riche de blé, et l'aristocratique «côté de Guermantes», incliné vers le Perche aux chevaux. Le Loir s'identifie avec la Vivonne du roman.

CURIOSITÉS

«Maison de tante Léonie» ⊘ – *4, rue du Docteur-Proust.* La demeure de Jules Amiot, oncle de l'écrivain, conserve certaines pièces (salle à manger, cuisine) évoquées dans son œuvre. Les chambres sont reconstituées d'après les textes.
Le **musée**, consacré à la vie, l'œuvre et l'entourage de l'écrivain, rassemble des portraits, des souvenirs, des photographies de Paul Nadar.

Pré Catelan – *Au Sud d'Illiers, le long de la D 149.* Une «serpentine», un pigeonnier, un pavillon et quelques beaux arbres agrémentent cette promenade au bord du Loir. Ce petit jardin paysager, dessiné par Jules Amiot, est évoqué par Proust dans *Jean Santeuil* : «par les chauds après-midi, je voyais un même souffle venu de l'extrême horizon abaisser les blés les plus éloignés, se propager comme un flot sur toute l'immense étendue et venir se coucher murmurant et tiède pour les sainfoins et les trèfles à mes pieds»; la haie d'aubépines est évoquée dans *Du côté de chez Swann.*

Vallée de l'INDROIS★
Carte Michelin n° 64 plis 16, 17 ou 238 plis 13 à 15

L'Indrois, affluent de l'Indre, a creusé sa fraîche, sinueuse et pittoresque vallée dans l'argile et la craie de la gâtine de Montrésor. Les pentes ensoleillées portent des arbres fruitiers et quelques vignobles.

DE NOUANS-LES-FONTAINES A AZAY-SUR-INDRE

33 km – environ 2 h

Nouans-les-Fontaines – L'église (13e s.) de ce village renferme un chef-d'œuvre de l'art primitif : une **Descente de croix★★**, appelée aussi *Pietà de Nouans*, grande peinture sur bois (2,36 m sur 1,47 m) dressée derrière le maître-autel, œuvre de Jean Fouquet. C'est l'une des plus belles œuvres de l'art français de la fin du 15e s. : les couleurs volontairement neutres, les expressions résignées des personnages, la majesté de leurs attitudes rendent cette composition très émouvante.

Coulangé – A l'entrée du hameau au site agreste s'élève à droite le clocher de l'ancienne église paroissiale (12e s.). Un peu plus loin, de l'autre côté de la rivière, se dressent une tour ronde et un lambeau de muraille.

★Montrésor – *Voir à ce nom.*
La D 10 offre ensuite de jolies vues, notamment sur le lac de Chemillé et aussi à l'Est de Genillé.

Genillé – Genillé s'étage entre la rivière et le château (fin 15e s.), à tours d'angle et colombier. L'église possède un élégant chœur gothique du 16e s.

St-Quentin-sur-Indrois – L'un des bourgs les mieux situés de la vallée.
A la sortie du village, la D 10 offre une belle vue, à gauche, sur la forêt de Loches avant de rejoindre la vallée de l'Indre à Azay-sur-Indre.

Azay-sur-Indre – *Page 151.*

INGRANDES
1 410 habitants
Carte Michelin n° 63 pli 19 ou 232 pli 30 – Schéma p. 162

Face à la Loire, Ingrandes était aux 17e et 18e s. un port important, dont on apprécie le caractère de la rive Sud du fleuve, lorsque l'on voit l'ensemble des murailles basses qui protègent la ville des crues. Sa situation à la lisière de la Bretagne en faisait aussi un important lieu de contrebande du sel : l'Anjou en effet était soumis à la gabelle, impôt sur le sel d'autant plus impopulaire que la salaison était le seul mode de conservation des aliments, tandis que la Bretagne en était exonérée.

Église – Respectant le style régional, cette église moderne (1956) est construite sur l'emplacement de celle qui fut totalement détruite en 1944. Elle est garnie de verrières immenses exécutées par les ateliers Loire d'après Bertrand.

ENVIRONS

Champtocé-sur-Loire – *6 km à l'Est, sur la N 23.* A la sortie Est du village se dressent les ruines du château de **Gilles de Rais** (1404-1440), personnage inquiétant qui aurait inspiré à Perrault son conte de *Barbe-Bleue*. Maréchal de France, fidèle compagnon de Jeanne d'Arc qu'il tenta de délivrer de sa prison de Rouen, ce puissant seigneur quitta le service du roi en 1435 pour se retirer à Tiffauges *(voir le guide Vert Michelin Poitou Vendée Charentes)*; longtemps, il ne fut pas inquiété pour ses instincts criminels. Finalement, il comparut devant le tribunal de Nantes pour alchimie, évocations démoniaques et égorgement d'enfants. Confondu, il avoua ses crimes, sans omettre un détail, n'hésitant que sur le nombre de ses victimes : cent, deux cents, ou davantage? Le 26 octobre 1440, le sire de Rais fut pendu entre ses deux complices.

JARZÉ

1 434 habitants
Carte Michelin n° 64 Sud-Ouest du pli 2 ou 232 Sud-Est du pli 20

Un paysage mesuré, d'herbages, de cultures et de bois, compose le cadre de Jarzé-en-Baugeois dont **Jean Bourré** fut le seigneur. Le château, construit en 1500, incendié en 1794, fut restauré au 19e s.

Église – Ancienne collégiale de style flamboyant bâtie sur les restes d'un édifice du 11e s.

Des voûtes à liernes et tiercerons couvrent la chapelle seigneuriale, à droite du chœur. Dans le chœur, dix stalles canoniales (16e s.) à jouées historiées montrent d'amusants profils. Sur un pilier, à droite dans le sanctuaire, dans une niche, une statuette (fin 15e s.) représenterait saint Cyr, en robe et en bonnet, tenant une poire à la main : fils de sainte Juliette de Tarse, il subit le martyre à l'âge de 3 ans. Plus probablement, ce petit enfant ne serait autre que le fils de Jean Bourré et son geste rappellerait que son père introduisit en Anjou la culture des «poyres de bon chrétien».

Au fond de l'abside, restes d'une belle **peinture murale** du début du 16e s., représentant une Mise au tombeau à demi effacée.

ENVIRONS

Chapelle N.-D.-de-Montplacé ⊘ – *Circuit de 4 km par la D 82 vers La Flèche et le premier chemin à droite. Retour par la D 766.*

Isolée sur une butte, la chapelle se repère de loin. Entourée de quelques bâtiments de ferme, il en émane à la fois une grande simplicité et beaucoup de noblesse, en particulier au beau portail occidental (17e s.) dédié à la Vierge.

Vers 1610 se trouvait à cet emplacement une bergerie, aménagée dans une ancienne chapelle, où était restée une antique statue de la Vierge. Un jour, alors que la bergère rentre ses moutons, la statue s'illumine. Dès le lendemain, tout le voisinage accourt ; des guérisons sont constatées ; la ferveur s'accroît ; bientôt les offrandes des pèlerins permettent de faire construire la chapelle actuelle, achevée vers la fin du 17e s.

Une tradition s'établit de pèlerinages à la protectrice du Baugeois : grande fête annuelle mariale le 15 août.

L'intérieur *(entrer par le portail latéral)* est orné de trois grands autels dans le plus pur style du 17e s. ; dans la niche de celui de gauche se trouve la statue vénérée, Pietà sculptée dans une bille de noyer ; on remarque les traces de son ancienne polychromie. Le long des murs sont disposés de nombreux ex-voto.

LANGEAIS★

3 960 habitants
Carte Michelin n° 64 pli 14 ou 232 plis 34, 35 – Schéma p. 158

La petite ville se presse autour de son château. Face à l'entrée on remarque une jolie maison Renaissance à l'étage décoré de pilastres, et un peu plus loin la tour de l'église, Renaissance également.

Le château de Louis XI – C'est le comte d'Anjou, Foulques Nerra, qui fit construire à la fin du 10e s. le **donjon** dont les ruines se dressent encore dans le parc du château, et qui serait le plus ancien de France.

Le château actuel fut élevé par Louis XI, de 1465 à 1469, pour contrecarrer toute tentative des Bretons de remonter le Val de Loire, de Nantes vers la Touraine.

Cette menace disparut en 1491 avec le mariage, à Langeais même, d'Anne de Bretagne et de Charles VIII.

★★ LE CHÂTEAU ⊘ visite : 1 h

Construit d'un seul jet, ce qui est rare, et épargné par les remaniements postérieurs, ce qui est plus rare encore, le château de Langeais est l'un des plus intéressants du Val de Loire, grâce au travail patient de M. Jacques Siegfried, son dernier propriétaire, qui s'attacha à le meubler en restituant dans tous ses détails l'époque du 15e s.

De l'extérieur, c'est une forteresse féodale : hauts murs, grosses tours rondes, chemin de ronde à créneaux et mâchicoulis, et pont-levis enjambant les anciennes douves.

La façade intérieure par contre, moins austère, évoque davantage un manoir, avec ses fenêtres à meneaux et ses lucarnes au gâble décoré de «choux rampants», comme les portes des tourelles d'escaliers.

Les bâtiments formant deux ailes en équerre, la cour est bordée à l'Ouest par un agréable parc qui s'étage en terrasses jusqu'au donjon, au pied duquel se trouve la tombe de M. et Mme Siegfried.

★★★ **Les appartements** – Bien meublé, plus vivant que la plupart des autres grands châteaux, Langeais permet d'évoquer avec précision la vie seigneuriale au 15e s. et au début de la Renaissance. Au cours de la visite, on admire de belles tapisseries, des Flandres pour la plupart, et des mille-fleurs, et on observe maintes cordelières des tertiaires de l'ordre de Saint-François ainsi que des entrelacs de K et de A (initiales de Charles VIII et d'Anne de Bretagne).

L'ancienne salle des Gardes, transformée en salle à manger par M. Siegfried, possède une cheminée monumentale dont le manteau figure un château féodal où les créneaux sont occupés par de petits personnages.

Au 1er étage, dans une chambre à coucher, on remarque l'un des premiers lits à colonnettes, une crédence et un bahut gothiques. La salle de mariage de Charles VIII et d'Anne de Bretagne est entourée de la série des tapisseries des *Neuf Preux*; 15 personnages de cire, à la taille et aux costumes fidèlement reconstitués, évoquent l'événement qui entraîna la réunion de la Bretagne à la France. La chambre de Charles VIII abrite un très beau bahut gothique et une horloge du 17e s. à une seule aiguille. La grande salle supérieure enfin, dont l'élévation s'ordonne sur deux étages, s'orne d'une voûte en carène aux ogives de châtaignier; de belles tapisseries Renaissance y sont accrochées, ayant pour thème la Création.

Le chemin de ronde couvert qui longe toute la façade offre de nombreuses vues sur la Loire et les toits de la ville.

AUTRE CURIOSITÉ

Musée de l'Artisanat ⊘ – *A 800 m au Nord, sur la route d'Hommes.*
Installé dans l'église St-Laurent, désaffectée, il évoque les métiers d'autrefois : ateliers-échoppes de tonnelier, maréchal-ferrant, sellier, sabotier, menuisier...

ENVIRONS

Cinq-Mars-la-Pile – *5 km au Nord-Est par la N 152. Description p. 118.*

St-Étienne-de-Chigny – *7,5 km au Nord-Est par la N 152, puis à gauche la D 76 et encore à gauche la D 126 vers le Vieux-Bourg. Voir à ce nom.*

Luynes – *Voir à ce nom.*

St-Michel-sur-Loire – *Château de Planchoury (4 km à l'Ouest par la N 152).*
Collectionneur passionné au point de négocier sur une autoroute le rachat d'une Fleetwood Seventy-five, **Robert Keyaerts** avait réussi à rassembler quelque 80 modèles de Cadillac, dont une cinquantaine sont aujourd'hui exposés au **musée Cadillac** ⊘. La plus prestigieuse des marques automobiles américaines, née au début du siècle à Detroit, porte le nom du fondateur français de cette ville, Antoine de La Mothe Cadillac. Servie par le talent de Harley Earl, styliste exceptionnel, Cadillac, devenue au cours des «vrombissantes années 20» le fleuron de General Motors, incarnera après la guerre les «années glamour», avec ses coupés série 62, ses cabriolets Eldorado équipés d'extravagants ailerons-fusées, de provocants «Dagmars» (butoirs de pare-chocs en forme

Musée Keyaerts – Cadillac

d'obus), de calandres carnassières et de pare-brise bombés comme des cockpits d'avions. Parmi la délicieuse palette de coloris (association banane-mandarine sur le phaéton double pare-brise de 1931 : quelle séduction !) et les chromes éblouissants de ces «belles américaines» se distinguent particulièrement les voitures de stars (l'Imperial Sedan V8 1928 de Gaby Morlay, la Town cabriolet V 16 1933 de Marlène Dietrich...) et celles évoquant des films célèbres : *Le Corniaud, Gatsby le magnifique*.

Château de Champchevrier ⊘ – *12 km au Nord par la D 15 puis la D 34; prendre à droite à la sortie de Cléré-les-Pins.*
Il occupe un site très anciennement connu comme lieu fortifié. L'édifice actuel, qui a succédé au 16e s. à la forteresse primitive, a été remanié au 17e s. et au 18e s. La même famille l'habite, remarquable exemple d'enracinement géographique et social, depuis 1728.

Des douves de la fin du 17e s. entourent complètement le château. Remarquer à l'intérieur les beaux **meubles** d'époque Régence dont certains sont encore recouverts de leurs tapisseries d'origine, tissées à Beauvais, aux couleurs remarquablement conservées. La **tenture** dite des *Amours des dieux*, qu'on admire dans plusieurs pièces, fut exécutée d'après des cartons de Simon Vouet par la Manufacture royale d'Amiens. Les boiseries du grand escalier, à caissons polychromés, proviennent du château de **Richelieu** *(voir à ce nom)*, démoli en 1805.

Champchevrier, placé au cœur d'un pays forestier longtemps hanté par les loups, abrite le plus vieil équipage de France. A ce titre, il entretient à travers trophées et collections la tradition de la vénerie et conserve un chenil où le visiteur est convié à sympathiser avec environ 70 solides chiens de meute anglo-français.

LASSAY-SUR-CROISNE

168 habitants

Carte Michelin no 64 pli 18 ou 238 pli 16 (11 km à l'Ouest de Romorantin)

Lassay est un village solognot, au sein d'une région de bois et de grands étangs.

Église St-Denis ⊘ – Charmante petite église du 15e s. ornée d'une belle rosace et surmontée d'une flèche aiguë.

Dans le bras gauche du transept, au-dessus du gisant de Philippe du Moulin, une jolie **fresque** (début 16e s.) figure saint Christophe ; à droite, l'artiste a représenté l'église de Lassay et, dans le fond à gauche, le château du Moulin.

★ **Château du Moulin** ⊘ – *1,5 km à l'Ouest par un chemin longeant la Croisne*. Un joli site champêtre entoure le château du Moulin, dont les bâtiments de brique rouge se reflètent dans l'eau des douves.

Il fut construit, de 1480 à 1506, par **Philippe du Moulin**, important gentilhomme dévoué aux rois Charles VIII et Louis XII, qui sauva la vie de Charles VIII à la bataille de Fornoue en 1495. Bâti à l'origine sur le plan carré des forteresses, le château était entouré de murailles renforcées de tours rondes.

A la mode du 15e s., ces bâtiments de briques losangées soulignées de chaînages de pierre sont plus gracieux que militaires.

Le donjon ou logis seigneurial, percé de grandes fenêtres à meneaux, est meublé dans le style de l'époque : on verra la salle à manger au buffet solognot du 15e s. et au lustre solognot également, le salon au plafond peint, plusieurs chambres à lits à baldaquin et tapisseries des Flandres, où le 19e s. a tout de même apporté le confort du chauffage central par les plaques de cheminée.

Dans le corps d'entrée, à gauche du pont-levis, on visite la cuisine voûtée, à l'énorme cheminée : la roue sur le côté servait, en y faisant courir un petit chien, à faire tourner la broche.

J. Becket/Château du Moulin

Château du Moulin

LAVARDIN★

245 habitants
Carte Michelin n° 64 pli 5 ou 238 pli 1 – Schéma p. 155

Sujet rêvé pour une estampe romantique, les ruines du château féodal de Lavardin occupent un promontoire rocheux au-dessus du village et du Loir que franchit un pont gothique. Ce château, principale place forte des comtes de Vendôme au Moyen Âge, joua dès le 12e s. un rôle important dans l'histoire militaire en raison de sa position entre les domaines de la France capétienne et les possessions des rois angevins. En 1188 Henri II, roi d'Angleterre, et son fils Richard Cœur de Lion assiégèrent en vain la forteresse. En 1589, les troupes de la Ligue s'en emparèrent ; mais l'année suivante le prince de Conti, commandant les troupes d'Henri IV, l'assiégea et la forteresse se rendit. Le roi en ordonna le démantèlement.

CURIOSITÉS

Château ⊙ – Emprunter le chemin, suivi de marches, qui longe le front Sud du château ; il offre des perspectives sur le châtelet et le donjon.
Bien que très endommagé par les intempéries, ses ruines impressionnantes permettent encore de se faire une bonne idée des trois enceintes successives, du châtelet (12e-15e s.), et du donjon rectangulaire (11e s.) de 26 m de haut, renforcé au siècle suivant de tours d'égale hauteur. La dernière enceinte, appelée chemise, est la mieux conservée.

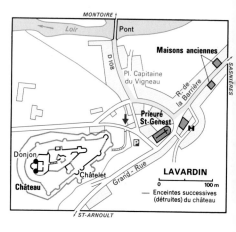

Prieuré St-Genest – Cet édifice de style roman primitif est précédé par un clocher-porche carré. Dans les murs ont été remployés des bas-reliefs ; ceux de l'abside représentent les signes du zodiaque.

Intérieur – Les trois vaisseaux de l'église sont séparés par des piles carrées à impostes délicatement sculptées au début du 12e s.
En passant sous l'arc triomphal, on accède au chœur terminé par une abside en cul-de-four : de curieux piliers romans, vestiges probables d'un édifice antérieur, portent des chapiteaux grossièrement taillés et inachevés. Dans le bas-côté Nord : ravissantes colonnettes romanes, torsadées. Les nombreuses **peintures murales** ont été exécutées du 12e au 16e s. ; les plus anciennes, stylisées et majestueuses, se trouvent sur un pilier à l'entrée de l'absidiole de gauche ; elles ont pour sujets le Baptême du Christ et l'Arbre de Jessé. Celles du chœur et de l'abside composent un ensemble bien conservé : des scènes de la Passion, à droite, le Lavement des pieds, à gauche, encadrent un Christ en majesté escorté des symboles évangéliques. Dans l'absidiole de droite, on observe un Saint Christophe et un savoureux Jugement dernier (15e s.) où sont décrits le Paradis (en haut) et l'Enfer ; sur les piliers de la nef et des bas-côtés, des effigies (16e s.) de saints vénérés dans la région : remarquer le Martyre de sainte Marguerite sur le mur du bas-côté droit, la Crucifixion de saint Pierre sur un pilier du côté gauche de la nef, ainsi que la Messe de saint Grégoire.

Maisons anciennes – L'une est du 15e s. à pans de bois, l'autre Renaissance avec un oratoire en encorbellement, des lucarnes à meneaux et pilastres, et une loggia sur cour. La **mairie (H)** ⊙ possède deux belles salles du 11e s. avec de belles voûtes du 15e s., celle du rez-de-chaussée servant de salle d'exposition.
Depuis le **pont** du 13e s., très jolie perspective sur les rives verdoyantes du Loir.

Vallée du LAYON

Le Layon, canalisé sous Louis XVI, emprunte la fissure qui s'est créée entre les schistes des Mauges et les escarpements calcaires du Saumurois, sauf entre Beaulieu et St-Aubin où la rivière a crevé le massif ancien. Sous une lumière transparente, ses méandres s'enfoncent profondément et donnent parfois au pays un aspect montagneux.
Mais la région reste riante et harmonieuse avec ses vignobles, ses cultures parfois jalonnées d'arbres fruitiers (noyers, pêchers, pruniers...), ses coteaux couronnés de moulins, ses villages vignerons aux cimetières plantés de cyprès.
Le Layon est aujourd'hui recalibré sur toute sa longueur et favorise de belles promenades le long de ses berges.

Le « Coteaux du Layon » – Délicieux vin blanc moelleux, il est produit par les cépages chenin ou pineau, vendangés tard en septembre, lorsque le grain commence à se couvrir de pourriture noble. Deux crus sont réputés : le **Bonnezeaux** et le **Quarts de Chaume**.

DES CERQUEUX-SOUS-PASSAVANT
A CHALONNES-SUR-LOIRE *72 km – environ 3 h 30*

Bisonland ⏲ – Sur les terres du château (19e s.) des Landes, aux **Cerqueux-sous-Passavant**, outre la visite d'un élevage de bisons d'Amérique et de daims, le visiteur parcourra un campement indien «Tatanka». Plusieurs habitations spécifiques de tribus indiennes différentes sont reconstituées (tipi, lodge, wigwam). Artisanat indien.

Prendre la direction de Cléré-sur-Layon (D 54). A l'entrée de la localité tourner à gauche en direction de Passavant.

Passavant-sur-Layon – Cet agréable village au bord d'un étang formé par le Layon s'orne des imposants vestiges de son château. L'église possède un chœur roman.

Prendre la direction de Nueil-sur-Layon où l'on tourne à droite après l'église dans la D 77, puis, après le pont sur le Layon, prendre à gauche vers Doué-la-Fontaine.

A Passavant, le paysage est encore poitevin avec ses haies, ses chemins creux, ses fermes à toits de tuiles romaines. Des vignobles se groupent sur les pentes bien exposées et, à Nueil, les ardoises apparaissent.

A la sortie des Verchers, prendre à gauche vers Concourson.

La route domine le Layon et traverse une riche campagne, offrant après Concourson une vue étendue sur la vallée.

Après St-Georges continuer vers Brigné, puis à gauche vers Martigné-Briand.

Martigné-Briand – Village vigneron entourant un château qui souffrit fort des guerres de Vendée. L'édifice, construit au début du 16e s., présente sur sa façade Nord des baies vitrées ornées de motifs flamboyants.

Sur la D 748 vers Aubigné, tourner à droite vers Villeneuve-la-Barre.

Villeneuve-la-Barre – Traversant ce pittoresque petit village fleuri, la route mène au **monastère des bénédictines**, dans une belle demeure à la cour accueillante ; demander à voir la chapelle, d'un dépouillement très moderne, aménagée dans une ancienne grange et ornée de vitraux blancs aux dessins abstraits.

Aubigné-sur-Layon – Bourg pittoresque conservant de belles demeures. A côté de l'église (11e s.) s'élève une ancienne porte fortifiée où subsistent les traces de la herse et du pont-levis.

Quitter Aubigné vers Faveraye-Mâchelles, et prendre à droite la D 120 qui traverse le village ; après avoir coupé la D 24, on rejoint la D 125 vers Rablay.

Rablay-sur-Layon – Bourg vigneron bien abrité. Dans la Grande-Rue, maison ancienne en encorbellement, à brique et pans de bois, maison de la Dîme (15e s.). Un bâtiment du 17e s. accueille des échoppes d'artistes.

On traverse le Layon par la D 54 avant de longer une sorte de cirque tapissé de vignes ; du plateau, vue étendue sur la vallée.

145

Beaulieu-sur-Layon – Cette petite cité vigneronne dominant les coteaux du Layon (table d'orientation) conserve quelques maisons à la Mansart ; remarquer en particulier la mairie, installée dans l'ancienne demeure du régisseur de l'abbesse du Ronceray. L'ancienne **église** possède des fresques du 13e s. A la sortie Ouest, à droite sur la D 55, le **caveau du Vin** ⊙ expose une collection de bouteilles anciennes et de verres à vin d'Anjou.

La grande route descend dans la vallée aux abrupts creusés de caves et de carrières. Au lieu-dit « Pont Barré », séduisant coup d'œil sur le cours resserré du Layon et sur un pont médiéval ruiné, témoin, le 19 septembre 1793, d'un violent combat entre les Blancs et les Bleus *(voir Les Mauges)*.

St-Lambert-du-Lattay – Un **musée de la Vigne et du Vin d'Anjou** ⊙ est installé dans les celliers de la Coudraye depuis 1978. Outils de vignerons et de tonneliers, illustrations, collection de pressoirs et commentaires sont la mémoire vivante d'une population toujours très attachée au domaine viticole.

Dans la salle nommée « l'Imaginaire du Vin », faisant appel à l'odorat, à la vue et au goût, l'esprit est émoustillé par les parfums, la fontaine de dégustation et la lecture de poésies épicuriennes.

La route de St-Aubin-de-Luigné, sinueuse et accidentée, court dans les vignes du Quarts de Chaume.

Peu avant St-Aubin, tourner à gauche dans la D 106, puis bientôt à droite.

Château de la Haute-Guerche ⊙ – Bâtie sous Charles VII, cette forteresse dominant la vallée, incendiée pendant les guerres de Vendée, ne dresse plus que les ruines de ses tours. Large vue sur la campagne.

A Chaudefonds prendre la route d'Ardenay.

★**Corniche angevine** – *Page 163.*

Chalonnes-sur-Loire – *Page 163.*

Chartreuse du LIGET

Carte Michelin nº 68 Nord du pli 6 ou 238 pli 14 (10 km à l'Est de Loches)

A l'orée de la forêt de Loches se dresse, au bord de la route, le grand mur de la **chartreuse du Liget** ⊙ : son majestueux **portail** ★ du 18e s. est encadré de nombreux communs, qui donnent une idée de la richesse de l'abbaye à quelques années de la Révolution. Fondée vers la fin du 12e s. par Henri II Plantagenêt, roi d'Angleterre, en expiation, dit-on, du meurtre de l'archevêque Thomas Becket, elle fut vendue comme bien national à la fin du 18e s. et démantelée. Néanmoins, la disposition des vestiges et l'ampleur des bâtiments qu'ils suggèrent impressionnent encore le visiteur.

Passant devant les communs (jadis menuiserie, forge, serrurerie, boulangerie, etc.), descendre l'allée centrale.

Devant la maison, sur la gauche, se dressent les ruines de l'église (12e s.), derrière laquelle subsiste un côté du grand cloître construit en 1787 : sur le mur des cellules on aperçoit les guichets par où les religieux recevaient leur repas.

Chapelle St-Jean ⊙ – *Reprendre la route de Loches sur 1 km, puis le premier chemin à gauche.*

C'est une curieuse petite chapelle ronde (12e s.), isolée en plein champ, où se seraient installés les premiers religieux à la fondation de la chartreuse ; à l'intérieur subsistent quelques fresques romanes où l'on reconnaît la Descente de Croix et le Sépulcre du Christ.

La Corroirie – Sur la route de Montrésor, au creux du premier vallon, apparaît sur la gauche, derrière un rideau d'arbres, la silhouette de cette dépendance de l'abbaye, fortifiée au 15e s. Vers l'Ouest se distingue nettement sa porte fortifiée, tour carrée à pont-levis et garnie de mâchicoulis.

Le LION-D'ANGERS

3 095 habitants (les Lionnais)
Carte Michelin nº 63 pli 20 ou 232 pli 19 – Schéma p. 180

Dans un site pittoresque au bord de l'Oudon, c'est un centre d'élevage, notamment de chevaux de demi-sang, et le cadre de nombreuses courses et concours hippiques célèbres dans tout l'Anjou.

Église St-Martin ⊙ – Elle présente un portail dont la partie supérieure est faite d'un appareil en réseau, préroman ; la nef à voûte de bois est restaurée. Au-dessus de la porte d'entrée et sur la paroi gauche de la nef, des peintures murales du 16e s. représentent le démon vomissant les péchés capitaux, le Christ en croix et saint Christophe. Dans un enfeu, on peut voir un Ecce Homo en diptyque.

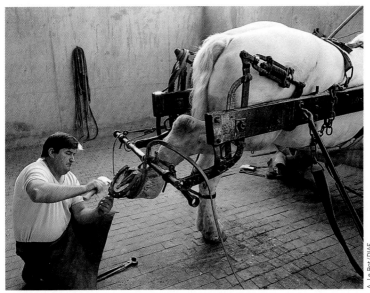

A. Le Bot/DIAF

Ferrage d'un percheron au haras

★ **Haras national de l'Isle-Briand** ⊘ – *1 km à l'Est du Lion-d'Angers.*
En 1971 les Haras Nationaux, trop à l'étroit au centre ville d'Angers, étaient transférés au Domaine de l'Isle-Briand où ils bénéficient d'installations ultra-modernes ; quelque 70 chevaux sélectionnés vivent ici. On visite les bâtiments de stockage du foin et de germination de l'avoine, la sellerie, la forge (dont le sol est fait de pavés de chêne, plus confortables pour les pieds des chevaux) et le manège.
Les boxes sont groupés par catégories de chevaux : cob normand, trait breton ou percheron, anglo-arabe, pur-sang, selle français, trotteurs et poneys.
Les anciens «cracks», vainqueurs de nombreuses courses, deviennent ici reproducteurs.

Chaque année, le 3e week-end d'octobre, a lieu le «Mondial du Lion», Concours Complet International d'Équitation rassemblant l'élite mondiale de ce sport. Une vingtaine de nations y participent. Voir en fin de volume le chapitre des Fêtes, Spectacles et Manifestations.

LIRÉ

2 140 habitants
Carte Michelin nº 63 pli 18 ou 232 pli 29 (3 km au Sud d'Ancenis)
Schéma p. 162

Village de la vallée de la Loire, Liré doit sa célébrité au poète **Joachim du Bellay** (1522-1560) qui naquit non loin de là. Avec ses amis les poètes de la Pléiade, du Bellay est nourri de poésie grecque et latine, et veut donner à sa langue maternelle une littérature aussi noble que celle qu'il admire chez les Anciens ; c'est lui qui rédige le manifeste du groupe, *Défense et illustration de la langue française*, paru à Paris en 1549.
Il l'a signé du I.D.B.A., signifiant Ioachim du Bellay Angevin, marque d'attachement à sa province. En 1553, ayant accompagné à Rome son cousin le cardinal, il écrivit le célèbre recueil des *Regrets*, dans lequel un sonnet resté fameux chante son village natal :

> *«Plus que le marbre dur me plaist l'ardoise fine ;*
> *Plus mon Loyre gaulois que le Tibre latin,*
> *Plus mon petit Lyré que le mont Palatin,*
> *Et plus que l'air marin la doulceur angevine. »*

Musée Joachim-du-Bellay ⊘ – Il est situé dans un logis du 16e s., restauré, en plein bourg de Liré. Les souvenirs ayant trait au poète sont conservés au 1er étage, tandis que le rez-de-chaussée est consacré à des collections du folklore local.

LOCHES★★

7 133 habitants
Carte Michelin n° 68 pli 6 ou 238 Sud des plis 13, 14

Petite ville de la vallée de l'Indre, Loches, marquée par son passé militaire, a conservé dans la vieille ville son aspect du Moyen Âge, celui d'une cité fortifiée, serrée sur les flancs de la butte qui domine la rivière, relativement préservée, avec encore deux de ses trois enceintes primitives. De l'entrée du jardin public, jolie **vue★** sur l'église St-Ours, le château, et au premier plan sur les maisons du bord de l'Indre.

A Loches est né le poète romantique **Alfred de Vigny** (1797-1863), dont la famille maternelle est intimement liée, depuis la Renaissance, à l'histoire de la ville. Le futur poète n'y resta que quelques mois.

Une forteresse en vue pendant près de mille ans – La forte position naturelle de Loches a été utilisée depuis au moins le 6e s. : Grégoire de Tours mentionne, à cette époque, la présence d'une forteresse dominant un monastère et une bourgade. Du 10e au 13e s., Loches se situe dans la mouvance des comtes d'Anjou, qui remodèlent la forteresse en installant un palais résidentiel et un château à motte à l'extrémité du promontoire. Henri II Plantagenêt en renforce encore les défenses sous son règne. A sa mort, en 1189, Richard Cœur de Lion, son fils, prend possession des lieux avant de partir à la croisade en compagnie de Philippe Auguste. Calculateur et rusé, celui-ci l'abandonne en Orient et rentre hâtivement en France (1191) où il se met à intriguer avec Jean sans Terre, qui accepte de lui livrer la forteresse (1193). Richard, enfin libre – il avait été retenu captif en Autriche –, accourt et enlève, par surprise, le château (1194), en moins de trois heures, un exploit dont retentirent les chroniques du temps. Richard mort, Philippe Auguste prend sa revanche, mais avec moins de brio : le siège dure un an (1205). Donné à Dreu V, Loches est racheté en 1249 par Saint Louis.

Il sert alors de résidence royale : outre Louis IX, Philippe le Bel et Jean le Bon y séjournèrent. En 1429, après sa victoire à Orléans, Jeanne d'Arc retrouva Charles VII à Loches et força son Conseil pour le décider à prendre la route de Reims.

La dame de Beauté – Châtelaine de Beauté *(voir Nogent-sur-Marne dans le guide Vert Michelin Ile-de-France)*, née au château de Fromenteau en Touraine en 1422, célèbre pour ses attraits, **Agnès Sorel** mérite doublement son titre. Favorite du roi Charles VII, elle abandonne la cour de Chinon où le dauphin, futur Louis XI, lui crée mille difficultés, pour venir vivre à Loches. Son influence sur le roi est souvent heureuse ; elle le guérit de ses dépressions et l'encourage dans son œuvre de redressement du royaume. Mais son goût du faste, que corrige une grande bienfaisance, pèse lourdement sur les maigres finances du royaume.

LOCHES

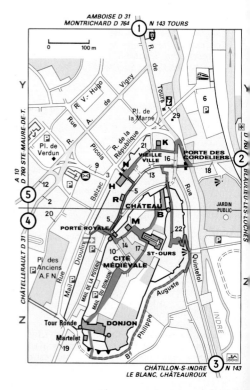

B	Tour Agnès-Sorel
H	Hôtel de ville
K	Tour St-Antoine
M	Musées Lansyer et du Terroir
N	Porte Picois
R	Chancellerie

Elle mourut le 9 février 1450 à Jumièges où elle avait rejoint Charles VII en campagne. Sa dépouille fut ramenée à Loches et placée dans la collégiale. Plus tard, les chanoines, qui avaient bénéficié de ses largesses, demandèrent à Louis XI de transférer son tombeau au château, ce qu'il accepta à condition que les donations suivent le même chemin. Les chanoines n'insistèrent pas !

Les cages de Louis XI (fin du 15e s.) – En visitant le donjon, le touriste verra encore des cachots et des cellules grillées, mais n'y trouvera plus les cages que Louis XI affectionnait pour ses prisonniers : ces «monuments de la tyrannie» furent détruits en 1790 par les habitants. Ces cages étaient faites d'un treillis de bois couvert de fer. Les plus confortables mesuraient 2 m sur toutes les faces. Mais il y avait un modèle plus aplati, où le détenu ne pouvait se tenir que couché ou assis.

D'après la légende, le prisonnier n'en sortait jamais ; il semble cependant que les cages étaient utilisées surtout la nuit, ou pour le transport des prisonniers. Le cardinal **Jean Balue**, à qui on en attribue l'invention, eut à les connaître. Très en grâce auprès de Louis XI qui le comblait d'honneurs, il complotait secrètement avec le duc de Bourgogne ; démasqué en 1469, il fut emprisonné à Loches jusqu'en 1480 et vécut encore 11 ans après sa libération.

★★ LA CITÉ MÉDIÉVALE ○ *Visite : 3 h laisser la voiture sur le mail Droulin.*

★ **Porte Royale** (**Z**) – La porte Royale (11e s.), puissamment fortifiée, a été flanquée de deux tours au 13e s. On y voit encore les saignées servant au pont-levis, et les mâchicoulis.

Passer la porte Royale, prendre à gauche la rue Lansyer.

Musées Lansyer et du Terroir (**Z M**) ○ – La visite de ces deux musées permet une découverte partielle de la porte Royale. Dans l'ancienne salle des Gardes, un intérieur tourangeau du 19e s. a été reconstitué. Dans l'atelier, ensemble de tableaux d'un élève de Courbet, Maurice-Étienne **Lansyer** (1835-1893), artiste lochois.

Musée Lansyer

M.-E. Lansyer – La porte des cordeliers et le château de Loches

★ **Église St-Ours** (**Z**) – Cette ancienne collégiale Notre-Dame, devenue église paroissiale en 1802 sous le vocable de St-Ours, apôtre du Lochois au 5e s., se caractérise par les deux pyramides octogonales qui se dressent entre ses tours : d'un type habituellement employé pour les clochers, les cuisines *(voir à Fontevraud)* ou les lavabos monastiques, elles forment ici les voûtes de la nef, évoquant avec la coupole à huit pans qui surmonte la croisée du transept les files de coupoles aquitaines.

Le porche de type angevin abrite un **portail roman** richement orné, sculpté d'animaux étranges, dont la partie haute, très mutilée, est consacrée à la Vierge et aux Rois mages. Le bénitier est creusé dans une colonne d'un temple gallo-romain.

Dans la nef on verra les célèbres pyramides creuses, dites dubes (appellation ancienne de couvercle de fonts baptismaux en forme de pyramide), édifiées par le prieur T. Pactius au 12e s. Le transept, prévu pour un chapitre de 12 chanoines, s'ouvrit sur les bas-côtés aux 12e, 14e et 15e s.

149

Gisant d'Agnès Sorel

★★ **Château** (YZ) ⊘ – La visite commence par la **tour Agnès-Sorel** (**B**), du 13ᵉ s., connue dès le 16ᵉ s. sous le nom de «tour de la Belle-Agnès».

Logis Royaux – De la terrasse (belle vue sur Loches et la vallée de l'Indre), on remarque que l'édifice comprend deux parties bâties à des époques différentes. La plus ancienne et la plus haute accuse le besoin de sécurité des châteaux forts : quatre tourelles sont engagées dans le mur et un chemin de ronde les relie, à la base du toit. Ce Vieux Logis (14ᵉ s.) a été prolongé sous Charles VIII et Louis XII par une demeure de plaisance, le Nouveau Logis, dans lequel se manifestent les goûts de la Renaissance.

On pénètre dans le **Vieux Logis** par la salle, dite chambre de retrait de Charles VII. Au mur, remarquer une tapisserie du 16ᵉ s., la *Musica*, vivante allégorie de la musique, *Portrait de Charles VII*, copie du tableau de Jean Fouquet. Dans la grande salle à la vaste cheminée, les 3 et 5 juin 1429, Jeanne d'Arc vint presser Charles VII de se rendre à Reims. Elle était accompagnée de Robert Le Masson, chancelier de France, mort en 1443, Dunois et Gilles de Rais. Belles verdures d'Audenarde (17ᵉ s.) et copie du manuscrit du procès de Jeanne d'Arc.

Le **gisant d'Agnès Sorel** ★, placé dans la salle dite de Charles VIII, retient ensuite l'attention. Pendant la Révolution, des soldats des bataillons de l'Indre prirent la favorite pour une sainte, taillàdèrent la statue, profanèrent son tombeau et dispersèrent ses restes. Le monument fut restauré à Paris sous le Premier Empire. Les restes, dont la tête, retrouvée en 1970, sont rassemblés sous le monument. Agnès est gisante, deux anges soutiennent sa tête charmante, deux agneaux – rappel de son prénom et symbole de douceur – sont à ses pieds. Dans la même salle, portrait de la Vierge entourée d'anges bleus et rouges que Fouquet a peinte sous les traits gracieux d'Agnès Sorel (original à Anvers ; la coiffure à front dénudé, réclamant une épilation des cheveux jusqu'à mi-crâne, avait été mise à la mode à Venise). Plus loin est exposé un très intéressant **triptyque** ★ de l'école de Jean Fouquet (15ᵉ s.), provenant de l'église St-Antoine : Crucifixion, Portement de croix, Déposition. L'**oratoire** d'Anne de Bretagne est une pièce minuscule, finement ornée de l'hermine bretonne et de la cordelière de saint François ; le dais faisant face à l'autel abritait le siège royal et seule la porte à droite de l'autel existait. Œuvre de pur style gothique, l'oratoire était à l'origine polychromé : fond azur, hermines argentées, cordelières dorées.

★★ **Donjon** (Z) ⊘ – Élevé au 11ᵉ s. par Foulques Nerra ou par un de ses successeurs pour défendre au Sud son côté vulnérable, c'est une puissante construction carrée qui forme avec ses annexes, la tour ronde et le Martelet, un imposant ensemble. Au début du 13ᵉ s., le promontoire était défendu par un fossé, un rempart et le donjon, qui abritaient un palais et ses dépendances, une collégiale et des maisons canoniales. A l'extérieur du donjon, des trous de boulins marquent l'emplacement des hourds en bois dont il était couronné ; à gauche de l'entrée, dans le cachot de Philippe de Commines, on peut voir un carcan de 16 kg. Les planchers des trois étages ont disparu, mais on distingue encore sur les murailles trois séries de cheminées et de baies qui permettent de les imaginer. L'escalier (157 marches) qui conduit à la terrasse permet de découvrir une belle vue sur la ville, la vallée de l'Indre et la forêt de Loches.

Tour ronde – Construite au 15e s., ainsi que le Martelet, pour compléter les fortifications de ce point où se rejoignaient l'enceinte du château, celle du donjon et celle de la ville, c'est en fait un nouveau donjon. Une salle est consacrée à des moulages de graffiti de diverses origines. Dans l'un des cachots a été reconstituée l'incarcération d'un prisonnier à la fin du 15e s. Dans la salle basse voûtée, à la base de la tour, une gravure de Gaignères, de 1699, représente une des «fillettes» (surnom donné aux cages) de Louis XI. 102 marches mènent à une terrasse offrant une vue sur les douves et sur un vaste périmètre lochois.

Martelet – C'est dans cette construction constituée par plusieurs étages de souterrains que se trouvent les cachots les plus impressionnants. Le premier est celui de **Sforza**, dit le More, duc de Milan, fait prisonnier par Louis XII. Il expia pendant huit ans, à Loches, ses roueries et ses traîtrises. Le jour de sa libération, la lumière du soleil fut trop vive, la liberté recouvrée trop grisante : il en serait mort sur place. Ludovic, qui fut le protecteur de Léonard de Vinci, a couvert son cachot de peintures et d'inscriptions. A côté d'étoiles, de couleuvrines et de heaumes, on relève ces mots qui, en un pareil lieu, ne surprendront personne : «celui qui n'est pas contan».
Au-dessous se trouve, éclairé par un rai de lumière, le cachot où les évêques d'Autun et du Puy, compromis dans la rébellion du connétable de Bourbon contre François Ier, eurent tout loisir de creuser dans la muraille un petit autel et un chemin de croix symbolique. Dans le cachot derrière celui des évêques fut également enfermé un de leurs complices, le comte de Saint-Vallier, père de Diane de Poitiers. Condamné à mort, il fut gracié sur l'intervention de sa fille et en reçut l'avis sur l'échafaud même. Autour des cachots s'ouvrent d'anciennes galeries souterraines de carrières ; au 13e s., elles desservaient les caponnières, petits ouvrages fortifiés qui flanquaient les remparts.

En sortant du Martelet, les touristes pressés prendront à droite pour gagner le mail de la Poterie où ils reprendront leur voiture. A ceux qui peuvent encore disposer d'une petite heure, nous recommandons de faire le tour extérieur des remparts.

★ **Tour extérieur des remparts et vieille ville** – *Prendre à gauche à la sortie du Martelet.* Cette promenade *(3/4 h à pied)* permet de juger de la situation de la cité médiévale, formant un véritable camp retranché, et de ses défenses. L'enceinte mesure plus d'un kilomètre de tour et n'est percée que de deux portes.
Remarquer d'abord les trois tours en éperon qui furent construites au 13e s. devant le donjon, puis suivre le fond des douves sèches jusqu'à la rue Quintefol, avant de remonter aussitôt vers le rempart : belle vue sur le chevet de St-Ours. On se trouve à l'intérieur de la seconde enceinte, où la rue St-Ours se faufile parmi les vieilles maisons de tuffeau.
En sortant de l'enceinte, s'engager en face dans les tortueuses rues piétonnes qui mènent à la **porte des Cordeliers**★ **(Y)** (fin 15e s.), seule conservée, avec la porte Picois, des quatre portes de l'ancienne enceinte de la ville ; c'était la principale entrée de Loches, où passait la route d'Espagne. Passer sous la porte pour voir sa façade côté rivière, flanquée d'échauguettes et bordée de mâchicoulis.
De là, gagner la **tour St-Antoine** **(Y K)**, l'un des rares beffrois du centre de la France (16e s.), puis la **porte Picois** **(Y N)**, du 15e s., couronnée de mâchicoulis, accolée à l'**hôtel de ville**★ **(Y H)**, gracieux édifice Renaissance aux balcons fleuris, et enfin la **Chancellerie** **(Y R)**, d'époque Henri II, décorée de colonnes cannelées, de pilastres et de jolies grilles de balcon en fer forgé.

ENVIRONS

Beaulieu-lès-Loches – *1 km par ② du plan. Voir à ce nom.*

Bridoré – *14 km au Sud-Est par ③ du plan.*
L'**église** (fin 15e s.) est dédiée à saint Roch dont une statue (15e s.) se dresse à droite, dans la nef. Bas-relief du 16e s. représentant la légende de saint Hubert.
Le **château** *(on ne visite pas)*, propriété du maréchal Boucicaut au 14e s., fut remanié au 15e s. par Imbert de Bastarnay, secrétaire de Louis XI. Il forme un ensemble imposant bordé de tours, de caponnières et, sur trois côtés, de profondes douves sèches.

★ VALLÉE DE L'INDRE

27 km au Nord-Ouest par ① du plan, la N 143 et la D 17 – environ 1 h. De Chambourg-sur-Indre à Esvres, la pittoresque D 17 longe l'Indre verdoyante et vagabonde, ici bordée d'un moulin, là paressant autour d'une barque amarrée dans les joncs.

Azay-sur-Indre – Au confluent de l'Indre et de l'Indrois, Azay, dans un site séduisant, est blottie au pied du parc de son château, dont La Fayette fut propriétaire.

Reignac – Du pont sur l'Indre, sur la route de Cigogné, on aperçoit le moulin de Reignac, au centre d'un petit bassin agreste semé de bosquets.

Cormery – *Voir à ce nom.*
Traverser l'Indre et suivre la N 143 vers Tours sur 1 km, puis reprendre à gauche la D 17.
On découvre un très joli site, en arrivant à Esvres.

Vallée du LOIR★★

Cartes Michelin n° 60 pli 17 et 64 plis 2 à 7 ou 232 plis 21 à 24, 237 plis 37 et 38 et 238 plis 1 et 2

Nonchalant, le Loir vagabonde de l'Ile-de-France à l'Anjou ; il arrose un terroir paisible et souriant que limitent des collines au contour mesuré ; la fraîcheur de ses rives, la coquetterie des villes et la grâce des villages qu'il arrose illustrent ce qu'il est convenu d'appeler «la douce France».

Sur 350 km, de sa source à son confluent avec la Sarthe, le Loir a creusé sa vallée dans la craie, traçant de nombreux méandres, dominés sur le côté concave par la falaise abrupte. Dès l'époque néolithique l'homme y a ménagé des cavernes, et de nos jours encore ces habitations troglodytiques sont un des charmes de la vallée. Jadis navigable à partir de Château-du-Loir, la rivière n'est plus fréquentée que par les barques des pêcheurs qui apprécient ses eaux poissonneuses, bordées de peupliers frémissants, de saules argentés et de grasses prairies. La région, rurale, vit de l'élevage (bétail et volailles) et des vignes des «Coteaux du Loir», entre Vendôme et Château-du-Loir.

Au Moyen Âge, les pèlerins en route pour St-Jacques-de-Compostelle empruntèrent une partie de la vallée, avant d'obliquer vers Tours ; prieurés, commanderies, églises et chapelles, souvent décorés de fresques, rappellent cette ardeur religieuse.

COURS SUPÉRIEUR

① De Bonneval à Vendôme 77 km – compter 1 journée

Bonneval – *Voir à ce nom. Quitter Bonneval au Sud.*

Cette route de plateau offre de larges vues. En arrivant à **Conie,** on franchit la rivière du même nom dans un joli site. Plus loin la route traverse le village de **Moléans,** dominé par son château du 17e s.

Vue pittoresque sur les eaux calmes du Loir en arrivant au joli village de **St-Christophe,** d'où la D 361 mène à Marboué.

Marboué – Antique localité gallo-romaine, Marboué est connue pour sa plage et pour son haut clocher-porche du 15e s., terminé par une flèche à crochets.

★★ **Châteaudun** – *Voir à ce nom.*

★ **Montigny-le-Gannelon** – *Voir à ce nom.*

Cloyes-sur-le-Loir – *Voir à ce nom.*

Quitter Cloyes à l'Est jusqu'à Bouche-d'Aigre.

La pittoresque D 145⁷ suit le Loir et traverse **St-Claude** dont l'église pointe sur la colline.

St-Jean-Froidmentel – Admirer le joli portail gothico-Renaissance de l'église, dont l'arc en anse de panier est surmonté d'une accolade et de deux petits frontons.

Revenir sur la rive gauche.

La route n'est séparée de l'eau que par une file de peupliers.

Entre Morée et Fréteval, les cabanes de pêcheurs et quelques coquettes habitations avec leurs bateaux à fond plat amarrés se succèdent.

Fréteval – En bordure du Loir, Fréteval attire les pêcheurs. Sur un éperon, son **château féodal** *(1/4 à pied AR),* avec donjon ruiné, commandait le passage.

Bientôt la route touristique fléchée s'écarte de la rivière et révèle des maisons cossues et de jolies églises.

Areines – *Voir à ce nom.*

★★ **Vendôme** – *Voir à ce nom.*

COURS MOYEN

② De Vendôme à La Chartre

78 km – compter 1 journée – schéma p. 154

★★ **Vendôme** – *Voir à ce nom.*

Villiers-sur-Loir – Bien situé au-dessus de la côte vineuse, en face du château de Rochambeau. Les **peintures murales** (16e s.) de l'église sont fort jolies : sur le mur gauche de la nef, un immense Saint Christophe portant l'Enfant Jésus et Dict des Trois Morts et des Trois Vifs. Stalles du 15e s.

Prendre vers Thoré et tourner à gauche tout de suite après le pont sur le Loir.

Rochambeau – La route traverse longuement ce pittoresque village à demi troglodytique, aligné au pied de la falaise jusqu'au château où naquit le maréchal de Rochambeau (1725-1807), qui commanda le corps expéditionnaire français lors de la guerre d'Indépendance américaine ; il est enterré à Thoré.

Revenir sur la rive droite et prendre à gauche la D 5.

Le Gué-du-Loir – Ce hameau occupe un site verdoyant, le Loir et son affluent le Boulon ayant créé de grasses prairies et des îles cernées de roseaux, de saules, d'aulnes, de peupliers. A l'entrée de la D 5 vers Savigny, on longe le mur d'enceinte du manoir de **Bonaventure**, qui devrait son nom à une chapelle dédiée à saint Bonaventure. Antoine de Bourbon-Vendôme y aurait reçu de gais compagnons, parmi lesquels les poètes de la Pléiade. Selon la tradition, c'est là que fut composée la fameuse chanson des gardes-françaises : *La Bonne Aventure au Gué*. Plus tard, Bonaventure appartint aux **Musset**.

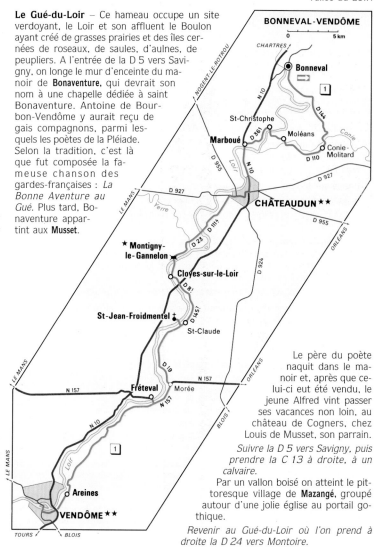

BONNEVAL-VENDÔME

Le père du poète naquit dans le manoir et, après que celui-ci eut été vendu, le jeune Alfred vint passer ses vacances non loin, au château de Cogners, chez Louis de Musset, son parrain.

Suivre la D 5 vers Savigny, puis prendre la C 13 à droite, à un calvaire.

Par un vallon boisé on atteint le pittoresque village de **Mazangé**, groupé autour d'une jolie église au portail gothique.

Revenir au Gué-du-Loir où l'on prend à droite la D 24 vers Montoire.

La route coupe une longue boucle du Loir qui, en creusant son lit, a dégagé la falaise où les troglodytes d'Asnières ont creusé leurs maisons.

Prendre à droite la D 82 vers Lunay.

Lunay – Dans un vallon, Lunay enserre une place où ont subsisté quelques demeures anciennes. La vaste **église** St-Martin, flamboyante, s'ouvre par un joli portail : voussures très fouillées à décor de lierre, de pampres, et niches à dais ouvragé dont l'une protège une mignonne Vierge à l'Enfant.

Les Roches-l'Évêque – Le village est allongé entre le Loir et la falaise. Les habitations troglodytiques des Roches sont bien connues dans la région : fleuries de lilas et de glycines, elles dissimulent pareillement leurs poulaillers, hangars...

Suivre la route fléchée qui traverse le Loir et obliquer vers Lavardin.

★ **Lavardin** – *Voir à ce nom.*

Gagner Montoire par la petite route pittoresque qui longe la rive gauche.

Montoire-sur-le-Loir – *Voir à ce nom.*
La silhouette de Troo, dominée par son église, attire bientôt l'attention.

Troo – *Voir à ce nom.*

A Sougé, prendre à gauche la route touristique fléchée vers Artins.

Vieux-Bourg d'Artins – Village baigné par le Loir. Son **église** présente encore des murs romans, percés de baies flamboyantes et d'un portail en tiers-point.

Après Artins, de la D 10 prendre à droite la route de l'Isle Verte ; 100 m plus loin, prendre à gauche la route verdoyante qui passe devant le château du Pin.

Du pont situé en face du château, on aperçoit en amont l'**Isle Verte** placée au confluent du Loir et «de s'amie la Braye», où Ronsard voulait être enterré. Des files de peupliers, trembles, saules délimitent de paisibles prairies. Aucun lieu n'est plus évocateur du génie du poète.

Couture-sur-Loir – L'**église** a un chœur gothique à voûtes angevines. La chapelle du Rosaire, à droite du chœur, est garnie de boiseries du 17e s. Au bas de la nef ont été placés les gisants des parents de Ronsard, intéressants par les détails du costume.

Par la D 57, gagner le manoir de la Possonnière.

★ **Manoir de la Possonnière** – *Voir à ce nom.*

Revenir à Couture et laisser la route fléchée pour continuer à suivre la D 57 qui franchit le Loir au pied du coteau boisé que couronne le château de la Flotte.

Poncé-sur-le-Loir – *Voir à ce nom.*

A Ruillé, prendre à gauche la D 80 qui traverse le Loir.

La route très pittoresque, surtout à partir de Tréhet, longe le coteau abondamment percé de caves.

Villedieu-le-Château – Ce village occupe un **site** plaisant au sein d'un vallon dont les pentes sont creusées d'habitations troglodytiques. Ses maisons dispersées dans des jardins fleuris, ses vestiges de remparts et le clocher ruiné de l'ancien prieuré St-Jean forment un charmant tableau.

Revenir à Tréhet où on retrouve la route fléchée, à gauche sur la D 10.

La Chartre-sur-le-Loir – A proximité des vignobles de Jasnières, donnant un vin blanc moelleux vieillissant bien et de la forêt de Bercé.

COURS INFÉRIEUR

③ De La Chartre à La Flèche

74 km – 1/2 journée – schéma ci-dessous.

La Chartre-sur-le-Loir – *Voir ci-dessus.*

De La Chartre à **Marçon** (vins réputés), le paysage est paisible.

A Marçon, prendre à droite la D 61 qui coupe la plaine du Loir et traverse la rivière au pied du coteau où se découpe la chapelle de Ste-Cécile. Suivre à gauche la D 64 qui longe le coteau percé d'habitations troglodytiques.

Château-du-Loir – Sous le donjon, seul vestige dans le jardin public du château féodal qui donna son nom à la ville, subsistent d'anciennes prisons où passèrent de nombreux prisonniers en route vers le bagne de Cayenne par les ports de Nantes ou de La Rochelle. L'**église St-Guingalois** conserve, au fond du chœur, une monumentale Pietà du 17e s. en terre cuite (remarquer le visage très expressif de la Vierge) ; dans le bas-côté droit, un Saint Martin à cheval ; dans le transept gauche, deux panneaux sur bois de l'école maniériste flamande : la Nativité (15e s.) et la Résurrection (fin 15e s.). Sous le chœur s'étend une crypte romane ; au **presbytère** ⊘ beau Christ aux outrages, en bois, du 16e s.

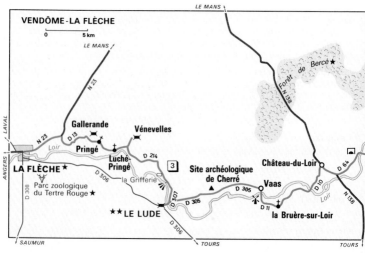

Quitter Château-du-Loir par la D 10 vers Château-la-Vallière. Après le pont de Nogent, tourner tout de suite à droite dans le C 2.

La Bruère – Dans la nef de l'**église**, statues populaires de saint Fiacre tenant sa bêche, saint Roch, saint Sébastien ; le chœur s'orne de gracieuses voûtes Renaissance, très fines, et de vitraux du 16e s.

Quitter La Bruère par la D 11 vers Vaas et tourner à droite dans la D 30.

Vaas – Avant d'arriver au pont, visiter à gauche l'ancien **moulin à blé de Rotrou** ⊙. Au bord du Loir, les jardinets, les maisons, l'église, le lavoir composent un charmant tableau.
Prairies, pépinières, bois de résineux, fourrés d'ajoncs ou de genêts se succèdent.

Suivre la D 305, puis tourner à droite au site archéologique.

Site archéologique de Cherré – On connaissait ce site archéologique au 19e s., mais c'est la photographie aérienne qui a permis d'accélérer les recherches dans les années 70. Cet ensemble gallo-romain des 1er et 2e s. après J.-C. comprend un temple, des thermes, deux autres bâtiments et le théâtre en grès roussard jointoyé, entièrement exhumé. On a aussi découvert sous la *cavea* les restes d'une nécropole hallstattienne – période protohistorique s'étendant du 8e au 5e s. avant J.-C.

Par la rive droite du Loir, aborder le Lude.

★★ **Château du Lude** – *Voir à ce nom.*

Rejoindre la D 307 et prendre la direction de Pontvallain, puis emprunter, sur la gauche, la route de Mansigné.

Un point de vue se découvre peu avant d'arriver au château de la Grifferie, sur la vallée où croissent à l'envi l'arbre fruitier, l'asperge, la pomme de terre et le maïs.

Prendre à gauche la D 214 vers Luché-Pringé. Après le pont sur l'Aune, quitter un instant la route fléchée pour prendre à droite la D 13.

Manoir de Vénevelles ⊙ – 15e-17e s. Situé dans un calme vallon, il est ceint de larges douves.

Luché-Pringé – L'**église** (13e-16e s.) présente de l'extérieur un aspect curieux, avec ses nombreux pignons aux rampants ornés de choux frisés, et les petits personnages musiciens assis au rebord du toit, de part et d'autre de la façade. Au-dessus du portail d'entrée, un bas-relief représente saint Martin *(p. 191)* à cheval. En entrant, à droite, remarquable Pietà du début du 16e s., groupe sculpté en noyer. Admirer le large chœur (13e s.) à chevet plat et voûtes angevines supportées par de hautes et fines colonnes, dans la pure tradition du style Plantagenêt. Devant l'église, gracieux prieuré (13e-15e s.) à tourelle octogonale.

Pringé – La petite **église** romane de Pringé a été remaniée au 15e s. Sa façade est percée d'un portail roman à voussures. A l'intérieur, peintures murales du 16e s. figurant saint Hubert, saint Georges et saint Christophe.

Château de Gallerande – *(On ne visite pas)* – La D 13 longe les douves qui cernent son parc. Celui-ci, romantique, solitaire, est planté de grands arbres, notamment de cèdres, de tilleuls et de chênes, délimitant de vastes pelouses. On peut monter à pied jusqu'à la grille de la cour ; belle vue de la façade Nord-Est. Cantonné de tours rondes à mâchicoulis, il comporte aussi un curieux donjon octogonal.

★ **La Flèche** – *Voir à ce nom.*

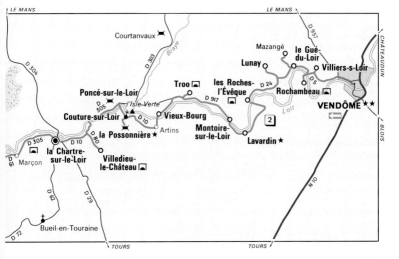

Vallée de la LOIRE★★★

Cartes Michelin nº 63, 64 et 65 ou 232 et 238

La Loire, vantée par les poètes depuis Ronsard et du Bellay, a longtemps apporté la vie au pays, mais le grand chemin d'eau est aujourd'hui désert. Le fleuve n'en continue pas moins à donner son caractère à la région et les plus beaux paysages sont ceux qu'il éclaire de ses longues perspectives et de ses courbes harmonieuses.

UN PEU DE GÉOGRAPHIE

La Loire, ancien affluent de la Seine – Le plus long fleuve de France – 1 020 km – né au pied du mont Gerbier-de-Jonc, dans le Vivarais, n'intéresse ce guide que par son cours moyen. Aux temps géologiques, la Loire, empruntant l'actuelle vallée du Loing, rejoignait la Seine, mais, attirée par le golfe ouvert jusqu'à Blois par l'océan, elle a abandonné son ancien cours et obliqué vers le Sud-Ouest.

Au Nord de la boucle ainsi formée, la grande forêt d'Orléans s'étend sur les sables granitiques arrachés par le fleuve au Massif central.

Un fleuve capricieux – La Loire est tantôt fougueuse et tantôt nonchalante. Son débit peut passer, à Orléans, de 25 à 8 000 m³ par seconde. En été, quelques filets d'eau striés de «luisettes» (brindilles garnies de petites feuilles d'un vert pâle argenté) se traînent au milieu des «grèves», c'est un véritable «fleuve de sable»; mais en automne, à l'époque des pluies, ou à la fin de l'hiver au moment de la fonte des neiges, elle se trouve en crue. On apprend en quelques heures que la Loire monte à Nevers, déborde à Orléans. Il lui arrive même de crever les digues, appelées levées ou turcies, construites pour protéger la campagne des inondations. Le fleuve se répand alors dans le val. D'une immense nappe d'eau jaunâtre émergent quelques peupliers et quelques toits d'ardoises. Bien des murs de villages portent les dates tragiques des grandes crues : 1846, 1856, 1866, 1910.

MARINE ET MARINIERS

Jusqu'au milieu du 19ᵉ s., la Loire, couverte de voiles blanches, fut ce «chemin qui marche» que chantèrent Charles d'Orléans, La Fontaine, Mme de Sévigné, Honoré de Balzac, Victor Hugo.

La navigation sur la Loire – Au 14ᵉ s. fut fondée la «Communauté des marchans fréquentant la rivière de Loyre et les fleuves descendant en icelle». Siégeant à Orléans, elle se chargeait de l'entretien du chenal et, en échange, percevait un «droit de boëte», ainsi appelé parce que l'argent était récolté dans des boîtes spéciales le long des rives. Malgré les bancs de sable, les tourbillons, les crues, les péages et les moulins au fil de l'eau, le trafic se développa rapidement sur le grand fleuve et sur ses affluents, surtout le Cher. Aux 17ᵉ-18ᵉ s., Orléans, relié au Loing par un canal, formait un gigantesque entrepôt. Aux marchandises s'ajoutait un intense mouvement de voyageurs. Il fallait six jours environ pour aller d'Orléans à Nantes, 15 à 20 jours par bon vent au retour. Les carrosses pouvaient être placés sur des radeaux et Mme de Sévigné se rendait en Bretagne dans cet équipage.

La marine de la Loire – Elle disposait de bateaux à fond plat ne dépassant pas 1,20 m de tirant d'eau : flûtes, salembardes, fûtreaux, toues, sapines tireaux et gabarres sillonnaient le fleuve, mêlés aux trains de bois venus du Nivernais.

Les **toues**, larges barques sans gréement, sont encore utilisées de nos jours pour le transport du foin et du bétail.

D'une jauge plus importante (15 t environ), la **sapine**, embarcation peu coûteuse en sapin, était détruite au terme du voyage.

La **gabarre**, vaisseau de fort tonnage (25 m de longueur sur 4 m de largeur), portait une voile carrée de près de 20 m de hauteur et était munie d'un gouvernail imposant. A la remontée, passer les ponts constituait une opération délicate. Le bachot allait mouiller des ancres en amont de l'ouvrage et la gabarre ayant couché sa mâture était halée par son équipage au moyen d'un treuil.

Le franchissement des Ponts-de-Cé et du pont de Beaugency, où le courant arrivait obliquement par rapport aux arches, était très périlleux : du sommet du pont, des hommes facilitaient alors la manœuvre à grand renfort de cordes. Dans les derniers temps, une voile basse était hissée à l'arrière du bateau.

Les «Inexplosibles» – A partir de 1832, la navigation à vapeur donne un nouvel essor à la voie fluviale : en une semaine, Orléans reçoit 197 bateaux. Le premier service à vapeur entre Orléans et Nantes est organisé ; il fait sensation. Deux jours suffisent pour accomplir le voyage, mais des accidents se produisent, des chaudières explosent. L'enthousiasme faiblit.

Cependant, la création de nouveaux bateaux à vapeur et à roue, les «Inexplosibles», ramène si bien la confiance qu'en 1843 plus de 100 000 passagers sont transportés sur la Loire et l'Allier, entre Moulins et Nantes.

Hélas ! la concurrence du chemin de fer devait porter un coup mortel à la batellerie ; en 1862, la dernière compagnie cessait son activité.

Un inexplosible à Amboise

VUES SUR LA LOIRE

L'itinéraire que nous proposons ci-dessous relie les plus beaux sites de la vallée en empruntant autant que possible les routes pittoresques. La beauté des paysages ne doit pas faire oublier aux conducteurs les dangers d'un parcours souvent très sinueux. Dans l'ensemble, sur la **rive droite,** la N 152 n'offre jusqu'à Blois que de rares échappées sur la Loire.

Elle est ensuite tracée sur la levée même du fleuve et de très belles perspectives se succèdent jusqu'aux approches de Tours ; entre cette ville et Angers, la route s'écartant peu de la Loire, le parcours est souvent pittoresque.

Sur la **rive gauche,** la D 751 offre de jolies vues sur quelques kilomètres en aval de Blois, où commence la levée, et entre Amboise et Tours ; plus loin, les vues reprennent en aval de Saumur et au long de la corniche angevine. De petites routes moins fréquentées, parallèles à la voie principale et suivant de près la rive, offrent par endroits les meilleures perspectives sur la Loire, ainsi la D 88 à l'Ouest de Tours, la D 16 en aval de Villandry, la D 132 à partir de Gennes et la D 210 de Montjean-sur-Loire à St-Florent-le-Vieil.

Les mariniers et leur langage

Vêtus de bleu, munis d'un foulard et d'une ceinture rouges, des anneaux d'or aux oreilles, les «chalandoux» étaient de rudes gaillards taquinant la «fillette» (chopine de vin), lutinant la servante et usant d'une langue assez peu châtiée dont certains termes techniques méritent explication :

Apparaux : Tout le gréement du bateau.

Chaland : Dans l'*équipage,* bateau qui porte le gouvernail et la cabane du maître et des mariniers.

Carré : Cuisine en plein air sur le *tireau.*

Corbe : Membrure, ou courbure du bateau.

Équipage : Ensemble de bateaux généralement groupés par trois *(chaland, tireau* et *soubre).*

Gerfault : Crochet ou gaffe pour saisir les objets flottants.

Huisset : Petite porte d'un compartiment de vivier flottant.

Luisette : Nom de l'osier qui pousse sur les rives.

Moullies : Cordages employés pour l'amarrage ou ancrage.

Ploc : Fil en poils de chèvre ou de vache.

Poner : Remonter en bateau le cours de la rivière, conduire en amont les marchandises elles-mêmes.

Roulis : Construction au milieu du cours d'eau destinée à dévier le courant.

Soubre : Dans l'équipage, le troisième bateau.

Souter : Soulever, enlever.

Tireau : Dans l'*équipage,* second bateau (relié au chaland par des cordages et un madrier servant de passerelle) qui porte la cabane des compagnons et le *carré.*

En attendant les vents favorables, les mariniers allaient s'attabler dans les cabarets pour y déguster le beurre blanc, la matelote d'anguilles arrosée de vin frais, avant d'entonner les Filles de la Louère, *les* Mariniers de la Louëre, *le* Saint-François :

> *«Nous étions deux, nous étions trois,*
> *Embarqués sur le Saint-François,*
> *Qu'il vente ! Qu'il vente !»*

★★ LA LOIRE BLÉSOISE

1 D'Orléans à Blois

84 km – environ 6 h, visite de la centrale nucléaire de St-Laurent-des-Eaux non comprise – schéma ci-dessous.

★ **Orléans** – *Voir à ce nom.*

Sortir d'Orléans par l'avenue Dauphine (Sud du plan).

Pépinières et roseraies se succèdent de chaque côté de la route. Franchir le Loiret, qui coule entre des rives boisées.

Olivet – *Page 199.*

Dans Olivet, prendre à gauche la D 14 qui mène au parc floral de la Source.

★★ **Parc floral de la Source** – *Page 199.*

Reprendre en sens inverse la D 14.

De coquets pavillons aux jardins soignés accompagnent la route vers Cléry.

★ **Cléry-St-André** – *Voir à ce nom.*

★ **Meung-sur-Loire** – *Voir à ce nom.*

Prendre la N 152 vers Beaugency, bientôt dominée par les tours des centrales de St-Laurent-des-Eaux.

★ **Beaugency** – *Voir à ce nom.*

Quitter Beaugency par ③ du plan. A l'entrée de St-Laurent-Nouan, prendre à droite la route du centre de production nucléaire.

Centre nucléaire de production d'électricité (CNPE) de St-Laurent-des-Eaux ⊘ – Situé sur une presqu'île baignée par la Loire, il comportait deux groupes de centrales. La centrale «A», relevant de la filière uranium naturel - graphite - gaz carbonique, comprenait deux tranches de 500 MW arrêtées en juin 1992. La centrale «B», du type REP (Réacteur à Eau Pressurisée), composée de deux tranches de 930 MW, produit 10 milliards de kWh par an. A proximité sont installées des serres alimentées par les rejets d'eau chaude.

St-Dyé-sur-Loire – (les Déodatiens). La petite cité aurait été fondée, d'après la légende, par **saint Déodat**, au 6e s. Elle garde de son passé florissant, alors que par son port transitaient les matériaux destinés à la construction du château de Chambord, plusieurs témoins : le mur d'enceinte surplombant le quai de la Loire, les petites maisons basses dans la rue de Chambord et quelques belles demeures (15e, 16e et 17e s.), où résidaient les ouvriers et maîtres d'œuvre. L'**église** ⊘, au puissant clocher-porche, conserve les tombeaux de saint Déodat (ou saint Dyé) et de son compagnon, saint Beaudemir, ainsi que dans le chœur une inscription révolutionnaire.

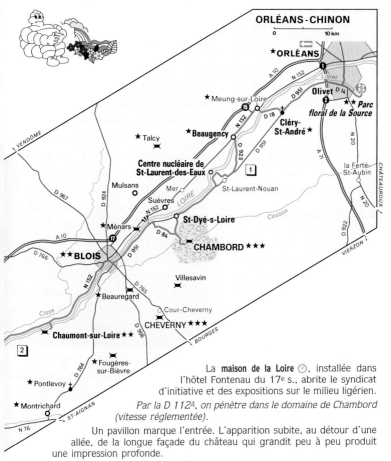

La **maison de la Loire** ⊙, installée dans l'hôtel Fontenau du 17ᵉ s., abrite le syndicat d'initiative et des expositions sur le milieu ligérien.

Par la D 112ᴬ, on pénètre dans le domaine de Chambord (vitesse réglementée).

Un pavillon marque l'entrée. L'apparition subite, au détour d'une allée, de la longue façade du château qui grandit peu à peu produit une impression profonde.

★★ Château de Chambord – *Voir à ce nom.*

Par la D 84 et Montlivault, on retrouve la Loire.

On en suit la levée qui offre de belles **vues★** sur le paysage verdoyant : magnifiques plantations de peupliers, champs d'asperges, de tulipes et de glaïeuls. Sur la rive Nord se profilent le château de Ménars, Blois avec la basilique, la cathédrale, le château.

★★ Blois – *Voir à ce nom. Environ une demi-journée.*

★★ LA LOIRE TOURANGELLE

② De Blois à Tours

89 km – environ 4 h – schéma ci-dessus.

★★ Blois – *Environ une demi-journée.*

Quitter Blois par la N 152 en direction de Tours.

Nombreuses vues sur la Loire, souvent encombrée de bancs de sable couverts de végétation en été. Le pont de Chaumont apparaît bientôt, précédant le château, sur la rive gauche.

★★ Château de Chaumont-sur-Loire – *Voir à ce nom.*

Revenir sur la rive droite.

Peu après le Haut-Chantier apparaît au loin le château d'Amboise.

★★ Amboise – *Voir à ce nom.*

Quitter Amboise par la D 81, puis à Civray-de-Touraine prendre à gauche.

★★ Château de Chenonceau – *Voir à ce nom.*

Revenir par la D 40 ; à la Croix de Touraine, tourner à droite dans la D 31 vers Amboise.

★ Pagode de Chanteloup – *Voir à ce nom.*

A Amboise, retraverser la Loire et prendre vers Tours.

Négron – En contrebas de la N 152, ce village offre une charmante place sur laquelle donnent l'église et une maison gothique à façade Renaissance.

Vernou-sur-Brenne – *Page 254.*

Vouvray – *Voir à ce nom.*
En approchant de **Rochecorbon**, petit bourg collé au pied de falaises creusées de maisons troglodytiques, remarquer sur la crête du coteau une fine tour de guet, appelée la **lanterne.**
Un peu plus loin, après un long mur, apparaît un instant à droite un imposant portail du 13e s., reste de l'ancienne **abbaye de Marmoutier,** fondée en 372 par saint Martin et fortifiée aux 13e et 14e s.

On entre à Tours par ④ du plan.

★★**Tours** – *Environ une demi-journée.*

★★★ LA LOIRE SAUMUROISE

③ **De Tours à Chinon**
61 km – environ 5 h – schéma p. 158.

★★**Tours** – *Environ une demi-journée.*

Quitter Tours à l'Ouest, par la D 88.

Cette route passe à proximité du **prieuré de St-Cosme ★** *(p. 244)* et suit la levée de la Loire entre des jardins et des potagers. Jolies vues sur les coteaux de la rive droite.
A l'Aireau des Bergeons, prendre à gauche vers Savonnières.

Savonnières – *Voir à ce nom.*

★★★**Villandry** – *Voir à ce nom.*
Après Villandry, on quitte le pays des troglodytes et, par la D 39, on gagne la vallée de l'Indre.

★★★**Château d'Azay-le-Rideau** – *Voir à ce nom.*
La D 17 court entre la rivière, qui se scinde en de nombreux petits bras, et la forêt de Chinon. Jusqu'à Rigny-Ussé, l'itinéraire, étroit et charmant, serpente entre haies et boqueteaux, offrant par endroits des échappées sur le fleuve ; du pont sur l'Indre, on découvre le château d'Ussé sous l'un de ses meilleurs angles.

★★**Château d'Ussé** – *Voir à ce nom.*
Après Rigny-Ussé, on traverse le plantureux **Véron**, plaine alluviale qui avance en pointe entre Loire et Vienne ; d'une grande fertilité, le Véron produit à l'envi grains, vignobles, arbres fruitiers (pruniers renommés utilisés pour la confection des pruneaux de Tours). Par le village de Huismes on atteint Chinon, dominée par son immense forteresse.

★★**Chinon** – *Visite : 2 h*

④ **De Chinon à Saumur**
38 km – environ 3 h – schéma p. 159.

★★**Chinon** – *Visite : 2 h*

Quitter Chinon par ③ du plan, puis prendre à droite la D 751 vers Saumur.
Peu avant l'entrée de Candes, prendre à droite le pont sur la Vienne pour apprécier le joli **site ★** du village au confluent de la Loire et de la Vienne.
Revenir sur la rive gauche.

★**Candes-St-Martin** – *Voir à ce nom.*

Montsoreau – *Voir à ce nom.*

★★**Fontevraud-l'Abbaye** – *Voir à ce nom.*
Revenir à Montsoreau.

Du pont de Montsoreau, belle vue en amont sur Candes et Montsoreau, en aval en direction de Saumur dont on distingue le château. Continuer sur la D 947, bordée d'habitations de troglodytes et de blanches maisons Renaissance.

Les petits villages vignerons se succèdent, étirés entre la route et le coteau calcaire troué de caves et d'anciennes carrières souvent converties en champignonnières.

Celle du **Saut-aux-Loups** ⊘ est située à la sortie de Montsoreau, sur le coteau de la Maumenière : les visiteurs peuvent non seulement y suivre les différents stades de culture du champignon et découvrir certaines variétés peu répandues, comme le pied-bleu à la discrète odeur d'anis, les pleurotes de couleur jaune ou rose (cette dernière variété ou «Salmoneo Straminens» est cultivée depuis peu à titre expérimental. Sa forme et sa couleur font penser à des fleurs), mais aussi déguster (en saison) les fameuses «galipettes» : ces grands champignons de Paris cueillis bien mûrs et cuits dans des fours à pain creusés à même le tuffeau doivent probablement leur nom au fait que, cultivés autrefois en meules et arrivés à un certain stade de vieillissement, ils tombaient par terre entraînés par leur propre poids, effectuant ainsi une sorte de galipette.

Sur le coteau, les vignes donnent naissance à un vin blanc, sec ou demi-sec, à un rosé de cabernet, dit **Cabernet de Saumur**, et à un vin rouge, connu sous l'appellation de **Champigny**.

Au *Val-Hulin*, sur la commune de **Turquant**, le **Troglo'Tap** ⊘ est un autre élément du patrimoine local. Dans cette cave particulièrement vaste et décorée d'outils d'autrefois a été ressuscitée la production des «pommes tapées» *(voir encadré)*.

Continuer sur la D 947 avant de longer l'imposante église de N.-D.-des-Ardilliers *(p. 222)* et d'entrer dans Saumur.

★★**Saumur** – *Environ 1 h 1/2.*

Les pommes tapées

Épluchés, placés dans des paniers plats en osier appelés rondeaux, les fruits sont ensuite séchés pendant cinq jours dans des fours en tuffeau, puis aplatis pour garantir leur conservation pendant plusieurs mois. On les déguste alors comme des fruits secs préparés avec un bon vin rouge de pays aromatisé de cannelle.Cette technique de conservation des pommes, qui existait déjà à la Révolution et qui cessa d'être pratiquée à l'aube de 1914, connut son apogée aux alentours de 1880 lorsque les vignerons, contraints d'abandonner leurs vignes détruites par le phylloxéra, se reconvertirent dans cette activité. Des machines à éplucher et à taper les pommes permirent de faire passer la production artisanale à un stade industriel. Des tonnes de pommes tapées furent ainsi exportées en Belgique, en Grande-Bretagne, en Suède…

On retrouve dans l'histoire du Val de Loire une méthode similaire de conservation des fruits à Rivarennes, non loin d'Ussé, où la fabrication des «poires tapées» fut également une véritable industrie.

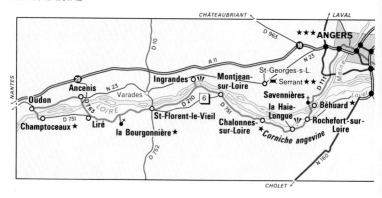

★LA LOIRE ANGEVINE

⑤ De Saumur à Angers *48 km – environ 3 h 1/2 – schéma ci-dessus.*

★★Saumur – *Compter 1 h 1/2.*

Quitter Saumur par ⑤ du plan.

St-Hilaire-St-Florent. – *(Voir à Saumur).*
Sur la droite, protégées par des digues, s'étendent de vastes prairies bordées d'arbres.

Chênehutte-les-Tuffeaux – Sa jolie **église** romane se dresse au bord de la route à la sortie Nord du village, avec son beau portail roman aux voussures ciselées.

Trèves-Cunault – Blottie au pied d'une tour crénelée du 15e s., reste d'un ancien château fort, la petite **église ★** de Trèves mérite que l'on aille voir à l'intérieur la beauté de sa large nef romane aux murs rythmés de grandes arcades qui font son originalité ; à l'entrée du chœur l'arc triomphal a conservé sa poutre de gloire portant un Christ en croix. Noter à l'entrée la vasque de porphyre aux sculptures primitives, à droite le gisant, et à gauche le haut reliquaire de pierre finement ajouré de baies flamboyantes.

★★Église de Cunault – *Voir à ce nom.*

Gennes – *Voir à ce nom.*

De retour sur la rive gauche, prendre aussitôt à droite la D 132 qui longe le fleuve.

Le Thoureil – Tranquille et pimpant village, ancien port fluvial très actif d'où l'on exportait les pommes de l'arrière-pays. Dans l'**église**, de chaque côté du chœur, remarquer les belles châsses en bois de la fin du 16e s., provenant de l'abbaye de St-Maur-de-Glanfeuil et toutes garnies de statuettes de saints bénédictins (Maur, Romain...) ou populaires dans la région (Christophe, Jean, Martin, Jacques, Éloi...).

Abbaye de St-Maur-de-Glanfeuil ⊘ – Regardant la Loire, cette ancienne abbaye bénédictine (qui est aujourd'hui une communauté religieuse des Augustins de l'Assomption et centre d'accueil international et œcuménique) tiendrait son nom d'un ermite angevin qui, au 6e s., fonda un monastère à l'emplacement de la villa romaine de Glanfeuil (les rives feuillues).
Dans la première cour, une excavation montre le nymphée du 4e s. (temple gallo-romain dédié aux Nymphes, déesses des eaux) dont on voit nettement la base des colonnes, que saint Maur transforma en chapelle chrétienne.
Suivre la direction «chapelles» pour gagner la deuxième cour en surélévation. On visite, à gauche, la chapelle St-Martin (13e s.), qui abrite le tombeau de saint Maur, puis la sobre chapelle édifiée en 1955, aux chatoyants vitraux de verre «éclaté», qui s'appuie sur la façade Ouest de l'ancienne église abbatiale du 11e s. ; en suivant le fléchage, on accède au 2e étage, pour admirer le décor d'entrelacs de la superbe **croix carolingienne** sculptée au pignon de cette même façade.

★★★Angers – *Environ une demi-journée.*

★LA LOIRE MAUGEOISE

⑥ D'Angers à Champtoceaux
83 km – environ 4 h – schéma ci-dessus.

★★★Angers – *Environ une demi-journée.*

Quitter Angers par le boulevard du Bon-Pasteur et prendre bientôt à gauche la D 111, vers Bouchemaine.

Après la Pointe, la route s'éloigne de la rive du fleuve et court à travers les vignes. Dans la descente qui s'amorce après Épiré, elle domine le vallon profond d'un petit affluent de la Loire.

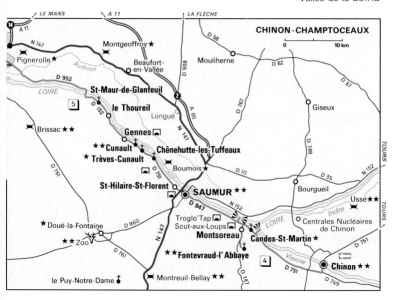

Savennières – La jolie **église** du village présente un chevet roman orné de modillons et de frises sculptés et un portail Sud de la même époque. Remarquer sur le mur de schiste (10ᵉ s.) de la nef le décor de briques en arêtes de poisson.

Les vins blancs secs de Savennières possèdent deux appellations très fameuses : « La Coulée de Serrant » et « La Roche aux Moines ».

★ **Béhuard** – *Voir à ce nom.*

Rochefort-sur-Loire – Rochefort est situé dans un cadre agreste au bord du Louet, bras de la Loire. Place de l'église, une plaque commémore la création de l'« École de Poésie » de Rochefort, en 1941. Les coteaux voisins produisent le célèbre **Quarts de Chaume,** vin blanc capiteux et séveux.

Plusieurs maisons anciennes, à tourelles ou échauguettes, se dressent sur la place en contrebas de la D 751.

★ **Corniche angevine** – C'est, jusqu'à Chalonnes, une route de corniche à virages serrés. Cette route, taillée dans la falaise, offre à partir de la Haie-Longue des vues plongeantes sur toute la largeur du Val et sur les petites villes qui bordent la Loire.

La Haie-Longue – En arrivant à la Haie-Longue, on aperçoit dans un virage une chapelle dédiée à **N.-D. de Lorette,** patronne des aviateurs ; sa maison, en effet, fut transportée par les airs de Nazareth en Yougoslavie, puis de là sur la côte italienne à Loreto, où on la vénère sous le nom de Santa Casa. En face se dresse un monument élevé en mémoire de René Gasnier, pionnier de l'aviation. Derrière ce monument, table d'orientation. **Vue ★** remarquable sur la Loire et ses « boires », luisant sous la lumière argentée ; les prairies, les manoirs à tourelles, les vignes sur les coteaux forment un cadre séduisant. On remarque, accrochés aux pentes, des vignobles compris dans l'appellation « Coteaux du Layon ».

Chalonnes-sur-Loire – Chalonnes, où naquit saint Maurille, évêque d'Angers au 5ᵉ s., occupe un site plaisant. Du quai sur la Loire, on découvre une jolie vue sur le fleuve. Le vieux port accueille quelques barques de pêche et bateaux de plaisance. Après Chalonnes, la D 751 suit le bord du plateau, coupé de petites vallées affluentes.

Montjean-sur-Loire – Montjean (prononcer : Montejan) enserre ses vieilles rues étroites sur un promontoire rocheux dominant la Loire. Les locaux de l'ancienne forge abritent un **écomusée** ⊘, où sont évoquées les activités traditionnelles révolues : travail du chanvre, marine de Loire, fours à chaux, mines de charbon. De la terrasse proche de l'église, on embrasse une **vue** étendue sur le Val, le pont suspendu franchissant la Loire, et sur de nombreux villages aux toits d'ardoises.

De Montjean à St-Florent, suivre la D 210.

La **route ★,** empruntant la levée de la Loire, offre des vues au Nord sur le fleuve et au Sud sur les coteaux du Thau, un de ses anciens affluents. Belle **vue** en arrivant sur Ingrandes.

Ingrandes – *Voir à ce nom.*

St-Florent-le-Vieil – *Voir à ce nom.*
Après St-Florent-le-Vieil, la D 751 sinue au milieu de molles collines.

Vallée de la LOIRE

★ **Chapelle de la Bourgonnière** – *Voir à ce nom.*

Liré – *Voir à ce nom.*

Ancenis – Les maisons d'Ancenis, bâties en schiste et couvertes d'ardoises, s'étagent face à la Loire que franchit un pont suspendu long de 500 m. Les fortifications de la cité et les remparts du château, dont les restes sont visibles, commandaient la vallée et en faisaient une «clef de la Bretagne».
La ville possédait jadis un collège, où se formèrent le philosophe **Volney** (natif de Craon) et le maréchal de Bourmont (1773-1846), qui s'empara d'Alger en 1830. Elle fut également un port actif pour le trafic des vins et possédait des fabriques de toiles à voile pour la batellerie. De nos jours, Ancenis demeure une grande région agricole et possède l'une des plus importantes coopératives de France, la CANA (Coopérative Agricole La Noëlle à Ancenis), aux activités très diversifiées. Le groupement de producteurs «les Vignerons de la Noëlle» cultive 350 ha de vignes et produit des vins de Nantes et des vins d'Anjou. Les coteaux des alentours, sur les terres d'Ancenis, Carquefou, Champtoceaux, Ligné, St-Florent-le-Vieil et Varades, donnent des vins de qualité, blancs de l'appellation **Muscadet des Coteaux de la Loire,** rouges et rosés de l'appellation **Coteaux d'Ancenis Gamay** et **Coteaux d'Ancenis Cabernet.**

Oudon – Un beau donjon médiéval, élevé entre 1392 et 1415, domine la localité. Du sommet de la **tour** ⊙ on jouit d'une belle vue sur la vallée.

★ **Champtoceaux** – Champtoceaux jouit d'un **site**★ admirable au faîte d'un piton dominant le Val de Loire. Derrière l'église, la **promenade de Champalud**★★ constitue un balcon (table d'orientation) sur la Loire qui se divise en bras enserrant de vastes îles, et permet de visiter les ruines de la citadelle démolie en 1420, ainsi qu'un ancien péage fluvial. Les vins blancs locaux ont une réputation justifiée.

LORRIS★

2 620 habitants
Carte Michelin n° 65 pli 1 ou 237 pli 42 ou 238 pli 7

Connue pour sa charte de franchise, modèle octroyé en 1122 par Louis VI, Lorris fut résidence de chasse des rois capétiens et séjour de Blanche de Castille et de Saint Louis. C'est ici que naquit, vers 1215, Guillaume de Lorris, auteur de la première partie du *Roman de la Rose (Voir à Meung-sur-Loire).*

★ **Église Notre-Dame** – Elle est remarquable par la pureté de son architecture (12e-13e s.) et par l'intérêt de son mobilier. Derrière le beau portail roman s'ouvre une claire nef gothique où se remarquent, suspendus très haut, une **tribune** et un **buffet d'orgues**★ sculptés, de 1501. Dans le chœur, les **stalles**★ (fin 15e s.) représentent, sur les jouées, les prophètes et les sibylles, et sur les miséricordes des scènes de la *Légende dorée,* du Nouveau Testament ou de la vie familière. Au-dessus de l'ancien autel sont accrochés deux anges du 18e s. Noter les statues polychromes du déambulatoire, ainsi que la Vierge d'albâtre (fin 15e s.) près des fonts baptismaux. Un **musée** sur l'orgue et les instruments anciens est installé sous les combles de l'église.

Musée départemental de la Résistance et de la Déportation ⊙ – Dans l'ancienne gare rénovée, bien intégrée dans un cadre de verdure, ce musée, aidé de techniques audio-visuelles, relate l'histoire de la Seconde Guerre mondiale et ses conséquences dans la région. La chronologie des faits, depuis les causes profondes de la guerre jusqu'à la Libération, est illustrée abondamment par des documents authentiques, des souvenirs émouvants, des dioramas (exode des réfugiés, restitution d'un camp de résistants dans la forêt), des mannequins en armes, des maquettes diverses.

Place du Martroi – Sur la vaste place donnent, le long de la rue principale, l'**hôtel de ville** du 16e s. en brique à chaînages de pierre et lucarnes ouvragées, et, dans l'angle opposé, les belles **halles** à charpente de chêne qui datent de 1542.

LE CANAL D'ORLÉANS

Versant Seine – *Pour le versant Loire, voir p. 102. Circuit de 14 km, par la D 44 au Nord-Ouest et la D 444 à gauche.*

Grignon – Le hameau occupe un site champêtre auprès de ses trois écluses.
La route traverse **Vieilles-Maisons**; l'église est précédée d'un porche à pans de bois.

Étang des Bois – Entouré de bois de chênes, de hêtres et de châtaigniers, ce petit étang est très fréquenté en saison.

Château du LUDE★★

Carte Michelin n° 64 pli 3 ou 232 pli 22

Aux confins du Maine et de l'Anjou que le Loir sépare, le Lude a connu mille ans d'histoire depuis l'érection du premier fort de la Motte. Depuis 1957, son spectacle son et lumière fait la réputation touristique de la ville.

A la forteresse des comtes d'Anjou du 11e s. succéda aux 13e et 14e s. un château fort qui résista à plusieurs assauts des Anglais avant d'être pris en 1425, puis reconquis deux ans plus tard par Ambroise de Loré, Beaumanoir et Gilles de Rais.

En 1457, le château est acquis par Jean de Daillon, ami d'enfance de Louis XI. Son fils fit bâtir le château actuel sur les fondations de l'ancienne forteresse : le plan reste carré, de grosses tours cantonnent les angles, mais les baies largement ouvertes et la décoration raffinée en font une demeure de plaisance au goût du jour.

Spectacle son et lumière – *Voir le chapitre des Renseignements pratiques en fin de volume.*

Visite ☉ – Passé le portail d'entrée s'ouvre la cour en U du château (début 17e s.), fermée à la fin du 18e s. d'un portique à trois arcades.

Les façades – A droite, face au parc, s'étend la façade François Ier aux tours rondes encore médiévales, comme à Chambord, mais d'esprit Renaissance par ses baies encadrées de pilastres, ses lucarnes surmontées de frontons, ses médaillons et son abondant décor sculpté. Face au Loir, au contraire, la façade Louis XVI, en tuffeau, présente les lignes classiques, sobres, équilibrées, animées par l'avant-corps central coiffé d'un fronton.

Enfin l'aile Nord *(visible de la rue du Pont)* présente la façade la plus ancienne, début 16e s., remaniée au 19e s. pour ajouter les balcons de pierre et la statue équestre de Jean de Daillon.

L'intérieur – La visite de l'intérieur commence, dans l'aile Louis XII, par la grande bibliothèque (19e s.) du duc de Bouillon, qui abrite 2 000 ouvrages, et la salle des fêtes restaurée dans le style des 15e et 16e s. Elle se poursuit, dans le bâtiment du 18e s., par une enfilade de pièces, dont le beau salon ovale de style Louis XVI, à boiseries et glaces d'angle, la chambre à coucher du 18e s. et le studiolo (cabinet de peinture du 16e s.) décoré de peintures murales de l'école de Raphaël représentant des scènes de la Bible et des *Triomphes* de Pétrarque ; remarquer également le plafond peint dans le style grotesque italien. On voit enfin, dans l'aile François Ier, la petite bibliothèque ornée d'une tapisserie des Gobelins du 17e s. et la salle à manger aux profondes embrasures révélant l'épaisseur des murs de la vieille forteresse ; la vaste cheminée porte la salamandre et l'hermine tandis qu'aux murs pendent trois tapisseries des Flandres, dont une rare verdure au perroquet rouge.

Situés dans l'ancienne forteresse, sous le parterre de l'éperon, le souterrain et la salle des gardes (13e s.) sont maintenant accessibles au public, de l'extérieur.

Maison des architectes – *3, rue du Marché-au-Fil, près de l'entrée du château.* Construite au 16e s. par les architectes du château, elle présente les ornements de la seconde Renaissance : fenêtres à meneaux, pilastres à chapiteaux corinthiens, décorés de cercles et de losanges, frise soulignant l'étage *(on ne visite pas).*

GENNETEIL ; LA BOISSIÈRE

Circuit de 28 km – environ 1 h 1/2. Quitter le Lude au Sud par la D 257.

Genneteil – L'**église** romane, au clocher à tourelle d'escalier du 13e s., s'ouvre par un beau portail du 11e s. aux voussures sculptées de signes du zodiaque et de visages humains. Dans la chapelle au fond, à gauche, fresques romanes.

Poursuivre par la D 138 vers Chigné.

Chigné – L'**église** fortifiée (12e et 15e s.) présente une intéressante façade flanquée d'une tour ronde. Remarquer, au-dessus du portail fait de trois arcatures, la ligne de modillons sculptés et les sculptures primitives engagées dans la construction, très altérées cependant.

Prendre par les 4 Chemins vers la Boissière.

La Boissière – *Voir à ce nom.*

Revenir vers le Lude par la D 767 ; à la Croix-de-Beauchêne, prendre la D 138 à droite.

Broc – La jolie **église** du village présente un clocher roman trapu et, au chevet, une rangée de modillons sculptés.

A l'intérieur, au fond de la large nef voûtée d'ogives à liernes et tiercerons, la petite abside romane a gardé des restes de fresques du 13e s. : au cul-de-four est représenté le Christ en majesté, à gauche on reconnaît l'Annonciation et à droite la Vierge en majesté. Sur le mur de la nef, très beau Christ en croix, en bois sculpté, d'époque Louis XIII.

Revenir au Lude par la Croix-de-Beauchêne et à droite la D 307.

LUYNES

Carte Michelin n° 64 pli 14 ou 232 plis 34, 35 – Schéma p.158

De la N 152, sur la levée de la Loire, on a une jolie vue de ce bourg pittoresque qui escalade le coteau. La ville possède encore de nombreuses caves directement creusées dans le roc, ainsi que de belles **halles** (15e s.) en bois à haut toit de tuiles plates. On remarque aussi plusieurs demeures à pans de bois, spécialement, en face de l'église (rue Paul-Louis-Courier), une maison à poteaux corniers sculptés.

Par la D 49 qui grimpe sur le coteau parmi les vignes, belle vue en arrière sur le château dont la silhouette féodale domine le bourg.

Château ⊘ – Construite sur un éperon rocheux qui surplombe la petite localité, cette importante forteresse médiévale, transformée au 15e s., appartenait à un «compère» de Louis XI : Hardouin de Maillé. Depuis le 11e s. trois familles seulement ont habité ces lieux : les Maillé, les Laval et les Luynes. De nos jours c'est l'actuel duc de Luynes qui habite le domaine. Le visiteur découvre, à partir de la charmante cour intérieure, un **panorama** unique sur la vallée de la Loire. Le délicat logis en brique et pierre date de Louis XI, les deux ailes sont du 17e s.. L'intérieur renferme de riches tapisseries, tableaux et meubles anciens. Les jardins, bien dessinés, annoncent par l'harmonie de leur architecture la recherche du «bien vivre». La chapelle (15e s.) des chanoinesses termine la visite.

Le MANS★★

Agglomération 189 107 habitants (les Manceaux)
Carte Michelin n° 60 pli 13 ou 232 plis 10, 22

Bâtie au confluent de la Sarthe et de l'Huisne, Le Mans est une grande ville moderne, plaque tournante du commerce régional au calendrier jalonné de nombreuses foires : citons celle de Printemps (fin mars ou début avril), la grande foire-exposition dite des Quatre-Jours (mi-septembre), la foire aux Oignons (le premier vendredi de septembre). C'est aussi une ville industrielle, vivant de la construction et de la course automobiles (circuit des 24 heures du Mans, circuit Bugatti) et l'un des plus importants centres d'assurances de France.

Les Manceaux apprécient la bonne chère : qui ne connaît leurs rillettes, leurs poulardes dodues, leurs chapons qu'on arrose de cidre pétillant avant de terminer le repas par les fameuses reinettes du Mans, pommes à pulpe parfumée sous une peau tachetée.

UN PEU D'HISTOIRE

L'antique Vundunum s'entoura de remparts au 4e s., pour résister aux invasions barbares. C'était le temps où saint Julien commençait à évangéliser la région.

Les Plantagenêts – Cette dynastie lui fut bénéfique. Geoffroy Plantagenêt, comte d'Anjou, devint duc de Normandie et comte du Maine par son mariage avec Mathilde, petite-fille de Guillaume le Conquérant ; il résida souvent au Mans, et à sa mort (1151) fut inhumé dans la cathédrale. Son fils, Henri, roi d'Angleterre en 1154, fit construire au Mans l'hôpital Coëffort ; s'étant retiré au Mans, il en fut délogé par son fils Richard Cœur de Lion, époux de la reine **Bérengère**. C'est à elle que Philippe Auguste donna le comté du Maine qu'il avait conquis sur Jean sans Terre, frère puîné de Richard ; Bérengère fonda l'abbaye de l'Épau. Le comté fut, par la suite, offert par Saint Louis à son frère Charles. Pendant la guerre de Cent Ans, Le Mans resta sous domination anglaise jusqu'en 1448.

Le drame du 5 août 1392 – A l'été 1392, le roi **Charles VI** lance une expédition contre le duc de Bretagne, favorable aux Anglais. Le 5 août, le

La Sarthe au Mans

roi sort du Mans et chevauche avec sa troupe en direction de l'Ouest, lorsque, soudain, en approchant d'une léproserie, un vieillard défiguré, déguenillé, se dresse sur son passage et lui crie : « Ne va pas plus loin, noble roi, tu es trahi ! »

Cet incident impressionne Charles, qui continue sa route. Peu après, lors d'une pause, sous un soleil écrasant, un homme d'armes fait tomber sa lance, laquelle heurte un casque en provoquant un bruit strident dans le silence ambiant. Charles tressaille. Pris de fureur, se croyant attaqué, il tire son épée et hurle : « Je suis livré à mes ennemis ! » Il tue quatre hommes, laisse son cheval s'emballer, galope en tous sens sans que son entourage puisse intervenir. Il finit par s'épuiser, et un chevalier parvient à sauter en selle derrière lui et à le maîtriser. On le couche ensuite sur un chariot en l'attachant, puis on le conduit au Mans, persuadé qu'il va trépasser.

Ce terrible accès de folie fut lourd de conséquences, en pleine guerre de Cent Ans. Le royaume, privé de maître, livré aux rivalités des princes, s'affaiblit gravement. De temps à autre, le malheureux Charles VI retrouvait la raison mais sombrait peu après dans la folie. Henri V d'Angleterre profita de la situation : il imposa en 1420 le fameux traité de Troyes par lequel Charles VI destitua son fils et le reconnut pour héritier. Charles VI s'éteignit en 1422 ; le drame survenu au Mans avait duré trente ans.

Le Roman comique – Le chapitre épiscopal du Mans eut des titulaires de choc ; après Arnould Gréban, auteur d'un *Mystère de la Passion* (vers 1450) en 30 000 vers, après Ronsard, chanoine en 1560, et Jacques Pelletier, ami de Ronsard, Paul Scarron l'illustra.

Chanoine au Mans, abbé à petit collet, non ordonné, rimailleur, **Scarron** (1610-1660) est en 1636 un joyeux luron pourvu d'une excellente santé, d'une prébende et d'une maison canoniale près de la cathédrale.

Malheureusement, notre chanoine doit acquitter la « rigoureuse », c'est-à-dire séjourner au Mans de temps à autre. Quel ennui pour un coureur de « ruelles », même s'il raffole de poulardes et du vin d'Yvré. Par surcroît, en 1638, une paralysie rend Scarron impotent à moins de trente ans, victime d'une drogue de charlatan. Deux consolatrices adoucissent son mal : l'une, Marie de Hautefort, jadis aimée de Louis XIII et exilée au Mans, lui offre son amitié ; l'autre, sa Muse, lui inspire le *Roman comique*, œuvre burlesque contant les aventures d'une troupe de comédiens ambulants dans la ville du Mans et ses environs.

En 1652, Scarron épouse **Françoise d'Aubigné**, petite-fille du poète calviniste Agrippa d'Aubigné, qui disait : « J'aime mieux épouser un cul-de-jatte que le couvent. » Devenue veuve, elle fut élevée au rang de marquise de Maintenon avant d'épouser secrètement Louis XIV (1683) sur qui elle exerça une influence profonde.

3Bis/MICHELIN

Calandre d'Amédée Bollé – 1912

A la pointe du progrès – Sous l'Ancien Régime, Le Mans possédait de très actives fabriques de bougies et d'importantes manufactures d'étamines, étoffes de laine teintes en noir et destinées aux ecclésiastiques ou aux gens de robe, des tanneries et des ateliers transformant en toile le chanvre produit dans la région. Une douzaine de négociants de la ville contrôlaient alors environ 2000 métiers répartis dans les campagnes, qui produisaient 18000 pièces dont les deux tiers étaient destinés à l'exportation.

Dans la seconde moitié du 19e s., la ville devint un centre industriel de premier ordre. Le Manceau **Amédée Bollée** (1844-1917), fondeur de cloches, contribua aux premiers pas de l'automobile. Il acheva sa première voiture, *L'Obéissante*, en 1873 : c'était un break à 12 places, entraîné par deux moteurs agissant chacun sur une roue arrière ; pesant un peu plus de 4 t à vide, elle dépassait le 40 km/h. Plus tard, Bollée construisit *La Mancelle* dont l'unique moteur était, pour la première fois, placé en avant sous un capot et comportait un axe de transmission longitudinal ; dans cette voiture, il promena l'empereur d'Autriche François-Joseph.

Amédée Bollée fils (1867-1926) se consacra surtout à la voiture de sport avec ses «torpilleurs» (1899) sur pneus Michelin, qui avoisinaient la vitesse de 100 km/h. Après la Première Guerre mondiale, il entreprit la fabrication de segments de piston empêchant les remontées d'huile ; cette production constituait la principale activité des Établissements Bollée.

Sur le circuit de la Sarthe, le 27 juin 1906, le premier prix est remporté par Szisz sur un véhicule Renault équipé de jantes amovibles Michelin.

En 1908, c'est Léon Bollée, frère du précédent, qui invita **Wilbur Wright** à venir tenter, aux Hunaudières, une des premières expériences d'aéroplane. A quelqu'un qui demandait comment volait sa machine, le flegmatique Américain répondit : «Comme un oiseau.» L'année 1936 voit Louis Renault installer sa première usine décentralisée au Sud du Mans, dans la plaine d'Arnage.

Les 24 heures du Mans – Gustave Singher et Georges Durand, président et secrétaire général de l'Automobile-Club de l'Ouest, lancèrent en 1923 la première épreuve d'endurance des 24 heures du Mans qui allait devenir un événement sportif de retentissement mondial, et un banc d'essai formidable pour l'automobile de série.

Les difficultés du circuit et la durée de la course mettent à l'épreuve la solidité des machines et l'endurance des pilotes qui se relaient au volant de chaque voiture. Le circuit a été considérablement amélioré depuis le tragique accident survenu en 1955 à la Mercedes de Levegh. Le spectacle est inoubliable, vu des tribunes ou des prés et des bois de pins qui jalonnent le circuit ; le vrombissement des moteurs, le sifflement des bolides lancés à plus de 350 km/h sur les Hunaudières, les odeurs de gaz brûlés se mêlant aux senteurs des résineux, et, la nuit, les faisceaux des phares attirent les fervents de la mécanique et tous les amateurs d'émotions fortes.

Depuis mai 1991, le circuit des 24 heures du Mans est doté d'un nouvel ensemble résolument moderne (module sportif, stands de ravitaillement) le plaçant au premier rang des réalisations de ce type. L'Automobile-Club de l'Ouest organise également, chaque année, les 24 heures du Mans Moto, les 24 heures du Mans Camions et, régulièrement, le Grand Prix de France Moto.

Quelques records de la course – En 1923, la première édition des 24 heures du Mans fut remportée par Lagache et Léonard sur une Chenard et Walcker ; ils couvrirent 2209,536 km à la moyenne de 92,064 km/h ; le meilleur tour revenant à Clément, sur une Bentley, à 107,328 km/h. Depuis, les plus grands noms de l'automobile se sont illustrés au Mans, au cours des 63 éditions de l'épreuve.

En 1971, sur le circuit de 13,469 km, H. Marko et G. Van Lennep parcoururent 5335,313 km sur Porsche 917 à la moyenne de 222,304 km/h ; Siffert effectuant, sur Porsche 917 également, le meilleur tour à la moyenne de 243,905 km/h.

Sur le tracé de 13,640 km, utilisé de 1972 à 1978, D. Pironi et J.-P. Jaussaud détiennent le record de la distance, ayant parcouru, en 1978, 5044,530 km sur Renault Alpine A 442 Turbo. Le tracé du circuit a été modifié en 1979 (13,626 km), et à nouveau en 1986 (13,528 km). Entre 1981 et 1987, les voitures de compétition Porsche ont remporté les premiers prix sans interruption.

En 1988, Jaguar met fin à cette hégémonie. L'année suivante, c'est au tour de Mercedes de retrouver le chemin de la victoire. 1990 voit un nouveau triomphe de Jaguar. Fait marquant de cette édition : mise en place, pour des raisons de sécurité, de deux ralentisseurs sur la ligne droite des Hunaudières. La longueur du circuit est dorénavant portée à 13,600 km.

Arrêt au stand – 24 heures du Mans

1991, c'est la firme Mazda (première victoire d'une firme japonaise et d'un moteur rotatif) qui entre dans l'histoire.

1993, c'est la victoire historique de Peugeot : 3 voitures au départ, 3 voitures à l'arrivée, 3 voitures aux 3 premières places ! Avec, en prime, le nouveau record de la distance sur le circuit de 13,600 km : 5 100 km à 213,358 km/h de moyenne.

1994, avec la Dauer 962 LM, Porsche obtient sa treizième victoire au Mans.

1995, malgré la pluie la Mac Laren F1 GTR s'impose dès sa première année de participation.

Mais… au Mans, les plus belles «24 Heures» sont toujours celles à venir !

★★ CATHÉDRALE ST-JULIEN *visite : 1 h*

Magnifique vaisseau dédié au premier évêque du Mans, St-Julien dresse fièrement au-dessus de la place des Jacobins l'étagement impressionnant d'un **chevet** ★★★ gothique, admirable par son système d'arcs-boutants en Y et à double volée. L'édifice actuel comprend une nef romane, un chœur gothique, un transept rayonnant flanqué d'une tour. Illuminations intérieures.

Extérieur – Sur la charmante place St-Michel, le porche Sud abrite un superbe **portail** ★★ du 12e s., contemporain du portail Royal de Chartres, et jadis appelé «Pierre au lait», sans doute déformation de «la pierre lée» (ou levée) désignant le menhir dressé à l'angle de la façade principale. De chaque côté s'alignent de hiératiques statues-colonnes : aux piédroits, ce sont les saints Pierre et Paul, dans les ébrasements Salomon et la reine de Saba, un prophète et une sibylle, les ancêtres du Christ. Les apôtres occupent les niches du linteau tandis que le Christ trône au tympan, entouré des symboles évangéliques et encensé par les anges de la première voussure.

Dans les autres voussures on reconnaît l'Annonciation, la Visitation, la Nativité, la Présentation au Temple, le Massacre des Innocents, le Baptême du Christ…

A droite du porche, perspective sur le transept ajouré d'immenses baies et sur la tour (12e-14e s.) haute de 64 m.

Sur la place du Cardinal-Grente, bordée de demeures Renaissance, s'élève la façade principale, de style roman archaïque. On reconnaît nettement le pignon du 11e s., encastré dans celui qui fut ajouté au siècle suivant, quand on construisit des voûtes. A l'angle droit de la façade, menhir de grès rose veiné. La tradition veut qu'on y plante son pouce dans une cavité pour être sûr d'avoir visité le Mans.

Nef – Le vaisseau roman repose sur de grandes arcades en plein cintre du 11e s., renforcées au 12e s. par des arcs brisés. Les chapiteaux, majestueux et d'une grande finesse dans le détail, soutiennent des voûtes bombées.

Dans le bas de la nef, huit vitraux romans dont le plus connu est celui de l'Ascension (**1**). La grande baie de la façade, évoque la légende de saint Julien.

Transept – 14e-15e s. Tout ajouré par son triforium et ses immenses verrières, il contraste avec la nef par sa légèreté et l'audace de son élévation. Dans le croisillon droit, on remarque le buffet d'orgues (**2**) du 16e s. Dans le croisillon gauche, une

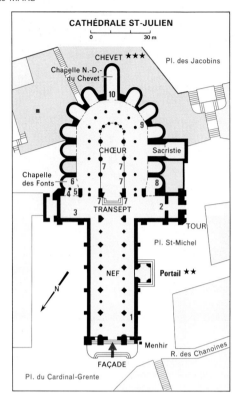

CATHÉDRALE ST-JULIEN

0   30 m

CHEVET ★★★   Pl. des Jacobins

Chapelle N.-D.-
du Chevet

10

CHŒUR   Sacristie

9

7 7

Chapelle   7 7
des Fonts   6
4 5   8

7 | 7
3   TRANSEPT   2

TOUR

Pl. St-Michel

NEF   Portail ★★

N

1

Menhir
R. des Chanoines

FAÇADE

Pl. du Cardinal-Grente

grande baie et une rose superposées sont garnies de
vitraux du 15e s. Trois panneaux de tapisserie du
16e s. (**3**) décrivent la légende de saint Julien.

Dans la chapelle des fonts,
qui donne sur le croisillon
Nord, se font face deux remarquables **tombeaux ★★**
Renaissance. Celui de
gauche (**4**), œuvre du
sculpteur Francesco Lau-
rana, fut élevé pour Charles
IV d'Anjou, comte du
Maine, frère du roi René
d'Anjou *(p. 49)*; le gisant
repose, à la mode italienne,
sur un sarcophage antique,
et la finesse de ses traits
rappelle les talents de portraitiste de Laurana. A
droite, le magnifique monument (**5**) à la mémoire de
Guillaume du Bellay, cousin
du poète, le représente tenant son épée et un livre,
accoudé à la manière an-
tique sur un sarcophage
qu'orne une ravissante frise
de divinités nautiques.

Le tombeau du cardinal
Grente y a été élevé en
1965 (**6**).

Chœur – 13e s. Entouré
d'un double déambulatoire à chapelles rayonnantes et haut de 34 m (N.-D. de
Paris : 35 m), il déploie une ampleur, un élancement qui le mettent au rang des
plus beaux de France. D'une magnifique envolée, il s'élève sur deux étages séparés
par une galerie de circulation et terminés par des arcs brisés très pointus,
d'influence normande. Aux fenêtres hautes du chœur et du premier déambulatoire,
et aux fenêtres basses des chapelles rayonnantes, flamboient les **vitraux ★★** du
13e s., à dominantes rouges et bleues : il faut des jumelles pour identifier les figures
hiératiques et farouches des apôtres, évêques, saints et donateurs. La célèbre suite
de **tapisseries** du 16e s. (**7**), consacrée à l'histoire des saints Gervais et Protais, est
tendue au-dessus des stalles de même époque.

Pourtour du chœur – Dans la 1re chapelle à droite, Mise au tombeau en terre
cuite du 17e s. (**8**).

Plus loin, la porte de la sacristie provient du jubé (17e s.) qui fermait jadis le
chœur; dans la sacristie, les belles boiseries du 16e s. servaient à l'origine de dossiers aux stalles du chœur. La porte des chanoines (14e s.) (**9**), qui fait suite, a un
tympan avec effigie de saint Julien.

La chapelle N.-D.-du-Chevet (13e s.) est close par une grille du 17e s. Un bel
ensemble de vitraux du 13e s. la décore; on admirera l'Arbre de Jessé (**10**).

Des peintures datant de 1380 couvrent les voûtes : d'une particulière finesse de
dessin, elles représentent un Concert d'anges.

★★ LE VIEUX MANS *visite : 1 h*

Tassé sur la colline à l'intérieur du rempart gallo-romain, le vieux Mans est un
ensemble pittoresque de ruelles tortueuses coupées d'escaliers, bordées de maisons
à pans de bois du 15e s., de logis Renaissance en pierre et d'hôtels du 18e s. aux
gracieux balcons de fer forgé. Animé de nombreux restaurants et de boutiques
d'artisans, le vieux Mans a beaucoup de cachet. Bien visible le long des quais de
la Sarthe, habilement restaurée, l'**enceinte gallo-romaine ★**, au ton rose caractéristique,
est un monument unique en son genre.

Son élégance réside dans l'alternance des lits de briques et des motifs géométriques
dessinés de moellons noirs et blancs.

Cet ouvrage militaire, long de 1 300 m et jalonné de onze tours, est l'un des plus
grands de ce type existant encore en France.

*Partir de la place des Jacobins et suivre à pied l'itinéraire indiqué sur le plan ci-
dessous.*

LE VIEUX MANS

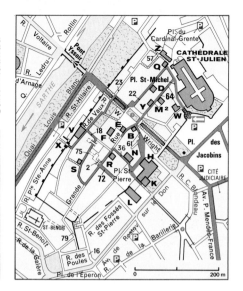

B   Maison du Pilier Rouge
D   Maison canoniale
       St-Jacques
E   Maison du Pilier Vert
F   Ancien hôtel d'Arcy
H   Hôtel de ville
K   Tour du 14e siècle
L   Ancienne collégiale
       St-Pierre-la-Cour
M² Maison de la reine
       Bérengère (Musée)
N   Hôtel de Vignolles
Q   Maison de la Tourelle
R   Maison d'Adam et Ève
S   Hôtel d'Argouges
V   Hôtel de Vaux
W   Maison de Scarron
X   Grande poterne
Y   Maison des Deux-Amis
Z   Hôtel du Grabatoire

Place St-Michel – Sur cette paisible place s'élève, au nº 1, la maison de Scarron (**W**), Renaissance, que le chanoine-écrivain habita ; le presbytère, au nº 1 bis, a gardé une tourelle d'escalier du 15e s.

★ **Maison de la reine Bérengère** (**M²**) – *Nº 9 de la rue Reine-Bérengère.* C'est une élégante demeure édifiée vers 1460 pour un échevin du Mans, et Bérengère, qui vivait au 13e s., ne l'a pas connue. Elle est ornée d'une porte en accolade, de poutres sur des culs-de-lampe historiés et d'une façade à pans de bois sculptés.
Au nº 7, la maison élevée vers 1530 est décorée des statues de sainte Catherine et de sainte Barbe.

Musée de la Reine Bérengère ⊙ – La maison de la reine Bérengère abrite le musée d'**Histoire** et d'**Ethnographie**. Au rez-de-chaussée, une salle Renaissance est consacrée au mobilier régional. Au 1er étage, les poteries vernissées de la Sarthe (Ligron, Malicorne, Bonnétable, Prévelles...) étonneront par leur verve populaire, leur fantaisie et la fraîcheur de leurs tons à dominantes de jaune, de vert, de brun prodigués sur des statuettes, retables, chaufferettes, pots, épis de faîtage, etc. Au 2e étage sont présentés des peintres sarthois du 19e s. (Hervé-Mathé, Dugasseau, Gizard...).

Maison des Deux-Amis (**Y**) – *Nos 18-20.* Les deux amis tiennent un écusson. Bâtie au 15e s., elle fut habitée au 17e s. par Nicolas Denizot, poète et peintre, ami de Ronsard et de du Bellay.
Franchissant la saignée de la rue Wilbur-Wright, percée pour les besoins de la circulation automobile, qui coupe en deux la colline, on arrive face à la **maison du Pilier Rouge** (**B**), maison à pans de bois dont le poteau cornier supporte un chapiteau à tête de mort. Au fond de la place, à l'entrée de la Grande-Rue, remarquer à droite la maison du Pilier Vert (**E**), et plus loin l'ancien hôtel d'Arcy (**F**) du 16e s. Revenir au Pilier Rouge et tourner à droite dans la rue qui porte son nom. On débouche sur la place St-Pierre, bordée de maisons à colombage.

Hôtel de ville (**H**) – Il fut construit vers 1760 dans les murs de l'ancien palais des comtes du Maine. S'engager sur l'escalier menant à la rue Rostov-sur-le-Don : on découvre le flanc Sud-Est du rempart de la vieille ville ; de part et d'autre de l'escalier se détachent une tour du 14e s. (**K**) et l'ancienne collégiale **St-Pierre-la-Cour** (**L**) du 14e s., devenue lieu d'expositions et de concerts.

Hôtel de Vignolles (**N**) – 16e s. Il apparaît à l'entrée de la rue de l'Écrevisse, couronné de hauts toits à la française.

Maison d'Adam et Ève (**R**) – *Nº 71 de la Grande-Rue.* Cette superbe maison Renaissance fut bâtie pour Jean de l'Épine, médecin astrologue.
Au coin de la **rue St-Honoré** (**72**) un fût de colonne, enseigne d'un serrurier, est décoré de clefs. Cette rue est bordée de maisons à pans de bois. Au nº 86 de la Grande-Rue, face à la rue St-Honoré, s'ouvre la pittoresque Cour d'Assé ; la rue descend entre de nobles hôtels classiques. Prendre à droite la rue St-Pavin-de-la-Cité, plus populaire ; on y remarque à gauche l'hôtel d'Argouges (**S**) qui montre encore dans sa cour une jolie porte du 15e s.
Après un passage couvert, emprunter la rue Bouquet ; à l'angle de la rue de Vaux, une niche du 15e s. abrite une Sainte Madeleine ; l'hôtel de Vaux (**V**), au nº 12, date du milieu du 16e s. Plus loin, à gauche : perspective sur l'escalier de la grande

poterne (**X**), pratiquée dans le mur gallo-romain. Reprendre la rue de Vaux, en sens inverse, jusqu'à la rue Wilbur-Wright ; son fossé franchi, remonter l'escalier et continuer par la rue des Chanoines ; au n° 26 on remarque la maison canoniale St-Jacques (**D**), construite vers 1560.

Maison de la Tourelle (**Q**) – Gracieuse maison Renaissance aux fenêtres et lucarnes décorées de délicats rinceaux. Elle doit son nom à la tourelle suspendue qu'elle porte à l'angle de l'escalier des Pans-de-Gorron.

Hôtel du Grabatoire (**Z**) – De l'autre côté de l'escalier, face au portail roman de la cathédrale, cet hôtel du 16e s. remplace un bâtiment destiné à recevoir les chanoines malades ; il abrite aujourd'hui l'évêché. A sa droite s'élève la maison du Pèlerin, décorée de coquilles Saint-Jacques.

Le Mans pratique

S'informer – Les quotidiens régionaux : **Le Maine Libre**, **Ouest-France**. Radio Maine/Chérie FM 97,5 mhz, Radio Vibration 102,1 mhz.

Se distraire – Le petit journal mensuel *« A l'affiche »* donne tous les programmes d'expositions, de forums, de spectacles et de théâtres du Mans. Centre Jacques-Prévert ☎ 02 43 24 73 85 ; Théâtre municipal ☎ 02 43 47 37 05 ; Théâtre du Radeau ☎ 02 43 93 60 ; Théâtre de l'Acthalia ☎ 02 43 23 42 87.

Se régaler de spécialités – Rillettes à l'ancienne ; «diableries» (rillettes de poisson) ; « bugattises » (chocolat) ; vins des côteaux du Loir et Jasnières.

Retenir des dates – **Avril**, «24 Heures» (moto) ; **mai**, Festival (musique classique) à l'abbaye de l'Épau ; **juin** «24 Heures du Mans (auto) ; **juillet** «Scénomanies» (théâtre, musique, danse dans la rue) ; **août** «24 Heures» (karting) ; **octobre** «24 Heures» (camions) et «24 Heures» du Livre.

Aller au marché – Marché des Jacobins le mercredi, le vendredi et le dimanche.

Faire une croisière sur la Sarthe – A bord du bateau *Le Mans*, des mini-croisières sont organisées sur la Sarthe, il est possible de déjeuner ou de dîner. Renseignements à la «Capitainerie», quai Amiral-Lalande, ☎ 02 43 23 83 84.

AUTRES CURIOSITÉS

★ **Musée de Tessé** (**BV**) ⊙ – Il est aménagé dans l'ancien évêché bâti au 19e s., à l'emplacement de l'hôtel de la famille de Tessé, dont les collections saisies en 1793 et riches en peintures anciennes (19e s.) constituent l'essentiel.

Rez-de-chaussée – A gauche, une petite salle contient une superbe plaque de cuivre en émail champlevé du 12e s., dite **émail Plantagenêt** ★, pièce unique représentant Geoffroy Plantagenêt, comte d'Anjou et du Maine de 1129 à 1151, duc de Normandie en 1144, et père du futur roi d'Angleterre Henri II. Elle provient de la cathédrale où elle ornait le tombeau aujourd'hui disparu de ce puissant seigneur.

La peinture italienne est mise en valeur par une intéressante série de retables à fond d'or des 14e et 15e s., une délicieuse figure de sainte aux yeux bridés par le Siennois Pietro Lorenzetti, deux panneaux de coffre de mariage par le Florentin Pesellino (la Pénitence de David et la Mort d'Absalon), ainsi qu'une très attachante Vierge d'humilité allaitant l'Enfant Jésus.

Dans la salle Renaissance, outre un demi-relief en terre cuite émaillée de l'atelier des Della Robbia, l'on remarque les panneaux du Maître de Vivoin, provenant d'un retable du prieuré de Vivoin (Sarthe).

La peinture classique est représentée par Philippe de Champaigne (le *Songe d'Élie*, la célèbre *Vanité*, exposée dans la salle de Tessé), Georges de La Tour *(Saint François en extase)* et une *Réunion de buveurs* de Nicolas Tournier (dans l'entrée). Un somptueux meuble-bibliothèque de Bernard Van Risenburgh est visible dans la salle du 18e s.

1er étage – Les écoles du Nord sont représentées par Van Utrecht, Kalf *(Grande nature morte aux armures)*, de nombreuses bambochades (scènes de genre) et des paysages. Une salle entière est consacrée au *Roman comique* de Scarron : outre un portrait de l'auteur, les tableaux de Coulom et les gravures d'Oudry et de Pater illustrent ces aventures burlesques où se trouvent déjà les gags de nos films comiques.

2e étage – Il est réservé à l'exposition temporaire d'autres collections du musée, ainsi qu'à l'archéologie égyptienne.

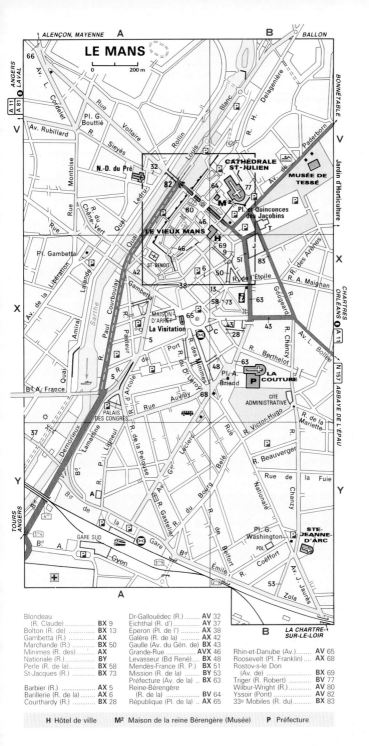

H Hôtel de ville   **M²** Maison de la reine Bérengère (Musée)   **P** Préfecture

Jardin d'horticulture (**BV**) – Alphand, architecte-paysagiste des Buttes-Chaumont, du parc Montsouris et du bois de Boulogne à Paris, dessina, en 1851, ce beau jardin agrémenté de rocailles et d'un ruisseau cascadeur.

Place et quinconces des Jacobins (**BV**) – Célèbre par sa vue sur le chevet de St-Julien, la place des Jacobins a été tracée à l'emplacement du couvent du même nom.

A l'entrée du tunnel qui scinde la vieille ville, monument à Wilbur Wright par Paul Landowski et curieuse horloge florale.

A l'opposé a été bâtie une salle de spectacle moderne (**T**) ; dans le hall, tapisserie de Picart le Doux.

Pont Yssoir (**AV 82**) – Vue sur la cathédrale, la vieille ville, l'enceinte gallo-romaine et ses parements de brique et pierre disposés de façon géométrique et, près de la Sarthe, sur une promenade qui a englobé quelques restes de fortifications médiévales.

Après avoir traversé la Sarthe, on atteint très vite à pied la belle église romane N.-D.-du-Pré.

Église N.-D.-du-Pré (**AV**) – C'est l'ancienne église abbatiale des bénédictines de St-Julien-du-Pré. A l'intérieur, chapiteaux et chœur romans.

Église de la Visitation (**AX**) ⊘ – Au bord de la place de la République, cœur de la ville moderne, on remarque le mur, surmonté de pots à feu, de cette ancienne chapelle de couvent construite vers 1730. La façade principale, vers la rue Gambetta, est abondamment décorée avec un portique à colonnes corinthiennes encadrant une porte rocaille ; le décor intérieur est de la même époque.

★ **Église de la Couture** (**BX**) – Aujourd'hui située en pleine ville, jouxtant la préfecture qui s'est installée dans ses anciens bâtiments conventuels (18e s.), l'église appartenait au 10e s. à l'abbaye St-Pierre-de-la-Couture (culture), qui devait son nom aux champs qui l'environnaient alors ; par la suite, le terme a évolué et désigné le culte du Seigneur. La façade est l'aboutissement final de quatre siècles de constructions : les deux tours gothiques sont fin 13e s., le porche des 13e et 14e s. et la haute verrière du 14e s. Le portail est encadré d'apôtres terrassant les forces du Mal ; au tympan, le Christ, entre la Vierge et saint Jean, préside au Jugement dernier ; dans les voussures, formant la Cour céleste, sont rangés les anges, les patriarches, les prophètes (1re voussure), les martyrs (2e), les vierges (3e).

La nef, très large, élevée à la fin du 12e s. en style Plantagenêt, est éclairée par d'élégantes baies géminées que surmonte un oculus. A l'intérieur des grandes arcades qui supportent une coursière, on remarque dans la première travée les arcs romans de la nef primitive ; à l'entrée à gauche, curieux piédroit du 11e s. sculpté d'un Christ bénissant. Face à la chaire, la ravissante **Vierge★★** en marbre blanc (1571), de Germain Pilon, vient de l'ancien retable du maître-autel. De belles **tapisseries** du 17e s. et des panneaux peints au 16e s. par un abbé de la Couture ornent les arcades de la nef.

Les colonnes (11e s.) du chœur, aux chapiteaux décorés de motifs inspirés de l'Orient, portent des arcs très étroits ; de belles statues de style Plantagenêt reçoivent les nervures de la voûte.

La crypte du 10e s., remaniée en 1838, comporte des colonnes et des chapiteaux préromans ou gallo-romains ; un chapiteau antique renversé sert de base à un pilier. A l'entrée est exposé (éclairage par minuterie) le suaire oriental, du 6e ou 7e s., de saint Bertrand, évêque du Mans dès 586 et fondateur du monastère en 616. Dans un enfeu, gisant de plâtre marquant l'emplacement présumé du tombeau de saint Bertrand.

★ **Église Ste-Jeanne-d'Arc (ancien hôpital Coëffort)** (**BY**) – Derrière une façade unie percée d'un simple portail en plein cintre et de baies géminées s'ouvre une vaste salle à trois nefs d'égale hauteur, coiffées d'élégantes voûtes Plantagenêt portées par de hautes et fines colonnes à chapiteaux sculptés. Avant de devenir église paroissiale, ce beau bâtiment du 12e s. fut à l'origine la grande salle des malades de l'hôpital fondé ici, selon la légende, en 1180 par Henri II Plantagenêt, en expiation du meurtre de son chancelier **Thomas Becket.**

CIRCUITS AUTOMOBILES DE VITESSE

Au Sud du Mans, entre la N 138 et la D 139.

Circuit des 24 heures – 13,600 km. Il s'amorce au virage du Tertre Rouge sur la N 138. La route, large de 10 m environ, est jalonnée de repères kilométriques. Les courbes en S de la route privée, les virages en épingle à cheveux de Mulsanne et d'Arnage constituent les points les plus frappants du parcours, théâtre des «24 heures». Depuis 1972, le tracé permet au public de suivre la course sur 4 km. A l'intérieur de l'annexe du circuit de vitesse, l'hippodrome des Hunaudières servit de cadre aux expériences aéronautiques de Wilbur Wright : une stèle en rappelle le souvenir.

A l'entrée principale du circuit, sur la D 139, un souterrain donne accès au circuit permanent Bugatti et au musée de l'Automobile.

Circuit permanent Bugatti ⊘ – 4,430 km. Outre l'école de pilotage qu'il propose, ce circuit constitue un banc d'essais permanent utilisé par les écuries auto et moto de compétition dans le cadre de séances d'essais privés.

★★ **Musée de l'Automobile de la Sarthe** (**M**) ⊘ – *Accès par l'entrée principale du circuit (D 139 au Nord de la D 921).*
Reconstruit en 1991, le nouveau musée présente 115 véhicules dans un décor résolument moderne et pédagogique. Faisant appel à la vidéo, aux jeux interactifs, aux robots, des maquettes animées et des vitrines retracent la Saga de l'Automobile depuis plus d'un siècle.

Les collections rendent d'abord hommage aux « Bollée » fabriquées au Mans, puis c'est une Krieger électrique de 1908. L'entre-deux-guerres est illustré par des voitures de prestige : un coupé chauffeur décapotable Hispano-Suiza (1929), une Aérodyne Voisin (1935), une Bugatti (1939), l'autochenille Citroën *Scarabée d'or*, de la Croisière Jaune en 1931. Remarquer aussi le prototype unique de la Socema Grégoire à turbine à gaz de 1952.

Pour la partie course et notamment «24 Heures du Mans», on pourra découvrir plusieurs voitures victorieuses : la Bentley de 1924, la Ferrari de 1949, la Matra de 1974, la Rondeau (1983), la Jaguar de 1988, la Mazda de 1991, la Peugeot de 1992 qui constituent une partie d'une collection exceptionnelle.

EXCURSIONS

★ **Abbaye de l'Épau** ⊙ – *4 km par l'avenue Léon-Bollée* (**BX**) *et à droite la rocade passant au-dessus de la voie ferrée, puis suivre les flèches.* Cette ancienne abbaye cistercienne se dresse dans un site champêtre au bord de l'Huisne. Elle fut fondée en 1229 par la **reine Bérengère**, veuve de Richard Cœur de Lion, qui y termina ses jours.

Autour du cloître, détruit en 1365 par des bandes de «routiers» s'ordonnent les bâtiments monastiques. A droite, l'aile du **réfectoire** avec les arcatures du lavabo. En face, le bâtiment des moines, comprenant à droite la salle des moines ou **scriptorium**, et à gauche la **salle capitulaire** aux élégantes voûtes d'ogives, où se trouve le gisant de la reine Bérengère ; le premier étage abrite le **dortoir des moines**, coiffé d'une voûte de bois et restitué dans sa configuration d'origine.

A gauche se trouve l'**église**, construite aux 13e et 14e s., et reprise après les ravages de 1365, au début du 15e s. : de cette époque date l'immense verrière du chœur, délicatement sculptée ; remarquer son plan cistercien au chevet plat, et les trois chapelles orientées qui ouvrent sur chaque bras du transept ; dans le bras droit, à l'entrée de la sacristie, les chapiteaux carrés sont décorés de feuilles d'eau.

Depuis plusieurs années, l'abbaye sert de cadre au «Festival de l'Épau», festival de musique classique fort apprécié des mélomanes.

Montfort-le-Gesnois – *20 km à l'Est du Mans par l'avenue Léon-Bollée* (**BX**) *et la N 23, puis une route à gauche.* Proche de **Connerré**, petite ville commerçante célèbre pour ses rillettes, Montfort, issue de la fusion de Pont-de-Gennes et de Montfort-le-Rotrou, est installée dans un site reposant pittoresque, développé à partir du pont romain sur l'Huisne. Son **pont** du 15e s., étroit et coudé, paré de blocs de grès, franchit l'Huisne élargie coulant au milieu des arbres. Vue sur la petite église St-Gilles, du 13e s., un moulin couvert de vigne vierge et environné de saules pleureurs, un petit barrage sur lequel mugissent les flots de la rivière.

Bois de Loudon – *18 km au Sud-Est par l'avenue Jean-Jaurès* (**BY**)*, les N 223 et D 304, puis à gauche la D 145E et, encore à gauche, la D 145.* De la D 145, plusieurs chemins forestiers s'engagent dans ce bois de résineux au sol de sable, couvert en septembre d'un somptueux manteau de bruyères.

Spay – *10 km au Sud-Ouest par la N 23 et la D 51 par Arnage.* L'**église** ⊙ romane (9e s.-12e s.), restaurée, possède un maître-autel baroque richement décoré et une très élégante Vierge à l'Enfant, du 14e s. Une précieuse pyxide de 1621 fait partie du trésor de l'église.

LE MANS
PARIS
N 23 R
N 23
Parc des Expositions
M
Virage du Tertre Rouge
Circuit Bugatti
Tribunes
ANGERS
Virage Ford
circuit moto
CIRCUIT
Ligne droite
Maison Blanche
piste karting
D 139
D 92
des Hunaudières
Virage Porsche
DES 24 HEURES
D 139
D 140 bis
Virage d'Indianapolis
Virage d'Arnage
D 140
N 138
0   1 km
Virage de Mulsanne
TOURS

Vallée de la MANSE★

Carte Michelin n° 232 pli 35 ou 64 plis 14, 15 et 68 pli 4

Modeste affluent de la Vienne, la Manse traverse une campagne pittoresque à l'écart des grandes routes.

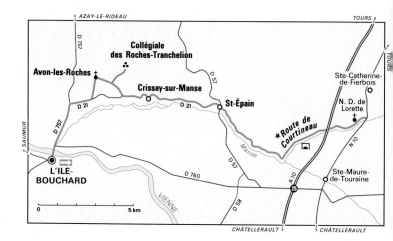

DE L'ÎLE-BOUCHARD A LA N 10 *27 km – environ 2 h*

L'Île-Bouchard – *Voir à ce nom.*

Quitter L'Ile-Bouchard au Nord.

Avon-les-Roches – L'**église** (12e-13e s.) se signale par la flèche de pierre qui coiffe le croisillon droit du transept. Remarquer les trois arcades de son porche ainsi que la porte voisine, décorées d'archivoltes et de chapiteaux délicatement sculptés, et, sous le porche à gauche, une inscription racontant la mort de Charles le Téméraire.

Prendre la direction de Crissay sur 1 km, puis à gauche vers les Roches-Tranchelion.

Collégiale des Roches-Tranchelion – De loin apparaissent les ruines de cette collégiale gothique fondée en 1527. *Un chemin de terre assez raide permet de monter en voiture jusqu'au parvis.*

Perchées sur une éminence dominant le hameau et la campagne environnante, ces ruines témoignent d'une grandeur passée. Des voûtes de l'église il reste peu de chose, mais l'élégante façade se dresse encore, couverte de sculptures délicates ; remarquer en particulier le personnage assis au-dessus de la grande baie sous l'arc triomphal et, de chaque côté, le décor Renaissance de pilastres et de médaillons représentant les seigneurs du lieu.

Crissay-sur-Manse – A l'entrée du village se dressent à gauche les ruines du château (15e s.), qui dominent le coteau, tandis qu'à droite pointe la flèche de pierre aiguë de l'église ; quelques vieilles maisons à tourelles carrées (15e s.), disposées avec la plus grande fantaisie, composent un ensemble pittoresque.

St-Épain – Admirer le joli tableau que composent l'**église** (12e, 13e et 15e s.), coiffée d'une tour carrée du 13e s., et la **porte fortifiée** qui la jouxte, seul reste de l'enceinte du 15e s. ; au-dessus de l'arcade, une fenêtre à meneaux et un étage en encorbellement correspondent à l'**hôtel de la Prévôté** ; passer sous la porte pour voir sa façade extérieure, flanquée d'une tour ronde.

De l'autre côté de la Grand-Rue, une maison à échauguette marque l'angle de la route de Ste-Maure.

La route de Ste-Maure remonte la verdoyante vallée de la Manse.

Après le passage sous la voie ferrée, prendre à gauche.

★**Route de Courtineau** – La pittoresque petite route serpente entre le ruisseau en contrebas, caché sous les arbres, et la falaise creusée de nombreuses demeures troglodytiques.

La chapelle **Notre-Dame-de-Lorette** est un oratoire du 15e s., en partie creusé dans la falaise, à côté d'un logis troglodytique de la même époque.

Pour choisir un hôtel, un restaurant, un terrain de camping...
Les *guides Michelin annuels*   France
Paris et environs
Camping Caravaning France.

Les MAUGES

Tout au Sud de l'Anjou, aux confins de la Vendée et du Poitou, les Mauges sont un territoire à part, silencieux et secret, limité au Nord par la Loire, à l'Est par la vallée du Layon, au Sud et à l'Ouest par les départements de la Vendée et des Deux-Sèvres. Bombement schisteux dans le prolongement du Massif armoricain (point culminant au Puy de la Garde, 210 m), les Mauges sont une région verdoyante couverte de bocages et vouée à l'élevage, où s'engraisse le bétail de race Durham-mancelle qui afflue par milliers de têtes aux foires de Chemillé et de Cholet.

De grandes routes rectilignes furent tracées sous la Révolution et sous l'Empire pour des raisons stratégiques, se superposant au lacis des chemins creux, propices aux embuscades, dans lesquels se déroulèrent bien des épisodes de la guerre de Vendée, tandis que les moulins qui dressent encore sur les hauteurs leur armature de bois permettaient aux Blancs de communiquer par signaux.

Lieux du souvenir vendéen – Dispersés dans toute la région, des monuments perpétuent le souvenir des événements de 1793-1796.

Ainsi à **Maulévrier** se trouvent la pyramide de Stofflet et le cimetière des martyrs.

Près de **Torfou**, au carrefour de la N 149 et de la D 753, une colonne rappelle la victoire vendéenne contre l'armée de Mayence (19 septembre 1793).

A **St-Florent-le-Vieil** se trouve le tombeau de Bonchamps.

Les guerres de Vendée

L'exécution de Louis XVI avait profondément choqué les populations rurales; la persécution des prêtres réfractaires mécontentait; aussi, lorsqu'en février 1793 la Convention décida la conscription, ce fut la révolte. Au cri de «Vive la religion! Vive le roi!», les paysans vendéens et maugeois, peu acquis, voire hostiles à la Révolution, se dressent contre la République. Groupés sous le drapeau blanc de la monarchie, ils se donnent des chefs de souche populaire comme le garde-chasse **Stofflet** ou le colporteur **Cathelineau**, ou nobles comme d'**Elbée, Bonchamps, La Rochejaquelein, Charette**. Le 15 mars ils prennent Cholet, et bientôt tiennent les Mauges. Contre-attaquant alors, les Bleus (couleur de l'uniforme républicain) repoussent sur la Sèvre l'armée catholique et royale; mais celle-ci reprend l'avantage et s'empare de tout l'Anjou (juin 1793). La Convention, inquiète, fait alors donner l'armée de l'Ouest, conduite par Kléber et Marceau. Vaincue d'abord à Coron, à Saint-Fulgent et à Torfou (19 septembre), l'armée républicaine est victorieuse à Cholet (17 octobre), après un combat sanglant qui oblige les Vendéens à se replier sur St-Florent-le-Vieil. Le lendemain, 60 à 80 000 hommes femmes

Cathelineau, par Girodet-Trioson (1824)
(Musée de Cholet)

et enfants, poussés par la panique, franchissent la Loire: cet épisode (du 18 octobre au 23 décembre 1793), connu sous le nom de la **«virée de Galerne»**, tourne au drame. Les survivants sont massacrés par milliers, fusillés ou noyés dans la Loire. Le général Westermann, dans une lettre restée célèbre, ose écrire à la Convention: «Il n'y a plus de Vendée, elle est morte sous notre sabre libre... J'ai écrasé les enfants sous les pieds des chevaux et massacré les femmes. Je n'ai pas un prisonnier à me reprocher.» Peu après, fin janvier 1794, la Convention envoie les **«colonnes infernales»** de Turreau, mais son plan d'extermination échoue.

L'insurrection renaît dans les Mauges et dans le marais poitevin: c'est le temps de la **chouannerie**. Elle s'affaiblit cependant et des pourparlers s'engagent sous l'égide du général Hoche. La paix est signée le 17 février 1795. Très précaire, souvent violée, elle ne sera définitive qu'en 1800, sous le Consulat.

Près de **Cholet**, une croix fut érigée sur la route de Nuaillé, à l'endroit où tomba La Rochejaquelein (29 janvier 1794).

Les Vitraux – Dans de nombreuses églises des Mauges (mais aussi dans le Saumurois), des **vitraux** évoquent avec force et réalisme les guerres de Vendée et racontent les hauts faits de leurs héros. Ces vitraux, que l'on découvre notamment à Vihiers, La Salle-de-Vihiers, Montilliers, à Chemillé et Chanzeaux, à St-Laurent-de-la-Plaine et au Pin-en-Mauges, et plus au Nord à La Chapelle-St-Florent ainsi qu'au Marillais, ont pour la plupart été réalisés par des maîtres verriers locaux, parmi lesquels Clamens, Bordereau, Megen. Plus près de nous, Rollo qui, par ses travaux de restauration, mais aussi en faisant œuvre de créateur, perpétue la tradition du vitrail angevin.

Pour en savoir plus sur les vitraux vendéens, lire « Les Vitraux vendéens et les maîtres verriers angevins », par J. Boisleve (Maulévrier, éd. Hérault), ou se renseigner au carrefour touristique et culturel des Mauges, à St-Florent-le-Vieil.

CURIOSITÉS

schéma ci-contre

Beaupréau – Petite ville aux rues en pente, bâtie sur une butte au bord de l'Èvre, Beaupréau fut en 1793 l'un des quartiers généraux des Vendéens ; leur chef, d'Elbée, possédait à St-Martin (faubourg de la ville) un manoir qui abrite aujourd'hui la bibliothèque. Malgré les incendies, Beaupréau a conservé son **château** dont on aperçoit la façade depuis la rive gauche de l'Èvre : occupé aujourd'hui par la clinique, il présente encore une entrée pleine de caractère, où deux grosses tours encadrent un pavillon du 17e s. dont la toiture pyramidale est flanquée de deux petites coupoles d'ardoises.

Chemillé – Important centre d'élevage et de production de plantes médicinales (jardin d'exposition dans le parc de la mairie), la petite ville s'étire dans le vallon de l'Hyrôme. En juillet 1793, elle fut le théâtre de violents combats entre les Blancs et les Bleus : le «Grand choc de Chemillé», au terme duquel 400 Bleus faits prisonniers échappèrent à la mort grâce à l'intervention du général d'Elbée. De l'ancienne citadelle subsiste, place du Château, une porte appareillée en «rucher d'abeilles» (13e s.). L'église Notre-Dame, désaffectée, est coiffée d'un intéressant **clocher** roman, orné à la base d'arcatures aveugles et de deux étages de baies romanes abondamment décorées.

L'église St-Pierre (12e s.) fortement restaurée au début du 20e s., possède un beau vitrail (1917), œuvre de Jean Clamens, évoquant l'épisode du **«Pater des Vendéens»** : d'Elbée, l'un des grands chefs vendéens, fait réciter le Notre Père à ses soldats pressés de tuer leurs prisonniers et, les incitant ainsi à «pardonner les offenses», obtient d'eux qu'ils les épargnent.

A 3,5 km à l'Est *(accès par la route de Saumur, puis la D 124)* s'élève la **chapelle de la Sorinière** ⊙, modeste édifice construit en 1501 par les seigneurs du lieu, qui conserve sur ses parois d'intéressantes **peintures murales ★** du début du 16e s. Riches en détails pittoresques, elles représentent la Nativité, l'Adoration des Mages et saint Christophe. Sur l'autel, une Vierge de Pitié, assistée de saint Jean (16e s.). Dans une pièce attenante, évocation de la Vendée chemilloise pendant la Révolution.

Cholet – *Voir à ce nom.*

Le Fuilet – Dispersé en multiples hameaux (les Challonges, Bellevue, les Recoins, etc.), le Fuilet occupe un site où la qualité de la terre, une excellente argile, a fait naître de nombreuses briquetteries et poteries aux produits divers (poteries d'ornement, horticoles ou artistiques).

Celles-ci sont ouvertes librement, pendant les heures de travail, aux visiteurs intéressés à voir préparer la terre et lui donner forme avec des moyens industriels ou artisanaux selon les ateliers.

Forêt de Maulévrier – *Voir ci-dessous.*

St-Laurent-de-la-Plaine – La **Cité des Métiers de Tradition** ⊘ est installée dans un ensemble de plusieurs bâtiments dont l'ancien presbytère du 18e s., l'une des deux seules maisons ayant survécu au passage de la «colonne infernale» de 1794. Il rassemble pour plus de soixante-dix métiers plusieurs milliers de pièces venant de toute la France (métiers à tisser, scie des Vosges, roue à aubes). Une grange magnifiquement charpentée abrite la **rue des échoppes** – sabotier, huilier, forgeron, cirier, repasseuse, tonnelier – qui complète la visite des salles d'exposition traditionnelles (salles des broderies). Enfin une collection de plus de 300 locomotives et de 1 800 wagons miniatures retiendra l'attention.

MAULÉVRIER

2 650 habitants (les Maulévrais)
Carte Michelin n° 67 pli 6 ou 232 pli 30

Son nom daterait de l'époque mérovingienne et signifierait «mauvais lévrier». **Foulques Nerra** y construisit en 1036 le premier château et y établit une baronnie qui, sous Louis XIV, revint au frère de Colbert; ses descendants en furent les propriétaires jusqu'en 1895. Le célèbre chef vendéen **Stofflet** fut garde-chasse de l'un d'entre eux en 1774. Une stèle érigée dans le parc rappelle sa mémoire.
Détruit en partie à la Révolution, le château fut reconstruit au 19e s. sur le plan originel. A la fin du siècle, un industriel choletais l'acquit et fit appel pour le restaurer à **Alexandre Marcel** qui entreprit alors d'aménager le parc oriental.
Maulévrier est connue aujourd'hui pour ses courses de lévriers.

Parc oriental de Maulévrier ⊘ – Dominé par les terrasses du château Colbert, ce parc de 28 ha fut créé de 1899 à 1910 par A. Marcel *(Voir encadré)*. Conçu comme un décor changeant au fil des saisons, ce paysage japonais concrétise, autour d'un paisible lac, toute la symbolique du cheminement de la vie et de l'évolution des éléments vivants, du lever au coucher du soleil, de la naissance à la mort. En suivant le sentier autour de l'étang ponctué de lanternes japonaises, on découvre au milieu de nombreuses espèces exotiques (érables du Japon, magnolia stellata, cryptomeria, cerisiers à fleurs, aucubas...) la pagode et son jardin – où jaillit une source, symbole de naissance et de lumière –, le temple khmer (fréquenté par les bouddhistes) dont l'accès est gardé par l'escalier aux lions, le pont rouge qui permet d'accéder aux îles de la «Grue» et de la «Tortue» symboles du paradis, la colline des méditations, la butte aux azalées, etc.
Au sortir des allées sombres plantées de conifères, exposition de bonsaïs et atelier de poteries raku.

La visite du parc est particulièrement recommandée entre le 15 avril et le 15 mai, et entre le 15 octobre et le 15 novembre.

Alexandre Marcel (1860-1928)

Architecte parisien de renom, il participe à la restauration de nombreux bâtiments anciens avant de se faire connaître par des réalisations comme les Grands Thermes de Châtelguyon, des hôtels particuliers à Paris et à Cholet, un palais fastueux pour le maharadjah de Kapurthala.
Son goût prononcé pour l'Orient lui fera réaliser la «Pagode», rue de Babylone à Paris, et le conduira à participer avec succès à plusieurs expositions internationales. Lors de l'Exposition universelle de 1900 il concevra le «Panorama du Tour du Monde», palais destiné à la Compagnie des Messageries maritimes, et le Pavillon du Cambodge à l'intérieur duquel il reproduira des parties du temple d'Angkor Vat. Ces différentes réalisations lui vaudront d'être remarqué par le roi Léopold II de Belgique qui lui demandera de reconstruire, dans le parc de Laeken, la tour japonaise et le pavillon chinois ainsi sauvés de la démolition *(voir guide Vert Michelin Belgique/Luxembourg)*.

ENVIRONS

Forêt de Maulévrier – Le long de la D 196, entre Yzernay et Chanteloup, le **cimetière des Martyrs** occupe un site très agréable, à l'abri de hauts chênes.
Cette forêt alors presque impénétrable cachait lors des guerres de Vendée le quartier général de **Stofflet**, où étaient soignés les Blancs blessés au combat. Le 25 mars 1794 surviennent les Bleus qui y massacrent 1 200 réfugiés; deux jours plus tard, les Vendéens se vengent par un second massacre. La chapelle commémorative, isolée dans la forêt, n'est plus aujourd'hui qu'un lieu paisible.

Vallée de la MAYENNE★

Carte Michelin n° 63 plis 10, 20 ou 232 plis 19, 31

Sinueuse, encaissée entre des rives couvertes de forêts, la tranquille Mayenne présente un parcours pittoresque. Canalisée au 19e s., elle est coupée entre Laval et Angers de 39 écluses, et se prête admirablement à la navigation de plaisance.

L'abrupt de la vallée n'a pas permis l'établissement des villages près de la rivière, ce qui lui a conservé son caractère sauvage, mais la route décrite ici traverse les villages construits sur le haut du coteau, avec leurs maisons basses en pierre rousse sous un toit d'ardoise ; elle ménage aussi bien des vues sur la rivière, parfois à l'occasion de ponts ou en s'engageant sur de petits chemins qui mènent sur la rive à des sites pittoresques, souvent face à un moulin ou à un château isolé.

DE CHÂTEAU-GONTIER A ANGERS

71 km – compter une journée – schéma ci-dessous.

Château-Gontier – *Voir à ce nom.*

Daon – Bien placée sur le coteau qui domine la Mayenne, Daon, où naquit l'abbé Bernier qui négocia la paix entre Chouans et Républicains, conserve un manoir du 16e s.

A Daon prendre à l'Est la D 213, puis la deuxième route à gauche.

Une longue allée de tilleuls et de platanes mène droit au joli **manoir de l'Escoublère** (16e s.) entouré de douves.

Après Daon, tourner à droite dans la D 190 vers Marigné.

Chenillé-Changé – C'est l'un des plus charmants villages du Segréen avec son **moulin à eau fortifié** ⊙ datant du début du siècle et toujours en activité comme en témoignent les larges traînées de farine recouvrant par endroits ses parois de schiste. Les vieilles maisons, l'église du 11e s. et une **base de tourisme fluvial** *(voir Renseignements pratiques)* où les «pénichettes» amarrées le long des rives ombragées de la Mayenne attendent paisiblement les plaisanciers contribuent au pittoresque de l'endroit.

Traverser la rivière vers Chambellay, où l'on prend à droite la D 187.

La Jaille-Yvon – Village perché sur la falaise dominant la rivière. Du chevet de l'église, le panorama se développe sur la vallée couverte de cultures et de prairies.

De la nationale on aperçoit à gauche, peu après la route de Chambellay, les imposants bâtiments (15e-17e s.) du **château du Bois-Montbourcher**, entouré de bois et de pelouses, en bordure d'un vaste étang.

Le Lion-d'Angers – *Voir à ce nom.*

★ **Haras national de l'Isle-Briand** – *Page 127.*

Grez-Neuville – Situé au cœur du bassin de la Maine, ce village pittoresque s'étale en pente douce sur les rives du fleuve où se mire son clocher d'ardoise. Base de départ de **croisières fluviales** *(voir Renseignements pratiques)* sur la Mayenne et l'Oudon, il offre en saison sur son chemin de halage le spectacle insolite d'un percheron tirant un bateau sur environ 1 km.

Continuer sur la D 191 qui domine la rivière, parfois en balcon ; la route passe au pied de l'imposant **château du Sautret**, bordé de douves sèches.

A Feneu, prendre à droite la D 768 qui franchit la rivière et monte à Montreuil-Juigné.

★★★ **Angers** – *Environ une demi-journée.*

Château de MÉNARS★

Carte Michelin n⁰ 64 pli 7 ou 238 pli 3 (8 km au Nord-Est de Blois)

Ce château du 17ᵉ s., dominant la Loire, fut acheté en 1760 par la marquise de Pompadour qui fit transformer profondément la demeure par l'architecte Gabriel (on ne visite pas). Le mobilier et la décoration étaient d'un luxe et d'un raffinement inouïs, mais la marquise en profita fort peu, elle mourut en 1764. Le marquis de Marigny, frère de l'ancienne favorite de Louis XV et héritier du marquisat de Ménars, s'adressa à l'architecte Soumot et fit aménager les jardins.

Les **communs**, élevés par la célèbre marquise, entourent l'actuelle cour d'entrée du château. On appréciera la beauté de ces bâtiments à usage domestique. Un passage souterrain permettait au service d'atteindre le château sans traverser la cour.

La terrasse fait face à la Loire et, au temps de la marquise, formait l'entrée du château : la route n'était alors pas tracée, et l'on se rendait à Ménars par le fleuve.

Le **parc**★, aux terrasses dessinées pour absorber l'importante dénivellation entre le quai et la demeure, s'orne de statues, vases, grotte, source, temple de l'Amour, allées aux arbres centenaires.

MENNETOU-SUR-CHER

Carte Michelin n⁰ 64 pli 19 ou 238 pli 17

Il faut pénétrer dans ce bourg médiéval, encore entouré de remparts.

Remparts – Bâtis au début du 13ᵉ s., ils ont conservé trois tours sur les cinq qu'ils comptaient ; les trois portes ont subsisté. Du côté de Vierzon, la porte Bonne-Nouvelle s'appuie sur une tour ronde qui flanquait un prieuré de bénédictines dont il ne subsiste que l'église. La porte d'En-bas garde le souvenir du passage de Jeanne d'Arc ; elle est supportée par des arcs en tiers-point, son corps de garde possède encore la cheminée à hotte, d'origine. La porte d'En-haut est percée d'une baie géminée.

Maisons anciennes – La Grande-rue, sinueuse et accidentée, partant de la porte Bonne-Nouvelle pour gagner la porte d'En-haut, permet de voir la plupart des demeures anciennes de Mennetou ; maisons du 13ᵉ s., gothiques, à baies géminées, maisons du 15ᵉ s. à pans de bois et en encorbellement, hôtels du 16ᵉ s. à pilastres.

MEUNG-SUR-LOIRE★

5 993 habitants (les Magdunois)
Carte Michelin n⁰ 64 pli 8 ou 238 pli 4 – Schéma p. 159

Cette petite ville fort pittoresque s'étend sur le coteau entre la Loire qui baigne le mail planté de hauts arbres et la N 152 qui court sur le plateau, à l'écart de la vieille ville. Il faut passer devant la **vieille halle**, monter l'étroite et tortueuse **rue Porte-d'Amont** qui débouche sous une arche, suivre également les petites rues qui longent **les Mauves**, le ruisseau aux bras multiples qui court entre les maisons (rue des Mauves, rue du Trianon).

La ville a élevé une statue à son plus illustre enfant, **Jean de Meung**. C'est lui qui, vers 1280, ajoute 18 000 vers aux 4 000 que comptait déjà le *Roman de la Rose* écrit une quarantaine d'années auparavant par **Guillaume de Lorris**. Ce roman allégorique fut le plus grand succès littéraire d'une époque qui comptait d'intrépides lecteurs.

Le pont de Meung fut l'enjeu de combats pendant la guerre de Cent Ans : pris par les Anglais en 1428, il fut repris par Jeanne d'Arc le 15 juin 1429.

★**Collégiale St-Liphard** – Ce sobre édifice, élevé du 11ᵉ au 13ᵉ s., comporte un puissant clocher à flèche de pierre, un chevet semi-circulaire et un transept original, aux extrémités arrondies. Derrière le chevet, on aura une bonne vue sur l'église et le clocher.

Château ⊙ – Ce vénérable bâtiment est curieusement composite : féodal du côté de l'entrée (12ᵉ et 13ᵉ s.) où l'on voit la trace du pont-levis qui enjambait les douves sèches, il s'ouvre à l'opposé par l'entrée d'honneur, percée au 16ᵉ s. lorsque fut murée l'entrée médiévale, remaniée au 17ᵉ s. L'intérieur, lui, doit beaucoup au 19ᵉ s. Après la visite des salles du château commence celle des **souterrains** : chapelle du 12ᵉ s. à voûte en palmier et prisons où les inculpés passaient à la «question». Le château appartint jusqu'au 18ᵉ s. aux évêques d'Orléans qui exerçaient le droit de justice sur leurs terres ; mais en hommes de Dieu, ils n'avaient pas le droit de mettre à mort leurs condamnés.

Les **oubliettes** sont une large tour souterraine avec un puits au fond, où les condamnés à «perpétuité» étaient descendus à l'aide de cordes ; ils recevaient chaque jour un pain et un pichet d'eau, quel que soit leur nombre, jusqu'à y périr d'épuisement ou de maladie. Seul le poète **François Villon**, incarcéré (1461) pour le vol de calices d'or en l'église de Baccon, mais qui avait de puissants protecteurs, en réchappa : il n'y passa qu'un été et fut libéré lors du passage de Louis XI à Meung.

MIRÉ

958 habitants

Carte Michelin n° 64 pli 1 ou 232 pli 20 (au Nord de Châteauneuf-sur-Sarthe)

Église – Elle est couverte d'une voûte de bois en carène que décorent 43 panneaux peints à la fin du 15ᵉ s. Leur observation attentive révèle les quatre évangélistes, les anges portant les instruments de la Passion et les apôtres présentant le Credo.

Château de Vaux ⊘ – *3,5 km au Nord-Ouest par la D 29 en direction de Bierné.* Un peu en retrait de la route apparaît la pittoresque silhouette de ce manoir élevé à la fin du 15ᵉ s. par **Jean Bourré**, seigneur de Miré. Heureux d'avoir doté les vergers angevins d'un fruit succulent, le seigneur du lieu recommandait à son intendant, « sur toutes choses », de faire « bien garder les poyres de bon chrestien » qu'il récoltait. Le château a conservé une partie de son enceinte et son élégant corps de bâtiment à tourelle d'escalier et fenêtres à meneaux.

MONDOUBLEAU

1 558 habitants (les Mondoublotiers)

Carte Michelin n° 60 Sud des plis 15, 16, 64 Nord des plis 5, 6 ou 238 pli 1

C'est en venant de l'Ouest par la D 86 que l'on découvre le joli site de Mondoubleau accroché à flanc de coteau. Les ruines du **donjon** en grès « roussard », bizarrement penché, se dressent sur une butte dominant la route de Cormenon, restes de la forteresse entreprise à la fin du 10ᵉ s. par Hugues Doubleau dont la petite ville a gardé le nom. Parmi les maisons et les arbres subsistent encore de grands pans de murailles de la chemise qui protégeait le donjon et des multiples enceintes de cette forteresse.

Maisons anciennes – 15ᵉ s. Au coin de la rue du Pont-de-l'Horloge et de la rampe du château.

Promenade du mail – La rue Gheerbrant mène à la poste et à la place St\c1DDenis ; passer derrière la poste et traverser le jardin public pour accéder au « Grand Mail », longue allée ombragée d'où se révèle une jolie vue sur la vallée.

AUTOUR DE MONDOUBLEAU

⬚1 Mondoubleau Nord

Circuit de 26 km au Nord, par la D 921 – environ 1 h

Château de St-Agil ⊘ – Intéressant château, entouré de douves. Une partie de l'édifice, qui date du 13ᵉ s., fut remaniée en 1720. Son joli pavillon d'entrée du début du 16ᵉ s. est encadré de tours dont l'appareil de briques rouges et noires dessine un réseau de losanges ; des mâchicoulis supportent un chemin de ronde et des toits en poivrière ; le corps central est surmontée par une lucarne dont le médaillon figure Antoine de La Vove, seigneur du lieu. Le parc, tracé par J. Hardouin-Mansart, fut transformé à l'anglaise en 1872 ; il a gardé ses beaux tilleuls, plantés en 1720.

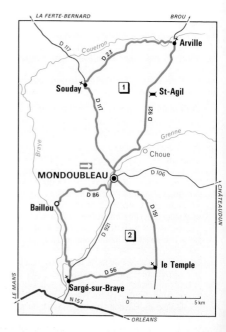

Arville – *Voir à ce nom.*

Souday – La nef de l'**église** est prolongée par un intéressant chœur à deux étages, du 16ᵉ s. Deux escaliers bordés de rampes en fer forgé, posées en 1838, montent au chœur supérieur, garni de vitraux Renaissance contant la Passion et la Résurrection du Christ. La crypte a d'élégantes voûtes d'ogives retombant sur des colonnes sans chapiteaux. Le croisillon droit est orné de peintures du 16ᵉ s. représentant saint Joseph, saint Joachim et quatre scènes de la vie de saint Jean-Baptiste ; sur la voûte figurent les symboles des quatre évangélistes.

② Mondoubleau Sud

Circuit de 24 km – environ 1 h. Quitter Mondoubleau au Sud-Est, par la D 151.

Le Temple – De sa commanderie de Templiers il reste une église du 13e s., au clocher trapu et au chevet plat, nichée dans un joli cadre au bord d'une mare.

Prendre à droite la D 56.

Sargé-sur-Braye – Dans l'**église** St-Martin des 11e et 15e s., aux lambris peints en 1549, ont été dégagées des peintures murales, du 16e s. dans la nef (Pietà, saint Martin) et du 14e s. dans le chœur (Christ en majesté et surtout Travaux des mois : remarquer spécialement le Janus à trois visages symbolisant janvier).

Baillou – C'est un pittoresque petit village situé en contrebas d'un grand château des 16e-17e s. Isolée sur une butte, la ravissante **église** ⊘ (début du 16e s.) présente un portail Renaissance avec pilastres à rinceaux, surmontés des figures d'Adam et Ève. A l'intérieur, observer, dans le croisillon gauche, un savoureux retable sculpté (1618), évoquant la mort de la Vierge entourée des apôtres et du curé donateur Gaultier.

La D 86 ramène à Mondoubleau (belle vue en arrivant sur la ville).

Château de MONTGEOFFROY★

Carte Michelin n° 64 plis 11, 12 ou 232 pli 32 (24 km à l'Est d'Angers)

Les deux tours rondes accolées aux ailes, les douves au tracé arrondi qui délimitent la petite cour et la chapelle, sur la droite, sont les seuls vestiges du château primitif élevé au 16e s.

Acquis par Érasme de Contades en 1676, le domaine de Montgeoffroy doit sa reconstruction, dès 1772, au petit-fils de ce dernier, l'illustre maréchal, qui commanda l'armée d'Allemagne pendant la guerre de Sept Ans et fut gouverneur d'Alsace pendant 25 ans. Les plans ont été dessinés par l'architecte parisien Nicolas Barré.

Demeuré propriété de la famille, le **château** ⊘ de Montgeoffroy doit à cette circonstance d'avoir conservé intacts son décor et son mobilier d'origine. Meubles signés de Gourdin, Blanchard, Garnier et Durand (chaque élément occupant la place pour laquelle il a été conçu), tableaux de Drouais, Rigaud, Pourbus le Jeune, Van Loo, Desportes, Louis Vigée, tapisseries et tentures restées en l'état depuis le 18e s. concourent à donner à l'ensemble un grand charme, d'autant plus que les pièces visitées sont fleuries de façon constante selon la saison. On remarque, dans les appartements, les documents signés Louis XV, Napoléon, Louis XVIII, et dans la cuisine quelque 260 pièces de cuivre et d'étain.

La **chapelle Sainte-Catherine** (voûte angevine) possède un vitrail du 16e s., où est représenté Guillaume de La Grandière, propriétaire du domaine avant la famille de Contades.

Les **écuries** abritent une collection de voitures hippomobiles. La magnifique **sellerie** habillée de sapin de Norvège conserve une collection de selles, d'étriers, de mors, de fouets et de cravaches.

MONTIGNY-LE-GANNELON

388 habitants (les Montrognons)
Carte Michelin n° 60 Sud du pli 17 ou 237 pli 38 – Schéma p. 153

Au loin, depuis la N 10, on aperçoit sa forteresse dominant la vallée du Loir : le nom de Montigny vient en effet de «Mons-Igny», ou «Mont du Feu» (pour faire des signaux visibles de loin) ; celui de Gannelon évoque le traître qui donna Roland à ses ennemis ou, sans doute, Gannelon, l'abbé de Saint-Avit de Châteaudun, qui hérita de la forteresse au 11e s.

Entre le Loir et la falaise, trouée d'habitations troglodytiques, ce bourg, jadis fortifié, a conservé la porte Roland (12e s.), qui le protégeait du côté du plateau.

Église ⊘ – Dédiée à saint Gilles et au Saint-Sauveur, elle abrite la châsse de sainte Félicité.

★CHÂTEAU ⊘

Une seconde enceinte percée de cinq portes donnait accès au château, dont on aborde la façade Ouest, très composite, par le parc. Remarquer l'appareillage en brique et pierre.

La Tour des Dames et la Tour de l'Horloge (portail d'entrée surmonté des armoiries des Montmorency, à droite, et des Lévis, à gauche) sont les seuls vestiges du château Renaissance reconstruit en 1495 par Jacques de Renty.

La visite du château est intéressante, car elle permet de mieux connaître l'illustre famille des Lévis-Mirepoix.

Laissant à gauche le grand escalier Renaissance orné des portraits des maréchaux de Lévis en médaillons, on pénètre dans le cloître gothique décoré d'une belle collection d'assiettes en faïence italienne du 16e s. Les salles suivantes, richement meublées, renferment de nombreux portraits et souvenirs des familles de Montmorency et Lévis-Mirepoix.

Salon des colonnes – Document retraçant l'origine de la ville de Lévis-Lauzon au Québec, ainsi baptisée en 1861 en l'honneur de François-Gaston, duc de Lévis, vainqueur des Anglais à Sainte-Foy en 1760 *(voir le guide Vert Michelin Québec)*. Évocation de la tendre admiration que le prince de Montmorency, duc de Laval, vouait à Mme Récamier.

Salon des Dames – Portraits des dames de la famille. Beau cabinet à secrets de la Renaissance italienne.

Grand salon – Portrait de Gilles de Montmorency-Laval dont la vie reste entourée de bien des mystères et dont Perrault se serait inspiré pour son *Barbe-Bleue (voir à Ingrandes)*.

Salle à manger Montmorency – Le pavillon Montmorency, au Nord de la tour de l'Horloge, fut conçu en 1834 par le prince de Montmorency, duc de Laval, pour abriter les portraits en pied des souverains auprès desquels il avait représenté la France, ainsi que ceux de Pie VII et Léon XII.

A l'extérieur, dans une futaie vieille de plus de 150 ans, évoluent autruches, émeus, nandous, hydropodes et faisans (Lady Amherst, lophophore resplendissant) aux couleurs variées. Dissimulé par les frondaisons, l'ancien manège, couvert d'une armature ouvragée en fer, contemporain de la tour Eiffel, servait de remise aux attelages. Il abrite aujourd'hui des instruments aratoires anciens, des voitures hippomobiles et des animaux naturalisés.

Bonne route avec **3615 MICHELIN** *(1,29 F/mn).*
Économie en temps, en argent, gain en sécurité.

MONTLOUIS-SUR-LOIRE

8 309 habitants
Carte Michelin no 64 pli 15 ou 232 pli 36 ou 238 pli 13

Montlouis s'étage sur les pentes de tuffeau creusées de caves. Sur le plateau, entre Loire et Cher, les vignes, bien exposées au Sud, produisent un vin blanc capiteux et séveux, issu du célèbre Pinot de la Loire. A côté de son église, hôtel Renaissance (aujourd'hui presbytère) aux lucarnes ornées de coquilles.

Les Babou – Au 16e s. régnaient sur Montlouis les Babou de la Bourdaisière, turbulente famille dont la résidence principale se trouvait sur le coteau du Cher, au **château de la Bourdaisière** ⊘, construit vers 1520 par Philippe Babou, grand argentier de François Ier. Là vécut Marie Babou, femme de Philibert, dite la Belle Babou, d'humeur fort galante : elle se vantait d'avoir «connu», au sens biblique du mot, François Ier, Charles Quint et bien d'autres. La belle Gabrielle, fille d'Antoine d'Estrées et de Françoise Babou, née en 1573, bénéficia aussi des faveurs royales : elle fut aimée d'Henri IV et, quand elle trépassa, la consolatrice du Vert-Galant fut encore une Babou !

Maison de la Loire ⊘ – *Quai A.-Baillet*. Elle présente des expositions sur la faune et la flore ligériennes.

MONTOIRE-SUR-LE-LOIR

4 065 habitants
Carte Michelin no 64 pli 5 ou 232 pli 24 ou 238 pli 1 – Schéma p. 155

L'origine de Montoire est le prieuré St-Gilles, fondé au 7e s. Au 9e s., un «missus dominicus» de Charles le Chauve construisit un fort destiné à le protéger des incursions normandes.

Les dévots qui se dirigeaient vers Tours pour prier sur le tombeau de saint Martin faisaient étape à Montoire qui se trouvait sur un des itinéraires de Compostelle. Les maladreries de Montoire et de Troo furent édifiées à cette époque.

Un parvenu – A partir du 16e s., Montoire appartint à la famille de Bourbon. Au début du 18e s., le Régent vendit la seigneurie de Montoire à Louis Fouquet, fils du surintendant, qui la recéda au comte des Noyers de Lorme. En réalité, ce comte se nommait **Amédée Delorme,** fils d'un aubergiste de Blois, qui s'était placé comme laquais à Paris. Il devint démarcheur du Régent, qu'il avait rencontré dans un mauvais lieu et à qui il avait prêté de l'argent. Ayant acquis un petit magot en servant le Régent, il l'arrondit considérablement en trafiquant rue Quincampoix au temps de Law, et, par surcroît, se vit nommé premier président de la Chambre des comptes à Blois.

CURIOSITÉS

Pont – **Vue** ★ ravissante sur le Loir qui coule entre des saules pleureurs et de vieilles maisons couvertes de glycines. De nombreux bateaux de pêcheurs s'alignent le long des rives.

★ **Chapelle St-Gilles** ⊘ – A l'entrée de la ruelle qui conduit à la chapelle, remarquer la maison Renaissance du «Jeu de Quilles» (**D**), portant une plaque dédiée par les Compagnons du Devoir à l'un des leurs, natif de Montoire.
La porte de l'enclos s'ouvre sur l'abside d'une gracieuse chapelle romane, dépendant d'un prieuré bénédictin dont Ronsard fut titulaire. C'est de là qu'il partit, en octobre 1585,

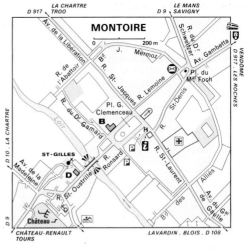

B, D Maisons Renaissance

pour ses autres prieurés, Ste-Madeleine de Croixval et St-Cosme, près de Tours, où il devait expirer deux mois plus tard. Des ifs, un tapis vert, le logis du prieur forment un cadre intime.

★★ **Peintures murales** – Elles décorent les trois absides qui, disposées en trèfle, forment le chœur et le transept. Les voûtes des culs-de-four portent chacune un Christ d'époque différente. Le plus ancien (1er quart du 12e s.), celui de l'abside principale, est d'une extraordinaire majesté, au milieu des anges qui l'accompagnent : c'est le **Christ de l'Apocalypse**.
Au croisillon Sud, un autre Christ (12e s.), qui tend des clefs à saint Pierre (effacé), reflète une influence byzantine (plis du vêtement serrés et symétriques). Enfin le Christ entre les Apôtres (13e s.), au croisillon Nord, évoque la Pentecôte ; les attitudes plus tourmentées, les blancs, ocres, bleus des nimbes marquent la naissance de l'école locale. Les peintures ornant les arcs de croisée et notamment, à l'Ouest, le *Combat des Vertus et des Vices* retiendront l'attention.

Château – *Accès interdit.* Il dresse sur un éperon rocheux son donjon du 11e s. que précède une enceinte.

Maisons Renaissance (**B**) – Sur la place Clemenceau, deux d'entre elles sont accolées ; la plus grande, avec ses meneaux et ses lucarnes plus hautes, est aussi la plus ancienne. Rue St-Oustrille, on remarquera la maison du «Jeu de Quilles», et, rue St-Laurent, la façade restaurée de l'hôpital Antoine-Moreau.

ENVIRONS

Parc botanique de La Fosse ⊘ – *3 km à l'Ouest par la D 917, puis D 94 en direction de Fontaine-les-Coteaux.*
Créé, entretenu, modifié et enrichi par la même famille depuis le milieu du 18e s., ce parc vallonné s'étend sur 25 ha. Suivant les saisons on admirera plutôt l'allée des rosiers ou l'allée des charmes, les scènes paysagères des magnolias ou les sous-bois tapissés de pervenches. Remarquer aussi plusieurs arbres vénérables tant par leur âge que par leur taille ou leur aspect particulier : cèdres du Liban de 1810, pins noirs de Corse de 1820, ou encore les Acer griseum aux écorces fort singulières.

L'entrevue de Montoire

A la mi-octobre 1940, les uniformes de soldats allemands se firent nombreux, des convois d'automitrailleuses circulèrent à grand fracas, des batteries antiaériennes se postèrent sur les collines. Des patrouilles perquisitionnèrent chez les Montoiriens et installèrent des chevaux de frise sur les routes. L'électricité et le téléphone furent coupés, des cheminots allemands remplacèrent les employés de la SNCF, les habitants des maisons bordant la voie ferrée reçurent l'ordre de clore leurs volets et de ne point sortir. Une escadrille de Messerschmitt effraya le bétail dans les champs, deux trains blindés hérissés de canons sillonnèrent la ligne de Vendôme à La Chartre.
Et, le 22 octobre, Hitler reçut Pierre Laval, en gare de Montoire ; en cas d'alerte, son train aurait pu gagner le tunnel tout proche de St-Rimay. Le surlendemain se déroula la fameuse entrevue entre le Führer et le maréchal Pétain, au cours de laquelle le chancelier tenta de persuader le chef de l'État français d'entrer en guerre contre la Grande-Bretagne.

Château de MONTPOUPON★

Carte Michelin n⁰ 64 pli 16 ou 238 pli 14 (12 km au Sud de Montrichard)

D'une ancienne forteresse du 13e s. il reste les tours ; le corps de logis, à fenêtres à meneaux et gables de style gothique, fut bâti au 15e s., alors que le **châtelet** ⊙ d'entrée, qui présente au revers un décor Renaissance, est du début du 16e s.

L'ensemble, vu de la route, a fière allure. On visite quelques pièces du logis, dont la belle «chambre du Maréchal», ainsi que l'intérieur du châtelet.

Les **communs**★ sont un précieux témoin de la vie d'un château au siècle dernier. La cuisine, avec son fourneau et sa batterie de cuivre, servait encore en 1978 ; dans la **lingerie** sont présentés les vêtements délicats, ornés de dentelles et de fins plissés, que l'on portait au 19e s. A travers 25 salles, le **musée du Veneur** recrée la vie quotidienne du «gentil-homme-chasseur» et tout ce que la vénerie implique : l'entretien de la forêt, l'élevage, les métiers d'art qui gravitent autour de la chasse (facteurs de trompes de chasse, sellerie, maréchalerie, fabrication de boutons de livrées...). Il rassemble tenues d'équipage et souvenirs de chasse ainsi que l'histoire du Rallye Montpoupon qui chassa de 1873 à 1949. Dans les écuries voisines sont disposées les voitures à cheval et, non loin, dans la sellerie et la bourrellerie, les selles naguère utilisées au château. La reconstitution de l'appartement d'un veneur permet de l'imaginer dans sa vie sociale et mondaine.

MONTRÉSOR★

362 habitants
Carte Michelin n⁰ 64 Sud des plis 16, 17 ou 238 Sud-Est du pli 14

Étagée sur la rive droite de l'Indrois, Montrésor se mire dans la rivière. Dans le bourg, remarquer les vieilles halles en bois et, le long de la rue principale, le beau logis du 16e s., à échauguettes d'angle, occupé par la gendarmerie.

★ **Château** ⊙ – De la forteresse construite au 11e s. par Foulques Nerra, on distingue l'enceinte dont il reste de puissants murs jalonnés de tours ruinées ; au centre de l'enceinte, entouré d'un petit parc charmant et romantique, se dresse, intact, le château résidentiel élevé au début du 16e s. par **Imbert de Bastarnay**, seigneur de Montrésor depuis 1493, conseiller de plusieurs rois de France et grand-père de Diane de Poitiers.

Ce logis à fenêtres à meneaux, sur la face Sud dominant l'Indrois, s'orne de lucarnes à gable et de deux tours à mâchicoulis. En 1849, ce château fut restauré et aménagé par le **comte Xavier Branicki**, émigré polonais qui, lors de la guerre de Crimée, accompagna le prince Napoléon à Constantinople et tenta de former un régiment polonais. Depuis, l'ameublement est resté tel : ses trophées de chasse garnissent l'entrée ; ailleurs se trouvent ses décorations et souvenirs militaires, plus loin des tableaux de peintres français et polonais. On remarque en particulier les grands bas-reliefs en bois représentant les batailles du roi de Pologne Jean III Sobieski contre les Ottomans (17e s.), un boudoir orné de primitifs italiens, et de fort belles pièces d'orfèvrerie. Du rebord de l'enceinte, dominant la rivière, jolie vue sur la vallée et les maisons du bourg.

Église – Bâtie de 1519 à 1541 dans le style gothique (le portail est de style Renaissance), c'est une ancienne collégiale fondée par Imbert de Bastarnay pour recevoir son tombeau. Placé au bas de la nef, le **tombeau des Bastarnay**★ porte trois gisants de marbre blanc, le seigneur, son épouse et leur fils, sur un socle décoré des statues des douze apôtres. De la même époque, deux vitraux et les stalles Renaissance, décorées de médaillons et de miséricordes sculptés. Remarquer dans la chapelle du chœur, à gauche, l'*Annonciation* (17e s.) par Ph. de Champaigne.

MONTREUIL-BELLAY★

4 041 habitants
Carte Michelin n⁰ 64 Sud du pli 12 ou 232 pli 33

Montreuil-Bellay jouit d'un **site**★ ravissant au bord du Thouet, au contact de l'Anjou et du Poitou. Le pont et la rive gauche de la rivière révèlent de jolies vues sur le château et son église, tandis que les jardins qui longent la rive droite se prêtent à d'agréables promenades ; devant l'entrée du château s'étend la pittoresque place des Ormeaux. De longues sections des murailles médiévales subsistent encore, en particulier la **porte St-Jean** du 15e s., s'ouvrant entre deux tours en bossage revêtues de boulets.

Des seigneurs belliqueux – En 1025, le comte d'Anjou Foulques Nerra donne la place à son vassal **Berlay**, qui laissa son nom à la ville ; celui-ci en fit une puissante forteresse. Cent ans plus tard, ses successeurs, à l'abri de leurs épaisses murailles, ne se privent pas de cabaler contre leur suzerain. En 1151, l'un d'eux, Giraud, ne capitule devant Geoffroy Plantagenêt qu'au bout d'un an de siège ; le comte d'Anjou fait alors raser le donjon qu'il venait de réduire grâce à une véritable bombe incendiaire : un récipient rempli d'huile, scellé, chauffé à incandescence et projeté par un mangonneau. Lorsque les Plantagenêts deviennent rois d'Angleterre et principaux ennemis du roi de France, les Berlay (ce seront plus tard les du Bellay) prennent parti pour leur suzerain direct ; Philippe Auguste en profite pour assiéger la forteresse et la démanteler.

Montreuil-Bellay

C. Delu/EXPLORER

CURIOSITÉS

★★ **Château** ⊘ – Imposant par ses murailles, agréable par ses jardins, remarquable par certain mobilier, tel est le château de Montreuil. Derrière son aspect de forteresse, sitôt franchie la porte fortifiée, apparaît la gracieuse résidence construite au 15e s. par les seigneurs d'Harcourt.

De la cour du château formant terrasse, belles vues sur l'église, le château et le parc qui descend par paliers jusqu'à la rivière.

La **cuisine médiévale** à cheminée centrale du même type que celle de Fontevraud (voir à ce nom), légèrement remaniée au 15e s., est en parfait état. Potager (18e s.) ou fourneau à 7 foyers chauffé aux braises, et batterie de cuisine en cuivre.

Le **logis des chanoines** (15e s.) possède quatre tourelles d'escalier à toit conique qui desservent quatre logis indépendants réservés aux chanoines, comprenant un cellier, des chambres à l'étage et des étuves seigneuriales.

Le **château neuf** fut construit au 15e s. Belle tourelle d'escalier ornée de fenêtres à meneaux aux fausses balustrades délicatement sculptées. Par contre, la loggia surmontée d'un arc en accolade qui s'ouvre au-dessus du perron est du 19e s.; sur la droite subsiste une tour des 12e et 13e s.

Dans la **cave** voûtée, se réunit la confrérie des Sacavins, fondée en 1904 par le propriétaire d'alors, Georges de Grandmaison, pour faire connaître le vin d'Anjou : le pressoir à vin, où les grappes étaient directement versées depuis la cour par une trappe, servait encore au début de ce siècle.

Les pièces habitables du château, hautes de 7 m, sont entièrement meublées ; noter surtout la salle à manger de 49 m², aux poutres peintes, et le petit **oratoire** couvert de fresques de la fin du 15e s. : aux voûtes, des anges musiciens présentent la partition d'un motet dont le guide fait entendre un enregistrement. On voit encore la chambre de la **duchesse de Longueville**, sœur de Condé et principale instigatrice de la Fronde, exilée par Louis XIV à Montreuil où elle mena un train brillant. Remarquer, dans le grand salon, une tapisserie de Bruxelles, une armoire allemande en marqueterie et, dans le petit salon de musique, un splendide bureau du célèbre ébéniste Boulle (1642-1732), en marqueterie de cuivre et d'écaille de tortue.

Église Notre-Dame – Ancienne chapelle seigneuriale construite de 1472 à 1484, étonnante par la rigueur de ses murs et la puissance de ses contreforts. Dans la nef décorée d'une litre funéraire, on peut voir à gauche l'oratoire privé du seigneur.

Maison Dovalle ⊘ – 69, rue Dovalle. Cette demeure date du 16e s. Sa façade a été remaniée au 18e s. De la tour de guet qui s'élève à l'extrémité de son jardin, on a une belle **vue** sur l'enfilade des tours du château, la vallée du Thouet et, au loin, Puy-Notre-Dame (voir à ce nom).

Ce logis doit son nom au poète romantique **Charles Dovalle** (1807-1829), dont l'œuvre intégrale, publiée après sa mort sous le titre Le Sylphe, fut honorée d'une préface de Victor Hugo.

Les combles de cette demeure (charpente apparente datant de l'époque de la construction) abritent le **musée Charles-Léandre**. Normand de naissance (voir guide Vert Michelin Normandie-Cotentin), Montmartrois d'adoption, Charles Léandre (1862-1934), fut un dessinateur, un peintre, un pastelliste (auteur notamment de La Femme au chien) et un lithographe de talent dont l'œuvre associe classicisme

et impressionnisme. C'est par la caricature que cet artiste qui a si bien «croqué» ses contemporains de la Belle Époque a connu la célébrité avec de mordants portraits-charges parus dans de nombreuses revues satiriques comme *Le Rire* ou *L'Assiette au beurre*. Il s'illustra également avec bonheur dans le domaine de l'affiche.

Les Nobis – Dans un site noyé de verdure, au bord du Thouet, se dressent les ruines de l'église St-Pierre, incendiée par les huguenots au 16ᵉ s. Belle abside romane aux chapiteaux sculptés. À côté subsistent deux ailes d'un cloître du 17ᵉ s.

ENVIRONS

Moulin de la Salle ⊙ – *1 km au Nord-Est par la N 147 en direction de Saumur.* La visite de ce dernier moulin à eau encore en activité sur la rivière le Thouet permet de comprendre les étapes intervenant dans la transformation du blé en farine et de voir fonctionner la roue à aubes qui entraîne divers appareils de mouture et de tamisage.

Ancienne abbaye d'Asnières ⊙ – *7,5 km au Nord-Ouest.* Ces ruines romantiques, au Nord de la forêt de Cizay, étaient jadis un important monastère fondé au 12ᵉ s. Gracieux et élancé, ses voûtes délicatement nervurées, le **chœur** ★ est, avec celui de l'église St-Serge d'Angers, le plus parfait spécimen de l'art gothique angevin. La chapelle de l'Abbé, ajoutée au 15ᵉ s., a conservé un enfeu à gâble aigu, orné de trilobes et de festons, et un Christ du 14ᵉ s.

MONTRICHARD ★

3 786 habitants
Carte Michelin nᵒ 64 plis 16, 17 ou 238 pli 14

La rive gauche et le pont sur le Cher offrent une jolie **vue** sur le site de la ville, ses maisons médiévales serrées autour de l'église, au pied du donjon ruiné. La falaise de la rive droite est creusée en amont d'anciennes carrières (**Bourré**, dont la pierre a été utilisée dans bien des châteaux, est situé à 3 km à l'Est) : elles furent transformées en habitations troglodytiques, en champignonnières, ou en caves de champagnisation.

CURIOSITÉS

★**Donjon** – Le donjon carré se dresse sur le rebord du plateau qui domine le Cher, entouré des restes de sa chemise et des remparts complexes qui en protégeaient l'accès. Élevé vers 1010 par Foulques Nerra, renforcé d'une deuxième enceinte en 1109, puis d'une troisième en 1250, rasé à «hauteur d'infamie» (c'est-à-dire abaissé d'environ 4 m) par Henri IV en 1589 pour avoir un temps été aux mains des liqueurs, il évoque ces siècles lointains. Un **musée** ⊙ évoque le passé archéologique de la ville et de ses environs.
Les ruines du donjon abritent une collection d'une soixantaine de rapaces de différentes espèces (aigles, condors, gypaètes, milans, faucons, vautours...) ; deux fois par jour spectaculaire **démonstration** ⊙ en vol de ces grands oiseaux (certains ont plus de 2 m d'envergure).
Très beau **panorama** ★★ sur la ville et la vallée du Cher.

Église Ste-Croix – Ancienne chapelle seigneuriale bâtie en contrebas du donjon au sommet des Grands Degrés Ste-Croix, elle présente sur sa façade de belles arcatures romanes, dont celles du porche ornées d'un tore torsadé abritant un beau portail également roman. Ici fut célébré en 1476 le mariage de **Jeanne de France**, fille de Louis XI, et du jeune duc d'Orléans son cousin.
La fiancée a 12 ans, elle est laide et contrefaite, elle n'inspire que dégoût à Louis d'Orléans que le roi a contraint à ce mariage. Conscient que sa fille ne pourrait avoir d'enfant, Louis XI voulait ainsi éteindre la descendance de la branche d'Orléans, branche cadette des Valois qui acceptait mal l'autorité royale. Mais l'histoire sait se jouer des plus prudentes prévisions : lorsqu'en 1498 le fils de Louis XI, Charles VIII, meurt accidentellement à Amboise, il ne laisse pas de descendant, ses fils étant morts prématurément ; c'est Louis d'Orléans, le plus proche parent du roi, qui portera la couronne sous le nom de Louis XII. Selon le testament de Charles VIII, le nouveau roi doit épouser sa veuve, Anne de Bretagne. Répudiée, Jeanne consacra sa vie à la piété, se retira à Bourges où elle fonda l'ordre de l'Annonciade.

Maisons anciennes – Les alentours du donjon offrent bien des façades pittoresques. Ainsi l'**hôtel d'Effiat**, rue Porte-au-Roi, fin 15ᵉ-début 16ᵉ s., qui présente un décor gothique et quelques éléments Renaissance, et abrita au 16ᵉ s. Jacques de Beaune, baron de Semblançay, trésorier d'Anne de Bretagne puis de Louise de Savoie, mère de François Iᵉʳ ; l'hôtel a gardé le nom de son dernier propriétaire, le marquis d'Effiat, qui en fit don à sa mort (1719) à la ville pour y installer un hospice.

Rue Nationale, sur la place Barthélemy-Gilbert, on voit deux vieilles maisons à pans de bois et, à l'angle de la rue du Pont, la **maison de l'Ave Maria** ou « maison à trois pignons » (16e s.), aux poutres finement sculptées. En face de celle-ci, les Petits Degrés Ste-Croix mènent à des maisons troglodytiques.

Un peu plus loin, à l'angle de la rue du Prêche, s'élève la façade de pierre de la **maison du Prêche**, du 11e s.

Église de Nanteuil – *Sur la route d'Amboise.*

Haute église gothique au portail flamboyant, elle a gardé des absides romanes ornées de chapiteaux sculptés. La nef, étroite et haute, est couverte de voûtes angevines. On remarque, à gauche de la façade, l'escalier droit qui monte à la chapelle curieusement bâtie par Louis XI à l'étage : à l'intérieur de l'église, un autre escalier y donne accès, tandis que le rez-de-chaussée sert de porche.

La Vierge de Nanteuil est l'objet d'un pèlerinage très ancien le lundi de la Pentecôte.

Caves Monmousseau ⊘ – Ces caves sont particulièrement intéressantes dans leurs présentations des techniques ancestrales opposées aux techniques modernes de champagnisation. Un **musée des Confréries** ⊘ européennes achève la visite.

ENVIRONS

Thésée – *10 km à l'Est.* 1 km avant le bourg se dressent, en bordure de la route, d'importants vestiges de l'antique Tasciaca, qui, située sur la voie romaine de Bourges à Tours, tira sa prospérité de la fabrication et du commerce de céramiques entre le 1er et le 3e s. L'ensemble, dit des « Maselles », s'étendait sur les communes actuelles de Thésée et de Pouillé ; il est construit en calcaire tendre du pays et présente un appareillage de petits moellons disposés horizontalement ou en arêtes de poisson, ainsi que des arases et des chaînages d'angle en brique.

Musée archéologique ⊘ – Aménagé dans les locaux de la mairie (ancienne propriété viticole du 18e s. sise au milieu d'un magnifique parc de 7 ha), il rassemble les produits des fouilles effectuées sur le sanctuaire (fanum) et les nombreux fours de potiers mis au jour de part et d'autre du Cher. Ex-voto, statuettes, monnaies, bijoux, fibules, céramiques sigillées et communes renseignent sur les coutumes religieuses et domestiques des anciens riverains.

MONTSOREAU

561 habitants (les Montésorelliens)
Carte Michelin no 64 pli 12, 13 ou 232 pli 33 – Schéma p. 163

Le bourg doit sa notoriété à son château, joliment situé un peu en aval du confluent de la Loire et de la Vienne.

Château ⊘ – Il fut reconstruit au 15e s. par un Chambes. Cette famille compte de rudes guerriers et des femmes entreprenantes. Une dame de Montsoreau séduit le duc de Berry, frère de Louis XI, et, par lui, noue la Ligue du Bien Public. Un siècle plus tard, un autre Chambes compte parmi les plus féroces exécuteurs de la Saint-Barthélemy en Anjou. Puis vient une autre dame de Montsoreau, celle qu'A. Dumas

G. Sioen /CEDRI

Montsoreau

a prise comme héroïne d'un de ses romans. Son mari la force à donner rendez-vous à son galant, Bussy d'Amboise, au château de la Coutancière (de l'autre côté de la Loire) et le fait assassiner. Après cet éclat, les époux vécurent en bonne harmonie et moururent quarante ans après. La façade, autrefois baignée par le fleuve, offre une architecture militaire à l'aspect imposant. A l'intérieur, un **musée des Goums** présente des souvenirs relatifs à la conquête du Maroc, à l'histoire des «goums», unités de cavaliers recrutés au Maroc, et au maréchal Lyautey (collections rapatriées de Rabat en 1956).

★★ **Panorama** – *1 km par la rue à droite du château qui grimpe sur le coteau; suivre la signalisation.* Aménagé au cœur du vignoble, sur la falaise qui domine la vallée, un belvédère offre une vue côté aval sur le village, le château et le Val, côté amont sur le confluent boisé de la Vienne et de la Loire.

Moulin de la Herpinière ⊘ – *1,5 km au Sud par le V 3.*
Situé sur la commune de **Turquant**, au centre d'un ensemble troglodytique traditionnel, ce moulin de type cavier *(voir Renseignements pratiques)* est attesté dès 1514. Très abîmé par une tempête en juillet 1992, il a été soigneusement restauré en respectant les techniques d'autrefois (engrenages en bois, meules en silex). Le moulin fonctionne à nouveau (les jours de vent !) ; il est possible d'acheter la farine obtenue.

MOULIHERNE

951 habitants
Carte Michelin nº 64 plis 12, 13 ou 232 pli 33

Mouliherne est bâtie sur un roc surplombant l'agreste vallon du Riverolle.

Église – Couronnant une butte, elle est dominée par un beau clocher carré du 13ᵉ s. avec baies ébrasées et flèche hélicoïdale de type baugeois. L'intérieur, terminé par des absides en cul-de-four, est couvert de voûtes montrant l'évolution du style angevin. On examinera d'abord la voûte du chœur, en berceau brisé, puis celle du croisillon Sud renforcée par des bandeaux qui comptent parmi les premiers exemples de croisées d'ogives. Ces ogives se retrouvent, améliorées, au croisillon Nord et à la croisée du transept ; elles retombent sur de beaux chapiteaux romans à feuilles d'eau et animaux fantastiques. Les voûtes gothiques (12ᵉ-13ᵉ s.) de la nef, très larges, ont un profil plus raffiné ; la plus proche du transept a été reprise à la fin du 15ᵉ s. Dans le chœur, derrière le maître-autel, sont exposés des sarcophages carolingiens des 9ᵉ-10ᵉ s. taillés dans la pierre coquillière, sans décoration.

ENVIRONS

Linières-Bouton – *5 km à l'Est par la D 62.* Dans ce village tranquille, à l'écart de la route, l'**église** présente un beau **chœur** d'architecture Plantagenêt ; remarquer un tableau représentant l'Annonciation (1677), une crosse monumentale en bois doré de style baroque et un groupe sculpté de la Sainte Famille, probablement du 17ᵉ s.

MULSANS

374 habitants (les Mulsanais)
Carte Michelin nº 64 pli 7 ou 238 pli 3 (14 km au Nord-Est de Blois)

Petit village agricole à la lisière de la Beauce, comme le révèlent ses fermes à cour fermée, Mulsans possède une charmante **église** aux baies flamboyantes, surmontée d'un beau clocher roman décoré d'arcatures et de baies géminées en plein cintre. Abritant largement le porche, une galerie Renaissance, dite «caquetoire» (fréquente dans la région), à colonnettes de bois sculptées encadre tout le bas de la nef.

Chaque année,
le guide Rouge Michelin France
rassemble, sous un format maniable, une multitude de
renseignements à jour.
Emportez-le dans vos déplacements d'affaires,
lors de vos sorties de week-end, en vacances.
Tout compte fait, le guide de l'année, c'est une économie.

NOYANT-la-GRAVOYÈRE

1 860 habitants
Carte Michelin n° 63 pli 9 ou 232 pli 18

Située au cœur du Haut Anjou Segréen, cette commune a connu une industrie florissante, celle de l'ardoise fine, si chère à du Bellay.

★ **La mine bleue** ⊙ – *Accès direct par la D 775 en direction de Pouancé, puis la D 219.*
Au lieu-dit La Gatelière, dans un site surplombant les étangs de la Corbinière, les
ardoisières de Saint-Blaise, fermées en 1936, ont été dénoyées et ouvertes au
public.
La descente au fond de la mine se fait (muni d'un casque de mineur) par un
ascenseur qui descend les visiteurs à 130 m sous terre. A l'arrivée, un petit train
les emmène le long des ga-
leries dénoyées jusqu'aux
chambres d'extraction aux
dimensions impression-
nantes (certaines atteignent
80 m de profondeur), dans
lesquelles ont été reconstitués sous forme de son et
lumière, le travail des mi-
neurs dans les années 30,
les dangers encourus, les
gestes familiers qui ponc-
tuaient la vie quotidienne au
fond de la mine. Dans la
dernière salle sont évoqués
les mythes du monde sou-
terrain nés de l'imagination
des hommes. Avant de quitter le fond de la mine, on
assiste enfin à la préparation d'un tir de mine et à
son explosion. Un deuxième
parcours, au fond permet
de vivre à fleur de roche un
étonnant *Voyage au centre de
la terre*, d'après l'œuvre de
Jules Verne.
En surface, au milieu des
bouleaux, les anciennes
cabanes des «fendeurs», que
l'on appelait aussi les «seigneurs de la butte», ont été

La Mine bleue

Y. Monet

remises en état et un fendeur effectue une démonstration de fente d'ardoise à l'ancienne. Le **musée de l'Ardoise**, aménagé dans l'ancienne chaufferie, complète la visite
en évoquant l'histoire de l'industrie ardoisière, ses méthodes d'exploitation et les
progrès techniques importants réalisés au cours des années grâce à de nouveaux
outils.

Entendu dans la mine

Après avoir tiré plusieurs *bordées* (faire
tomber à l'explosif un morceau de paroi),
décalabré la galerie (nettoyer la voûte de tout
ce qui pourrait encore tomber), *bouqué* les
pièces les plus grosses (fendre un bloc de
pierre) et *briqué* les *bassicots* (attacher les
petits blocs de pierre par deux), il fait bon
boire une *postillonne* (mélange de vin blanc,
d'eau-de-vie et de sucre) entre *parajots*
(copains), surtout lorsque l'on a réussi à
remonter plusieurs *perdus* (blocs de schiste
de meilleure qualité). Même les *bourries*
(ânes) sont de la fête ! Mais gare aux voûtes
douteuses qui ont un *cœur* (morceau de
voûte en forme de prisme très dangereux).
Interdiction d'y accéder sinon le *clerc* (contre-
maître) n'hésite pas à vous *mettre à la soupe*
(mettre à pied).

ORLÉANS★

Agglomération 243153 habitants
Carte Michelin n° 64 pli 9 ou 237 pli 40 ou 238 pli 5 – Schéma p. 159

Orléans a été de tout temps un centre commercial actif, où convergent le blé de Beauce, le miel, la volaille et les pommes de terre du Gâtinais, le gibier de Sologne et les vins du Val de Loire ; plusieurs zones industrielles entourent la ville, dont celle de la Chapelle-St-Mesmin. Ailleurs s'étendent sans discontinuer les terrains des horticulteurs, pépiniéristes et maraîchers qui font d'Orléans la « cité des roses » et l'un des pôles du « jardin de la France ». Capitale de la région Centre, Orléans joue un important rôle administratif et universitaire, en grande partie concentré dans le secteur de la ville neuve d'**Orléans-la-Source.**

Depuis 1435, les **Fêtes de Jeanne d'Arc,** au printemps, rappellent chaque année en grand faste la joie des habitants d'avoir échappé aux Anglais.

Des Carnutes à Jeanne d'Arc – Le pays carnute était considéré par les Gaulois comme le centre de la Gaule ; chaque année s'y tenait la grande assemblée des druides et c'est à Cenabum (Orléans) que fut donné le signal de la révolte contre l'occupation de César, en 52 avant J.-C. Une cité gallo-romaine ne tarde pas à s'élever sur l'emplacement des ruines gauloises. En juin 451, elle est assiégée par les Huns d'Attila. L'évêque saint Aignan encourage les habitants dans leur résistance victorieuse.

Aux 10e et 11e s., Orléans représente, avec Paris et Chartres, le centre de gravité de la monarchie capétienne.

LE SIÈGE DE 1428-1429

Ce siège mémorable est un des grands épisodes de l'histoire de France, il symbolise le point de départ de la renaissance d'un pays et d'un peuple qui étaient en train de sombrer dans le désespoir.

Les forces en présence – Dès les premières années du 15e s., la défense d'Orléans s'était organisée pour parer à toute offensive anglaise. L'enceinte de la ville se compose de deux parties *(voir schéma) :* à l'Est, la vieille enceinte carrée du castrum gallo-romain, à l'Ouest, une muraille d'agrandissement édifiée au 14e s. Elle comprend 34 tours et se divise en six secteurs défendus par six groupes de 50 hommes. Par ailleurs, tous les habitants participent à la défense commune soit en combattant, soit en travaillant à

l'entretien des murs et des fossés. Au total, environ 10000 hommes sont mobilisés sous le commandement du gouverneur de la place, Raoul de **Gaucourt,** et de ses capitaines.

Pendant l'été 1428, le comte de **Salisbury,** commandant l'armée anglaise, a balayé les places fortes françaises se trouvant sur la route de la Loire et parvient aisément à couper ainsi le fleuve en aval d'Orléans, privant la ville d'un éventuel secours venu de l'Ouest. Après la chute de Beaugency, le 25 septembre, il se met à marcher sur Orléans. Son armée se compose de 400 hommes d'armes, 2250 archers auxquels s'ajoutent 400 lances et 1200 archers recrutés en France, soit en tout plus de 4000 hommes.

Les combats débutent le 17 octobre par le pilonnage de la ville avec « bombardes et gros canons », mais le but des Anglais consiste avant tout à couper celle-ci de tout contact avec l'extérieur. Or, elle est reliée au Sud par un pont enjambant la Loire, défendu à l'une de ses extrémités par le fort des Tourelles. Par précaution, les Orléanais ont détruit les édifices du quartier Sud, rendant la tâche de l'ennemi plus délicate. Néanmoins, le 24 octobre, les Anglais s'emparent des Tourelles ; alors qu'il inspecte les lieux, Salisbury est tué par un boulet de canon parti, croit-on, de la tour Notre-Dame. Les défenseurs ont fait sauter une arche et établi hâtivement un petit ouvrage en bois en avant de la bastille St-Antoine. Pour se protéger à leur tour, les assiégeants suppriment deux arches devant les Tourelles et établissent une puissante levée de terre. Orléans est désormais coupée du reste du royaume. Le 8 novembre, le gros des troupes anglaises regagne Meung-sur-Loire. Les Orléanais en profitent pour raser les faubourgs afin d'empêcher l'ennemi de s'y retrancher. Cependant, les assiégeants ne restent pas inactifs : ils entourent la place d'une série de tranchées commandées par des fortins. Mais leurs lignes sont loin d'être imperméables, notamment au Nord-Est où des sorties restent possibles. Les troupes de Dunois (dit le Bâtard d'Orléans), arrivées le 25 octobre, contemplent du haut des murs de la ville les bastilles anglaises sans pouvoir intervenir. Les deux camps s'installent dans une guerre d'usure ponc-

tuée par des escarmouches devant les portes. Quelques faits d'armes remontent périodiquement le moral des assiégés ; ainsi les prouesses et les ruses d'un redoutable couleuvrinier, Jean de Montesclerc, qui tue de nombreux Anglais et feint souvent d'être mort pour mieux ressusciter peu après et paniquer ses adversaires. Deux bombardes, appelées l'une « Rifflart » et l'autre « Montargis », deviennent de véritables vedettes à cause de leur puissance de feu et de leur portée qui occasionnent de gros dégâts sur l'autre rive de la Loire.

Néanmoins, ces mois de misère et d'attente paraissent de plus en plus longs : le ravitaillement manque et, en février 1429, une partie de la garnison quitte la place. Les Anglais sont bien près de la victoire. Seul Dunois reste optimiste.

L'intervention de Jeanne d'Arc – Au mois d'avril 1429, Jeanne d'Arc, qui vient de convaincre le futur **Charles VII** de sauver Orléans, part de Blois avec l'armée royale, franchit la Loire et gagne la ville par la rive gauche afin de surprendre les Anglais. Mais les eaux du fleuve sont trop grosses, et l'armée doit revenir à Blois. Pendant ce temps, la Pucelle, entourée de quelques compagnons, parvient à Orléans le 29 avril et fait son entrée par la porte de Bourgogne. La foule l'acclame tandis qu'elle lance son célèbre ultimatum aux Anglais : « Rendez à la Pucelle ci envoyée de par Dieu les clefs de toutes les bonnes villes que vous avez prises et violées en France... Je suis ci venue de par Dieu le roi du Ciel, corps pour corps, pour vous bouter hors de toute France » (cité par Jean Favier).

Les Orléanais, revigorés, se préparent au combat bien que Jeanne se heurte à l'hostilité des capitaines.

Le 4 mai, l'armée royale, que Dunois avait rejointe, attaque la bastille St-Loup sans avoir averti préalablement Jeanne. L'apprenant, celle-ci effectue une sortie, bannière en tête, qui décide de la victoire. Le lendemain 5 mai, l'ardente Jeanne, écartée du conseil des capitaines, suggère de réduire, dans la foulée, les Tourelles. Le 6 au matin, bien qu'on ait cherché à l'induire en erreur, elle commande elle-même l'assaut contre la bastille des Augustins. Là encore, son initiative hardie désarçonne les Anglais en train de talonner les troupes françaises battant en retraite. Cette seconde victoire accroît sa popularité et ridiculise les capitaines.

Les Anglais s'inquiètent ; Jeanne les somme à nouveau de déguerpir et, devant leur refus, reprend l'offensive le 7, contre l'avis du gouverneur qui tente même de lui barrer la route. S'élançant elle-même en première ligne aux Tourelles, elle reçoit un carreau d'arbalète qui lui transperce l'épaule. Les Anglais croient en avoir fini avec elle et Dunois propose de remettre l'assaut au lendemain. Ayant reçu quelques soins et prié ses saintes, Jeanne repart à nouveau, son étendard à la main : « Tout est vostre et y entrez ! » s'écrie-t-elle. Galvanisés, les Français déferlent sur la défense anglaise, obligée d'abandonner le fort des Tourelles. Au même moment, ceux qui étaient restés à l'intérieur de la ville se ruent sur le pont. La garnison anglaise, repliée dans le fort, est prise entre deux feux et se rend.

Le dimanche 8 mai, les Anglais se retirent des dernières bastilles et lèvent le siège : Jeanne, victorieuse, reçoit un triomphe à Orléans.

Ce coup d'arrêt porté à la progression anglaise sur la Loire eut un énorme retentissement. Il désorganisait les plans de l'envahisseur qui comptait prendre la ville, mais surtout le pont sur la Loire, pour permettre à son armée de faire sa jonction avec les troupes anglaises stationnées dans le Centre et le Sud-Ouest depuis le traité de Brétigny en 1360. Il affaiblissait la position du duc de Bedford, régent d'Angleterre, mais surtout il redonnait confiance au dauphin et à son armée. Quelque temps plus tard, le 18 juin, les troupes françaises remportèrent la bataille de Patay.

Le Siège d'Orléans

Bibliothèque Nationale, Paris/EXPLORER

Orléans pratique

S'Informer – Le quotidien régional est *La République du Centre*. La radio locale : Radio-France Orléans 100,9 mhz.

Se distraire – Le complexe culturel du **Carré Saint-Vincent** est composé de quatre structures de création et de diffusion : le Centre dramatique national, le Centre national de création (CADO), le Centre chorégraphique national et la Scène nationale d'Orléans. ☎ 02 38 62 75 30, ou sur minitel par le 11 - Carré Saint-Vincent.

Se régaler de spécialités – Le fromage cendré d'Olivet ; le cotignac (confiserie à partir de jus de coing et de sucre, dans une boîte en épicéa) ; la poire william d'Olivet (alcool) ; les vins orléanais (auvernats, cabernets, gris meunier) ; le vinaigre de vin.

Retenir des dates – **Mai** les fêtes Johanniques ; fin **juin**, début **juillet** « Orléans Jazz » : six soirées de jazz avec des stars internationales au Campo Santo ; en **octobre** et **novembre**, trois week-ends consécutifs, la musique contemporaine est à l'honneur lors des Semaines musicales internationales d'Orléans (SMIO).

Aller au marché – Halles de la Charpenterie : mardi, jeudi, samedi. Marché aux fleurs, place de la République : mardi, jeudi, samedi et dimanche matin. Marché à la brocante, samedi : boulevard Alexandre-Martin.

LE CENTRE-VILLE

★ **Cathédrale Ste-Croix** (EY) – La cathédrale, dont la construction fut commencée au 13ᵉ s. et poursuivie jusqu'au début du 16ᵉ s., fut en partie détruite par les protestants en 1586. Henri IV, reconnaissant à la ville de s'être ralliée à lui, en entreprit la reconstruction non pas dans le style du 17ᵉ s., mais dans un style gothique composite. Les travaux se poursuivirent aux 18ᵉ et 19ᵉ s. Les vieilles tours romanes, qui étaient encore debout avant les guerres de Religion, furent remplacées au 18ᵉ s. par des tours d'inspiration gothique.

La **façade** compte trois grands porches surmontés de rosaces elles-mêmes coiffées d'une galerie ajourée ; remarquer l'extrême finesse avec laquelle est travaillée la pierre ; à la base des tours, les escaliers extérieurs en colimaçon, sculptés à jour, flanquent chaque angle. Le **porche** de très vastes dimensions abrite quatre statues, gigantesques, qui représentent des évangélistes.

Intérieur – C'est un vaste vaisseau à 5 nefs. A gauche du chœur, dans la chapelle de Jeanne d'Arc, statue du cardinal Touchet (1894-1926), qui a propagé le culte de la Pucelle. Dans la chapelle du centre de l'abside, belle Vierge en marbre de Michel Bourdin (début 17ᵉ s.), sculpteur né à Orléans.

De splendides **boiseries ★★** du début du 18ᵉ s. décorent le chœur. Établies d'après Mansart, Gabriel et Lebrun, elles sont l'œuvre de Degoullons, un des décorateurs de Versailles et l'auteur des stalles de Notre-Dame de Paris ; elles valent par les sculptures des médaillons et des panneaux qui ornent les hauts dossiers des stalles.

Dans la **crypte**, ⊙ on pourra voir des vestiges de trois édifices qui ont précédé la cathédrale actuelle et deux sarcophages, dont celui de l'évêque Robert de Courtenay (13ᵉ s.) qui a fourni les éléments les plus précieux du **trésor** ⊙. Celui-ci renferme en particulier deux médaillons en or (11ᵉ s.) décorés d'émaux cloisonnés de style byzantin, à l'origine plaques d'ornement des gants de l'évêque d'Orléans pour les cérémonies et processions.

On y trouve aussi des objets d'orfèvrerie du 13ᵉ s., et d'intéressantes peintures de Claude Vignon et Jean Jouvenet (17ᵉ s.).

Flanc Nord et chevet – Au pignon du croisillon Nord, observer la grande rosace portant, au centre des rayons, la devise de Louis XIV. A ses pieds, des fouilles ont mis au jour la base des anciennes murailles gallo-romaines, dont une partie de tour.

Le **chevet** présente des arcs-boutants très ajourés et une forêt de pinacles qui couronne les culées ; il est visible du jardin de l'ancien évêché (FY Q), hôtel du 18ᵉ s. devenu bibliothèque municipale.

Campo Santo (EY) – A gauche de la moderne école des Beaux-Arts se remarque un gracieux portail Renaissance, et, sur le flanc Nord du même bâtiment, s'étend un jardin rectangulaire bordé de galeries à arcades. Il s'agit d'un ancien cimetière, placé ici hors les murs dès le 12ᵉ s., bordé de ces galeries au 16ᵉ s. (expositions).

★★ **Musée des Beaux-Arts** (EY M¹) ⊙ – Parmi les primitifs, au 2ᵉ étage, on remarque, de l'école siennoise du 15ᵉ s. la *Vierge à l'Enfant*, entourée de deux anges (Matteo di Giovanni). Au nombre des sculptures du 14ᵉ au 16ᵉ s. comptent une *Vierge à l'Enfant* en marbre, de 1370, et un beau buste du cardinal de Morvillier par

Germain Pilon. Les écoles italienne, flamande et hollandaise sont représentées par des œuvres du Corrège *(La Sainte Famille)*, du Tintoret *(Portrait d'un Vénitien)*, d'Annibale Carrache *(Adoration des Bergers)*, de Van Dyck, de Téniers et de Ruysdael. De Vélasquez, le musée possède l'excellent *Saint Thomas*, datant de la période sévillane de l'artiste (vers 1620).

Le 1er étage est consacré à la peinture française des 17e et 18e s. Le mouvement de la Contre-Réforme inspire aux artistes de vastes compositions religieuses : *Saint Charles Borromée* par Philippe de Champaigne, *Le Triomphe de Saint Ignace* par Claude Vignon. Le goût du clair-obscur transparaît dans *Saint Sébastien soigné par Irène*, de l'atelier de Georges de La Tour. L'art du Grand Siècle est encore illustré par l'un des rares tableaux mythologiques de Louis Le Nain, *Bacchus et Ariane* et

Rabelais
(Orléans : Musée des Beaux-Arts)

Musée des Beaux-Arts/Orléans

L'*Astronomie* de La Hire. Provenant du château de Richelieu, on admire l'étonnant cycle des *Quatre Éléments* débordant de grâce et de fantaisie de Claude Deruet, ainsi qu'un portrait de *Louis XIV enfant*.

La série de portraits du 18e s. permet d'admirer *Mme de Pompadour* par François-Hubert Drouais, *Le Graveur Moyreau* par Nonotte, *Le Marquis de Lucker* par Louis Tocqué, des paysages d'Hubert Robert *(Paysage avec tour en ruine, le Lavoir)*, de Boucher *(le Pigeonnier)* et le curieux *Singe sculpteur* de Watteau.

La salle des Pastels contient des portraits du 18e s. avec un bel ensemble de Perronneau *(Mme Perronneau, M. et Mme Chevolet...)*, l'*Autoportrait aux bésicles* de Chardin, des œuvres de Charles Coypel, Valade, Nattier, Quentin La Tour. Des bustes expressifs de Pigalle et de Houdon, ainsi que des céramiques françaises et des médaillons accompagnent ces tableaux.

Le 19e s. est représenté par des œuvres de Gros, Cogniet, Courbet *(La Vague)*, Boudin, Antigna, peintre réaliste né à Orléans, et Gauguin *(Fête Gloanec)*.

L'art du 20e s. est illustré par des peintures de Soutine, Gromaire, Rouault, La Fresnaye, Max Jacob, Marie Laurencin, des sculptures de Bourdelle, Maillol, Zadkine, Charles Malfray et Gaudier-Breszka ainsi que des œuvres contemporaines.

Hôtel Groslot (EY H) – Bâti en 1550 par le bailli Jacques Groslot, c'est une vaste demeure Renaissance, en brique rouge et losanges contrastés (restauration et agrandissements au 19e s.). Admirer les délicats rinceaux des piliers de l'escalier, et les deux portes d'honneur entourées de cariatides. Logis des rois de passage à Orléans, il abrita François II qui y mourut après avoir ouvert en 1560 les états généraux, Charles IX, Henri III et Henri IV.

Par la rue d'Escures, gagner à l'arrière le **jardin public** où a été transportée la façade (15e s.) de l'ancienne chapelle St-Jacques. En face du jardin public s'alignent les façades des **pavillons d'Escures (EY)**, demeures bourgeoises du début du 17e s.

La **place Ste-Croix (EYZ 139)**, bordée de façades classiques sur une rangée d'arcades, fut tracée vers 1840 lorsque fut percée la rue Jeanne-d'Arc. Au Sud de la place, une statue de bronze représente la Loire tenant dans les plis de sa robe de beaux fruits du Val.

L'**hôtel des Créneaux (EZ R)** fut hôtel de ville du 16e s. à 1790, sa façade est du 15e s.

★ **Musée historique (EZ M²)** ⊘ – Il occupe l'élégant petit **hôtel Cabu** (1550), à côté d'une autre façade Renaissance.

On verra au rez-de-chaussée l'étonnant **trésor gallo-romain** ★ de Neuvy-en-Sullias *(31 km à l'Est d'Orléans)*, constitué par d'expressives statues, sanglier et cheval en bronze, et statuettes provenant d'un temple païen.

Au 1er étage, consacré au Moyen Âge et à la période classique, remarquer les sculptures provenant de Germigny-des-Prés et de St-Benoît-sur-Loire, les pièces anciennes évoquant Jeanne d'Arc (tapisserie allemande du 15e s., étendard des fêtes de Jeanne d'Arc au 17e s.), ainsi que des céramiques caractéristiques de la production locale.

Le 2e étage est consacré à l'imagerie populaire orléanaise ainsi qu'à l'orfèvrerie et à l'horlogerie.

ORLÉANS

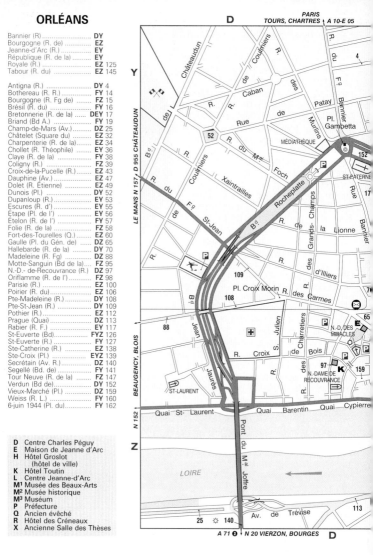

Place du Martroi (**EY**) – C'est un peu le symbole de la ville avec sa statue de Jeanne d'Arc par Foyatier (1855). Son nom viendrait du mot latin *martyretum* qui désignait au 6e s. l'emplacement d'un cimetière de chrétiens.
Dans le parking souterrain, en empruntant l'accès piétonnier, on peut voir les vestiges de la porte Bannier.
A l'angle Ouest de la rue Royale se trouve l'ancien **pavillon de la Chancellerie**, édifié en 1759 par le duc d'Orléans pour y abriter ses archives.

Rue Royale (**EZ** 125) – Bordée d'arcades, cette grande voie fut percée vers 1755, en même temps que l'on construisait dans son prolongement le pont Royal **(pont George-V)**, en remplacement du vieux pont médiéval qui, 100 m en amont, faisait suite à la rue Ste-Catherine, voie principale de la ville médiévale.

Centre Charles-Péguy (**EZ D**) ⊘ – Le Centre occupe l'ancien **hôtel Euverte Hatte**, encore appelé « maison d'Agnès Sorel » ; peut-être la future favorite de Charles VII vécut-elle ici dans son enfance, mais le bâtiment actuel fut élevé plus tard, sous Louis XII. Remarquer ses fenêtres rectangulaires encadrées de frises gothiques, et dans la cour la galerie à arcades Renaissance qui aurait été ajoutée sous François Ier.
Né à Orléans, **Charles Péguy** (1873-1914), fondateur des *Cahiers de la Quinzaine*, est tué, au début de la bataille de la Marne, le 5 septembre 1914. Poète et polémiste, il défendit le dreyfusisme, le socialisme humanitaire, le patriotisme, la foi catholique. A plusieurs reprises, il revient sur la vie de Jeanne d'Arc, lui consacrant un long drame en 1897, puis une suite de *Mystères* en 1911-1912. La bibliothèque est consacrée à Péguy, son œuvre et son environnement littéraire, politique et sociologique, dont l'affaire Dreyfus. Au rez-de-chaussée et au premier étage, le musée Péguy expose manuscrits et souvenirs.

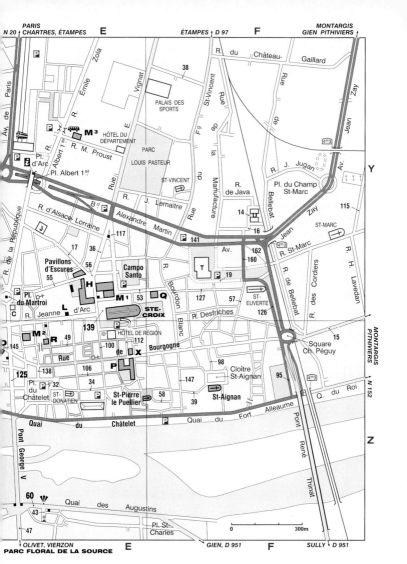

★ **Maison de Jeanne d'Arc** (DZ E) ⊘ – Sa haute façade à colombages tranche sur la moderne place du Général-de-Gaulle, dans ce quartier dévasté par les bombardements de 1940. C'est la fidèle reconstitution de la maison de Jacques Boucher, trésorier du duc d'Orléans, où Jeanne fut logée en 1429. Au 1er étage, un montage audio-visuel raconte la levée du siège d'Orléans par Jeanne d'Arc le 8 mai 1429. Des reconstitutions modernes des costumes du temps, des machines de guerre et d'autres maquettes complètent l'exposition.

Le **Centre Jeanne-d'Arc** (EY L) ⊘ met à la disposition des intéressés une cinémathèque, une bibliothèque, des microfilms et une photothèque *(ouvert à tous)*.

A droite de la maison et des deux façades Renaissance qui lui font suite, passer sous une arche pour pénétrer dans le square Jacques-Boucher. Isolé dans le jardin, le **pavillon Colas des Francs**, gracieux petit bâtiment Renaissance, était le «comptoir» du petit-fils de Jacques Boucher; il comporte, au rez-de-chaussée, une salle d'archives et, à l'étage, une autre, où l'on plaçait l'argenterie.

Hôtel Toutin (DZ K) ⊘ – Il fut construit en 1540 pour Toutin, valet de chambre du fils de François Ier. Dans la courette bordée d'une double galerie d'arcades Renaissance, revêtues de vigne vierge, se trouve une statue de François Ier.

Quai Fort-des-Tourelles (EZ 60) – En face d'une petite place où se dresse une statue de Jeanne d'Arc, une croix commémorative et une inscription, sur la muraille qui borde la Loire, rappellent qu'à cet emplacement s'élevait au 15e s. le fort des Tourelles, dont l'assaut sous la conduite de la Pucelle devait aboutir à la délivrance d'Orléans. A cet endroit débouchait alors le pont sur le fleuve. Belle **vue** ★ d'ensemble sur la ville.

197

Le **quai du Châtelet** (**EZ**) offre au bord du fleuve une longue promenade ombragée. Au temps de Sully, il connaissait une bruyante animation, Orléans étant devenue un grand port de transbordement par où étaient acheminées vers Paris les marchandises venues des Pays de Loire et du Massif central. Le trafic voyageurs desservait Nantes en 6 jours.

Rue de Bourgogne (**EFZ**) – C'était le principal axe Est-Ouest de l'ancienne cité gallo-romaine. Piétonne sur une longue section et commerçante, elle invite à la flânerie. On y remarque d'anciennes façades, ainsi au n° 261, celle d'une maison du 15e s., en pierre et surmontée d'un pignon en colombage. La rue passe devant la **préfecture** (**EZ P**), ancien couvent bénédictin du 17e s. En face, rue Pothier, la façade de l'ancienne **salle des Thèses** (**EZ X**), bibliothèque du 15e s., est le seul vestige de l'université d'Orléans où, en 1528, **Jean Calvin**, propagateur de la Réforme, étudia le droit.

Église St-Pierre-le-Puellier (**EFZ**) ⊘ – Cette collégiale romane (12e s.), **centre d'exposition** permanent, se dresse dans un vieux quartier aux rues piétonnes.

Église St-Aignan (**FZ**) ⊘ – De cette vaste église gothique, consacrée en 1509, il ne subsiste que le chœur et le transept, la nef ayant été incendiée pendant les guerres de Religion. Crypte du 11e s.

★ **Muséum** (**EY M³**) ⊘ – L'extension et le réaménagement complet de l'ancien musée font de cet établissement un muséum à vocation scientifique et culturelle, tenant compte des réalités locales et régionales. Au rez-de-chaussée, des expositions temporaires sont présentées régulièrement. Sur quatre étages, les visiteurs sont invités à rencontrer le monde marin, les écosystèmes aquatiques (aquarium), les reptiles et batraciens (vivarium), les vertébrés supérieurs (diorama sur la Sologne), la minéralogie, la géologie, la paléontologie et la botanique (au dernier étage : serres tempérées et tropicales). Simultanément, des ateliers scientifiques expliquent différentes techniques (aquariologie, naturalisation, laboratoire de géologie...). Des supports médiatiques complémentaires (audio-visuel, informatique, bibliothèque) sont à la disposition du public.

Parc floral de la Source

★★ **Parc floral de la Source** ⊘ – Dans le décor boisé d'un château du 17e s., le parc fut aménagé pour recevoir les Floralies Internationales de 1967. Sur une superficie de 35 ha, il présente une grande variété de plantations : massifs symétriques, rocailles, parc boisé, arbustes persistants, arbustes fleuris. Le spectacle se renouvelle avec les saisons : au printemps fleurissent les massifs de tulipes, de narcisses, puis les iris, les rhododendrons et les azalées ; de mi-juin à mi-juillet les rosiers ; en juillet et août les plantes estivales ; en septembre a lieu la seconde floraison des rosiers, avant celle des dahlias et, pour finir la saison, des chrysanthèmes, présentés dans le hall des expositions.

Plaisir des yeux pour le promeneur, plein d'enseignement pour le jardinier amateur, le parc est aussi la vitrine de l'horticulture orléanaise. Le **miroir**★, bassin semi-circulaire, offre une belle perspective sur le château et la délicate « broderie Louis XIII » qui orne sa pelouse.

La **source du Loiret**★, court affluent de la rive Sud de la Loire, se manifeste par un bouillonnement des eaux ; cette source est en fait la résurgence de pertes du fleuve qui se produisent près de St-Benoît-sur-Loire. Toute l'année évoluent dans le parc des grues, des émeus, des daims ainsi que des flamants roses sur le Loiret.

OLIVET

La plus grande partie d'Olivet, comme des faubourgs d'Orléans situés entre Loire et Loiret, est occupée par des champs de fleurs et des pépinières de rosiers et de plantes d'ornement.

C'est une agréable villégiature au bord du Loiret (pêche et canotage), bordé de belles résidences et de vieux moulins.

Promenade des moulins – *Circuit de 5 km depuis le pont par la petite route de la rive droite du Loiret vers l'Ouest, et retour par la D 14.*

Enjambant la rivière au bout de la promenade, deux vieux moulins et leurs biefs composent un joli site sur les rives boisées du Loiret ; barques et bancs attendent les promeneurs, cygnes et canards sillonnent les eaux tranquilles.

ENVIRONS

Gidy – *12 km au Nord. Accès par l'autoroute A 10 : aires de stationnement d'Orléans-Saran dans le sens Paris-Orléans, et de Orléans-Gidy dans le sens Orléans-Paris.*

Imaginé et réalisé par le Bureau de recherches géologiques et minières (BRGM), le **géodrome** ⊘ est un jardin de pierre, représentant une immense carte du relief et des sites géologiques les plus remarquables de notre pays. Huit cents tonnes de roches, sur un hectare, sont mises en scène dans le décor végétal caractéristique de chaque région figurée. Une grande fresque polychrome de 70 m de long montre en coupe le sous-sol français depuis les Alpes jusqu'au massif armoricain.

Artenay – *22 km au Nord, par la N 20.*

A l'entrée de ce gros village beauceron remarquer un moulin-tour à toiture tournante (19e s.). Le **musée du Théâtre forain** ⊘ est installé dans la ferme *« du Paradis »* entièrement rénovée. Riche des costumes, matériels et accessoires de la troupe Créteur-Cavalier, qui cessa ses tournées en 1974, ce musée est l'évocation du « théâtre démontable », du 19e s. jusqu'au début des années 1970. Éléments de décors, marionnettes, affiches, « costumière » (fourgon transportant vestiaire, masques et déguisements) contribuent à la restitution de la vie sociale, professionnelle et familiale des comédiens ambulants. Une petite salle de spectacle (200 places) accueille un atelier d'ethnologie du théâtre qui monte des pièces du répertoire forain.

Dans la bergerie deux salles sont consacrées à l'archéologie et à la paléontologie locales.

Pour tout ce qui fait l'objet d'un texte dans ce guide
(villes, sites, curiosités isolées, rubriques d'histoire ou de géographie, etc.),
reportez-vous à l'index.

Le PERCHE-GOUET

Carte Michelin n° 60 plis 15 et 16 – Schéma p. 171

Le Perche-Gouet, quelquefois appelé Bas-Perche, reçut son nom au 11e s. de Guillaume Gouet qui possédait cinq baronnies relevant de l'évêché de Chartres : Alluyes la Belle, Brou la Noble, Bazoche la Gaillarde, Authon la Gueuse et Montmirail la Superbe. Au point de vue administratif, le Perche-Gouet relevait, avant la Révolution, en partie du gouvernement de l'Orléanais, en partie de celui du Haut-Maine.

Entre le Loir et l'Huisne, le Perche-Gouet dessine une sorte de croissant dont le sol, formé de craie marneuse et de bancs de sable ou d'argile, ne porte plus qu'une partie des immenses forêts de jadis, remplacées par des prés et des vergers.

La partie orientale du Perche-Gouet, dite aussi Faux-Perche, se confond presque avec la Beauce ; elle s'en distingue cependant par la dispersion des fermes, l'abondance des haies vives et des arbres. Les collines couronnées de bois qui le terminent à l'Ouest ne dépassent guère 250 m d'altitude ; elles enserrent un réseau de vallées aux fonds limoneux où se sont installés de gros bourgs agricoles. Les cours d'eau, Ozanne, Yerre, Braye coulent vers le Loir ; seule la Rhône rejoint l'Huisne à Nogent-le-Rotrou.

Les fermes, nommées « borderies », que l'on trouve au détour des chemins creux, ne sont plus bâties en torchis à pans de bois ou à encadrements de brique. Leurs habitants pratiquent l'élevage des bovins et surtout celui des vaches laitières qui a supplanté l'élevage, presque disparu, du cheval de trait percheron à robe gris pommelé, noire ou aubère.

Le maïs, destiné à l'alimentation des bovins, témoigne de la modernisation de l'agriculture. Sa haute végétation constitue un abri de choix pour le gibier, suppléant les haies dont l'arasement alarmait les chasseurs, mais contribue à l'appauvrissement du paysage bocager.

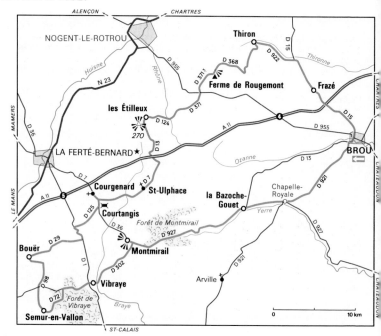

CIRCUIT AU DÉPART DE BROU *97 km – environ une demi-journée*

Brou – *Voir à ce nom.*

Frazé – *Voir à ce nom.*

Thiron – Dans le cadre agreste formé par la Thironne et l'étang des Moines, la localité s'est groupée près de l'ancienne abbaye fondée par saint Bernard en 1114 sous le patronage de la Sainte Trinité. L'abbaye de Tiron (sans h comme on l'écrivait alors) prit un vigoureux essor aux 12e et 13e s. Au 16e s., Charles de Ronsard, frère du poète, et le Chartrain Philippe Desportes, poète lui-même, en furent abbés. En 1629, les bénédictins de St-Maur s'y installèrent. L'église est une ancienne **abbatiale** encore très vaste bien que le chœur se soit effondré en 1817. En entrant, à gauche, pierre tombale gravée de Jean II de Chartres, abbé de Tiron au 13e s.; le long de la nef, anciennes stalles des moines, du 14e s.; les boiseries et les stalles de 1740 sont dans le chœur actuel. Quelques bâtiments du 17e s., constituant le collège, ont été préservés.

Ferme de Rougemont – De la D 371³, à hauteur de cette ferme, on découvre un immense **point de vue** sur le bassin de l'Ozanne.

Les Étilleux – Au Sud du village, sur la D 13, près d'une fermette, prendre le chemin signalé qui monte au sommet de la butte (270 m d'alt.; relais hertzien): belles **vues** sur la vallée de l'Ozanne, les collines du Perche et la vallée de l'Huisne.

St-Ulphace – A mi-pente, se détache l'**église** ⊘ (15e-16e s.) dont la puissante façade s'appuie sur une tour; portail Renaissance.

Courgenard – Dans ce petit village très fleuri, l'**église** ⊘ présente une harmonieuse porte Renaissance sculptée de statuettes en bas-relief. Sur le mur droit de la nef, des peintures murales du 16e s. illustrent l'Enfer et le «Dict des Trois Morts et des Trois Vifs»; amusant retable baroque.

Château de Courtangis – Dans le cadre idyllique d'un vallon retiré et planté de grands arbres (hêtres, chênes, frênes) pointent les tourelles, lucarnes, toits à la française de ce gracieux manoir du début du 16e s.

Bouër – Minuscule village perdu dans les collines qui dominent la vallée de l'Huisne. Bouër a une **église** munie d'un clocher dont la flèche d'ardoise se raccorde à la tour par des volutes. On peut voir en avant du chœur deux jolis autels en bois. De l'esplanade, vue sur la vallée de l'Huisne.

Semur-en-Vallon – Attrayante bourgade, offrant un plan d'eau aménagé et, dans le creux d'un vallon, en lisière de la forêt de Vibraye, un **château** du 15e s., entouré de douves et de tours d'un heureux effet; la façade d'entrée, encadrée de tours rondes à lanternons, a été remaniée au 17e s.; beaux toits aigus à la française. Petit **chemin de fer touristique** ⊘ Decauville circulant sur une distance d'1,5 km.

Montmirail – Montmirail, jadis puissamment fortifiée, occupe un site défensif de premier ordre. Le **château** ⊘, construit au 15e s. puis remanié au 18e s. par la princesse de Conti, conserve encore des souterrains des 11e et 14e s. Dans ces murs eut lieu, le 9 janvier 1169, entre les rois de France et d'Angleterre, en présence de **Thomas Becket**, l'archevêque de Canterbury exilé en France, une rencontre mémorable, au cours de laquelle ce dernier réaffirma la suprématie des intérêts ecclésiastiques. Outre les cachots, on parcourt les salles d'armes voûtées d'ogives, les appartements de la princesse de Conti, dont le Grand Salon au décor Louis XV. De la terrasse, on découvre la façade Ouest, classique, qui contraste avec les façades Sud et Est d'allure féodale, et surtout un vaste **panorama**★ sur le Perche-Gouet.

L'**église** des 12e-16e s. renferme un vitrail du 16e s. dans le chœur et, dans le bas-côté gauche, un Sépulcre polychrome du début du 17e s., très réaliste. En face de ce dernier, pierre sculptée où, jusqu'à la Révolution, était renfermé un reliquaire.

La D 927, pittoresque, traverse la forêt de Montmirail.

La Bazoche-Gouet – L'**église**, du 12e ou 13e s., a été modifiée au début du 16e s. par l'adjonction de baies flamboyantes et de bas-côtés : celui du Sud est remarquable ; beau portail aux colonnes spiralées supportant des niches. A l'intérieur *(accès par le passage protégé)*, la tour carrée sur laquelle repose le clocher est du 16e s. ; les vitraux Renaissance garnissent les baies du chœur ont été offerts par les Bourbons-Conti, seigneurs du lieu ; ils sont remarquables par le réalisme des expressions et des détails. Ils évoquent la Passion, d'après des gravures allemandes.

PITHIVIERS

9 325 habitants (les Pithivériens)
Carte Michelin no 60 pli 20 ou 237 pli 47

Située aux confins de la Beauce et du Gâtinais, Pithiviers doit son activité principale aux produits de cette région céréalière et sucrière (sucrerie de Pithiviers-le-Vieil), mais commence en outre à s'industrialiser. La ville ancienne, dont le quadrilatère est délimité par un mail ombragé, garde, autour de l'irrégulière place du Martroi et du haut clocher de son église St-Salomon, ses rues calmes et vieillottes où il fait bon errer.

Musée des Transports ⊘ – Ce musée ferroviaire a pu être aménagé par des amateurs en préservant le terminus (petite gare des anciens Tramways du Loiret) d'un réseau à voie de 0,60 m – écartement du chemin de fer à voie légère préfabriquée mis au point par le constructeur Decauville – ayant assuré, jusqu'en 1951, outre les campagnes betteravières, pour les sucreries, un service public de voyageurs entre Pithiviers et Toury (32 km). La collection du musée réunit plusieurs locomotives, en état de marche, ou «froides», et différents spécimens de matériel roulant à voie étroite, allant d'une minuscule machine à 2 essieux de 1870 (3 tonnes à vide) à la puissante locomotive à voie de 1 m des Chemins de fer départementaux (1895), ainsi que de nombreuses reproductions, des accessoires réglementaires d'équipement et d'uniforme, d'antiques billets, lanternes...

Les visiteurs sont enfin invités à monter en voiture pour un voyage de 4 km.

Musée municipal ⊘ – Le 1er étage, surtout, offre une attrayante présentation mêlant, avec la 1re salle océanienne, un vent d'exotisme aux souvenirs locaux. Une salle est consacrée aux hommes illustres de la ville, aux origines plus ou moins légendaires des spécialités gourmandes de Pithiviers, au safran, plante tinctoriale et épice dont le Gâtinais de l'Ouest fut jadis l'un des premiers producteurs européens.

Château du PLESSIS-BOURRÉ★

Carte Michelin no 63 pli 20 ou 232 pli 19 (20 km au Nord d'Angers)

Tout blanc sous ses toitures d'ardoise bleutée, le **Plessis-Bourré** apparaît à l'extrémité de grandes prairies piquetées de boqueteaux. Il évoque à merveille la vie seigneuriale à la fin du 15e s.

Né à Château-Gontier, **Jean Bourré** entra au service du dauphin Louis, fils de Charles VII, qu'il suivit dans la bonne et la mauvaise fortune. Louis XI ayant ceint la couronne en 1461, Bourré fut promu secrétaire des Finances et trésorier de France. Il fit construire de beaux châteaux, parmi lesquels ceux de **Langeais**, de **Jarzé** et de **Vaux**.

Ayant acheté le domaine du Plessis-le-Vent, il fit commencer en 1468 les travaux du nouveau château auquel il devait attacher son nom, s'inspirant du château de Langeais dont il avait surveillé la construction. Bâti d'un seul jet, le Plessis fait preuve d'une magnifique unité. Jean Bourré y accueillit des visiteurs admiratifs tels que l'amiral de Graville, Pierre de Rohan, Louis XI, Charles VIII.

Château du PLESSIS-BOURRÉ

Château du Plessis-Bourré

VISITE ⏱ *1 h.*

Ceint de larges douves que franchit un pont de 43 m de longueur, le Plessis est, à l'extérieur, une forteresse protégée par un châtelet à double pont-levis récemment remis en état de fonctionnement, et par quatre tours dont l'une, plus grosse et à mâchicoulis, sert de donjon ; à la base de l'enceinte, une plate-forme de 3 m de largeur permet le tir rasant de l'artillerie. A gauche du châtelet pointe le fin clocher de la chapelle.

Passé la voûte d'entrée, le Plessis devient demeure de plaisance avec sa cour spacieuse, ses ailes basses, sa galerie d'arcades, ses tourelles d'escalier et les hautes lucarnes de son logis seigneurial. A l'intérieur, on parcourt au rez-de-chaussée la chapelle Ste-Anne, la salle de Justice et les lumineuses **salles de réception** richement meublées et décorées dont les fenêtres donnent sur des paysages très doux qui ajoutent au charme du lieu.

Au 1er étage, admirer une très belle salle voûtée, à la cheminée monumentale, puis la salle des Gardes, couverte d'un **plafond ★★★** en bois, peint à la fin du 15e s. de figures allégoriques, comme la Fortune et la Vérité, la Chasteté (licorne) et la Luxure, l'Ane musicien. Des scènes humoristiques ou morales montrent le barbier malhabile s'exerçant sur un patient, le présomptueux qui veut tordre le cou à une anguille, la femme cousant le croupion d'une volaille... Le réalisme très cru de certaines scènes, leur puissance évocatrice, les strophes poétiques qui les accompagnent, la qualité picturale et la fraîcheur exceptionnelle de l'ensemble, tout concourt à un effet admirable !

Caves et greniers ⏱ sont également accessibles aux visiteurs. L'escalier gravit une tour dont le plafond en palmier repose sur des sculptures d'inspiration alchimique, d'une truculence égale à celle des peintures du 1er étage. Le grenier couvert d'une belle **charpente** de châtaignier en carène donne accès au chemin de ronde.

Récemment transformés en parc, les abords du château offrent maintenant un agréable lieu de promenade aux visiteurs.

ENVIRONS

Manoir de la Hamonnière ⏱ – *A 9 km au Nord par Écuillé.*
Cette gentilhommière, bâtie entre 1420 et 1575, reflète brièvement l'évolution des styles de la Renaissance dans son architecture.

Sa façade sur cour présente sur la droite un sobre corps de logis avec sa tourelle d'escalier, puis vers la gauche une partie Henri III dont une travée de fenêtres est encadrée de pilastres aux chapiteaux respectant la progression classique des ordres, et une aile basse en équerre où deux colonnes torses soutiennent la lucarne.

A l'arrière, un donjon de plaisance, probablement l'ultime adjonction du 16e s., augmenté d'une tourelle d'escalier de fond en comble, se différencie par ses fenêtres en plein cintre.

Château du PLESSIS-MACÉ★

Carte Michelin n° 63 pli 20 ou 232 pli 19 (13 km au Nord-Ouest d'Angers).

Caché dans la verdure, un peu à l'écart du village, le château du Plessis-Macé est protégé par de larges douves.
Fondé au 11e s. par un nommé Macé, le **château** appartenait au milieu du 15e s. à Louis de Beaumont, chambellan et favori de Louis XI qui le transforma et y reçut son souverain ; en 1510, il échut aux du Bellay et fut conservé par eux durant 168 ans.

VISITE ⊘ 1 h.

De l'extérieur, le Plessis fait encore figure de forteresse avec son enceinte jalonnée de tours et son donjon rectangulaire bordé de douves, démantelé mais toujours muni de mâchicoulis.
Lorsqu'on pénètre dans la vaste cour, la demeure de plaisance apparaît : le tuffeau blanc facile à travailler se mêle au schiste sombre et les baies s'ouvrent à la lumière.
A droite sont les dépendances avec les écuries, la salle des Gardes ; à gauche se succèdent

La galerie suspendue

la chapelle, une originale tourelle d'escalier qui va s'élargissant, le logis seigneurial surmonté de gâbles aigus. Dans l'angle du logis, une charmante **galerie suspendue★** supportait l'essaim des dames qui assistaient aux joutes et jongleries. Lui faisant face, dans le bâtiment des communs, une seconde loggia était destinée aux serviteurs.
On visite la salle à manger, la grande salle des fêtes, plusieurs chambres dont celle du roi, et la **chapelle**, qui a conservé ses rares **boiseries★** gothiques, du 15e s., formant deux étages de tribunes, le premier étant réservé au seigneur et aux écuyers, et le second aux serviteurs.

Cet ouvrage, périodiquement révisé, tient compte
des conditions du tourisme connues au moment de sa rédaction.
Certains renseignements perdent de leur actualité en raison de
l'évolution incessante des aménagements et des variations du coût de la vie.
Nos lecteurs sauront le comprendre.

PONCÉ-SUR-LE-LOIR

436 habitants
Carte Michelin n° 64 pli 5 ou 232 pli 23 – Schéma p. 155

Poncé possède, à sa sortie Est, un château Renaissance et, à sa sortie Ouest, au Sud de la route et de la voie ferrée, le **Centre d'artisanat d'art** ⊘ « Les grès du Loir ».
Celui-ci est installé dans les bâtiments de l'ancienne papeterie Paillard, au bord de l'eau ; des artisans indépendants y ont rassemblé leurs ateliers : poterie, verrerie, forge, tissage, boissellerie, fabrication de bougies.

Château ⊘ – Il comportait à l'origine deux pavillons encadrant la tour centrale réservée à l'escalier ; un des pavillons disparut au 18e s. et fut remplacé par une aile sans caractère. L'élévation est rythmée de vigoureuses corniches et de baies à pilastres ioniques ; la façade postérieure, jadis principale, est bordée par une élégante galerie à l'italienne formant terrasse à sa partie supérieure.
L'**escalier Renaissance★★**, un des plus remarquables qui soit en France, était jadis précédé sur les jardins par une loggia dont on voit encore les départs.
Ses six volées droites sont couvertes de somptueuses voûtes à caissons, en pierre blanche, sculptées avec une finesse, une souplesse, une fantaisie, une science des perspectives rarement atteintes. Plus de 130 motifs, réalistes, allégoriques ou mythologiques, les décorent.
Les **jardins** présentent un tracé symétrique du plus bel effet : bordant le carré de pelouse, la charmille forme d'un côté une longue allée voûtée, et d'un autre un labyrinthe ; un mail de tilleuls court sur la terrasse dominant l'ensemble.
Le colombier a gardé ses 1 800 niches et ses échelles tournantes.
Les communs abritent le **musée départemental du Folklore sarthois.**

PONTLEVOY

1 423 habitants (Les Pontiléviens)
Carte Michelin n° 64 pli 17 ou 238 plis 14, 15

Bourg situé dans une région agricole au Nord de Montrichard, Pontlevoy a gardé quelques coquettes maisons anciennes à parements de pierre blanche.

★ANCIENNE ABBAYE ⊘ *visite : 1 h 1/4*

L'ancienne abbaye présente de nobles bâtiments et deux galeries de cloître du 18e s. ainsi qu'une église du 15e s. ; sa fondation remonte à 1034, lorsque, selon la légende, en reconnaissance à la Vierge qui l'avait préservé d'un naufrage, Gueldin de Chaumont, vassal du comte de Blois, y installa des bénédictins. Au 17e s. une réforme de la vie monastique devenant indispensable, l'abbaye fut confiée aux bénédictins de St-Maur et à l'abbé Pierre de Bérule, qui, en 1644, ouvrirent un établissement d'enseignement qui fit la célébrité de Pontlevoy jusqu'au milieu du 19e s. Nommé en 1776 École Royale Militaire, le collège ajouta, dès lors, à son enseignement civil la formation militaire de boursiers de petite noblesse choisis par le roi.

Ancienne abbatiale – Reconstruite dans la 2e moitié du 15e s. après les destructions de la guerre de Cent Ans, elle ne comprend que le chœur du grandiose édifice prévu et jamais achevé. Il comporte deux travées droites flanquées de bas-côtés, où, sur les parois, ont été dégagés des fragments de peintures murales du 15e s. En 1651 furent ajoutés deux grands retables de pierre à colonnes de marbre au maître-autel et dans la chapelle axiale, où sont inhumés Gelduin et ses premiers descendants.

Bâtiments conventuels – Du 18e s. On verra l'ancien réfectoire, orné du monumental poêle en faïence de Delft, l'un des quatre que le maréchal de Saxe avait prévus pour chauffer Chambord, le remarquable escalier qui mène à l'étage et la majestueuse façade donnant sur les jardins, rythmée de frontons blasonnés.

Musée du Poids lourd – L'ancien manège du 19e s., couvert d'une belle charpente, abrite une vingtaine de véhicules construits de 1910 à 1950.

Musée municipal – Situé dans le retour de l'aile Ouest des bâtiments conventuels, ce musée est consacré à des domaines qui ont marqué les débuts du 20e s. et où se sont illustrés quelques Pontiléviens.

Il s'agit d'abord de la publicité, dont **Auguste Poulain**, né à Pontlevoy en 1825 et fondateur de la célèbre chocolaterie de Blois, fut un grand précurseur. On admire des affiches anciennes (signées, entre autres, de Cappiello ou de Firmin Bouisset), des objets publicitaires et des chromolithographies, gaufrées, découpées et à système.

L'intérêt se porte ensuite sur une centaine de photographies extraites d'une collection de 10 000 plaques répertoriées. Dues à Louis Clergeau, horloger passionné de photographie, et à sa fille Marcelle, elles retracent la vie à Pontlevoy de 1902 à 1960. Enfin, les débuts héroïques de l'aviation (1910-1914) sont évoqués à l'aide de maquettes de l'aérodrome et de quatre avions-écoles ainsi que de documents photographiques provenant de la photothèque Clergeau.

Manoir de la POSSONNIÈRE★

Carte Michelin n° 64 pli 5 ou 232 Ouest du pli 24 (1 km au Sud de Couture-sur-Loir) – Schéma p. 155

Lorsque Louis de Ronsard, guerrier lettré, revint d'Italie au début du 16e s., il entreprit de faire reconstruire sa gentilhommière à la nouvelle mode italienne : ce fut la Possonnière, caractérisée par la profusion de devises gravées sur ses murs.

Le Prince des poètes – En 1524, **Pierre de Ronsard**, fils de Louis, naît à la Possonnière. Promis à un brillant avenir dans la carrière des armes ou de la diplomatie, il devient à 12 ans page à la cour de François Ier. Mais à 15 ans, une maladie le laisse à demi sourd ; il doit renoncer à ses ambitions. Il se tourne vers la poésie et l'étude des auteurs anciens : le Grec Pindare et le Latin Horace deviennent ses modèles. Il excelle dans les sonnets où il chante la beauté de Cassandre Salviati, puis de Marie.
Chef de file de la Pléiade, il devient en 1558 poète officiel. Mais, torturé par la goutte, il se retire dans ses prieurés de Ste-Madeleine-de-Croixval *(6 km au Sud-Est de la Possonnière)* et de St-Cosme-lès-Tours où il s'éteint en 1585, en laissant parmi une œuvre considérable le frais souvenir de son *Ode à Cassandre* : « Mignonne, allons voir si la rose... ».
Bon nombre de sonnets des *Amours* de Ronsard furent mis en musique du vivant même du poète, notamment par **Clément Janequin** et surtout **Antoine de Bertrand**, qui réalisa une remarquable union de la musique et de la poésie, bien conforme à l'esprit de la Renaissance.

★ Manoir ⊘ — Le manoir s'adosse au coteau où vient mourir le bois de Gâtines. Un enclos entoure la demeure dont le nom, provenant du mot posson (poinçon, mesure de capacité), a parfois été altéré en Poissonnière sous l'influence du blason de la famille.

La façade antérieure est percée au rez-de-chaussée de fenêtres à meneaux, encore de style Louis XII, et à l'étage de baies encadrées de pilastres à médaillons, franchement Renaissance.

Faisant saillie sur la façade postérieure, une gracieuse tourelle d'escalier est ornée d'un élégant portail à fronton timbré d'un buste. Au sommet de la tourelle, le fronton de la grande lucarne sculptée porte le blason des Ronsard, d'azur à trois poissons d'argent.

POUANCÉ

3 279 habitants
Carte Michelin nº 63 pli 8 ou 232 pli 17

Protégée par une ceinture d'étangs, à la limite de l'Anjou et de la Bretagne, Pouancé, ancienne cité médiévale, a joué un rôle économique grâce à ses forges alimentées par le fer du bassin de Segré. Durant la Révolution, les bois environnants servirent de repaire aux chouans.

La N 171 qui contourne le bourg passe au pied des ruines de son **château** ⊘ (13e-15e s.). Courtines et tours de schiste sombre sont imposantes et renforcées encore par une caponnière de tir qu'une poterne relie au donjon.

ENVIRONS

Menhir de Pierre Frite — *5 km au Sud par la D 878 jusqu'à la Prévière, puis la D 6, à gauche, et un chemin signalé.*
Ce menhir, situé dans un environnement boisé, mesure 6 m de hauteur.

Château de la Motte-Glain ⊘ — *17 km au Sud.*
Construit en pierre rousse à la fin du 15e s. par **Pierre de Rohan-Guéménée**, conseiller de Louis XI, puis l'un des chefs des armées de Charles VIII et de Louis XII en Italie, le château, aux lignes puissantes, séduit par la décoration du logis seigneurial donnant sur la cour : coquilles St-Jacques et bâtons de pèlerins rappellent que le château était sur la route de Compostelle partant du Mont-St-Michel. Le châtelet d'entrée est flanqué de deux tours rondes.

La chapelle abrite une fresque du début du 16e s. représentant la Crucifixion. A l'intérieur, dans les salles ornées de meubles des 15e et 16e s. et de cheminées Renaissance, sont exposés des trophées de chasse en majorité africains.

PREUILLY-SUR-CLAISE

1 427 habitants (les Prulliaciens)
Carte Michelin nº 68 pli 6 ou 238 pli 25

Étagée sur la rive droite de la Claise, Preuilly, qui a conservé de nombreuses demeures anciennes, était considérée comme la première baronnie de Touraine dont furent titulaires d'illustres familles : les Amboise, La Rochefoucauld, César de Vendôme, Gallifet, Breteuil... Cinq églises et une collégiale suffisaient à peine aux besoins des fidèles. Preuilly était couronnée par une forteresse, aujourd'hui en ruine et remplacée par un château moderne ; il subsiste toutefois quelques vestiges du château ancien (12e-15e s.) et de la collégiale St-Mélaine (12e s.) qui en dépendait.

Église St-Pierre — Ancienne abbatiale bénédictine, St-Pierre est un édifice roman où se mêlent les influences poitevine et tourangelle ; des arcs-boutants l'ont renforcée au 15e s. Remarquablement réparée en 1846 par l'architecte Phidias Vestier, cette église a subi des restaurations abusives en 1873, date à laquelle fut élevée la tour. La nef, de cinq travées, est couverte d'un berceau ; chapiteaux historiés.

Adjacent au croisillon Sud, le presbytère occupe un bâtiment de la fin du 15e s. qui abrite la salle capitulaire et le dortoir des moines.

Près de l'église, hôtels du 17e s. dont l'un est transformé en hospice (ancien hôtel de la Rallière).

ENVIRONS

Boussay — *4,5 km au Sud-Ouest.*
Le château juxtapose des tours à mâchicoulis (15e s.), une aile à la Mansart du 17e s., une façade du 18e s. Il se dresse dans un beau parc à la française.

Le PUY-NOTRE-DAME

1 322 habitants (les Ponots ou Podots)
Carte Michelin n° 64 Sud-Ouest du pli 12 ou 232 Sud-Est du pli 32
(7 km à l'Ouest de Montreuil-Bellay)

★ **Église** – Construite au 13e s., elle est un remarquable exemple de l'architecture angevine. Son clocher à flèche de pierre, au coin du transept Sud, est orné d'une baie moulurée formant une niche dans laquelle se trouve une très belle statue de la Vierge (16e s.).

Au flanc Nord de l'église subsiste le puits, englobé dans un bâtiment cylindrique. Durant le Moyen Âge, on venait de toute la France y vénérer la Ceinture de la Vierge, relique rapportée de Jérusalem au 12e s.

Ses trois nefs de même hauteur, très élancées, confèrent beaucoup de majesté à l'architecture intérieure ; dans le chœur, le tracé des liernes et des tiercerons est d'une richesse extrême.

Derrière le maître-autel, on verra des stalles sculptées (16e s.).

RICHELIEU ★

2 223 habitants (les Richelais)
Carte Michelin n° 67 Sud-Ouest du pli 10 ou 232 pli 46

Aux confins de la Touraine et du Poitou, Richelieu, que La Fontaine nommait « le plus beau village de l'univers », est une cité paisible qui s'anime les jours de marché. Elle fut créée de toutes pièces, à partir de 1631, sur l'initiative du **cardinal de Richelieu**, désireux de loger sa cour près de l'immense château qu'il faisait alors construire.

UN PEU D'HISTOIRE

L'homme rouge – En 1621, lorsque Armand du Plessis (1585-1642) racheta Richelieu, érigé en duché 10 ans plus tard, il n'y avait sur les bords du Mable qu'un village accompagné d'un manoir. Devenu cardinal et Premier ministre Richelieu chargea Jacques Le Mercier, architecte de la Sorbonne et du Palais-Cardinal, d'établir les plans d'un château neuf et d'un bourg clos de murs. Cet ensemble construit sous la direction de Pierre Le Mercier, frère de Jacques, était considéré au 17e s. comme une merveille, que visita Louis XIV âgé de 12 ans. En 1663, le bonhomme La Fontaine notait malicieusement : « les dedans ont quelques défauts. Le plus grand c'est qu'ils manquent d'hôtes ».

Autour de la ville, le cardinal constitua une petite principauté, se faisant céder, bon gré mal gré, quantité de châteaux que, par orgueil, il mit à bas, tout ou partie. Il possédait déjà Bois-le-Vicomte ; il y ajouta Champigny-sur-Veude, L'Ile-Bouchard, Cravant, Crissay, Mirebeau, Faye-la-Vineuse, Chinon même, propriété royale, qu'il laissa tomber en ruine. Il poursuivit de sa vindicte Loudun dont la forteresse fut détruite après qu'Urbain Grandier, ennemi du cardinal, eut péri sur le bûcher.

Les fastes du passé – Juste retour des choses ou malheureux hasard, il ne reste aujourd'hui presque rien de la magnifique et orgueilleuse demeure du cardinal.

Dans un vaste parc s'élevait un merveilleux palais rempli d'œuvres d'art. Deux vastes cours encadrées de communs précédaient le château défendu par des douves, des bastions et des guérites : un portique en formait l'entrée dont le porche était orné d'une statue de *Louis XIII* et surmonté d'une *Renommée*, œuvres dues à Guillaume Berthelot ; des obélisques, des colonnes rostrales (en proues de navires) et les *Esclaves* de Michel-Ange, sculptés pour le tombeau de Jules II, décoraient le pavillon situé au fond de la cour d'honneur.

Les appartements, la galerie, la chapelle étaient ornés de peintures par Poussin, Claude Lorrain, Champaigne, Mantegna, Perugin, Bassano, Caravage, Titien, Jules Romains, Dürer, Rubens, Van Dyck...

Les parterres des jardins, les bords du canal étaient peuplés d'antiques et les grottes cachaient des pièges hydrauliques, amusement fort apprécié de ce temps ; c'est là que furent plantés les premiers peupliers d'Italie.

La dispersion de ces richesses commença dès 1727 ; le maréchal de Richelieu, petit-neveu du cardinal, en ramena une partie dans son hôtel parisien et en vendit.

Mis sous séquestre en 1792, le château reçut alors la visite de Tallien qui s'intéressa à l'argenterie, puis de Dufourni et Visconti qui prélevèrent ce qui convenait au musée des Monuments français. La Révolution terminée, les héritiers de Richelieu cédèrent le château à un nommé Boutron qui le démolit pour en vendre les matériaux.

Les œuvres d'art ont été dispersées. Le Louvre conserve *Les Esclaves* de Michel-Ange, les Pérugin et une table de marbre incrustée de pierres fines ; douze tableaux narrant les conquêtes de Louis XIII se trouvent au palais de Versailles, tandis que les musées de Tours et d'Azay-le-Ferron possèdent quelques antiques et quelques peintures : au musée des Beaux-Arts de Poitiers figure le *Louis XIII* de Berthelot. Les obélisques décorèrent le château de la Malmaison ; les colonnes rostrales ont échoué au musée de la Marine, à Paris.

CURIOSITÉS

★ **La ville** – Le «bourg clos» voulu par Richelieu à proximité du château qu'il se faisait construire constitue par lui-même un monument exemplaire de style Louis XIII, dessiné par Jacques Le Mercier.

La ville matérialise le sens de l'ordre, de l'équilibre mesuré, de la régularité, de la symétrie qui inaugure le Grand Siècle. Sur plan rectangulaire, comptant 700 m de longueur sur 500 m de largeur, elle est entourée de remparts et de douves. Les portes monumentales, à refends, ont conservé leurs pavillons à portails soulignés de bossages, à fronton et hauts toits à la française.

Grande-Rue – Elle traverse Richelieu de part en part. Outre les deux portes de la ville, on remarque les hôtels Louis XIII, à parements de tuffeau clair, parmi lesquels celui du Sénéchal (no 17), qui conserve une élégante cour décorée de bustes d'empereurs romains.

Deux places proches de l'enceinte frappent par leur disposition excentrée.

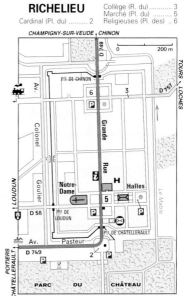

Place du Marché (**5**) – Face à l'église, se trouvent les **halles** à la belle charpente de châtaignier du 17e s. couverte d'ardoises. Dans l'hôtel de ville (**H**), ancien palais de justice, un **musée** ⊙ présente des documents et œuvres d'art se rapportant au château et à la famille du cardinal.

L'église Notre-Dame, de style classique, dit «jésuite», bâtie en pierre blonde, ne manque pas de noblesse et d'harmonie. Sa façade est creusée de niches abritant les évangélistes et son chœur est flanqué, suivant une disposition rare, de deux tours terminées par des obélisques. A l'intérieur se retrouvent les mêmes qualités architecturales ; remarquer la noblesse du maître-autel (18e s.).

Le parc du château ⊙ – Une majestueuse statue de Richelieu par Ramey précède l'immense parc (475 ha) que sillonnent des allées rectilignes, ombragées de marronniers ou de platanes. Des splendeurs d'antan, il subsiste un pavillon à dôme, qui faisait partie des communs, les canaux et, à l'extrémité des parterres *(au Sud-Est)*, deux pavillons qui servaient d'orangerie et de caves. Dans le pavillon à dôme a été installé un petit **musée** ⊙ (maquettes du château, histoire de Richelieu).

L'ancienne porte d'entrée du château se voit toujours sur la D 749 *(au Sud-Ouest)*.

ENVIRONS

Train à vapeur de Touraine ⊙ – Un authentique convoi du début du siècle relie Richelieu à Chinon via Champigny-sur-Veude et Ligré, sur un parcours de 20 km. A la gare de Richelieu, un musée rassemble du matériel ancien : locomotion du début du siècle, voiture-salon (1906) de la compagnie PLM, machine Diesel américaine (vestige du plan Marshall), etc.

Faye-la-Vineuse – *7 km au Sud par D 749. Voir à ce nom.*

Abbaye de Bois-Aubry ⊙ – *16 km à l'Est par D 757.* En approchant apparaît, comme posée sur l'horizon, la flèche de pierre de cette abbaye bénédictine du 12e s., isolée dans la campagne. Des ruines (restauration en cours), seul le clocher carré, du 15e s., est bien conservé ; remarquer le jubé (15e s.) en pierre, de style flamboyant. On verra, aux voûtes de la nef (13e s.), une clef ornée d'un blason sculpté et, dans la salle capitulaire (début 12e s.), douze chapiteaux joliment sculptés.

Château du RIVAU★

Carte Michelin no 67 pli 10 ou 232 pli 34 (11 km au Nord de Richelieu) – Schéma p. 116

Ancien **château** ⊙ du 13e s., fortifié au 15e s. par Pierre de Beauvau, chambellan de Charles VII, le Rivau a belle allure. Jeanne d'Arc y trouva des chevaux pour sa troupe avant le siège d'Orléans.

Le Rivau, donné en récompense par Gargantua à un chevalier de la guerre picrocholine, fait aussi partie des lieux du souvenir rabelaisien.

Le château fait l'objet d'une restauration importante, l'intérieur ne pourra être visité en 1997.

Château de la ROCHE-RACAN

Carte Michelin nᵒ 64 pli 4 ou 238 pli 23 (2 km au Sud-Est de St-Paterne-Racan)

Une roche porte le château de la Roche-Racan, commandant ce rustique vallon de l'Escotais qui, avec le Loir proche, inspira **Racan**, le poète des *Bergeries* et de l'*Ode au Loir débordé*.

Un sage – Né au manoir de Champmarin, près d'Aubigné, Honorat de Bueil, marquis de **Racan** (1589-1670), appartenait à la branche cadette d'une maison dont le berceau se trouve à **Bueil**. Peu doué pour le métier des armes qu'il avait d'abord embrassé, amant malheureux de Sylvie, de Chloris et d'Arténice, Racan vint passer ses 40 dernières années à la Roche, célébrée dans ses *Stances*.

Content de sa fortune, l'ami de Malherbe «tantôt se promène le long de ses fontaines», tantôt va courre le cerf ou le lièvre, tantôt visite Denis de la Grelière, abbé de la Clarté-Dieu, qui l'invite à versifier les Psaumes. Il élève ses enfants, soutient ses procès, fait pousser ses fèves et rebâtit son château.

Château ⊘ – Racan le fit construire en 1634 par Jacques Gabriel, maître maçon à St-Paterne et membre d'une célèbre dynastie d'architectes. Le château comprenait un corps de logis flanqué de deux pavillons dont un seul, surmonté de frontons, à tourelle d'angle, à décors de cariatides, subsiste.
Les longues terrasses à balustres, disposées sur des arcades à mascarons, sont étagées au-dessus du vallon.

ROMORANTIN-LANTHENAY★

17 865 habitants
Carte Michelin nᵒ 64 pli 18 ou 238 pli 16

La Sauldre se divisant en plusieurs bras a créé le site de cette ancienne capitale de la Sologne. De nombreuses industries (électronique, froid, mécanique de précision, tôlerie, bouchons déshydrateurs) ont donné un nouvel essor à la cité qui, de tout temps, fut un important marché solognot. Installé depuis 1968, Matra est le plus gros employeur de la ville avec ses trois usines où se monte la «Renault Espace».

Le crâne et la poutre

Au 15ᵉ s., Romorantin appartenait aux Valois-Angoulême et François d'Angoulême, le futur **François Iᵉʳ**, y vécut sa jeunesse turbulente. C'est là que naquit, en 1499, sa future épouse, Claude de France, fille de Louis XII. Le roi-chevalier aimait Romorantin ; en 1517 il demanda à **Léonard de Vinci** d'établir les plans d'un palais que sa mère, Louise de Savoie, habiterait : le génial Florentin avait conçu une demeure, à cheval sur la Sauldre, qui devait être montée à partir d'éléments préfabriqués, mais la mort de Louise de Savoie annula le projet. Léonard étudia aussi la possibilité de creuser un canal reliant Romorantin à la Loire.
Le 6 janvier 1521, François Iᵉʳ fit le simulacre d'attaquer l'hôtel St-Pol où régnait un roi de la fève. Les occupants de l'hôtel se défendaient à coups «de pelotes de neige, de pommes et d'œufs», lorsque quelque malavisé jeta par la fenêtre une bûche incandescente qui termina sa course sur le crâne royal. Pour le soigner, ses médecins lui rasèrent la tête ; le roi se laissa alors pousser la barbe. Les courtisans l'imitèrent.

CURIOSITÉS

★ **Maisons anciennes** (**B**) – A l'angle de la rue de la Résistance et de la rue du Milieu, la **Chancellerie**, maison Renaissance en encorbellement, est bâtie de brique et de pans de bois ; elle abritait les sceaux lorsque le roi résidait à Romorantin ; le poteau cornier présente sur une face un écusson et sur l'autre un joueur de cornemuse. En face, l'**hôtel St-Pol**, en pierre et brique vernissée, est percé de ravissantes baies moulurées. Faisant l'angle des rues du Milieu et de la Pierre, la pittoresque **maison du Carroir Doré** ⊘ (musée archéologique) présente de remarquables poteaux corniers sculptés, à gauche, d'une Annonciation et, à droite, d'un saint Michel terrassant le dragon.

★ **Musée de Sologne** (**M¹**) ⊘ – Trois bâtiments sur la rivière sont ouverts aux visiteurs : la **tour Jacquemart** (sans doute le plus vieux bâtiment de Romorantin) sert d'écrin aux expositions temporaires ; le petit **moulin de la ville**, au milieu de la Sauldre, est consacré à l'histoire de la ville de Romorantin-Lanthenay et le **moulin du Chapitre** (à l'origine formé de deux moulins séparés par un bief au bord de la Sauldre) est le musée proprement dit ; un quatrième bâtiment, une ancienne grange, est réservé à l'atelier technique. L'entrée s'effectue par l'esplanade du quai de l'île Marin (statue allégorique *"La Sologne"* de l'artiste américain Jean Lamore) qui permet d'accéder aux collections permanentes. Quatre niveaux exposent les grands thèmes

ROMORANTIN-LANTHENAY

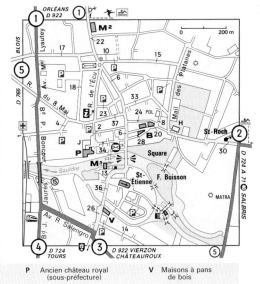

B	Maisons anciennes	
E	Moulin-foulon	
M¹	Musée de Sologne (moulin du Chapitre)	
M²	Musée de la Course automobile	
P	Ancien château royal (sous-préfecture)	
V	Maisons à pans de bois	

du musée : la présentation du pays solognot à travers sa faune, ses paysages et son histoire ; la société et l'architecture (en particulier le monde des châteaux et le monde paysan avec reconstitutions d'intérieurs du 19e s.) ; l'économie rurale traditionnelle (reconstitutions d'ateliers et d'outils de métiers disparus : sabotier, charron, fendeur...) et contemporaine (Matra, l'armement, le tourisme, la construction automobile) et enfin la chasse sous différentes formes : à courre, à tir et... le braconnage (documents, costumes, objets et vidéos).

★**Vues des ponts** – Sur le bras Nord, belle **vue** sur l'ensemble du musée de Sologne et sur l'ancien **château royal** (**P**) des 15e et 16e s., qui abrite la sous-préfecture. En franchissant le bras Sud, on longe une série de jolies maisons à pans de bois (**V**).

Jardin public (square Ferdinand-Buisson) – C'est un agréable parc avec ses grands arbres et ses passerelles enjambant les différents bras et biefs de la rivière ; il offre des vues pittoresques sur les rives et en particulier sur le moulin-foulon (**E**).

Église St-Étienne – On remarque à la croisée du transept son clocher roman aux sculptures délicates. La nef, couverte de voûtes angevines, est prolongée par un chœur sombre dont les puissants piliers romans portent des voûtes angevines ; dans l'arrondi de l'abside, à chaque nervure de la voûte, s'appuie la statue d'un évangéliste.

Chapelle St-Roch – A l'entrée du faubourg St-Roch s'élève ce gracieux édifice dont la façade est encadrée de tourelles : les jolies baies en plein cintre sont typiques de la Renaissance.

Musée de la Course automobile (**M²**) ⊘ – Exposition de voitures de course Matra, dont la formule 1, championne du monde en 1969, complétée par des vitrines permettant de suivre les progrès techniques du sport automobile. Une bibliothèque consacrée à la course automobile a été aménagée à l'intérieur du musée.

SABLÉ-SUR-SARTHE

12 178 habitants (les Saboliens)
Carte Michelin n° 64 pli 1 ou 232 pli 21 – Schéma p. 218

Au confluent de la Vaige, de l'Erve et de la Sarthe, Sablé est dominée par la solennelle façade du château des Colbert, occupé par les ateliers de restauration et de reliure de la Bibliothèque nationale.
La seigneurie appartenait au 17e s. aux Laval-Bois-Dauphin, marquis de Sablé. En 1711, Colbert de Torcy, neveu du grand Colbert, fit construire le château et donna un visage nouveau à Sablé : l'hôpital et de nombreuses maisons datent de cette époque.
Le port, sur la Sarthe canalisée, recevait des péniches de sable venant de la Loire. Il accueille aujourd'hui une vingtaine de bateaux réservés à la location, ainsi qu'un **bateau-promenade** (*voir le chapitre des Renseignements pratiques en fin de volume*) proposant des croisières sur la Sarthe.
Berceau du fameux « petit sablé », la ville est actuellement le deuxième centre économique du département. Un environnement de qualité et un dynamisme certain ont permis le développement de l'industrie agro-alimentaire et la diversification de l'économie sabolienne.
Depuis 1990, l'aménagement de la place Raphaël-Elizé a mis en valeur un bel ensemble architectural du 19e s. (rue Carnot).

ENVIRONS

Solesmes – *3 km au Nord-Est. Voir à ce nom.*

★ **Asnières-sur-Vègre** – *10 km au Nord-Est. Voir à ce nom.*

Auvers-le-Hamon – *8,5 km au Nord.*
Le bourg conserve une **église** dont la nef est ornée de **peintures murales** (15e-16e s.) reproduisant une pittoresque série de saints populaires dans la région : à droite, saint Mamès qui tient ses entrailles, saint Martin à cheval, saint Cénéré en cardinal, saint Eutrope, saint André sur sa croix, saint Luc assis sur un bœuf, la Nativité, la Fuite en Égypte ; à gauche, une danse macabre, saint Avertin, sainte Apolline, dont les dents sont arrachées par ses bourreaux, saint Jacques et le Sacrifice d'Isaac.

La Chapelle-du-Chêne – *6 km au Sud-Est. Aux Noës, prendre à gauche.*
La basilique Notre-Dame du Chêne (1872) est le siège d'un Centre spirituel et accueille d'importants pèlerinages. On y vénère la Vierge Marie, représentée sous la forme d'une statuette en terre cuite du 15e s.
Dans le parc se trouve une reproduction fidèle des Lieux Saints de Jérusalem.

St-Denis-d'Anjou – *10,5 km au Sud-Ouest.*
Dans ce village joliment fleuri, l'**église fortifiée** (12e s.) et voûtée en carène retient l'attention par ses **fresques** (12e s., 15e s.) découvertes dès 1947 et progressivement mises au jour. Sur son mur Ouest apparaît un saint Christophe. Le martyre de saint Jean-Baptiste, les légendes de saint Nicolas, de saint Gilles et de saint Hubert sont répartis sur deux registres.
En face de l'église, qui appartenait au chapitre d'Angers, on aperçoit la maison des chanoines (15e s.), actuellement transformée en hôtel de ville, et les halles (16e s.), couvertes d'un toit d'ardoises très pentu, et qui servaient au commerce des vins.

Chapelle de Varennes-Bourreau ⊙ – *6 km au Sud-Est de St-Denis d'Anjou, par la D 615.* Elle est située dans un nid de verdure, au bord de la Sarthe. De belles fresques (12e s., 15e s.) la décorent, dont un Christ bénissant dans une mandorle. Le village de Varennes était autrefois un petit port actif dans le transport des vins vers Angers, avant la crise du phylloxéra.

SACHÉ

868 habitants
Carte Michelin n° 64 pli 14 ou 232 pli 35 (6,5 km à l'Est d'Azay-le-Rideau)

Le nom de Saché est célèbre pour avoir abrité de nombreux séjours de **Balzac**. Plus récemment, le sculpteur américain **Alexander Calder** (1898-1976), créateur de mobiles et de stabiles aux formes abstraites, choisit d'y vivre ; on peut voir, sur la place de Saché qui porte son nom, l'un de ces mobiles.

Château de Saché ⊙ – Ce château des 16e et 18e s., entouré d'un agréable parc, appartenait au siècle dernier à M. de Margonne, ami de Balzac, chez qui l'écrivain aimait venir oublier l'agitation parisienne et... les poursuites de ses créanciers (il y vint chaque année de 1828 à 1838). Il trouvait à Saché non seulement une sérénité propice au travail, mais aussi le modèle de ses personnages et des sites des *Scènes de la vie de province*. C'est ici que furent écrits, entre autres, *Le Père Goriot*, *La Recherche de l'absolu*, et, en partie, *Le Lys dans la vallée*, dont l'action se déroule justement dans la vallée de l'Indre, entre Saché et Pont-de-Ruan. La chambre où Balzac travaillait est restée telle qu'elle était alors. Plusieurs salles présentent des portraits, des manuscrits, des épreuves corrigées, des éditions originales et divers souvenirs qui évoquent l'intimité des séjours du grand écrivain.

ST-AIGNAN★

3 672 habitants
Carte Michelin n° 64 pli 17 ou 238 pli 15

St-Aignan, au bord du Cher, est situé au cœur d'une région de forêts et de vignobles : coteaux du Cher autour de Seigny et Couffy. Du pont, et de la D 675, au Nord de Noyers, on a une vue très pittoresque sur la petite ville qui s'étage au-dessus du Cher. L'église et le château sont intéressants ainsi que la rue Constant-Ragot, qui concourent deux maisons gothiques et offre le meilleur coup d'œil sur l'élévation du chevet de l'église. Il faut aussi se promener par les petites rues et places avoisinantes, qui révèlent par endroits de vieilles maisons à pans de bois ou en pierre sculptée, du 15e s.

★ **Église St-Aignan** ⊙ – La collégiale, romane, date des 11e et 12e s. De l'extérieur, on admire l'imposante tour qui domine le transept. Passé l'ample tour-porche de l'entrée, aux chapiteaux délicatement sculptés, on entre dans la nef haute et claire aux chapiteaux ciselés avec finesse, représentant feuilles d'acanthes et animaux fantastiques ; dans le chœur et le déambulatoire on reconnaît, parmi les chapiteaux historiés, la Fuite en Égypte (dans le déambulatoire, au Nord), le Sacrifice d'Abraham et le Roi David (côté Sud).

★★ **Église basse** – *Entrée dans le transept gauche.*

Autrefois appelée église St-Jean, ou église des grottes, elle fut sans doute l'église romane primitive, utilisée comme étable ou cellier durant la Révolution. De même plan que le chœur, elle est ornée de **fresques** (du 12e au 15e s.) : dans le déambulatoire, celle de la chapelle axiale figure saint Jean l'Évangéliste (15e s.), celle de la chapelle Sud illustre la légende de saint Gilles. Un grand Christ en majesté dans une double mandorle (1200) occupe le cul-de-four du chœur, et répand ses grâces sur des infirmes prosternés,

B Maison de la Prévôté

par l'entremise de saint Pierre et de saint Jacques ; la voûte du carré du transept est décorée d'un Christ du Jugement dernier reposant sur un arc-en-ciel.

Château ⊘ – Par l'escalier monumental qui s'amorce face au porche de l'église, on accède à la cour du château ; agréable vue sur les toits de la ville, couverts de tuiles et mêlés d'un peu d'ardoises.

Le château comporte deux bâtiments en équerre, principalement du 16e s., en partie adossés aux restes des fortifications médiévales qui ferment la cour à l'Est. Admirer le gracieux logis Renaissance, ses fenêtres encadrées de pilastres, ses lucarnes à pignons sculptés et surtout son bel escalier, qui occupe une tourelle octogonale en forme de lanternon.

De la terrasse on domine le pont sur le Cher aux eaux tumultueuses.

Maison de la Prévôté (**B**) ⊘ – *En quittant l'église, traverser la rue principale Constant-Ragot.*

Cet édifice du 15e s. reçoit des expositions temporaires.

ENVIRONS

Chapelle St-Lazare – *2 km au Nord-Est sur la route de Cheverny.*

Sur la gauche de la route se remarque cette chapelle, dominée par un clocher-pignon, qui faisait partie d'une maladrerie.

★ **Zoo Parc de Beauval** ⊘ – *4 km au Sud.* Après une descente qui offre de belles vues sur le vignoble s'annonce le parc de Beauval.

À la fois roseraie d'antan (2 000 rosiers), savane africaine et forêt amazonienne, le parc est un véritable paradis des animaux et des fleurs aménagé sur 11 ha boisés, vallonnés et agrémentés de cours d'eau.

Le circuit commence par le monde des oiseaux.

Une **serre** de 2 000 m² offre une promenade inattendue dans l'ambiance luxuriante d'une forêt équatoriale avec cascades et cours d'eau, à travers laquelle plusieurs centaines d'oiseaux exotiques volent en liberté (en particulier de minuscules colibris).

À l'extérieur près de 2 000 oiseaux sont rassemblés dont 400 perroquets, parmi les plus rares.

La visite se poursuit par la section consacrée aux mammifères. Le zoo présente plusieurs variétés de fauves dont de rarissimes tigres blancs aux yeux bleus. De nombreuses espèces de singes et de lémuriens font partie des EEP (Programmes Européens pour les Espèces menacées). On est tour à tour fasciné par l'énigmatique faciès, le pénétrant regard de petits singes originaires de la cuvette congolaise ou du massif de Guinée, impressionné devant les athlétiques orangs-outans et autres gibbons qui ont investi la magnifique et spacieuse **serre tropicale★**. Celle-ci abrite également un vivarium (une centaine de serpents) et un aquaterrarium où évoluent tortues et crocodiles.

Plusieurs fois par jour, en saison, une représentation (1/2 h) permet d'observer les évolutions sous-marines d'un joyeux groupe d'otaries ; une trentaine de rapaces impressionnants (certains approchent 3 m d'envergure) participent à un spectacle de vol (1/2 h).

Tous les animaux présentés sont nés en parc zoologique.

Château de Chémery ⊘ – *13 km au Nord-Est par la D 675, puis la D 63 à droite, après St-Romain-sur-Cher.*

Enchevêtrement d'architecture médiévale et Renaissance, ce château des 15e et 16e s. fut élevé sur l'emplacement d'une forteresse du 12e s. À l'intérieur de l'enceinte s'élève un colombier de 1 200 boulins.

ST-BENOÎT-SUR-LOIRE★★

1 880 habitants (les Bénédictins)
Carte Michelin n° 64 pli 10 ou 238 pli 6 (10 km au Sud-Est de Châteauneuf)

La basilique de St-Benoît-sur-Loire est un des plus célèbres édifices romans de France.

La fondation (7e s.) – Une tradition celtique fait du site de St-Benoît-sur-Loire le lieu de rassemblement des druides en pays carnute.

En 645 ou 651, un groupe de moines bénédictins, conduit par un abbé orléanais, fondait ici un monastère, qui semble avoir eu très vite la faveur des grands, comme en témoigne la châsse donnée par un certain Mumma. Vers 672, l'abbé de **Fleury** – c'est le nom de l'établissement – apprend que le corps de **saint Benoît**, le père du monachisme occidental, mort en 547, reste enseveli sous les ruines de l'abbaye du Mont-Cassin en Italie et ordonne de le ramener sur les bords de la Loire. Les précieuses reliques, source de miracles, de guérisons et de prodiges ne manquent pas d'attirer les foules et valent un succès croissant à l'abbaye.

Théodulfe, Odon, Abbon et Gauzlin – Charlemagne donne Fleury à son conseiller et ami, le brillant évêque d'Orléans **Théodulfe**. Celui-ci crée deux écoles monastiques de renom, l'une extérieure pour les prêtres séculiers, l'autre intérieure pour les futurs moines. De son côté, le scriptorium produit quelques belles œuvres.

La mort de Théodulfe, les invasions normandes entraînent un recul des études et un malaise dans le fonctionnement du monastère où la discipline se relâche.

Au 10e s. s'opère un redressement spectaculaire. En 930, **Odon**, moine tourangeau et second abbé de Cluny, impose l'observance clunisienne à Fleury et relance l'école abbatiale. St-Benoît retrouve la prospérité : les écoliers affluent, notamment d'Angleterre, tandis que les rois de France et les princes offrent dons et protection. L'archevêque de Canterbury Oda prend l'habit monastique à St-Benoît.

La fin du 10e s. est dominée par la figure d'**Abbon**, célèbre écolâtre proche des Capétiens. Placé tout enfant au monastère, il complète sa formation à Paris, puis à Reims sous l'illustre Gerbert (qui avait lui-même séjourné à Fleury), et revient vers 975 comme chef des études. Il enrichit la déjà volumineuse bibliothèque, développe les études et, sous son abbatiat (à partir de 988), l'abbaye devient un des tout premiers foyers intellectuels d'Occident, rayonnant en particulier sur l'Ouest de la France et l'Angleterre.

Conseiller très influent du roi Robert II, Abbon charge un moine du nom d'Aimoin de rédiger une *Histoire des Francs*, véritable chronique officielle à travers laquelle perce l'«idéologie» de la monarchie capétienne. Grand organisateur de la vie monastique, Abbon périt assassiné en 1004. Au début du 11e s., l'abbatiat de l'abbé **Gauzlin**, futur archevêque de Bourges, est marqué sur le plan artistique par la confection du riche Évangéliaire dit de Gaignières, manuscrit d'apparat fait de parchemin pourpre écrit en or et en argent, œuvre d'un peintre lombard, et par la construction de l'admirable clocher-porche.

L'église actuelle (crypte, chœur, transept) a été bâtie de 1067 à 1108 ; la nef a été achevée à la fin du 12e s. seulement.

Les temps modernes – Au 15e s., St-Benoît tombe en «commende» : les revenus de l'abbaye sont attribués par les rois à des abbés «commendataires», souvent laïques, qui sont de simples bénéficiaires, sans rôle actif dans la vie religieuse de la communauté. Les moines ne leur font pas toujours bon accueil. Sous François Ier, ils refusent le cardinal Duprat et se retranchent dans la tour du porche. Le roi doit venir en personne, à la tête d'une armée, les mettre à la raison.

Pendant les guerres de Religion, un de ces abbés, Odet de Châtillon-Coligny, frère de l'amiral Coligny, se convertit au protestantisme. Il fait piller St-Benoît par les troupes huguenotes de Condé. Le trésor est fondu – la seule châsse d'or qui contenait les reliques du saint pesait 35 livres – la merveilleuse bibliothèque est vendue et ses précieuses collections, environ 2 000 manuscrits, s'envolent aux quatre coins de l'Europe. On les retrouve actuellement à Berne, Rome, Leyde, Oxford et Moscou.

La célèbre congrégation de St-Maur, introduite à St-Benoît en 1627 par le cardinal de Richelieu, lui donne un regain de vie.

L'abbaye supprimée à la Révolution, ses archives sont transférées à Orléans, ses biens dispersés. Au début du Premier Empire, les bâtiments monastiques sont détruits. L'église se délabre ; elle est restaurée de 1836 à 1923. La vie monastique a repris en 1944. Le poète et peintre **Max Jacob** (1876-1944) avait choisi cette abbaye comme lieu de retraite, avant d'être arrêté par la Gestapo en 1944. Mort au camp de Drancy, il repose dans le cimetière du village.

★★LA BASILIQUE ⊘ *visite : 3/4 h*

Cet imposant édifice construit de 1067 à 1218 avait, à l'origine, des tours plus hautes.

★★ **Clocher-porche** – Primitivement isolé, c'est un des plus beaux monuments de l'art roman. Les chapiteaux en sont remarquables. On pourra détailler les corbeilles et les tailloirs finement sculptés dans la belle pierre dorée du Nivernais. Des plantes stylisées, et notamment de souples feuilles d'acanthe, alternent avec des animaux

fantastiques, des scènes ti-
rées de l'Apocalypse, des
épisodes de la vie du Christ
et de la Vierge. A la façade
du porche (2e pilier en partant de la gauche), l'un des
chapiteaux est signé : « Um-
bertus me fecit ».

Nef – De style roman de
transition (du fait de sa partie centrale gothique nais-
sant), elle fut terminée en
1218. Avec sa pierre
blanche et ses hautes voûtes
qui laissent largement pénétrer le jour, elle est très lumineuse. Au revers de la façade, la tribune d'orgue fut
ajoutée vers 1700.

Transept – Comme le
chœur, il fut terminé en
1108. La coupole cons-
truite sur trompes super-
posées porte le clocher
central. A la croisée du
transept, belles stalles da-
tées de 1413. Restes d'une
clôture du chœur en bois
sculpté, offerte en 1635
par Richelieu, abbé com-
mendataire de St-Benoît.
Dans le croisillon Nord, on
vénère la précieuse statue
de N.-D. de Fleury (albâtre,
14e s.) ; Max Jacob venait
prier en cet endroit.

3Bis/ MICHELIN

Le porche de la basilique

★★ **Chœur** – Le chœur roman, très profond, fut construit de 1065 à 1108 ; remarquer son décor d'arcatures aveugles à chapiteaux sculptés, formant triforium. Le
déambulatoire à chapelles rayonnantes est caractéristique d'une église construite
pour les foules et les processions ; ce plan se retrouve dans la plupart des églises
bénédictines.
Le sol est revêtu par la belle mosaïque venue d'Italie que le cardinal Duprat fit
compléter en 1531. Ce pavement de marbres colorés évoque les dallages de
l'Empire romain d'Orient. Gisant de Philippe Ier (4e Capétien), mort en 1108. Son
sarcophage est sous l'autel, dans l'axe de la nef.

★ **Crypte** – Puissant chef-d'œuvre de la seconde moitié du 11e s., elle conserve sa
physionomie primitive. Ses grosses piles rondes forment un double déambulatoire
à chapelles rayonnantes autour du gros pilier central contenant la châsse, moderne,
de saint Benoît, dont les reliques sont vénérées ici depuis le 8e s.

Chaque année,
le **guide Rouge Michelin France**
*révise, pour les gourmets, sa sélection d'étoiles de bonne
table avec indications de spécialités culinaires et de vins
locaux.*
*Il propose un choix de restaurants plus simples,
à menus soignés souvent de type régional... et de prix
modéré.*
Tout compte fait, le guide de l'année, c'est une économie.

ST-CALAIS

4 063 habitants (les Calaisiens)
Carte Michelin n° 64 pli 5 ou 238 pli 1

St-Calais, marché agricole à la limite du Maine blanc et du Vendômois, est dominée par les ruines d'un château féodal. Quelques vieux pignons bordent encore ses rues étroites.

Cinq ponts franchissent la rivière. Le quartier de la rive droite est né de l'abbaye bénédictine St-Calais, fondée au temps de Childebert (6e s.) par Calais, cénobite venu d'Auvergne. L'ouragan révolutionnaire a détruit le monastère dont subsistent seuls quelques bâtiments du 17e s., occupés par la bibliothèque, le théâtre, le musée.

Fête du chausson aux pommes. – Cette grande fête a lieu chaque année, depuis 1581 (les premiers samedi et dimanche de septembre), en souvenir de la fin de la peste.

CURIOSITÉS

Église Notre-Dame – Commencée par le chœur en 1425, elle est moitié gothique flamboyant moitié Renaissance. Le clocher est surmonté d'une belle flèche de pierre à crochets.

La **façade★** à l'italienne, typique de la seconde Renaissance, a été terminée en 1549. Deux portes jumelées à agrafes, dont les vantaux sont sculptés de scènes de la vie de la Vierge et de cornes d'abondance, s'inscrivent sous un grand arc en plein cintre encadré de pilastres ioniques ; les portails latéraux sont surmontés de frontons curvilignes et de niches. Une baie à fronton et un oculus s'ouvrent à la partie supérieure du pignon dont les rampants supportent cinq pinacles garnis de statues. A l'intérieur, les trois premières travées, Renaissance, montrent des voûtes à pendentifs reposant sur les chapiteaux ioniques de majestueuses colonnes. Une tribune du 17e s., provenant de l'abbaye, soutient des orgues de la même époque

ST-CALAIS

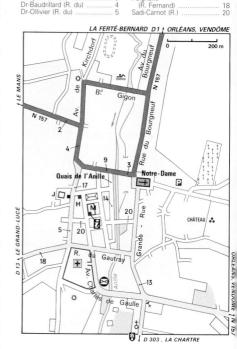

lesquelles, restaurées en 1974, sont prisées par les organistes. Un retable baroque orne le maître-autel ; dans une armoire forte, à droite du chœur, est gardé le « Suaire de St-Calais », étoffe sassanide (Perse, 6e s.).

Quais de l'Anille – Charmantes perspectives sur les lavoirs moussus et des jardins fleuris précédant un pittoresque fouillis de grands toits.

ST-ÉTIENNE-DE-CHIGNY

1 164 habitants (les Stéphanois)
Carte Michelin n° 64 pli 14 ou 232 pli 35 (13 km au Nord-Est de Langeais)

A l'écart du village qui borde la levée de la Loire, le **Vieux Bourg** groupe dans la vallée de la Bresme quelques vieilles maisons aux pignons aigus.

★**Église** – Elle a été construite en 1542 sous les auspices de Jean Binet, maître d'hôtel de François Ier et maire de Tours, dont les armes figurent à l'extérieur et à l'intérieur, formant litre. La nef est couverte d'une remarquable **charpente** à entraits sculptés d'énormes masques grotesques et, dans le chœur, d'un Jonas dans le ventre de la baleine. Au chevet, une **verrière** du 16e s. représente la Crucifixion entre les donateurs qui sont Jean Binet et Jeanne de la Lande, son épouse. Dans le bras Nord du transept : *Vierge à l'Enfant*, peinture de l'école française du 16e s., et peinture murale représentant le pape saint Clément, patron des bateliers. Fonts baptismaux du 16e s. avec bénitier.

ST-FLORENT-LE-VIEIL

2 511 habitants
Carte Michelin n° 63 pli 19 ou 232 pli 30 – Schéma p. 162

De très loin, un rocher signale la colline portant St-Florent dont les maisons de schiste dévalent vers les quais. Du pont sur la Loire, on découvre une vue du **site** : au sommet de l'éperon, l'église surgit d'une masse de verdure.

La clémence de Bonchamps – Le soulèvement de la Vendée angevine prit naissance à St-Florent le 12 mars 1793. Mais, le 18 octobre, les Blancs, vaincus devant Cholet, refluèrent sur St-Florent avec leurs prisonniers et leurs blessés. Parmi ces derniers, figurait **Bonchamps**, près d'expirer. Exaspérés par les atrocités de Westermann et de l'armée de Mayence, les Vendéens se pré-
parèrent à venger leur chef en massacrant les Républicains entassés dans l'église.
Prévenu du sort qui attendait ces malheu-
reux, Bonchamps, à l'article de la mort, supplia son cousin Autichamps d'obtenir la grâce des prisonniers. Autichamps accourut alors vers l'église et cria : «Grâce aux prisonniers, Bonchamps le veut, Bonchamps l'ordonne !» Et les Blancs épargnèrent leurs captifs. Ceux-ci comptaient dans leurs rangs le père de David d'Angers, sculpteur qui, en reconnaissance, exécuta l'émouvant monument que l'on voit dans l'église.

PRISONNIERS !

Tombeau de Bonchamps par David d'Angers

Église – Couronnant le mont Glonne, l'ancienne abbatiale du monastère bénédictin possède une façade et une tour toutes classiques. Dans une cha-
pelle à gauche, se trouve le **tombeau de Bonchamps★**, en marbre blanc (1825), où **David d'Angers** a représenté le chef vendéen en héros antique. La crypte, restaurée au 19e s. comme le chœur, renferme la Vierge du «Bien mourir», statue en pierre polychrome du 15e s.

Esplanade – Plantée d'arbres, elle s'étend à proximité de l'église et se termine par une colonne élevée en l'honneur de la duchesse d'Angoulême, fille de Louis XVI. Des terrasses, **vue★** étendue sur une vaste portion du Val de Loire.

Musée d'Histoire locale et des Guerres de Vendée ⊘ – Aménagé dans l'ancienne chapelle du Sacré-Cœur (17e s.), il rassemble des documents, des costumes (coiffes et «affûtiaux» des Angevines d'antan) et des armes ayant surtout trait au mouvement vendéen et à ses chefs. *Voir encadré sur les Guerres de Vendée dans le chapitre Les Mauges.*

Ferme abbatiale des Coteaux ⊘ – Les bâtiments, autrefois fortifiés, abritent le **carrefour des Mauges**, (C.P.I.E. Loire et Mauges), où des expositions thématiques et des aquariums présentant les poissons de Loire contribuent à faire connaître le patrimoine et l'environnement locaux.

ST-GEORGES-SUR-LOIRE

3 101 habitants
Carte Michelin n° 63 plis 19, 20 ou 232 pli 31 – Schéma p. 162

St-Georges est bâti non loin de la célèbre «**coulée de Serrant**» et de la «Roche aux Moines» où s'élaborent quelques-uns des meilleurs vins blancs de l'Anjou.

Ancienne abbaye – Fondée en 1158, elle fut desservie par des augustins, puis, jusqu'en 1790, par une congrégation savante issue, dès 1635, d'une tentative de regroupement des différentes congrégations augustiniennes : les génovéfains, chanoines réguliers dépendant de l'abbaye Ste-Geneviève à Paris.
Dans le majestueux bâtiment, daté de 1684, occupé par la mairie, on admire un escalier monumental à la remarquable rampe de fer forgé, ainsi que l'ancienne salle capitulaire, aux lambris d'époque, affectée à des expositions temporaires.

★★Château de Serrant – *2 km par la N 23, vers Angers. Voir à ce nom.*

*L'atlas **autoroutier** France Michelin (n° 914)*
détaille les ressources et les particularités du réseau autoroutier :
péages, aires de repos ou de services, gamme des services autoroutiers,
tableaux des distances avec leur temps de parcours...

ST-PATERNE-RACAN

1 449 habitants
Carte Michelin n° 64 Sud du pli 4 ou 232 pli 23

St-Paterne s'étire le long de l'Escotais, que bordent lavoirs et saules pleureurs.

Église – Elle renferme d'intéressantes œuvres d'art provenant en partie de l'ancienne abbaye voisine de la Clarté-Dieu. A gauche du maître-autel, un groupe (16e s.) en terre cuite attire l'attention : il s'agit d'une Adoration des Mages, où l'on distingue, au centre, une ravissante **Vierge à l'Enfant ★**. Dans la nef, remarquer les statues polychromes (18e s.) des Docteurs de l'Église (Ambroise, Augustin, Jérôme, Grégoire) et, dans la chapelle Sud, un retable *la Vierge du Rosaire* de la même époque, accompagné d'une Sainte Anne et la Vierge (terre cuite du 16e s.).

ENVIRONS

Château de la Roche-Racan – *2 km au Sud par la D 28. Voir à ce nom.*

St-Christophe-sur-le-Nais – *2,5 km au Nord par la D 6.* Agréablement disposée sur les pentes du vallon de l'Escotais, cette localité, siège d'un pèlerinage à saint Christophe (avant-dernier dimanche de juillet), possède une **église** comprenant en réalité deux édifices distincts : d'une part, la chapelle d'un prieuré (11e-14e s.), d'autre part, l'église paroissiale avec une nef et un clocher du 16e s.
Au seuil de la nef, un gigantesque saint Christophe accueille le visiteur ; à droite, dans une niche est placé un buste-reliquaire du saint. A gauche du chœur, la porte de l'oratoire du prieur est surmontée d'une belle statue de Vierge à l'Enfant (14e s.). Des médaillons Renaissance décorent les voûtes en bois de l'église.

Neuvy-le-Roi – *9 km à l'Est par la D 54.* L'**église**, des 12e et 16e s., comporte un chœur roman et une nef principale couverte de **voûtes angevines** ; noter dans le bas-côté Nord le réseau complexe des voûtes à clefs pendantes (16e s.), et au Sud du chœur l'élégante chapelle seigneuriale, également à clefs pendantes. On remarque à l'extérieur les multiples pignons latéraux, fréquents dans la région, du bas-côté Nord.

ST-VIÂTRE

1 063 habitants
Carte Michelin n° 64 Nord du pli 19 ou 238 pli 17

Ce coquet bourg solognot était jadis le but d'un pèlerinage aux reliques de saint Viâtre, ermite qui se retira ici au 6e s. et qui aurait, selon la légende, creusé son cercueil dans le tronc d'un tremble.

Église – A l'extérieur on remarque le pignon du transept (15e s.), construit en brique à décor de losanges noirs et bordé de choux rampants. Un puissant clocher-porche abrite l'entrée de l'édifice et son portail du 14e s.
A l'entrée du chœur, un remarquable lutrin en bois sculpté, du 18e s., surprend par ses dimensions. Dans le bras droit du transept sont exposés quatre **panneaux peints ★** du début du 16e s. : ils évoquent avec réalisme la vie du Christ et celle de saint Viâtre.

Reposoir St-Viâtre – Petit édifice en brique, du 15e s., élevé à l'entrée Nord du bourg.

STE-CATHERINE-DE-FIERBOIS

539 habitants (les Fierboisiens)
Carte Michelin n° 64 Sud-Ouest du pli 15 ou 232 pli 35

Le souvenir de Jeanne d'Arc plane sur ce village un peu à l'écart de la N 10 et groupé autour de son église.

Église – Sur les indications de la Pucelle, on y retrouva, le 23 avril 1429, une épée marquée de cinq croix que **Charles Martel** aurait placée là, après sa victoire sur les Sarrasins. La chapelle fut reconstruite en 1479 et terminée sous le règne de Charles VIII dont on repère à plusieurs reprises le blason, associé à celui d'Anne de Bretagne. Restauré en 1859, l'édifice, de style flamboyant, présente un portail intéressant, au tympan ajouré de sculptures délicates. L'intérieur est couvert de voûtes sans chapiteaux. Remarquer, suspendue sous une verrière contre le mur de la nef à gauche, une petite Mise au tombeau du 15e s., très réaliste. Dans le croisillon droit, une statue de sainte Catherine (15e s.) surmonte un curieux autel de même époque dont le devant est sculpté d'une autre sainte Catherine ; en face, rare confessionnal flamboyant, aux motifs découpés avec une exceptionnelle finesse.

Maison du Dauphin – A la sortie de l'église, à droite, cette demeure datée de 1415 montre une porte à gracieuse accolade fleuronnée encadrée de deux sphinx. Dans la cour, charmante margelle de puits sculptée.

Aumônerie de Boucicault ⊙ – *Dans la même rue, du côté opposé à la maison du Dauphin.* Autrefois étape des pèlerins de Compostelle, avec sa chapelle St-Jacques et ses dortoirs, ce bâtiment (1415) accueille maintenant un **musée** d'Histoire locale.

STE-MAURE-DE-TOURAINE

3 969 habitants
Carte Michelin n° 68 Nord des plis 4 et 5 ou 232 pli 35

La petite ville occupe un site ensoleillé sur une butte qui commande la vallée de la Manse.

D'origine gallo-romaine, elle se développa au 6e s. autour des tombes de sainte Britte et de sainte Maure, puis autour du donjon de Foulques Nerra. Les Rohan-Montbazon en furent seigneurs de 1492 à la Révolution. A Ste-Maure se tiennent d'actifs marchés de volailles ; les gourmets apprécient le célèbre fromage de chèvre local (foire nationale annuelle en juin).

Église ⊘ – Elle remonte au 11e s. mais a été dénaturée par une restauration en 1866. Dans une chapelle à droite du chœur on verra une aimable petite Vierge du 16e s. en marbre blanc, de l'école italienne. Dans l'abside centrale, deux panneaux peints représentent la Cène (16e s.) et le Christ sur fond d'or ; on y vénère les reliques de sainte Maure.

La crypte des 11e et 12e s. comporte une curieuse série d'arcatures romanes archaïques et un petit musée lapidaire.

Halles – En haut du bourg, les halles du 17e s. ont été offertes par les Rohan.

Atelier de foie gras ⊘ – *1 km au Sud sur la N 10.* Conçu pour permettre aux visiteurs de suivre les principales étapes de la fabrication des foies gras et « mirobolants confits » (Rabelais), cet atelier s'efforce de réactiver localement ces produits, dont la Touraine fut une des terres d'élection. La pyramide qui coiffe le bâtiment veut évoquer l'Egypte antique, où naquit le foie gras.

PLATEAU DE STE-MAURE

Circuit au départ de Ste-Maure 56 km – environ 1 h

Entaillé par les frais vallons de la Manse et de l'Esves, limité par l'Indre, la Creuse et la Vienne, ce plateau est constitué de calcaire lacustre que les eaux de ruissellement ont creusé ; il se termine au Sud par des « falunières », grèves de sables et de coquillages déposés à l'ère tertiaire par la mer des Faluns, employées jadis pour l'amendement des terres.

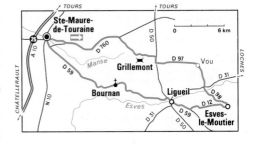

Quitter Ste-Maure par la D 59 au Sud-Est.

La route emprunte des vallons jalonnés parfois de peupliers se découpant sur des abrupts calcaires.

Bournan – Bournan possède une **église** romane : belle abside et tour, s'élevant sur une chapelle latérale, terminée par une flèche à pans.

Ligueil – Petite ville bâtie en pierre blanche, elle a conservé quelques maisons anciennes. Son lavoir en bois ouvragé, joliment restauré, se situe à l'entrée de la ville en venant de Loches.

Esves-le-Moutier – Dans un site frais et verdoyant des bords de l'Esves, Esves-le-Moutier tire son nom d'un prieuré protégé par une enceinte et comprenant une **église** (10e-12e s.).

Celle-ci est dotée d'une massive tour carrée munie d'échauguettes et, à l'intérieur, d'un retable en bois doré du 17e s.

Château de Grillemont – Ce grand château blanc est édifié à mi-pente d'un délicieux **vallon ★** dont les fonds sont occupés par des prairies et un étang bordé de hautes herbes, tandis que des bois de pins ou de chênes coiffent les crêtes. Le château est pourvu de grosses tours rondes à toits en éteignoirs, bâties sous Charles VII pour Lescoet, capitaine du château de Loches ; en 1765, les courtines du 15e s. furent remplacées par de majestueux bâtiments classiques.

En fin de volume figurent d'indispensables **Renseignements pratiques** *:*
- Organismes habilités à fournir toutes informations ;
- Loisirs sportifs ;
- Visites à thème ;
- Livres et films sur la région ou le pays ;
- Manifestations touristiques ;
- Conditions de visite des sites et des monuments...

Vallée de la SARTHE

Carte Michelin nº 64 plis 1 à 3 ou 232 plis 20 à 22

Coulant lentement dans le beau paysage du Maine angevin, la Sarthe déroule ses méandres dans des sols tendres du crétacé supérieur. Aux abords de Sablé, elle a dû frayer son chemin dans les granits. La rivière, navigable à partir du Mans, est doublée de canaux latéraux.

Les bois alternent avec les prairies et les cultures de céréales, de pommes de terre, de choux.

DU MANS A SABLÉ *73 km – environ 3 h*

★★ **Le Mans** – *Compter une journée.*

Sortir du Mans par la N 23.

Spay – *Description p. 151. Rejoindre Fillé par la D 51.*

Fillé – Au bord de la Sarthe, l'**église** ⊘, reconstruite après la Seconde Guerre mondiale, abrite une grande Vierge peinte de la fin du 16e s. qui a pris un aspect verni lors de l'incendie d'août 1944.

La Suze-sur-Sarthe – Du pont, beau coup d'œil sur la Sarthe, les restes du château (15e s.) et l'église.

Quitter la Suze par la D 79 qui se dirige, à travers bois, vers Fercé.

Fercé-sur-Sarthe – Jolie vue en traversant le pont, suivie d'une autre en continuant la route qui monte à l'église.

Revenir jusqu'à la Sarthe pour prendre à droite après le pont le V 5, vers St-Jean-du-Bois.

La D 229 passe ensuite devant le château de style « troubadour », offrant quelques échappées sur la Sarthe, avant l'arrivée à Noyen.

Noyen-sur-Sarthe – Noyen s'étage sur les bords de la Sarthe, large en cet endroit, et doublée par un canal. Du pont, séduisante **vue** sur un barrage, un moulin, une « île des peupliers », un fouillis de jardinets et de toits, la plage et une autre île.

Pirmil – *4 km au Nord au départ de Noyen, par la D 69.*
L'**église** romane, épaulée de contreforts, date de 1165. Les chapiteaux sont finement sculptés. Aux retombées des voûtes d'ogives sont sculptés des personnages : saint Étienne, saint Michel, un évêque, un prêtre, une tête grotesque.

Malicorne-sur-Sarthe – Malicorne jouit d'un site plaisant, au ras de l'eau. Du pont, jolie vue sur un moulin et les rives, plantées de peupliers.
A la sortie Est du bourg, au départ de la D 133 vers Mézeray, une **faïencerie d'art** ⊘ est encore en activité ; elle produit les « ajourés » de Malicorne et surtout des reproductions de faïences anciennes.
L'**église** du 11e s. abrite le gisant d'un seigneur de Chaources (chapelle à droite de la nef), une Pietà (croisillon droit) et, sur le mur gauche de la nef, une jolie piscine du 16e s.
Non loin de la rivière, en aval, le **château** du 17e s. (remanié), à tourelles et toits à la Mansart, qui appartenait à la marquise de Lavardin et où Mme de Sévigné aimait à résider, est encadré d'un beau parc et de douves que franchit un charmant pont en dos d'âne.

Prendre la D 8 vers Parcé, puis à droite le V 1 vers Dureil, petit chemin champêtre ; en retrouvant la D 8, la route offre de belles échappées sur la Sarthe.

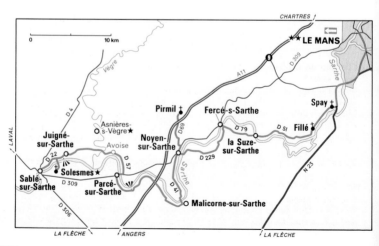

Parcé-sur-Sarthe – Ravissant petit bourg avec son moulin au bord de la rivière. Parcé s'étage autour d'un clocher roman. A l'entrée du village, le vieux cimetière, piqueté de cyprès, fait un cadre paisible à une chapelle surmontée d'un clocher-pignon.

Franchir la rivière et, après le canal, tourner à gauche dans la D 57.

A la sortie d'Avoise remarquer à gauche La Perrigne de Cry, manoir du 16e s. (propriété privée) surplombant la rivière. Prendre ensuite à gauche vers Juigné le V 4 qui traverse la Vègre, dans un site agreste, avant de déboucher sur la D 22 que l'on prend à gauche.

Juigné-sur-Sarthe – Agréable localité située sur un promontoire verrouillant la vallée de la Sarthe. Maisons des 16e et 17e s. et château 18e s. des marquis de Juigné. De la place de l'église, vue plongeante sur la Sarthe et l'abbaye de Solesmes.

Solesmes – *Voir à ce nom.*

Par la D 22, qui longe le canal et d'anciennes carrières de marbre, gagner Sablé.

Sablé-sur-Sarthe – *Voir à ce nom.*

SAUMUR★★

30 131 habitants
Carte Michelin nº 64 pli 12 ou 232 pli 33 – Schéma p. 163

Saumur, célèbre par son école de cavalerie, l'est aussi par ses vins pétillants, par ses artisans médailliers et par ses champignons de couche dont la culture, en Saumurois, représente 42 % de la production française.

En quelques décennies, l'industrie traditionnelle saumuroise s'est diversifiée et modernisée : des fabriques de jouets, des entreprises de mécanique, de plasturgie et d'électronique ont fait leur apparition (Rocher, Barphone, Dalsouple). En outre, on trouve ici la plus importante usine de masques de carnaval d'Europe (César-Masport). Chaque année, sur la vaste place du Chardonnet, ont lieu les carrousels équestres et motorisés de l'école d'application de l'arme blindée de cavalerie, qui attirent de nombreux spectateurs.

Les célèbres reprises du **Cadre Noir** sont données au grand manège de l'École Nationale d'Équitation à St-Hilaire-St-Florent, sur les plateaux de Terrefort.

Par ailleurs, chaque été en juillet sont organisées **Tous aux Paradiableries**, spectacle nocturne de théâtre itinérant à travers les rues de la ville. Les habitants, costumés, y font revivre les célébrités qui ont participé à sa renommée, entraînant les spectateurs, devenus à leur tour figurants.

Une histoire mouvementée – A l'origine de Saumur se trouve un monastère fortifié, fondé par Charles le Chauve pour abriter les reliques de saint Florent – qui évangélisa la région au 4e s. –, et bientôt détruit par les Normands. Au 11e s., Saumur est l'objet de nombreux conflits entre les comtes de Blois et les comtes d'Anjou. En 1203, Philippe Auguste s'en empare. A plusieurs reprises, le château est détruit puis restauré ou reconstruit. A partir de Saint Louis, Saumur épouse la destinée de la maison d'Anjou *(voir à Angers).*

A la fin du 16e s. et au 17e s., la ville atteint son apogée. C'est l'un des grands foyers du protestantisme. Henri III la donne comme place de sûreté au roi de Navarre. Le futur Henri IV y installe comme gouverneur **Duplessis-Mornay,** grand soldat, grand lettré et fervent réformé. Celui-ci, que les catholiques appellent le «pape des huguenots», fonde dans la ville une Académie protestante qui acquiert un grand renom. En 1611, une assemblée générale des Églises protestantes s'y réunit afin de renforcer leur organisation à la suite de la mort d'Henri IV et du départ de Sully. En 1623, Louis XIII, inquiet du danger protestant, ordonne de démanteler les murailles de la ville. La révocation de l'édit de Nantes (1685) porte un coup fatal à Saumur : bon nombre des habitants s'expatrient, le temple est démoli.

L'École d'application de l'arme blindée et de la cavalerie (AY) – En 1763, le régiment des carabiniers de Monsieur, frère du roi, corps d'élite recruté parmi les meilleurs cavaliers de l'armée, fut envoyé à Saumur. C'est pour lui que fut construit, de 1767 à 1770, le bâtiment central actuel qui abrite l'École de cavalerie destinée à former les cadres de la Cavalerie française et appelée, depuis 1943, l'École d'application de l'arme blindée et de la cavalerie.

Distincte de cette école militaire, l'**École Nationale d'Équitation,** dont le **Cadre Noir** fait partie, est installée à St-Hilaire-St-Florent, sur les plateaux de Terrefort et de Verrie, près de Saumur.

Les Cadets de Saumur – En juin 1940, les officiers et «cadets» de l'École de cavalerie défendirent héroïquement le passage de la Loire. Pendant trois jours, du 18 au 20, ils réussirent, avec de faibles effectifs et un matériel d'instruction, à tenir les Allemands en échec, sur un front de 25 kilomètres, de Gennes à Montsoreau.

Le château

★★ LE CHÂTEAU (BZ) ⊙ *visite : 1 h 1/2*

Ramassé mais gracieux par les lignes verticales de ses tours à arêtes, c'est une forteresse, parée d'un décor soigné comme un château de plaisance avec les
sculptures de ses mâchicoulis et les balustrades des fenêtres dans la cour intérieure. Il se dresse au-dessus de la vallée de la Loire, sur une sorte de piédestal
formé par les fortifications en étoile du 16e s..

L'édifice actuel, qui succéda au château de Saint Louis, a été reconstruit à la fin
du 14e s. par Louis Ier, duc d'Anjou, et achevé par Louis II. Remanié intérieurement
au 15e s. par René d'Anjou, il fut fortifié à la fin du 16e s. par Duplessis-Mornay.
Résidence du gouverneur de Saumur sous Louis XIV et Louis XV, transformé en
prison puis en caserne, il abrite aujourd'hui trois musées. Depuis la cour du château
formant terrasse, beau **panorama**★ sur la ville, les vallées de la Loire et du Thouet.

★★ **Musée d'Arts décoratifs** – Formé en partie par la collection Lair, il présente un
bel ensemble d'œuvres d'art du Moyen Âge et de la Renaissance : émaux de
Limoges, sculptures sur bois et albâtre, tapisseries, meubles, peintures, ornements
liturgiques et une importante collection de faïences et de porcelaines tendres françaises des 17e et 18e s., complétée de meubles et de tapisseries de la même
époque. Parmi les tapisseries des 15e et 16e s., remarquer le *Bal des Sauvages*, le
Retour de chasse, le *Sacre de Vespasien* et la *Prise de Jérusalem* ; les deux dernières
font partie de la tenture de l'*Histoire de Titus*.

★ **Musée du Cheval** – Il évoque l'histoire du cheval de selle et l'équitation à travers
les âges et les pays. A remarquer particulièrement les collections de selles, de mors,
d'étriers, d'éperons, de belles gravures ayant trait à l'École de cavalerie de Saumur,
aux courses et aux pur-sang célèbres, ainsi que de riches harnachements provenant du monde entier (Asie, Amérique du Nord, Afrique).

Musée de la Figurine-Jouet ⊙ – Cette collection de jouets anciens installée dans
les poudrières du château ravira petits et grands par la diversité des pièces présentées : série *Vertuni* du début du siècle, en plâtre trempé dans du plomb
représentant les rois de France, soldats en plomb de la marque *Lucotte*, jouets de
la fin du 19e s. en plâtre et farine, petits soldats incassables dont *Quiralu* eut l'idée
dès 1933 et différentes compositions de *CBG*.

AUTRES CURIOSITÉS

★ **Vieux quartier** (BY) – Les ruelles tortueuses qui courent entre le château et le pont
ont gardé leur tracé ancien ; à côté de certains quartiers reconstruits dans le style
médiéval ou résolument moderne mais plein d'imprévus (au Sud de l'église St-
Pierre), d'autres ont conservé et mis en valeur de vieilles façades.

Il faut se promener le long de la commerçante rue St-Jean et jusqu'à la **place
St-Pierre** (**BY 16**), où voisinent façades à colombages et maisons du 18e s. aux
balcons de fer forgé. Dans un coin de la place, une halle, construite en 1982,
s'harmonise avec les maisons anciennes.

Église St-Pierre (BY) – Édifice gothique Plantagenêt dont la façade écroulée a été
refaite au 17e s., elle a conservé au croisillon droit une belle porte romane. L'intérieur renferme deux suites de **tapisseries**★ du 16e s. *(actuellement en restauration)*.
La restauration des grandes orgues a permis d'organiser des concerts réguliers.

★ **Hôtel de ville** (**BY H**) – La partie gauche seule est ancienne (16e s.). Autrefois baigné par la Loire, le bâtiment faisait partie de l'enceinte et formait tête de pont : c'est ce qui explique son aspect défensif. Du côté de la cour, l'édifice est finement sculpté, il est de style transition gothique-Renaissance.

★ **Église N.-D.-de-Nantilly** (**BZ**) – Bel édifice roman. Louis XI, dont la dévotion à Notre-Dame était grande, y ajouta le bas-côté droit ; son oratoire a servi de chapelle baptismale. Dans le même bas-côté, sur un pilier, à gauche, épitaphe composée par le roi René d'Anjou pour sa nourrice Tiphaine. En face, crosse en cuivre émaillé de Gilles, archevêque de Tyr, garde des Sceaux de Saint Louis.

La statue vénérée de Notre-Dame de Nantilly, en bois peint, du 12e s., est placée dans l'absidiole à droite du chœur.

Remarquer la tapisserie de l'Arbre de Jessé dans le bras gauche du transept. Dans la nef, 18 chapiteaux historiés particulièrement intéressants.

De très belles **tapisseries ★★** ornent l'église. Elles datent des 15e et 16e s., sauf huit pièces dans la nef centrale, exécutées à Aubusson au 17e s., qui représentent des scènes de la vie du Christ et de la Vierge.

Le buffet d'orgues, soutenu par des atlantes, date de 1690.

★ **Musée de l'École de cavalerie** (**AY M1**) ⊘ – *Entrée avenue Foch.*

La très riche présentation de souvenirs, créée en 1936 à partir des collections Barbet de Vaux, se rapporte à l'histoire de l'École et aux faits d'armes de la cavalerie française et de l'arme blindée, depuis le 18e s.

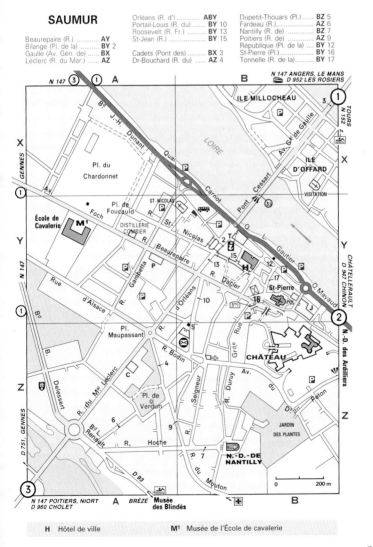

SAUMUR

Beaurepaire (R.)	**AY**
Bilange (Pl. de la)	**BY** 2
Gaulle (Av. Gén. de)	**BY**
Leclerc (R. du Mar.)	**AZ**

Orléans (R. d')	**ABY**
Portail-Louis (R. du)	**BY** 10
Roosevelt (R. Fr.)	**BY** 13
St-Jean (R.)	**BY** 15
Cadets (Pont des)	**BX** 3
Dr-Bouchard (R. du)	**AZ** 4

Dupetit-Thouars (Pl.)	**BZ** 5
Fardeau (R.)	**AZ** 6
Nantilly (R. de)	**BZ** 7
Poitiers (R. de)	**AZ** 9
République (Pl. de la)	**BY** 12
St-Pierre (Pl.)	**BY** 16
Tonnelle (R. de la)	**BY** 17

H	Hôtel de ville	
M1	Musée de l'École de cavalerie	

Parmi les pièces exposées – épées d'apparat incrustées de nacre, d'ébène ou d'écaille ou sabres ciselés de mameluks égyptiens – quelques-unes appartinrent à des maréchaux et à des généraux d'Empire : deux sabres damasquinés de Kellermann, pistolets d'Augereau et de Daumesnil, bâton de Brune, effets d'équipement de Kléber et de Bertrand.

Les uniformes de la Grande Armée et de la Garde impériale sont évoqués par une collection de statuettes en porcelaine de Sèvres et de Saxe et une série de casques, cuirasses et sabres de chasseurs, de dragons et de hussards.

On relève au passage quelques noms de chasseurs et spahis ayant servi entre 1830 et 1962 dans la cavalerie de l'armée d'Afrique : Bugeaud, Gallieni, Charles de Foucauld, qui fut officier avant d'être missionnaire, Henry de Bournazel, Lyautey, de Lattre de Tassigny.

Enfin, est présentée la Cavalerie française depuis 1870 : guerres de 1914-1918 et 1939-1945, campagnes d'Indochine et d'Algérie.

★ **Musée des Blindés (AZ)** ⊘ *par le boulevard Louis-Renault, suivre le fléchage en place* – Ce nouveau musée, Centre de documentation sur les engins blindés (CDEB), abrite plus d'une centaine de véhicules (chars, engins blindés, pièces d'artillerie) dont beaucoup sont en état de marche. Ils proviennent d'une douzaine de pays différents. Le musée permet de suivre l'évolution de l'ABC (arme blindée de cavalerie) depuis 1917 jusqu'à nos jours. Parmi les pièces les plus prestigieuses ou rares, citons le **Saint-Chamond** et le **Schneider** (les premiers chars

Char St-Chamond

français), le Renault FT 17 (char de la victoire qui prit part aux derniers combats de la Grande Guerre), le Somua S 35, le B 1 bis (qui équipait la 2ème Division cuirassée commandée par le général de Gaulle en 1940) ainsi que des blindés allemands depuis la « Campagne de France » jusqu'à la chute de Berlin (Panzer III et IV, Panther, Tigre), etc.

Outre la quasi-intégralité des types de blindés alliés qui débarquèrent le 6 juin 1944, il faut signaler la présence de véhicules de la FORPRONU (Force de Protection des Nations Unies), ainsi que de nombreux chars actuels de différentes nationalités (allemands, russes, britanniques, américains, suédois...)...

Une importante collection de maquettes expose ces chars en situation de combat dans des vitrines et dioramas.

Lors du « Carrousel », en juillet, le musée des Blindés présente un certain nombre de ces véhicules restaurés par ses soins et pilotés par les stagiaires de l'EAABC.

Église N.-D.-des-Ardilliers – *A la sortie Est de la ville sur le quai L.-Mayaud, D 947,* ③ *du plan.*
Ce bel édifice du 17e s. fut l'un des sanctuaires de pèlerinage les plus fréquentés de France. La dévotion à Notre-Dame-des-Ardilliers s'est développée à partir du règne de François Ier grâce à une statue miraculeuse qu'un laboureur aurait découverte en cet endroit au siècle précédent, mais c'est au 17e s. que le pèlerinage connut la plus grande ferveur populaire, recevant dans l'année plus de 10 000 pèlerins.

ST-HILAIRE-ST-FLORENT

2 km au Nord-Ouest par D 751. Long village-rue qui s'étire entre le coteau et la rive gauche du Thouet, St-Hilaire-St-Florent forme une commune associée de Saumur où dominent les grands producteurs viticoles qui fabriquent selon la méthode traditionnelle un vin effervescent réputé ; leurs caves se succèdent tout au long de la route.

Bouvet-Ladubay ⊘ – Au sein de galeries creusées dans le tuffeau, l'un des premiers producteurs de Saumur Brut dévoile ici toutes les étapes de l'élaboration de ses vins, de la première fermentation à l'habillage soigné de ses bouteilles. On pourra voir aussi une collection exceptionnelle de 6 000 étiquettes conservées dans des armoires spécialement conçues au début du siècle. Une école de dégustation est ouverte aux touristes, amateurs ou sommeliers.

Galerie d'Art contemporain Bouvet-Ladubay ⊘ – Composée de 9 salles d'exposition, cette galerie présente des artistes d'aujourd'hui à la recherche de lignes nouvelles dans divers domaines de création (architecture, sculpture, peinture, grands reportages). Un charmant petit théâtre, destiné à la fin du siècle dernier au personnel de l'entreprise, vient d'être réouvert.

Musée du Masque ⊙ – La société César, qui fabrique à Saumur des masques de carnaval, de théâtre ou de cirque depuis 1842, expose un panorama de ses créations, depuis les grognards et polichinelles des années 1870 jusqu'aux modèles contemporains en matériaux synthétiques pour la télévision ou le cinéma. Au hasard des scènes se pressent les « bouilles » familières : Alain Prost, Madonna, Belmondo, Cyrano-Depardieu ou la collection complète de nos hommes politiques.

École nationale d'équitation ⊙ – Implantée en 1972 sur les plateaux de Terrefort et de Verrie, cette école moderne comporte plusieurs unités comprenant chacune un grenier où sont stockés grains et fourrages, un manège pouvant accueillir 1 200 spectateurs assis, et des écuries pour 400 chevaux, avec selleries et salle de douche. Placée sous la tutelle du ministère de la Jeunesse et des Sports, elle est, entre autres, chargée d'assurer le maintien et le rayonnement de l'équitation française. Le **Cadre Noir** y est installé depuis 1984. Élément essentiel de l'école, ce dernier participe à toutes les missions et présente, à travers le monde, ses reprises traditionnelles du « *Manège* » et des « *Sauteurs en liberté* ».

Écuyer du Cadre Noir – Une croupade

D'après photo de l'Association « Les Amis du Cadre Noir »

Musée du Champignon ⊙ – *2 km à l'Ouest par la D 751.* Les anciennes carrières de tuffeau qui creusent tout le coteau aux environs de Saumur sont largement utilisées pour la culture des champignons, qui bénéficient d'une humidité et d'une température (entre 11° et 14°) constantes. Si la culture en carrière se pratique depuis Napoléon Ier, elle est aujourd'hui développée à l'échelon industriel, et occupe 800 km de galeries pour une production de l'ordre de 200 000 t par an.

On visite ici une véritable installation avec une présentation commentée des diverses méthodes de culture : la culture en meules, la plus ancienne, est de plus en plus remplacée par les techniques plus récentes en caisses de bois, en sacs de plastique ou sur blocs de paille et troncs d'arbres.

Outre le champignon de Paris, on y découvre le pleurote ou le pied-bleu et les nouvelles espèces créées par l'homme, telles que le shii-také.

La visite se termine par deux expositions : « les champignons de forêt » (plus de 200 modèles représentés), et les « fossiles du Saumurois ».

ENVIRONS

Bagneux – *A la sortie Sud de Saumur par ③ du plan.* Au cœur de la région la plus anciennement habitée d'Anjou, Bagneux comprend un vieux village bâti au bord du Thouet.

Musée du Moteur ⊙ – *18, rue Alphonse-Cailleau (2e rue à gauche après le pont Fouchard).* Collection de moteurs née de la volonté de passionnés de mécanique, pour la plupart anciens élèves de l'École industrielle de Saumur, soucieux de conserver et de restaurer des moteurs anciens et contemporains.

Revenir sur la rue du Pont-Fouchard et prendre un peu plus loin à gauche, après la mairie, la rue du Dolmen.

Dolmen ⊙ – Situé au centre de Bagneux, « Le Grand Dolmen » est l'un des plus remarquables monuments mégalithiques d'Europe. D'une longueur de 20 m et large de 7 m, c'est une allée couverte composée de seize dalles (pesant environ 500 tonnes) verticales soutenant le toit à 3 m de hauteur ; ce toit lui-même est formé de quatre tables de couverture.

★ **Château de Boumois** – *7 km au Nord-Ouest par ① du plan. Description p. 84.*

St-Cyr-en-Bourg – *8 km au Sud par la D 93.*
La visite de la **cave des vignerons** ⊙ de Saumur permet la découverte de l'opération de transformation du raisin en vin au cours d'une descente de 25 m dans des installations superposées, et la circulation en voiture dans les galeries souterraines.
Visite commentée et dégustation des crus dans un caveau aménagé spécialement.

SAVONNIÈRES

2 030 habitants (les Saponairiens)
Carte Michelin n° 64 pli 14 ou 232 pli 15 (2,5 km à l'Est de Villandry) – Schéma p. 158

L'église possède un beau portail roman à décor d'animaux affrontés et de colombes.

Grottes pétrifiantes ⊘ – *A la sortie de Savonnières, sur la route de Villandry.* Elles se sont formées à l'ère secondaire. Exploitées comme carrière au 12ᵉ s. et envahies partiellement par un lac, elles sont encore actives et l'infiltration d'eau saturée de calcaire donne lentement forme à des stalactites, des gours, et quelques draperies. On peut y voir une reconstitution de la faune préhistorique et un **musée de la Pétrification**, avec des pierres lithographiques et des matrices en cuivre du 19ᵉ s. Une dégustation de vins a lieu au fond des grottes.

SEGRÉ

6 434 habitants
Carte Michelin n° 63 Sud du pli 9 ou 232 pli 18

Segré offre le spectacle de ses maisons de schiste dévalant vers la rivière bordée de quais et franchie par des ponts pittoresques.
Capitale du Segréen, région de bocage vouée à la polyculture et à l'élevage, Segré a donné son nom à un bassin de minerai de fer.

Vieux pont – Son arche fait le dos d'âne au-dessus de l'Oudon. Jolies perspectives sur les vieux quartiers.

Chapelle St-Joseph – Vues sur la ville ancienne et la vallée de l'Oudon.

ENVIRONS

★**Château de la Lorie** ⊘ – *2 km au Sud-Est. A la sortie de Segré, par la route de Cholet.* Beau château du 18ᵉ s., la Lorie est mis en valeur par une longue allée sous voûte d'arbres et par les lignes pures de ses jardins à la française.
Entourant la cour carrée défendue par des douves sèches, le château est formé de trois bâtiments soulignés de chaînages de tuffeau blanc ; le corps central, construit au 17ᵉ s. par René Le Pelletier, grand prévôt d'Anjou, s'orne au centre d'une statue de Minerve *Porteuse de Paix* ; les deux ailes en retour et les communs symétriques, ajoutés à la fin du 18ᵉ s., donnent à l'ensemble ses dimensions imposantes.
L'intérieur, avec sa grande galerie aux beaux vases de Chine, le salon de marbre aménagé à la fin du 18ᵉ s., la chapelle qui lui fait pendant et les boiseries 18ᵉ s. de la salle à manger, vaut par la noblesse des lignes et de ses formes. Le grand salon est la pièce la plus originale. Somptueusement paré de marbre de Sablé, il a été réalisé par des artistes italiens en 1779. Il est surmonté d'une rotonde dans laquelle se plaçaient les musiciens.

Le Bourg d'Iré ; Nyoiseau – *Circuit de 21 km – environ 3/4 h (visite de Noyant-la-Gravoyère non comptée) – quitter Segré au Sud par la D 923 vers Candé et, après un passage à niveau, la D 181 à droite.*

Le Bourg d'Iré – *8 km à l'Ouest.* Dans le vallon de la Verzée. Du pont, séduisante **vue** sur la rivière.

Noyant-la-Gravoyère – *3 km au Nord du Bourg d'Iré par la D 219 (description p. 191).*

Au départ de Noyant-la-Gravoyère, pour rejoindre Nyoiseau (5 km au Nord-Est), emprunter la D 775 en direction de Segré puis prendre la première route à gauche.

Cette petite route suit une gorge schisteuse, en partie envahie par les étangs, qui en est la section la plus pittoresque de l'excursion. Elle longe les étangs de St-Blaise et de la Corbinière, aménagés dans le cadre d'un parc de loisirs.

Nyoiseau – Ce village (*Niosellum* : petit nid), perché sur les pentes de la vallée de l'Oudon, conserve les vestiges d'une abbaye bénédictine de femmes, actuellement occupés par une ferme et la mairie. Sur la route de l'Hôtellerie-de-Flée, remarquer un ancien pont gallo-romain.

Domaine de la Petite Couère ⊘ – *A la sortie nord de Nyoiseau, suivre le fléchage sur la D 71 en direction de Renazé.*
Lieu de détente et de promenade, ce parc de plus de 80 ha allie l'ethnographie rurale aux curiosités mécaniques et aux collections animalières. Dès l'entrée remarquer le musée du tracteur qui présente une soixantaine de machines de 1906 à 1950 ; plus loin, c'est une exposition d'une centaine de voitures anciennes dont, notamment, un phaéton Brasier de 1915 et un tonneau Peugeot type B de 1902. Plus loin encore la reconstitution, avec un réel souci d'authenticité, d'un village du début du siècle permet de retrouver la chapelle, la mairie, l'école, le café-épicerie et différentes échoppes où chaque meuble, chaque outil, chaque objet de tous les jours, tel qu'il était utilisé autrefois, est à sa place ; cet ensemble est peuplé de mannequins en costumes des années vingt. Il est également possible de se promener d'enclos en enclos pour découvrir le parc animalier (watussis, émeus,

baudets du Poitou, cerfs sikas et cerfs élaphes) par des sentiers pédestres balisés de différentes longueurs (de 1 à 6 km). Un petit train, en un 1/4 d'heure, transporte les visiteurs de l'aire de pique-nique au village. Enfin, quatre luxueux wagons des années vingt (trois wagons-lits et un wagon-restaurant de la Compagnie des wagons-lits), en cours de restauration, pourraient permettre l'hébergement (nuit et petit déjeuner) d'une cinquantaine de personnes.

Château de Raguin ⊘ – *8,5 km au Sud par la D 923, puis la D 183 à gauche à partir de St-Gemmes-d'Andigné.*
Sur l'emplacement de l'ancien château du 15e s., Guy du Bellay, fils de Pierre du Bellay (cousin du poète), fit construire vers 1600 cet édifice de style Renaissance. Maréchal des camps et armées du roi, il avait le goût du faste et fit de Raguin un château luxueux et raffiné. C'est à l'occasion du mariage de son fils Antoine, en 1648, qu'il fit lambrisser et peindre entièrement les murs et les plafonds du salon du 1er étage et de la «chambre des Amours», où des amours jouent avec les initiales des nouveaux époux. Après le décès de son père, puis de son épouse en 1666, Antoine du Bellay vendit le château qui changea de mains plusieurs fois.

Château de Bouillé-Thévalle ⊘ – *11 km au Nord en direction de Château-Gontier, à St-Sauveur-de-Flée, suivre le fléchage.* Sur la route historique du Roi René, ce château du 15e s., dont une partie des douves est encore en eau, conserve une tour d'escalier à pans coupés. Dans les combles, petit musée du costume. Reconstitution d'un jardin de style médiéval.

SELLES-SUR-CHER

4751 habitants
Carte Michelin no 64 pli 18 ou 238 pli 16

Selles-sur-Cher, joliment située dans une boucle du Cher dont les eaux reflètent les tours de son château, doit son origine à saint Eusice qui vécut en ermite puis fonda une abbaye en cet endroit. De l'ancienne abbaye, il ne reste que l'abbatiale.

CURIOSITÉS

Église St-Eusice – Bâtie aux 12e et 15e s., brûlée par Coligny en 1562, elle fut partiellement restaurée au 17e s. et beaucoup plus complètement au siècle dernier. La façade, presque entièrement romane, réutilise colonnes et chapiteaux d'une église antérieure, détruite par les Normands vers 903.
Le **chevet**, de construction soignée, est orné de deux frises de personnages grossiers, naïfs et lourds au-dessous des fenêtres, mieux proportionnés, plus élégants au-dessus. La frise inférieure représente des scènes du Nouveau Testament, celle du haut, la vie de saint Eusice.
Près du mur Nord, bas-reliefs représentant les Travaux des mois et, plus haut et plus à droite, belle Visitation, abritée et protégée par la chapelle du croisillon. L'ensemble est cependant très altéré.
Le mur Nord, construit à la fin du 13e s., est percé d'une charmante porte aux chapiteaux sculptés supportant des tores que sépare un cordon de fleurs et de feuilles d'églantier. Dans la crypte, tombeau de saint Eusice, du 6e s.

Château ⊘ – Reste d'une austère forteresse du 13e s., il cache sur une rive du Cher son enceinte rectangulaire, toute baignée de larges douves en eau que franchissent quatre ponts. Contrastant avec elle et encadrant l'actuel pont d'accès, côté Est, s'élèvent deux clairs édifices du 17e s. que réunit un long mur à arcades percé d'oculi, sur lequel on peut circuler. Ces constructions sont l'œuvre de **Philippe de Béthune**, frère de Sully, qui acheta le château de Selles en 1604.
Une fois traversé le petit parc intérieur ombragé d'un magnifique cèdre et de mûriers, on visite d'abord, dans la partie ancienne, côté Ouest, le **pavillon Doré**, logis raffiné, décoré dans le style de la Renaissance italienne, que se fit aménager Philippe de Béthune dans la vieille forteresse du 13e s. : magnifiques cheminées rehaussées de dorures, peintures murales, plafonds à caissons polychromes ont gardé tout leur lustre. On y voit le cabinet de travail où sont réunis des souvenirs du **comte de Chambord** (1820-1883), prétendant au trône de France après la mort de Charles X, le petit oratoire et la chambre à coucher.
Tandis qu'il habitait au pavillon Doré, Philippe de Béthune se fit construire un nouveau château dans le goût de son époque, en brique rouge soulignée de pierre blanche, que l'on a remarqué à l'entrée. Ici la majesté et l'ampleur des proportions remplacent le charme intime du pavillon Doré. On y visite la salle des Gardes et sa grande cheminée, la chambre de la reine de Pologne, Marie Sobieska, dont le lit à colonnes torses est placé sur une estrade, et l'agréable salon de jeu.

Musée du Val de Cher ⊘ – On y verra des documents sur le passé de Selles, des outils de vignerons, vanniers, tonneliers, mariniers, et une intéressante salle sur la taille de la pierre à fusil, activité florissante dans la région depuis le milieu du 18e s. jusqu'à l'invention de l'amorce *(voir aussi à Meusnes, page suivante, et à Luçay-le-Mâle dans le guide Vert Michelin Berry Limousin).*

ENVIRONS

Châtillon-sur-Cher — *5 km à l'Ouest par la N 76 vers St-Aignan et une route à gauche.* Petit village bâti au bord du coteau dominant le Cher. L'**église St-Blaise** présente, sur le mur gauche du chœur, un **panneau**★ de l'école de Léonard de Vinci montrant sainte Catherine entre deux angelots : le modelé des mains, un peu maniéré mais très joli, et l'expression sont caractéristiques de la manière du maître. Une statue de saint Vincent, patron des vignerons, est entourée de bâtons de confrérie utilisés lors des processions.

Meusnes — *6,5 km au Sud-Ouest par la D 956 vers Valençay, puis à droite la D 17.* L'**église** est d'un style roman très pur. L'intérieur comporte, au transept, un arc triomphal surmonté de trois charmantes arcatures à jour. De belles statues des 15e et 16e s. ont été remises en place.

Installé dans la mairie, un petit **musée de la Pierre à fusil** ⊘ présente cette industrie qui fut florissante dans la région pendant trois siècles.

Château de SERRANT★★

Carte Michelin n° 63 pli 20 ou 232 pli 31 (2 km au Nord-Est de St-Georges-sur-Loire)

Entourée de larges douves en eau, la somptueuse demeure, bien qu'ayant été construite sur trois périodes, au cours des 16e, 17e et 18e s., présente une grande unité. De grosses tours rondes, coiffées de dômes, et le schiste brun contrastant avec le tuffeau blanc lui donnent beaucoup de personnalité.

Commencé en 1546 par Charles de Brie, le **château** ⊘ de Serrant fut acheté en 1596 par Hercule de Rohan, duc de Montbazon, puis en 1636 par Guillaume Bautru dont la petite-fille épousa le marquis de Vaubrun, lieutenant-général des armées du roi. A la mort de son mari, tué aux côtés de Turenne à la bataille d'Altenheim, la marquise de Vaubrun poursuivit les travaux jusqu'en 1705. C'est elle qui fit élever, par J. Hardouin-Mansart, la belle chapelle dédiée à la mémoire de son mari et, par Coysevox, le mausolée en marbre blanc. Sa fille, la duchesse d'Estrées, vendit le domaine en 1749 à un Irlandais, François Walsh, fait comte de Serrant en 1755. Le château passa par alliance en 1830 au duc de la Trémoille dont descend le propriétaire actuel, le prince Jean-Charles de Ligne.

Visite — Les **appartements** sont magnifiquement meublés. De somptueuses tapisseries flamandes ornent la grande salle à manger. On admire le grand escalier Renaissance, les appartements aux plafonds à caissons du 1er étage, la bibliothèque et ses dix mille volumes, les chambres d'apparat où passèrent Louis XIV et Napoléon. Les œuvres d'art sont nombreuses : tapisseries des Flandres et de Bruxelles, très beau cabinet italien, buste de l'impératrice Marie-Louise par Canova, portraits.

SOLESMES

1 277 habitants
Carte Michelin n° 64 plis 1, 2 ou 232 pli 20 – Schéma p. 218

Du pont et de la rive droite de la Sarthe se révèle une **vue**★ impressionnante sur l'abbaye, sombre muraille de 50 m de hauteur construite à la fin du 19e s. en style roman-gothique. Ses bâtiments se mirent dans les eaux de la rivière ; un prieuré du 18e s., moins imposant mais plus avenant, les prolonge.

Sous l'habit de saint Benoît — Fondé en 1010 par un seigneur de Sablé, le prieuré bénédictin de Solesmes, desservi par les moines de St-Pierre-la-Couture, au Mans, prit rapidement de l'extension. Fort riche au début du 16e s., en décadence au 17e s., il fut relevé par les religieux de Saint-Maur. Ruiné par la Révolution, il fut rétabli en 1833 par un prêtre originaire de Sablé, Dom Guéranger, et élevé en 1837 au rang d'abbaye-chef d'ordre de la Congrégation de France de Saint-Benoît. En 1901, la loi sur les Congrégations expulse les religieux de France. Ils reviennent vingt ans plus tard lors de son abrogation. Le nom de Solesmes est, dès lors, lié au mouvement de restauration de la liturgie et de rénovation du chant grégorien en France. Les **offices** ⊘ auxquels le public est admis permettent d'apprécier l'émouvante beauté de la liturgie bénédictine.

★ **Abbaye St-Pierre** — *Seule l'église abbatiale (au fond de la cour d'honneur) est accessible au public.* Cette **église** est constituée par une nef et un transept anciens (11e-15e s.), prolongés en 1865 par un chœur couvert de voûtes bombées. Les admirables groupes sculptés, les **« saints de Solesmes »**★★, se trouvent dans le transept. Dans le croisillon droit, le prieur Guillaume Cheminart fit placer la monumentale Mise au tombeau du Christ, datant de 1496, avec une admirable Sainte Madeleine priant ; à gauche, Pietà en terre cuite d'une époque antérieure. Dans le croisillon gauche, surnommé « la belle chapelle », consacrée à la Vierge, un autre prieur, Jean Bougler, fit surgir, de 1530 à 1556, un ensemble sculpté d'une composition un peu chargée mais intéressant à détailler. La scène principale évoque la Mise au tombeau de la Vierge : Jean Bougler s'y est fait représenter tenant une extrémité du linceul ; au-dessus sont sculptés les quatre Pères de l'Église et une Assomption. Sur les parois on reconnaît, d'un côté, Jésus au milieu des Docteurs, de l'autre, des scènes de la Vie de la Vierge.

La SOLOGNE

Paradis des chasseurs et des pêcheurs, l'immense et plate Sologne, pittoresque zone de nature couvrant 490 000 ha, déroule à l'infini ses landes de bruyères. L'agriculture, la forêt et bon nombre d'étangs solitaires (11 000 ha) se partagent ce territoire qui s'étend jusqu'aux portes des villes où la brique, la pierre et le bois ajoutent leur note colorée.

Entre Cher et Loire, la Sologne est limitée à l'Est par les collines du Sancerrois, à l'Ouest par une ligne courbe allant de Selles-sur-Cher à Cheverny, en passant par Chemery, Thenay et Sambin.

Formé d'argiles et de sables, le terroir solognot s'incline insensiblement vers l'Ouest, comme le montre le cours de ses rivières Cosson, Beuvron, Petite et Grande Sauldre.

La mise en valeur – Jadis dévastée par les fièvres engendrées par les eaux mortes de très nombreux étangs, la région a changé de visage sous Napoléon III qui, ayant acquis le domaine de Lamotte-Beuvron, y donna l'exemple des améliorations.

Un comité central de Sologne fit planter des pins sylvestres et des bouleaux, creuser des canaux, construire des routes, curer et assécher les étangs, amender les terres.

Les fièvres disparurent, la population s'accrut : la Sologne prit à peu de chose près son aspect actuel.

Le pays solognot – La superficie cultivée est d'environ 140 000 ha. La culture du maïs (près de 21 500 ha), qui permet de mieux nourrir les bovins et qui est un excellent couvert à gibier, réconcilie l'agriculteur, l'éleveur et le chasseur. La production fourragère nourrit 35 000 bovins, 25 000 moutons et 10 000 caprins. Nombre de fermes se transforment en élevages de faisans ou en exploitations orientées vers les cultures nourricières de gibier.

Cependant, partout où l'agriculture a su se rendre maître de l'eau, on trouve des plantations fruitières, ainsi que des exploitations orientées vers des élevages intensifs (bovins, ovins, caprins).

La région de Contres produit des légumes et des fruits vendus localement, expédiés sur les grands marchés ou travaillés

Faisan

dans les conserveries. La production d'asperges en Sologne et dans le Val de Loire blésois arrive dans les premiers rangs en France et la fraise augmente ses rendements en devenant une culture très spécialisée.

Au contact du Blésois et des coteaux du Cher, le vignoble s'est amélioré grâce aux cépages Sauvignon et Gamay.

Quelques petites villes comme Gien, Sully, Romorantin-Lanthenay et Lamotte-Beuvron, centre géographique de la Sologne, font office de marchés.

Aux industries locales traditionnelles (scieries, fabriques d'emballages) sont venues s'ajouter les fabriques de porcelaines à Lamotte-Beuvron, l'armement à La Ferté-St-Aubin et Salbris, les voitures utilitaires à Romorantin, ainsi que des entreprises de culture de bulbes de glaïeuls, dahlias, ignames...

Enfin, l'amélioration récente de la gestion piscicole des étangs permet une production de plus en plus rationnelle de poissons élevés de façon traditionnelle. Brochets, sandres, anguilles, carpes... et, plus récemment, mervals (silures glane) font la joie des pêcheurs et des gastronomes.

La forêt solognote – Elle occupe une place à part dans la région Centre et le paysage français. Son histoire et la nature de ses sols, souvent sableux et saturés d'eau, font qu'on la compare parfois aux forêts nordiques. Couvrant plus de 225 000 ha, la forêt solognote, dont le taux de boisement est proche de 60 %, notamment dans l'Est, s'étend chaque année davantage depuis un siècle et demi.

Les propriétaires privés, qui possèdent 90 % de la surface boisée et de la totalité des friches (40 000 ha), en ont accru la richesse en introduisant des essences mieux adaptées telle que le pin sylvestre depuis plus de 15 ans, et plus récemment le pin laricio ou le Douglas. Ces résineux étaient à l'origine destinés au marché du bois de mine, aujourd'hui disparu. Ils se sont peu à peu substitués au pin maritime, disparu suite au terrible hiver de 1878-1879 où le gel détruisit plus de 60 % des massifs forestiers.

L'exploitation des conifères est réalisée pour la fabrication de la pâte à papier et de panneaux agglomérés. Le développement de la forêt a permis l'installation d'une usine importante à Sully-sur-Loire. Parallèlement, les scieries se modernisent et les bois de sciage sont maintenant transformés sur place pour l'emballage, la charpente, les huisseries et les meubles. Les très belles chênaies de la Sologne, du Blésois et du Cher sont productrices de bois réputés pour le *tranchage* (bois destiné au placage), le *merrain* (bois débité en planche, destiné à la construction) ou le parquet.

L'épaisseur du couvert, la tranquillité et la présence de l'eau attirent une faune très diverse, dont la régulation reste essentielle pour préserver la forêt des prédations des grands cervidés, des chevreuils et des lapins.

Cerf

Enfin, l'abondance des oiseaux migrateurs fait de la région un terrain de chasse privilégié.

Le **Solognot**, qu'a si bien décrit Maurice Genevoix, le *Raboliot* qui braconnait volontiers, utilisant appâts, collets, lanternes, grelots, est devenu rare, car l'embauche saisonnière a diminué. Cet homme des bois, défiant et rusé, n'aime pas l'intrus, mais ouvre volontiers sa porte au passant «pas fier».

VILLES ET CURIOSITÉS

C'est au début de l'automne, quand le roux des arbres à feuilles caduques se mêle au vert persistant des pins sylvestres, par-dessus les fougères et les tapis de bruyère mauve, autour des étangs mélancoliques, que la Sologne est le plus attachante.

Les salves qui signalent la période de la chasse peuvent cependant, en certains endroits, altérer quelque peu le charme de la région. Pour mieux apprécier la nature solognote, on pourra faire quelques promenades à pied.

Du fait des nombreuses clôtures, interdictions d'accès, et de l'installation de pièges, il est recommandé de s'en tenir aux sentiers balisés tels que le GR 31 et le GR 3c. Une traversée pittoresque de la Sologne en **train** ⊘, par la compagnie du Blanc Argent – de **Salbris** à Luçay-le-Mâle *(Voir guide Vert Michelin Berry-Limousin)* – utilisant une voie métrique, peut aussi constituer une bonne approche.

La «route touristique de Sologne», la D 922, reliant La Ferté-St-Aubin à Romorantin, permet de connaître des paysages caractéristiques.

Argent-sur-Sauldre – *Voir à ce nom.*

Aubigny-sur-Nère – *Voir à ce nom.*

★ **Blancafort** – *Voir à ce nom.*

Bracieux – Dans la vallée du Beuvron, à la limite de la Sologne et du Blésois, Bracieux est un bourg coquet groupé autour de sa halle du 16e s. ; un pont pittoresque enjambe le Beuvron.

Cerdon – *Voir à ce nom.*

★★★ **Château de Chambord** – *Voir à ce nom.*

Chaumont-sur-Tharonne – Cette cité solognote conserve, dans son plan, le témoignage des remparts qui l'entouraient autrefois. Elle occupe un site pittoresque, sur une butte que couronne une église des 15e et 16e s.

★★★ **Château de Cheverny** – *Voir à ce nom.*

La Ferté-St-Aubin – *Voir à ce nom.*

Fontaines-en-Sologne – Datant en majeure partie du 12e s., l'**église** de Fontaines montre la diffusion du style angevin *(voir p. 36)* : chevet plat, nef unique à remarquables voûtes bombées. Elle fut fortifiée au 17e s. A côté de l'église, belles maisons à pans de bois et toits de petites tuiles plates, fréquentes dans la région.

Gy-en-Sologne – Visite d'une petite maison d'ouvriers solognots, la **Locature de la Straize** ⊘ (16e s.).

Lanthenay (Église) ⊘ – Elle renferme une Vierge entre saint Jean-Baptiste et saint Sébastien, peinture datant de 1523 et attribuée à Timoteo Viti, peintre d'Urbino qui influença Raphaël à ses débuts. Toile du 17e s., le Christ mort entre la Vierge et saint Jean. Statues polychromes (16e s.), en bois, de saint François et sainte Claire.

Lassay-sur-Croisne – *Voir à ce nom.*

★ **Château du Moulin** – *Voir à Lassay-sur-Croisne.*

Neuvy – Neuvy s'élève à l'orée de la forêt de Boulogne, sur la rive droite du Beuvron. Son **église** ⊘, isolée sur l'autre rive, fut partiellement reconstruite en 1525. Elle est entourée d'un cimetière, dans un site agréable près d'une vieille ferme de brique, à pans de bois. Dans la nef, la poutre de gloire supporte des statues du 15ᵉ s. Dans le croisillon droit, un tableau du 17ᵉ s. montre le Christ mort soutenu par deux anges.

★ **Romorantin-Lanthenay** – *Voir à ce nom.*

St-Viâtre – *Voir à ce nom.*

Salbris – Situé sur la rive gauche de la Sauldre, Salbris, carrefour routier, bon centre d'excursions en forêt, possède une **église** St-Georges, en pierre et brique, des 15ᵉ et 16ᵉ s. Une Pietà (16ᵉ s.) occupe le centre du retable du maître-autel. Les chapelles du transept sont remarquables par leurs clefs de voûte aux armes des donateurs et de très jolies sculptures en cul-de-lampe représentant, au Sud, les trois Rois mages et la Vierge à l'Enfant, et au Nord les symboles des quatre Évangélistes.

Selles-St-Denis – Dans la vallée de la Sauldre, la **chapelle** St-Genoulph des 12ᵉ et 15ᵉ s., à chapelles latérales et abside de style flamboyant, abrite des peintures murales du 14ᵉ s., retraçant la vie de saint Genoulph.

Villeherviers – Dans la large vallée de la Sauldre, plantée d'asperges, Villeherviers possède une **église** ⊘ du 13ᵉ s. à voûtes Plantagenêt.

★ **Aliotis, l'Aquarium de Sologne** ⊘ – *3 km à l'Est par la D 724, à la sortie du village de Villeherviers suivre le fléchage jusqu'au lieu-dit le Moulin des Tourneux.*
Cet aquarium comprend huit secteurs différents ; le premier, de 10 grands aquariums (de 10 000 l à 115 000 l d'eau), est représentatif de la faune des divers plans d'eau tels qu'ils existent à travers la France : rivières de première et seconde catégorie, estuaire, fleuve, lac de montagne, lac de plaine, mare, etc. En complément, une cinquantaine d'aquariums de modestes dimensions (50 l à 500 l) permettent de se familiariser avec l'incroyable petit monde qui habite au fond de l'eau (sangsues, grenouilles, larves diverses). Le second secteur est constitué par un énorme aquarium de 600 000 l dans lequel évoluent les géants (remarquer les impressionnants silures) qui hantent les eaux de France et d'Europe ; deux bassins plus petits rassemblent une belle collection des Kois japonais (sortes de carpes multicolores). Le monde marin est présent dans le troisième secteur en deux aquariums distincts, l'un réservé aux petits habitants des récifs coralliens, l'autre, de 10 m, pour les espèces plus respectables. Le monde aquatique de l'Amérique du Sud se trouve dans le quatrième secteur (remarquer les deux aquaterrariums qui offrent la vision simultanée de la vie hors de l'eau et de la vie sous l'eau des grands fleuves sud-américains). Le cinquième secteur présente l'Afrique ; le sixième est la «salle des cascades» ; le septième, «Océan et miroir», est réservé aux poissons des mers tropicales ; un aquarium de 250 000 l d'eau de mer, dans le huitième secteur, offre au visiteur la vision de l'organisation des lagons. Un laboratoire de découverte est accessible aux visiteurs.

Château de Villesavin – *Voir à ce nom.*

SUÈVRES★

1 360 habitants (les Sodobriens)
Carte Michelin nᵒ 64 Sud-Est du pli 7 ou 238 pli 3

Cette petite ville, antique Sodobrium gallo-romaine, cache ses façades pittoresques en contrebas de la bruyante N 152.
Au bord de la route, l'**église St-Christophe** ⊘, précédée d'une galerie couverte ou «caquetoire», présente divers appareils en arêtes de poisson et chevrons, caractéristiques de l'époque mérovingienne.
Au nᵒ 9 et, en face, au nᵒ 14 bis de la rue Pierre-Pouteau, maisons du 15ᵉ s. Prendre à droite la pittoresque impasse de la rue des Moulins, qui longe le ruisseau enjambé de multiples passerelles et où se mirent saules pleureurs et tamaris. *Revenir sur ses pas et franchir le pont de pierre.*
On passe devant le lavoir, au coin de la rue St-Simon ; de part et d'autre de la rue subsistent les traces d'une ancienne porte fortifiée. Plus loin à gauche émerge de la verdure le clocher roman à deux étages de l'**église St-Lubin** ⊘, au joli portail Sud (15ᵉ s.).

Créez vos propres itinéraires
à l'aide de la carte des principales curiosités et régions touristiques.

SULLY-SUR-LOIRE★

5 806 habitants (les Sullinois)
Carte Michelin n° 65 pli 1 ou 238 pli 6

Le château de Sully commandait un passage de la Loire. Quatre grands noms dominent les souvenirs historiques qu'il évoque : Maurice de Sully, évêque de Paris qui fit construire Notre-Dame, Jeanne d'Arc, Sully, Voltaire.

La détermination de Jeanne d'Arc – En 1429, Sully appartient à Georges de La Trémoille, le favori de Charles VII. Le roi réside au château pendant que Jeanne bat les Anglais à Patay et fait prisonnier leur capitaine, le fameux Talbot. La Pucelle accourt à Sully et décide enfin l'indolent monarque à se faire sacrer à Reims. Elle revient au château en 1430 après son échec devant Paris ; mais elle sent la jalousie et l'hostilité de La Trémoille gagner l'esprit du roi. Retenue et presque prisonnière, elle s'évade pour continuer la lutte.

La puissance de travail de Sully – En 1602, Maximilien de Béthune, seigneur de Rosny, achète le château et la baronnie pour 330 000 livres. Henri IV érige Sully en duché-pairie et c'est sous ce nom que le grand ministre est entré dans l'histoire.
Sully a commencé à servir son roi à 12 ans. Grand homme de guerre, le meilleur artilleur de son temps, c'est aussi un administrateur consommé. Son action s'étend à tous les domaines : Finances, Agriculture, Industrie, Travaux publics.
Bourreau de travail, Sully commence sa journée à 3 h du matin et surmène les quatre secrétaires qui rédigent ses mémoires qu'il intitule : *Sages et royales économies d'État*. Craignant les indiscrétions, il fait installer une presse dans une tour du château et l'ouvrage est imprimé sur place, bien que portant l'adresse d'un imprimeur d'Amsterdam. Le vieux duc aime l'ordre comptable jusqu'à la manie. Un arbre à planter, une table à façonner, un fossé à récurer, font l'objet d'un marché notarié.
De caractère difficile, il est souvent en procès, notamment avec l'évêque d'Orléans. Depuis le Moyen Âge, le châtelain de Sully doit porter le siège de l'évêque le jour de son entrée à Orléans. Le ministre, duc et pair, protestant de surcroît, refuse de se plier à cette coutume. Il finit par obtenir l'autorisation de se faire remplacer à la cérémonie.
Sully embellit le château. Les constructions s'élevaient primitivement sur la Loire même. Il écarte le fleuve par une levée, creuse des fossés qu'il remplit en détournant une rivière des environs, trace le parc, agrandit les bâtiments.
La carrière de Sully prend fin avec l'assassinat d'Henri IV (1610). Le ministre se retire mais il assure Louis XIII de sa fidélité et encourage ses coreligionnaires à en faire de même. Richelieu le fera maréchal de France.

L'esprit de Voltaire (18e s.) – Exilé de Paris par le Régent pour des épigrammes trop mordantes, Voltaire passe plusieurs saisons chez le duc de Sully, qui s'entoure de philosophes et de «libertins». Voltaire a 22 ans. Sa verve et son esprit en font le boute-en-train du château.
A l'ombre du parc, dont il a décrit les arbres «découpés par les polissons et les amants», le jeune Arouet noue des intrigues galantes qu'il porte à la scène. On installe pour lui une salle de théâtre où il fait jouer *Œdipe*, puis les *Nuits Galantes* et *Artémise* par ses belles amies.

Le château

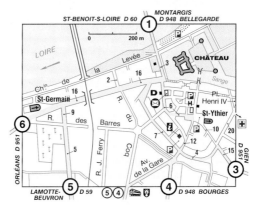

★ LE CHÂTEAU ⏱ visite 3/4 h

En grande partie antérieur à 1360, le château est une importante forteresse. Le donjon, construit à la fin du 14e s. par Guy de la Trémoille, fait face à la Loire. Il est rectangulaire et cantonné de tours rondes. La partie haute est équipée de chemins de ronde avec mâchicoulis, meurtrières et arbalétrières qui marquent l'évolution de l'art militaire au cours de la guerre de Cent Ans. Le pavillon d'habitation de Sully date du début du 17e s., il a été remanié aux 18e et 19e s.

On commence la visite par la grande salle basse qui expose six tapisseries provenant des Ateliers parisiens, ancêtres des Gobelins. Elles racontent l'histoire de *Psyché*, de *Vénus* et de *Cupidon*…

La salle d'honneur, une autre salle immense au 1er étage (300 m2), était au Moyen Âge, la salle principale du logis seigneurial où justice était rendue et festins organisés. Au 17e s., Maximilien de Béthune la décore. Aux murs tendus de tissu rouge, les portraits des descendants du premier duc de Sully et de son frère Philippe. Voltaire y fit jouer ses pièces. Dans les embrasures des fenêtres, les ancêtres du Grand Sully sont peints en trompe-l'œil. Une porte de fer, dissimulée dans les lambris, donne accès à l'ancienne salle de manœuvres d'où les gardes actionnaient le pont-levis et la trappe de l'assommoir. De nos jours appelée **Oratoire**, cette pièce fut également, au 17e s. le cabinet du trésor du Duc et accueille une excellente copie du groupe funéraire représentant Sully et sa seconde épouse Rachel de Cochefilet (original à Nogent-le-Rotrou). Voir aussi la Chambre du Roi dont le lit aux courtines bleues et or trône au centre, en souvenir de la venue du Dauphin Louis XIV pendant la Fronde. Les tapisseries du 17e s. et le mobilier Louis XIII forment un ensemble harmonieux. Enfin, au 2e étage, l'unique salle couverte par la fameuse charpente, dont la visite précède celle du chemin de ronde.

★★ **La charpente** – La salle supérieure du donjon a l'une des plus belles charpentes que nous ait transmises le Moyen Âge. Construite à la fin du 14e s. par les Compagnons charpentiers de l'Orléanais, elle est de dimensions imposantes. Sa très bonne conservation tient aux précautions infinies que prenaient les charpentiers d'autrefois pour traiter et mettre en œuvre le bois de chêne. Abattus en hiver au décours de la lune, les arbres étaient équarris afin d'en dégager l'aubier et taillés selon le fil du bois. Leur immersion, des mois durant, permettait de purger le bois de sa sève. Ensuite commençait le séchage à l'air, qui durait de longues années, puis les opérations de fumage ou de salage qui garantissaient l'imputrescibilité du noble matériau. Enfin, il était badigeonné d'une solution à base d'alun.

Le petit château – Construit quelques années après le Donjon, il abrite les appartements du Duc de Sully et notamment sa chambre dont le plafond à caissons agrémente la pièce de devises et de symboles relatifs au titre de Grand maître de l'Artillerie (boulets de canon, foudre…) et de l'attachement du Duc à son roi Henri IV. D'intéressantes pièces de mobilier et des tableaux décorent ces appartements.

AUTRES CURIOSITÉS

Collégiale de St-Ythier – Érigée en 1529, la chapelle N.-D.-de-Pitié s'agrandit en 1605 et devint collégiale de St-Ythier. Elle a conservé deux **vitraux** datant de 1594 et 1596 : dans le bas-côté Sud, une légende des pèlerins de St-Jacques ; dans l'abside centrale, un Arbre de Jessé où la Vierge trône avec l'Enfant Jésus sur un lis épanoui. Dans le bas-côté Nord, au-dessus de l'autel, Pietà du 16e s.

Maison Renaissance (D) – Au-dessus de la façade ornée de médaillons et de pilastres, les lucarnes du toit aux baies géminées sont encadrées de cariatides.

Église St-Germain ⏱ – Remarquable flèche, de 38 m. *(En cours de restauration.)*

Château de TALCY★

240 habitants
Carte Michelin n° 64 pli 7 ou 238 pli 3

Aux confins du Val de Loire et de la Beauce, Le **château** ⊘ offre de l'extérieur un aspect sévère. Mais sitôt entré, on découvre un charmant et élégant manoir qui, bien que construit à la Renaissance, est resté étranger à toute recherche décorative. Dès l'origine le château fut le centre d'un domaine agricole dont la succession de cours et de jardins porte encore la marque. Les communs intacts comportent grange, pédiluve, colombier et pressoir. Fait exceptionnel, la demeure a conservé intérieurement l'aspect et les meubles qu'elle avait aux 17e et 18e s. Le château est également remarquable par les souvenirs littéraires qu'il évoque.

Seigneurie du 13e s., il fut acheté en 1517 par un riche Florentin, Bernard Salviati, parent des Médicis. Cette famille Salviati, qui conserva le domaine jusqu'en 1667, est célèbre dans l'histoire littéraire. Bernard fut le père de Cassandre à qui **Ronsard** a consacré tant de sonnets, et de Jean Salviati dont la fille, Diane, joua le même rôle d'inspiratrice auprès du jeune Agrippa d'Aubigné. Mariée à Guillaume de Musset, la fille de Cassandre compta dans sa descendance directe le grand poète Alfred de **Musset**.

Des tapisseries gothiques et un beau mobilier (17e-18e s.) agrémentent salles des gardes, office, cuisine, chambres et salons sous des plafonds à la française. Le donjon en partie du 15e s., percé de deux portes (cochère et piétonne), comporte deux tourelles d'angle et une galerie de défense crénelée, d'aspect médiéval, datant de 1520. Les fenêtres du 1er étage furent modifiées au 18e s.

La première cour doit son charme à une gracieuse galerie et à un joli puits fleuri d'un rosier, la deuxième au **colombier** (16e s.) dont les 1 500 alvéoles sont admirablement conservées.

Un remarquable **pressoir** est encore en état de marche.

TOURS★★

Agglomération 271 927 habitants (les Tourangeaux)
Carte Michelin n° 64 pli 15 ou 232 plis 35, 36 et 238 pli 13 – Schéma p. 158

La capitale de la Touraine, traditionnel centre d'excursions dans la région des châteaux, offre elle-même de multiples attraits. Sa luminosité, la claire ordonnance de ses rues, ses places et ses jardins fleuris, ses richesses touristiques variées font de Tours une ville particulièrement attachante.

UN PEU D'HISTOIRE

Une métropole gallo-romaine – Au temps de la paix romaine, l'agglomération des Turons devient une cité prospère et libre sous le nom de *Caesarodunum* ou Colline de César ; elle s'étendait sur une quarantaine d'hectares, densément peuplés, mais les invasions de la fin du 3e s. contraignirent les habitants à se réfugier dans l'actuel quartier de la cathédrale où se trouvaient les arènes ; ils entourèrent la cité d'une muraille dont on peut voir d'importants restes près du château et, non loin de là, rue des Ursulines. En 375, la ville, qui a repris le nom de Turones, devient siège de la IIIe Lyonnaise, province qui comportait la Touraine, le Maine, l'Anjou et l'Armorique.

La ville de saint Martin (4e s.) – Le plus grand évêque des Gaules fut d'abord légionnaire dans l'armée romaine. Aux portes d'Amiens, le jeune soldat rencontre un mendiant que mord la bise. Il coupe son manteau en deux avec son épée et en donne la moitié au pauvre homme. La nuit suivante, le futur saint Martin, ayant vu en songe le Christ couvert de la moitié de son manteau, se fait baptiser et commence son apostolat. Il fonde à Ligugé, en Poitou, le premier monastère né sur le sol gaulois. Sa foi, sa charité le font connaître au loin. En 372, les gens de Tours viennent le supplier de devenir leur évêque. Bien que le christianisme soit implanté en Gaule depuis un siècle, le paganisme est encore vivace. Saint Martin le combat avec vigueur. Idoles, statues, temples sont détruits systématiquement. Mais l'iconoclaste est aussi un bâtisseur qui couvre la Touraine d'églises et de chapelles. Aux portes de Tours, il crée le monastère de

St-Martin partageant son manteau – Missel de Tours (14e s.)

Marmoutier. Saint Martin meurt à Candes en 397. Les moines de Ligugé et ceux de Marmoutier se disputent son corps, mais les Tourangeaux, profitant du sommeil des Poitevins, portent le cadavre dans une barque et regagnent leur ville à toutes rames. Un miracle s'opère alors : sur le passage du corps, et bien que l'on soit en novembre, les arbres verdissent, les plantes fleurissent, les oiseaux chantent ; c'est « l'été de la Saint-Martin ». En 471, une basilique s'élève autour de sa sépulture, elle mesure 53 m sur 20 m, possède 120 colonnes, 32 fenêtres dans l'abside et 20 dans la nef.

Un pèlerinage très fréquenté – En 496 (ou 498), **Clovis** vient se recueillir à St-Martin et promet de se faire baptiser s'il remporte la victoire sur les Alamans. Il est de retour en 507 lors de la guerre contre les Wisigoths ; il ordonne à son armée de ne pas souiller le territoire de Tours, par respect pour saint Martin. Après sa victoire à Vouillé, près de Poitiers, il n'oublie pas de se rendre à la basilique qu'il comble de présents en remerciement. Il revêt pour l'occasion les insignes de la dignité de consul que l'Empereur d'Orient lui a conférée. De ces pèlerinages de Clovis date la protection toute particulière que les Mérovingiens accorderont au prestigieux sanctuaire.

En 563, un jeune diacre de santé précaire, héritier d'une grande famille gallo-romaine arverne, Grégoire, se rend au tombeau de saint Martin. Guéri, il se fixe à Tours où sa piété et sa probité, alliées à la notoriété de plusieurs de ses parents (il était le petit-neveu de saint Nizier de Lyon), lui valent d'être élu évêque en 573. **Grégoire de Tours** écrit beaucoup et notamment une *Histoire des Francs* qui est restée la principale source de connaissance des temps mérovingiens ; il est également l'auteur des *Livres de miracles* et des *Vies des Pères*. Sous sa direction, la ville progresse encore et une abbaye s'organise autour de la basilique miraculeuse de St-Martin. Il meurt en 594. Depuis longtemps déjà, les foules viennent chercher ici guérison ou aide. Le pèlerinage de St-Martin de Tours acquiert une grande renommée à laquelle contribue toute une « propagande » relatant les nombreux miracles qui se produisent autour du tombeau. Aux pèlerins ordinaires, en quête de surnaturel, se mêlent les rois, les princes, les puissants qui ont à se faire pardonner beaucoup de crimes et d'abus... En outre, le sanctuaire est aussi un lieu d'asile, un refuge inviolable pour les persécutés comme pour les gredins. Le succès du culte martinien enrichit considérablement l'abbaye dont les possessions foncières, fruits de multiples donations, s'étendent jusqu'en Berry et en Bordelais. Bénéficiant de la faveur royale, elle reçoit également le droit de battre monnaie.

L'époque d'Alcuin. – A la fin du 8ᵉ s., Tours, tout en restant un grand centre religieux, devient, sous l'impulsion d'Alcuin, un foyer intellectuel et artistique. Ce moine, d'origine anglo-saxonne, a été ramené d'Italie par **Charlemagne**. Le monarque, qui veut relever le niveau des études dans ses États, fait ouvrir un grand nombre d'écoles destinées à former un clergé de qualité, capable à son tour d'enseigner aux populations. Dans son palais d'Aix, il s'entoure d'un groupe d'érudits dominé par la grande figure d'Alcuin, animateur de la « renaissance carolingienne ». Après avoir œuvré énergiquement à la cour, Alcuin décide de se retirer ; Charles lui offre alors l'abbatiat de St-Martin de Tours (796). L'abbaye compte plus de 200 moines mais elle est un peu en somnolence. Le vénéré maître entreprend de relever son prestige. Il s'occupe activement de l'école abbatiale, créant deux cycles : l'un élémentaire, l'autre d'étude des sept « arts libéraux » (grammaire, rhétorique, logique, arithmétique, géométrie, musique, astronomie). Les étudiants accourent de toute l'Europe.

Alcuin anime également le scriptorium, qui travaille au renouveau de la calligraphie et à la décoration des manuscrits. En plus de cela, il établit une version révisée de la **Vulgate** qui s'imposera dans tout le royaume. Il reste en relations étroites avec **Charlemagne**, qui sollicite ses avis et lui rend visite quelque temps avant le couronnement de décembre 800. Il s'éteignit le jour de la Pentecôte 804, âgé sans doute de 75 ans.

Dans le sillage d'Alcuin, Tours reste pendant la première moitié du 9ᵉ s. un brillant foyer culturel. En 813, un concile s'y réunit et prescrit aux prêtres de commenter les Écritures en langue romane et non en latin. Le **scriptorium** de St-Martin produit de son côté, dans les années 840, de splendides chefs-d'œuvre : la Bible dite d'Alcuin, la Bible dite de Moûtier-Grandval et la fameuse Bible de Charles le Chauve. Des artistes venus d'Aix puis de Reims renouvellent et enrichissent la technique picturale de l'atelier abbatial.

Des premiers Capétiens à Louis XI – Les invasions normandes atteignent Tours dès 853 : la cathédrale, les abbayes, les églises sont incendiées et détruites. Les reliques de saint Martin doivent être emportées et cachées jusqu'en Auvergne. La glorieuse abbaye entre en décadence et passe sous le contrôle des Robertiens qui en sont abbés laïcs. En 903, à la suite de nouveaux pillages, elle s'entoure d'une enceinte, et un nouveau bourg se forme à l'Ouest de la cité, « Châteauneuf » ou « Martinopole ». Contrôlant St-Martin, les Robertiens disposent d'un pouvoir temporel immense et ont la possibilité de faire quantité de carrières ecclésiastiques, si l'on songe que de l'abbaye dépendent plus de 200 chanoines parmi lesquels sont choisis des archevêques, des évêques et des abbés. Le surnom de **«Capet»**, qui s'applique au roi Hugues à la fin du 10e s., vient d'une allusion à la «cappa» de saint Martin, prouvant ainsi que le succès de la nouvelle dynastie royale doit beaucoup au célèbre monastère. L'un des grands vassaux d'Hugues Capet, Eudes Ier comte de Blois et de Tours, obtient d'ailleurs de celui-ci, vers 984, l'abbaye voisine de Marmoutier, appelée à prendre un grand essor au 11e s.

En 997, un gigantesque incendie détruit Châteauneuf et St-Martin, qui doit être entièrement reconstruite, notamment la basilique de 471. Durant le 11e s., la rivalité entre les Maisons de Blois et d'Anjou, dont les domaines s'enchevêtrent en Touraine, se termine par la victoire de la seconde. En 1163, date d'un grand concile tenu par le pape Alexandre III à Tours, la Touraine appartient à l'empire Plantagenêt. Mais en 1205, **Philippe Auguste** s'empare de la ville, qui restera définitivement française. Le 13e s. coïncide avec une période heureuse et prospère, marquée par l'adoption de la monnaie d'argent royale, frappée à Tours, puis dans d'autres villes du royaume, le **denier tournois**, préféré peu à peu au denier parisis. Au début du 13e s., un moine de Marmoutier, Jean, auteur de l'*Histoire des comtes d'Anjou* et de la *Vie de Geoffroi le Bel*, fait, dans son *Éloge de la Touraine*, un portrait flatteur des bourgeois tourangeaux et de leurs épouses. «Toujours en festin, leurs mets sont des plus recherchés ; ils boivent dans des coupes d'or et d'argent et passent leur temps à jouer aux dés et à chasser l'oiseau. La beauté des femmes est merveilleuse, elles se fardent le visage et portent des vêtements magnifiques. Leurs yeux allument les passions, mais leur chasteté les fait respecter.»

En 1308, Tours accueille les états généraux. Bientôt s'ouvre une période difficile avec l'arrivée de la **peste noire** (1351) et de la guerre de Cent Ans qui oblige la cité, à partir de 1356, à élever une nouvelle enceinte englobant Tours et Châteauneuf. Ballottée entre les appétits des grands feudataires du royaume, la Touraine est érigée en duché pour le futur Charles VII, qui entre solennellement à Tours en 1417. En 1429, Jeanne d'Arc y séjourne le temps de faire fabriquer son armure. Charles VII s'y installe en 1444 et signe, le 28 mai, la trêve de Tours avec Henri VI d'Angleterre.

Sous **Louis XI**, Tours est particulièrement en faveur ; elle fait figure de capitale du royaume et se voit dotée d'un maire en 1462. Le roi aime la région et réside au château de Plessis. A nouveau, on mène ici une vie facile tandis que la présence de la cour attire de nombreux artistes dont le plus réputé est **Jean Fouquet** (né à Tours vers 1415), auteur des magnifiques miniatures des *Grandes Chroniques de France* et des *Antiquités Judaïques*.

L'abbaye St-Martin bénéficie de la faveur royale et retrouve une partie de son prestige d'antan.

Louis XI meurt en 1483 au château de Plessis ; la cour émigre à Amboise.

Les temps modernes : soieries et guerres de Religion – Louis XI avait favorisé la fabrication de la soie et du drap d'or à Lyon, mais les Lyonnais ne s'étant pas montrés enthousiastes, les ouvriers et les métiers furent transportés en Touraine. L'apogée se situe au milieu du 17e s. avec 11 000 métiers battants et deux foires franches annuelles. Mais, dès 1680, le déclin s'amorce sous l'effet de la concurrence lyonnaise ; en 1789, 1 000 métiers seulement fonctionnent à Tours. Au 20e s. l'industrie de la soie connaîtra une nouvelle, bien que modeste, floraison. Dans ce monde d'artisans, d'intellectuels et d'artistes, la **Réforme** trouva ses premiers adeptes et Tours, comme Lyon ou Nîmes, devient un des centres les plus actifs de la nouvelle religion. En 1562, les calvinistes commettent de grands désordres, s'acharnant en particulier sur l'abbaye St-Martin. Les catholiques se reprennent et en tirent une vengeance impitoyable ; dix ans avant Paris, la ville a sa Saint-Barthélemy : 200 à 300 huguenots sont jetés à la Loire. En mai 1589, Henri III et le Parlement de Paris se replient à Tours qui, en la circonstance, retrouve son rôle de capitale du royaume.

Au début du 17e s., la construction d'une nouvelle enceinte, qu'on retrouve dans le tracé des grands boulevards (Heurteloup, Béranger, etc.), double l'espace enclos.

Dans la seconde moitié du 18e s., la monarchie fait établir, par de grands travaux d'urbanisme, une large voie Nord-Sud, futur axe de développement de Tours. Pourtant, la ville perd son importance politique et économique et, en 1801, elle ne compte guère que 20 000 habitants, moins qu'Angers et Orléans.

Au 19e s., son développement est lent : on construit et on embellit, mais on industrialise peu. Le chemin de fer agit comme stimulant, la gare de St-Pierre-des-Corps entraînant un regain d'activité. En 1921, Tours dépasse Orléans avec 75 000 habitants.

Des guerres – Pour les facilités de communications qu'elle offre, la ville est choisie en septembre 1870 comme **siège du Gouvernement de la Défense nationale** ; mais l'avancée des Prussiens, trois mois plus tard, oblige ce dernier à se replier à Bordeaux.

En juin 1940, le même scénario se produit, mais en accéléré : à peine installé, le gouvernement doit fuir à Bordeaux. La ville souffre des bombardements et brûle pendant trois jours, du 19 au 21.

En 1944, le déluge de feu recommence ; on dénombre 136 morts pour la seule journée du 20 mai. Au total, de 1940 à 1944, 1 543 immeubles ont été détruits et 7 960 endommagés, les quartiers du centre et du bord de la Loire ayant été les plus touchés.

TOURS, CENTRE ÉCONOMIQUE

Tours a maintenant largement débordé de son cadre naturel entre la Loire et le Cher et compte une vaste agglomération urbaine. Le cours du Cher a été rectifié et canalisé sur 7 km, et ses rives asséchées pour permettre la construction de deux zones d'habitation, d'un lac artificiel de 25 ha et d'un stade nautique.

Tours possède de nombreuses industries légères de transformation, des laboratoires pharmaceutiques, des imprimeries. Une usine pour la fabrication de pneumatiques Michelin a été construite à Joué-lès-Tours, au Sud de la ville. Fidèle à l'ancienne tradition, Tours possède encore des métiers Jacquard pour la production de soieries et de velours, exportés dans le monde entier ou contribuant à des restaurations dans maints châteaux et demeures de France.

Important carrefour ferroviaire et routier, Tours est un centre économique pour le Centre-Ouest et le grand marché agricole et vinicole de la région. Des foires (en mai et septembre) sont le reflet de cette activité.

Une université, comptant 25 000 étudiants, un Centre d'Études supérieures de la Renaissance, un Conservatoire national de musique, une École régionale des Beaux-Arts, un Centre national d'Archéologie urbaine et des instituts supérieurs spécialisés, dont une École supérieure de Commerce et une école d'ingénieurs en informatique et gestion (ESIG), contribuent à donner à la ville une vie culturelle et intellectuelle intense et variée.

Place Plumereau

★★ LE VIEUX TOURS (ABY) *visite : 1 h 1/2*

La vaste opération de restauration entreprise vers 1970 autour de la place Plumereau ainsi que l'installation de la Faculté des Lettres au bord de la Loire ont fait revivre ce vieux quartier ; ses rues étroites, souvent piétonnes, ont attiré boutiques et artisans, et le quartier est devenu un des pôles d'animation de la ville.

★ **Place Plumereau** (ABY) – L'ancien « carroi aux chapeaux » est bordé de belles maisons du 15e s. à pans de bois qui alternent avec des façades de pierre. A l'angle de la rue du Change et de la Monnaie, une belle maison à deux pignons d'ardoises présente des poteaux ornés de sculptures : une observation attentive du poteau cornier permet de reconnaître une Nativité (15e s.). Avancer jusqu'à l'angle de la rue de la Rôtisserie, marqué d'une vieille façade à croisillons de bois.

Au Nord, un passage voûté ouvre sur la charmante petite **place St-Pierre-le-Puellier** agrémentée de jardins ; des fouilles montrent, entre autres, un bâtiment public gallo-romain (1er s.), des cimetières des 11e et 13e s., ainsi que les fondations de l'ancienne église qui a donné son nom à la place, et dont une partie de la nef est encore visible sur un côté de la place et dans la rue Briçonnet. Au Nord, un grand porche ogival donne accès à une placette.

Tours pratique

S'informer – Le quotidien régional : La *Nouvelle République du Centre-Ouest*. Les radios : Radio France Tours 98,7 mhz ; Radio Saint-Martin 100,4 mhz ; Vibration 101,7 mhz ; Sud Touraine 88,2 mhz ou Touraine sur Fréquence 90,1 mhz.

Se distraire – Grand théâtre ☎ 02 47 05 33 71. Théâtre Louis-Jouvet ☎ 02 47 64 50 50. «Le Petit Faucheux», café-théâtre et jazz 02 47 39 29 34. Le «Vinci», Centre international de Congrès, dispose de 3 auditoriums ☎ 02 47 70 70 70.

Se régaler de spécialités – Pruneaux farcis à la compote de pomme, pruneaux au marc de pays ; muscadines (praliné fin parfumé au Cointreau) ; livre tournois (chocolat amer, café et orange) ; pavés (gâteau) de Tours ; sans oublier les vins de Touraine dans leur ensemble.

Retenir des dates – **Mai**, «Semaines musicales de Tours» (opéras, concerts symphoniques) ; **juin**, «Fêtes musicales en Touraine» (musique de chambre), dans le cadre de la grange de Meslay ; **juillet**, «Le Chorégraphique» ; à la Sainte-Anne, le 26 **juillet**, foire à l'ail et au basilic.

Aller au marché – Marché aux fleurs le mercredi et le samedi, boulevard Béranger. *Marché gourmand*, premier vendredi de chaque mois de 16 h à 22 h, place de la Résistance.

Rue du Grand-Marché – (**AY**) C'est une des plus intéressantes du Vieux Tours, avec ses nombreuses façades en colombage garni de briques, ou d'ardoises.

Quartier du Petit-St-Martin (**AY**) – Dans ce quartier piéton sont installées quelques échoppes d'artisans, en particulier autour de l'ancien **Carroi aux herbes** (**50**).

Rue Bretonneau (**AY**) – Au no 33, un hôtel du 16e s. présente un beau décor de rinceaux Renaissance ; l'aile Nord fut ajoutée vers 1875.

Musée du Gemmail ⊘ (**AY M¹**) – *Entrée au no 7, rue du Mûrier*. Bel édifice Restauration à colonnes, l'**hôtel Raimbault** (1835) présente des gemmaux, dont le nom et l'aspect rappellent à la fois la lumière du vitrail et l'éclat des pierres précieuses *(voir p. 41)*. 70 pièces y sont accrochées, travail de «gemmistes maîtres-verriers» qui sont avant tout des coloristes travaillant à partir de cartons. La chapelle souterraine du 12e s. est décorée d'œuvres de gemmistes. Un atelier est reconstitué dans l'ancienne écurie.

★**Rue Briçonnet** (**AY 13**) – Elle rassemble tous les styles de maisons tourangelles, depuis la façade romane jusqu'à l'hôtel 18e s.
Au no 35, une maison représente, sur l'étroite rue du Poirier, une façade romane ; au no 31, façade gothique de la fin du 13e s. ; en face, au no 32, maison Renaissance aux jolies statuettes en bois. Non loin, une belle **tour d'escalier** marque l'entrée de la place St-Pierre-le-Puellier. Plus au Nord, sur la gauche, le no 23 présente une façade classique.
Au no 16, se trouve la **maison de Tristan (K)** ⊘, remarquable construction de brique et pierre, au pignon dentelé, de la fin du 15e s., qui abrite le Centre d'Études de Langues vivantes ; dans la cour un des linteaux de fenêtre porte l'inscription « Prie Dieu Pur », anagramme de Pierre Dupui qui fit construire l'hôtel.

Rue Paul-Louis-Courier (**BY 27**) – Au no 10 (dans la cour intérieure), le portail d'entrée de l'hôtel Binet (15e-16e s.) est surmonté d'une élégante galerie en bois desservie par deux escaliers en spirale.

Place de Châteauneuf (**BY 17**) – Belle vue sur la **tour Charlemagne** (**Q**), vestige de l'**ancienne basilique St-Martin**, élevée du 11e au 13e s. sur le tombeau du grand évêque de Tours, après la destruction par les Normands du sanctuaire du 5e s. Le nou-

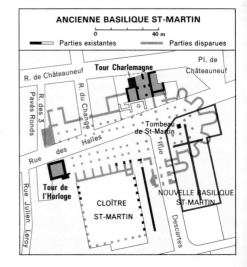

ANCIENNE BASILIQUE ST-MARTIN

0   40 m

■ Parties existantes   ▨ Parties disparues

Pl. de Châteauneuf

R. de Châteauneuf   **Tour Charlemagne**

Pavés Ronds

R. des 3

R. du Change

Tombeau de St-Martin

Rue

des

Halles

Rue

Tour de l'Horloge

CLOÎTRE ST-MARTIN

NOUVELLE BASILIQUE ST-MARTIN

Rue Julien Leroy

Descartes

TOURS

M⁵ Musée des Équipages militaires et du Train   **R** Château de Plessis-lès-Tours

vel édifice était aussi célèbre que l'ancien par ses dimensions et sa magnificence. Saccagé en 1562 par les huguenots, il fut laissé à l'abandon pendant la Révolution et ses voûtes s'écroulèrent. La nef fut rasée en 1802 pour tracer la rue des Halles. La tour Charlemagne qui dominait le croisillon Nord, isolée depuis cette époque, s'est en partie effondrée en 1928, mais, restaurée, elle garde noble allure. De la rue des Halles, remarquer un beau chapiteau sculpté, du 12ᵉ s.

Au sommet de la tour, un bas-relief datant de la restauration de l'ouvrage montre saint Martin partageant son manteau.

En face, l'ancien **logis des ducs de Touraine** (**E**) (14ᵉ s.) abrite la « Maison des Combattants », tandis que l'ancienne **église St-Denis** (**D**) (fin 15ᵉ s.) a été aménagée en centre musical.

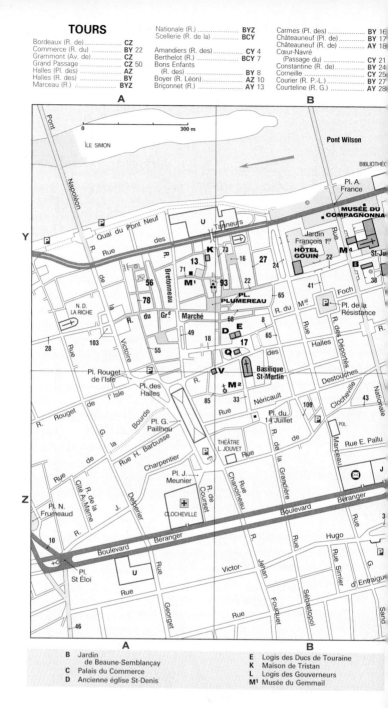

B   Jardin
    de Beaune-Semblançay
C   Palais du Commerce
D   Ancienne église St-Denis

E   Logis des Ducs de Touraine
K   Maison de Tristan
L   Logis des Gouverneurs
M¹ Musée du Gemmail

Plus loin sur la rue des Halles s'élève la **tour de l'Horloge (V)**, qui marquait la façade de la basilique ; elle fut complétée d'un dôme au 19e s.

La **nouvelle basilique St-Martin,** construite de 1886 à 1924 dans le style néo-byzantin, est l'œuvre de Victor Laloux, architecte Tourangeau (1850-1937). La crypte renferme le tombeau de saint Martin ; il est toujours le but de pélerinages importants (surtout le 11 novembre et le dimanche suivant).

Musée St-Martin (**BZ M²**) ⊙ – Installé rue Rapin, dans la chapelle St-Jean (13e s.), ancienne dépendance du cloître St-Martin, ce musée évoque à partir de textes et de gravures les principaux événements de la vie de ce saint ainsi que son rayonnement au travers des nombreuses églises qui lui furent consacrées, non seulement en France (où l'on compte près de 4 000 édifices portant son patronyme) mais aussi dans toute l'Europe.

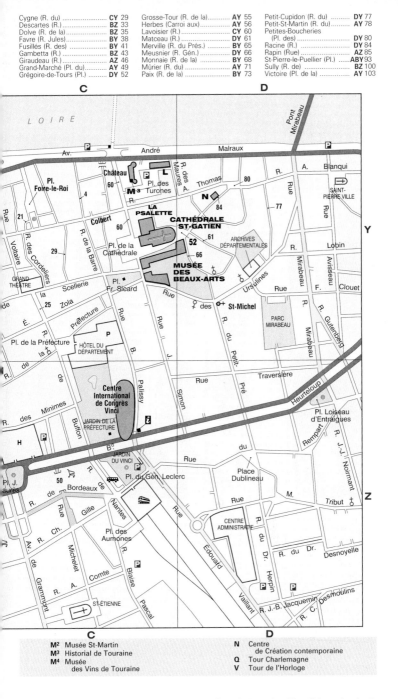

M² Musée St-Martin
M³ Historial de Touraine
M⁴ Musée des Vins de Touraine

N Centre de Création contemporaine
Q Tour Charlemagne
V Tour de l'Horloge

Ce musée regroupe également les vestiges préservés lors des démolitions des basi-
liques successives élevées sur le tombeau de Saint-Martin (marbres sculptés de la
basilique construite vers 470, peintures murales et mosaïques de la basilique
romane du 11e s.).

Différents documents permettent de reconstituer l'évolution de la construction du
monastère. Une maquette représente le dernier édifice tel qu'il était conçu avant
sa destruction entre 1797 et 1802.

Avant de quitter la rue Rapin, remarquer plusieurs maisons anciennes et notamment celle du n° 6 qui abrite aujourd'hui le Centre d'Études supérieures de la
Renaissance.

★ **Hôtel Gouin** (BY) ⊘ – Cet hôtel, parfait modèle, par sa disposition, des logis de
la Renaissance, est l'un des plus intéressants du vieux Tours. Incendié en
juin 1940, il conserve sa **façade Sud**★, sculptée de fins rinceaux Renaissance, et

Tours – Hôtel Gouin

au Nord sa belle tour d'escalier. Il abrite le **musée** de la Société Archéologique de Touraine, consacré à des collections très variées allant des périodes préhistoriques et gallo-romaines jusqu'au 19e s., en passant par le Moyen Âge et la Renaissance. Remarquer, dans un décor de boiseries du 18e s., les instruments du cabinet de physique du château de Chenonceau, agencé par Dupin de Francueil avec la collaboration de Jean-Jacques Rousseau, pour l'éducation du jeune Dupin.

On peut voir entre autres : vis d'Archimède, plan incliné, sonnerie à placer sous une cloche sous vide, pompe à vide, etc., le tout artistiquement décoré.

★★ QUARTIER DE LA CATHÉDRALE (CDY) visite : 2 h

★★ Cathédrale St-Gatien (CDY) – St-Gatien a été commencée au milieu du 13e s., et terminée au 16e s. Aussi offre-t-elle toute l'évolution du style gothique : le chevet en montre l'origine, le transept et la nef l'épanouissement, la façade flamboyante, la fin.

Et l'on voit dans les couronnements des clochers apparaître la Renaissance.

Malgré le mélange des styles, la façade s'élance de façon très harmonieuse. Une légère asymétrie des détails évite toute monotonie. Assise sur une muraille gallo-romaine, la base des tours est romane comme en témoignent les puissants contreforts latéraux. Le riche décor flamboyant de la façade a été ajouté au 15e s. : tympans ajourés, archivoltes en feston, gâbles ornementés de feuillage aux portails ; les contreforts, jaillissant jusqu'à la base des clochers, ont reçu à la même époque une ornementation de niches et de pinacles à crochets.

La partie supérieure de la tour Nord, du 15e s., est prolongée par une élégante coupole à lanternon de la première Renaissance. Le clocher Sud, construit au 16e s. directement sur la tour romane, est surmonté aussi d'une coupole à lanternon témoignant de la Renaissance tardive.

L'**intérieur** de la cathédrale frappe par la pureté de ses lignes.

La nef des 14e et 15e s. s'harmonise parfaitement au **chœur**. Celui-ci est une des plus belles œuvres du 13e s., attribuée à l'architecte de la Sainte-Chapelle à Paris, Étienne de Mortagne.

Les **verrières**★★ sont l'orgueil de St-Gatien. Celles du chœur, aux chauds coloris, sont du 13e s.

La rose Sud du transept, légèrement losangée, et la rose Nord, coupée d'une épine de soutènement, sont du 14e s.

Les vitraux de la 3e chapelle latérale Sud et la grande rose de la nef sont du 15e s. Dans la chapelle qui donne sur le croisillon Sud se trouve le **tombeau**★ des enfants de Charles VIII, œuvre gracieuse de l'école de Michel Colombe (16e s. – *p. 31*) sur un socle finement ouvragé de Jérôme de Fiesole.

★ **La Psalette (Cloître St-Gatien) (CY)** ⊘ – Élégant édifice gothique-Renaissance. Là se retrouvaient les chanoines de la cathédrale et la maîtrise, d'où le nom de Psalette (où se chantent les psaumes).

Le cloître comporte trois ailes, appuyées au mur Nord de la cathédrale : l'aile Ouest, élevée en 1460, est surmontée à l'étage d'une salle de bibliothèque, alors que les ailes Nord et Est (1508-1524) sont presque totalement couvertes en terrasse.

Un gracieux escalier à vis, Renaissance, mène, à l'étage, au scriptorium (1520) précédant la bibliothèque ou «librairie», belle salle voûtée d'ogives où sont exposées des fresques (13e-14e s.) provenant de l'église de Beaumont-Village.

★ **Place Grégoire-de-Tours (DY 52)**. – Belle vue sur le chevet de la cathédrale et ses arcs-boutants gothiques ; à gauche se dresse le pignon médiéval du **palais des Archevêques** (occupé par le musée des Beaux-Arts) : de la tribune Renaissance, on donnait lecture des jugements du tribunal ecclésiastique. Remarquer, sur la rue Manceau, une maison canoniale (15e s.) surmontée de deux lucarnes à gâble et, à l'entrée de la rue Racine, une maison de tuffeau à toit pointu (15e s.), qui abritait la Justice-des-Bains (siège de la juridiction du chapitre métropolitain), construite sur les vestiges d'un amphithéâtre gallo-romain considérés à tort, sous la Renaissance, comme des thermes.

Un peu plus loin, le **Centre de Création contemporaine (N)** ⊘ organise des expositions temporaires consacrées à toutes les formes de l'art contemporain.

Gagner la place des Petites-Boucheries et de là prendre la rue Auguste-Blanqui puis à droite la rue du Petit-Cupidon.

A l'angle de cette rue et de la rue des Ursulines, passer sous une voûte d'immeubles et pénétrer dans le jardin des archives départementales d'Indre-et-Loire. A cet endroit on peut voir la partie la mieux conservée de l'enceinte gallo-romaine de l'ancienne cité de *Caesarodunum*, avec l'une de ses tours de défense, dite tour du Petit Cupidon, et sa poterne Sud creusée dans la muraille qui devait permettre le passage d'une voie romaine.

Poursuivant dans la rue des Ursulines, remarquer à gauche, la **chapelle St-Michel** ⊘ (17e s.) où est évoqué le souvenir de Marie de l'Incarnation, ursuline de Tours partie évangéliser le Canada et qui fonda à Québec en 1639 le premier monastère des ursulines *(voir le guide Vert Michelin Québec)*.

Revenir sur la place François-Sicard.

Au milieu de cette place dont le nom évoque le souvenir du sculpteur François **Sicard**, né à Tours en 1862 et qui réalisa pour sa ville natale plusieurs sculptures, se dresse la statue d'un autre artiste tourangeau, Michel Colombe *(p. 31)*.

★★ **Musée des Beaux-Arts (CY)** ⊘ – Il est installé dans l'ancien archevêché des 17e et 18e s. Dans la cour d'honneur, on admirera un gigantesque cèdre du Liban, de forme parfaite, planté en 1804. A gauche, une tour ronde, vestige de l'enceinte gallo-romaine, est reconnaissable à ses rangs alternés de pierre et de brique. Du jardin à la française, belle **vue** sur la façade du musée et sur la cathédrale.

Les salons, garnis de boiseries Louis XVI et de soieries de Tours, abritent des œuvres d'art provenant en partie des châteaux détruits de Richelieu et de Chanteloup et des grandes abbayes tourangelles : bureau du duc de Choiseul, commode en laque, peintures de Boucher *(Sylvie fuyant le loup qu'elle a blessé)*, Nattier, Rigaud, portraits de Largillière, Tocqué, Perronneau et Vestier *(Bacchante tenant une coupe de vin*, d'inspiration caravagesque).

La salle de la Cheminée Louis XIII s'orne d'une magnifique cheminée en bois polychromé, d'un type dit «à la française», propre à la première moitié du 17e s. ; aux murs, la suite très colorée *les cinq sens*, tableaux anonymes exécutés d'après des gravures du Tourangeau **Abraham Bosse** (1602-1676). Une sélection d'œuvres de ce maître de la gravure à l'eau-forte, qui adopta la technique de Jacques Callot, est présentée dans la salle Abraham Bosse. Mettant en scène toutes les classes de la société, elles fournissent un précieux témoignage de la vie quotidienne au milieu du 17e s.

« Le Goût » d'après Abraham Bosse – Tours : musée des Beaux-Arts

Sculptures de Le Moyne, Houdon. Du 17e s. flamand et hollandais : un célèbre ex-voto de Rubens et une *Fuite en Égypte* de Rembrandt. Au rez-de-chaussée se trouvent, parmi les peintures des 14e et 15e s., des primitifs italiens et les chefs-d'œuvre du musée : deux **Mantegna** (*Christ au Jardin des Oliviers* et *Résurrection*) ayant appartenu au retable de San Zeno Maggiore de Vérone *(voir le Guide Vert Michelin Italie)*, ainsi qu'une salle de céramiques grecques et étrusques.

Le second étage est consacré aux 19e et 20e s. : Delacroix, Chassériau, le portrait de Balzac par Boulanger, des toiles impressionnistes et une riche collection d'œuvres orientalistes, dominée par de mystérieuses et envoûtantes *Femmes d'Alger*, d'Eugène Giraud, représentatives d'une tendance de ce courant tournée vers l'anecdote. Une salle est consacrée au peintre contemporain Olivier Debré. On y voit également des **céramiques** du Tourangeau Avisseau (19e s.), plats décorés de motifs en relief dans le style des productions de Bernard Palissy. Quant aux faïences de Langeais, appréciées dans toute l'Europe au 19e s., elles se caractérisent par une grande souplesse des formes due à la finesse de l'argile locale additionnée de kaolin, et par la distinction du décor au platine.

Château (**CY**) – Longé par la belle promenade ombragée du bord de Loire, le château présente des bâtiments hétérogènes, vestiges des temps. De la forteresse élevée au cours du 13e s., il reste surtout la **tour de Guise**, couronnée de mâchicoulis et d'un toit en poivrière ; elle doit son nom au jeune duc de Guise, enfermé dans le château après l'assassinat de son père et qui s'en évada. Le **pavillon de Mars**, construit sous Louis XVI, est flanqué au Sud d'une tour ronde du 13e s.

Aquarium tropical ⊙ – Situé au rez-de-chaussée du château, il présente plus de 220 espèces de poissons tropicaux d'eau douce et de mer.

Les bassins, véritables petits tableaux vivants, sont en évolution permanente grâce aux soins diligents des aquariologistes qui essayent de reconstituer le milieu aquatique naturel (sélection de la faune et de la flore...).

★ **Historial de Touraine** (**CY M³**) ⊙ – Aménagé dans les salles du pavillon de Mars et de la tour de Guise, il retrace en une trentaine de scènes, regroupant 165 personnages de cire somptueusement vêtus, les grandes heures de l'histoire de la Touraine.

Les scènes les plus spectaculaires évoquent le mariage de Charles VIII et d'Anne de Bretagne, l'échoppe de Jean Chapillon et de ses compagnons orfèvres, un bal à la cour des Valois...

Le long du quai se trouve le **logis des Gouverneurs** (15e s.) (**L**), surmonté de lucarnes à gâble. A sa base et dans son prolongement vers la tour de Guise, apparaît la muraille gallo-romaine en appareil à petites pierres alterné de lits de briques, caractéristique de cette époque.

Au 2e étage de ce bâtiment, l'**Atelier Histoire de Tours** ⊙, créé en étroite liaison avec le Laboratoire et le Centre national d'Archéologie urbaine, permet, par la présentation de documents archéologiques et historiques, par des maquettes et des montages audio-visuels, de comprendre l'histoire de la ville de Tours et de son paysage urbain. Parallèlement à cette exposition permanente, un cycle d'expositions temporaires intitulé « Vivre à Tours » met en valeur un aspect particulier de son histoire.

★ QUARTIER DE ST-JULIEN (BCY) *visite : 1 h*

Proche du pont sur la Loire, ce quartier a beaucoup souffert des bombardements de la dernière guerre ; mais derrière les façades rectilignes de la moderne rue Nationale subsistent de petites places pittoresques et d'intéressants vestiges historiques.

Pont Wilson (BY) – Ce «pont de pierre», construit au 18e s. lorsque l'on fit passer par Tours, et non plus par Amboise, la route de Paris en Espagne, subit une importante restauration à la suite d'un effondrement en 1978. Il enjambe la Loire sur 434 m.

Église St-Julien (BY) ⊘ – Son clocher-porche (11e s.) se dresse un peu en retrait de la rue, précédant l'église (13e s.) au sobre intérieur gothique éclairé par des vitraux (1960) de Max Ingrand et Le Chevalier. Elle était jadis entourée d'un cloître (transformé en petit jardin) et de bâtiments monastiques. Il en subsiste une salle capitulaire gothique et les **celliers St-Julien** (12e s.), grande salle voûtée sur croisée d'ogives, où est installé le **musée des Vins de Touraine** (**M4**) ⊘.

★★ Musée du Compagnonnage (BY) ⊘ – *Entrée par un porche, 8, rue Nationale, et une passerelle.*

Installé dans la salle de l'Hospitalité (11e s.) et dans le **dortoir des moines** (16e s.), situé au-dessus de la salle capitulaire de l'abbaye St-Julien, ce musée retrace l'histoire, les coutumes et les techniques de ces associations de formation et de défense des artisans. Il présente un ensemble de métiers actuels ou disparus (cloutiers, ferblantiers, fondeurs, poêliers...), les outils correspondants et les multiples **chefs-d'œuvre** que les **compagnons** (*cum panis* = celui avec qui on partage son pain) doivent produire pour devenir maîtres. Les corps de métiers présentés, la qualité des œuvres et les documents historiques confèrent à ce musée un grand intérêt.

★ Jardin de Beaune-Semblançay (BY B) – *Accès par le porche au n⁰ 28 de la rue Nationale.*

L'hôtel de **Beaune-Semblançay** a appartenu au malheureux surintendant des Finances de François Ier qui fut pendu à Montfaucon. De cet hôtel Renaissance ont échappé aux destructions une galerie à arcades surmontée d'une chapelle, une belle façade décorée de pilastres, isolée dans la verdure, et la ravissante **fontaine de Beaune**, finement sculptée.

Dans la rue Jules-Favre, on découvre la façade sobre et élégante du **palais du Commerce** (**C**) construit au 18e s. pour les marchands de Tours : la cour est plus décorée.

Rue Colbert (CY) – Avant la construction du pont Wilson, elle formait avec son prolongement, la rue du Commerce, l'axe principal de la ville. Au n⁰ 41, une maison à colombages porte l'enseigne «A la Pucelle armée» : c'est chez l'artisan qui habitait ici qu'en avril 1429 Jeanne d'Arc aurait fait faire son armure. La rue Colbert et la rue de la Scellerie, que l'on rejoint par la rue du Cygne, sont peuplées d'antiquaires.

Place Foire-le-Roi (CY) – Là se tenaient les foires franches établies par François Ier ; on y jouait aussi des mystères lors de l'entrée des rois à Tours. La place est bordée au Nord de maisons à pignons du 15e s. Au n⁰ 8, un bel hôtel Renaissance a appartenu à Philibert Babou de la Bourdaisière *(voir p. 152)*. Sur le côté droit en venant du quai, au fond d'une petite ruelle, s'ouvre, pour rejoindre la rue Colbert, l'étroit et tortueux «passage du Cœur-Navré».

AUTRES CURIOSITÉS

★ Musée des Équipages militaires et du Train (V M5) ⊘ – C'est en 1807 que

Napoléon créa le corps des Équipages militaires pour pallier l'insuffisance des moyens de transports ; en effet, jusqu'à cette époque, l'administration de guerre faisait appel à diverses sociétés civiles dont les prestations étaient plus ou moins efficaces.

Le musée est installé dans le pavillon de Condé (dernier souvenir de l'abbaye Ste-Marie de Beaumont). On y suit l'évolution de l'arme du Train (du latin tranare : traîner), à travers une dizaine de salles soigneusement aménagées. Au rez-de-chaussée, la salle «Empire» explique l'organisation en bataillons des premiers éléments du train des équipages ; la salle «Restauration» évoque le maréchal Bugeaud et ses «colonnes mobiles» en Algérie ; la salle «1914-1918» rappelle que le service automobile, encore expérimental en 1915, devient efficace en 1916 notamment le long de la «Voie Sacrée» de Bar-le-Duc à Verdun *(voir guide Vert Alsace-Lorraine)*. Au premier étage c'est plus particulièrement le train contemporain qui est présenté dans les salles «Seconde Guerre mondiale», «Guerre d'Indochine» et «Algérie». Trois salles annexes sont consacrées aux souvenirs du train hippomobile, aux compagnies muletières et aux collections des insignes de l'arme.

J. Benazet / PIX

Centre International de Congrès Vinci

Centre International de congrès Vinci (**CZ**) – Avec sa poupe de car-ferry de cristal échouée face à la gare et son immense coque profilée étirée en direction de la cathédrale, l'œuvre de Jean Nouvel inaugure à Tours un nouveau style architectural. A l'intérieur, trois auditoriums (350, 700 et 2 000 places) suspendus dans le vide – une prouesse technique et une première en France – côtoient plus de 3 500 m² d'exposition, 22 salles de réunion et un centre nodal (centre de traitement et de transmission de l'image et du son) parmi les plus performants. Ouvert le 17 septembre 1993, Vinci avait accueilli plus de 370 000 personnes en fin d'année 1995 dans le cadre de congrès, conventions, récitals, spectacles.

★ **Prieuré de St-Cosme** (**V**) ⊘ – *Plan p. 193. 3 km à l'Ouest par le quai du Pont-Neuf prolongé par l'avenue Proudhon ; suivre ensuite la levée jusqu'au prieuré.*
Lieu de paix au milieu de jardins soignés, le prieuré n'est guère plus que ruines : de l'église il reste quelques traces au ras du sol, ainsi que le mur du chevet, le chœur et le déambulatoire (11e et 12e s.) : c'est ici que fut inhumé en 1585 le poète **Ronsard**, prieur de St-Cosme de 1565 à sa mort ; une dalle fleurie d'un rosier recouvre son tombeau. Dans le réfectoire des moines, vaste bâtiment du 12e s., on remarque la chaire du lecteur, ornée de colonnes et de chapiteaux sculptés.
Le **logis du prieur**, où vécut et mourut Ronsard, est une charmante petite maison du 15e s. ; au temps de Ronsard, un escalier extérieur menait au 1er étage de l'habitation, qui ne comprenait qu'une vaste salle à chaque niveau ; il fut démoli au 17e s. quand fut aménagé l'escalier intérieur. Le logis abrite un petit **musée lapidaire** ; une collection de dessins, photos et gravures ainsi qu'une projection audio-visuelle évoquent la vie de Ronsard.

Château de Plessis-lès-Tours (**V R**) ⊘ – *Plan p. 193. A 1 km du prieuré de St-Cosme par l'avenue du Prieuré.*
Ce modeste bâtiment ne représente qu'une petite partie du château construit par Louis XI au 15e s. et qui se composait de trois ailes disposées en U.
On visite la chambre où serait mort Louis XI, revêtue de lambris à «plis de serviettes» très courants au 15e s. ; les diverses salles évoquent le souvenir de Louis XI.
Fils de Charles VII et de Marie d'Anjou, **Louis XI** naquit à Bourges en 1423 et accéda au trône en 1461. Il séjourna souvent au Plessis. Soucieux de favoriser l'essor économique de son royaume après les ravages de la guerre de Cent Ans, il développa les manufactures et le commerce. De tempérament inquiet, d'esprit plus politique que militaire, il sut imposer son autorité au pays, achever la guerre de Cent ans et régénérer la vie économique du pays. Ses luttes avec le duc de Bourgogne, Charles le Téméraire, se soldèrent par la défaite et la mort du duc, en 1477, et l'annexion d'une part du duché, en 1482.
Les dernières années de Louis XI furent difficiles : redoutant un attentat, s'imaginant avoir la lèpre, il vécut dans la méfiance et la superstition. C'est dans ce contexte que se déclara la trahison du cardinal **Jean Balue** ; très en grâce auprès de Louis XI qui le comblait d'honneurs, le cardinal aurait comploté secrètement avec le duc de Bourgogne ; démasqué en 1469, il fut emprisonné à Loches jusqu'en 1480 et vécut encore onze ans après sa libération.
Le 1er étage présente des peintures et sculptures rappelant le souvenir de **François de Paule**, saint ermite calabrais que Louis XI appela auprès de lui à la fin de sa vie. Fondateur de l'ordre des Minimes, il éleva la première abbaye française sur le domaine royal du Plessis.

ENVIRONS

★**Grange de Meslay** 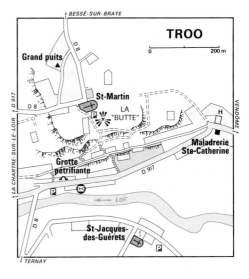 – *10 km au Nord-Est par ② du plan, N 10 et une route à droite.*
Cette ancienne exploitation des moines de l'abbaye de Marmoutier a conservé un beau porche, des restes d'enceinte fortifiée et une remarquable **grange**. Très bel exemple d'architecture civile du 13ᵉ s. avec sa porte d'entrée en plein cintre, ornée d'un gâble aigu, elle est couverte d'une charpente du 15ᵉ s. reposant sur une quadruple rangée de piliers en cœur de chêne. Elle sert d'auditorium pour les fêtes musicales de Touraine et abrite des expositions artistiques.

Montbazon – *9 km au Sud.*
Montbazon est l'une des vingt forteresses élevées par Foulques Nerra.
Les amateurs de points de vue pourront monter à pied jusqu'au **donjon** dont les restes démantelés dominent le bourg. Suivre à gauche de l'hôtel de ville la rue des Moulins et, après une ancienne porte, un sentier à droite.

Dolmen de Mettray – *12 km au Nord-Ouest par ⑭ du plan, N 138 et à droite la D 76 vers Mettray.*
Situé à St-Antoine-du-Rocher, au Nord de Mettray, sur la rive droite de la Choisille, entouré d'un boqueteau *(accès par chemin empierré signalé)*, le beau dolmen de la «Grotte aux Fées» est l'un des monuments mégalithiques les mieux travaillés qui soient en France. Long de 11 m et haut de 3,70 m, il est composé de douze pierres taillées avec régularité.

TROO

320 habitants (les Troiens)
Carte Michelin n° 64 pli 5 ou 232 pli 24 ou 238 pli 1 – Schéma p. 154

Juchée sur une colline abrupte, Troo, que signale au loin la tour de son clocher, est habitée par des troglodytes. Les maisons y sont disposées en étages superposés que relient des ruelles, des escaliers et des passages mystérieux. Le sous-sol de tuffeau est creusé d'un labyrinthe de galeries, dites «caforts» (caves fortes), ayant servi de refuges au cours des guerres.

CURIOSITÉS

★**La « butte »** – Motte féodale. Il faut, du sommet, admirer le **panorama** (table d'orientation et longue-vue) sur le cours sinueux du Loir et sa vallée. On aperçoit, en face de Troo, la petite église St-Jacques-des-Guérets.

Ancienne collégiale St-Martin – La collégiale, fondée en 1050 et remaniée un siècle plus tard, est dominée par une remarquable tour carrée, percée de baies aux ébrasements garnis de colonnettes, caractéristiques du style angevin ; l'abside romane comporte des fenêtres gothiques. Des voûtes bombées couvrent la nef et le chœur. A la croisée du transept : chapiteaux romans historiés. Stalles et table de communion du 15ᵉ s. Statue en bois, du 16ᵉ s., de saint Mamès (invoqué pour les maux de ventre).

Grand puits – Nommé aussi « le puits qui parle », en raison de son excellent écho, il est profond de 45 m et protégé par une toiture en bardeaux.

Maladrerie Ste-Catherine – 12ᵉ s. Située sur la D 917, à l'extrémité Est de la ville, elle présente de belles arcatures romanes. Elle donnait asile aux pèlerins malades se rendant à St-Martin de Tours et à St-Jacques-de-Compostelle. Une léproserie existait hors les murs, à l'Ouest de Troo. Lors de la disparition de cette dernière, la maladrerie en reçut les biens et en prit le nom.

Grotte pétrifiante 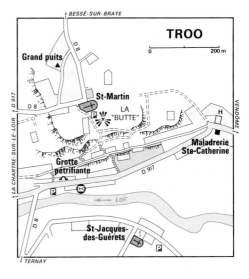 – Stalactites et objets pétrifiés sont visibles dans cette grotte qui ruisselle abondamment.

Église St-Jacques-des-Guérets – Elle était desservie par les augustins de l'abbaye St-Georges-des-Bois, située au Sud-Est de Troo.

Les **peintures murales** ★ ont été exécutées de 1130 à 1170. Influencées par l'art byzantin, elles séduisent par leur dessin et la fraîcheur de leurs coloris. Les plus belles se trouvent dans l'abside. Ce sont : à gauche la Crucifixion, où des personnages à mi-corps figurent le Soleil et la Lune, et la Résurrection des Morts ; à droite le Christ en majesté, au milieu des symboles évangéliques, et la Cène. Les images de saint Augustin et de saint Georges garnissent les ébrasements de la baie centrale. A la paroi droite de l'abside, on identifie le martyre de saint Jacques, décapité par Hérode et, au-dessus, le Paradis : les élus sont nichés comme des pigeons dans les alvéoles. Sur le mur Sud de la nef qui fait suite, on voit en haut le miracle de saint Nicolas : le saint lance trois pièces d'or à trois jeunes filles que leur père allait livrer au déshonneur pour en tirer bénéfice ; en bas est évoquée la Résurrection de Lazare. Plus loin, une vaste composition représente la Descente du Christ aux limbes : Jésus, admirable de majesté, délivre Adam et Ève. Le mur gauche de l'église porte des peintures d'époques diverses (12e et 15e s.) : Nativité et Massacre des Innocents. Dans l'église sont placées deux statues en bois polychrome (16e s.) : à gauche, dans une niche, saint Jacques dont le socle porte un écusson aux armes de Savoie ; dans le chœur, à gauche, saint Pierre.

Pour organiser vous-même votre voyage
vous trouverez, au début de ce guide,
la carte des principales curiosités et un choix d'itinéraires de visite.

Château d'USSÉ★★

Carte Michelin n° 64 pli 13 ou 232 pli 34 (14 km au Nord-Est de Chinon) – Schéma p. 158

Dominant l'Indre, adossé à la falaise où vient mourir la forêt de Chinon, ce **château** ⊙ apparaît au-dessus de beaux jardins en terrasse. Imposant par sa masse et ses tours fortifiées, égayé par sa pierre blanche, il fascine par la multitude de ses toits, de ses clochetons, de ses lucarnes, de ses cheminées qui se détachent sur la verdure du fond. Pour en avoir la meilleure vue, le touriste se placera, soit sur le pont, à 200 m du château, soit sur la levée de la Loire. La tradition veut que Perrault, cherchant un cadre pour *La Belle au bois dormant*, ait pris Ussé comme modèle.

Des Bueil aux Blacas – Forteresse très ancienne, Ussé devient, au 15e s., la propriété d'une grande famille tourangelle, les Bueil, qui se sont illustrés dans la guerre de Cent Ans. En 1485, Antoine de Bueil, marié à une fille de Charles VII et d'Agnès Sorel, vend Ussé aux Espinay, famille bretonne qui a fourni des chambellans et des échansons au duc de Bretagne, à Louis XI et à Charles VIII. On leur doit les corps de logis sur cour et la chapelle du parc. Le château change souvent de propriétaires. Parmi ceux-ci figure le gendre de Vauban, Louis Bernin de Valentinay. Le grand ingénieur a fait à Ussé de fréquents séjours.

La comtesse de La Rochejaquelein laissa le domaine au comte de Blacas dont les actuels propriétaires sont les descendants.

EXTÉRIEUR

Les façades extérieures, construites au 15e s., conservent un aspect militaire, encore sévère, alors que les bâtiments d'habitation, sur la cour d'honneur, sont accueillants, certains se parant des grâces de la Renaissance. Trois corps de logis, fortement restaurés, s'ouvrent sur cette cour : celui de l'Est, gothique ; celui de l'Ouest, Renaissance ; celui du Sud, en partie gothique, en partie classique. Comme à Chaumont, l'aile Nord a été supprimée au 17e s. pour permettre d'avoir, des terrasses, la vue sur les vallées de la Loire et de l'Indre.

Le corps de logis Ouest est prolongé par un pavillon du 17e s.

En montant au château, toits et clochetons apparaissent au travers des branches de magnifiques cèdres du Liban qui auraient été plantés par Chateaubriand.

INTÉRIEUR

Salle des gardes – Cette pièce d'angle est parée d'un beau plafond en trompe l'œil du 17e s. et abrite une collection d'armes orientales. Remarquer les délicates miniatures peintes sur ivoire, représentant chacune un site fameux. Dans la petite pièce attenante sont rassemblées des porcelaines de Chine et du Japon.

Ancienne chapelle – Transformée en salon, elle renferme un très beau mobilier : bureau Mazarin en bois de citronnier et trois tapisseries de Bruxelles vieilles de 400 ans, aux couleurs admirablement conservées.

Chaque année, ce salon accueille une **exposition de costumes anciens** (mannequins, accessoires de mode).

Grande Galerie – Reliant les ailes Est et Ouest du château, elle est tendue de **tapisseries flamandes★** représentant des scènes villageoises réalistes et pleines de vie, d'après Téniers.

Passé la salle des trophées de chasse, le grand escalier du 17e s. (belle rampe en fer forgé) conduit aux salles du 1er étage : bibliothèque et chambre du Roi. Remarquer, dans l'antichambre, un superbe cabinet italien du 16e s. (à l'intérieur, décor de marqueterie en ébène incrusté de nacre et d'ivoire).

Château d'Ussé –
Tapisserie flamande d'après Téniers le Jeune

Chambre du Roi – Comme dans toutes les grandes demeures seigneuriales, l'une des pièces du château était destinée au roi, pour le cas où il aurait fait étape à Ussé. Cette chambre, tendue de soie rouge, n'accueillit jamais le souverain. On admirera le lit à baldaquin, le grand miroir de Venise et un beau mobilier Louis XVI. Le sommet du **donjon** abrite une très intéressante **salle de jeux★** (dînettes de porcelaine, trains mécaniques, meubles de poupée).

Jalonnant le **chemin de ronde,** plusieurs vitrines retracent l'histoire de la Belle au Bois Dormant : la princesse Aurore, la fée Carabosse et bien sûr le Prince charmant enchanteront petits et grands.

Chapelle★ – Isolée dans le parc, elle fut construite de 1520 à 1538. C'est un monument de pur style Renaissance. La façade occidentale est la plus remarquable. Les initiales C et L, que l'on retrouve ailleurs et qui constituent un des éléments de la décoration, sont celles des prénoms de Charles d'Espinay, constructeur de la chapelle, et de sa femme, Lucrèce de Pons. A l'intérieur, élancé et lumineux, le chœur s'orne d'une belle clef pendante et de stalles sculptées, du 16e s. Dans la chapelle Sud, voûtée d'ogives, jolie Vierge en faïence émaillée, de Luca della Robbia.

Château de VALENÇAY★★

Carte Michelin n° 64 pli 18 ou 238 pli 16

Valençay est situé dans le Berry. Mais le château se rattache au Val de Loire par l'époque de sa construction et ses vastes dimensions qui lui donnent un air de famille avec Chambord.

Un château de financiers – Valençay fut construit vers 1540 par Jacques d'Estampes, châtelain du lieu. Ce seigneur, ayant épousé la fille grassement dotée d'un financier, voulut avoir une demeure digne de sa nouvelle fortune. Le château du 12e s. fut rasé et à sa place s'éleva le somptueux bâtiment actuel.

La finance a souvent mêlée à l'histoire de Valençay : parmi ses propriétaires successifs, on compte des fermiers généraux et même le fameux **John Law** (1671-1729) dont l'étourdissante aventure bancaire fut un premier et magistral exemple d'inflation.

Charles-Maurice de Talleyrand-Périgord, qui avait commencé sa carrière sous Louis XVI comme évêque d'Autun, est ministre des Relations extérieures lorsqu'il achète Valençay en 1803 à la demande de Bonaparte, pour y organiser de somptueuses réceptions en l'honneur des étrangers de marque. En 1808, l'intrigant et dispendieux prince de Bénévent, bien près de la disgrâce, y accueille Ferdinand d'Espagne, son frère Carlos et son oncle Antoine. Napoléon lui écrit : «Votre mission est assez honorable ; recevoir chez vous trois illustres personnages pour les amuser est tout à fait dans le caractère de la nation et dans celui de votre rang.» Le futur Ferdinand VII resta dans sa cage dorée jusqu'à la chute de l'Empereur en 1814.

Quant à Talleyrand, il continua sa longue carrière et se retira enfin en 1834 ; il mourut à Paris le 17 mai 1838, mais, suivant sa volonté, il repose toujours à Valençay.

Spectacle son et lumière – *Voir le chapitre des Renseignements pratiques en fin de volume.*

VALENÇAY

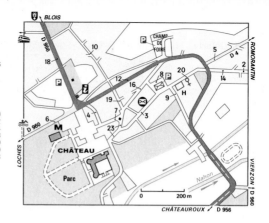

VISITE ⊘ 1 h

Le pavillon d'entrée est une énorme construction traitée en donjon de plaisance, avec de nombreuses fenêtres, des tourelles inoffensives et de faux mâchicoulis. Le comble aigu est ajouré de hautes lucarnes et surmonté de cheminées monumentales. Cette architecture se retrouve dans les châteaux Renaissance du Val, mais on remarque ici les premières touches du style classique : des pilastres superposés, aux chapiteaux doriques (rez-de-chaussée), ioniques (1er étage) et corinthiens (2e étage).

Le classique s'accuse encore plus dans les toitures des grosses tours d'angle : les dômes prennent la place des toits en poivrière qui sont la règle au 16e s. sur les bords de la Loire.

Aile Ouest – Elle a été ajoutée au 17e s. et remaniée au 18e s. Son toit est à la Mansart : «mansardes» et œils-de-bœuf y alternent. On visite au rez-de-chaussée le grand vestibule Louis XVI, la galerie consacrée à la famille Talleyrand-Périgord, le grand salon et le salon bleu qui contiennent de nombreux objets d'art et un somptueux mobilier Empire, dont la célèbre table dite du congrès de Vienne, l'appartement de la duchesse de Dino.

Au 1er étage, après la garde-robe et la chambre du prince de Talleyrand, on verra la chambre qu'occupa Ferdinand, prince des Asturies puis roi d'Espagne, l'appartement du duc de Dino et celui de Mme de Bénévent (portrait de la princesse par Mme Vigée-Lebrun), la grande galerie (*Diane chasseresse* par Houdon) et l'escalier d'honneur.

La visite de la salle à manger, au rez-de-chaussée, puis de l'office et des cuisines, au sous-sol, permet d'imaginer le faste des réceptions données par Talleyrand avec la participation de son chef de bouche, **Marie-Antoine Carême.**

Parc ⊘ – Dans le beau jardin à la française qui précède le château se promènent en liberté cygnes noirs, canards, paons... Sous les grands arbres du parc, on ira voir daims, lamas et kangourous gardés dans de vastes enclos.

Musée de l'Automobile du Centre (**M**) ⊘ – Caché dans le parc, il présente la collection des frères Guignard, petits-fils d'un carrossier de Vatan (Indre) ; cet intéressant ensemble compte plus de 60 voitures anciennes (depuis 1898), parfaitement entretenues et en état de marche, dont la limousine Renault des présidents Poincaré et Millerand (1908) ; on y verra aussi les documents de route de l'automobile d'alors, vieilles cartes et guides Michelin d'avant 1914.

VENDÔME★★

17 525 habitants
Carte Michelin n° 64 pli 6 ou 238 pli 2 – Schémas p. 153 et 155

Au pied d'un coteau abrupt que coiffe un château, le Loir se divise en plusieurs bras étroits coulant sans hâte sous de multiples ponts. Vendôme, reliée à la capitale en 42 minutes de T.G.V. depuis 1990, est construite sur les îles, où se pressent clochers et pignons à hauts toits d'ardoises. L'industrialisation de la ville et de ses environs touche à des domaines aussi divers que la ganterie (qui date de la Renaissance), l'imprimerie (P.U.F.), l'agro-alimentaire (Bel), l'électro-ménager (De Dietrich), l'électronique, etc. La Communauté du Pays de Vendôme, composée des communes d'Azé, Lunay, Marcilly, St-Firmin-des-Prés, St-Ouen, Thoré-la-Rochette et Vendôme exerce sa compétence sur le développement économique et la politique d'urbanisme de l'ensemble.

Une place très disputée – Si Vendôme a une origine gauloise et même néolithique, avant d'être le *Vindocenum* gallo-romain, la cité ne prit quelque importance qu'avec ses comtes, d'abord les Bouchard, fidèles soutiens de la dynastie capétienne, puis surtout le fils de **Foulques Nerra**, Geoffroy Martel (11e s.), qui fonda l'abbaye de la

Trinité. Dépendant des Plantagenêts, le comté de Vendôme fut mêlé à la guerre de Cent Ans : sa situation aux confins des possessions françaises et anglaises en fit le théâtre de nombreux combats. En 1371, la maison de Bourbon hérita de Vendôme que François Ier érigea en duché en 1515. En 1589, la ville, qui avait pris le parti des Ligueurs, fut réoccupée par son seigneur, Henri IV, et subit un sac mémorable : seule l'église de la Trinité y échappa.

César, fils d'Henri – Vendôme fut donnée par Henri IV à son fils César, qu'il avait eu de Gabrielle d'Estrées. César de Vendôme, ou César Monsieur, résida assez souvent dans son fief, conspira pendant la minorité de Louis XIII, puis contre Richelieu ; quatre ans durant il fut enfermé à Vincennes, avant d'être exilé. Enfin, il se rallia à Mazarin et mourut en 1655.

★ ANCIENNE ABBAYE DE LA TRINITÉ *visite : 1 h*

Par une nuit d'été, Geoffroy Martel, comte d'Anjou, ayant assisté à la chute de trois lances de feu dans une fontaine, décida de fonder un monastère qui fut dédié, le 31 mai 1040, à la Sainte-Trinité.
Desservie par les bénédictins, l'abbaye connut une extension considérable et devint l'une des plus puissantes de France ; la pourpre cardinalice était attachée à la charge d'abbé que détint, au 12e s., le fameux Geoffroi de Vendôme, ami du pape champenois Urbain II.
Jusqu'à la Révolution, la Trinité fut le siège d'un pèlerinage à la Sainte Larme que le Christ versa sur le sépulcre de Lazare, et que Geoffroy Martel rapporta de Constantinople. Les chevaliers vendômois se ralliaient au cri de « Sainte Larme de

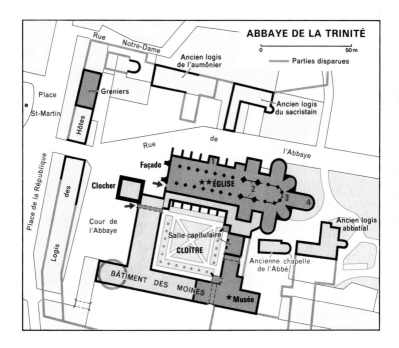

Balzac au collège

Le collège des Oratoriens de Vendôme enregistrait, le 22 juin 1807, l'entrée d'un enfant de 8 ans, Honoré de Balzac. Dans cet établissement, le futur romancier se montra un élève distrait et indiscipliné. Les collégiens étaient alors soumis à une règle très dure que Balzac lui-même a évoquée : « Une fois entrés, les élèves ne partent du collège qu'à la fin de leurs études... la classique férule de cuir y jouait encore avec horreur son terrible rôle... les lettres aux parents étaient obligatoires à certains jours, aussi bien que la confession. » Honoré était peu doué pour la draisienne, cet ancêtre du cycle, et subissait les railleries de ses condisciples. Il se faisait constamment mettre au cachot pour pouvoir lire en paix. A ce régime, la vie de collège mina sa santé et ses parents durent le rappeler à Tours. A son retour, sa grand-mère déclara, consternée : « Voilà comment le collège nous renvoie les jolis enfants que nous lui donnons. »

Vendôme » et, le « vendredi de Lazare », les fidèles venaient vénérer la relique, invoquée pour les maladies des yeux, ce qui explique l'utilisation répétée du thème de la résurrection de Lazare dans la décoration de l'église.

★★ **Église abbatiale** – C'est une remarquable réalisation de l'art gothique flamboyant. Par la rue de l'Abbaye, on pénètre dans l'enceinte de l'abbaye. De part et d'autre de l'enceinte, on distingue les arcatures romanes des anciens greniers de l'abbaye, prises dans les habitations actuelles ; en effet, dès le 14e s., les moines avaient autorisé les bourgeois à y adosser leurs boutiques.

Clocher roman – A droite, isolé, s'élève l'harmonieux clocher du 12e s., haut de 80 m, qui servit de modèle au Clocher Vieux de N.-D. de Chartres. Noter les dimensions croissantes des baies et des arcatures, aveugles au départ, puis de plus en plus ébrasées ; le passage du plan carré à l'octogonal se fait par l'intermédiaire de clochetons d'angles ajourés. A la base du premier étage grimacent des masques et des animaux.

Façade – L'étonnante façade flamboyante, soulignée par un grand gâble ciselé, fut construite au début du 16e s. par Jean de Beauce, auteur du Clocher Neuf de la cathédrale de Chartres ; fouillée et ajourée comme une dentelle, elle contraste avec la sobre tour romane.

Intérieur – La nef, commencée vers le transept au milieu du 14e s., n'a été achevée qu'après la guerre de Cent Ans ; le transept, seul vestige de l'édifice du 11e s., précède le chœur doublé d'un déambulatoire ouvert sur cinq chapelles rayonnantes.

Dans la nef, remarquable par l'ampleur de son triforium et de ses fenêtres hautes, on observe le passage de la campagne de construction du 14e s. à celle du 15e s., sans que l'unité de la conception soit altérée : les chapiteaux disparaissent, le dessin de la frise change, de même que la décoration du triforium et des nervures. Dans le collatéral gauche, la chapelle des fonts baptismaux (**1**) possède une belle cuve Renaissance en marbre blanc, reposant sur un pied sculpté provenant des jardins du château de Blois.

La croisée du transept a gardé ses chapiteaux primitifs surmontés de statues polychromes (13e s.) de l'Ange et la Vierge de l'Annonciation, saint Pierre, et saint Eutrope qui était vénéré dans l'abbatiale.

Les voûtes du transept aux jolies clefs historiées ont été refaites au 14e s., en style angevin *(voir p. 39)*. Dans le bras gauche, statues de saint Jean-Baptiste (14e s.) et de la Vierge (16e s.).

Stalles (15e s.) de l'église abbatiale

Le chœur, du 14e s., éclairé par des vitraux de même époque, est garni de belles **stalles★** (**2**) de la fin du 15e s. ; les miséricordes s'agrémentent de scènes naïves racontant la vie de tous les jours à travers les métiers et les signes du zodiaque. En faisant le tour du chœur, on longe la clôture (**3**), d'inspiration italienne.

A la partie située à gauche du maître-autel, on remarque le soubassement orné de larmes du célèbre monument de la Sainte-Larme, avec un guichet au travers duquel un religieux faisait vénérer la relique.

Les chapelles du pourtour du chœur sont ornées de vitraux du 16e s., très restaurés : le meilleur, représentant le Repas chez Simon, d'après une gravure allemande, se trouve dans la 1re chapelle à gauche de la chapelle axiale. Cette dernière abrite le fameux **vitrail** datant de 1140 appelé *Majesté Notre Dame* (**4**).

Bâtiments conventuels – On pénètre d'abord dans le cloître, du 14e s., dont subsiste seule en entier la galerie qui borde l'église. Dans la **salle capitulaire** ⊙ (14e-15e s.) ont été mises au jour sur le mur Sud des peintures murales du 12e s. relatant des épisodes de la vie du Christ. Dans les bâtiments de style classique est installé le musée.

Du cloître, on emprunte un passage sous le bâtiment des moines. Là s'allonge la façade monumentale de ce bâtiment élevé de 1732 à 1742 ; ses frontons portent les fleurs de lis royales, la devise (Pax) et l'emblème (Agneau) de l'ordre de Saint-Benoît.

★ **Musée** (**M**) ⊘ – Ses collections sont disposées dans le bâtiment des moines de la Trinité, desservi par un majestueux escalier.

Les salles les plus dignes d'attention sont, au rez-de-chaussée, consacrées à la **peinture murale**★ dans le Val de Loire et à l'**art religieux**★ dans le Vendômois durant le Moyen Âge et la Renaissance : vestiges du mausolée de Marie de Luxembourg et de François de Bourbon-Vendôme (16e s.), fragments des gisants de Catherine et Jean VII de Bourbon, clefs de voûte du cloître, bénitier octogonal, autrefois partie intégrante du monument de la Sainte-Larme.

Aux étages sont aménagées les sections d'archéologie et de sciences naturelles. Des salles sont réservées aux peintures et au mobilier du 16e au 19e s. ainsi qu'aux faïences ; on admire une superbe **harpe**★ de Nadermann (fin 18e s.), luthier de Marie-Antoinette, ainsi qu'un ensemble d'œuvres du sculpteur **Louis Leygue** (1905-1992), natif de Bourg-en-Bresse et mort à Naveil. Une pièce présente les outils des anciens métiers régionaux et la reconstitution d'un intérieur vendômois.

AUTRES CURIOSITÉS

Jardin public – Baigné par le Loir, il offre une vue générale sur Vendôme, la Trinité, la **porte d'Eau** ou Arche des Grands Prés, des 13e et 14e s.

De la place de la Liberté, on découvre la porte d'Eau sous un autre angle ainsi que la **tour de l'Islette**, du 13e s. Ces ouvrages forment avec la porte St-Georges les seuls vestiges des anciens remparts.

Parc Ronsard – Espace vert bien ombragé, il relie l'ancien lycée Ronsard (actuellement hôtel de ville (**H**) et précédemment collège des Oratoriens, où Balzac fut élève), l'hôtel du Saillant de la fin du 15e s. (siège de l'office de tourisme) et la bibliothèque municipale. Cette dernière possède un fonds important de livres anciens dont 11 incunables.

Bordant le bras du Loir qui traverse le parc, un lavoir du 16e s. à deux étages (**L**). Sur une pelouse, le *Cavalier tombé* est un bronze de Louis Leygue.

Chapelle St-Jacques – Ancienne halte pour les pèlerins se rendant à St-Jacques-de-Compostelle, elle fut reconstruite au 15e s. Au 17e s., elle fut rattachée au collège des Oratoriens. Elle abrite des expositions temporaires.

Église de la Madeleine – Datée de 1474, elle possède un clocher surmonté d'une élégante flèche à crochets.

Place St-Martin (**19**) – Jusqu'au 19e s., elle était occupée par l'église St-Martin (15e-16e s.) dont seul le clocher se dresse, de nos jours, sur la place. Chaque heure, le carillon égrène (comme à Beaugency) le célèbre air populaire «Orléans, Beaugency, Notre-Dame de Cléry, Vendôme, Vendôme...».

Remarquer la maison à pans de bois (16e s.), dite du « Grand Saint-Martin », ornée d'écussons armoriés et de statuettes ainsi que la statue du maréchal de **Rochambeau**.

Porte St-Georges – Protégeant l'entrée de la ville au bord du Loir, elle est encadrée de tours dont le gros-œuvre remonte au 14e s. Mais du pont, elle présente des mâchicoulis et un décor sculpté de dauphins et de médaillons Renaissance, ajoutés au début du 16e s. par Marie de Luxembourg, duchesse de Vendôme. L'ouverture de la porte fut élargie sous l'Empire pour permettre le passage des armées de Napoléon. L'intérieur abrite la salle du conseil municipal depuis le 16e s.

VENDÔME

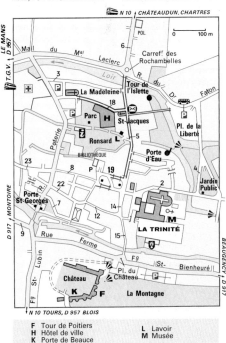

Château – Accès en voiture par le faubourg St-Lubin et le Temple, hameau qui a succédé à une commanderie de Templiers. Situé au sommet de «la Montagne» qui domine le Loir, ce château en ruine se compose d'une enceinte de terre et de remparts jalonnés de tours rondes à mâchicoulis des 13e et 14e s. ; sur la face Est, la grosse tour de Poitiers (**F**) a été reconstruite au 15e s.

On peut pénétrer par la porte de Beauce (début 17e s.) (**K**) à l'intérieur de l'enceinte, dans un vaste jardin. On y décèle les substructures de la collégiale St-Georges, fondée par Agnès de Bourgogne. Les seigneurs de Vendôme y avaient leurs sépultures ; Antoine de Bourbon et Jeanne d'Albret, parents d'Henri IV, y furent inhumés.

Promenade de la Montagne – Des terrasses, **vues★** pittoresques sur la vallée du Loir et sur Vendôme.

ENVIRONS

Areines – *3 km à l'Est par la D 917 et la première route à gauche. Description p. 63.*

Nourray – *11 km au Sud par la N 10 et 3e route à gauche.*
Isolée sur la place, la petite **église** ⊘ présente au chevet une rangée d'arcatures romanes sous ses modillons sculptés ; remarquer l'arc polylobé qui orne la fenêtre centrale.
A l'intérieur, l'abside en cul-de-four est entourée d'arcatures à chapiteaux sculptés.

Villemardy – *14 km au Sud-Est par la D 957 ; à 9 km, tourner à gauche vers Périgny.*
L'**église** ⊘ dont l'origine remonte au 12e s. possède une nef unique terminée par un chœur gothique. La décoration intérieure en chêne sculpté est d'une remarquable unité ; maître-autel et tabernacle, surmontés d'un retable, sont de style classique, tout comme les deux petits autels symétriques dans la nef. Sur le mur gauche du chœur, une fresque (16e s.), l'Adoration des Mages, est encadrée de colonnes et d'un fronton en trompe-l'œil ; remarquer la toque de la Vierge, qui contribue avec d'autres indices à la dater.

Rhodon – *19 km au Sud-Est par la D 917 vers Beaugency. A Villetrun prendre à droite vers Selommes et là, à gauche, la D 161.*
Sur les murs de l'**église** et sur ses voûtes gothiques subsistent d'importantes traces de peintures murales des 14e et 15e s. On reconnaît en particulier dans l'abside le Christ en majesté, et, sur un arc doubleau de la nef, la représentation des mois de l'année.

Château du VERGER

Carte Michelin n° 64 Sud du pli 1 ou 232 pli 20 (3 km au Nord de Seiches)

De grandes douves, des tours en silex à parements et mâchicoulis de tuffeau blanc, un châtelet et des communs encore imposants rappellent la vaste demeure que **Pierre de Rohan-Guéménée**, maréchal de Gié, fit construire à partir de 1482 et où il reçut Charles VIII qu'il avait sauvé à Fornoue *(on ne visite pas)*.
Maréchal de France à 25 ans, chef du Conseil de Louis XII, Pierre de Rohan eut, en 1506, le front d'arrêter sur la Loire les bagages d'Anne de Bretagne, qu'il soupçonnait contenir des richesses dérobées à la Couronne, le roi étant considéré comme à l'agonie. La reine le fit exiler au Verger, ce qui fit dire au peuple : «le maréchal a voulu ferrer une âne(sse) mais elle lui a lancé un si grand coup de pied qu'elle l'a jeté hors de la cour jusque dans le verger».
En 1776, le cardinal de Rohan ordonna d'abattre le château ; les œuvres d'art de grand prix qu'il contenait furent dispersées.

Actualisée en permanence,
la **carte Michelin au 1/200 000** *indique :*
   - golfs, stades, hippodromes, plages, piscines, altiports ;
   - sentiers de grande randonnée, panoramas, routes pittoresques ;
   - forêts domaniales, monuments intéressants...
Pour vos loisirs, elle est le complément naturel des guides Verts Michelin.

Équipez votre voiture de **cartes Michelin** *à jour.*

Jardins et château de VILLANDRY★★★

Carte Michelin n° 64 pli 14 ou 232 pli 35 – Schéma p. 158

Villandry, c'est l'un des derniers grands châteaux construits sur les bords de la Loire à l'époque de la Renaissance (1536) : il se distingue en Touraine par ses pavillons rectangulaires remplaçant les anciennes tours rondes, l'ordonnance de son esplanade et ses douves. Mais c'est surtout l'un des plus beaux jardins de France.

★★★ LES JARDINS ⊙ visite : 1 h

Les célèbres jardins de Villandry *(illustration p. 256-257)* sont ceux qui représentent le mieux, en France, l'ordonnance architecturale adoptée à la Renaissance sous l'influence des jardiniers italiens ramenés en France par Charles VIII, mais où la tradition française s'affirme en maints détails.

Quand Joachim de Carvallo, fondateur de «La Demeure Historique», acquit le château en 1906, il s'employa patiemment à lui redonner son aspect primitif, alors que les propriétaires précédents en avaient complètement bouleversé les plans.

La meilleure **vue d'ensemble** sur les jardins s'offre des terrasses situées derrière le château ou du haut même du donjon.

Trois terrasses sont superposées : la plus élevée est le jardin d'eau avec son beau miroir formant réserve ; au-dessous s'étend le jardin d'ornement, formé de deux salons de buis remplis de fleurs (l'un représentant les allégories de l'amour, l'autre symbolisant la musique) et prolongé par des massifs figurant les croix de Malte, du Languedoc et du Pays basque ; au niveau inférieur, on trouve le potager décoratif, la partie la plus originale du domaine, formant un véritable damier multicolore avec ses neuf carrés plantés géométriquement de légumes et d'arbres fruitiers. Entre le potager et le village a été créé un jardin des «simples».

Canaux, fontaines, cascatelles, cloître de vigne ainsi que la vieille église romane de Villandry, en arrière-plan, forment un ravissant fond de décor.

Au 16e s. les fleurs, les arbustes, les arbres fruitiers sont à peu près ceux qui sont courants aujourd'hui. Aux légumes, il manque la pomme de terre (introduite au 18e s. par Parmentier). L'art du jardinier est déjà avancé : il taille, greffe, connaît la serre, les primeurs.

★★ LE CHÂTEAU ⊙ visite : 1/2 h

De la forteresse primitive, il reste le donjon, tour carrée englobée dans l'édifice actuel qui a été bâti au 16e s. par Jean Le Breton, secrétaire d'État de François Ier. Trois corps de logis entourent une cour d'honneur ouverte sur la vallée où coulent la Loire et le Cher.

L'Espagnol Joachim de Carvallo a garni le château de meubles espagnols et d'une intéressante collection de tableaux (écoles espagnoles des 16e, 17e et 18e s.). On voit au rez-de-chaussée le grand salon et la salle à manger aux boiseries Louis XV, avant d'accéder par le grand escalier à rampe de fer forgé à la galerie de tableaux et à la salle au **plafond mudéjar** (13e s.) provenant de Tolède, aux caissons peints et décorés de motifs typiquement mauresques, inattendu sous le ciel de la Loire ; on y remarque deux tableaux italiens sur bois du 16e s. *(Saint Paul* et *Saint Jean)*, aux coloris très lumineux, et un portrait d'infante de l'école de Vélasquez. Dans la galerie de tableaux est projeté un montage audio-visuel permettant aux visiteurs de découvrir l'aspect étonnamment changeant des jardins suivant les saisons et les heures du jour.

De la terrasse du donjon se développe, pour le plus grand plaisir de l'œil, une large vue sur les jardins étagés, le Cher et la Loire.

Château de VILLESAVIN

Carte Michelin n° 64 pli 18 ou 238 plis 15, 16 (3 km à l'Ouest de Bracieux)

Le nom de Villesavin vient d'une ancienne villa romaine *(Villa Savinus)*, bâtie le long de la voie romaine d'Adrien que suit la route actuelle de Ponts d'Arian (Arian signifie Adrien). Son existence est attestée par de multiples sarcophages découverts sur la propriété, et dont un exemplaire est exposé dans l'une des salles.

Élevé entre 1526 et 1537 par Jean Le Breton, seigneur de Villandry, surintendant des travaux de Chambord, ce **château** ⊙, charmante construction Renaissance, marque certaines tendances au classicisme. Il se compose d'un corps central encadré de pavillons symétriques.

Les combles ornés de belles lucarnes, les inscriptions de la façade postérieure agrémentent cet ensemble de proportions harmonieuses. Dans la cour d'honneur, une **vasque** italienne du 16e s., en marbre blanc, est un très bel exemple de la sculpture décorative de la Renaissance.

On visite quelques salles meublées où sont exposés des étains : plats, pichets, assiettes.

Des voitures anciennes sont groupées dans les remises.

A gauche du château, un grand **colombier** du 16e s. aux 1 500 alvéoles est admirablement conservé : son échelle tournante est encore intacte.

Le droit de posséder un colombier faisait partie des privilèges qui disparurent avec la Révolution. Son importance était proportionnelle à l'étendue du domaine : chaque case représentait un arpent de terre et abritait un couple de colombes.

On pense que ce sont les croisés qui ramenèrent cette tradition d'Orient, où la fertilisation des terres par la fiente de colombe est pratiquée depuis toujours.

VOUVRAY

2 598 habitants (les Vouvrillons)
Carte Michelin no 64 pli 15 ou 232 pli 36 ou 238 pli 13 – Schéma p. 158

Au cœur d'un vignoble réputé, Vouvray s'étage sur les versants des coteaux qui dominent la rive droite de la Loire, en amont de Tours. La cité conserve d'anciennes maisons troglodytiques. Ses vins blancs, qu'ils soient tranquilles ou champagnisés, comptent parmi les plus fameux de Touraine.

On peut visiter des **caves** de propriétaires viticulteurs et négociants en vins.

L'Espace de la vigne et du vin ⊘ retrace l'histoire de la vigne à partir d'outils et de matériels des origines à nos jours. Dans la grande tradition des dégustations, on peut goûter à quelques vins merveilleux en fin de visite. On a dressé à Vouvray la statue de l'illustre Gaudissart, le commis-voyageur dont Balzac a tracé un portrait inoubliable dans un de ses romans. Né à Tours, **Balzac** était descendu plusieurs fois à Vouvray, chez des amis. Voici comment il découvre Vouvray au détour du Pont de Cisse : « les effrayantes anfractuosités de cette colline déchirée, les maisons creusées dans le roc, la fumée d'une cheminée s'élevant entre les pampres naissants d'une vigne, des closiers labourant des champs perpendiculaires... » L'atmosphère et les personnages de 1830 ont disparu, mais le charme des paysages décrits dans l'ouvrage reste aussi vif.

ENVIRONS

Vernou-sur-Brenne – *4 km à l'Est par la D 46.*

De nombreuses caves sont creusées dans le coteau auquel s'adosse le village aux pittoresques maisons anciennes, au cœur du vignoble du Vouvray.

A la sortie de Vernou, prendre la direction de Jallanges par la D 76.

Sur une petite crête, surgissant du vignoble, apparaît le **château de Jallanges** ⊘ d'architecture Renaissance. Chapelle 17e s.

YÈVRE-LE-CHÂTEL

210 habitants (les Évarois)
Carte Michelin no 60 pli 20 ou 237 pli 41 (6 km à l'Est de Pithiviers)

La position d'Yèvre – un promontoire du plateau de Beauce dominant le fossé naturel de la Rimarde, petit affluent de l'Essonne – appela de bonne heure un château. Les ruines actuelles, noyau d'une cité fortifiée, proviennent vraisemblablement d'un château royal de Philippe Auguste (13e s.).

De la petite place triangulaire du bourg, ombragée d'ormes, une porte fortifiée donne accès à l'ancienne basse-cour du château, devenue publique.

Château fort ⊘ – La forteresse forme un losange flanqué à chaque angle de tours rondes, aux salles hexagonales voûtées d'ogives.

Le parcours, non protégé, du chemin de ronde reliant ces tours est dangereux.

De la plate-forme des tours Nord-Ouest et Sud, **vue** sur la Beauce et le Gâtinais. Par temps clair, on reconnaît la flèche de l'église de Pithiviers. Au Sud, les futaies de la forêt d'Orléans assombrissent l'horizon.

Église St-Lubin – A la limite Sud de la localité, dans le cimetière, elle ne présente plus que la carcasse de pierre d'une église gothique. Les vastes dimensions de l'édifice, resté inachevé, ne prenaient pas en compte les nécessités du culte paroissial, mais l'exercice du droit d'asile. La perfection, l'élégance et la rapidité certaine de son exécution – le premier quart du 13e s. – laissent supposer une intervention royale.

Pour organiser vous-même votre voyage
vous trouverez, au début de ce guide,
la carte des principales curiosités et un choix d'itinéraires de visite.

Jardins de Villandry

Renseignements
pratiques

Quelques adresses utiles

Comités régionaux de tourisme (C.R.T.)

Pays de Loire (Loire-Atlantique, Maine-et-Loire, Mayenne, Sarthe, Vendée) : 2, rue de la Loire, B.P. 2171, 44204 Nantes Cedex 02. ☎ 02 40 48 24 20. Fax 02 38 54 95 46.

Centre-Val de Loire (Cher, Eure-et-Loir, Indre, Indre-et-Loire, Loir-et-Cher, Loiret) : 9, rue St-Pierre-Lentin, 45041 Orléans Cedex. ☎ 02 38 54 95 42. Fax 02 38 54 95 46.

Comités départementaux de tourisme (C.D.T.)

Cher : 5, rue de Séraucourt, 18000 Bourges. ☎ 02 48 67 00 18. Fax 02 48 67 01 44.

Eure-et-Loir : 10, rue du Docteur-Maunoury, B.P. 67, 28002 Chartres Cedex. ☎ 02 37 84 01 00. Fax 02 37 36 36 39.

Indre : 1, rue Saint-Martin, B.P. 141, 36003 Châteauroux Cedex. ☎ 02 54 22 91 20.

Touraine-Val de Loire (département de l'**Indre-et-Loire**) : 9, rue de Buffon, B.P. 3217, 37032 Tours Cedex. ☎ 02 47 31 42 57. Fax 02 47 31 42 76.

Loire-Atlantique : place du Commerce, 44000 Nantes. ☎ 02 40 89 50 77. Fax 02 40 20 44 54.

Loir-et-Cher : 5, rue de la Voûte-du-Château, B.P. 149, 41005 Blois Cedex. ☎ 02 54 78 55 50. Fax 02 54 74 81 79.

Loiret : 8, rue d'Escures, 45000 Orléans. ☎ 02 38 62 04 88. Fax 02 38 77 04 12.

Anjou (département du **Maine-et-Loire**) : place du Président-Kennedy, B.P. 2147, 49021 Angers Cedex 02. ☎ 02 41 23 51 51. Fax 02 41 88 36 77.

Mayenne : 84, avenue Robert-Buron, B.P. 1429, 53014 Laval Cedex. ☎ 02 43 53 18 18. Fax 02 43 67 11 20.

Orne : 88, rue St-Blaise, B.P. 50, 61002 Alençon. ☎ 02 33 28 88 71. Fax 02 33 29 81 60.

Sarthe : 2, rue des Maillets, 72072 Le Mans Cedex 09. ☎ 02 43 81 72 72. Fax 02 43 82 06 67.

Office de tourisme et Syndicats d'initiative

La dernière partie de ce chapitre intitulée «Conditions de visite» donne l'adresse des principaux Offices de tourisme et Syndicats d'initiative de la région. On s'adressera de préférence à eux pour obtenir des renseignements sur une ville, une région, des manifestations touristiques ou des possibilités d'hébergement.

LA MÉTÉO

Les prévisions météorologiques départementales à cinq jours peuvent être obtenues par téléphone en composant le 02 36 68 02 suivi du numéro du département (exemple pour le Maine-et-Loire 02 36 68 02 49) ou par Minitel sur 3615 METEO, où de nombreuses autres informations météorologiques sont également disponibles (rubrique météorologique générale, loisirs, mer, montagne et neige, monde).

TOURISME ET HANDICAPÉS

Un certain nombre de curiosités décrites dans ce guide sont accessibles aux personnes handicapées. Ces curiosités sont signalées par le symbole ♿ dans le chapitre des Conditions de visite à la fin du volume. Pour plus de renseignements au sujet de l'accessibilité des musées aux personnes à mobilité réduite, contacter la direction des Musées de France, le service Accueil des publics spécifiques, 6, rue des Pyramides, 75041 Paris Cedex 01. ☎ 01 40 15 35 88.

Les **guides Rouges Michelin France** et **Camping Caravaning France**, révisés chaque année, indiquent respectivement les chambres accessibles aux handicapés et les installations sanitaires aménagées.

3615 Handitel, service télématique du Comité National Français de Liaison pour la Réadaptation des Handicapés (236 bis, rue de Tolbiac, 75013 Paris, ☎ 02 53 80 66 66), assure un programme d'information au sujet des transports et des vacances.

Le **guide Rousseau H... comme Handicaps** (Association France Handicaps, 9, rue Luce-de-Lancival, 77340 Pontault-Combault, ☎ 01 60 28 50 12) donne de précieux renseignements sur la pratique du tourisme et des loisirs.

Les guides Rouges, les guides Verts et les cartes Michelin composent un tout.

Ils vont bien ensemble, ne les séparez pas.

HÉBERGEMENT

Le **guide Rouge Michelin France** des hôtels et restaurants et le **guide Camping Caravaning** présentent chaque année une sélection des meilleurs établissements.

Service Loisirs Accueil – Les départements suivants : Cher, Eure-et-Loir, Indre, Indre-et-Loire, Loir-et-Cher, Loiret et Mayenne, disposent de Services de réservation Loisirs Accueil fournissant d'amples renseignements pour se loger et découvrir la région visitée (se reporter aux adresses des Comités départementaux du tourisme ci-dessus). Sur Minitel 3615 Detour.

Les Gîtes ruraux, les Gîtes d'étapes – La qualité de l'accueil, dans de bonnes conditions de confort, pour un prix raisonnable, est controlée en permanence par les relais départementaux et la Fédération Nationale des gîtes de France, 59, rue Saint-Lazare, 75009 Paris, ☎ 01 49 70 75 75. Par Minitel : 3615 Gîtes de France.

Les chambres d'hôtes – L'un des charmes du Val de Loire tient à ses nombreux châteaux et manoirs privés que l'on découvre au détour du chemin, toujours dans un site tranquille et séduisant. Certains réservent quelques chambres aux hôtes de passage qui bénéficient ainsi, à un prix raisonnable, d'un cadre privilégié. Pour connaître leurs adresses et leurs conditions, adressez-vous aux Comités départementaux de tourisme ou aux Offices de tourisme de Blois, Chinon, Saumur et Tours.

Les Fermes-Auberges et Auberges du terroir – Pour profiter du calme à la campagne et apprécier les bons produits du terroir, consulter les guides « *Bienvenue à la Ferme* » (Éditions Solar) et « *Vacances et weeks-end à la ferme* » (Éditions Balland) qui recensent également de nombreuses adresses.
Les randonneurs, cyclotouristes, canoéistes pourront consulter le guide « *Gîtes et refuges, France et Frontières* », par A. et S. Mouraret (Éditions la Cadole, 74, rue Albert-Perdreaux, 78410 Vélizy-Villacoublay. ☎ 02 34 65 10 40).

Les Stations vertes – La Fédération française des Stations Vertes de Vacances édite annuellement un répertoire des localités rurales sélectionnées pour leur tranquilité et les distractions de plein air qu'elles proposent. Renseignements auprès de l'Hôtel du Département de la Côte-d'Or, B.P. 1601, 21035 Dijon cedex, ☎ 03 80 43 49 47.

Hébergement pour les jeunes

Il existe deux associations d'auberges de jeunesse :
Ligue Française pour les Auberges de Jeunesse (L.F.A.J.) : 38, boulevard Raspail, 75007 Paris, ☎ 01 45 48 69 84. Fax 01 45 44 57 47.
Fédération Unie des Auberges de Jeunesse (F.U.A.J.), 27, rue Pajol, 75018 Paris, ☎ 01 44 89 87 27. Fax 01 44 89 87 10.
La carte d'adhésion de la L.F.A.J. est valable en France seulement, la carte F.U.A.J. est internationale.
Auberge de Jeunesse de Touraine, parc de Grandmont, avenue d'Arsonval, 37200 Tours, ☎ 02 47 25 14 45, Fax 02 47 48 26 59.
Ligue Française pour les Auberges de Jeunesse (L.F.A.J.) Pays de la Loire, 3, rue Darwin, 49300 Angers, ☎ 02 41 22 61 20. Fax 02 41 48 51 91.
Village Vacances Famille « Les Violettes », 37400 Amboise, ☎ 02 47 57 19 79, Fax 02 47 57 65 36.
Maison Familiale Rurale d'Éducation et d'Orientation, 8, rue de Rome, 37370 Neuvy-le-Roi, ☎ 02 47 24 40 45, Fax 02 47 24 46 20.
C.F.T.A.H. Château du Plessis, 37360 St-Antoine-du-Rocher, ☎ 02 47 56 65 85. Fax 02 47 56 54 63.
Association Loire Océan Gîtes et Itinéraires (LOGI), 2, rue de la Loire, Ile Beaulieu, 44200 Nantes, ☎ 02 40 35 62 26.

« Au pays des caves demeurantes… » – Jusqu'à ces dernières années, les habitations troglodytiques de certains villages de l'Anjou, de la Touraine et du Vendômois étaient perçues comme une image du passé. Aujourd'hui un certain nombre de ces demeures creusées dans le tuffeau ou les faluns sont recherchées comme résidences secondaires ou réaménagées pour l'hébergement et la restauration. Outre de nombreuses caves à vin où vieillissent lentement les cuvées les meilleures, on trouvera des hôtels, des gîtes d'étape (troglogîtes) ou des restaurants aménagés avec ingéniosité voire élégance.
Relais des gîtes du Maine-et-Loire, B.P. 2147, 49021 Angers Cedex 02, ☎ 02 41 23 51 23, ou Centre de séjour des Perrières, 545, rue des Perrières, 49700 Doué-la-Fontaine, ☎ 02 41 59 71 29.

Ne prenez pas la route au hasard !
Michelin vous apporte à domicile
ses conseils routiers, touristiques, hôteliers :
3615 MICHELIN (1,29 F/mn) sur votre Minitel.

Loisirs

TOURISME AU FIL DE L'EAU

Syndicat Interdépartemental du Bassin de la Maine, place du Président-Kennedy, 49000 Angers, ☎ 02 41 88 99 38.

Navigation fluviale

La navigation en **pénichette** particulière se pratique sur les cours d'eau suivants :
La **Loire** 84 km entre Angers et Nantes.
La **Maine** 8 km.
La **Mayenne** 122 km entre Mayenne (la ville) et la Maine.
L'**Oudon** 18 km entre Segré et le Lion-d'Angers.
La **Sarthe** 136 km entre Le Mans et la Maine.

Le tableau ci-dessous indique les possibilités de location de bateaux habitables – à piloter sans permis – permettant de découvrir, à son rythme, en une ou plusieurs journées l'Anjou au fil de ses rivières. Sur certaines rivières (Maine, Mayenne, Oudon) des mini-croisières sont organisées à bord de « vieux gréements » : fûtreau, chaland, gabare, caravelle ou toue.

Bases de départ	Rivières	Compagnies de navigation
Angers	Mayenne Oudon Sarthe	Maine Réservations Place Kennedy, 49022 Angers Cedex 02 ☎ 02 41 23 51 30 Concord Plaisance Quai de la Savatte, 49100 Angers ☎ 02 41 87 93 50
Château-Gontier Morannes Entrammes	Mayenne Oudon Sarthe	Cap Rivières 53260 Entrammes ☎ 02 43 98 36 98
Cheffes-sur-Sarthe Mayenne	Mayenne Oudon Sarthe	Sarthe Fluviale 40, promenade de Reculée 49100 Angers ☎ 02 41 73 14 16
Angers Châteauneuf-s/Sarthe Chenillé-Changé Mayenne	Maine Mayenne Oudon Sarthe	Bateaux-promenade ou bateaux habitables Maine Anjou Rivières Le Moulin 49220 Chenillé-Changé ☎ 02 41 95 10 83
Daon	Mayenne Oudon Sarthe	France Mayenne Fluviale Le Port, 53200 Daon ☎ 02 43 70 13 94
Grez-Neuville	Maine Mayenne Oudon	Anjou Plaisance Rue de l'Écluse, 49220 Grez-Neuville ☎ 02 41 95 68 95
	Sarthe	Féerives Quai de l'Hirondelle, 49220 Gretz-Neuville ☎ 02 41 95 68 95
Sablé-sur-Sarthe	Mayenne Oudon Sarthe	Anjou Navigation Quai National, 72300 Sablé-sur-Sarthe ☎ 02 43 95 14 42

Il est possible de naviguer toute l'année. Toutefois, au moment de choisir son itinéraire et de décider de la période pendant laquelle l'on souhaite louer un bateau, il est indispensable de se renseigner sur les « écourues » (voir ci-après), sur les écluses (elles peuvent être fermées à certaines heures), savoir que la vitesse de croisière est de 6 à 8 km/h et enfin que la navigation de nuit est interdite.

Lors des écourues, période pendant laquelle le niveau d'eau des rivières est abaissé afin de permettre les travaux nécessaires à leur entretien, les sections de rivières ou canaux concernés sont fermées à la navigation. Ces travaux ont généralement lieu en arrière-saison (15 septembre-30 octobre). Sur le bassin de la Maine, les écourues ou « chômages » ont lieu de façon alternative entre la Sarthe et la Mayenne ; les bateaux de plaisance doivent alors changer pendant quelque temps de port d'attache, les sociétés situées sur la rivière en chômage exploitant sur l'autre rivière pendant cette période.

Base fluviale de Chenillé-Changé

Bateau-mouche

Les promenades sur ce type de bateau ont lieu en général à heures fixes (souvent à 15 h et à 17 h). Le passage d'écluse, les commentaires sur l'avifaune locale ou sur la batellerie traditionnelle, la découverte des animaux ou l'observation des oiseaux ajoutent à l'agrément de ces petits voyages paisibles.

De **Briare**, croisière sur le canal sur les *Bateaux touristiques*.
De **Chisseaux**, croisière-promenade (1 h 30) sur le Cher à bord du *Bélandre*.
De **Fay-aux-Loges**, croisière sur le canal d'Orléans à bord de l'*Oussance*.
De **Montrichard**, croisière-promenade (1 h 30) sur le Cher à bord du *Léonard-de-Vinci*.
De **Saint-Aignan**, croisière-promenade (1 h 30) sur le Cher à bord du *Val-du-Cher*.
D'**Olivet**, croisière-promenade (1 h 30) sur le Loiret à bord du *Sologne*.

Canoë-kayak

Le « monde de l'eau vive » n'est pas exclusivement celui des kayakistes de haut niveau ; il est ainsi agréable de découvrir des sites souvent inaccessibles autrement que par la voie des eaux.

On peut se lancer, seul ou en groupe (avec un minimum de formation et de précautions), soit en randonnées d'une 1/2 journée, d'une journée complète ou plus. Les rivières les plus appropriées sont la Cisse, la Conie, le Cosson, l'Huisne, l'Indre, le Loir, la Sauldre, le Thouet et la Vienne. Renseignements et réservations aux services Loisirs Accueil du département concerné, ainsi qu'à la Fédération française de Canoë-Kayak, 87, quai de la Marne, B.P. 58, 94340 Joinville-le-Pont ; ☎ 01 48 89 39 89.

Consulter aussi l'ouvrage : *Guide-Itinéraires 700 rivières de France*, Éd. La Pirogue, 78670 Villennes-sur-Seine.

LA CHASSE

Les Pays de la Loire sont très recherchés par le chasseur qui trouve de larges possibilités : chasse à l'affût ou en battue, à tire ou à courre. Les plaines beauceronnes, les prairies tourangelles et angevines permettent de lever des compagnies de perdreaux ainsi que les cailles, grives et alouettes. Dans les champs de maïs ou de betteraves et les boqueteaux se cache le lièvre. Dans les gâtines sont mêlés perdreaux et garennes tandis que le faisan recherche les points d'eau. Les chevreuils et les cerfs préfèrent les bois épais du Baugeois, les forêts de Château-la-Vallière, de Loches et des environs de Valençay. Le sanglier fréquente les forêts d'Orléans, d'Amboise et de Chambord. Dans les îles et les bords de la Loire se nichent les sarcelles, les cols-verts. La Sologne, très giboyeuse, abrite dans ses étangs et rivières canards, sarcelles, bécassines, tandis que les faisans traversent les routes, que dans les fourrés marécageux se vautrent les sangliers et que les cervidés hantent les bois.

Renseignements : St-Hubert-Club de France, 10, rue de Lisbonne, 75008 Paris, ☎ 01 45 22 38 90.

De mi-septembre à mi-octobre a lieu la période du brame pendant laquelle le comportement du cerf au début de la nuit est extrêmement curieux à observer. On peut assister à ce phénomène, en forêt de Chambord, accompagné d'un spécialiste de l'Office National des Forêts. Renseignements ☎ 02 54 78 55 50.

RANDONNÉES PÉDESTRES

Des topo-guides, édités par la Fédération Française de la Randonnée pédestre, sont disponibles au Centre d'Information, 64, rue de Gergovie, 75014 Paris, ☎ 02 45 45 31 02.

Comité de Touraine pour la Randonnée pédestre, Office de tourisme de Tours, 78, rue B.-Palissy, 37042 Tours Cedex, ☎ 02 47 70 37 35.

Le Comité Départemental du Tourisme de l'Anjou a édité cinq cartes IGN d'itinéraires de randonnées pédestres (au 1/50 000).

De nombreux sentiers de Grande Randonnée permettent de découvrir la région décrite dans ce guide :

le **GR 3** qui longe la vallée de la Loire, parcourt les forêts d'Orléans, de Russy et de Chinon ;

le **GR 3c** traverse la Sologne de Gien à Mont-près-Chambord ;

le **GR 3d** traverse le vignoble du Layon ;

le **GR 31** relie Mont-près-Chambord, en bordure de la forêt de Boulogne, à Souesmes, à travers les bois de Sologne ;

le **GR 32** traverse la forêt d'Orléans ;

le **GR 335** « de la Loire au Loir » relie Vouvray à Lavardin ;

le **GR 35** suit la vallée du Loir ;

le **GR 36**, ou sentier Manche-Pyrénées, traverse la région entre Le Mans et Montreuil-Bellay ;

le **GR 46** suit la vallée de l'Indre.

TOURISME ÉQUESTRE

Célèbre pour ses haras et son École Nationale d'Équitation à St-Hilaire-St-Florent, près de Saumur, la région offre de nombreux centres équestres ouverts aux amateurs d'équitation. Certains font gîte d'étape pour les randonneurs à cheval.

Des associations régionales ou nationales éditent également des topo-guides pour la randonnée équestre, indiquant parcours et gîtes d'étape.

Les Offices de tourisme fournissent également tous renseignements sur les centres équestres de la région.

Délégation Nationale au Tourisme Équestre, 30, avenue d'Iéna, 75116 Paris, ☎ 01 53 67 44 44.

Cette association et fédération sportive a pour vocation d'organiser, développer et promouvoir les activités de tourisme liées au cheval et à l'équitation de loisir sous toutes ses formes. Sa devise « Ante Viam Equus » (Avant la route était le cheval) est résumée sous le sigle ANTE. La Délégation édite une brochure annuelle : « Tourisme et Loisirs Équestres en France ».

Association Régionale de Tourisme Équestre Val de Loire-Centre, Maison des sports, 32, rue Alain-Gerbault, 41000 Blois, ☎ 02 54 42 95 60 (poste 411). Pour les départements du Cher, Indre, Indre-et-Loire, Loir-et-Cher, Loiret.

Association Régionale de Tourisme Équestre Val de Loire-Océan, La Senserie, 44522 La Roche-Blanche, ☎ 02 40 98 43 66. Pour les départements du Maine-et-Loire, Mayenne et Sarthe.

CYCLOTOURISME

La Fédération Française de Cyclotourisme et ses comités départementaux proposent nombre de circuits touristiques de longueur variée.

Si le relief ne réserve pas de difficultés particulières, en revanche, la vallée de l'Indre, la Sologne, les routes forestières, et surtout les bords de Loire, notamment hors des routes classées à grande circulation, sont particulièrement attrayants. Des paysages renouvelés et la richesse du patrimoine du Val de Loire donnent tout leur intérêt aux randonnées à vélo.

Fédération Française de Cyclotourisme, 8, rue Jean-Marie-Jego, 75013 Paris, ☎ 01 45 80 30 21.

Carte IGN au 1/50 000, « 1 000 km à vélo autour d'Orléans ».

Circuits VTT dans le Layon : informations au CDT d'Anjou.

Les listes de loueurs de cycles sont généralement fournies par les Syndicats d'initiative et les Offices de tourisme.

Les principales gares SNCF proposent aussi des bicyclettes, qu'il est possible de restituer dans une gare différente.

Participez à notre effort permanent de mise à jour.
Adressez-nous vos remarques et vos suggestions :

Cartes et Guides Michelin
46, avenue de Breteuil
75324 PARIS CEDEX 07

Entre Chinon et Richelieu, une Mikado 1922

TRAINS TOURISTIQUES

Ces petits trains au charme d'antan, souvent animés par des bénévoles, ne revivent que l'espace de quelques heures, en général le samedi et le dimanche, il est donc prudent de se renseigner.

Train à vapeur de Pithiviers (Loiret)
De Pithiviers à Bellebat. MTP ☎ 02 38 30 48 26 ou à l'Office de tourisme de Pithiviers.

Train historique du Lac de Rillé (Indre-et-Loire)
Petite boucle autour du lac de Pincemaille. AECFM ☎ 02 47 24 60 19 ou 02 47 24 07 95.

Train à vapeur de Touraine (Indre-et-Loire)
De Chinon à Richelieu. TVT ☎ 02 47 58 12 97 ou 02 47 05 92 36.

Train touristique de la vallée du Loir (Loir-et-Cher)
De Thoré-la-Rochette à Troo. ☎ 02 54 72 80 82 ou Office de tourisme de Vendôme.

Compagnie du Blanc Argent (Loir-et-Cher)
Promenade en Sologne de Salbris à Luçay-le-Mâle (Indre).
☎ 02 54 76 06 51 ou Office de tourisme de Romorantin.

Chemin de fer à vapeur de la Sarthe (Sarthe)
De Conneré-Beillé à Bonnétable. TRANVAP ☎ 02 43 85 05 03 ou 02 43 89 06 17.

Chemin de fer touristique de Semur-en-Vallon (Sarthe)
Decauville circulant sur un réseau de 1,5 km. ☎ 02 43 71 30 36.

LA VOIE DES AIRS

Toute l'année, en fonction des conditions météorologiques, on peut de visiter les pays de Loire par la voie des airs : ULM, planeur, hélicoptère, monomoteur à ailes hautes survolent les sites de Chinon, Chambord, Chenonceau, Azay-le-Rideau au départ de Tours-St-Symphorien, les sites d'Amboise, Cheverny, Beaugency au départ de Blois-le-Breuil ou Orléans.
Des survols en montgolfière ou ballon libre sont également possibles.

U.L.M.

Ultra-légers motorisés : Fédération française de planeur ultra-léger motorisé, 96bis, rue Marc-Sangnier, 94700 Maison-Alfort, ☎ 01 49 81 74 43.
Aérodrome d'Amboise-Dierre, ☎ 02 47 57 93 91.
Aérodrome de Tours-Sorigny, ☎ 02 47 26 27 50.

Vol à voile

Fédération française de vol à voile, 29, rue de Sèvres, 75006 Paris, ☎ 02 45 44 04 78.
Association Vol à voile Léonard-de-Vinci, Tours, ☎ 02 47 54 27 77.

Hélicoptère

Loir-et-Cher – La Loire vue du ciel en hélicoptère, ☎ 02 54 78 55 50.
Touraine-Hélicoptère, B.P. 13, 37370 Neuvy-le-Roi, ☎ 02 47 24 81 44.
Blois-Hélistation, Pont Charles-de-Gaulle, sortie Blois Vienne, D 951, ☎ 02 54 74 35 52.

Sarthe – Jet Systems Hélicoptère Tours. Aérodrome du Mans. Circuit touristique en hélicoptère, ☎ 02 43 72 07 70.
Aéro-club La Flèche Sarthe-Sud. Route du Lude. Promenades aériennes, ☎ 02 43 94 05 24.

Anjou – Acson Hélicoptère. 49000 Angers, ☎ 02 41 76 24 24.

Vol à moteur

Tours Aéro Services, aéroport de Tours St-Symphorien et Blois-le-Breuil, ☎ 02 47 48 37 27.
Aéro-Club «Les Ailes tourangelles», aérodrome d'Amboise-Dierre, 37150 Dierre, ☎ 02 47 57 93 91.

Ballons et montgolfières

Le charme suranné des voyages en ballon s'ajoute indéniablement au plaisir de découvrir d'en haut la vallée de la Loire. Si les aérostiers peuvent décoller d'à peu près n'importe où (sauf des villes bien entendu), par contre, selon le vent, sa force et sa direction, le lieu d'atterrissage est plus incertain. Les vols proprement dits durent en général de 1 h à 1 h 30, mais il faut pratiquement tripler ce temps pour tenir compte de la préparation du vol, des aléas du vent, du temps de rapatriement par le véhicule de récupération qui suit en permanence le vol de l'engin. Suivant les prestations fournies, le coût d'un vol est d'environ 1 200 F par personne.

Loisirs-Accueils Loiret, rue d'Escures, 45000 Orléans, ☎ 02 38 62 04 88.
Excursions en montgolfière, ☎ 03 80 26 63 30.
La Compagnie des Montgolfières, 15, rue du Bœuf-St-Paterne, 45004 Orléans Cedex, ☎ 02 38 54 51 07.
France Montgolfières, La Riboulière, 41400 Monthou-sur-Cher, ☎ 02 54 71 75 40.
Bombard Balloon Adventures, 37400 Amboise, ☎ 02 47 30 11 82.
Ballons de Bourgogne, 21630 Pommard, ☎ 03 80 24 20 32 ou 02 47 30 11 82.
Découverte de la vallée de la Sarthe en montgolfière (1 h 30). Renseignements à l'Office de tourisme de Sablé-sur-Sarthe, ☎ 02 43 95 00 60.

Sterne pierregarin

Voyages à thème

ROUTES HISTORIQUES

Pour découvrir le patrimoine architectural local, la Caisse Nationale des Monuments Historiques et des Sites et la Demeure Historique ont élaboré des itinéraires à thème. Tracés et dépliants sont disponibles auprès des Offices de tourisme, des Comités départementaux de tourisme ou directement à la C.N.M.H.S., Hôtel de Sully, 62, rue St-Antoine, 75004 Paris, ☎ 01 44 61 21 50.

Chaque route historique est signalée par des panneaux nominatifs tout au long du parcours emprunté.

Route historique du roi René – Regroupe les principaux châteaux de l'Anjou, pour la plupart habités mais ouverts à la visite.

Route historique des Plantagenêts – Va de Rouen à Bordeaux à travers onze itinéraires ; pour le présent guide, concerne : Angers, Vendôme, Fréteval, Saumur, Fontevraud, Chinon, Loches, Montrichard.

Route historique de la Vallée des Rois – C'est l'antique itinéraire utilisé par les rois de France de Gien à Saumur, par Orléans, Blois et Tours.

Route historique des Dames de Touraine – Dédiée aux grandes dames qui surent par leur ténacité et leur génie construire, embellir, rénover ou tout simplement aimer leurs belles propriétés, cette route serpente entre Amboise, Beauregard, Montpoupon, le Grand-Pressigny ou Azay-le-Ferron.

Route historique François Ier – Elle descend du Vendômois jusqu'au Sud du Berry et rappelle les séjours nombreux que firent François Ier et sa cour dans toute cette région.

Route historique Jacques Cœur – Plus berrichonne que ligérienne, cette route descend du château de Bussière au château de Culan par la ville de Gien.

Route historique des Hauts Dignitaires – Dans le présent guide, les châteaux de Chamerolles, Bellegarde, Sully-sur-Loire et Gien sont les seuls concernés par cette route dédiée aux grands serviteurs de la couronne.

Route historique du patrimoine culturel québécois – Cette route (itinéraire : Pays de Loire, Centre Val de Loire, Poitou Charente) relie des lieux ayant un rapport, dans quelque domaine que ce soit, avec des Canadiens-Français ancêtres des Québécois d'aujourd'hui.

PARCS ET JARDINS

Route des parcs et jardins – C'est à l'aube du 16e s. que l'art du jardin français est né dans le Val de Loire ; cette promenade à travers l'Art des jardins de la Renaissance à nos jours relie entre autres : le château de **Chamerolles**, le château de **Villeprévost**, le parc floral d'**Orléans-la-Source**, le château de **Beauregard**, le château de **Chaumont**, le château de **Valmer**, le parc botanique de **La Fosse**, le Prieuré de **Saint-Cosme**, le château et les jardins de **Villandry**.

VISITES TECHNIQUES

Voici quelques industries ou artisanats, liés au tourisme industriel et technique, parmi les plus inattendus de la région couverte par ce guide. Ces centres actifs et ouverts au public font partie intégrante de la vie et du patrimoine de la région.

Centre nucléaire de production d'électricité de **CHINON** p. 115

Faïenceries de **GIEN** p. 137

Champignonnières du Saut-au-Loup à la sortie de **MONTSOREAU** p. 161

Cave de champagnisation J.M. Monmousseau (SA) à **MONTRICHARD** p. 189

Centre d'artisanat d'art à **PONCÉ-SUR-LE-LOIR** p. 203

Distillerie Cointreau à **ST.-BARTHELEMY d'ANJOU** p. 61

Cave des vignerons de Saumur à **ST-CYR-en-BOURG** p. 223

Vins effervescents de Saumur, Bouvet-Ladubay à **ST.-HILAIRE-ST.-FLORENT** p. 222

Production de pommes tapées, le Troglo-Tap à **TURQUANT** p. 161

Moulin à blé de ROTROU à **VAAS** p. 155

Société coopérative agricole de vannerie à **VILLAINES-les-ROCHERS** p. 68

Pour trouver la description d'une curiosité,
l'évocation d'un souvenir historique,
le plan d'un monument,
consultez l'index à la fin du volume.

VISITES ET PROMENADES DANS LE MONDE VINICOLE

« Dis-moi si ton vin est gai que je me réjouisse avec toi ! »

Les vignerons des pays de Loire, comme d'ailleurs tous les vignerons, sont d'un naturel accueillant, et c'est bien volontiers qu'ils aiment recevoir en leurs caves et chais pour faire goûter leurs productions, parler de leur métier, montrer leurs outils, expliquer leurs techniques et… vendre leur vin.

Les Offices de tourisme (spécialement à Amboise, Angers, Bourgueil, Chinon, Montlouis-sur-Loire, Saumur, Vouvray) et les « Maisons du vin » peuvent donner tous renseignements :

« La Maison du Vin de l'Anjou », 5 bis, place Kennedy, 49100 Angers, ☎ 02 41 88 81 13.

Conseil Interprofessionnel des Vins d'Anjou et Saumur (C.I.V.A.S.), Hôtel des Vins La Godeline, 73, rue Plantagenêt, 49100 Angers, ☎ 02 41 87 62 57.

« La Maison des Vins de Nantes », Bellevue, 44690 La Haye-Fouassière, ☎ 02 40 36 90 10.

« La Maison du Vin de Saumur », 25, rue Beaurepaire, 49400 Saumur, ☎ 02 41 51 16 40.

Comité Interprofessionnel des Vins de Touraine-Val de Loire (C.I.V.T.L.), 16, square Prosper-Mérimée, 37000 Tours, ☎ 02 47 05 40 01.

Petit vocabulaire à la « gloire et à l'illustration » du vin

Pour apprécier les qualités et les défauts du vin, trois sens (la vue, l'odorat et le goût) sont particulièrement sollicités ; le vocabulaire employé pour décrire et reconnaître les sensations et impressions ressenties par l'amateur comme par le spécialiste est aussi riche que précis et savoureux.

Les impressions visuelles :

Aspect à l'œil : brillant *(très bonne limpidité)*, limpide *(parfaitement transparent, sans matière en suspension)*, tranquille *(sans dégagement de bulles)*, pétillant *(effervescent)*, mousseux *(dégagement important de bulles du type vin de Champagne)*.

Couleurs et nuances : on parle de belle robe lorsque la couleur est vive et nette :
Vins rouges : clairet, rubis, grenat, pelure d'oignon…
Vins rosés : œil-de-perdrix, saumoné, ambré…
Vins blancs : vieil or, jaune miel…

Les impressions olfactives :

Bonnes odeurs : florales, fruitées, balsaniques, épicées, pierre à fusil ;
Mauvaises odeurs : fût, bois, hydrogène sulfuré, bouchon.

Les impressions gustatives :

aimable *(agréable, bien équilibré)*, agressif *(désagréable, à dominante acide)*, bien en bouche *(équilibré et riche)*, charpenté *(bien constitué, riche en alcool)*, capiteux *(monte à la tête, enivre)*, charnu *(impressionne fortement les papilles)*, fruité *(dont la saveur rappelle la fraîcheur et le goût naturel du raisin)*, gouleyant *(léger et agréable, se laisse boire facilement)*, joyeux *(inspire la gaîté)*, rond *(bien équilibré, souple et moelleux)*, vif *(frais, moyennement alcoolisé)*, etc.

Quelques manifestations vinicoles en Anjou, Saumur et Touraine

Tout au long de l'année des foires et des fêtes du vin, destinées à animer et promouvoir les différentes appellations, sont programmées à date fixe.

Mars	Foire aux vins	Bourgueil	02 47 97 75 02
Avril	Concours annuel des vins de Saumur	Saumur	02 41 51 16 40
	Salons des vins d'Onzain	Onzain	02 54 20 72 59
Mai	Foire aux vins	Saumur	02 41 83 43 12
Juin	Biennale du Champigny	Montsoreau	02 41 51 16 40
Juillet	Fête de la Vinée	St-Lambert-du-Lattay	02 41 78 30 58
	Fête des vins millésimés	St-Aubin-de-Luigné	02 41 78 33 28
Août	Foire aux vins	Montsoreau	02 41 51 62 06
Septembre	Fête du Saumur-Champigny	Varrains	02 41 88 81 13
Novembre	Concours des Anjou-Villages	Brissac-Quincé	02 41 91 22 13
	Rendez-vous du Touraine primeur	Montrichard	02 54 32 05 10

A LA DÉCOUVERTE DES MOULINS D'ANJOU

Les conditions géographiques et climatiques particulières de l'Anjou expliquent le grand nombre et la diversité des moulins. D'une part, le réseau hydraulique important a donné très tôt naissance à de nombreux moulins à eau de tous types, d'autre part, la province, balayée une grande partie de l'année par des vents du sud-ouest à nord-ouest, a favorisé l'installation, dès le 13e s., d'une multitude d'ouvrages.

Turquant –
Moulin de la Herpinière

Pour le touriste qui aime sortir des sentiers battus et qui s'attache à pénétrer au cœur d'une région, la recherche et la découverte des moulins est un but passionnant.

Ainsi le département de Maine-et-Loire possède-t-il une vingtaine d'installations ouvertes aux visite. Ils sont répartis en trois types principaux.

Le moulin **cavier** : c'est le plus caractéristique de l'Anjou, il est composé d'une tour habituellement cylindrique se terminant en cône qui supporte la cabine de bois ou « *hucherolle* ». Dans le pied ou « *massereau* » se trouve la chambre des meules. Le massereau s'élève au-dessus de la « *masse* » formée d'un remblai contenu par des murs de soutènement. Une salle voutée permet d'accéder à la chambre des meules. Dans les moulins semi-troglodytiques, la cave et la salle des meules sont en partie creusées dans le calcaire. Les caves servaient d'entrepôt (grain, farine), de magasin (pièces de rechange) et, parfois, d'écurie et de remise.

Le moulin **pivot**, parfois appelé « moulin de plaine » ou « chandelier », est fait uniquement d'une grande cage en bois supportant tout à la fois les ailes, les meules et tout le mécanisme. Cette construction entièrement en bois est une des causes de la disparition très rapide de ce type de moulin dès que l'axe se détériorait et que l'entretien n'était plus assuré.

Le moulin **tour** : reste le plus répandu et le mieux conservé jusqu'à nos jours. Le toit conique, à calotte tournante, reçoit les ailes. L'ensemble est en maçonnerie.

Parmi les moulins régulièrement ouverts aux visites, voici une sélection :

Moulin à eau :
Breil, moulin au Jau sur le Lathan ;
Gennes, moulin de Sarré sur l'Avort ;
Montreuil-Bellay sur le Thouet, moulin de La Salle ;
La Pommeraye, moulin de Bêne sur le ruisseau des moulins.

Moulin cavier :
Turquant, moulin de la Herpinière ;
Louresse-Rochemenier, moulin Gouré ;
Faye-d'Anjou, moulin de la Pinsonnerie ; Varennes-sur-Loire, moulin du Champ-des-Isles.

Moulin tour :
La Chapelle-Saint-Florent, moulin de l'Épinay ;
La Possonnière, moulin de la Roche ;
Challain-la-Potherie, moulin du Ratz ;
Les Rosiers, moulin des Basses-Terres.

Moulin pivot :
Charcé-Saint-Ellier, moulin de Patouillet.

Les Rosiers – Moulin des Basses-Terres (moulin tour)

L'Association des Amis des Moulins de l'Anjou (AMA) propose documents et visites, s'adresser : 17, rue de la Madeleine, 49000 Angers, ☎ 02 41 43 87 36.

LES POISSONS

La passion de la pêche en eau douce est, selon de récentes statistiques relevées par le ministère des Sports, la deuxième activité de loisir des Français, juste derrière le football ! Les eaux vives ou dormantes du Val de Loire offrent à l'amateur de pêche des ressources aussi attrayantes que variées. L'art de la pêche, ou **halieutique**, prend ici toute sa valeur. Le débutant ou le passionné, le traqueur sportif ou le bucolique (canne à pêche et sac à dos), chacun trouvera la pêche qui lui convient.

Soit qu'il taquine l'ablette, le goujon, le gardon, la vandoise, qu'il s'attaque, dans la Loire, au brochet ou même au mulet de mer remontant le fleuve en été jusqu'à Amboise, soit qu'il traque le poisson-chat, la tanche et la carpe dans les trous de la Loire, de l'Indre et du Loir ou dans les étangs solognots riches également en perches, il peut pratiquer tous les types de pêche réglementée.

Le sportif, en parcourant les rives de la Creuse, des Sauldres, des ruisseaux angevins ou des affluents du Loir, sollicitera la truite.

Dans les canaux du Berry, de Briare, d'Orléans, on trouve des anguilles et parfois des écrevisses que l'on attrape à la balance. Le saumon et l'alose nécessitent des bateaux plats et les professionnels ont des installations importantes, telles que les filets-barrages tendus en travers du fleuve et maintenus par des perches fixées dans le fond.

Législation et période d'ouverture – En raison de la particularité biologique des espèces, une distinction importante de réglementation existe sur les rivières, ruisseaux, cours et plans d'eau classés en deux catégories :

Le cours d'eau de 1re catégorie – Comprend tous les cours d'eau où les salmonidés sont dominants (truites notamment) et d'autres poissons exigeant une protection spéciale. Ainsi la pêche au saumon peut être totalement interdite ou autorisée seulement pour une période allant de mars à juin.

Le cours d'eau de 2e catégorie piscicole – Regroupe les autres cours d'eau douce surtout peuplés de cyprinidés (ablettes, barbeau, brème, carpe...).

Il convient donc d'observer la réglementation en vigueur, nationale, départementale et locale, et de s'affilier pour l'année en cours à une Association de Pêche et de Pisciculture de son choix, agréée par le préfet. La carte de membre obtenue, obligatoirement revêtue du timbre piscicole «taxe de base», permet de pêcher à quatre lignes sur les lots de pêche de deuxième catégorie piscicole détenus par l'Association (toutefois, le préfet peut, par arrêté, limiter le nombre de lignes autorisées par pêcheur) et à une seule ligne sur tous les cours d'eau du domaine public (pêche au lancer exceptée).

Sur les cours d'eau de première catégorie, une seule ligne est autorisée et un timbre «taxe complète» est exigé. Cette taxe permet de pêcher au lancer. En outre, pour pêcher le saumon ou la truite de mer, l'acquittement de taxes supplémentaires est obligatoire. Sur le domaine privé, où le droit de pêche appartient au propriétaire riverain (société ou particulier), l'autorisation de ce dernier est, en outre, indispensable.

Dans le cas de certains étangs privés échappant à la législation sur la pêche, cette autorisation (cartes à l'année, au mois, à la journée) peut d'ailleurs constituer l'unique formalité nécessaire et être accordée à toute époque de l'année.

La **carte jeune**, *destinée aux moins de 16 ans (au 1er janvier de l'année en cours), autorise tout mode de pêche réglementaire, en 1re et 2e catégorie piscicole.*

La **carte vacances** *permet de pêcher pendant une période de quinze jours consécutifs comprise entre le 1er juin et le 30 septembre. Cette carte est valable pour tout mode de pêche réglementaire, en 1re comme en 2e catégorie piscicole.*

Longueur minimum des prises – Réglementation nationale : le pêcheur est tenu de rejeter à l'eau tout poisson n'atteignant pas la taille minimum requise (50 cm pour le brochet, 40 cm pour le sandre, 23 cm pour la truite (cette taille peut être portée à 25 cm par le préfet), 50 cm pour le saumon, 9 cm pour l'écrevisse.

Pour en savoir plus sur l'halieutique – Direction du Conseil Supérieur de la Pêche, 134, avenue Malakoff, 75016 Paris, ☎ 01 45 02 20 20. – Délégation régionale de la Pêche, 112, faubourg de la Cueille, 86000 Poitiers, ☎ 02 49 41 29 88. – Fédération d'Indre-et-Loire : 25, rue Charles-Gilles, BP 0835, 37008 Tours cedex, ☎ 02 47 05 33 77. – Fédération du Loiret, 49, route d'Olivet, BP 8157, 45081 Orléans cedex 2, ☎ 02 38 56 62 69. – Fédération de Maine-et-Loire pour la Pêche et la Protection du Milieu Aquatique, 14, allée du Haras, 49100 Angers, ☎ 02 41 87 57 09. La carte-dépliant commentée *Pêche en France* est en vente auprès des associations départementales de pêche et de pisciculture ainsi qu'au Conseil Supérieur de la Pêche.

Aquarium et centres piscicoles

- Aquarium de Touraine à **Lussault-sur-Loire**, Indre-et-Loire
- Aquarium tropical à **Tours**, Indre-et-Loire
- Aquarium de Sologne, Aliotis, à **Villeherviers**, Loir-et-Cher
- Carrefour des Mauges à **St-Florent-le-Vieil**, Maine-et-Loire
- Centre piscicole de **Brissac-Quincé**, Maine-et-Loire
- Observatoire de la Loire à **Rochecorbon**, Indre-et-Loire
- Observatoire fédéral à **Champigny-sur-Veude**, Indre-et-Loire

Truite arc-en-ciel

Anguille

Perche

Sandre

Poisson-chat

Silure Glane

Brochet

Illustration : Maël Dewynter

A LA DÉCOUVERTE DES OISEAUX

Souvent considérée comme le «dernier fleuve sauvage d'Europe», la Loire a la particularité de développer sur certaines de ses grèves, en été, une ambiance climatique proche des fleuves africains. Ce phénomène, connu sous le nom de *topoclimat*, favorise la croissance de nombreuses plantes adaptées aux milieux intertropicaux. De plus, en débordant de son lit, en inondant les prairies, en remplissant d'eau les fossés, puis en se retirant, asséchant ainsi les gravières et les bancs de sable, la Loire cisèle des abris naturels où de nombreuses espèces végétales et animales trouvent un biotope idéal. Ses rives accueillent donc une avifaune exceptionnellement variée attirée par ses eaux sauvages, tempérées et riches en nourritures diverses : insectes aquatiques, larves, petits mollusques, petits invertébrés, etc.

Il est répertorié plus de 220 espèces d'oiseaux qui vivent, nidifient ou migrent chaque année dans le «Val aux eaux sauvages».

Pour observer efficacement les oiseaux (sans les déranger et en respectant leurs lieux de vie), il faut savoir reconnaître l'habitat propre à chaque espèce.

Les îles et gravières

Au milieu du chenal, les îles, longs bancs de sable et hautes herbes constituent des dortoirs tranquilles où peuvent se reposer en toute quiétude, protégés des intrus par une barrière d'eau, le **héron cendré**, le **grèbe huppé**, le **grand cormoran** ou le **martin-pêcheur**. La reproduction de ces oiseaux est liée au régime irrégulier du fleuve qui, par ses crues, maintient un réseau important de grèves dégagées propices à l'édification de leurs nids.

L'**île de Parnay**, en aval de Montsoreau, héberge de mars à fin juin, plus de 750 couples de **mouettes rieuses** et **mélanocéphales**, des **goélands leucophées** et **cendrés**, des **sternes pierre-garins** (cette sorte de mouette d'eau douce, à la silhouette élégante, oiseau symbole du Val de Loire !), ainsi que le charmant **petit gravelot**.

L'**île de Sandillon**, à 15 km en amont d'Orléans, abrite 2 500 couples de mouettes rieuses ainsi que des goélands et des sternes.

Les boires

De part et d'autre du lit du fleuve, les boires forment un réseau de fossés remplis d'eau stagnante qui communiquent avec le fleuve au moment des crues ; certains oiseaux apprécient beaucoup ces lieux discrets où viennent frayer les gardons, les tanches et les perches, c'est le cas du **butor** étoilé, de la **gallinule** poule d'eau, de la **foulque** macroule, de la **sarcelle** d'été, et des petits passereaux comme la **rousserolle turdoïde** ou l'**effarvatte** qui suspendent leur nid à 50 cm au-dessus de l'eau, solidement fixé à 3 ou 4 tiges de roseaux.

Les plaines alluviales

Tantôt pâturages ou prairies, tantôt terres inondées par les crues, les plaines alluviales hébergent soit des oiseaux migrateurs comme le solitaire **tarier des prés** ou la grégaire **barge à queue noire**, soit des oiseaux rarissimes comme le **râle des genêts** (de mars à octobre).

Les marais et les étangs

Parmi les nombreux migrateurs, le **balbuzard pêcheur** qui avait pratiquement disparu de France dans les années 1940 voit maintenant sa population augmenter régulièrement, et c'est un spectacle unique que de le voir plonger serres en avant, après un vol d'observation stationnaire, et capturer des poissons de 30 à 40 cm.

Le **râle d'eau** aime la végétation haute des roselières et des joncs.

Pour en savoir plus

La Ligue pour la protection des oiseaux (LPO – le siège national est à la Corderie Royale, B.P. 263, 17305 Rochefort Cedex, ☎ 05 46 82 12 34) est une association loi 1901 dont la vocation est d'agir en faveur des oiseaux sauvages et de leur environnement.

LPO Anjou, 63 bis, rue Bara, 49100 Angers, ☎ 02 41 73 13 62.

Le Carrefour des Mauges (Centre permanent d'initiation à l'environnement Loire et Mauges, Ferme abbatiale des Coteaux, 49410 St-Florent-le-Vieil, ☎ 02 41 72 52 37)

Les Naturalistes Orléanais, 64, route d'Olivet, 45100 Orléans, ☎ 02 38 56 69 84.

S.E.P.N. 41 (Société d'Étude et de protection de la nature en 41), 18 rue Roland-Garros, 41000 Blois, ☎ 02 54 42 53 71.

G.O.T. (Groupe ornithologiste de Touraine), 148, rue Louis-Blot, 37540 Saint-Cyr-sur-Loire, ☎ 02 47 51 81 84.

Consulter par ailleurs le *Guide d'observation des oiseaux en Anjou et dans les environs*, par J.-P. Gislard (Éd. de la Nouvelle République).

Si vous découvrez un oiseau blessé, contactez rapidement le Centre de Sauvegarde de la Faune Sauvage le plus proche : 3615 code Natur, puis UNCS (Union Nationale des Centres de Sauvegarde de la Faune Sauvage).

Rale d'eau

Petit gravelot

Barge à queue noire

Vanneau huppé

Bruant des roseaux

Pluvier doré

Fuligule milouin

Fêtes et manifestations

Un serveur minitel 3615 code 20 h 30 propose par jour et par thème tous les spectacles présentés en Touraine.

Dimanche des Rameaux
Champagné .... 60 pli 14 (1) Fête des lances.

Samedi de Pâques
St-Benoît-sur-Loire .... Grande vigile pascale (22 h).

De mars à décembre
Fontevraud .... «Itinérances», invitation au voyage par la musique (☎ 02 41 51 73 52).

Fin avril
Saumur .... Concours complet international (☎ 02 41 51 34 15).
Cholet .... Défilé de nuit du carnaval (☎ 02 41 62 22 35).

D'avril à septembre
Saumur .... Présentations publiques du Cadre noir au grand manège de l'École nationale d'Équitation (☎ 02 41 53 50 66 et 02 41 53 50 66).

Reprise du Cadre noir

2e semaine de mai
Abbaye de l'Épau .... Festival à l'abbaye (☎ 02 43 81 72 72). Rencontres Imaginaires (théâtre).

De mars à novembre
Maulévrier .... Courses de lévriers au cynodrome (☎ 02 41 55 53 50).

Avril
Le Mans .... «24 heures moto» (☎ 02 43 40 24 24).

7 et 8 mai
Orléans .... Fêtes de Jeanne d'Arc (☎ 02 38 79 26 47).

Mi-mai
Château-Gontier .... Manifestations hippiques au château de la Maroutière.

Pentecôte
Châteauneuf-sur-Loire .... Fête des Rhododendrons (☎ 02 38 58 41 18).

Mi-juin ou fin juin
Le Mans .... Course des 24 heures : course automobile sur le Circuit des 24 heures (☎ 02 43 40 24 24).
Chambord .... Game Fair : Journées Nationales de la Chasse et de la Pêche (☎ 01 32 49 10 00).

Costumes d'Anjou – La Ménitré

Du mercredi au samedi de la dernière semaine d'août

Sablé-sur-Sarthe .... Festival de musique baroque de Sablé
(☏ 02 43 95 49 96).

Début septembre

Château-Gontier.............. Manifestations hippiques au château de la Maroutière.

Octobre

Blois................................ Festival du cinéma québécois

Avant-dernier week-end d'octobre

Le Lion-d'Angers .... Mondial du Lion au Haras national du Lion-d'Angers :
Concours Complet International d'Équitation : dres-
sage, cross et saut d'obstacles, les meilleurs cavaliers
mondiaux représentant 20 nations (☏ 02 41 95 82 46
et 02 41 95 39 38).

24 décembre

Anjou .... Messes des Naulets (dans une petite église rurale, différente chaque année, des groupes folkloriques
angevins interprètent des chants de Noël en patois)
(☏ 02 41 88 69 93).

St-Benoît-sur-Loire .... Veillée et messe de la nuit de Noël (22 h).

---

*(1) Pour les localités non décrites dans le guide, nous indiquons le n⁰ de la carte Michelin au
1/200 000 et le n⁰ du pli.*

Son et lumière
et féeries nocturnes

*Ces spectacles nocturnes de grande qualité, dont **M.P. Robert-Houdin** a été l'initiateur (voir
à Blois), furent inaugurés à Chambord en 1952.*

*Les renseignements ci-dessous ne sont qu'une sélection parmi tous les spectacles pro-
posés ; il convient donc d'en demander confirmation, en temps voulu, auprès des Offices
de tourisme concernés.*

Amboise : *A la cour du Roy François.*
Ce spectacle entièrement conçu, réalisé et interprété par des Ambaciens bénévoles
est joué par près de 400 figurants, jongleurs, cavaliers et autres cracheurs de feu,
servis par d'importants moyens techniques (effets pyrotechniques, jeux d'eau,
images géantes sur écran naturel). Ce divertissement est une évocation de la
construction du château,
de l'arrivée de Louise de
Savoie, de l'enfance et de
l'adolescence de Fran-
çois Iᵉʳ, des guerres d'Italie, de la vie quotidienne et
des réjouissances à Am-
boise en l'honneur du roi
et de sa cour.
Le mercredi et le samedi du
22 juin au 31 août. Durée
1 h 30. Début du spectacle
à 22 h 30 en juin et juillet
et 22 h en août. 70 F à 100
F (30 F pour les enfants de
6 à 14 ans).
«Animation Renaissance Amboise», ☏ 02 47 57 14 47.

Amboise – Son et lumière

---

*Au départ de Tours des circuits nocturnes sont organisés pour les spectacles
d'Amboise et d'Azay-le-Rideau. ☏ 02 47 70 37 37.*

Azay-le-Rideau : *Les imaginaires d'Azay-le-Rideau*
Accès par la place de l'église.
Le visiteur-spectateur évolue à son rythme et suivant sa sensibilité entre parc et château. Les façades éclairées, la musique qui semble jaillir des bois, le jeu des lumières sur l'eau contribuent à renforcer l'image féerique du domaine et restituent le puissant élan créatif de la Renaissance.
Ouverture des portes à 22 h 30 en mai, juin et juillet ; à 22 h en août et septembre. Fermeture à 0 h 30 (dernière entrée à 23 h 45). La durée du parcours est d'environ 1 heure. 60 F. ☎ 02 47 45 42 04 ou 02 47 45 44 40.

Blois : *Ainsi Blois vous est conté.*
Les voix de comédiens prestigieux (Pierre Arditi, Robert Hossein, Michaël Lonsdale, Henri Virlojeux...), sur un texte d'Alain Decaux, retracent l'histoire du château, *« mille ans d'histoire en dix siècles de beauté »*. D'énormes projecteurs combinant photos et éclairages, des systèmes de diffusion sonores à la technologie de pointe permettent un spectacle, riche en couleur et en effets spéciaux, extrêmement vivant sans intervention humaine.
Séances tous les soirs entre 21 h 30 et 22 h 30 du 1er juin au 6 septembre inclus, ainsi que les 16, 17 et 18 mai (Ascension) et 25 et 26 mai (Pentecôte). 60 F, enfant demi-tarif, ☎ 02 54 78 72 76.

Chenonceau : *Au temps des dames de Chenonceau.*
Du moulin fortifié primitif, six femmes font une élégante demeure et y organisent des fêtes somptueuses.
Du 1er juillet au 31 août chaque soir à 22 h 15, 40 F, ☎ 02 47 23 90 07.

Cheverny : *Le Cours du temps.*
L'« Association Louis XII » raconte l'histoire de Louise, fille d'un marinier, dont la vie se confond avec l'histoire de son pays : fracas des duels, péripéties de chasses à courre, « récris » de la meute de « Vibraye », scènes paysannes et tableaux historiques se succèdent. Les effets pyrotechniques, les chevaux et les attelages ajoutent au réalisme de cette représentation du grand livre fantastique de la Loire.
Séances tous les vendredis et samedis à 22 h 30 du 8 juillet au 26 août, ainsi que le mardi et le mercredi de la première semaine d'août. 80 F, enfant demi-tarif. Certains soirs des dîners-spectacles, avec visite du château, sont organisés. ☎ 02 54 42 69 03.

Abbaye de Fontevraud : *Rencontres Imaginaires.*
Visite-spectacle écrit et réalisé par Jean Guichard et Beate Althenn.
Début de la visite-spectacle à 21 h 30 du 9 août au 4 septembre (relâche le 18 et le 31 août). 80 F. Il est prudent de réserver sa place. ☎ 02 41 38 18 17 ou à l'Office du tourisme de Saumur.

Le Lude : *Les Couleurs du Monde.*
Lumières, lasers, feux d'artifice, fontaines lumineuses et jeux d'eau évoquent un voyage autour du monde. Le château est censé dialoguer avec le soleil, tandis que des paysages grandioses, projetés sur la façade, habillent l'édifice.
Spectacle le vendredi et le samedi du 19 juillet au 17 août à 22 h 30 (en juillet) et à 22 h (en août), ☎ 02 43 94 62 20.   85 F,

Loches : *Peau-d'Ane.*
« L'étrange Histoire de Bélisane », c'est l'adaptation du conte de Perrault, sur des musiques de Lulli, Vivaldi et Rossini, c'est aussi un canon à images qui transforme la façade du logis royal en une forêt des rêves, plus de cent figurants aux costumes superbes, des chevaux, des effets pyrotechniques et... un âne.
Chaque vendredi et samedi du 12 juillet au dernier week-end d'août à 22 h. 70 F, enfant 40 F. ☎ 02 47 59 07 98.

Semblançay (carte 64, NE du pli 14) : *La Légende de la Source.*
Ce spectacle « vivant » est interprété par 450 acteurs, cascadeurs et figurants membres de l'Association Jacques de Beaune. Le petit Benjamin et son grand-père font revivre la Légende de la Source depuis le temps des Romains jusqu'à la Révolution.
Début du spectacle (1 h 45) à 22 h 30 tous les samedis en juillet, à 22 h 15 les vendredis et samedis jusqu'au 17 août. 60 F. ☎ 02 47 29 88 88.

Valençay : *Esclarmonde.*
De nombreux figurants, des chevaux et plusieurs attelages racontent l'histoire féerique d'une mystérieuse princesse de Bizance, un peu magicienne et amoureuse de Roland....
Le vendredi et le samedi de mi-juin à mi-août, séance à 22 h 30 en juillet et à 22 h en août, 75 F. ☎ 02 54 00 04 42.

Quelques livres

OUVRAGES GÉNÉRAUX – TOURISME

Châteaux de la Loire, par A. LANOUX *(Sun, coll. « Vivre en France »)*.

La France et ses trésors – Pays de Loire *(Larousse)*.

ART ET ARCHITECTURE

Le Val de Loire des châteaux et des manoirs, par Ph. SEYDOUX *(Le Chêne)*.

Val de Loire roman, Touraine romane, Maine roman, Anjou roman *(Coll. « La Nuit des temps », Zodiaque, diffusion Desclée de Brouwer)*.

Les vitraux du Centre et des pays de la Loire, par M. Callias Bey, V. Chaussé, L. de Finance, F. Gatouillat *(C.N.R.S. Éditions)*.

Les routes de la Tapisserie en Val de Loire, par E. Six, T. Malty *(Hermé)*.

Les villes de l'Anjou – Angers, Cholet, Saumur au milieu du 20e s., par J. Jeanneau *(Ouest Éditions)*.

La Direction du Patrimoine et la Caisse nationale des Monuments Historiques et des sites proposent de nombreux ouvrages traitant d'architecture, d'archéologie, d'ethnologie, du patrimoine mobilier ou architectural. Un catalogue est en vente à la Librairie du Patrimoine, 62, rue Saint-Antoine, 75004 **Paris**, ☎ 01 44 61 21 75, ou au Service régional de l'inventaire Centre, 6, rue de la Manufacture, 45043 **Orléans** Cedex, ☎ 02 38 78 85 21, ou à l'Association pour le Développement de l'Inventaire Général en Pays de la Loire, 1, rue Stanislas-Baudry, 44000 **Nantes**, ☎ 02 40 14 23 52. Ce catalogue est également disponible sur Internet (Http://www.culture.fr - taper « Publications »).

HISTOIRE – GÉOGRAPHIE – RELIGION – TRADITIONS

Touraine – Orléanais, Écologie – Économie – Art – Littérature – Langue – Histoire – Traditions populaires *(Bonneton, coll. « Encyclopédies régionales »)*.

Maine-et-Loire, Anjou, par J. FUMET *(Siloë, coll. « Départements »)*.

Les châteaux de la Loire au temps de la Renaissance, par I. Cloulas *(Hachette, coll. « La Vie quotidienne »)*.

Tours au temps du roi Louis XI, par S. Livernet *(Le Clairmirouère du temps)*.

BIOGRAPHIES

Dans la collection « Les Rois qui ont fait la France », par Georges BORDONOVE *(Pygmalion, Gérard Watelet)*, les ouvrages plus particulièrement consacrés à **Charles VII**, **Louis XI**, **François Ier**, **Henri II**, **Henri III** feront mieux connaître ces rois qui ont fait bâtir les châteaux du Val de Loire ou qui y ont séjourné.

Aliénor d'Aquitaine, par R. PERNOUD *(Albin Michel)*.

Aliénor d'Aquitaine et les siens, par J. VERSEUIL *(Critérion)*.

Jeanne d'Arc, par R. PERNOUD *(Le Seuil)*.

J'ai nom Jeanne la Pucelle, par R. PERNOUD *(coll. « Découvertes », Gallimard)*.

LITTÉRATURE

Promenades littéraires en Pays de la Loire, par Jacques BOISLEVE *(Rives Reines – Siloë)*.

Le Grand Meaulnes, par ALAIN-FOURNIER.

Eugénie Grandet, Le Curé de Tours, Le Lys dans la Vallée, L'Illustre Gaudissart... par H. de BALZAC.

La Prodigieuse Vie de Balzac, par R. BENJAMIN *(Le Rocher)*.

Raboliot, Rémi des Rauches, La Boîte à pêche... par M. GENEVOIX *(Livre de Poche)*.

Le Docteur François Rabelais, par E. ARON *(C.L.D.)*.

La Berthe, par J. Guillais *(Pocket)*.

Petites Nouvelles de Loire, par P. Chevalier *(Siloë)*.

Maurice Genevoix

FAUNE ET FLORE

Guide des jardins de France, par M. RACINE *(Hachette)*.

Région Centre, Parcs et Jardins à leur apogée, par F. et J. CHAUCHAT *(édité par le Conseil régional du Centre et l'ADATEC)*.

Les Traces d'animaux, par S. THOMASSIN *(Bordas)*.

Oiseaux en Anjou, par J.-P. GISLARD *(La Nouvelle République)*.

Guide de la nature en Sologne, par A. Beignet *(La Nouvelle République)*.

GASTRONOMIE – VINS

Patrimoine gastronomique en Pays de la Loire, par M. DENOUEIX *(Rives Reines – Siloë)*.

Pays de la Loire, Produits du terroir et recettes traditionnelles *(coll. « L'Inventaire du patrimoine culinaire de la France », Albin Michel CNAC)*.

Guide Touristique du Vignoble Touraine – Val de Loire, Comité interprofessionnel des vins de Touraine – Val de Loire *(La Nouvelle République)*.

Guide Touristique du Vignoble d'Anjou et de Saumur, Comité interprofessionnel des vins d'Anjou et de Saumur *(La Nouvelle République)*.

Quelques films

Cinéma

Bras de fer : de Gérard Vergez, avec Bernard Giraudeau et Christophe Malavoy, en 1985, à **Pithiviers-le-Vieil.**

Canicule : d'Yves Boisset, avec Lee Marvin et Miou-Miou, en 1984, dans la **Beauce.**

Le Colonel Chabert : d'Yves Angelo, avec Gérard Depardieu et Fabrice Luchini, en 1994, à **Valençay.**

Cyrano de Bergerac : de Jean-Paul Rappeneau, avec Gérard Depardieu, Anne Brochet et Jacques Weber, en 1990, au **Mans.**

Jeanne-la-Pucelle : de Jacques Rivette, avec Sandrine Bonnaire, en 1994, au **château de Châteaudun.**

Le Mans : de Lee H. Katzin, avec Steve Mac Queen, en 1971, au **Mans.**

Les Noces rouges : de Claude Chabrol, avec Stéphane Audran et Michel Piccoli, en 1973, à **Valençay.**

Peau-d'Ane : de Jacques Demy, avec Catherine Deneuve et Jacques Perrin, en 1970, au château du **Plessis-Bourré.**

Police Python 357 : d'Alain Corneau, avec Yves Montand et Simone Signoret, en 1976, à **Orléans.**

La Règle du jeu : de Jean Renoir, avec Marcel Dalio et Nora Grégor, en 1939, à **La Ferté-St-Aubin.**

Vidéo-cassette MICHELIN

*Pour préparer son voyage ou pour se rappeler les bons moments passés dans les pays de Loire, la cassette Vidéo Découvertes **Michelin Châteaux de la Loire** est le complément images idéal du guide Vert.*

Conditions de visite

Les renseignements énoncés ci-dessous s'appliquent à des touristes voyageant isolément et ne bénéficiant pas de réduction. Pour les groupes constitués, il est généralement possible d'obtenir des conditions particulières concernant les horaires ou les tarifs. Ces données ne peuvent être fournies qu'à titre indicatif en raison de l'évolution du coût de la vie et de modifications fréquentes dans les horaires d'ouverture de nombreuses curiosités. Lorsqu'il nous a été impossible d'obtenir des informations à jour, les éléments figurant dans l'édition précédente ont été reconduits. Dans ce cas ils apparaissent en italique.

*Les **édifices religieux** ne se visitent pas pendant les offices. Certaines églises et la plupart des chapelles sont souvent fermées. Les conditions de visite en sont précisées si l'intérieur présente un intérêt particulier ; dans le cas où la visite ne peut se faire qu'accompagnée par la personne qui détient la clé, une rétribution ou une offrande est à prévoir.*

*Dans certaines villes, des **visites guidées** de la localité dans son ensemble ou limitées aux quartiers historiques sont régulièrement organisées en saison touristique. Cette possibilité est mentionnée en tête des Conditions de visite, pour chaque ville concernée. Dans les Villes d'Art et d'Histoire et les Villes d'Art* , *les visites sont conduites par des guides-conférenciers agréés par la Caisse Nationale des Monuments Historiques et des Sites.*

Lorsque les curiosités décrites bénéficient de facilités concernant l'accès pour les handicapés, le symbole ♿ figure à la suite de leur nom.

A

AMBOISE
🛈 quai Général-de-Gaulle – 37400 – ☎ 02 47 57 09 28

Visite guidée de la ville – S'adresser à l'Office de tourisme.

Château – Visite libre ou accompagnée (3/4 h) de 9 h à 20 h du 1er juillet au 31 août ; de 9 h à 18 h 30 du 1er avril au 30 juin et du 1er septembre au 31 octobre ; le reste de l'année de 9 h à 12 h et de 14 h à 17 h. Fermé le 1er janvier et le 25 décembre. 34 F. ☎ 02 47 57 00 98.

Clos-Lucé, demeure de Léonard de Vinci – ♿ Visite du 23 mars au 12 novembre ainsi que tous les jours fériés, de 9 h à 19 h (20 h en juillet et août) ; le reste de l'année, de 9 h à 18 h ; fermé en janvier et le 25 décembre. 37 F. ☎ 02 47 57 62 88.

Musée de la Poste – Visite tous les jours sauf le lundi du 1er avril au 30 septembre, de 9 h 30 à 12 h et de 14 h à 18 h 30 ; le reste de l'année, de 10 h à 12 h et de 14 h à 17 h (sauf lundi). Fermé du 25 décembre au 15 janvier ainsi que le 1er mai et le 1er novembre. 20 F. ☎ 02 47 57 00 11.

Musée de l'Hôtel de ville – Visite libre ou accompagnée (3/4 h) du 1er juillet au 31 août de 14 h à 17 h 30 ; le reste de l'année sur rendez-vous. Fermé le samedi, dimanche et les jours fériés. Entrée gratuite. ☎ 02 47 23 47 23.

La Maison enchantée – ♿ Visite du 1er juillet au 31 août de 10 h à 19 h ; du 1er avril au 30 juin et du 1er septembre au 31 octobre de 10 h à 12 h et de 14 h à 18 h ; le reste de l'année de 14 h à 17 h 30. Fermé le lundi (sauf en juillet et août) ainsi que tout le mois de janvier. 25 F. ☎ 02 47 23 24 50.

Mini-châteaux – Visite du 1er mai au 31 octobbre de 9 h à 19 h. Nocturne jusqu'à minuit en juillet et août. 55 F ; billet combiné avec l'aquarium de Lussault ou « le fou de l'âne » 95 F ; les trois curiosités 135 F. ☎ 02 47 23 44 44.

Le fou de l'âne – Visite de 9 h à 19 h toute l'année. Nocturne jusqu'à minuit en juillet et août. 42 F ; billet combiné avec les mini-châteaux ou avec l'aquarium de Lussault 95 F ; les trois curiosités 135 F. ☎ 02 47 23 44 44.

ANGERS
🛈 place Kennedy - BP 5157, ou place de la Gare – 49051 – ☎ 02 41 23 51 11

Le billet combiné à tarif unique (valable jusqu'au 31 décembre de l'année en cours) permet de visiter : le château, la galerie David-d'Angers, le logis Barrault, l'hôtel Pincé et le musée Jean-Lurçat.

Visite guidée de la ville – Visite du 15 juin au 15 septembre, tous les jours sauf le dimanche (heures différentes : 14 h, 17 h ou 21 h selon les jours) ; le reste de l'année visite à thème un dimanche ou un samedi par mois. S'adresser à l'Office de tourisme qui édite par ailleurs un programme de visites-conférences à thèmes.

J. Benazet / PIX

Le château

Château – Visite libre (galerie de l'Apocalypse, jardins, remparts et chapelle) ou accompagnée (logis Royal et expositions temporaires dans le logis du Gouverneur) (1 h) du 1er juin au 15 septembre de 9 h à 19 h ; des Rameaux au 31 mai de 9 h à 12 h 30 et de 14 h à 18 h 30 ; le reste de l'année, de 9 h 30 à 12 h 30 et de 14 h à 18 h. Fermé le 1er janvier, 1er mai, 1er et 11 novembre et le 25 décembre. 32 F. ☎ 02 41 87 43 47.

Cathédrale St-Maurice – Visite libre tous les jours de 8 h à 19 h ou accompagnée sur demande préalable en juillet et août ; le reste de l'année, le dimanche après-midi seulement. ☎ 02 41 87 58 45.

Galerie David d'Angers – Visite du 10 juin au 15 septembre, tous les jours, de 9 h à 18 h 30 ; le reste de l'année, de 10 h à 12 h et de 14 h à 18 h, sauf le lundi. Fermé tous les jours fériés. 10 F. ☎ 02 41 87 21 03.

Logis Barrault (musée des Beaux-Arts) – Mêmes conditions de visite que pour la galerie David d'Angers. 10 F. ☎ 02 41 88 64 65.

Anciens bâtiments conventuels (Hôtel du Département et Préfecture) – Visite de 9 h à 12 h et de 14 h à 18 h sauf événements à l'Hôtel du Département. Entrée gratuite. Pour une visite accompagnée ☎ 02 41 81 43 07.

Hôtel Pincé – Mêmes conditions de visite que pour la galerie David d'Angers. 10 F. ☎ 02 41 88 94 37.

Musée Jean-Lurçat et de la Tapisserie contemporaine – &. Visite du 15 juin au 15 septembre, tous les jours, de 9 h 30 à 18 h 30 ; le reste de l'année, de 10 h à 12 h et de 14 h à 18 h, sauf le lundi. Fermé tous les jours fériés. 20 F. ☎ 02 41 87 41 06.

Centre régional d'Art textile – *Visite le lundi, le mardi, le jeudi et le vendredi de 10 h à 12 h et de 14 h à 16 h. Entrée gratuite.* ☎ *02 41 87 10 88.*

AREINES

Église – En cas de fermeture en semaine, emprunter la clef à la mairie.

ARGENT-SUR-SAULDRE

Château :

Musée des Métiers et Traditions de France – Visite libre ou accompagnée (1 h 30) du lundi au jeudi de 14 h à 18 h 30 (dernière entrée à 17 h 30), le vendredi de 10 h à 12 h et de 14 h à 19 h (dernière entrée à 18 h), le week-end et les jours fériés de 10 h à 12 h 30 et de 14 h 30 à 19 h d'avril à novembre. 25 F (billet incluant la visite du musée des Métiers et Traditions de France). ☎ 02 48 73 33 10.

ARTENAY

Musée du théâtre forain – &. Visite du 1er juin au 30 septembre de 10 h à 12 h et de 14 h à 18 h ; du 1er octobre au 31 mai en semaine de 14 h à 17 h 30, le samedi, le dimanche et les jours fériés de 10 h à 12 h et de 14 h à 17 h 30. Fermé le mardi ainsi que le 1er janvier, 1er mai, 1er novembre et 25 décembre. 20 F. ☎ 02 38 80 09 73.

ARVILLE

La commanderie – Visite accompagnée (1 h) tous les jours du 1er juillet au 15 septembre de 14 h à 18 h ; de Pâques au 30 juin et du 16 septembre à la Toussaint, le samedi, dimanche et les jours fériés aux mêmes heures. 25 F. ☎ 02 54 80 75 41.

Ancienne abbaye d'ASNIÈRES

Visite accompagnée (1/2 h) du 1er juillet au 31 août de 14 h à 18 h 30. Fermé le mardi. ☎ 02 41 81 49 49.

ASNIÈRES-SUR-VÈGRE

Église – De Pâques à la Toussaint visite guidée tous les dimanches à 16 h 30. Le reste de l'année visite libre. ☎ 02 43 92 40 47.

AUBIGNY-SUR-NÈRE   🖹 mairie – 18700 – ☎ 02 48 58 50 00

Visite guidée de la ville – S'adresser à l'Office de tourisme (pendant la saison) ou ☎ 02 48 81 50 00 (hors saison).

Église St-Martin – Visite tous les jours de 14 h à 19 h (18 h en octobre) de Pâques à la Toussaint. ☎ 02 48 81 50 00 (mairie).

Musée Marguerite-Audoux (ancien château des Stuarts) – Visite tous les jours de 14 h 30 à 19 h de juillet à mi-septembre ; le week-end et les jours fériés de 14 h 30 à 18 h de Pâques à juin. Le reste de l'année le dimanche et les jours fériés de 14 h 30 à 18 h. Fermé les 1er janvier et 25 décembre. Entrée gratuite. ☎ 02 48 51 50 00.

AZAY-LE-RIDEAU

Château – Visite libre ou accompagnée (1 h) du 1er juillet au 31 août de 9 h à 19 h ; du 15 mars au 30 juin et du 1er septembre au 31 octobre, de 9 h 30 à 18 h ; le reste de l'année de 9 h 30 à 12 h 30 et de 14 h à 17 h 30. Fermé le 1er janvier, 1er mai, 1er et 11 novembre et 25 décembre. 32 F. ☎ 02 47 45 42 04.

B

BAGNEUX

Musée du Moteur – Visite du 15 mai au 30 septembre, tous les jours (sauf le jeudi), de 14 h 30 à 18 h ; le reste de l'année ouvert sur rendez-vous pour les groupes. 25 F. ☎ 02 41 50 26 10.

Dolmen – ♿ Visite du 15 mars au 30 septembre de 9 h à 19 h ; le reste de l'année, de 9 h à 18 h. 7 F. ☎ 02 41 50 23 02.

BAILLOU

Église – Visite tous les jours de 14 h à 18 h. Clef au café du bourg.

BAUGÉ

Château – Visite suspendue actuellement pour cause de restauration. ☎ 02 41 89 18 07.

Chapelle des Filles-du-Cœur-de-Marie – Visite accompagnée de 14 h 30 à 16 h 30. Fermé le mardi, le jour de la Pentecôte et les trois jours qui précèdent, le 1er dimanche de juillet, le 24, le 25 et le 26 juillet, le 11 et le 12 décembre. ☎ 02 41 89 12 20 ou 02 41 89 75 49.

Pharmacie de l'hôpital public – Visite accompagnée (1/2 h) de 9 h à 12 h et de 15 h à 17 h. Fermée le mardi (sauf en juillet et août), le dimanche matin ainsi qu'à Noël et au 1er janvier. 7 F. ☎ 02 41 89 10 25.

Église St-Laurent – Visite en semaine seulement de 9 h à 17 h. En cas de fermeture ☎ 02 41 89 14 65.

BAZOUGES-SUR-LE-LOIR

Château – ♿ Visite accompagnée (3/4 h), du 15 juin au 15 septembre, le mardi de 10 h à 12 h, le vendredi de 15 h à 18 h, le samedi et le dimanche de 15 h à 18 h ; du 1er avril au 14 juin ouvert certains jours et le week-end. 18 F. 5 F (jardin seul). ☎ 02 43 45 32 62.

BEAUGENCY   🖹 place de l'Hôtel-de-Ville – 45190 – ☎ 02 38 44 54 42

Visite guidée de la ville – S'adresser à l'Office de tourisme.

Château Dunois : musée régional de l'Orléanais – Visite guidée (3/4h), toutes les trente minutes de 10 h à 12 h et de 14 h à 17 h 30 (16 h d'octobre à fin mars). Fermé le mardi, le 1er janvier, le 1er mai et le 25 décembre. 20 F. ☎ 02 38 44 55 23.

Hôtel de ville – Visite accompagnée (1/4 h) du 1er mai au 30 septembre à 11 h, 15 h, 16 h, 16 h 30 sauf le dimanche ; le reste de l'année à 15 h, 16 h, 16 h 30. Fermé le lundi et le samedi du 1er octobre au 30 avril ainsi que le dimanche et tous les jours fériés. 8 F. ☎ 02 38 44 54 42.

BEAULIEU-LÈS-LOCHES

Église abbatiale – Visite en semaine de 10 h à 18 h 30 de mai à octobre et de 10 h à 15 h 30 de novembre à avril. Fermé samedi et dimanche. ☎ 02 47 59 06 64 (mairie).

BEAULIEU-SUR-LAYON

Caveau du vin – Visite du 1er mai au 30 septembre de 10 h à 12 h et de 15 h à 18 h. Fermé le reste de l'année. Entrée gratuite. ☎ 02 41 78 65 07.

Château de BEAUREGARD

Visite libre ou accompagnée (3/4 h - recommandée) du 1er juillet au 31 août de 9 h 30 à 18 h 30 ; du 1er avril au 30 juin de 9 h 30 à 12 h et de 14 h à 18 h 30 ; du 16 février au 31 mars et du 1er septembre au 31 décembre de 9 h 30 à 12 h et de 14 h à 17 h. Fermé du 1er janvier au 15 février, le mercredi du 1er octobre au 1er avril, ainsi que le 25 décembre. 35 F ; promenade dans le parc 15 F ; «Jardin des Portraits», visite guidée sur rendez-vous préalable, supplément 10 F. ☎ 02 54 70 40 05.

Zoo Parc de BEAUVAL

& Visite tous les jours, toute l'année de 9 h à la tombée de la nuit. Les spectacles (rapaces et otaries) sont donnés du 1er avril à fin octobre. 60 F ; enfants 30 F. ☎ 02 54 75 05 56.

BELLEGARDE

Le salon Régence de l'Hôtel de ville – Visite accompagnée, sur demande, du lundi au vendredi de 9 h à 12 h et de 14 h à 16 h. ☎ 02 38 90 10 03.

Forêt de BERCÉ

Visites guidées (2 h) sous la conduite d'un guide naturaliste du 14 juillet au 20 août. Rendez-vous tous les jours, sauf le mardi, au parking du chêne Boppe à 10 h et 17 h. Chaussures de marche conseillées. Des visites ponctuelles peuvent être organisées, en dehors de la période estivale, sur rendez-vous à l'Office national des Forêts, Direction régionale, 13, avenue du Général-de-Gaulle, 72017 Le Mans. 20 F. ☎ 02 43 24 44 70.

BLANCAFORT

Château – Visite accompagnée (45 mn) tous les jours de 10 h à 19 h du 1er juin au 30 septembre ; tous les jours (sauf le mardi) de 10 h à 12 h et de 14 h à 18 h du 15 mars au 31 mai et du 1er octobre au 2 novembre. Certains samedis en juillet et août, visite nocturne de 22 h à minuit. 35 F. 15 F (jardins seulement). ☎ 02 48 58 60 56 ou 02 48 58 60 11.

Musée de la Sorcellerie – & Visite libre tous les jours de 10 h à 19 h de juin à septembre ; de 10 h à 18 h de Pâques à mai et d'octobre à la Toussaint. 33 F. ☎ 02 48 73 86 11.

BLOIS   🛈 pavillon Anne-de-Bretagne, 3, avenue J.-Laigret – 41000 – ☎ 02 54 74 06 49

Visite guidée de la ville 🅰 – S'adresser à la Conservation du château. ☎ 02 54 78 16 06.

Château – Visite libre ou accompagnée (1 h) du 15 mars au 30 septembre, tous les jours, de 9 h à 18 h 30 (20 h du 1er juillet au 31 août) ; le reste de l'année de 9 h à 12 h 30 et de 14 h à 17 h 30. Fermé le 1er janvier et le 25 décembre. 33 F. ☎ 02 54 74 16 06.

Musée archéologique – Mêmes conditions de visite que pour le château. Même billet. ☎ 02 54 78 06 62.

Musée des Beaux-Arts – Mêmes conditions de visite que pour le château. Même billet. ☎ 02 54 74 16 06.

Pavillon Anne de Bretagne – Siège de l'Office de tourisme de Blois. Ouvert du 1er avril au 30 septembre, en semaine, de 9 h à 19 h, le dimanche et les jours fériés, de 9 h à 12 h 30 et de 16 h 30 à 19 h ; le reste de l'année, en semaine uniquement, de 9 h 15 à 12 h et de 14 h à 18 h. ☎ 02 54 74 06 49.

Musée d'Art religieux – *Visite de 14 h à 18 h. Fermé le dimanche, le lundi et les jours fériés.* ☎ 02 54 78 17 14.

Muséum d'Histoire naturelle – ♿ Visite du 1er juin au 31 août de 10 h à 12 h et de 14 h à 18 h (fermé le matin le samedi et le dimanche). Le reste de l'année de 14 h à 18 h. Fermé le lundi, ainsi que tous les jours fériés. Entrée gratuite. ☎ 02 54 74 13 89.

Cour de l'Hôtel d'Alluye – Visite sur rendez-vous uniquement. Entrée gratuite. ☎ 02 54 56 38 00.

Crypte de la cathédrale Saint-Louis – *Visite (guidée par magnétophone) tous les jours de 8 h 15 à 18 h 30.*

Haras National – Visite guidée (avec démonstration de maréchalerie, attelages) le jeudi de 14 h 30 à 16 h. 30 F. ☎ 02 54 78 10 02.

Cloître St-Saturnin – Visite du 1er juillet au 31 août, tous les jours de 14 h à 18 h 30 ; de Pâques au 30 juin et du 1er septembre au 1er octobre le samedi, le dimanche et les jours fériés de 14 h à 18 h 30. Entrée gratuite. ☎ 02 54 74 16 06.

BLOU

Église – En cas de fermeture, s'adresser à la mairie de Blou ou au presbytère de Longué ☎ 02 41 52 10 28.

Abbaye de BOIS-AUBRY

Visite libre ou accompagnée (1/2 h) tous les jours (sur demande préalable par téléphone le jour même) de 9 h à 12 h 30 et de 14 h 30 à 18 h. Tarif libre. ☎ 02 47 58 34 48.

La BOISSIÈRE

Abbaye – Visite accompagnée (1/2 h) aux vacances de Pâques et du 1er au 31 août tous les jours, de 10 h à 12 h et de 14 h à 17 h. 20 F. ☎ 02 45 27 12 32.

BONNEVAL   🅱 2, place de l'Église – 28800 – ☎ 02 37 47 55 89

Visite guidée de la ville – S'adresser à l'Office de tourisme.

Château de BOUILLÉ-THÉVALLE

Visite accompagnée (1 h 30) de Pâques au 30 septembre de 14 h à 19 h. Fermé le mardi. 35 F. ☎ 02 41 61 09 05.

Château de BOUMOIS

Visite accompagnée (1 h), tous les jours du 1er juillet au 15 août, de 10 h à 18 h. 39 F. ☎ 02 41 38 47 27.

Château de la BOURDAISIÈRE

♿ Visite libre pour les jardins ou accompagnée (1/2 h) pour le château, tous les jours du 1er mai au 15 octobre de 10 h à 19 h ; du 15 mars au 31 avril et du 16 octobre au 15 novembre de 10 h à 13 h et de 14 h à 18 h. 32 F. ☎ 02 47 45 16 31.

La BOURGONNIÈRE

Chapelle St-Sauveur – Visite du 1er juillet au 31 août de 9 h à 12 h et de 14 h à 19 h (le dimanche et les jours fériés, de 14 h à 19 h) ; le reste de l'année sur rendez-vous. 10 F. ☎ 02 40 98 10 18.

BOURGUEIL   🅱 place des Halles – ☎ 02 17 97 91 39

Abbaye – Visite accompagnée (1 h), du 1er juillet au 31 août tous les jours sauf mardi et mercredi de 14 h à 18 h ; du 1er avril au 30 juin et du 1er septembre au 30 octobre, le samedi, dimanche et les jours fériés aux mêmes heures. 25 F. ☎ 02 47 97 72 04.

Musée Van Oeveren – Visite accompagnée, du 1er juillet au 11 septembre, tous les jours sauf le lundi, de 14 h à 18 h. 30 F. ☎ 02 47 97 98 99.

Moulin bleu – Visite du 1er avril au 30 septembre, tous les jours, de 15 h à 19 h. ☎ 02 47 97 71 41.

Cave touristique de la Dive Bouteille – ♿ Visite accompagnée (1/2 h) du 1er avril au 30 septembre de 10 h à 12 h 30 et de 14 h à 18 h (19 h en juillet et août) ; en mars et en octobre le week-end de 10 h à 12 h et de 14 h à 18 h. Fermée le lundi sauf en juillet et août, ainsi que du 1er novembre au 28 février. 17 F. ☎ 02 47 97 72 01.

BRAIN-SUR-ALLONNES

Site et jardin médiéval de la Cave Peinte – Visite accompagnée (1 h 30) du 15 avril au 15 octobre à 16 h 30. Fermé le lundi. 15 F. ☎ 02 41 52 87 40.

Musée – Visite toute l'année de 9 h à 12 h et de 15 h à 18 h. Fermé le lundi. 10 F. ☎ 02 41 52 87 40.

BREIL

Château de Lathan – Entrée gratuite. Pour visiter s'adresser au ☎ 02 41 82 55 06 ou 02 41 82 55 21.

BRIARE

🖸 9, place de la République – 45250 – ☎ 02 38 31 24 51

Musée de la Mosaïque et des Émaux – ఉ Visite tous les jours de 10 h à 18 h 30 du 1er juin au 30 septembre ; le reste de l'année, de 14 h à 18 h en semaine, de 10 h à 12 h 30 et de 14 h à 18 h le dimanche et les jours fériés. Fermé en janvier, en février et le 25 décembre. 25 F. ☎ 02 38 31 20 51.

BRISSAC-QUINCÉ

Château – Visite accompagnée (3/4 h) du 1er juillet au 15 septembre de 10 h à 17 h 45 ; du 1er avril au 30 juin et du 16 septembre au 31 octobre de 10 h à 12 h et de 14 h 15 à 17 h 15. Fermé le reste de l'année ainsi que le mardi, sauf en juillet et août. 45 F. ☎ 02 41 91 22 21.

Centre piscicole – Visite du 1er juillet au 31 août, tous les jours, de 14 h à 19 h ; du 1er avril au 30 juin et du 1er septembre au 31 octobre, le samedi, le dimanche et les jours fériés de 14 h à 19 h. 25 F. ☎ 02 41 87 57 09.

C

Les CERQUEUX-SOUS-PASSAVANT

Bisonland – Visite du 1er juillet au 31 août, tous les jours, de 10 h à 19 h ; du 1er mai au 30 juin et du 1er au 30 septembre de 14 h 30 à 19 h, le dimanche et les jours fériés. 30 F. ☎ 02 41 59 58 02.

Château de CHAMBORD

Visite libre ou accompagnée (1 h 30) en juillet et août de 9 h 30 à 19 h 15 ; du 1er avril au 30 juin et du 1er au 10 septembre, de 9 h 30 à 18 h 15 ; le reste de l'année de 9 h 30 à 17 h 15. Délivrance des billets suspendue 1/2 h avant l'heure de fermeture. Fermé le 1er janvier, 1er mai, 1er et 11 novembre et le 25 décembre. 36 F. ☎ 02 54 50 40 28 ou 02 54 50 40 00. Visites-conférences sur réservation.

Spectacle d'art équestre – Spectacle équestre (45 mn) tous les jours du 1er mai au 30 septembre à 11 h 45 et à 17 h en juillet et août ; à 16 h en mai, juin et septembre. 45 F (enfant 30 F). ☎ 02 54 20 31 01.

Promenades en calèche – Possibilité de découvrir le parc de Chambord, du 1er mai au 30 septembre, en attelage (45 mn), sur réservation préalable. 45 F. ☎ 02 54 20 31 01.

Château de CHAMEROLLES

Visite du 1er avril au 30 septembre de 10 h à 18 h ; le reste de l'année fermeture à 17 h. Fermé le mardi, le 25 décembre ainsi que tout le mois de janvier. 25 F. ☎ 02 38 39 84 66.

Château de CHAMPCHEVRIER

Visite guidée (3/4 h), du 15 juin au 15 septembre, tous les jours de 14 h à 19 h ; du 1er avril au 14 juin et du 16 septembre au 30 septembre, le dimanche et les jours fériés de 14 h à 19 h. Fermé du 1er octobre au 31 mars. 35 F. 22 F pour l'extérieur, les chenils, cuisine, lingerie et expositions temporaires. ☎ 02 47 24 93 93.

CHAMPIGNY-SUR-VEUDE

Sainte-Chapelle – *Visite du 1er avril au 1er octobre de 10 h à 12 h et de 14 h à 18 h. Fermé le mardi. 16 F. ☎ 02 47 95 71 46.*

Pagode de CHANTELOUP

Visite, tous les jours, du 1er juillet au 31 août de 9 h 30 à 20 h ; en juin et septembre de 10 h à 19 h ; en mai de 10 h à 18 h ; le reste de l'année de 10 h à 12 h et de 14 h à 17 h (ou 18 h en avril et octobre). Promenade et pique-nique (petits paniers de Chanteloup) possibles dans le parc de la Pagode. 28 F. ☎ 02 47 57 20 97.

CHÂTEAU-DU-LOIR

Église St-Guingalois – L'église est ouverte normalement à la visite. Pour voir le « Christ aux outrages », s'adresser au presbytère, 2, rue Gendron. ☎ 02 43 44 01 28.

CHÂTEAUDUN

Visite guidée de la ville – S'adresser à l'Office de tourisme.

Château – Visite libre ou accompagnée (3/4 h) du 1er juillet au 31 août, de 9 h à 19 h (visite du donjon à 11 h, 14 h 30, 15 h 30, 16 h 30) ; du 1er avril au 30 juin et du 1er au 30 septembre de 9 h 30 à 18 h 15 ; le reste de l'année de 10 h 10 à 12 h 30 et de 14 h à 17 h. Fermé le 1er janvier, 1er mai, 1er et 11 novembre et le 25 décembre. 28 F. ☎ 02 37 45 22 70.

Église de la Madeleine – Visite tous les jours de mai à septembre de 9 h à 18 h ; le samedi et le dimanche uniquement, en hiver. ☎ 02 37 45 22 46

Musée des Beaux-Arts et d'Histoire naturelle – Visite du 1er avril au 30 septembre de 10 h à 12 h 30 et de 13 h 30 à 18 h 30 ; le reste de l'année, de 10 h à 12 h et de 14 h à 17 h (17 h 30 le dimanche et les jours fériés). Fermé le mardi, sauf en juillet et août, le 1er janvier, 1er mai et le 25 décembre. 16,50 F. ☎ 02 37 45 55 36.

Église St-Valérien – Fermé le dimanche après-midi.

Grottes du Foulon – ♿ Visite accompagnée (1 h) du 1er mai au 30 septembre de 10 h à 12 h et de 14 h à 18 h ; le reste de l'année de 14 h à 18 h seulement. Fermé le lundi en hiver, ainsi que du 5 au 25 janvier. 30 F. ☎ 02 37 45 19 60.

Église St-Jean-de-la-Chaîne – Ouverte seulement le dimanche en saison ; il est possible d'emprunter la clef. ☎ 02 37 45 22 46.

CHÂTEAU-GONTIER

Musée – Visite du 1er juillet au 15 septembre, tous les jours, de 11 h à 12 h et de 14 h à 18 h. Fermé le lundi et le mardi. Entrée gratuite. ☎ 02 43 07 26 42.

Église de la Trinité – Visite en semaine de 9 h à 18 h. Fermé le dimanche après-midi.

Ancienne église N.-D.-du-Geneteil – Visite de 14 h à 18 h. Fermé le mardi. Entrée gratuite. ☎ 02 43 07 88 96.

Le refuge de l'Arche – Visite tous les jours du 1er mai au 31 août de 9 h 30 à 19 h ; en mars, avril, septembre et octobre de 10 h à 12 h et de 13 h 30 à 18 h ; en novembre, décembre, janvier et février de 13 h 30 à 18 h. Fermé le 1er janvier et le 25 décembre. 25 F. ☎ 02 43 07 24 38.

CHÂTEAUNEUF-SUR-LOIRE

Visite guidée de la ville – S'adresser à l'Office de tourisme.

Musée de la Marine de Loire – Visite du 1er juin au 31 août de 10 h à 12 h et de 14 h à 18 h ; en juin et en septembre, en semaine, l'après-midi, le samedi, le dimanche et les jours fériés toute la journée ; du 2 janvier au 31 mars, le dimanche après-midi ; en octobre, le samedi et le dimanche après-midi ; le reste de l'année, le dimanche et les jours fériés après-midi. Fermé le mardi ainsi que le 1er janvier, le 1er mai, le 25 et le 26 décembre. Délivrance des billets suspendue 30 mn avant l'heure de fermeture. 13,50 F. ☎ 02 38 58 41 18.

CHÂTEAU-RENAULT

Musée du Cuir et de la Tannerie – Visite libre ou accompagnée (1 h 1/2) du 15 mai au 15 septembre de 14 h à 17 h 30. Fermé le lundi (Pâques, Pentecôte et jours fériés inclus). 12 F. ☎ 02 47 56 03 59.

CHAUMONT-SUR-LOIRE

Château :

Parc – Ouvert toute l'année de 9 h au coucher du soleil. Fermé le 1er janvier, 1er mai, 1er et 11 novembre et 25 décembre. Entrée gratuite. ☎ 02 54 20 98 03.

Appartements – Pour accéder au château, à partir du parking, compter 1/4 h pour traverser le parc. Les personnes âgées ou à «mobilité réduite» pourront arriver au château par le haut du parc. Visite libre ou accompagnée (3/4 h) du 15 mars au 30 septembre de 9 h 30 à 18 h ; le reste de l'année de 10 h à 16 h 30. Fermé le 1er janvier, le 1er mai, le 1er et 11 novembre ainsi que le 25 décembre. 28 F (incluant la visite du parc et des écuries). ☎ 02 54 20 98 03.

Écuries – Mêmes conditions de visite que pour le château.

Promenades en attelage – Tous les jours, pendant les vacances de Pâques et d'été, et sur réservation, possibilité de promenade (20 mn) en attelage dans le parc ou aux environs du château. 30 F. ☎ 02 54 20 90 60.

Conservatoire international des Parcs et Jardins et du Paysage – ♿ Visite libre ou accompagnée (1 h 1/4) tous les jours du 15 juin au 20 octobre de 9 h au coucher du soleil. 40 F. ☎ 02 54 20 99 22.

CHÉCY

Musée de la Tonnellerie – Visite libre ou accompagnée (1 h) des Rameaux à la Toussaint de 14 h 30 à 17 h 30. Fermé le lundi, sauf les jours fériés. 10 F. ☎ 02 38 91 32 64.

Château de CHÉMERY

Visite tous les jours du 1er mars au 31 novembre de 10 h à la tombée de la nuit ; le reste de l'année le samedi, le dimanche et les jours fériés de 10 h à la tombée de la nuit. 26 F. ☎ 02 54 71 82 77.

CHENILLÉ-CHANGÉ

Moulin à eau fortifié – Visite accompagnée (20 mn) d'avril à octobre à 18 h et à 18 h 30 ou sur rendez-vous. Fermé le samedi, le dimanche et tous les jours fériés. 19 F. ☎ 02 41 95 10 83.

Château de CHENONCEAU

Visite tous les jours, sans interruption, du 16 mars au 15 septembre de 9 h 30 à 19 h ; en demi-saison le château ferme à 18 h 30, puis 18 h ; en période d'hiver 17 h 30, 17 h ou 16 h 30. 40 F. Possibilité de restauration sur place. En juillet et août : promenades en barque sur le Cher, petit train électrique, jardin équipé de jeux de plein air pour les enfants (d'avril à octobre). ☎ 02 47 23 90 07.

Musée de Cire – Mêmes jours et heures d'ouverture que pour le château. Entrée musée de Cire seulement : 10 F.

Château de CHEVERNY

Visite du 1er juin au 15 septembre, de 9 h 15 à 18 h 45 ; le reste de l'année, de 9 h 30 à 12 h et de 14 h 15 à 18 h 30 (18 h du 16 au 30 septembre, 17 h 30 en mars et octobre). Visite accompagnée sur demande écrite au préalable adressée au Château de Cheverny, 41700 Cheverny. On peut assister à la «soupe des chiens» du 1er avril au 15 septembre, à 17 h, sauf le samedi, le dimanche et les jours fériés ; le reste de l'année à 15 h, sauf le mardi, samedi, dimanche et les jours fériés. 32 F. ☎ 02 54 79 96 29.

Le ballon captif – Vol tous les jours (1/4 h) du 15 avril au 10 novembre aux mêmes horaires que le château. Un vent trop fort peut empêcher le vol. 79 F (billet groupant la visite du château, le parc et le vol en ballon) ; enfant de 7 à 14 ans 45 F ; enfant de moins de 7 ans 28 F.

CHINON

🛈 12, rue Voltaire – 37500 – ☎ 02 47 93 17 85

Un petit train routier touristique permet la visite de la ville (3/4 h) avec commentaires historiques. Tous les jours du 1er juillet au 31 août ; le samedi et le dimanche de Pâques au 30 juin et du 1er septembre au 30 septembre. Départ toutes les 45 mn entre 14 h 30 et 19 h à l'Hôtel de ville. 22 F ; enfant 18 F. ☎ 05 49 22 51 91.

Visite guidée de la ville – S'adresser aux «Amis du Vieux Chinon». ☎ 02 47 93 12 80.

Musée animé du Vin et de la Tonnellerie – Visite accompagnée (1/2 h) du 1er avril au 30 septembre de 10 h 30 à 12 h 30 et de 14 h à 19 h 30. Fermé du 1er octobre au 31 mars. 22 F. ☎ 02 47 93 25 63.

Musée du Vieux Chinon et de la Batellerie – Visite du 1er mai au 15 octobre de 10 h à 12 h 30 et de 14 h 30 à 19 h. 20 F. ☎ 02 47 93 18 12.

Château – Visite du 15 mars au 30 septembre tous les jours, de 9 h à 18 h (19 h en juillet et août) ; du 1er au 31 octobre de 9 h à 17 h ; le reste de l'année de 9 h à 12 h et de 14 h à 17 h. Fermé le 1er janvier et le 25 décembre. 25 F. ☎ 02 47 93 13 45.

Église St-Mexme – Provisoirement fermée : travaux en cours.

Le château de Chinon et la Vienne

Chapelle Ste-Radegonde – Visite accompagnée (1/2 h) pendant la période des vacances scolaires de 10 h à 19 h. ☎ 02 47 93 18 12.

Promenades en train à vapeur – Il fonctionne le samedi et le dimanche et les jours fériés de mi-mai à début octobre. Se renseigner pour les horaires de départ de Chinon ou de Richelieu. Tarif non communiqué. ☎ 02 47 58 12 97.

Centre de production nucléaire d'électricité de Chinon. CNPE – Un «Centre d'Information du Public» présente à l'aide de différents supports audio-visuels le fonctionnement d'une centrale nucléaire. Visite accompagnée à 9 h 30 et 14 h 30 (durée : 2 h en juillet et août) ; le reste de l'année à 9 h et 14 h (durée : 3 h). Pas de visite le samedi, dimanche et les jours fériés. Pièce d'identité requise pour les visiteurs de plus de 18 ans et accord préalable à établir auprès de la mission communication. Entrée gratuite. ☎ 02 47 98 77 77.

CHOLET   🖪 place de Rougé - BP 636 – 49306 – ☎ 02 41 62 22 35

Visite guidée de la ville – S'adresser à l'Office de tourisme.

Musée du Textile – ♿ Visite du 1er juin au 30 septembre de 14 h à 19 h. le reste de l'année 18 h. Fermé le mardi. Entrée gratuite. ☎ 02 41 75 25 40.

Musée d'Art et d'Histoire – ♿ Visite libre ou accompagnée (1 h) de 10 h à 12 h et de 14 h (15 h le dimanche) à 17 h. Fermé le mardi et tous les jours fériés. 15 F. Entrée gratuite le samedi. ☎ 02 41 49 29 00.

CHOUZÉ-SUR-LOIRE

Musée des Mariniers – Visite du 1er juin au 31 août le samedi. dimanche et les jours fériés de 15 h à 17 h. 10 F. ☎ 02 47 95 10 10.

CINQ-MARS-LA-PILE

Château – Visite libre ou accompagnée (1/2 h) de 9 h au coucher du soleil (20 h 30, en été). Fermé du 15 février au 1er mars et du 15 octobre au 5 novembre, ainsi que les lundis non fériés. 12 F. Visite accompagnée 20 F. ☎ 02 47 96 40 49.

Domaine du CIRAN

Musée-conservatoire de la faune sauvage de Sologne – ♿ Visite libre ou accompagnée (3 h) tous les jours de 10 h à 12 h et de 14 h à 18 h (17 h du 1er octobre au 31 mars). Fermé le mardi (en hiver) ainsi que le 1er janvier et le 25 décembre. 30 F. ☎ 02 38 76 90 93.

CLÉRY-ST-ANDRÉ

Basilique – Pour visiter le caveau de Louis XI. la chapelle St-Jacques et l'oratoire de Louis XI, s'adresser à la sacristie ou au presbytère, 1. rue du Cloître, derrière le chevet de la basilique. Des visites guidées sont organisées du 1er avril au 1er novembre, entre 14 h 30 et 18 h 30. ☎ 02 38 45 70 05.

CORMERY

Ancienne abbaye – Visite accompagneé (1 h) vers 10 h/10 h 30 et 15 h/15 h 30 sur demande à l'Office de tourisme de Cormery ☎ 02 47 43 30 84.

COSSÉ-LE-VIVIEN

Musée Robert-Tatin – Visite tous les jours de 10 h à 12 h et de 14 h à 19 h (17 h 30. du 1er octobre au 31 mars ; fermé le dimanche matin). Fermé le mardi. ainsi que du 3 au 21 janvier. 30 F. ☎ 02 43 98 80 89.

Château du COUDRAY-MONTBAULT

Visite accompagnée (1 h) du 1er juillet au 8 septembre de 10 h à 12 h et de 14 h 30 à 18 h 30. Fermé le lundi matin. 30 F. ☎ 02 41 75 80 47.

COURGENARD

Église Saint-Martin – Visite sur rendez-vous à la mairie de Courgenard. ☎ 02 43 93 26 02.

Château de COURTANVAUX

Visite accompagnée (1 h) de Pâques à la Toussaint, en semaine et les jours fériés à 10 h. 11 h. 15 h. 16 h. 17 h et 18 h. Fermé le mardi. 11 F. ☎ 02 43 35 43 35.

CRAON

Château – Visite libre pour le parc et accompagnée (3/4 h) pour l'intérieur du château (en juillet et août seulement) du 1er avril au 1er novembre, de 14 h à 19 h. Fermé le mardi. 15 F (parc) ; 25 F (château et parc). ☎ 02 43 06 11 02.

CRAVANT-LES-CÔTEAUX

Ancienne église du Vieux Bourg – *Visite accompagnée (1/2 h). de 14 h à 19 h. Fermé le mardi.* ☎ *02 47 93 12 40.*

D

DAMPIERRE-EN-BURLY

Centre nucléaire de production d'électricité – Visite accompagnée (2 h 1/2), à 9 h et à 14 h, sur demande au préalable (1 à 2 semaines) auprès du C.N.P.E. de Dampierre-en-Burly, B.P. 18, 45570 Ouzouer-sur-Loire. Pièce d'identité requise. ☎ 02 38 29 70 04. Centre d'information tous les jours de 10 h à 12 h 30 et de 14 h à 17 h 30. Fermé le 1er janvier, 1er mai, 24, 25 et 31 décembre.

DENEZÉ-SOUS-DOUÉ

Caverne sculptée – Visite accompagnée (1/2 h), en juillet et août, de 10 h à 19 h ; des Rameaux à fin juin et du 1er septembre à la Toussaint, de 14 h à 18 h. 20 F. ☎ 02 41 59 15 40.

DESCARTES

Musée Descartes – Visite tous les jours, sauf le mardi, de 14 h à 18 h. Fermé du 15 novembre au 15 janvier. 25 F. ☎ 02 47 59 79 19.

La DEVINIÈRE

Visite libre ou accompagnée (3/4 h) du 1er mai au 30 septembre, de 10 h à 19 h ; du 15 mars au 30 avril, de 9 h à 12 h et de 14 h à 18 h ; le reste de l'année, de 9 h à 12 h et de 14 h à 17 h. Fermé le 1er janvier et le 25 décembre ainsi que le mercredi en basse saison. 21 F. Billet combiné : Prieuré de Saint-Cosme, La Devinière et Saché 42 F. ☎ 02 47 95 91 18.

DOUÉ-LA-FONTAINE   🅱 place du Champ-de-Foire – ☎ 02 41 59 20 49

Musée des Commerces anciens – ♿ Visite de 9 h 30 à 12 h et de 14 h à 19 h (17 h 45 en basse saison). Fermé le lundi du 1er octobre au 30 avril. 30 F. ☎ 02 41 59 28 23.

Zoo de Doué – Visite du 1er avril au 30 septembre de 9 h à 19 h ; le reste de l'année, de 10 h à 12 h et de 14 h à 18 h 30. 60 F ; enfants de 3 à 10 ans : 30 F. Le billet donne accès au Naturoscope ouvert, tous les jours, l'après-midi. ☎ 02 41 59 18 58.

Arènes – ♿ Visite accompagnée (1/2 h), du 1er avril au 31 octobre de 10 h à 12 h et de 14 h à 18 h. Fermé le dimanche ainsi que du 1er novembre au 31 mars. 10 F. ☎ 02 41 59 22 28.

DURTAL

Château – Visite accompagnée (1 h) du 1er juillet au 31 août, de 10 h à 12 h et de 15 h à 18 h 30. Fermé le reste de l'année ainsi que le mardi toute la journée et le dimanche matin. 15 F. ☎ 02 41 76 30 24.

E - F

Abbaye de l'ÉPAU

♿ Visite libre ou accompagnée (1/2 h) sur demande auprès de l'Office de tourisme du Mans de 9 h 30 à 12 h et de 14 h à 18 h (17 h 30 en hiver). Fermeture possible lors des manifestations culturelles. Fermé à Noël et au jour de l'an. 15 F. ☎ 02 43 84 22 29.

FAYE-LA-VINEUSE

Crypte de l'église St-Georges – En cas de fermeture ou pour avoir accès à la crypte, s'adresser à M. Paul Baudu, ☎ 02 47 95 63 32, ou au presbytère, ☎ 02 47 95 60 41.

La FERTÉ-BERNARD   🅱 15, place de la Lice – 72400 – ☎ 02 43 71 21 21

Chapelle St-Lyphard – Visite du 19 avril au 30 septembre, lors des expositions, le reste de l'année s'adresser à l'Office de tourisme (plusieurs visites guidées par semaine). ☎ 02 43 71 21 21.

La FERTÉ-ST-AUBIN   🅱 rue des Jardins – 45240 – ☎ 02 38 64 67 93

Visite guidée de la ville – S'adresser à l'Office de tourisme.

Château – Visite tous les jours, du 15 mars au 15 novembre, de 10 h à 19 h ; le reste de l'année le mercredi, samedi et dimanche de 14 h à 18 h. Visite libre d'une partie du château, des écuries et du parc animalier, visite accompagnée (3/4 h) pour les appartements du rez-de-chaussée. 35 F. ☎ 02 38 76 52 72.

FILLÉ

Église – Visite en semaine seulement de 9 h à 16 h. ☎ 02 43 87 14 10.

La FLÈCHE

🅱 Espace Pierre-Mendès-France – 72205 – ☎ 02 43 48 53 70

Prytanée national militaire – Visite pendant les vacances d'été, tous les jours, de 10 h à 12 h et de 14 h à 18 h 30 ; accueil à la Porte d'honneur, rue Henri-IV. 20 F. Hors des vacances d'été visites de groupes et uniquement sur rendez-vous. ☎ 02 43 94 03 96 (poste 704).

Parc zoologique du Tertre rouge – ♿ Visite libre ou accompagnée (3 h) tous les jours de 9 h 30 à 20 h (18 h en hiver). 50 F ; enfant 25 F. ☎ 02 43 94 04 55.

FONTAINE-LES-COTEAUX

Parc botanique de La Fosse – Visite accompagnée (1 h 30) du 1er juillet au 31 août à 15 h précises le mercredi, le jeudi et le vendredi non fériés, à 14 h 30 et à 16 h 30 le samedi, le dimanche et les jours fériés ; de Pâques au 30 juin et du 1er au 30 septembre à 14 h 30 et 16 h 30 le samedi, le dimanche et les jours fériés ; en octobre et novembre à 15 h le samedi le dimanche et les jours fériés. 50 F. ☎ 02 54 85 38 63.

FONTEVRAUD-L'ABBAYE

Centre culturel de l'Ouest – Renseignements sur le programme d'activités culturelles et les visites-conférences : ☎ 02 41 51 73 52 ou 02 41 51 71 41.

Abbaye – Les divers bâtiments font l'objet de très importants travaux de restauration, qui doivent s'étendre sur de nombreuses années. Visite libre ou accompagnée (1 h), du 1er juin au 3e dimanche de septembre de 9 h à 19 h ; le reste de l'année de 9 h 30 à 12 h 30 et de 14 h à 18 h. Fermée le 1er janvier, 1er et 11 novembre et le 25 décembre. 28 F. ☎ 02 41 51 71 41.

Église St-Michel – Visite de 9 h à 12 h 30 et de 14 h à 19 h. ☎ 02 41 51 71 34.

FORGES

Hameau troglodytique de la Fosse – Visite du 1er juin au 30 septembre de 9 h 30 à 19 h ; du 1er mars au 31 mai et du 1er octobre au 30 novembre de 9 h 30 à 12 h 30 et de 14 h à 18 h. Fermé le reste de l'année. 22 F. ☎ 02 41 59 00 32.

Château de FOUGÈRES-SUR-BIÈVRE

Visite libre ou accompagnée (3/4 h), du 1er avril au 30 septembre, de 9 h à 12 h et de 14 h à 18 h ; le reste de l'année, de 10 h à 12 h et de 14 h à 16 h 30. Fermé le 1er janvier, 1er mai, 1er et 11 novembre et le 25 décembre. 22 F. ☎ 02 54 20 27 18.

FRAZÉ

Château – Visite du parc seulement, de Pâques à fin septembre, le dimanche et les jours fériés de 15 h à 18 h. 14 F. ☎ 02 37 29 56 76.

Fontevraud-l'Abbaye –
Gisant d'Henri II

G

GENNES

Musée archéologique – Visite en juillet et août de 10 h à 12 h et de 14 h à 18 h ; en avril, juin et septembre, les dimanches et jours fériés seulement, de 15 h à 18 h. 16 F (billet donnant droit à la visite de l'amphithéâtre). ☎ 02 41 51 83 33.

Amphithéâtre – Visite libre ou accompagnée (3/4 h) dans les mêmes conditions que le musée archéologique. 16 F (billet à prendre au musée et donnant accès à ce dernier). ☎ 02 41 51 84 14.

Église St-Eusèbe – Accès à la plate-forme du clocher du 1er juillet au 31 août, tous les jours, de 15 h à 18 h 30. 10 F. ☎ 02 41 51 84 14.

GERMIGNY-DES-PRÉS

Église – Visite libre ou accompagnée (sur demande préalable) tous les jours du 1er avril au 31 octobre de 9 h 30 à 12 h 30 et de 14 h à 19 h ; le reste de l'année fermeture à 17 h 30 et le mardi. ☎ 02 38 58 27 30 ou 02 38 58 27 03.

GIDY

Géodrome – Visite du 15 juin au 15 septembre de 10 h à 20 h ; du 15 avril au 14 juin et du 16 septembre au 15 octobre de 10 h à 18 h. 10 F. ☎ 02 38 64 47 06.

GIEN
🛈 Centre Anne-de-Beaujeu – 45501 – ☎ 02 38 67 25 28

Musée international de la Chasse – Visite du 29 avril au 3 novembre inclus, tous les jours, de 9 h 30 à 18 h 30 ; le reste de l'année, de 10 h à 12 h et de 14 h à 17 h, fermé le lundi. Fermé du 1er janvier au 16 février, ainsi que le 25 décembre. 25 F. ☎ 02 38 67 69 69.

Faïencerie – Visite du musée de 9 h à 12 h et de 14 h à 18 h ; le dimanche et les jours fériés de 10 h à 12 h et de 14 h à 18 ; fermé le 1er janvier, 1er et 11 novembre, 25 décembre. 16 F. Possibilité de se joindre à un groupe pour visiter les ateliers de fabrication, du lundi au vendredi midi sur rendez-vous au préalable. 25 F (incluant la visite du musée). La boutique est ouverte tous les jours sauf le dimanche et les jours fériés. ☎ 02 38 67 89 92.

GIZEUX

Château – Visite du 1er mai au 30 septembre tous les jours de 10 h à 18 h 30 (le dimanche de 14 h à 18 h 30). 35 F. ☎ 02 47 96 50 92.

Ferme de la GOUBAUDIÈRE

Visite du 1er mars au 31 octobre de 15 h à 18 h ; le reste de l'année de 14 h 30 à 17 h 30. Fermé le mardi et tous les jours fériés. Entrée gratuite. ☎ 02 41 71 25 94.

Le GRAND-PRESSIGNY

Musée départemental de Préhistoire – Visite du 1er juin au 30 septembre de 9 h 30 à 18 h 30 ; le reste de l'année de 9 h à 12 h et de 14 h à 17 h (18 h en avril et mai). Fermé en janvier et décembre. 20 F. ☎ 02 47 94 90 20.

GREZ-NEUVILLE

Croisières fluviales – Renseignements et réservation à Anjou Plaisance, rue de l'Écluse. ☎ 02 41 95 68 95.

Château du GUÉ-PÉAN

♿ Visite libre ou accompagnée (3/4 h) du 15 mars au 15 janvier, tous les jours, de 9 h à 19 h ; le reste de l'année, le samedi, le dimanche et les jours fériés de 9 h à 18 h. 30 F. ☎ 02 54 71 37 10.

GY-EN-SOLOGNE

Locature de la Straize – Visite accompagnée (1 h) du 20 mars au 15 novembre de 10 h à 11 h 30 et de 15 h à 18 h (16 h 30 du 15 octobre au 15 novembre). Fermé le mardi ainsi qu'à la Toussaint et aux Rameaux. 16 F. ☎ 02 54 83 82 89.

H - I

Manoir de la HAMONNIÈRE

Visite accompagnée (20 mn), du 14 juillet au 31 août, de 14 h à 18 h. 10 F. ☎ 02 41 42 01 38.

Château de la HAUTE-GUERCHE

Visite du 1er juillet au 31 août de 10 h à 12 h et de 14 h à 18 h, tous les jours. Entrée gratuite. ☎ 02 41 78 41 48.

L'ÎLE-BOUCHARD

Prieuré St-Léonard – Visite de 10 h à 17 h. Clef chez Mme Page, 3, rue de la Vallée-aux-Nains, près du prieuré. ☎ 02 47 58 50 15.

Église St-Maurice – Pour visiter, s'adresser à Mme Page, 3, rue de la Vallée-aux-Nains. ☎ 02 47 95 26 68

ILLIERS-COMBRAY

«Maison de Tante Léonie» – Visite accompagnée (1 h) du 15 juin au 15 septembre à 14 h 30, 15 h 30 et 16 h 30 ; le reste de l'année à 14 h 30 et 16 h. Fermée le lundi (sauf jours fériés), le 1er et le 11 novembre, ainsi que du 15 décembre au 14 janvier. 25 F. ☎ 02 37 24 30 97.

J - L

JARZÉ

Chapelle N.-D.-de-Montplacé – Pour visiter, s'adresser à Mme d'Orsetti, ☎ 02 41 95 43 01.

LANGEAIS

Château – Visite libre ou accompagnée (1 h), du 15 juillet au 31 août de 9 h à 21 h ; du 1er avril au 14 juillet et du 1er septembre au 30 septembre de 9 h à 18 h 30 ; du 1er octobre au 2 novembre de 9 h à 12 h 30 et de 14 h à 18 h 30, le reste de l'année de 9 h à 12 h et de 14 h à 17 h. 35 F. ☎ 02 47 96 72 60.

Musée de l'Artisanat – Visite du 1er juin au 15 septembre, tous les jours, de 10 h à 19 h ; du 1er avril au 31 mai et du 16 septembre au 31 octobre de 10 h à 12 h et de 14 h à 18 h ; le reste de l'année de 14 h à 18 h. Fermé tout le mois de janvier ainsi que le 25 décembre. 28 F. ☎ 02 47 96 72 64.

LANTHENAY

Église – En cas de fermeture s'adresser à l'auberge Le Lanthenay. ☎ 02 54 95 33 95.

Lit à baldaquin – Château du Moulin à Lassay-sur-Croisne

LASSAY-SUR-CROISNE

Château du Moulin – Visite accompagnée (40 mn) du 1er avril au 30 septembre de 9 h à 11 h 30 et de 14 h à 18 h 30 ; en mars et du 1er octobre au 15 novembre de 9 h à 11 h 30 et de 14 h à 17 h 30. Fermé du 16 novembre à fin février. 28 F. ☎ 02 54 83 83 51.

Église St-Denis – En cas de fermeture on peut emprunter la clef chez M. Martin (écriteau sur la porte de l'église).

LAVARDIN

Château – Du 1er juin au 15 septembre, visite libre de 10 h à 12 h et de 15 h à 18 h, visite guidée (1 h) à 15 h et 16 h 30 (le week-end visites supplémentaires à 11 h et 17 h 30). 20 F. ☎ 02 54 85 07 74.

Mairie – Visite le mercredi de 14 h à 19 h, le vendredi de 9 h à 12 h et de 14 h à 19 h, le samedi de 8 h 30 à 12 h. Entrée gratuite. ☎ 02 54 85 07 74.

LEUGNY

Château – Visite momentanément suspendue.

Chartreuse du LIGET

♿ Visite extérieure seulement de 9 h à 12 h et de 14 h à 19 h. 3 F. ☎ 02 47 92 60 02.

Chapelle St-Jean – Demander la clef à la chartreuse.

Le LION-D'ANGERS

Église St-Martin – En cas de fermeture s'adresser à M. le curé. ☎ 02 41 95 31 02.

Haras national de l'Isle-Briand – ♿ Visite toute l'année de 14 h à 17 h. Entrée gratuite. ☎ 02 41 95 82 46.

LIRE

Musée Joachim-du-Bellay – Des travaux de réaménagement empêchent toute visite en 1996. Renseignements : ☎ 02 40 09 04 13.

LOCHES
🛈 place Wermelskirchen – 37600 – ☎ 02 47 59 07 98

Visite guidée de la ville – Sur réservation seulement. S'adresser au Pavillon du tourisme.

Musée Lansyer et du Terroir – Visite accompagnée (1 h), du 1er avril au 1er octobre de 10 h à 19 h ; le reste de l'année de 13 h 30 à 17 h. Fermé le mardi. 20 F. ☎ 02 47 59 05 45.

Château – Visite, tous les jours, du 1er juillet au 15 septembre de 9 h à 19 h ; du 15 mars au 30 juin et du 16 au 30 septembre de 9 h à 12 h et de 14 h à 18 h ; le reste de l'année de 9 h à 12 h et de 14 h à 17 h. Fermé le 1er janvier et le 25 décembre. 20 F. ☎ 02 47 59 01 32.

Donjon – Visite libre ou accompagnée (3/4 h) du 1er juillet au 15 septembre de 9 h à 19 h ; du 15 mars au 30 juin et du 16 au 30 septembre, de 9 h 30 à 13 h et de 14 h 30 à 19 h ; le reste de l'année de 9 h 30 à 13 h et de 14 h 30 à 18 h. 20 F le donjon seul. 26 F billet donnant accès à la visite du Logis Royal dans le château. ☎ 02 47 59 07 86.

LORRIS
🛈 près des Halles – 45260 – ☎ 02 38 94 81 42

Musée départemental de la Résistance et de la Déportation – ♿ Visite de 10 h à 12 h et de 13 h 30 à 17 h 30. Fermé le mardi, le dimanche matin, le 1er janvier, le 8 mai et le 25 décembre. 25 F. ☎ 02 38 94 84 19.

LOURESSE-ROCHEMENIER

Village troglodytique – Visite libre ou accompagnée (1 h) du 1er avril au 31 octobre de 9 h 30 à 19 h. Le reste de l'année le samedi et le dimanche de 14 h à 8 h. Fermé en décembre et en janvier. 21 F. ☎ 02 41 59 18 15.

Château du LUDE

Visite du 1er avril au 30 septembre, l'extérieur de 10 h à 12 h et de 14 h à 18 h ; l'intérieur accompagné (3/4 h) de 14 h 30 à 18 h. 30 F (intérieur et extérieur), 15 F (extérieur seulement). ☎ 02 43 94 60 09.

LUSSAULT-SUR-LOIRE

Aquarium de Touraine – ♿ Visite du 1er avril au 30 septembre de 9 h à 19 h ; du 1er octobre au 31 mars de 10 h à 18 h. 42 F ; billet combiné avec les mini-châteaux ou le «fou de l'ane» 95 F ; les trois (aquarium, mini-châteaux et «fou de l'âne») 135 F. Enfant 26 F, 60 F ou 85 F. ☎ 02 36 68 08 86.

LUYNES

Château – Visite guidée (1 h) pour l'intérieur, du 1er avril au 30 septembre de 10 h à 18 h. 40 F. ☎ 02 47 55 67 55.

M

MALICORNE-SUR-SARTHE

Faïencerie d'art – Visite accompagnée (1 h 15) des ateliers et du musée, de Pâques au 30 septembre de 9 h à 12 h et de 14 h à 17 h. Fermé le dimanche matin, le lundi et à la Pentecôte. 20 F. ☎ 02 43 94 81 18.

Le MANS
🛈 hôtel des Ursulines, rue de l'Étoile – 72000 – ☎ 02 43 28 17 22

Visite guidée de la ville 🄰 – Tous les jours en juillet et août à 15 h rendez-vous à la cathédrale. S'adresser à l'Office de tourisme.

Musée d'Histoire et d'Ethnographie – Visite libre ou accompagnée (1 h 15) de 9 h (10 h le dimanche) à 12 h et de 14 h à 18 h. Fermé tous les jours fériés. 14 F (gratuit le dimanche), billet couplé avec le musée de Tessé 22 F. ☎ 02 43 47 38 51.

Le MANS

Musée de Tessé – ♿ Mêmes conditions de visite que pour le musée de la Reine Bérengère. 14 F (billet combiné avec le musée d'Histoire et d'Ethnographie : 22 F). Entrée gratuite le dimanche. ☎ 02 43 47 38 51.

Église de la Visitation – Des travaux de restauration sont en cours, risquant de rendre l'accès difficile. ☎ 02 43 28 28 98.

Circuit permanent Bugatti – ♿ Visite tous les jours, du 1er février au 30 novembre de 8 h à 18 h, sauf les jours de compétitions. Entrée gratuite. ☎ 02 43 40 24 24 ou 02 43 40 24 30.

Musée de l'Automobile de la Sarthe – ♿ Visite tous les jours du 1er juin au 30 septembre de 10 h à 19 h ; le reste de l'année de 10 h à 18 h. 35 F. ☎ 02 43 72 72 24.

MARNAY

Musée Maurice-Dufresne – ♿ Visite du 1er mai au 31 octobre de 9 h 15 à 19 h (18 h le reste de l'année). Fermé en janvier et février. 48 F. ☎ 02 47 45 36 18.

Château de la MAROUTIÈRE

Visite accompagnée (1/2 h) du 15 juillet au 31 août le lundi et le vendredi de 14 h à 16 h 30. 20 F. ☎ 02 43 07 20 44.

MAULÉVRIER

Parc oriental – Visite libre ou accompagnée (1 h 30), du 1er mai au 30 septembre de 9 h à 12 h et de 14 h à 19 h ; le reste de l'année de 14 h à 18 h. Fermé du 24 décembre au 31 janvier, ainsi que le lundi toute la journée d'octobre à avril et le lundi matin en mai et septembre. 25 F. ☎ 02 41 55 50 14.

MAVES

Moulin à vent – Visite accompagnée (1/2 h) le dimanche et les jours fériés de Pâques à la Toussaint de 15 h à 18 h. Entrée gratuite. ☎ 02 54 87 35 17.

Grange de MESLAY

♿ Visite de Pâques à la Toussaint, le samedi, le dimanche et les jours fériés, de 15 h à 18 h 30. Fermé à la visite lors des Fêtes musicales en Touraine du 5 juin au 10 juillet. 20 F. ☎ 02 47 29 19 29.

MEUNG-SUR-LOIRE 🛈 42, rue Jehan-de-Meung – 45130 – ☎ 02 38 44 32 28

Visite guidée de la ville – S'adresser à l'Office de tourisme.

Château – Visite accompagnée (1 h) du 1er avril au 12 novembre, tous les jours de 9 h à 18 h ; le reste de l'année le samedi, le dimanche et les jours fériés de 10 h à 18 h. 30 F. ☎ 02 38 44 36 47.

MEUSNES

Musée de la Pierre à fusil – Visite de 9 h à 13 h. Fermé le lundi, le dimanche et les jours fériés. 5 F. ☎ 02 54 71 00 23.

MIRÉ

Château de Vaux – En cours de restauration. Pas d'ouverture au public.

Château de MONTGEOFFROY

♿ Visite accompagnée (1 h) du 15 juin au 15 septembre de 9 h 30 à 18 h 30 ; du 15 mars au 14 juin et du 16 septembre au 31 octobre de 9 h 30 à 12 h et de 14 h 30 à 18 h 30. Fermé le reste de l'année. 45 F. ☎ 02 41 80 60 02.

MONTIGNY-LE-GANNELON

Château – ♿ Visite du 1er juin au 30 septembre : le parc (visite libre) de 10 h à 18 h 30, le château (visite accompagnée : 1 h) de 14 h à 18 h 30 ; de Pâques à la Toussaint le samedi, le dimanche et les jours fériés. Fermé en décembre, janvier et février. Illuminations tous les week-ends de Pâques à la Toussaint. 27 F. ☎ 02 37 98 30 03.

Église – Pour visiter, s'adresser à l'accueil du château. ☎ 02 37 98 30 03.

MONTJEAN-SUR-LOIRE

Écomusée – Visite libre ou accompagnée (2 h) du 1er avril à la Toussaint de 15 h à 19 h (dernière visite à 17 h 30). Fermé le lundi. 25 F. ☎ 02 41 39 08 48.

MONTLOUIS-SUR-LOIRE

🏛 place de la Mairie – 📞 02 47 45 00 16

Maison de la Loire – Visite du 1er avril au 31 octobre, de 14 h à 18 h. Fermé le lundi. 20 F. 📞 02 47 50 97 52.

MONTMIRAIL

Château – Visite accompagnée (3/4 h) du 8 juillet au 20 août, tous les jours (sauf le mardi), de 14 h 30 à 18 h ; du 1er avril au 7 juillet et du 1er septembre au 30 septembre, le dimanche et les jours fériés aux mêmes heures. 25 F. 📞 02 43 93 72 71.

MONTOIRE-SUR-LE-LOIR

Chapelle St-Gilles – Pour visiter s'adresser au 33 bis, rue Saint-Oustrine à Montoire. 📞 02 54 85 38 63.

Château – En raison du danger de chutes de pierres, aucune visite n'est autorisée.

Château de MONTPOUPON

Château et musée du Veneur – Visite libre, accompagnée (2 h), du 1er juillet au 31 août, de 10 h à 19 h ; du 15 juin au 30 juin et en septembre, de 14 h à 19 h ; du 1er avril au 14 juin et en octobre, le samedi, le dimanche et les jours fériés de 10 h à 12 h et de 14 h à 19 h. 35 F. 📞 02 47 94 30 77 ou 02 47 94 23 62.

MONTRÉSOR

Château – Visite libre du parc et des remparts, accompagnée (1/2 h) de l'intérieur, du 1er avril au 3 novembre, de 10 h à 12 h et de 14 h à 18 h. 32 F. 📞 02 47 92 60 04.

MONTREUIL-BELLAY

Château – ♿ Visite accompagnée (3/4 h) du 1er avril au 1er novembre de 10 h à 12 h et de 14 h à 17 h 30. Fermé le mardi. 40 F. 📞 02 41 52 33 06.

Maison Dovalle, musée Charles-Léandre – Visite libre ou accompagnée (1 h) du 1er juillet au 10 septembre, de 14 h à 18 h ; le reste de l'année, sur rendez-vous au préalable. 10 F. 📞 02 41 52 48 46.

Moulin de la Salle – Visite accompagnée (3/4 h), du 1er juillet au 31 août, de 15 h à 18 h 30. Fermé samedi et dimanche. 16 F. 📞 02 41 52 30 62.

MONTRICHARD

Caves de champagnisation Monmousseau – ♿ Visite accompagnée (1 h) tous les jours du 1er avril au 30 novembre de 9 h à 12 h et de 14 h à 18 h. Fermé le reste de l'année. 15 F. 📞 02 54 71 66 66.

Musée des Confréries européennes – Mêmes conditions d'accès que pour les caves de champagnisation Monmousseau.

Donjon : Musée – Visite tous les jours pendant les vacances de printemps et du 15 juin au 17 septembre de 9 h 30 à 12 h et de 14 h 30 à 18 h ; des Rameaux au 15 juin et en septembre, le samedi, le dimanche et les jours fériés seulement, aux mêmes heures. 8 F. 📞 02 54 32 05 10.

Vols de rapaces au donjon – « Parcours des oiseaux » des vacances de printemps à fin septembre, tous les jours de 10 h à 12 h et de 14 h à 18 h 30. Billet jumelé avec la visite des musées du Donjon 20 F. Démonstrations en vol à 15 h 30 et 17 h. 45 F. 📞 02 54 32 01 16.

MONTSOREAU

Château – Visite accompagnée (1 h), de mai à septembre, de 10 h à 12 h et de 14 h à 18 h ; le reste de l'année de 13 h 30 à 17 h 30. Fermé le mardi, du 1er décembre au 28 février ainsi que les 1er et 11 novembre. 28 F. 📞 02 41 51 70 25.

Château de MORTIERCROLLES

Visite accompagnée de l'enceinte et de la chapelle (1 h), du 23 juillet au 31 août, à 15 h 30 et 16 h 30. 25 F.

Château de la MOTTE-GLAIN

Visite accompagnée (3/4 h) du 15 juin au 15 septembre de 14 h 30 à 18 h 30. Fermé le mardi. 28 F. 📞 02 40 55 52 01.

N

NEUVY

Église – L'église, située en dehors du village, n'est ouverte que lors des cérémonies religieuses, ou sur demande préalable au ☎ 02 54 46 44 92 ou 02 54 46 47 62.

Abbaye du bois de NOTTONVILLE

Visite du 1er mai au 31 octobre le samedi et le dimanche de 12 h 30 à 19 h. 20 F.
☎ 02 37 96 91 64.

NOURRAY

Église – Visite en semaine seulement de 8 h à 12 h et de 14 h à 18 h.
☎ 02 54 77 87 85.

NOYANT-LA-GRAVOYÈRE

La mine bleue – Visite accompagnée (2 h 1/2), deux thèmes au choix : « Parcours au cœur de l'ardoise » (son et lumière sur la vie au fond de la mine) ou « Voyage au centre de la terre » (aventure aux limites de l'imaginaire et du réel, inspiré de Jules Verne). De Pâques à la Toussaint tous les jours de 10 h à 17 h. Fermé le reste de l'année. Départ de l'ascenseur tous les 1/4 h (dernière descente à 17 h). Température 13°. Se munir d'un vêtement chaud et de bonnes chaussures. 70 F, enfant 50 F.
☎ 02 41 61 55 60.

NYOISEAU

Domaine de la Petite Couère – ♿ Visite du 1er juin au 31 août, tous les jours, de 10 h à 19 h ; du 1er avril 31 mai et du 1er septembre à mi-novembre le dimanche et les jours fériés de 10 h à 19 h. 55 F. ☎ 02 41 61 06 31.

O

ORCHAISE

Parc botanique du prieuré – Visite du 15 mars au 15 novembre tous les dimanches de 15 h à la tombée de la nuit. 20 F. ☎ 02 54 70 01 02 ou 02 54 70 03 92.

ORLÉANS

🛈 place Albert-1er – 45000 – ☎ 02 38 53 05 95

Un petit train routier circule au cœur de la ville (3/4 h) : départ de la place Sainte-Croix, devant la cathédrale, tous les jours du 1er juillet au 31 août à 15 h, 16 h, 17 h et 18 h ; du 1er au 30 juin à 15 h, 16 h, 17 h. 25 F. Visite couplée petit train et « Hauteurs » de la cathédrale, en juillet et août, 35 F. Renseignements à l'Office de tourisme.

Visite guidée de la ville – Visite tout au long de l'année certains mercredis et certains samedis à 14 h 30 au départ de l'Office de tourisme. Plusieurs visites à thèmes sont proposées en alternance. 35 F. S'adresser à l'Office de tourisme.

Cathédrale Ste-Croix :

Crypte – Visite accompagnée (3/4 h) du 15 juin au 15 septembre de 15 h à 18 h 30. Fermé le vendredi. 12 F. ☎ 02 38 66 64 17 (M. Grandet).

Trésor – Le trésor étant l'objet de restaurations diverses n'est pas visible actuellement. Date de réouverture non précisée.

Musée des Beaux-Arts – Visite toute l'année de 10 h à 12 h et de 14 h à 18 h. Fermé le mardi, le 1er janvier, 1er et 8 mai, 1er novembre et le 25 décembre. 18 F.
☎ 02 38 53 39 22.

Musée historique et archéologique – Mêmes conditions de visite que pour le musée des Beaux-Arts. Fermé le mardi. 12 F. ☎ 02 38 53 39 22.

Centre Charles-Péguy – Visite de 14 h à 18 h. Fermé le samedi, le dimanche et tous les jours fériés. Entrée gratuite. ☎ 02 38 53 20 23.

Maison de Jeanne d'Arc – Visite libre ou accompagnée (1 h) du 2 mai au 31 octobre de 10 h à 12 h et de 14 h à 18 h ; le reste de l'année, de 14 h à 18 h. Fermé le lundi ainsi que tous les jours fériés. 12,50 F. ☎ 02 38 52 99 89.

Centre Jeanne-d'Arc – ♿ Ouvert de 9 h à 12 h et de 14 h à 18 h (16 h 30 le vendredi). Fermé le samedi, le dimanche et tous les jours fériés. Entrée gratuite.
☎ 02 38 62 47 79.

Hôtel Toutin – Accès limité à la cour intérieure, de 10 h à 12 h et de 14 h à 18 h. Fermé le lundi matin, le dimanche et les jours fériés ainsi que tout le mois d'août. Entrée gratuite. ☏ 02 38 62 70 61.

Collégiale St-Pierre-le-Puellier : Centre d'exposition – ♿ Visite, uniquement lors des expositions, de 10 h à 12 h 30 et de 13 h 30 à 18 h (dimanche de 14 h à 19 h). Fermé le lundi. Entrée gratuite. ☏ 02 38 79 24 85.

Crypte de l'Église St-Aignan – Visite de 14 h à 18 h en juillet, août et septembre, toujours accompagnée en hors saison. Renseignements à l'Office de tourisme.

Muséum – ♿ Visite tous les jours de 14 h à 18 h. Fermé le samedi ainsi que le 1er janvier, le 1er mai, le 14 juillet, le 1er novembre et le 25 décembre. 20 F. ☏ 02 38 54 61 05.

Parc floral de la Source – ♿ Visite libre ou accompagnée (1 h) du 16 juin au 31 août de 9 h à 19 h ; du 1er avril au 15 juin et du 1er septembre au 11 novembre de 9 h à 18 h ; le reste de l'année de 14 h à 17 h. 20 F. Petit train 7 F. ☏ 02 38 49 30 00.

OUDON

Tour – Visite libre ou accompagnée (20 mn) du 1er juillet au 31 août, tous les jours, de 10 h à 12 h et de 15 h 30 à 18 h 30 ; du 1er mai au 30 juin et du 1er au 15 septembre, les week-ends et jours fériés, de 10 h à 12 h et de 14 h 30 à 18 h 30. 15 F. ☏ 02 40 83 60 17.

P

PARÇAY-SUR-VIENNE

Église – Pour visiter, s'adresser à la mairie ☏ 02 47 58 54 57.

PITHIVIERS
🅱 mail Ouest Gare routière – 45300 – ☏ 02 38 30 50 02

Visite commentée de la ville – S'adresser à l'Office de tourisme.

Musée des Transports – ♿ Visite en juillet et en août, le samedi et le dimanche de 14 h 30 à 17 h ; du 1er mai au 30 juin et du 1er septembre au 2e dimanche d'octobre, le dimanche et les jours fériés de 14 h 30 à 18 h. Prix non communiqués. ☏ 02 38 30 55 00.

Musée municipal – Visite de 10 h à 12 h et de 14 h à 18 h (17 h le samedi). Fermé le mardi et tous les jours fériés. 10 F. ☏ 02 38 30 10 72.

Château du PLESSIS-BOURRÉ

Visite accompagnée (1 h) du 1er avril au 30 septembre de 10 h à 12 h et de 14 h à 18 h (en juillet et août de 10 h à 18 h sans interruption) ; du 1er octobre au 30 novembre et du 1er février au 30 mars de 14 h à 18 h ; le reste de l'année de 14 h à 18 h, sauf mercredi toute la journée et jeudi matin. 45 F. Le double pont-levis est actionné sur demande. ☏ 02 41 32 06 01.

Château du PLESSIS-MACÉ

Visite accompagnée (1 h) du 1er juin au 30 septembre de 10 h à 12 h et de 14 h à 18 h 30 ; de début mars à fin mai et en octobre et novembre de 13 h 30 à 17 h 30 (18 h en mai). Fermé le mardi sauf en juillet et août, ainsi que les 1er et 11 novembre. 28 F. ☏ 02 41 32 67 93.

PONCÉ-SUR-LE-LOIR

Centre d'artisanat d'art – ♿ Visite libre des ateliers, du mardi au samedi, de 9 h à 12 h et de 14 h à 18 h 30. Le dimanche et les jours fériés de 14 h 30 à 18 h 30, seule l'exposition-vente est accessible, mais on peut voir un montage audio-visuel sur les ateliers. 30 F. ☏ 02 43 44 45 31.

Château – Visite du 1er avril au 30 septembre, de 10 h à 12 h 30 et de 14 h à 18 h 30. Fermé le dimanche matin et du 1er octobre au 30 mars. 24 F. ☏ 02 43 44 45 39.

PONTIGNÉ

Église – En cas de fermeture de l'église, s'adresser au bar-crêperie en face.

PONTLEVOY

Ancienne abbaye :

Musée du Poids lourd et musée municipal – Visite du 1er juin au 31 août de 10 h à 12 h et de 14 h à 18 h ; du 30 mars au 31 mai et du 1er septembre au 31 octobre de 10 h à 12 h et de 14 h 30 à 18 h 30. Fermé le lundi (sauf juillet et août) ainsi que du 1er novembre au 29 mars. 28 F. ☎ 02 54 32 60 80.

Manoir de la POSSONNIÈRE

&. Visite accompagnée (3/4 h) du 16 juin au 31 août tous les jours, sauf dimanche matin, lundi et mardi, à 10 h 30, 14 h 30, 15 h 30, 16 h 30 et 17 h 30 ; du 1er avril au 15 juin et du 1er septembre au 31 octobre le samedi, le dimanche et les jours fériés aux mêmes heures. 30 F. ☎ 02 54 72 40 05.

POUANCÉ

Château – Visite accompagnée (1 h) du 1er juillet au 31 août, en semaine, de 9 h à 12 h et de 15 h à 18 h, le dimanche de 15 h à 18 h ; du 1er septembre au 30 juin, en semaine de 9 h à 12 h et de 14 h à 17 h, fermé le dimanche. Fermé du 23 décembre au 3 janvier, ainsi que tous les jours fériés. 15 F. ☎ 02 41 92 45 02.

R

Château de RAGUIN

Visite accompagnée (3/4 h) tous les jours du 15 juillet au 15 septembre de 14 h à 18 h. Fermé le reste de l'année. 25 F. ☎ 02 41 61 40 20.

Château des RÉAUX

Visite extérieure uniquement. 10 F. ☎ 02 47 95 14 40.

RENAZÉ

Musée de l'Ardoise – &. Visite accompagnée (2 h) du 1er avril au 30 novembre, en semaine, de 9 h à 12 h et de 14 h à 18 h, le dimanche et les jours fériés l'après-midi seulement ; fermé le lundi en avril, mai, octobre et novembre. 23 F. ☎ 02 43 06 41 74 et 02 43 06 40 14.

RICHELIEU   🚹 6, Grande-Rue – 37120 – ☎ 02 47 58 13 62

Musée de l'hôtel de ville – Visite libre ou accompagnée (1/2 h) tous les jours (sauf le mardi) de 10 h à 12 h et de 14 h à 18 h en juillet et août ; tous les jours (sauf mardi et le week-end) de 10 h à 12 h et de 14 h à 16 h de septembre à juin. 7 F. ☎ 02 47 58 10 13.

Parc du château – Visite tous les jours de 10 h à 19 h de mai à mi-septembre ; le dimanche et les jours fériés aux mêmes heures de fin mars à mai et de mi-septembre à fin octobre. 15 F. ☎ 02 47 58 10 09.

Train à vapeur de Touraine – Il fonctionne le samedi, le dimanche et les jours fériés de fin juillet à fin septembre. Se renseigner sur les heures de circulation. Tarifs non communiqués. ☎ 02 47 58 12 97.

Château du RIVAU

Compte tenu de la campagne de restauration en cours, l'intérieur du château n'est pas visitable actuellement. Visite de l'extérieur du 13 juillet au 31 août de 10 h à 12 h et de 14 h à 18 h. Fermé le mardi. 15 F. ☎ 02 47 95 77 56 ou 02 47 95 77 56.

Château de la ROCHE-RACAN

Visite accompagnée (3/4 h) du 5 août au 15 septembre à 10 h, 10 h 45, 11 h 30, 15 h, 15 h 45, 16 h 30. 25 F. ☎ 02 45 77 97 80.

ROMORANTIN-LANTHENAY   🚹 place de la Paix – 41200 – ☎ 02 54 76 43 89

Visite guidée de la ville – S'adresser à l'Office de tourisme.

Maison du Carroir Doré (musée archéologique) – &. Visite libre ou accompagnée (1/2 h) du 15 juin au 15 septembre, de 14 h 30 à 18 h 30, sauf le dimanche et le mardi. Fermé le 14 juillet et le 15 août. Le reste de l'année uniquement sur rendez-vous. 10 F. ☎ 02 54 76 22 06.

Musée de Sologne – ♿ Visite du 1er avril au 31 octobre de 10 h à 18 h ; du 1er novembre au 31 mars de 10 h à 12 h et de 14 h à 18 h. Fermé le mardi toute la journée, le dimanche matin ainsi que le 1er janvier, le 1er mai et le 25 décembre. 25 F. ☎ 02 54 95 33 66.

Musée de la Course automobile – ♿ Visite du 1er avril au 31 octobre de 10 h à 11 h 30 et de 14 h à 17 h 30. Fermé le dimanche matin, le mardi ainsi que le 1er mai, 25 décembre et 1er janvier. 10 F. ☎ 02 54 76 07 06.

Le château enchanté de ROUJOUX

Visite du dernier dimanche de mars au 30 septembre, tous les jours, de 11 h à 18 h ; en octobre, le samedi et le dimanche seulement ; aux vacances de la Toussaint, tous les jours aux mêmes heures. 40 F, enfant 20 F. ☎ 02 54 79 53 55.

S

SACHÉ

Château – Visite libre ou accompagnée (1/2 h) du 1er juillet au 31 août de 9 h 30 à 18 h 30 ; le reste de l'année, de 9 h 30 à 12 h et de 14 h à 18 h (17 h en basse saison). Fermé en décembre et janvier. 21 F. Visite groupée Prieuré de Saint-Cosme, La Devinière et Saché 42 F. ☎ 02 47 26 86 50.

ST-AGIL

Visite libre de l'extérieur tous les jours de 9 h 30 à 17 h 30 ; visite de l'intérieur accompagnée (3/4 h), uniquement sur rendez-vous et par groupe de vingt personnes. Fermé en janvier et décembre. 15 F. ☎ 02 54 80 94 02.

ST-AIGNAN

Église – Visite audio-guidée, sauf le dimanche matin de 9 h à 19 h. En juillet et août, il est possible de visiter le clocher. ☎ 02 54 75 01 33.

Château – On ne visite pas l'intérieur, mais on peut pénétrer dans la cour d'honneur d'où l'on a une très belle vue sur la vallée du Cher et la forêt de Choussy. S'adresser au gardien.

Maison de la Prévôté – Les salles ne sont ouvertes que pour les expositions (peintures, sculptures), de Pâques à septembre. Se renseigner auprès de la mairie. ☎ 02 54 71 22 18.

ST-BARTHÉLEMY-D'ANJOU

Distillerie Cointreau – ♿ Visite accompagnée (1 h 30) du 15 juin au 15 septembre, du lundi au vendredi, à 10 h, 11 h, 14 h, 15 h, 16 h et 17 h, le samedi, dimanche et les jours fériés, à 15 h et 16 h 30 ; le reste de l'année, du lundi au vendredi, sur rendez-vous, le dimanche et les jours fériés, à 15 h et 16 h. Fermé le 1er mai et le 25 décembre. 25 F. ☎ 02 41 43 25 21.

Musée européen de la Communication : château de Pignerolle – ♿ Visite libre ou accompagnée (2 h) du 1er juillet au 1er novembre de 10 h à 12 h 30 et de 14 h 30 à 18 h ; du 1er avril au 30 juin mêmes horaires, mais fermé le lundi ; le reste de l'année le dimanche aux mêmes heures. Fermé à Noël. 45 F. ☎ 02 41 93 38 38.

ST-BENOÎT-SUR-LOIRE

La Basilique – Visite libre ou accompagnée (1 h), de Pâques à fin octobre, à des horaires variables, affichés à l'entrée. Pas de visite le dimanche matin ni pendant la Semaine Sainte. 15 F. ☎ 02 38 35 72 43.

ST-BRISSON-SUR-LOIRE

Château – Visite accompagnée (3/4 h) de Pâques au 15 novembre, tous les jours sauf le mercredi, de 10 h à 12 h et de 14 h à 18 h. En été démonstration de tir de machines de guerre médiévales, le dimanche à 15 h 30 et 16 h 30. 20 F. ☎ 02 38 36 71 29.

ST-CYR-EN-BOURG

Cave des Vignerons – Visite accompagnée (1 h) du 1er mai au 30 septembre à 8 h (9 h le week-end) à 12 h et de 14 h à 19 h ; le reste de l'année fermeture à 18 h. Fermé le dimanche du 1er octobre au 30 avril. 10 F. ☎ 02 41 83 43 28.

ST-DENIS-D'ANJOU

Chapelle de Varennes-Bourreau – Visite sur demande, en semaine, de 10 h à 12 h et de 15 h à 17 h, à la mairie de St-Denis-d'Anjou. ☎ 02 43 70 52 19.

ST-DYÉ-SUR-LOIRE

Maison de la Loire – Visite libre ou accompagnée (3/4 h) de 14 h à 17 h (le dimanche jusqu'à 18 h). Fermé le mardi, le 25 décembre et le 1er janvier, ainsi que tout le mois de février. 15 F. ☎ 02 54 81 65 45.

Église – En cas de fermeture, se conformer aux indications apposées sur le portail. ☎ 02 54 81 60 27 ou 02 54 81 65 45.

ST-FLORENT-LE-VIEIL

Musée d'Histoire locale et des Guerres de Vendée – Visite du 30 juin au 15 septembre, tous les jours, de 14 h 30 à 18 h 30 ; de Pâques au 30 juin et du 16 septembre au 2 novembre le samedi, dimanche et les jours fériés, aux mêmes heures. 15 F. ☎ 02 41 72 63 32 ou 02 41 72 61 52.

Ferme abbatiale des Coteaux – ⅃ Visite du 1er juillet au 31 août de 10 h à 12 h 30 et de 14 h 30 à 19 h (le samedi et le dimanche de 15 h à 19 h) ; du 1er avril au 30 juin et du 1er septembre au 31 octobre le dimanche et les jours fériés de 15 h à 18 h 30. Fermé du 1er novembre au 31 mars. 20 F. ☎ 02 41 72 52 37.

ST-HILAIRE-ST-FLORENT

Caves Bouvet-Ladubay – Visite du 1er juin au 30 septembre de 8 h à 19 h ; du 1er octobre au 31 mai de 8 h à 12 h et de 14 h à 18 h. 5 F. ☎ 02 41 50 11 12.

Galerie d'Art contemporain Bouvet-Ladubay – Visite tous les jours de 14 h à 18 h. Le matin sur rendez-vous. 10 F. ☎ 02 41 50 11 12.

Musée du Masque – ⅃ Visite du 1er avril au 15 octobre, tous les jours, de 10 h à 12 h 30 et de 14 h 30 à 18 h 30. Sur rendez-vous le reste de l'année. 25 F. ☎ 02 41 50 75 26.

École nationale d'équitation – ⅃ Du 1er avril au 30 septembre, le matin visite guidée (1 h 30) : travail du Cadre Noir au grand manège, départs entre 9 h 30 et 10 h. 30 F ; l'après-midi visite guidée des installations (1 h), départs entre 14 h 30 et 16 h, 20 F. Pas de visite le lundi matin, le samedi après-midi, le dimanche. A certaines dates, dans l'année, des présentations publiques du Cadre Noir ont lieu au grand manège. Les reprises traditionnelles des «Sauteurs en Liberté» et de «Manège» sont complétées par des présentations commentées. Renseignements : service des visites, E.N.E., B.P. 207, 49411 Saumur Cedex. ☎ 02 41 53 50 60.

Musée du Champignon – ⅃ Visite libre ou accompagnée (1 h) du 15 février au 15 novembre, tous les jours, de 10 h à 19 h. 34 F. ☎ 02 41 50 31 55.

ST-LAMBERT-DU-LATTAY

Musée de la Vigne et du Vin d'Anjou – Visite du 1er juillet au 31 août, tous les jours, de 10 h à 18 h 30 ; du 1er avril au 30 juin et du 1er septembre au 31 octobre de 10 h à 12 h et de 14 h 30 à 18 h 30, sauf le lundi. 22 F. ☎ 02 41 78 42 75.

ST-LAURENT-DE-LA-PLAINE

Cité des Métiers de tradition – Visite libre ou accompagnée (2 h) du 15 mars au 15 novembre, tous les jours, de 10 h à 18 h ; du 16 novembre au 14 mars de 10 h à 12 h et de 13 h 30 à 17 h. Fermé samedi, dimanche et jours fériés. 30 F, enfant 15 F. ☎ 02 41 78 24 08.

ST-LAURENT-DES-EAUX

Centre nucléaire de production d'électricité. CNPE. – Centre d'information accessible tous les jours sans interruption de 9 h à 18 h. Visite accompagnée des centrales (2 h 30 minimum), du lundi au samedi de 10 h à 18 h, sur rendez-vous. Carte nationale d'identité exigée. S'adresser au Service des Relations Publiques, B.P. 42, 41220 St-Laurent-Nouan. Fermé le dimanche. Entrée gratuite. ☎ 02 54 44 84 09.

ST-MAUR-DE-GLANFEUIL

Abbaye – *Visite des deux chapelles et de la Croix de St-Maur, de 10 h à 17 h (18 h 30 en juillet et août). Pas de visite en janvier. Entrée gratuite.* ☎ *02 41 57 04 16.*

ST-MICHEL-SUR-LOIRE

Musée Cadillac – ⅃ Visite du 1er avril au 30 septembre de 10 h à 18 h. Fermé le reste de l'année. 39 F. ☎ 02 47 96 81 52.

ST-SYLVAIN-D'ANJOU

Château à motte – Visite animée en juillet et août le mercredi, jeudi, vendredi et samedi de 14 h à 18 h ; visite guidée en avril, mai, juin, septembre et octobre le dimanche de 14 h à 18 h. 25 F. En saison des soirées médiévales sont organisées. ☎ 02 41 76 45 80.

STE-CATHERINE-DE-FIERBOIS

Aumônerie de Boucicault – *Visite du 15 juin au 15 septembre de 10 h à 12 h et de 15 h à 19 h. 10 F.* ☎ 02 47 65 60 61.

STE-MAURE-DE-TOURAINE   🖪 place du Château – 37800 – ☎ 02 47 65 66 20

Atelier de foie-gras – Visite accompagnée (1 h) de 9 h à 12 h et de 14 h à 17 h 30 (le samedi de 9 h 30 à 12 h et de 14 h à 17 h). Fermé tous les jours fériés, le dimanche et en février. 35 F. ☎ 02 47 65 50 50.

SALBRIS

Église – Visite en semaine seulement de 9 h à 12 h et de 15 h à 19 h 30.

Traversée de la Sologne en train – La ligne dessert, sur voie métrique, 15 gares et haltes entre Salbris (Loir-et-Cher) et Luçay-le-Mâle (Indre). Pour tous renseignements sur les horaires et les tarifs s'adresser à la Compagnie «Le Blanc-Argent», gare de Romorantin-Lanthenay. ☎ 02 54 76 06 51.

SARGÉ-SUR-BRAYE

Église – L'église n'est ouverte que le dimanche. En semaine on peut emprunter la clef à la boulangerie Desile.

SAUMUR   🖪 place de la Bilange - BP 241 – 49400 – ☎ 02 41 40 20 60

Du 1er juillet au 31 août, visite (3/4 h) de Saumur en calèche du lundi au vendredi de 15 h à 19 h, départ toutes les demi-heures devant l'Office de tourisme.

Visite guidée de la ville – Visite du 4 juillet au 2 septembre le mardi à 15 h et 21 h et le vendredi à 15 h. S'adresser à l'Office de tourisme.

Château – Visite libre pour le musée du Cheval, accompagnée (1 h) pour le musée des Arts décoratifs, du 1er juin au 30 septembre, de 9 h à 18 h ; du 1er octobre au 31 mai (mardi exclu), de 9 h 30 à 12 h et de 14 h à 17 h 30. Visites nocturnes, en juillet et août, le mercredi et le samedi de 20 h 30 à 22 h 30. Fermé le 1er janvier et le 25 décembre. 35 F. ☎ 02 41 51 30 46.

Musée de la Figurine-Jouet – Visite libre ou accompagnée (1/2 h) du 15 juin au 15 septembre, tous les jours sauf le mardi, de 14 h à 18 h. 12 F. ☎ 02 41 67 39 23.

Musée de l'École de Cavalerie – Visite le mardi, mercredi, jeudi et dimanche de 9 h à 12 h et de 14 h à 17 h, le samedi de 14 h à 17 h. Fermé entre Noël et le 1er janvier. Entrée gratuite. ☎ 02 41 83 93 06.

Musée des Blindés – ♿ Visite de 9 h à 12 h et de 14 h à 18 h. Fermé le 1er janvier et le 25 décembre. 20 F. ☎ 02 41 53 06 99.

SAUT-AUX-LOUPS

Champignonnière – Visite accompagnée (3/4 h) du 1er mars au 13 novembre, de 10 h à 18 h 30. 23 F. Dégustation de champignons tous les jours sauf le lundi. ☎ 02 41 51 70 30.

Champignonnière du Saut-aux-Loups

Champignonnière

SAVONNIÈRES

Grottes pétrifiantes – Visite accompagnée (1 h) du 1er avril au 30 septembre de 9 h à 19 h ; du 8 février au 31 mars et du 1er octobre au 15 décembre, de 9 h à 12 h et de 14 h à 18 h. Fermé du 15 décembre au 8 février ainsi que le jeudi du 12 novembre au 14 décembre et du 9 au 28 février. 27 F. ☎ 02 47 50 00 09.

SEGRÉ

Visite guidée de la ville – Visite tous les jours, toute l'année ; s'adresser, pour réservation, à la mairie. ☎ 02 41 92 17 83.

Château de la Lorie – Visite accompagnée (3/4 h), du 1er juillet au 15 septembre, de 15 h à 18 h. Fermé le mardi. 25 F. ☎ 02 41 92 10 04.

SELLES-SUR-CHER

Château – *Visite accompagnée (3/4h) en juillet et août de 10 h à 12 h et de 14 h à 18 h. Les heures d'ouverture le reste de l'année ne sont pas connues à la date d'impression.* 35 F. ☎ 02 54 97 63 98.

Musée du Val de Cher – Visite du 1er juillet au 31 août de 15 h à 18 h 30 (le dimanche et les jours fériés, sauf 14 juillet, de 10 h à 12 h et de 15 h à 18 h 30) ; en juin de 9 h à 17 h en semaine, de 15 h à 18 h 30 le samedi et de 10 h à 12 h et de 15 h à 18 h 30 le dimanche. Fermé le lundi. 15 F. ☎ 02 54 97 40 19.

SEMUR-EN-VALLON

Chemin de fer touristique – *Fonctionne du 1er juillet au 31 août, le samedi de 16 h à 18 h, le dimanche et jours fériés de 14 h 30 à 18 h 30 ; du 1er mai au 30 juin et en septembre, le dimanche et les jours fériés, de 14 h 30 à 18 h 30 (en semaine, sur demande préalable).* 10 F. ☎ 02 43 71 30 36 *(aux heures des repas).*

Château de SERRANT

Visite accompagnée (1 h 30) du 1er avril au 1er novembre de 10 h à 11 h 30 et de 14 h à 17 h 30. Fermé le mardi, sauf en juillet et août. 45 F. ☎ 02 41 39 13 01.

SOLESMES

Offices à l'abbaye – Tous les jours : messe chantée en grégorien à 9 h 45, sexte à 13 h, none à 13 h 30, vêpres à 17 h, complies à 20 h 30. ☎ 02 43 95 03 08.

Chapelle de la SORINIÈRE

Visite du 15 juin au 15 septembre de 15 h à 18 h. 10 F. ☎ 02 41 30 35 17 ou 02 41 30 35 17 (mairie).

SPAY

Église – Ouverte en semaine de 10 h à 17 h (16 h en hiver) ; le dimanche à partir de 11 h. ☎ 02 43 21 82 43 ou 02 43 21 82 43.

SUÈVRES

Église St-Christophe – Visite de 11 h à 18 h. ☎ 02 54 87 80 28.

Église St-Lubin – Visite accompagnée sur rendez-vous auprès de M. Denis Jacqmin, château des Forges, 41500 Suèvres. ☎ 02 54 87 80 83.

SULLY-SUR-LOIRE   🅱 place du Général-de-Gaulle – 45600 – ☎ 02 38 36 23 70

Château – Visite libre ou accompagnée (1 h) du 16 juin au 15 septembre de 10 h à 18 h ; du 1er mars au 30 avril et du 1er au 30 novembre de 10 h à 12 h et de 14 h à 17 ; du 1er mai au 15 juin et du 16 septembre au 31 octobre de 10 h à 12 h et de 14 h à 18 h. Fermé du 1er décembre au 28 février. 15 F. ☎ 02 38 36 36 86.

Église St-Germain – L'égise ne se visite que de l'extérieur. Renseignement à l'Office de tourisme.

T

Château de TALCY

Visite libre pour les communs et le parc, accompagnée (1/2 h) pour le château du 1er avril au 30 septembre de 9 h 30 à 12 h et de 14 h à 18 h ; le reste de l'année de 10 h à 12 h et de 14 h à 16 h 30. Fermé le 1er janvier, 1er mai, 1er et 11 novembre et le 25 décembre. 22 F. ☎ 02 54 81 03 01.

TAVANT

Église – Visite accompagnée de 10 h à 12 h et de 14 h 30 à 18 h. Fermé le mardi. 10 F. ☎ 02 47 58 58 06 (Mme Ferrand) ou 02 47 58 58 01 (mairie).

THÉSÉE

Musée archéologique – Visite du 15 juin au 15 septembre de 10 h à 12 h et de 14 h à 18 h ; de Pâques au 14 juin et du 16 septembre au 15 octobre les week-ends et jours fériés seulement de 14 h à 17 h. 10 F. ☎ 02 54 71 40 20.

TOURS   🅱 78, rue Bernard-Palissy – 37000 – ☎ 02 47 70 37 37

Une carte Multi-Visites est en vente à l'Office de tourisme ainsi qu'à l'entrée de tous les musées municipaux au prix de 50 F. Cette carte, valable 1 an à compter de la date d'achat, permet une visite dans chaque musée municipal et donne la possibilité de participer à une visite-conférence à pied (2 h 1/2).

Visite guidée de la ville ⬛ – Deux formules différentes sont proposées : les visites guidées *générales* (quartier Cathédrale et quartier Plumereau, sans visite intérieure des monuments) le lundi, mercredi, jeudi, vendredi et dimanche, et les visites-*conférences* le mardi et le samedi suivant un calendrier particulier distribué par l'Office de tourisme. Ces visites à pied sont assurées par les guides-interprètes de Touraine, s'adresser à la Direction départementale du tourisme.

Musée du Gemmail – Visite du 15 mars au 15 novembre de 10 h à 12 h et de 14 h à 18 h 30. Fermé le lundi (sauf jour férié). 30 F. ☎ 02 47 61 01 19.

Maison de Tristan – *On peut accéder à la cour pendant la période scolaire de 8 h 30 à 11 h 30 et de 13 h 30 à 16 h 30, du lundi au vendredi. Entrée gratuite.* ☎ *02 47 20 74 09.*

Musée St-Martin – ♿ Visite du 15 mars au 15 novembre de 9 h 30 à 12 h 30 et de 14 h à 17 h 30. Fermé le lundi et mardi. 15 F. ☎ 02 47 64 48 87.

Hôtel Gouin – Visite libre ou accompagnée (1 h) du 1er juillet au 31 août de 10 h à 19 h ; du 15 mars au 30 juin et tout le mois de septembre de 10 h à 12 h 30 et de 14 h à 18 h 30 ; du 1er février au 14 mars et du 1er octobre au 30 novembre de 10 h à 12 h 30 et de 14 h à 17 h 30. Fermé en décembre et janvier ainsi que le vendredi en février, mars, octobre et novembre. 18 F. ☎ 02 47 66 22 32.

La Psalette – Visite accompagnée (1/2 h), de 9 h 30 à 12 h et de 14 h à 18 h 30 (17 h 30 du 1er octobre au 31 mai) ; le dimanche de 14 h à 18 h. Fermé le 1er janvier, 1er mai, 1er et 11 novembre et le 25 décembre. Pas de visite pendant les offices. 14 F. ☎ 02 47 66 95 16

Centre de Création contemporaine – Ouvert du mercredi au dimanche de 15 h à 19 h. Fermé le lundi et le mardi ainsi que le 1er janvier, le 1er mai, 24 et 25 décembre. Entrée gratuite. ☎ 02 47 66 50 00.

Chapelle St-Michel – Visite accompagnée, tous les jours du 15 juin au 15 septembre de 15 h à 18 h. En dehors de cette période s'adresser à la Communauté des Ursulines, 79, rue Blanqui, 37000 Tours. ☎ 02 47 66 65 95.

Musée des Beaux-Arts – ♿ Visite de 9 h à 12 h 45 et de 14 h à 18 h. Fermé le mardi, le 1er janvier, 1er mai, 14 juillet, 1er et 11 novembre et le 25 décembre. 30 F. ☎ 02 47 05 68 73.

Aquarium tropical – ♿ Visite du 1er juillet au 31 août, tous les jours, de 9 h 30 à 19 h ; du 1er avril au 30 juin et du 1er septembre au 15 novembre de 9 h 30 à 12 h et de 14 h à 18 h 30, fermé le dimanche matin ; le reste de l'année, de 14 h à 18 h 30. 30 F. ☎ 02 47 64 29 52.

Historial de Touraine – Visite du 1er juillet au 31 août de 9 h à 18 h 30 ; du 16 mars au 30 juin et du 1er septembre au 31 octobre, de 9 h à 12 h et de 14 h à 18 h ; le reste de l'année, de 14 h à 17 h 30. 35 F. ☎ 02 47 61 02 95.

Atelier Histoire de Tours – Visite du 15 mars au 15 décembre le mercredi, le samedi et le dimanche de 15 h à 18 h 30. Entrée gratuite. ☎ 02 47 64 90 52.

Église St-Julien – Visite tous les jours du 1er avril au 30 septembre de 14 h à 17 h. ☎ 02 47 05 05 54 ou 02 47 64 42 03.

Musée des Vins de Touraine – Visite toute l'année de 9 h à 12 h et de 14 h à 18 h (17 h du 1er octobre au 31 mars). Fermé le mardi, le 1er janvier, 1er mai, 14 juillet, 1er et 11 novembre et le 25 décembre. 12 F. ☎ 02 47 61 07 93.

Musée du Compagnonnage – ♿ Visite du 16 juin au 15 septembre de 9 h à 18 h 30 ; le reste de l'année, de 9 h à 12 h et de 14 h à 18 h (17 h du 16 septembre au 31 mars). Fermé le mardi hors saison ainsi que le 1er janvier, 1er mai, 14 juillet, 1er et 11 novembre et 25 décembre. 21 F. ☎ 02 47 61 07 93.

Musée des Équipages militaires et du Train – Visite libre ou accompagnée (1 h) de 10 h à 12 h et de 14 h à 17 h, fermé le samedi, le dimanche et tous les jours fériés. Entrée gratuite. ☎ 02 47 77 20 35.

Prieuré de St-Cosme – Visite du 1er juin au 30 septembre de 9 h à 19 h ; le reste de l'année, de 9 h à 12 h 30 et de 13 h 30 à 18 h (17 h de début février à mi-mars et du 1er octobre au 30 novembre). Fermé en décembre et janvier. 21 F. Visite groupée Prieuré de Saint-Cosme, La Devinière et Saché 42 F. ☎ 02 47 37 32 70.

Château de Plessis-lès-Tours – Visite accompagnée (3/4 h) de 10 h à 12 h et de 14 h à 18 h (17 h du 1er octobre au 31 mars). Fermé le mardi, tout le mois de janvier ainsi que le 1er mai, 14 juillet, 1er et 11 novembre et le 25 décembre. 10 F. ☎ 02 47 37 22 80.

TRÉLAZÉ

Musée de l'Ardoise – ♿ Visite accompagnée (1 h), du 1er juillet au 15 septembre, de 10 h à 12 h et de 14 h à 18 h (démonstration de fente à 15 h) ; le reste de l'année, le dimanche et les jours fériés, de 14 h à 18 h. 30 F. Fermé le lundi ainsi que du 1er décembre au 15 février. ☎ 02 41 69 04 71.

TRÔO

Grotte pétrifiante – Visite tous les jours, de 9 h à 19 h. 5 F. ☎ 02 54 72 52 04.

Château de TROUSSAY

 Visite accompagnée (1/2 h) : du 1er juin au 31 août, de 10 h à 19 h (en juin interruption à l'heure du déjeuner) ; en septembre et pendant les vacances scolaires de Pâques et de la Toussaint, tous les jours de 10 h à 13 h et de 14 h à 18 h ; en mai et en octobre le dimanche et les jours fériés et aux mêmes heures. Fermé le reste de l'année. 22 F. Extérieurs et musée de Sologne seulement : 14 F. ☎ 02 54 44 29 07.

TURQUANT

Moulin de la Herpinière – Visite libre ou accompagnée (1 h) du 1er juin au 31 août de 9 h 30 à 11 h 30 et de 15 h à 19 h ; en mai et septembre de 15 h à 18 h, fermé le mercredi ; du 1er mars au 31 avril et du 1er octobre au 31 décembre le samedi, le dimanche et les jours fériés de 15 h à 18 h. Fermé en janvier et février. 15 F. ☎ 02 41 51 75 22.

Troglo-Tap – Visite libre ou accompagnée (3/4 h) du 1er juillet au 31 août de 10 h à 12 h et de 14 h 30 à 18 h 30 sauf le lundi ; du 1er au 30 juin et du 1er au 30 septembre en semaine de 14 h 30 à 18 h 30, le dimanche de 10 h à 12 h et de 14 h 30 à 18 h 30 ; de Pâques à fin mai, et du 1er octobre au 11 novembre, le samedi et le dimanche de 14 h 30 à 18 h 30. Fermé le lundi ainsi que du 12 novembre à Pâques. 25 F. ☎ 02 41 51 48 30.

U

Château d'USSÉ

Visite accompagnée (3/4 h) du 14 juillet au 31 août de 9 h à 18 h 30 ; de Pâques au 13 juillet de 9 h à 12 h et de 14 h à 19 h ; du 12 février à Pâques et du 1er octobre au 11 novembre de 10 h à 12 h et de 14 h à 17 h 30. Fermé le reste de l'année. 59 F. ☎ 02 47 95 54 05.

V

VAAS

Moulin à blé de Rotrou – Visite accompagnée (1 h 30) du 1er juin au 30 septembre, du mercredi au dimanche de 14 h 30 à 17 h 30. De Pâques au 31 mai et du 1er au 31 octobre, le samedi et le dimanche de 14 h 30 à 17 h 30. Fermé le reste de l'année. 20 F. ☎ 02 43 46 70 22.

Château de VALENÇAY

Visite accompagnée (1 h) tous les jours du 1er avril au 31 octobre de 10 h à 18 h (dernière entrée à 17 h 15). Le reste de l'année de 10 h à 18 h le week-end et pendant les vacances scolaires. 40 F. ☎ 02 54 00 10 66.

Parc – Visite tous les jours du 1er avril au 31 octobre de 10 h à 18 h (19 h en juillet et août). Le reste de l'année de 10 h à 18 h le week-end et pendant les vacances scolaires. 20 F. ☎ 02 54 00 10 66.

Musée de l'Automobile du Centre – La visite est incluse avec celle du château (même billet).

VENDÔME

🅱 le Saillant, 47-49, rue Poterie – 41100 – ☎ 02 54 77 05 07

Visite guidée de la ville – S'adresser à l'Office de tourisme qui organise des visites du 1er juin au 30 septembre.

Salle capitulaire de l'ancienne abbaye de la Trinité – Visite tous le jours de 10 h à 12 h et de 14 h à 18 h. Fermé le mardi ainsi que le 1er janvier, le 1er mai et le 25 décembre. Entrée gratuite. ☎ 02 54 77 26 13.

Musée – Visite de 10 h à 12 h et de 14 h à 18 h. Fermé le mardi ainsi que le 1er janvier, 1er mai et 25 décembre. 15 F. ☎ 02 54 77 26 13.

Vendôme – Stalle de l'église abbatiale

Château – Visite du 1er avril au 31 décembre de 9 h à 20 h (19 h en avril et mai). Pour une visite accompagnée, s'adresser à l'Office de tourisme. Entrée gratuite. ☎ 02 54 77 26 13.

Manoir de VÉNEVELLES

On ne visite pas le manoir mais on peut accéder au jardin. ☎ 02 43 45 44 60.

VERNOU-SUR-BRENNE

Château de Jallanges – Visite du 1er mars au 31 octobre de 10 h à 12 h et de 14 h à 19 h. 25 F. ☎ 02 47 52 01 71.

VILLAINES-LES-ROCHERS

Société coopérative agricole de vannerie – ♿ Visite de l'atelier et de l'exposition de vannerie tous les jours du 1er juillet au 31 août de 9 h à 19 h ; le reste de l'année de 9 h à 12 h et de 14 h à 19 h (le dimanche du 16 octobre au 31 mars de 14 h à 19 h). Fermé le 1er janvier et le 25 décembre. Entrée gratuite. ☎ 02 47 45 43 03.

Château de VILLANDRY

Jardins – Visite du 1er juin au 31 août de 8 h 30 à 20 h ; du 1er avril au 31 mai et du 1er au 30 septembre, de 9 h à 19 h ; le reste de l'année, de 9 h à la tombée de la nuit. 30 F. ☎ 02 47 50 02 09.

Château – Visite libre ou accompagnée (3/4 h) du 1er juin au 31 août de 9 h à 18 h 30 ; de mi-mars au 31 mai et du 1er septembre au 11 novembre de 9 h à 17 h. Billet combiné château et jardin, 40 F. ☎ 02 47 50 02 09.

VILLEHERVIERS

Église – Visite en semaine seulement sur demande à la mairie ☎ 02 54 76 07 92.

Aliotis, Aquarium de Sologne – ♿ Visite du 1er juillet au 31 août de 10 h à 21 h ; du 1er avril au 30 juin de 10 h à 19 h, le reste de l'année de 10 h à 17 h 30. Fermé du 15 au 31 janvier. 46 F ; enfant 32 F. ☎ 02 54 95 26 26.

VILLEMARDY

Église – Pour visiter s'adresser à la mairie de Villemardy ou au presbytère de Selommes. ☎ 02 54 23 80 14.

Château de VILLESAVIN

Visite libre de l'extérieur, accompagnée (3/4 h) de l'intérieur, du 1er mars au 30 septembre, de 10 h à 12 h et de 14 à 19 h ; du 1er octobre au 20 décembre, de 14 h à 17 h ; fermé le reste de l'année. 30 F (25 F extérieur seulement). ☎ 02 54 46 42 88.

VOUVRAY

🛈 mairie – ☎ 02 47 52 70 48

Espace de la Vigne et du Vin – Visite accompagnée (1 h), tous les jours de 10 h à 19 h. 29 F. ☎ 02 47 52 76 00.

Y

YÈVRE-LE-CHÂTEL

Château fort – Visite libre ou accompagnée (1 h) du 1er mai au 31 octobre, de 14 h à 18 h. 10 F. ☎ 02 38 34 25 91.

Si vous voulez découvrir la collection complète des
Cartes et Guides Michelin,
*la **Boutique Michelin**, 32, avenue de l'Opéra,*
75 002 Paris (métro Opéra), ☎ 01 42 68 05 20,
est ouverte le lundi de 12 h à 19 h et du mardi au
samedi de 10 h à 19 h.

Index

A

B

D

E - F

G

H

I

J - K

L

M

N

O

P - Q

R